0
50
100 km
Copyright 1999 Graphi-Ogre
SHETLAND ISLANDS
Lerwick
ORKNEY ISLANDS
Kirkwall
OUTER HEBRIDES
Isle of Lewis
The Little Minch
The Minch
Skye
Carn Eige
1183
Inverness
Loch Ness
MOUNTAINS
Aberdeen
Ben Nevis
1343
SCOTLAND
GRAMPIAN
Ben Lawers
1214
Mull
Perth
Dundee
Stirling
Loch Lomond
Dunfermline
Glasgow
Edinburgh
Motherwell
Kilmarnock
NORTH ATLANTIC OCEAN
North

Sligo
Belfast
Monaghan
Newry
Carrick-on-Shannon
Castlebar
Cavan
Dundalk
Longford
Roscommon
CONNAUGHT
Mullingar
Trim
Drogheda
Galway
LEINSTER
Dublin
Tullamore
Ennis
Naas
Portlaoise
IRELAND
Wicklow
Limerick
Carlow
Kilkenny
Tralee
MUNSTER
Clonmel
Killarney
Waterford
Wexford
Carrauntoohil 1038
Dungarvan
Cork
St. George's Channel
Celtic Sea
Land's End
Isles of Scilly
Isle of Man
Irish Sea
Anglesey
Scafell Pikes 978
Sunderland
Hartlepool
Middlesbrough
Tees
YORKSHIRE AND HUMBERSIDE
Scarborough
Lancaster
Blackpool
Burnley
York
NORTH WEST
Blackburn
Leeds
Manchester
Barnsley
Liverpool
Sheffield
Great Grimsby
Chester
Chesterfield
Lincoln
EAST MIDLANDS
Wrexham
Stoke-on-Trent
Derby
Nottingham
The Wash
CAMBRIAN MOUNTAINS
Shrewsbury
WEST MIDLANDS
Leicester
Norwich
Birmingham
ENGLAND
WALES
Coventry
EAST ANGLIA
Hereford
Northampton
Cambridge
Bedford
Ipswich
Swansea
Oxford
Colchester
Cardiff
Hertford
Swindon
Watford
Bristol
London
Southend-on-Sea
Bristol Channel
Reading
Thames
Gillingham
SOUTH WEST
Salisbury
Winchester
SOUTH EAST
Canterbury
Dover
Southampton
Exeter
Bournemouth
Brighton
Hastings
Portsmouth
Plymouth
Torquay
Isle of Wight
Eastbourne
Strait of Dover
English Channel
FRANCE

Engelsk

lommeordbok

Engelsk-Norsk
Norsk-Engelsk

Kunnskapsforlaget

7. utgave 2010

Redaktør: Brita Engebakken
Sats: Ove Olsen, Kunnskapsforlaget
Skrift: 6 pkt. Helvetica, 6,5 pkt Times
Trykk og innbinding: GGP Media GmbH

Printed in Germany

ISBN: 978-82-573-2040-9

NORSK FORORD

Engelsk lommeordbok er beregnet på både norsk- og engelsktalende som trenger en rask oppslagsmulighet. Det omfattende ordutvalget (ca. 33 000 oppslagsord) er hentet fra svært mange aktuelle områder, men med en hovedvekt på dagligliv, reiseliv og nyhetsbildet. Den engelsk-norske delen har lydskrift ved alle oppslagsord og kjønnsmarkering ved alle norske substantiv. Ordboken bruker britisk engelsk som basis, men der det ikke dreier seg om systematiske forskjeller (som for eksempel i ord som harbour/harbor, metre/meter og travelling/traveling) blir det lagt vekt på å inkludere spesielle amerikanske former.

Bokens midtsider gir en del faktaopplysninger i tillegg til et utvalg av norske og engelske uregelmessige verb. Nytt i denne utgaven er en enda mer oversiktlig layout enn forrige utgave hadde. Mange av oppslagsordene har fått flere oversettelser, med angivelse av relevante bruksområder, og alle oppslagsord og oversettelser er gjennomgått for å være best mulig i overensstemmelse med dagens språklige virkelighet, bl.a. ved å inkludere flere spesifikt amerikanske ord og uttrykk.

En parlørdel bak i boken gir ord og uttrykk som kan være nyttige i situasjoner som turister ofte havner i.

Engelsk lommeordbok ble i sin tid utarbeidet av Jan W. Dietrichson og Orm Øverland. Dette er syvende utgave, som er grundig oppdatert og revidert av Erik Kielland-Lund.

ENGLISH PREFACE

This English dictionary is meant for both Norwegian and English speakers in need of a quick reference. It provides a selection of approximately 33.000 headwords, compiled from a great variety of areas, but with the majority taken from daily life, travel and current affairs.

The layout of this edition is even easier to follow than that of previous editions. In addition, many more headwords have now been given more than one translation, with the proper area of use indicated. All headwords and their translations have been scrutinized in order to reflect current English usage. One of the consequences of this has been the inclusion of more specifically American words, to reflect the dominance of American popular culture in the modern world.

The headwords in the English-Norwegian part of the dictionary are transcribed phonemically, thus guiding the Norwegian users to the correct English pronunciation. The Norwegian nouns in the English-

Norwegian part are marked for the three Norwegian genders: feminine, masculine and neuter. The definite form of singular feminine gender nouns has the ending –a or –en (book = bok, the book = boka or boken); masculine gender –en (horse = hest, the horse = hesten); neuter gender –et (house = hus, the house = huset).

We are using British English as our main language norm, in keeping with the Norwegian tradition for bilingual English dictionaries. However, where the difference between British English and General American is not systematic, for instance in such word pairs as harbour/harbor, metre/meter, travelling/traveling, we have included a great many American variants, both in terms of vocabulary, spelling and pronunciation.

The centre pages provide relevant factual information, in addition to lists of Norwegian and English irregular verbs. There are facts about numbers on page 14 and 15 of this centre section and information about telling the time on page 16. At the end of the dictionary you will find sentences and expressions that we hope will prove useful for you as a tourist.

This dictionary was originally compiled by Jan W. Dietrichson and Orm Øverland. This is the seventh edition, which has been thoroughly revised and updated by Erik Kielland-Lund.

Engelsk - Norsk

A

a /ə/ en, et.
aback /ə'bæk/ (*sjøfart*) bakk; **taken ~** forbauset, forbløffet.
abandon /ə'bændən/ oppgi, forlate; **~ment** oppgivelse *m*.
abase /ə'beɪs/ fornedre, ydmyke.
abashed /ə'bæʃt/ sjenert, forlegen.
abate /ə'beɪt/ minske, forringe.
abbey /'æbɪ/ klosterkirke *m/f*, abbedi *n*.
abbot /'æbət/ abbed *m*.
abbreviate /ə'briːvɪeɪt/ forkorte.
abbreviation /əˌbriːvɪ'eɪʃ(ə)n/ forkortelse *m*.
ABC /ˌeɪbiː'siː/ abc *m*, alfabet *n*.
abdicate /'æbdɪkeɪt/ frasi seg, abdisere.
abdomen /'æbdəmən/ underliv *n*.
abdominal /æb'dɒmɪnl/ underlivs-; buk-.
abduct /æb'dʌkt/ bortføre, kidnappe; **~ion** bortføring *m/f*, kidnapping *m/f*.
aberration /ˌæbə'reɪʃ(ə)n/ avvik *n*.
abeyance /ə'beɪəns/ **in ~** i bero.
abhor /əb'hɔː/ avsky; **~rent** avskyelig, vemmelig.
abide /ə'baɪd/ **(by)** stå, holde fast (ved); avvente.
abiding /ə'baɪdɪŋ/ varig.
ability /ə'bɪlətɪ/ evne *m*; dyktighet *m*.
abject /'æbdʒekt/ ynkelig, ussel.
able /'eɪbl/ dyktig; **~ to** i stand til; **~-bodied** kraftig, arbeidsfør.
abnormal /æb'nɔːm(ə)l/ abnorm, uvanlig.
aboard /ə'bɔːd/ om bord (på).
abolish /ə'bɒlɪʃ/ avskaffe, få bort.
abolition /ˌæbə(ʊ)'lɪʃ(ə)n/ avskaffelse *m*.
abominable /ə'bɒmɪnəbl/ frastøtende, avskyelig.

aboriginal /ˌæbəˈrɪdʒənl/ opprinnelig, ur-.
aborigines *flertall* urinnbyggere (i Australia) *m*, *flertall*.
abort /əˈbɔːt/ abortere; **~ion** abort *m*; **~ive** mislykket.
about /əˈbaʊt/ omkring; omtrent; ved; om; **be ~** handle om; **be ~ to** stå i ferd med.
above /əˈbʌv/ over, ovenfor; ovenpå; (*overført*) over, mer enn; **~ all** fremfor alt; **~-board** åpen, ærlig.
abreast /əˈbrest/ side om side; **keep ~ of** holde tritt med.
abridge /əˈbrɪdʒ/ forkorte, sammendra.
abroad /əˈbrɔːd/ ute, i (*eller* til) utlandet.
abrupt /əˈbrʌpt/ plutselig; brysk.
abscess /ˈæbses/ svulst *m*, byll *m*.
absence /ˈæbs(ə)ns/ fravær *n*; mangel *m*.
absent /ˈæbsent/ fraværende; **~-minded** distré.
absolute /ˈæbs(ə)luːt/ absolutt, fullstendig.
absolve /əbˈzɒlv/ frikjenne.
absorb /əbˈzɔːb/ suge inn, oppta.
absorption /əbˈzɔːpʃ(ə)n/ oppsuging *m/f*.
abstain /əbˈsteɪn/ avstå, avholde seg (**from** fra).
abstention /əbˈstenʃ(ə)n/ avhold(enhet) *n (m)* (**from** fra).
abstinence /ˈæbstɪnəns/ avhold(enhet) *n (m)*, abstinens *m*.
abstract /ˈæbstrækt/ utdrag *n*, abstrakt.
abstruse /æbˈstruːs/ dunkel, uforståelig.
absurd /əbˈsɜːd/ absurd, tåpelig; **~ity** meningsløshet *m*, urimelighet *m*.
abundance /əˈbʌndəns/ overflod *m* (**of** av).
abundant /əˈbʌndənt/ rikelig.
abuse /əˈbjuːs/ misbruk *n*.
abuse *verb* /əˈbjuːz/ misbruke; skjelle ut.
abusive /əˈbjuːsɪv/ uforskammet, grov.
abysmal /əˈbɪzm(ə)l/ bunnløs.
abyss /əˈbɪs/ avgrunn *m*.
academic /ˌækəˈdemɪk/ akademisk; akademiker *m*.
academy /əˈkædəmɪ/ akademi *n*.
accede /ækˈsiːd/ **~ to** etterkomme, imøtekomme.

accelerate /ək'seləreɪt/ øke hastigheten; fremskynde.
acceleration /əkˌselə'reɪʃ(ə)n/ akselerasjon *m*.
accelerator /ək'seləreɪtə/ gasspedal *m*.
accent /'æks(ə)nt/ aksent *m*; uttale *m*; tonefall *n*.
accentuate /ək'sentʃʊeɪt/ betone, fremheve.
accept /ək'sept/ ta imot; godkjenne; **~able** akseptabel; **~ance** godkjennelse *m*.
access /'ækses/ adgang *m*; **~ible** tilgjengelig (**to** for); **~ion** tiltredelse *m*; tilgang *m*.
accessories /ək'sesərɪz/ *flertall* tilbehør *n*.
accessory /ək'sesərɪ/ ekstra-; (*jur*) medskyldig (**to** i).
accident /'æksɪd(ə)nt/ ulykkestilfelle *n*; tilfeldighet *m*; **~al** tilfeldig.
acclamation /ˌæklə'meɪʃ(ə)n/ akklamasjon, bifallsrop *n*.
accommodate /ə'kɒmədeɪt/ tilpasse; imøtekomme; huse.
accommodating /ə'kɒmədeɪtɪŋ/ imøtekommende.
accommodation /əˌkɒmə'deɪʃ(ə)n/ innkvartering *m*; tilpasning *m*.
accompaniment /ə'kʌmpənɪmənt/ ledsagelse *m*, akkompagnement *n*.
accompany /ə'kʌmp(ə)nɪ/ ledsage, akkompagnere.
accomplice /ə'kʌmplɪs/ medskyldig.
accomplish /ə'kʌmplɪʃ/ fullføre; greie; **~ed** dyktig; talentfull; **~ment** prestasjon *m*, ferdighet *m*.
accord /ə'kɔːd/ avtale *m*, enighet *m*; (*mus*) akkord *m*.
accord *verb* /ə'kɔːd/ innvilge; stemme overens (**with** med); **~ance** overensstemmelse *m*; **~ingly** følgelig; **~ing to** ifølge, i overensstemmelse med.
accordion /ə'kɔːdɪən/ trekkspill *n*.
account /ə'kaʊnt/ konto *m*, regning *m/f*; **~s** *flertall* regnskap(er) *n flertall*; beretning *m*; **on ~ of** på grunn av; **on no ~** på ingen måte *m*; **take into ~** ta i betraktning *m*; **~able** ansvarlig; **~ant** bokholder *m*, revisor *m*; **~ for** gjøre rede for; forklare.

accredit /ə'kredɪt/ akkreditere (**to** hos), gi fullmakt *m*; **~ed** offisielt godkjent.
accumulate /ə'kjuːmjʊleɪt/ samle, hope (seg) opp, tilta.
accumulation /əˌkjuːmjʊ'leɪʃ(ə)n/ opphopning *m*.
accuracy /'ækjʊrəsɪ/ nøyaktighet *m*.
accurate /'ækjʊrət/ nøyaktig.
accusation /ˌækjuː'zeɪʃ(ə)n/ anklage *m*.
accuse /ə'kjuːz/ anklage.
accuser /ə'kjuːzə/ anklager *m*.
accustom /ə'kʌstəm/ venne seg (**to** til); **~ed** vant; vanlig.
AC/DC /ˌeɪsiː'diːsiː/ vekselstrøm/likestrøm; (*slang*) biseksuell.
ace /eɪs/ (*kortspill*) ess *n*; stjerne *m/f*.
ache /eɪk/ verk *m*.
ache *verb* /eɪk/ gjøre vondt, verke.
achieve /ə'tʃiːv/ utrette; prestere; (opp)nå; **~ment** bedrift *m*, prestasjon *m*.
achilles' tendon akillessene *m*.
acid /'æsɪd/ sur; syre *m/f*; **~ity** surhet *m*; **~ rain** sur nedbør *m*.
acid test avgjørende prøve.
acknowledge /ək'nɒlɪdʒ/ erkjenne, bekrefte; innrømme; **~ment** anerkjennelse *m*; innrømmelse *m*; erkjennelse *m*.
acne /'æknɪ/ kvise *m/f*.
acorn /'eɪkɔːn/ eikenøtt.
acoustics /ə'kuːstɪks/ akustikk *m*.
acquaint /ə'kweɪnt/ **~ed with** kjent med.
acquaintance /ə'kweɪntəns/ bekjent *m*, bekjentskap *n*.
acquire /ə'kwaɪə/ erverve, skaffe seg.
acquisition /ˌækwɪ'zɪʃ(ə)n/ oppkjøp, nyervervelse *m*.
acquit /ə'kwɪt/ frikjenne (**of** for); **~tal** frikjenning *m/f*.
acre /'eɪkə/ eng. flatemål ca. 4000 m^2; **~age** areal *n*.
across /ə'krɒs/ (tvers) over; **come ~** støte på, finne.
acrylic /ə'krɪlɪc/ akryl.
act /ækt/ handling *m/f*, gjerning *m/f*; forordning *m/f*, vedtak *n*, lov *m*; (*teater*) akt *m*; dokument *n*.
act *verb* /ækt/ fungere; handle, opptre; innvirke (**on** på); spille, agere; **~ing**

handling; spille teater; **~ion** handling *m/f*; gjerning *m/f*; (*jur*) prosess *m*, søksmål *n*.
activate /'æktɪveɪt/ sette i gang, aktivere.
active /'æktɪv/ aktiv, virksom.
activity /æk'tɪvətɪ/ virksomhet *m*; aktivitet *m*.
actor /'æktə/ skuespiller *m*.
actress /'æktrəs/ *f* skuespiller *m*.
actual /'æktʃʊəl/ virkelig, faktisk.
actually /'æktʃʊəlɪ/ egentlig, faktisk.
acute /ə'kjuːt/ akutt; skarp, gløgg.
adamant /'ædəmənt/ (*overført*) ubøyelig, steinhard.
adapt /ə'dæpt/ tilpasse, bearbeide (**from** etter); **~ability** tilpasningsevne *m*; **~able** tilpasningsdyktig; **~ation** bearbeidelse *m*.
add /æd/ tilføye; addere; **~ up** regne sammen.
adder /'ædə/ huggorm.
addict /'ædɪkt/ avhengig *m*; misbruker *m*; **~ed to** avhengig av, henfallen til.
addition /ə'dɪʃ(ə)n/ tilføyelse *m*; addisjon *m*; **in ~** dessuten.
address /ə'dres/ henvendelse *m*, adresse *m/f*; offentlig tale *m*.
address *verb* /ə'dres/ henvende seg til, tiltale; adressere.
adequacy /'ædɪkwəsɪ/ tilstrekkelighet *m*, riktig forhold *n*.
adequate /'ædɪkwət/ passende, tilstrekkelig.
adhere /əd'hɪə/ henge fast, holde fast (**to** ved); **~nt** tilhenger *m*.
adhesive /əd'hiːsɪv/ klebende; **~ tape** limbånd *n*.
adjacent /ə'dʒeɪs(ə)nt/ tilstøtende.
adjourn /ə'dʒɜːn/ ta pause; heve (om møte).
adjunct /'ædʒʌŋ(k)t/ tilleggs-; tillegg *n*; medhjelper *m*.
adjust /ə'dʒʌst/ justere; tilpasse (seg); **~able** stillbar, regulerbar; **~ment** justering *m/f*, tilpasning *m*.
administer /əd'mɪnɪstə/ administrere, forvalte, styre; gi.
administration /əd͵mɪnɪ'streɪʃ(ə)n/ forvaltning *m*.
administrator /əd'mɪnɪstreɪtə/ bestyrer *m*, administrator *m*.

admirable /'ædm(ə)rəbl/ beundringsverdig, utmerket.
admiration /ˌædmə'reɪʃ(ə)n/ beundring *m/f*.
admire /əd'maɪə/ beundre; **~r** beundrer *m*.
admissible /əd'mɪsəbl/ tillatelig.
admission /əd'mɪʃ(ə)n/ adgang *m*; innrømmelse *m*.
admit /əd'mɪt/ innrømme; slippe inn; **no ~tance!** ingen adgang! **~tedly** riktignok, ganske visst.
admonish /əd'mɒnɪʃ/ formane, påminne.
admonition /ˌædmə(ʊ)'nɪʃ(ə)n/ formaning *m/f*, påminnelse *m*.
ado /ə'duː/ ståhei *m*, oppstyr *n*.
adolescence /ˌædə'lesəns/ ungdomstid, tenårene.
adolescent /ˌædə(ʊ)'lesnt/ ungdom, tenåring.
adopt /ə'dɒpt/ adoptere, anta; **~ion** adopsjon *m*, antakelse *m*.
adorable /ə'dɔːrəbl/ bedårende.
adoration /ˌædə'reɪʃ(ə)n/ tilbedelse *m*.
adore /ə'dɔː/ tilbe; forgude.
adorn /ə'dɔːn/ smykke, pryde; **~ment** prydelse *m*, utsmykning *m*.
adroit /ə'drɔɪt/ behendig, dyktig.
adult /'ædʌlt/ voksen *m*.
adulterer /ə'dʌltərə/ ekteskapsbryter *m*.
adulteress /ə'dʌltərəs/ ekteskapsbryter *m*.
adultery /ə'dʌltərɪ/ ekteskapsbrudd *n*, utroskap *n*.
advance /əd'vɑːns/ fremskritt *n*; fremrykning *m*; avansement *n*; forskudd *n*; **in ~** på forskudd.
advance *verb* /əd'vɑːns/ gå (sette) frem.
advanced /əd'vɑːnst/ avansert, for viderekomne.
advantage /əd'vɑːntɪdʒ/ fordel *m*; **~ous** fordelaktig.
adventure /əd'ventʃə/ opplevelse *m*; eventyr *n*; **~r** eventyrer *m*.
adversary /'ædvəs(ə)rɪ/ motstander *m*.
adverse /'ædvɜːs/ fiendtlig, ugunstig.
adversity /əd'vɜːsətɪ/ motgang *m*; ulykke *m/f*.
advert /'ædvɜːt/ annonse.
advertise /'ædvətaɪz/ reklamere, kunngjøre,

avertere; **~ment** annonse *m*; **~r** annonsør *m*.
advertising /'ædvətaɪzɪŋ/ reklame *m*; **~ agency** reklamebyrå *n*.
advice /əd'vaɪs/ råd *n*; **a piece of ~** et råd.
advisable /əd'vaɪzəbl/ tilrådelig.
advise /əd'vaɪz/ gi råd; underrette.
adviser /əd'vaɪzə/ rådgiver *m*, veileder *m*.
advocate /'ædvəkət/ talsmann *m*; advokat *m*.
advocate *verb* /'ædvəkeɪt/ forfekte, anbefale.
aerial /'eərɪəl/ luft-, luftig; antenne *m/f*.
aero /'eərəʊ/ fly-; **~plane** fly *n*.
aerosol can sprayboks *m*.
aesthetic /iːs'θetɪk/ estetisk.
afar /ə'fɑː/ langt borte.
affable /'æfəbl/ elskverdig, omgjengelig.
affair /ə'feə/ sak *m/f*, affære *m*, forhold *n*.
affect /ə'fekt/ virke på; berøre; ramme; **~ation** koketteri *n*; **~ed** affektert, påvirket.
affection /ə'fekʃ(ə)n/ hengivenhet *m*; **~ate** kjærlig, hengiven.
affiliate /ə'fɪlɪeɪt/ filial, datterselskap.
affiliated company datterselskap *n*.
affiliation /əˌfɪlɪ'eɪʃ(ə)n/ tilknytning *m*.
affinity /ə'fɪnətɪ/ slektskap, tilhørighet.
affirm /ə'fɜːm/ forsikre; bekrefte; **~ation** bekreftelse *m*, forsikring *m/f*; **~ative** bekreftende.
afflict /ə'flɪkt/ plage; **~ion** lidelse *m*; prøvelse *m*; sorg *m*.
affluence /'æflʊəns/ rikdom *m*; velstand *m*.
affluent society velstandssamfunn *n*.
afford /ə'fɔːd/ ha råd til; tillate seg.
affront /ə'frʌnt/ fornærmelse.
afield /ə'fiːld/ ut(e) på marken; **far ~** langt borte, helt på villspor.
afloat /ə'fləʊt/ (*sjøfart*) flott; flytende.
afoot /ə'fʊt/ (*amer.*) til fots; (*overført*) i gjære, på ferde.
afraid /ə'freɪd/ redd (**of** for).
afresh /ə'freʃ/ på ny.
aft /ɑːft/ (*sjøfart*) akter-.
after /'ɑːftə/ etter; etter at; **~ all**; **~birth** etterbyrd

m; **~glow** aftenrøde *m*; **~math** ettervirkning *m*, etterdønning *m*, følger *m*; **~noon** ettermiddag *m* (etter kl. 12).
afterwards /'ɑːftəwadz/ etterpå, senere.
again /ə'geɪn/ igjen; på den annen side; **now and ~** nå og da; **~ and ~** gang på gang.
against /ə'geɪnst/ mot; inntil.
age /eɪdʒ/ (tids)alder *m*; **of ~** myndig; **under ~** umyndig; **~d** gammel.
agency /'eɪdʒ(ə)nsɪ/ foretak *n*; byrå *n*.
agenda /ə'dʒendə/ dagsorden *m*.
agent /'eɪdʒ(ə)nt/ agent *m*; virkende kraft.
aggravate /'ægrəveɪt/ forverre; irritere.
aggravation /ˌægrə'veɪʃ(ə)n/ forverring *m/f*; ergrelse *m*.
aggregate /'ægrɪgət/ samling *m/f*, sum *m*; aggregat *n*; **in the ~** totalt, alt i alt.
aggression /ə'greʃ(ə)n/ aggresjon *m*.
aggressive /ə'gresɪv/ aggressiv, pågående.
aghast /ə'gɑːst/ forskrekket, rystet.
ago /ə'gəʊ/ for - siden; **long ~** for lenge siden.
agonize /'ægənaɪz/ pine(s), lide kvaler.
agonizing /'ægənaɪzɪŋ/ pinefull.
agony /'ægənɪ/ pine *m/f*, sjelekval *m*.
agony aunt Klara Klok (i avis).
agree /ə'griː/ stemme (overens), bli/være enig (**on** om, **to** om å), samtykke; **~able** behagelig, villig; **~ment** enighet *m*; overenskomst *m*.
agricultural /ˌægrɪ'kʌltʃ(ə)r(ə)l/ jordbruks-.
agriculture /'ægrɪkʌltʃə/ jordbruk *n*.
aground /ə'graʊnd/ på grunn.
ahead /ə'hed/ fremover, foran; **go ~!** kjør i vei!, sett i gang!
aid /eɪd/ hjelp *m/f*.
aid *verb* /eɪd/ hjelpe.
AIDS *fork for* **Acquired Immune Deficiency Syndrome**; **~-infected** aidssmittet.
(be) ailing hangle, skrante;
ailment /'eɪlmənt/ lidelse *m*, sykdom *m*.

aim /eɪm/ mål *n*; sikte *n*.
aim *verb* /eɪm/ sikte (**at** på); trakte/strebe etter; **~less** uten mål, formålsløs.
ain't /eɪnt/ (*hverdagslig*) sammentrekning av *am/is/are not* og *has/have not*.
air /eə/ luft *m/f*, atmosfære *m*; mine *m*, utseende *n*.
air *verb* /eə/ lufte (ut); ytre; **~s** *flertall*, (*overført*) viktig mine *m*; **by ~** med fly; **in the open ~** i friluft; **on the ~** i radio, «på lufta».
airbag /'eəbæg/ kollisjonspute *m/f*.
air base /'eəbeɪs/ flybase *m*.
air bed /'eəbed/ luftmadrass *m* .
airborne /'eəbɔːn/ flybåren.
airconditioning /'eəkənˌdɪʃ(ə)nɪŋ/ klimaanlegg *n*.
aircraft /'eəkrɑːft/ luftfartøy *n*, fly *n*; **~ carrier** hangarskip *n*.
air force /'eəfɔːs/ luftvåpen *n*.
airline /'eəlaɪn/ flyselskap *n*.
airliner /'eəˌlaɪnə/ rutefly *n*.
airmail /'eəmeɪl/ luftpost *m*.
air pipe luftrør *n*.
airplane /'eəpleɪn/ (*amr*) fly *n*.
air pocket /'eəˌpɒkɪt/ lufthull *n*.
air pollution luftforurensning *m*.
airport /'eəpɔːt/ flyplass *m*, lufthavn *m/f*.
air raid /'eəreɪd/ luftangrep *n*.
airstrip /'eəstrɪp/ startbane *m*.
airtight /'eətaɪt/ lufttett.
airy /'eərɪ/ luftig; lett.
aisle /aɪl/ midtgang *m*.
ajar /ə'dʒɑː/ på gløtt.
akin /ə'kɪn/ beslektet (**to** med).
alarm /ə'lɑːm/ alarm *m*; angst *m*.
alarm *verb* /ə'lɑːm/ alarmere, engste; **~ clock** vekkerklokke *m/f*.
alarming /ə'lɑːmɪŋ/ foruroligende.
alas /ə'læs/ akk! dessverre!
albeit /ɔːl'biːɪt/ selv om, om enn.
album /'ælbəm/ album *n*, CD-plate *m*.
alcohol /'ælkəhɒl/ alkohol *m*; **~ic** alkoholisk; alkoholiker *m*; **~ism** alkoholisme *m*.
alder /'ɔːldə/ (*bot*) or *m/f*; **~man** kommunestyremedlem *n*.
ale /eɪl/ (engelsk) øl *n*.
alert /ə'lɜːt/ årvåken; (fly-) alarm *m*; **on the ~** på vakt.

alias /ˈeɪlɪəs/ dekknavn *n*, pseudonym *m*.
alien /ˈeɪljən/ fremmed; utlending *m*; romvesen *n* **~ate** støte fra seg; fremmedgjøre; **~ation** fremmedgjørelse *m*.
alight /əˈlaɪt/ stige ned/ut; lande.
align /əˈlaɪn/ stille opp (på linje).
alike /əˈlaɪk/ lik, ens; **look~** dobbeltgjenger.
alive /əˈlaɪv/ i live, levende.
all /ɔːl/ alt, alle, all, hel; **after ~** når alt kommer til alt; **~ at once** plutselig; **go ~ out** satse for fullt; **not at ~** slett ikke; **~ over** over det hele; **~ right** i orden; **~ the same** likevel; **~ told** til sammen, totalt.
allege /əˈledʒ/ påstå; **~d** påstått, angivelig.
allegiance /əˈliːdʒəns/ troskap, lojalitet.
allegorical /ˌæləˈgɒrɪk(ə)l/ allegorisk.
allergic /əˈlɜːdʒɪk/ allergisk.
allergy /ˈælədʒɪ/ allergi *m*.
alleviate /əˈliːvɪeɪt/ lindre, lette.
alley /ˈælɪ/ allé *m*, smug *n*.
alliance /əˈlaɪəns/ forbund *n*, allianse *m*.
allied /əˈlaɪd/ alliert *m*.
allocate /ˈælə(ʊ)keɪt/ tildele, fordele.
allocation /ˌælə(ʊ)ˈkeɪʃ(ə)n/ fordeling *m/f*.
allot /əˈlɒt/ tildele; **~ment** tildeling *m/f*; lott *m*; parsell *m*.
allow /əˈlaʊ/ tillate; innrømme; gi; **~ance** innrømmelse *m*; kostpenger, lommepenger *m*.
alloy /ˈælɔɪ, əˈlɔɪ/ legering *m/f*.
all-round /ˈɔːlraʊnd/ allsidig.
allude /əˈluːd/ hentyde, henvise (**to** til).
allure /əˈlʊə/ sjarm, tiltrekningskraft.
allure *verb* /əˈlʊə/ (for) lokke.
allusion /əˈluːʒ(ə)n/ hentydning*m*.
ally /ˈælaɪ/ alliert *m*, forbundsfelle *m*.
ally *verb* /əˈlaɪ/ alliere (**with** med).
almighty /ɔːlˈmaɪtɪ/ allmektig.
almond /ˈɑːmənd/ mandel *m*.
almost /ˈɔːlməʊst/ nesten.
alms /ɑːmz/ almisse(r) *m/f*.

aloft /ə'lɒft/ til værs, høyt oppe.
alone /ə'ləʊn/ alene, ensom; **to let** (*eller* **leave**) ~ å la i fred.
along /ə'lɒŋ/ langs(med); av sted; bortover; **come ~!** kom igjen!
aloof /ə'luːf/ fjern; reservert.
aloud /ə'laʊd/ høyt (om lyd).
alphabet /'ælfəbet/ alfabet *n*.
alpine /'ælpaɪn/ alpe-, høyfjells-.
already /ɔːl'redɪ/ allerede, alt.
also /'ɔːlsəʊ/ også, dessuten.
altar /'ɔːltə/ alter *n*.
alter /'ɔːltə/ forandre, endre; **~ation** forandring *m/f*.
alternate *verb* /'ɔːltəneɪt/ veksle, skifte.
alternate /'ɔːltənət/ vekselvis.
alternation /ˌɔːltə'neɪʃ(ə)n/ avveksling *m/f*.
alternative /ɔːl'tɜːnətɪv/ alternativ *n*, valg *n*.
although /ɔːl'ðəʊ/ skjønt, selv om.
altitude /'æltɪtjuːd/ høyde (over havet) *m*.
altogether /ˌɔːltə'geðə/ aldeles, fullstendig; alt i alt.
aluminium /ˌæljʊ'mɪnjəm/ (*amr*) **aluminum** aluminium *n*.
always /'ɔːlweɪz/ alltid.
a.m. /ˌeɪ'em/ *fork for* **ante meridiem** om formiddagen (00.00-12.00).
amalgamate /ə'mælgəmeɪt/ slå sammen; fusjonere.
amalgamation /əˌmælgə'meɪʃ(ə)n/ blanding *m/f*, sammensmelting *m/f*, fusjon *m*.
amateur /'æmətə/ amatør *m*.
amaze /ə'meɪz/ forbløffe.
amazement /ə'meɪzmənt/ forbauselse *m*, forundring *m/f*.
amazing /ə'meɪzɪŋ/ forbløffende, utrolig.
ambassador /æm'bæsədə/ ambassadør *m*.
amber /'æmbə/ rav *n* (-gul).
ambience /'æmbɪəns/ atmosfære, stemning.
ambiguity /ˌæmbɪ'gjuːətɪ/ tvetydighet *m*.
ambiguous /æm'bɪgjʊəs/ tvetydig.
ambition /æm'bɪʃ(ə)n/ ambisjon, ærgjerrighet *m*.
ambitious /æm'bɪʃəs/ ærgjerrig.
ambulance /'æmbjʊləns/ ambulanse *m*.

ambush /'æmbʊʃ/ bakhold *n*.
ambush *verb* /'æmbʊʃ/ ligge i bakhold.
ameliorate /ə'miːljəreɪt/ (for)bedre, bedre seg.
amenable /ə'miːnəbl/ mottakelig (**to** for); føyelig.
amend /ə'mend/ endre; forbedre; **~ment** endring *m/f*; forbedring *m/f*.
amenity /ə'miːnətɪ, ə'menətɪ/ behagelighet *m*, komfort *m*.
American /ə'merɪkən/ amerikaner; amerikansk.
amiability /ˌeɪmjə'bɪlətɪ/ elskverdighet *m*.
amiable /'eɪmjəbl/ elskverdig.
amicable /'æmɪkəbl/ vennskapelig.
amid /ə'mɪd/ midt iblant.
amiss /ə'mɪs/ uriktig, feil; **take it ~** ta det ille opp.
ammunition /ˌæmjə'nɪʃən/ ammunisjon; skyts.
amnesia /æm'niːzjə/ hukommelsestap *n*.
among(st) /ə'mʌŋ(st)/ blant.
amorous /'æmərəs/ forelsket, kjærlig.
amortize /ə'mɔːtaɪz/ amortisere.
amount /ə'maʊnt/ beløp *n*, mengde *m*.
amount *verb* /ə'maʊnt/ **~ to** beløpe seg til; bety.
ample /'æmpl/ rikelig, vid, stor.
amplifier /'æmplɪfaɪə/ forsterker(rør) *m (n)*.
amplify /'æmplɪfaɪ/ forsterke, øke, utbrodere.
amuse /ə'mjuːz/ more, underholde; **~ment** underholdning *m*, moro *m/f*.
an /æn/ en, et.
anaemia, anemia /ə'niːmjə/ blodmangel *m*.
anaemic /ə'niːmɪk/ blodfattig.
anaesthesia /ˌænəs'θiːzjə/ bedøvelse *m*.
anaesthetic /ˌænəs'θetɪk/ bedøvende middel *n*.
analogic(al) /ˌænə'lɒdʒɪk(əl)/ analogisk.
analogous /ə'næləgəs/ analog.
analogy /ə'nælədʒɪ/ analogi *m*, likhet *m*.
analyse /'ænəlaɪz/ analysere.
analysis /ə'næləsɪs/ analyse.
anarchy /'ænəkɪ/ anarki, lovløshet.

anatomy /ə'nætəmɪ/ anatomi *m*.
ancestor /'ænsəstə/ stamfar *m*, *flertall* forfedre, aner.
ancestry /'ænsəstrɪ/ aner *m*, *flertall*; ætt *m/f*, slekt *m/f*.
anchor /'æŋkə/ anker *n*.
anchor *verb* /'æŋkə/ ankre; **~age** ankerplass *m*.
anchovy /'æntʃəvɪ/ ansjos *m*.
ancient /'eɪnʃ(ə)nt/ veldig gammel, fra gamle tider.
ancillary /æn'sɪlərɪ/ hjelpe-.
and /ænd/ og.
anew /ə'njuː/ på ny, igjen.
angel /'eɪn(d)ʒ(ə)l/ engel *m*.
anger /'æŋgə/ sinne *n*.
anger *verb* /'æŋgə/ gjøre sint.
angle /æŋgl/ vinkel *m*; synsvinkel *m*; fiskekrok *m*.
angle *verb* /æŋgl/ fiske med snøre.
Anglican /'æŋglɪkən/ som hører til den anglikanske kirke.
angry /'æŋgrɪ/ sint (**at** over, **with** på).
anguish /'æŋgwɪʃ/ pine *m/f*, kval *m*, dyp smerte.
angular /'æŋgjʊlə/ vinkelformet.
animal /'ænɪm(ə)l/ dyre-; dyrisk; dyr *n*.
animate /'ænɪmeɪt/ besjele, gjøre levende, animere.
animation /ˌænɪ'meɪʃ(ə)n/ livlighet *m*; animasjonsfilm *m*.
animosity /ˌænɪ'mɒsətɪ/ hat *n*, fiendskap *m/n*.
ankle /'æŋkl/ ankel *m*.
annex /'æneks/ tilføyelse *m*, anneks *n*.
annex *verb* /ə'neks/ knytte til; legge ved; annektere; **~ation** tilknytting *m/f*, innlemmelse *m*.
annihilate /ə'naɪɪleɪt/ utslette, knuse.
anniversary /ˌænɪ'vɜːs(ə)rɪ/ årsdag *m*, særlig bryllupsdag.
announce /ə'naʊns/ meddele, kunngjøre, melde; **~ment** kunngjøring *m/f*, melding *m/f*; **~r** programvert *m*.
annoy /ə'nɔɪ/ ergre, irritere; **~ance** ergrelse *m*, irritasjon *n*.
annual /'ænjʊəl/ årlig.
anomalous /ə'nɒmələs/ avvikende, unormal.
anomaly /ə'nɒməlɪ/ anomali *m*, avvik *n*.
anonymity /ˌænə'nɪmətɪ/ anonymitet *m*.
anonymous /ə'nɒnɪməs/ anonym.

anorectic /ˌænər'ektɪk/ anorektisk.
anorexia /ˌænə'reksɪə/ anoreksi *m*.
another /ə'nʌðə/ en annen, et annet, en (et) til.
answer /'ɑːnsə/ svar *n*, løsning *m*.
answer *verb* /'ɑːnsə/ svare; svare til; stå til ansvar (**for** for); **~able** ansvarlig; **~ing machine** telefonsvarer *m*.
ant /ænt/ maur *m*.
antagonism /æn'tægənɪz(ə)m/ strid *m*, motsetningsforhold *n*.
antagonist /æn'tægənɪst/ motstander *m*.
antarctic /ænt'ɑːktɪk/ sydpols-; **the Antarctic, Antarctica** Antarktis.
ante /'æntɪ/ (*kortspill*) innsats *m*; **up the ~** høyne innsatsen.
antecedent /ˌæntɪ'siːdənt/ forløper *m*; forutgående.
antechamber /'æntɪˌtʃeɪmbə/ forværelse *n*.
antelope /'æntɪləʊp/ antilope *m*.
antenna /æn'tenə/ *flertall* **~e** antenne *m/f*; følehorn *n*.
anterior /æn'tɪərɪə/ tidligere, foregående.
anteroom forværelse *n*.
anthem /'ænθəm/ hymne *m*; **national ~** nasjonalsang *m*.
anthill /'ænthɪl/ maurtue *f*.
anthropologist /ˌænθrə'pɒlədʒɪst/ antropolog *m*.
anthropology /ˌænθrə'pɒlədʒɪ/ antropologi *m*.
anti /'æntɪ/ (i)mot; **~biotics** antibiotika.
anticipate /æn'tɪsɪpeɪt/ foregripe, forutse.
anticipation /ænˌtɪsɪ'peɪʃ(ə)n/ forutfølelse *m*, forventning *m*.
anticorrosive /ˌæntɪkə'rəʊsɪv/ rusthindrende; antirustmiddel *n*.
antics /'æntɪks/ narrestreker, klovneri.
antidote /'æntɪdəʊt/ motgift *m*.
antifreeze /'æntɪfriːz/ frosthindrende; kjølevæske *m*.
antipathy /æn'tɪpəθɪ/ antipati *m*, motvilje *m*.
antiquarian /ˌæntɪ'kweərɪən/ antikvar *m*.
antique /æn'tiːk/ antikk; antikvitet *m*.

antiquities /æn'tɪkwətɪz/ *flertall* oldtidslevninger *m*, *flertall*.
antiquity /æn'tikwətɪ/ den klassiske oldtid.
antiseptic /æntɪ'septɪk/ antiseptisk (middel).
antithesis /æn'tɪθəsɪs/ motsetning.
antler(s) /'æntlə(z)/ gevir.
anvil /'ænvɪl/ ambolt *m*.
anxiety /æŋ'zaɪətɪ/ uro *m/f*, engstelse *m*.
anxious /'æŋ(k)ʃəs/ engstelig (**about** for); ivrig.
any /'enɪ/ noen (som helst), hvilken som helst; enhver; **~body, ~one** noen (som helst); enhver, hvem som helst; **~how** i hvert fall; **~thing** noe; alt; **~way** i alle fall; forresten **~how** i alle fall; **~where** hvor som helst.
apart /ə'pɑːt/ borte fra; fra hverandre **~ from** bortsett fra; **far ~** langt fra hverandre.
apartment /ə'pɑːtmənt/ (*amr*) leilighet *m*; værelse *n*.
apathy /'æpəθɪ/ sløvhet *m*, apati *m*.
ape /eɪp/ ape *m*.
ape *verb* /eɪp/ etterape.
aperture /'æpətʃə/ åpning *m/f*, hull *n*.
apex /'eɪpeks/ topp, spiss.
apiece /ə'piːs/ for stykket, til hver.
apish /'eɪpɪʃ/ apelignende; fjollete.
apologetic /əˌpɒlə'dʒetɪk/ unnskyldende.
apologize /ə'pɒlədʒaɪz/ be om unnskyldning.
apology /ə'pɒlədʒɪ/ unnskyldning *m*.
apostle /ə'pɒsl/ apostel *m*.
appal /ə'pɔːl/ forskrekke, sjokkere.
appalling /ə'pɔːlɪŋ/ fryktelig, helt elendig.
apparatus /ˌæpə'reɪtəs/ apparat *n*.
apparent /ə'pær(ə)nt/ tydelig; **~ly** tilsynelatende.
appeal /ə'piːl/ appell *m*; (*jur*) anke *m*.
appeal *verb* /ə'piːl/ appellere (**to** til), falle i smak.
appear /ə'pɪə/ vise seg, opptre, synes; **~ance** tilsynekomst *m*, utseende *n*.
appendicitis /əˌpendɪ'saɪtɪs/ blindtarmbetennelse *m*.
appendix /ə'pendɪks/ blindtarm *m*, vedheng *n*.
appetite /'æpətaɪt/ appetitt *m*; lyst *m/f* (**for** på).

appetizer /'æpətaɪzə/ (*amr*) forrett *m*.
appetizing /'æpətaɪzɪŋ/ appetittvekkende.
applaud /ə'plɔːd/ applaudere.
applause /ə'plɔːz/ bifall *n*, applaus *m*.
apple /'æpl/ eple *n*.
appliance /ə'plaɪəns/ redskap *m (n)*, maskin *m*.
applicable /ə'plɪkəbl/ passende, anvendelig (**to** på).
applicant /'æplɪkənt/ søker *m*.
application /ˌæplɪ'keɪʃ(ə)n/ søknad *m*; anvendelse *m*.
apply /ə'plaɪ/ bruke; henvende seg (**to** til); søke; gjelde for.
appoint /ə'pɔɪnt/ fastsette; utnevne; **~ment** avtale *m*; utnevnelse *m*.
appraisal /ə'preɪz(ə)l/ vurdering *m*; taksering *m/f*.
appraise /ə'preɪz/ vurdere; taksere.
appreciate /ə'priːʃɪeɪt/ verdsette, sette pris på; forstå.
appreciation /əˌpriːʃɪ'eɪʃ(ə)n/ verdsettelse *m*; takknemlighet *m*.
apprehend /ˌæprɪ'hend/ gripe, anholde; begripe.
apprehension /ˌæprɪ'henʃ(ə)n/ pågripelse *m*.
apprehensive /ˌæprɪ'hensɪv/ urolig, bekymret.
apprentice /ə'prentɪs/ lærling *m*; **~ship** læretid *m/f*.
approach /ə'prəʊtʃ/ atkomst *m*; (*overført*) innfallsvinkel *m*, innstilling *m/f*.
approach *verb* /ə'prəʊtʃ/ (det å) nærme seg.
approbation /'æprə(ʊ)beɪʃ(ə)n/ bifall *n*; godkjennelse *m*.
appropriate /ə'prəʊprɪeɪt/ passende, velvalgt.
appropriate *verb* /ə'prəʊprɪeɪt/ tilegne seg; bevilge.
appropriation /əˌprəʊprɪ'əɪʃ(ə)n/ bevilgning *m*; tilegnelse *m*.
approval /ə'pruːv(ə)l/ bifall *n*, godkjenning *m/f*.
approve /ə'pruːv/ bifalle, godkjenne (**of**).
approximate(ly) /ə'prɒksɪmeɪt(lɪ)/ omtrent(lig), tilnærmet.
apricot /'eɪprɪkɒt, / aprikos *m*.

April /'eɪpr(ə)l/ april.
apron /'eɪpr(ə)n/ forkle *n*.
apt /æpt/ passende; treffende; tilbøyelig (**to** til).
aptitude /'æptɪtjuːd/ skikkethet *m*; dyktighet *m*; anlegg *n*.
aqua /'ækwə/ vann *n*.
aquaplane /'ækwəpleɪn/ vannplane.
Aquarius /e'kweərɪəs/ (*astrologi*) Vannmannen.
Arab /'ærəb/ araber; arabisk.
Arabic /æ'rəbɪc/ (*språk*) arabisk.
arable /'ærabl/ dyrkbar.
arbitrary /'ɑːbɪtrərɪ/ vilkårlig.
arbitrate /'ɑːbɪtreɪt/ megle.
arbitration /ˌɑːbɪ'treɪʃ(ə)n/ megling *m/f*, voldgift *m*.
arbitrator /'ɑːbɪtreɪtə/ voldgiftsmann *m*.
arcade /ɑː'keɪd/ buegang *m*.
arch /ɑːtʃ/ bue *m*, hvelv *n*; skjelmsk; erke-.
archaeologist /ˌɑːkɪ'ɒlədʒɪst/ arkeolog *m*.
archaeology /ˌɑːkɪ'ɒlədʒɪ/ arkeologi *m*.
archbishop /ˌɑːtʃ'bɪʃəp/ erkebiskop *m*.
archer /'ɑːtʃə/ bueskytter *m*; **~y** bueskyting *m/f*.
archipelago /ˌɑːkɪ'peləgəʊ/ arkipel *n*, øygruppe *m/f*.
architect /'ɑːkɪtekt/ arkitekt *m*; **~ure** arkitektur *m*, byggekunst *m*.
archive /'ɑːkaɪv/ arkiv.
arctic /'ɑːktɪk/ arktisk **(the) Arctic Circle** Polarsirkelen.
ardent /'ɑːd(ə)nt/ brennende, ivrig.
arduous /'ɑːdjuəs/ slitsom; vanskelig.
area /'eərɪə/ areal *n*; flate(innhold) *m/f (n)*; område *n*; **~ code** (*tlf*), (*amr*) retningsnummer *n*; **danger ~** faresone *m*.
arguably /'ɑːgjʊəblɪ/ etter manges mening.
argue /'ɑːgjuː/ argumentere, krangle.
argument /'ɑːgjʊmənt/ argument *n*, krangel *m*.
argumentation /ˌɑːgjʊmen'teɪʃ(ə)n/ argumentasjon *m*.
aria /'ɑːrɪə/ (*mus*) arie *m*.
arid /'ærɪd/ tørr, nedbørfattig.
Aries /'eəriːz/ (*astrologi*) Væren.
arise /ə'raɪz/ oppstå; fremtre.
aristocracy /ˌærɪ'stɒkrəsɪ/ aristokrati *n*.
aristocrat /'ærɪstəkræt/ aristokrat *m*.

aristocratic /ˌærɪstəˈkrætɪk/ aristokratisk.
arithmetic /əˈrɪθmətɪk/ regning *m/f*, aritmetikk *m*; **~al** aritmetisk.
arm /ɑːm/ arm *m*, armlene *n*.
arm *verb* /ɑːm/ bevæpne, ruste seg.
armchair /ˌɑːmˈtʃeə/ lenestol *m*.
armistice /ˈɑːmɪstɪs/ våpenstillstand *m*.
armour /ˈɑːmə/ rustning *m*; panser *n*.
armour /ˈɑːmə/ *verb* pansre.
armoury /ˈɑːmərɪ/ arsenal *n*.
armpit /ˈɑːmpɪt/ armhule *m*.
arms /ɑːmz/ våpen; våpenskjold.
army /ˈɑːmɪ/ hær *m*.
aroma /əˈrəʊmə/ aroma *m*, duft *m*; **~therapy** aromaterapi *m*; **~tic** aromatisk.
around /əˈraʊnd/ rundt; omkring.
arouse /əˈraʊz/ vekke.
arrange /əˈreɪn(d)ʒ/ ordne; avtale; **~ment** ordning *m/f*, avtale *m*.
arrears /əˈrɪəz/ *flertall* restanse *m*.
arrest /əˈrest/ arrestasjon *m*.
arrest *verb* /əˈrest/ arrestere, fengsle.
arresting /əˈrestɪŋ/ fengslende.
arrival /əˈraɪv(ə)l/ ankomst *m*; **date of ~** ankomstdato *m*; **time of ~** ankomsttid *m/f*.
arrive /əˈraɪv/ (an)komme (**at, in** til).
arrogance /ˈærəgəns/ arroganse *m*, hovmod *n*.
arrogant /ˈærəgənt/ arrogant, hovmodig.
arrow /ˈærəʊ/ pil *m/f*.
arse /ɑːs/ (*hverdagslig*) rumpe *m/f*, ræv *f*; (*overført*) drittsekk *m*.
arson /ˈɑːsn/ brannstiftelse *m*; mordbrann *m*; **~ist** brannstifter *m*.
art /ɑːt/ kunst *m*; **the fine ~s** de skjønne kunster.
arterial /ɑːˈtɪərɪəl/ pulsåre-.
arterial road hovedtrafikkåre *m/f*.
arteriosclerosis /ɑːˌtɪərɪəʊsklɪəˈrəʊsɪs/ åreforkalkning *m/f*.
artery /ˈɑːtərɪ/ pulsåre *m/f*.
arthritis /ɑːˈθraɪtɪs/ leddgikt *m/f*.
artichoke /ˈɑːtɪtʃəʊk/ artisjokk *m*.
article /ˈɑːtɪkl/ artikkel *m*, vare *m*.
articulate /ɑːˈtɪkjʊleɪt/

uttale tydelig, gi uttrykk for.
articulation /ɑːˌtɪkjʊˈleɪʃ(ə)n/ uttale *m.*
artificial /ˌɑːtɪˈfɪʃ(ə)l/ kunstig.
artisan /ˌɑːtɪˈzæn/ håndverker *m.*
artist /ˈɑːtɪst/ kunstner *m*; **~ic** kunstnerisk.
arts and crafts kunsthåndverk, husflid.
as /æs/ (lik)som; idet, ettersom, da; etter hvert som; **~ for** (**to**) med hensyn til; **~ good ~** så god som; **~ if** (*eller* **though**) som om; **~ it were** liksom, så å si; **~ well ~** også; **~ yet** hittil, ennå.
ascend /əˈsend/ stige, gå opp, bestige; **~ancy** (over) herredømme *n.*
ascension /əˈsenʃ(ə)n/ oppstigning *m*; **Ascension Day** Kristi himmelfartsdag.
ascertain /ˌæsəˈteɪn/ finne ut.
ascetic /əˈsetɪk/ asket *m*; asketisk.
ascribe /əˈskraɪb/ tilskrive, tillegge.
ash /æʃ/ ask *m.*
ashamed /əˈʃeɪmd/ skamfull; **be ~** skamme seg (**of** for/over).
ashcan /ˈæʃkæn/ (*amr*) søppeldunk *m.*
ashes /ˈæʃɪz/ aske.
ashore /əˈʃɔː/ i land.
ashtray /ˈæʃtreɪ/ askebeger *n.*
Asian /ˈeɪʃ(ə)n/ asiat *m*; asiatisk.
aside /əˈsaɪd/ til side, bort.
ask /ɑːsk/ spørre (**for** etter); be (**for** om); forlange.
askance /əˈskæn(t)s/ på skjeve.
asleep /əˈsliːp/ i søvne; **be ~** sove; **fall ~** sovne.
asparagus /əˈspærəgəs/ asparges *m.*
aspect /ˈæspekt/ side *m* (av en sak); utseende *n.*
aspen /ˈæspən/ (*bot*) ospe-; osp *m/f.*
aspire /əˈspaɪə/ strebe (**to** etter).
aspirin /ˈæsp(ə)rɪn/ hodepinetabletter *flertall*, aspirin *m* .
ass /æs/ esel *n*; (*overført*) tosk *m*, idiot; (*hverdagslig*) rumpe, ræv.
assassin /əˈsæsɪn/ snikmorder *m*; **~ate** snikmyrde; **~ation** snikmord *n.*
assault /əˈsɔːlt/ angrep *n*; overfall *n.*

assault *verb* /ə'sɔːlt/ angripe.
assemblage /ə'semblɪdz/ samling *m/f*; montering *m/f*.
assemble /ə'sembl/ samle seg, komme sammen; montere.
assembly /ə'semblɪ/ (for) samling *m/f*; montasje *m*.
assembly line samlebånd.
assent /ə'sent/ samtykke (**to** i).
assert /ə'sɜːt/ hevde; **~ion** påstand *m*.
assess /ə'ses/ beregne, taksere; **~ment** vurdering *m/f*; skatteligning *m/f*; takst *m*.
assets /'æsets/ *flertall* aktiva; fortrinn.
assign /ə'saɪn/ anvise, tilvise; **~ment** angivelse *m*; oppgave *m*; (*amr*) lekse *m/f*.
assist /ə'sɪst/ hjelpe; assistere.
assistant /ə'sɪstənt/ assistent.
associate /ə'səʊʃɪət/ kollega *m*, assosiert *m*.
associate *verb* /ə'səʊsɪeɪt/ knytte til; forbinde med.
association /əˌsəʊsɪ'eɪʃ(ə)n/ forening *m/f*, organisasjon *m*; forbindelse *m*.
assume /ə'sjuːm/ anta; påta seg.
assumption /ə'sʌm(p)ʃ(ə)n/ antakelse *m*, forutsetning *m*.
assurance /ə'ʃʊər(ə)ns/ forsikring *m/f*, løfte *n*; visshet *m*.
assure /ə'ʃʊə/ (for)sikre, overbevise.
astern /ə'stɜːn/ akter(ut).
asthma /'æsmə/ astma *m*; **~tic** astmatisk.
astonish /ə'stɒnɪʃ/ forbause, forbløffe; **~ing** forbausende; **~ment** forbauselse *m*.
astound /ə'staʊnd/ forbløffe, sjokkere.
astounding /ə'staʊndɪŋ/ forbløffende, sjokkerende.
astray /ə'streɪ/ på villspor, på gale veier.
astride /ə'straɪd/ overskrevs.
astrologer /ə'strɒlədʒə/ astrolog *m*.
astrology /ə'strɒlədʒɪ/ astrologi *m*.
astronomer /ə'strɒnəmə/ astronom *m*.
astronomy /ə'strɒnəmɪ/ astronomi *m*.
astute /ə'stjuːt/ dreven, gløgg.
asylum /ə'saɪləm/ asyl *n*; **~seeker** asylsøker *m*.
at *subst* /æt/ (*edb*) krøllalfa *m*.

at *preposisjon* /æt/ til, ved, i, hos, på; ~ **best** i beste fall; ~ **home** hjemme; ~ **last** endelig, til slutt; ~ **once** straks, med en gang; ~ **school** på skolen; ~ **the age of** i en alder av; ~ **three o'clock** klokken tre.
atheist /ˈeɪθɪɪst/ ateist.
athlete /ˈæθliːt/ idrettsmann *m*, atlet *m*.
athlete's foot fotsopp *m*.
athletic /æθˈletɪk/ atletisk.
athletics /æθˈletɪks/ (*britisk*) friidrett *m*.
Atlantic (Ocean), the Atlanterhavet.
atmosphere /ˈætməˌsfɪə/ atmosfære *m*.
atom /ˈætəm/ atom *n*; **~ic** atom-; ~ **bomb** atombombe *m/f*; **~ic energy** atomenergi *m*.
atone /əˈtəʊn/ gjøre bot, sone (**for** for).
atrocious /əˈtrəʊʃəs/ fryktelig, redselsfull.
atrocity /əˈtrɒsətɪ/ grusomhet *m*.
attach /əˈtætʃ/ knytte; vedlegge; **~ed** knyttet (**to** til), hengiven; vedlagt; **~ment** (*edb*) vedlegg *n*; hengivenhet *m*.
attack /əˈtæk/ angrep *n*.
attack *verb* /əˈtæk/ angripe.
attain /əˈteɪn/ (opp)nå.
attempt /əˈtem(p)t/ forsøk *n*.
attempt *verb* /əˈtem(p)t/ forsøke, prøve.
attend /əˈtend/ delta i, besøke; **~ance** nærvær *n*; fremmøte *n*; **~ant** kontrollør *m*, vaktmann *m*.
attention /əˈtenʃ(ə)n/ oppmerksomhet *m*.
attentive /əˈtentɪv/ oppmerksom.
attest /əˈtest/ bevitne; **~ation** bevitnelse *m*.
attic /ˈætɪk/ loft *n*, kvist(rom) *m (n)*.
attitude /ˈætɪtjuːd/ holdning *m/f*; innstilling *m/f*.
attorney /əˈtɜːnɪ/ (*amr*) advokat *m*; **power of attorney** fullmakt.
attract /əˈtrækt/ tiltrekke; **~ion** tiltrekning(skraft) *m (m/f)*; **~ive** tiltrekkende.
attribute /ˈætrɪbjuːt/ kjennetegn *n*, egenskap *m*.
attribute *verb* /əˈtrɪbjuːt/ tilskrive, tillegge.
aubergine /ˈəʊbəʒiːn/ eggplante *m/f*.
auburn /ˈɔːbən/ kastanjebrun.
auction /ˈɔːkʃ(ə)n/ auksjon *m*.

auction *verb* /'ɔːkʃ(ə)n/ auksjonere (bort).
audacious /ɔː'deɪʃəs/ (dum)dristig, frekk.
audible /'ɔːdəbl/ hørbar.
audience /'ɔːdjəns/ publikum *n*, tilhørere *m*, *flertall*; audiens *m*.
audit /'ɔːdɪt/ revisjon *m*, granskning *m/f*.
audit *verb* /'ɔːdɪt/ revidere; **~or** revisor *m*.
augment /ɔːg'ment/ øke, vokse.
August /'ɔːgəst/ august.
august /ɔː'gʌst/ ærverdig.
aunt /ɑːnt/ tante *m/f*.
aura /'ɔːrə/ aura *m*; utstråling *m*.
auspicious /ɔː'spɪʃəs/ lovende, gunstig.
Aussie /'ɒzɪ/ (*hverdagslig*) australier; australsk.
austere /ɔːstɪə/ streng, barsk; spartansk.
austerity /ɔː'sterətɪ/ strenghet *m*; enkelhet *m*.
Australia Australia; **~n** australier *m*; australsk.
Austria /'ɒstrɪə/ Østerrike.
authentic /ɔː'θentɪk/ ekte, autentisk; **~ity** autentisitet *m*, ekthet *m*.
author /'ɔːθə/ forfatter *m*; opphavsmann *m*.
authoritative /ɔː'θɒrɪtətɪv/ bestemmende, toneangivende; myndig.
authority /ɔː'θɒrətɪ/ myndighet *m*; autoritet *m*; fullmakt *m/f*.
authorize /'ɔːθəraɪz/ bemyndige, godkjenne.
autograph /'ɔːtəgrɑːf/ autograf *m*.
automatic /ˌɔːtə'mætɪk/ automatisk.
autonomy /ɔː'tɒnəmɪ/ selvråderett *m*, selvstyre *n*.
autumn /'ɔːtəm/ høst *m*; **in ~** om høsten; **~al** høstlig.
auxiliary /ɔːg'zɪlɪərɪ/ hjelpe-; medhjelper *m*.
avail /ə'veɪl/ nytte; **~able** disponibel, tilgjengelig; **~ oneself of** benytte seg av.
avalanche /'ævəlɑːnʃ/ snøskred *n*; lavine *m*.
avarice /'ævərɪs/ griskhet *m*, begjær *n*.
avaricious /ˌævə'rɪʃəs/ grådig, grisk.
avenge /ə'ven(d)ʒ/ hevne.
avenue /'ævənjuː/ aveny *m*, allé *m*.
average /'æv(ə)rɪdʒ/ gjennomsnitt(lig).
averse /ə'vɜːs/ uvillig (**to** til).
aversion /ə'vɜːʃ(ə)n/ aversjon *m*, uvilje *m*.

avert /ə'vɜːt/ avlede; avverge.
aviation /ˌeɪvɪ'eɪʃ(ə)n/ flyging *m/f*, luftfart *m*.
aviator /'eɪvɪeɪtə/ flyver *m*, pilot.
avoid /ə'vɔɪd/ unngå.
await /ə'weɪt/ vente på, avvente.
awake /ə'weɪk/ våken; **wide ~** lys våken.
awaken /ə'weɪkən/ vekke.
award /ə'wɔːd/ pris *m*, premie *m*; (*jur*) kjennelse *m*.
award *verb* /ə'wɔːd/ tilkjenne, belønne med.
aware /ə'weə/ bevisst; **be ~ of** være klar over.
awareness /ə'weənəs/ bevissthet *m*; forståelse *m*.
away /ə'weɪ/ bort, unna; borte.
awe /ɔː/ ærefrykt *m*; respekt *m*.
awful /'ɔːfʊl/ forferdelig.
awkward /'ɔːkwəd/ keitete, klossete; upraktisk; **~ness** klossethet *m*.
awry /ə'raɪ/ skeiv(t), forkjært.
axe /æks/ øks *m/f*.
axis /'æksɪs/ akse *m*.
axle /'æksl/ (hjul)aksel *m*.
aye /aɪ/ ja.
azure /'æʒə/ himmelblå(tt).

B

B.A. *fork for* **Bachelor of Arts** laveste akademiske grad i England og USA.
babble /'bæbl/ bable, plapre.
baby /'beɪbɪ/ spedbarn *n*; **~ carriage** (*amr*) barnevogn *m/f*.
babysit /'beɪbɪsɪt/ sitte barnevakt.
bachelor /'bætʃ(ə)lə/ ungkar *m*.
back /bæk/ bak-; rygg *m*, bakside *m/f*.
back /bæk/ *verb* rygge; bakke, støtte; vedde på; **~-up** (*edb*) sikkerhetskopi *n (m/f)*; **~seat** baksete
backbite /'bækbaɪt/ baktale.

backbone /'bækbəʊn/ ryggrad *m*; fasthet *m*.
backdrop /'bækdrɒp/ bakgrunn, bakteppe.
background /'bækgraʊnd/ bakgrunn *m*.
backhand /'bækhænd/ bakhåndsslag (i tennis).
backward(s) /'bækwədz/ baklengs; tilbakestående.
bacon /'beɪk(ə)n/ bacon *n*, røkt sideflesk *n*.
bacteria /bæk'tɪərɪə/ *flertall* bakterier *m*, *flertall*.
bad /bæd/ dårlig, slem; bedervet; syk; **be ~ly off** ha dårlig råd; **need ~ly** ha sterkt behov for.
badge /bædʒ/ kjennetegn *n*, merke *n*, skilt *n*.
badger /'bædʒə/ grevling.
baffle /'bæfl/ forvirre.
bag /bæg/ veske *m/f*, pose *m*; **~ lady/people** (*slang*) hjemløse, uteliggere *flertall*.
bagel /'beɪgl/ bagel *m*, liten brødring *m*.
baggage /'bægɪdʒ/ bagasje *m*; **~ claim** bagasjeutlevering *m/f*; **~ trolley** bagasjetralle *m/f* .
baggy /'bægɪ/ posete.
bagpipe /'bægpaɪp/ sekkepipe *f*.
bail /beɪl/ kausjon *m* (ved løslatelse).
bait /beɪt/ lokkemat *m*; agn *n*.
bait *verb* /beɪt/ agne.
bake /beɪk/ bake; steke; **~r** baker *m*; **~ry** bakeri *n*.
balance /'bæləns/ balanse *m*; likevekt *m/f*; saldo *m*.
balance *verb* /'bæləns/ balansere, avveie, utjevne.
balcony /'bælkənɪ/ balkong *m*, altan *m*.
bald /bɔːld/ skallet, bar.
bale /beɪl/ balle *m*.
balk /bɔːk/ bråstoppe; unngå; **~ at** steile over.
ball /bɔːl/ ball *m*, kule *m/f*; nøste *n*; dansefest *m*; **have a ~** ha det gøy.
ballad /'bæləd/ folkevise; ballade.
ballet /'bæleɪ/ ballett *m*.
balloon /bə'luːn/ ballong *m*.
ballot /'bælət/ stemmeseddel *m*; skriftlig avstemning *m*; **~-box** valgurne *m/f*.
balm /bɑːm/ balsam *m*; trøst *m*; **~y** mild; (*hverdagslig*) skrullete.
baloney /bə'ləʊnɪ/ *dss* servelat *m*; sludder.
bamboo /bæm'buː/ bambus *m*; **~ shoot** bambusskudd *n* .

banana /bə'nɑːnə/ banan *m*.
band /bænd/ bånd *n*; bande *m*; orkester *n*, musikkorps *n*; **~age** bind *n*, bandasje *m*; *verb* forbinde; **~leader** orkesterleder *m* dirigent *m*.
band-aid /'bændeɪd/ plaster.
bang /bæŋ/ smell *n*, slag *n*.
bang *verb* /bæŋ/ slå, smelle; (*slang*) knulle.
banish /'bænɪʃ/ forvise; **~ment** forvisning *m*.
banister(s) /'bænɪstə(z)/ gelender *n*, rekkverk *n*.
bank /bæŋk/ bank *m*; banke *m*; kant *m*; bredd *m*; **~ account** bankkonto *m*; **~er** bankier *m*; **~ing** bankvesen *n*, bankvirksomhet *m*; **~note** pengeseddel *m*.
bankrupt /'bæŋkrʌpt/ konkurs; **~cy** konkurs *m*; **go into ~cy** erklære seg konkurs.
banner /'bænə/ banner *n*, fane *m/f*.
banns /bænz/ *flertall* (ekteskaps)lysing *m/f*.
banquet /'bæŋkwɪt/ bankett *m*, festmåltid *n*.
banter /'bæntə/ erting, spøk.
baptism /'bæptɪz(ə)m/ dåp *m*.
baptize /bæp'taɪz/ døpe.
bar /bɑː/ stang *m/f*, slå *m*, list *m/f*; sandbanke *m*; (*jur*) skranke *m*; bar(disk) *m*.
bar *verb* /bɑː/ stenge, sperre.
barb /bɑːb/ tagg *m*, mothake *m*, brodd *m*.
barbarian /bɑː'beərɪən/ barbarisk; barbar *m*.
barbaric, barbarous barbarisk.
barbecue /'bɑːbɪkjuː/ utegrill; grillfest; **~ sauce** sterkt krydret kjøttsaus *m*.
barbed wire /bɑːbd 'waɪə/ piggtråd *m*.
barber /'bɑːbə/ barberer *m*, frisør *m*.
barbiturates /bɑː'bɪtʃərəts/ barbiturater *n*, *flertall*; beroligende midler *n*, *flertall*.
bar code /'bɑːkəʊd/ strekkode *m*.
bard /bɑːd/ skald *m*.
bare /beə/ bar, naken, snau; **lay ~** blotte; **~foot(ed)** barbeint; **~ly** knapt, såvidt.
bareback /'beəbæk/ uten sal.
barf /bɑːf/ (*amr*) spy, kaste opp.
bargain /'bɑːgɪn/ handel *m*; godt kjøp *n*.
bargain *verb* /'bɑːgɪn/ forhandle, prute.
barge /bɑːdʒ/ lekter *m*, kanalbåt *m*.

bark /bɑːk/ bark *m*; bjeff *n*.
bark *verb* /bɑːk/ gjø, bjeffe.
barley /ˈbɑːlɪ/ bygg *m/n*.
barman /ˈbɑːmən/ barkeeper *m*.
barn /bɑːn/ låve *m*.
barometer /bəˈrɒmɪtə/ barometer *n*.
barracks /ˈbæræks/ *flertall* kaserne *m*, brakke(r) *m/f*.
barrage /ˈbærɑːdʒ/ sperreild, bombardement.
barrel /ˈbær(ə)l/ tønne *m/f*, fat *n*; løp *n* (på en børse); valse *m*.
barren /ˈbær(ə)n/ ufruktbar, gold.
barricade /ˌbærɪˈkeɪd/ barrikade; hindring.
barrister /ˈbærɪstə/ (*britisk*) advokat *m*.
barrow /ˈbærəʊ/ trillebår *f*.
bartender /ˈbɑːˌtendə/ (*amr*) barkeeper *m*, bartender *m* .
barter /ˈbɑːtə/ byttehandel *m*.
barter *verb* /ˈbɑːtə/ bytte.
base /beɪs/ tarvelig; basis *m*; fundament *n*; base *m*.
base *verb* /beɪs/ basere; **~ball** amerikansk ballspill *n*; **~ment** kjeller(etasje) *m*.
bash /bæʃ/ (*hverdagslig*) fest *m*, party *n*.
bashful /ˈbæʃfəl/ blyg, sjenert.
basic /ˈbeɪsɪk/ grunn-, grunnleggende.
basil /ˈbæzl/ basilikum *m*.
basin /ˈbeɪsn/ kum *m*; fat *n*; basseng *n*.
basis /ˈbeɪsɪs, flertall: ˈbeɪsiːz/ basis *m*; grunnlag *n*, utgangspunkt *n*.
bask /bɑːsk/ sole seg.
basket /ˈbɑːskɪt/ kurv *m*.
bass /beɪs/ bass *m*; abbor *m* .
bastard /ˈbɑːstəd/ bastard, uekte (barn).
bat /bæt/ balltre *n*; flaggermus *m/f*.
batch /bætʃ/ bunke; gruppe.
bath /bɑːθ/ bad *n*; badekar *n*.
bathe *verb* /beɪð/ bade.
bathing suit /ˈbeɪðɪŋsuːt/ badedrakt *m/f*.
bathing trunks /ˈbeɪðɪŋtrʌŋks/ badebukse *m/f*.
bathroom /ˈbɑːθruːm/ bad(eværelse) *n*; (*amr*) toalett *n*.
bathtub /ˈbɑːθtʌb/ badekar *n*.
baton /ˈbætən/ kølle, batong; taktstokk; stafettpinne.

battle /'bætl/ slag *n*; **~field** slagmark *m/f*; **~ment** brystvern *n*.
batty /'bætɪ/ sprø, smårar.
bawl /bɔːl/ skrål *n*, brøl *n*.
bawl *verb* /bɔːl/ skråle, brøle; storgråte.
bay /beɪ/ bukt *m/f*, vik *m/f*; rødbrun (hest).
bay *verb* /beɪ/ bjeffe.
B&B /ˌbiːən'biː/ *fork for* **Bed and Breakfast**.
BBC /ˌbiːbiː'siː/ *fork for* **British Broadcasting Corporation**.
BC /ˌbiː'siː/ *fork for* **Before Christ** før Kristi fødsel.
be /biː/ være; bli.
beach /biːtʃ/ strand *m/f*.
beacon /'biːk(ə)n/ varde *m*; fyrlys *n*, lysbøye *m*, ledestjerne *m*.
bead /biːd/ liten (glass)kule *m/f*; (glass)perle *m/f*.
beak /biːk/ nebb *n*; **~er** drikkebeger *n*.
beam /biːm/ bjelke *m*; (lys) stråle *m*.
beam *verb* /biːm/ stråle, smile.
bean /biːn/ bønne *m/f*; **~ sprout** bønneskudd *n*.
bear /beə/ bjørn *m*.
bear *verb* /beə/ bære; tåle; føde; **~ in mind** huske, ta hensyn til.
beard /bɪəd/ skjegg *n*.
bearer /'beərə/ bærer *m*; overbringer *m*; ihendehaver *m*.
bearing /'beərɪŋ/ holdning *m*; peiling *m/f*; (*maskin*) lager *n*.
beast /biːst/ dyr *n*, udyr *n*; **~ly** dyrisk; avskyelig.
beat /biːt/ (hjerte)slag *n*; takt(slag) *m (n)*.
beat *verb* /biːt/ slå; overvinne.
beau /bəʊ/ kavaler *m*, laps *m*.
beautiful /'bjuːtəf(ə)l/ skjønn, vakker.
beauty /'bjuːtɪ/ skjønnhet *m*; **~ salon, ~ shop**, (*amr*) **~ parlor** skjønnhetssalong *m*.
beaver /'biːvə/ bever(skinn) *m (n)*; (*slang, amr*) mus.
because /bɪ'kɒz/ fordi; **~ of** på grunn av.
beckon /'bek(ə)n/ vinke (på).
become /bɪ'kʌm/ bli; kle.
becoming /bɪ'kʌmɪŋ/ passende, kledelig.
bed /bed/ seng *m/f*; bed *n*; elvefar *n*; **~ding** sengeklær; underlag *n*; **~fellow** sengekamerat *m*; **~pan** (stikk)bekken *n*; **~room** soveværelse *n*; **~sit(ter)**

hybel; **~spread** sengeteppe *n*; **~rock** grunnfjell.
bee /biː/ bie *m/f*.
beech /biːtʃ/ (*bot*) bøk *m*.
beef /biːf/ oksekjøtt *n*, biff *m*; **~steak** biff *m*.
beehive /'biːhaɪv/ bikube *m*.
bee-keeper /'biːˌkiːpə/ birøkter *m*.
beep /biːp/ pip, tut.
beeper /'biːpə/ personsøker.
beer /bɪə/ øl *n*.
beetle /'biːtl/ bille *m*.
beetroot /'biːtruːt/ rødbete *m/f*.
before /bɪ'fɔː/ før, foran; **~hand** på forhånd; i forveien.
beg /beg/ tigge, be (inntrengende); **I ~ your pardon** unnskyld meg; **I ~ to...** jeg tillater meg å...
beggar /'begə/ tigger *m*; **~ly** ussel.
begin /bɪ'gɪn/ begynne; **~ner** (ny)begynner *m*; **~ning** begynnelse *m*.
begrudge /bɪ'grʌdʒ/ misunne.
behalf /bɪ'hɑːf/ **on ~ of** på vegne av.
behave /bɪ'heɪv/ oppføre seg.
behaviour /bɪ'heɪvjə/ oppførsel *m*.
behead /bɪ'hed/ halshugge.
behind /bɪ'haɪnd/ bak(om); etter; rumpe *m/f*.
behold /bɪ'həʊld/ se, skue.
being /'biːɪŋ/ eksistens *m*; skapning *m*, vesen *n*.
belated /bɪ'leɪtɪd/ forsinket.
belch /beltʃ/ rap *n*, oppstøt *n*.
belch *verb* /beltʃ/ rape; spy ut.
belief /bɪ'liːf/ tro *m*.
believable /bɪ'liːvəbl/ troverdig.
believe /bɪ'liːv/ tro (**in** på).
bell /bel/ klokke *m/f*; bjelle *m/f*; (*sjøfart*) glass *n*, halvtime *m*; **~boy** pikkolo *m*; **~hop** (*amr*) pikkolo *m*.
belligerent /bə'lɪdʒər(ə)nt/ stridslysten; krigførende.
bellows /'beləʊz/ blåsebelg *m*.
belly /'belɪ/ mage *m*.
belong /bɪ'lɒŋ/ høre hjemme; **~ to** tilhøre; **~ings** eiendeler *m*.
beloved /bɪ'lʌvɪd/ elsket; avholdt.
below /bɪ'ləʊ/ (neden)under.
belt /belt/ belte *n*; reim *f*.
bench /ben(t)ʃ/ benk *m*; domstol *m*.
bend /bend/ bøyning *m*, krumning *m*; sving *m*.

bend *verb* /bend/ bøye (seg), gi etter; svinge.
beneath /bɪ'niːθ/ under.
benediction /ˌbenɪ'dɪkʃ(ə)n/ velsignelse *m*.
benefactor /'benɪfæktə/ velgjører *m*, donator *m*.
beneficence /bɪ'nefɪs(ə)ns/ velgjørenhet *m*, godgjørenhet *m*.
beneficent /bɪ'nefɪs(ə)nt/ velgjørende.
beneficial /ˌbenɪ'fɪʃ(ə)l/ fordelaktig, gagnlig.
benefit /'benɪfɪt/ nytte *m*, gagn *n*.
benefit *verb* /'benɪfɪt/ gagne; **~ by** ha nytte av, dra fordel av.
benevolence /bɪ'nevələns/ velvilje *m*, godhet *m/f*.
benevolent /bɪ'nevələnt/ velvillig; veldedig.
bent /bent/ tilbøyelighet *m*; anlegg *n*; **~ on** oppsatt på.
benzene, benzine /'benziːn/ rensebensin *m*.
bequeath /bɪ'kwiːð/ testamentere.
bequest /bɪ'kwest/ testamentarisk gave *m*.
berry /'berɪ/ bær *n*.
berth /bɜːθ/ ankerplass *m*; køye *m/f*.
beseech /bɪ'siːtʃ/ be innstendig, trygle.
beside /bɪ'saɪd/ ved siden av; **~s** i tillegg, dessuten.
besiege /bɪ'siːdʒ/ beleire.
best /best/ best; **make the ~ of** gjøre det best mulige ut av; **~ man** forlover *m*.
bestow /bɪ'stəʊ/ skjenke; gi.
bet /bet/ veddemål *n*.
bet *verb* /bet/ vedde.
betray /bɪ'treɪ/ forråde, svike; røpe; **~al** forræderi *n*, svik *n*; avsløring *m*.
betrothal /bɪ'trəʊðəl/ forlovelse *m*.
better /'betə/ bedre. ; **get the ~ of** beseire; **so much the ~** desto bedre.
better *verb* /'betə/ (for) bedre.
between /bɪ'twiːn/ (i) mellom; **~ you and me** mellom oss sagt.
beverage /'bevərɪdʒ/ drikk *m*.
beware /bɪ'weə/ passe seg (**of** for).
bewilder /bɪ'wɪldə/ forvirre; **~ment** forvirring *m/f*.
bewitch /bɪ'wɪtʃ/ forhekse.
beyond /bɪ'ɒnd/ bortenfor, hinsides; utover; **~ belief** utrolig; **~ me** over min forstand.
bias /'baɪəs/ fordom(mer); ensidighet.

bias(s)ed /ˈbaɪəst/ partisk, fordomsfull.
bib /bɪb/ smekke *m*; startnummer *n*.
the Bible /ˈbaɪbl/ Bibelen *m*.
bicker /ˈbɪkə/ kjekle.
bicycle /ˈbaɪsɪkl/ sykkel *m*; ~ **path** sykkelsti *m*.
bid /bɪd/ bud *n*.
bid *verb* /bɪd/ by, befale; gi bud; **~der** byder *m* (f.eks. på auksjon).
bier /bɪə/ (lik)båre *m/f*.
big /bɪg/ stor, svær.
bigamy /ˈbɪgəmɪ/ bigami *n*.
bigot /ˈbɪgət/ intolerant/ trangsynt person *m*; **~ed** sneversynt.
bike /baɪk/ sykkel *m*.
bile /baɪl/ galle *m*; sinne *n*.
bill /bɪl/ regning *m/f*; lovforslag *n*; (*amr*) pengeseddel *m*; (*zool*) nebb *n*; ~ **of fare** spiseseddel *m*, meny *m*; **foot the** ~ betale for moroa.
billboard /ˈbɪlbɔːd/ (*amr*) plakattavle *m/f* (langs veien); oppslagstavle.
billiards /ˈbɪljədz/ biljardspill *n*.
billion /ˈbɪljən/ (*britisk*) billion *m*; (*amr*) milliard *m*.
bin /bɪn/ binge *m*, kasse *m/f*; **dust** ~ søppelbøtte.
bind /baɪnd/ binde; forbinde; binde inn; forplikte; **in a** ~ i knipe; **~ing** forpliktende; bind *n*; innbinding *m/f*.
binoculars /bɪˈnɒkjʊləz/ kikkert *m*.
biographer /baɪˈɒgrəfə/ biograf *m*.
biography /baɪˈɒgrəfɪ/ biografi *m*.
biological /ˌbaɪə(ʊ)ˈlɒdʒɪk(ə)l/ biologisk.
biologist /baɪˈɒlədʒɪst/ biolog *m*.
biology /baɪˈɒlədʒɪ/ biologi *m*.
birch /bɜːtʃ/ (*bot*) bjørk *m/f*.
bird /bɜːd/ fugl *m*.
birth /bɜːθ/ fødsel *m*; byrd *m*; **date of** ~ fødselsdato *m*; **place of** ~ fødested *n*; **~day** fødselsdag *m*; **~mark** føflekk *m*; **~rate** fødselshyppighet *m*.
biscuit /ˈbɪskɪt/ kjeks *m*.
bisexual /ˌbaɪˈseksjʊəl/ biseksuell, bifil.
bishop /ˈbɪʃəp/ biskop *m*; (i sjakk) løper *m*.
bit /bɪt/ bit *m*; stykke *n*; bissel *n*; borspiss *m*; **a** ~ litt, en smule; ~ **by** ~ litt etter litt.
bitch /bɪtʃ/ tispe *f*; hurpe *f*.

bite /baɪt/ bitt *n*, stikk *n*; napp *n*.
bite *verb* /baɪt/ bite.
bitter /'bɪtə/ bitter, besk; bitter *m* (øl); **~ness** bitterhet *m*.
blab /blæb/ sladre, plapre.
black /blæk/ svart, mørk; **~berry** bjørnebær *n*; **~board** (vegg)tavle *m/f*; **~currant** solbær *n*; ; **~en** sverte ((*også overført*)); **~ eye** blått øye *n* (blåveis); **~list** svarteliste *m/f; også verb*; **~mail** pengeutpressing *m/f*; *verb* drive pengeutpressing mot; **~ market** svartebørs *m*; **~smith** (grov)smed *m*.
bladder /'blædə/ blære *m/f*.
blade /bleɪd/ blad *n*; kniv *m*.
blame /bleɪm/ skyld *m/f*, kritikk *m*.
blame *verb* /bleɪm/ klandre, gi skylden for.
bland /blænd/ smakløs, glatt.
blank /blæŋk/ blank, ubeskrevet; tomrom *n*.
blanket /'blæŋkɪt/ ullteppe *n*.
blasphemous /blæs'fəməs/ blasfemisk.
blasphemy /'blæsfəmɪ/ gudsbespottelse *m*.
blast /blɑːst/ vindkast *n*; trompetstøt *n*; sprengning *m*.
blast *verb* /blɑːst/ sprenge, ødelegge.
blaze /bleɪz/ flamme *m*, brann *m*.
blaze *verb* /bleɪz/ flamme; skinne.
blazer /'bleɪzə/ blazer *m*, jakke *m/f*.
bleach /bliːtʃ/ blekemiddel *n*.
bleach *verb* /bliːtʃ/ bleke.
bleak /bliːk/ (rå)kald; forblåst.
bleat /bliːt/ breke.
bleed /bliːd/ blø; årelate; utsuge.
bleep /bliːp/ kort lydsignal *n*, pip *n*.
bleep *verb* /bliːp/ pipe; **~er** (*britisk*) personsøker *m*.
blemish /'blemɪʃ/ skavank *m*, skjønnhetsflekk *m*.
blend /blend/ blanding *m/f*.
blend *verb* /blend/ blande.
bless /bles/ velsigne; **~ed** velsignet; salig; **~ing** velsignelse *m*.
blight /blaɪt/ sykdom *m* på planter; (*overført*) pest *m*.
blind /blaɪnd/ blind (**to** for); rullegardin *m/f*.
blindfold /'blaɪn(d)fəʊld/ binde et bind for øynene på

en; **~ed** i blinde, med bind for øynene.
blink /blɪŋk/ blink *n*; glimt *n*.
blink *verb* /blɪŋk/ blinke; blunke.
bliss /blɪs/ lykksalighet *m*, glede *m*; **~ful** lykksalig.
blister /ˈblɪstə/ blemme *m/f*.
blizzard /ˈblɪzəd/ snøstorm *m*.
bloated /ˈbləʊtɪd/ oppsvulmet.
block /blɒk/ blokk *m/f*; kloss *m*; (*amr*) kvartal *n*.
block *verb* /blɒk/ blokkere; **~ade** blokade *m*; **~head** dumrian *m*.
bloke /bləʊk/ (*hverdagslig, britisk*) fyr *m*, kar *m*.
blood /blʌd/ blod *n*; **~ clot** blodpropp *m*; **~ poisoning** blodforgiftning *m*; **~ transfusion** blodoverføring *m/f*; **~vessel** blodkar *n*; **~y** blodig; fordømt, helvetes.
bloom /bluːm/ blomstring *m/f*; (*overført*) friskhet *m/f*.
bloom *verb* /bluːm/ blomstre.
blossom /ˈblɒsəm/ blomst *m*.
blot /blɒt/ klatt *m*, flekk *m*.
blot *verb* /blɒt/ flekke, skjemme; **~ out** slette ut.
blotch /blɒtʃ/ flekk *m*.
blouse /blaʊz/ bluse *m/f*.
blow /bləʊ/ slag *n*, støt *n*; skuffelse *m*.
blow *verb* /bləʊ/ blåse; **~-dry** føne; **~job** munnsex; **~ up** sprenge i lufta; forstørre.
blow out utblåsing *m/f*.
blower /ˈbləʊə/ blåser *m*; **snow ~** snøfreser *m*.
blowfly /ˈbləʊflaɪ/ spyflue *m/f*.
blowtorch /ˈbləʊtɔːtʃ/ blåselampe.
blubber /ˈblʌbə/ (hval) spekk *n*.
blue /bluː/ blå; (*fig*) nedtrykt; **~s** *flertall* tungsinn *n*; **~berry** (*amr*) blåbær *n*; **~ cheese** roquefortost *m*; **~-collar worker** industri/kroppsarbeider *m*.
blueprint /ˈbluːprɪnt/ blåkopi *m*.
blues /bluːz/ melankoli *m*; **have the ~** (*hverdagslig*) være deppa.
bluff /blʌf/ bratt klippe; bløff *m*.
bluff *verb* /blʌf/ bløffe.
blunder /ˈblʌndə/ bommert *m*, tabbe *m/f*.
blunt /blʌnt/ sløv; likefrem; brysk.
blur /blɜː/ uskarpt bilde.

blur *verb* /blɜː/ gjøre uklar, bli tåket.
blurt /blɜːt/ ~ **out** buse ut med.
blush /blʌʃ/ rødme *m; også verb*.
boar /bɔː/ råne *m*; villsvin *n*.
board /bɔːd/ bord *n*, planke *m*, brett *n*; papp *m*; styre *n*, utvalg *n*; **on** ~ om bord; ~ **and lodging** kost og losji; ~**er** pensjonær *m*.
boarding /'bɔːdɪŋ/ ombordstigning *m/f*; ~ **pass** ombordstigningskort *n*; ~**-house** pensjonat *n*; ~**school** pensjonatskole *m*.
boast /bəʊst/ skryt *n*.
boast *verb* /bəʊst/ skryte.
boat /bəʊt/ båt *m*; skip *n*; ~**swain** båtsmann *m*.
bob /bɒb/ bevege seg opp og ned, duppe.
bobbin /'bɒbɪn/ snelle *m/f*; spole *m*.
bodily /'bɒdəlɪ/ legemlig.
body /'bɒdɪ/ kropp *m*; lik *n*; forsamling *m/f*; karosseri *n*; hoveddel *m*; ~**guard** livvakt *m*.
bog /bɒg/ myr *m/f*; ~**gy** myrlendt; ~**us** falsk, skinn-.
boil /bɔɪl/ byll *m*.
boil *verb* /bɔɪl/ koke; ~**er** (damp)kjele *m*.
boisterous /'bɔɪst(ə)rəs/ larmende; høyrøstet.
bold /bəʊld/ dristig; freidig.
boloney /bə'ləʊnɪ/ servelat; sludder.
bolster /'bəʊlstə/ støtte; supplere.
bolt /bəʊlt/ bolt *m*; slå *m/f*; lyn *n*.
bolt *verb* /bəʊlt/ stenge (med slå); løpe (løpsk); stikke av.
bomb /bɒm/ bombe *m/f, også verb*; ~**astic** svulstig; ~**er** bombefly *n*.
bonanza /bə'nænzə/ gullgruve *m/f*, lykketreff.
bond /bɒnd/ bånd *n*; obligasjon *m*; forpliktelse *m*.
bond *verb* /bɒnd/ knytte bånd til.
bondage /'bɒndɪdʒ/ slaveri *n*.
bone /bəʊn/ bein *n*, knokkel *m*; ~ **marrow** benmarg *m*.
bonfire /'bɒnˌfaɪə/ bål *n*.
bonnet /'bɒnɪt/ kyse *m/f*, hette *m/f*; (*britisk*) panser *n* (på bil).
bony /'bəʊnɪ/ benete, knoklete.
book /bʊk/ bok *m/f*.
book *verb* /bʊk/ bestille, reservere; bokføre; ~**case** bokreol *m*; ~**ing office**

billettkontor *n*; **~keeper** bokholder *m*; **~mark** bokmerke *n*; **~seller** bokhandler *m*; **~shelf** bokhylle *m/f*; **~store** (*amr*) bokhandel *m*.

boom /buːm/ bom *m*; drønn *n*; høykonjunktur *m*.

boost /buːst/ forsterkning *m*, økning *m*.

boost *verb* /buːst/ øke, forsterke; reklamere for.

boot /buːt/ støvel *m*; bagasjerom *n* (i bil), (*amr*) trunk; **to ~** attpåtil.

boot *verb* /buːt/ (*edb*) starte.

booth /buːθ/ (salgs)bod *m*.

bootleg /ˈbuːtleg/ pirat-, illegal.

bootlegger /ˈbuːtˌlegə/ en som brenner hjemme; spritsmugler *m*.

booze /buːz/ sprit *m*, brennevin *m*.

border /ˈbɔːdə/ kant *m*; grense(land) *m/f (n)*.

border *verb* /ˈbɔːdə/ grense (**on** til).

bore /bɔː/ bor *n*; kjedelig person *m*.

bore *verb* /bɔː/ plage; kjede; **it's a ~** det er ergerlig, kjedelig; **~dom** kjedsomhet *m*.

borough /ˈbʌrə/ (*amr*) bydel *m*, bykommune *m*; valgkrets *m*.

borrow /ˈbɒrəʊ/ låne (av).

bosom /ˈbʊzəm/ barm *m*, bryst *n*.

boss /bɒs/ sjef *m*; bas *m*, formann *m*.

botanical /bəˈtænɪkəl/ botanisk.

botanist /ˈbɒtənɪst/ botaniker *m*.

botany /ˈbɒtənɪ/ botanikk *m*.

both /bəʊθ/ begge; både.

bother /ˈbɒðə/ bry(deri) *n*, plage *m*.

bother *verb* /ˈbɒðə/ sjenere, plage; **~some** brysom, plagsom.

bottle /ˈbɒtl/ flaske *m/f*.

bottle *verb* /ˈbɒtl/ fylle på flaske; **feeding ~** tåteflaske *m/f*; **~ up** (*overført*) undertrykke.

bottom /ˈbɒtəm/ bunn *m*; rumpe *m/f*; **~ line** sluttresultat; poeng; **~s up!** skål! drikk ut!

boulder /ˈbəʊldə/ kampestein *m*.

bounce /baʊns/ sprang *n*, byks *n*.

bounce *verb* /baʊns/ sprette, bykse; **~r** (*hverdagslig*) utkaster *m*; sjekk *m* uten dekning.

bound /baʊnd/ sprett *n*, byks *n*; grense *m/f*; **be ~ to do** være (forut)bestemt, nødt til; **be ~ for** med kurs for, på vei til; **~ary** grense *m/f*.
bounty /ˈbaʊntɪ/ velgjørenhet *m/f*; skuddpremie *m*, dusør *m*.
bourbon /ˈbɜːbən/ amerikansk whisky.
bow /bəʊ/ bue *m*; fiolinbue *m*; sløyfe(slips) *m/f (n)*; bukk *n*; (*sjøfart*) baug *m*.
bow *verb* /baʊ/ bukke; bøye.
bowels /bˈaʊəlz/ innvoller *m*, tarmer *m*.
bowl /bəʊl/ kule *m/f*; bolle *m*, skål *m/f*.
bowl *verb* /bəʊl/ bowle, spille kjegler.
bow-legged /ˈbəʊlegd/ hjulbent.
bowler /ˈbəʊlə/ bowlerhatt *m*; en som bowler.
bowling /ˈbəʊlɪŋ/ bowling *m*, kjeglespill *n*.
box /bɒks/ eske *m*; skrin *n*; kasse *m/f*; losje *m*, avlukke *n*.
box *verb* /bɒks/ bokse; slå; **~er** bokser *m*.
box office (*teater*) billettkontor *n*.
boy /bɔɪ/ gutt *m*; **~hood** gutteår; **~ish** guttaktig, gutte-; **~ scout** speidergutt *m*.
bra /brɑː/ behå *m*.
brace /breɪs/ (*arkitektur*) bånd *n*; støtte *m/f*; par *n* (i jaktspråk).
brace *verb* /breɪs/ binde, stramme, spenne fast.
bracelet /ˈbreɪslət/ armbånd *n*.
braces /ˈbreɪsɪz/ tannregulering *m/f*; bukseseler *m*.
bracket /ˈbrækɪt/ (*arkitektur*) konsoll *m*; **~s** klammer (parentes) *m*.
brag /bræg/ skryte.
braid /breɪd/ flette *m/f*; snor *m/f*.
braid *verb* /breɪd/ flette; pynte med snorer; **~ing** pyntebånd *n*.
brain /breɪn/ hjerne *m*; forstand *m* (også **brains**); **~ damage** hjerneskade *m*; **~storm** idédugnad *m*; **~ tumor** hjernesvulst *m*.
brake /breɪk/ brems *m/f*.
brake *verb* /breɪk/ bremse; **power ~** servobrems *m/f*; **~ fluid** bremsevæske *m*.
bran /bræn/ kli *n*.
branch /brɑːn(t)ʃ/ (*bot*) grein *m/f*; filial *m*.
brand /brænd/ (vare)merke *n*; svimerke *n*.

brand *verb* /brænd/ brennemerke; (*overført*) stemple; **~-new** splitter ny.
brandy /ˈbrændɪ/ konjakk *m*.
brass /brɑːs/ messing *m/f*; (*hverdagslig*) gryn (penger); **~ band** hornmusikkorps *n*.
brat /bræt/ skittunge *m*, snørrhvalp *m*.
brave /breɪv/ modig, tapper.
brawl /brɔːl/ slagsmål *n*, spetakkel *n*.
brazen /ˈbreɪzn/ frekk, skamløs; messing-.
Brazil nut paranøtt *m/f*.
breach /briːtʃ/ brudd *n*; sprekk *m*.
bread /bred/ brød *n*.
breadth /bredθ/ bredde *m*.
break /breɪk/ brudd *n*; avbrytelse *m*; pause *m*.
break *verb* /breɪk/ brekke, bryte; ødelegge; **~able** skrøpelig; **~age** brudd *n*, **~ down** bryte sammen; **~down** motorstopp *m*; (*overført*) sammenbrudd *n*; **~er** (*sjøfart*) brottsjø *m*, brenning *m*.
breakfast /ˈbrekfəst/ frokost *m*.
breakthrough /ˈbreɪkθruː/ gjennombrudd *n*.
break-up /ˈbreɪkʌp/ oppløsning *m*; sammenbrudd *n*.
breakwater /ˈbreɪkˌwɔːtə/ molo *m*.
breast /brest/ bryst *n*.
breath /breθ/ pust *m*, åndedrag *(m) n*.
breathalyser /ˈbreθəlaɪzə/ alkotestapparat *n*.
breathe /briːð/ puste.
breathless /ˈbreθləs/ andpusten.
breathtaking /ˈbreθˌteɪkɪŋ/ som tar pusten fra en, nervepirrende.
breech birth setefødsel *m*.
breed /briːd/ rase *m*; slag *n*.
breed *verb* /briːd/ avle; fostre; **~ing** avl *m*; oppdragelse *m*.
breeze /briːz/ bris *m*; (*hverdagslig*) enkel sak.
brew /bruː/ brygg *n*.
brew *verb* /bruː/ brygge; (*overført*) være i gjære; **~ery** bryggeri *n*.
bribe /braɪb/ bestikkelse *m*.
bribe *verb* /braɪb/ bestikke; **~ry** bestikkelse *m*.
brick /brɪk/ murstein *m*; **~layer** murer *m*.
bridal /ˈbraɪdl/ brude-, bryllups-.
bride /braɪd/ brud *m*.
bridegroom /ˈbraɪdgruːm/ brudgom *m*.

bridesmaid /ˈbraɪdzmeɪd/ brudepike *m*.
bridge /brɪdʒ/ bro *m*.
bridle /ˈbraɪdl/ bissel *n*; (*overført*) tøyle *m*.
brief /briːf/ (*jur*) saksresyme *n*.
brief *verb* /briːf/ gi et saksresyme; orientere.
brief *adj* /briːf/ kort(varig), kortfattet.
briefcase /ˈbriːfkeɪs/ dokumentmappe *m/f*.
bright /braɪt/ lys; klar; gløgg; **~en** gjøre lysere; lyse opp; **~ness** (*elektr*) lysstyrke *m*.
brilliance /ˈbrɪljəns/ stråleglans *m*, lysstyrke *m*.
brilliant /ˈbrɪljənt/ briljant, strålende; (*hverdagslig*) kjempeflott.
brim /brɪm/ rand *m/f*, kant *m*.
bring /brɪŋ/ bringe; hente; **~ about** forårsake, få i stand; **~ in** ta inn; innbringe; **~ on** forårsake; **~ out** utgi; bringe for dagen; **~ up** oppdra; bringe på bane.
brink /brɪŋk/ kant *m; også overført*.
brisk /brɪsk/ rask; oppkvikkende.
bristle /ˈbrɪsl/ bust *m/f*; reise bust.
Britain /ˈbrɪtn/ **Great ~** Storbritannia.
British /ˈbrɪtɪʃ/ britisk.
Briton /ˈbrɪtn/ brite *m*.
brittle /ˈbrɪtl/ skjør, sprø; **~-bone disease** benskjørhet *m*.
broad /brɔːd/ bred, vid; (*slang*) tiltrekkende kvinne; **~band** bredbånd *n*.
broadcast /ˈbrɔːdkɑːst/ (*radio*) sende, kringkaste; **~ing** kringkasting *m/f*; radio-.
broaden /ˈbrɔːdn/ gjøre bredere.
broad-minded /ˌbrɔːdˈmaɪndɪd/ vidsynt, tolerant.
broccoli /ˈbrɒkəlɪ/ brokkoli *m*.
broil /brɔɪl/ (*amr*) (grill) steke.
broke /brəʊk/ blakk, pengelens; **~n** ødelagt; oppløst; gebrokken.
broker /ˈbrəʊkə/ (børs) mekler *m*.
bronchitis /brɒŋˈkaɪtɪs/ bronkitt *m*.
bronze /brɒnz/ bronse *m*.
brooch /brəʊtʃ/ brosje *m/f*, brystnål *m/f*.
brook /brʊk/ bekk *m*.
broom /bruːm/ sopelime

m, feiekost *m*; **~stick** kosteskaft *n*.
Bros. /ˈbrʌðəz/ *fork for* **Brothers** brødrene (i firmanavn).
broth /brɒθ/ kjøttkraft *m/f*, buljong *m*.
brothel /ˈbrɒθl/ bordell *m*.
brother /ˈbrʌðə/ bror *m*; **~hood** brorskap *n*; **~-in-law** svoger *m*.
brow /braʊ/ (øyen)bryn *n*; panne *m/f*.
browbeat /ˈbraʊbiːt/ true, herse med.
brown /braʊn/ brun.
Brownie Guide (om pikespeider:) meise *m*.
browse /braʊz/ beite; skumlese; **~r** (*edb*) nettleser *m*.
bruise /bruːz/ blåmerke *n*, flekk *m*.
brush /brʌʃ/ børste *m*; pensel *m*.
brush *verb* /brʌʃ/ børste; **~ away** viske bort; **~ off** avfeie.
Brussels sprouts rosenkål *m*.
brutal /ˈbruːtl/ rå, brutal.
brutality /bruːˈtæləti/ råskap *m*, brutalitet *m*.
brute /bruːt/ (u)dyr *n*, beist *n*.
bubble /ˈbʌbl/ boble *m/f; også v*; **~ bath** skumbad *n*; **~ gum** ballongtyggegummi *m*.
buck /bʌk/ (*zool*) bukk *m*; (*amr*) dollar *m*.
buck *verb* /bʌk/ skyte rygg; (*amr*), (*overført*) stritte imot.
bucket /ˈbʌkɪt/ bøtte *m/f*, spann *n*.
buckle /ˈbʌkl/ spenne *m/f; også verb*.
bud /bʌd/ knopp *m*, skudd *n*.
bud *verb* /bʌd/ skyte knopper.
buddy /ˈbʌdɪ/ (*amr*) kamerat *m*, kompis *m*.
budge /bʌdʒ/ røre seg; gi etter (vanligvis negativt).
budgerigar /ˈbʌdʒərɪgɑː/ (kortform: **budgie**) undulat *m*.
budget /ˈbʌdʒɪt/ budsjett *n*.
budget *verb* /ˈbʌdʒɪt/ budsjettere.
buffalo /ˈbʌfələʊ/ bøffel *m*.
buffoon /bəˈfuːn/ bajas *m*.
bug /bʌg/ (*zool*) lite insekt *n*, utøy *n*; skjult mikrofon *m*; bakterie *m*.
bug *verb* /bʌg/ avlytte; irritere.
build /bɪld/ kroppsbygning *m*, figur *m*.

build *verb* /bɪld/ bygge; **~ing** bygning *m*.
built-in /ˌbɪlt'ɪn/ innebygd.
bulb /bʌlb/ lyspære *m/f*; (blomster)løk *m*.
bulge /bʌldʒ/ kul *m*, bulk *m*.
bulge *verb* /bʌldʒ/ bule ut.
bulk /bʌlk/ omfang *n*; last *m/f*; størsteparten; **~y** omfangsrik; uhåndterlig.
bull /bʊl/ okse *m*; hann *m*; optimistisk spekulant *m*; tullprat *n*.
bullet /'bʊlɪt/ (gevær- *eller* revolver)kule *m/f*.
bull market /'bʊlˌmɑːkɪt/ kursstigning på børsen *m*.
bull's-eye /'bʊlzˌaɪ/ blinkskudd *n*.
bullshit /'bʊlʃɪt/ (*hverdagslig*) tullprat.
bully /'bʊlɪ/ bølle *m*.
bully *verb* /'bʊlɪ/ trakassere, herse med.
bulwark /'bʊlwək/ (*sjøfart*) skansekledning *m*; (*mil*) (festnings)voll *m*; (*overført*) vern *n*.
bum /bʌm/ (*britisk*) rumpe *m/f*; (*amr*) boms *m*.
bum *verb* /bʌm/ gå på bommen; bomme.
bumblebee /'bʌmblbiː/ (*zool*) humle *f*.
bump /bʌmp/ støt *n*; kul *m*; hump *n*.
bump *verb* /bʌmp/ støte, dunke; **~er** støtfanger *m*; kjempe-; **~y** humpete.
bun /bʌn/ (hvete)bolle *m*.
bunch /bʌn(t)ʃ/ knippe *n*; klase *m*; flokk *m*.
bundle /'bʌndl/ bunt *m*; bylt *m*.
bundle *verb* /'bʌndl/ bunte sammen.
bungee /'bʌndʒɪ/ **~ jumping** strikkhopping *m/f*.
bungle /'bʌŋgl/ forkludre, mislykkes.
bunion /'bʌnjən/ ilke *m*, liktorn *m*.
bunk /bʌŋk/ fast køye *m/f*; **~er** bunker *m*.
buoy /bɔɪ/ bøye *m*; **~ancy** oppdrift *m*; **~ant** flytende; (*overført*) spenstig; optimistisk.
burden /'bɜːdn/ byrde *m*; belastning *m*.
burden *verb* /'bɜːdn/ lesse på; bebyrde; **~some** tyngende; plagsom.
bureau /'bjʊərəʊ/ byrå *n*; skatoll *n*; (*amr*) kommode *m*.
bureaucracy /bjʊ(ə)'rɒkrəsɪ/ byråkrati *n*.
bureaucrat /'bjʊərə(ʊ)kræt/ byråkrat *m*.

bureaucratic /ˌbjʊərə(ʊ)'krætɪk/ byråkratisk.
burglar /'bɜːglə/ innbruddstyv *m*; ~ **alarm** tyverialarm *m*; ~**y** innbrudd *n*.
burial /'berɪəl/ begravelse *m*; ~ **ground** kirkegård *m*, gravlund *m*.
burn /bɜːn/ brannsår *n*, forbrenning *m*.
burn *verb* /bɜːn/ brenne.
burp /bɜːp/ rap *n*; rape.
burr /bɜː/ borre *m*; (*fonetisk*) skarring.
burrow /'bʌrəʊ/ hule *m*; gang *m*.
burrow *verb* /'bʌrəʊ/ grave ganger i jorden.
burst /bɜːst/ sprengning *m*; brudd *n*; utbrudd *n*.
burst *verb* /bɜːst/ sprekke, briste; styrte (inn).
bury /'berɪ/ begrave.
bus /bʌs/ buss *m*.
bush /bʊʃ/ busk *m*, kratt(skog) *n (m)*; villmark *m*.
business /'bɪznəs/ forretning *m*; butikk *m*; beskjeftigelse *m*; sak *m/f*; oppgave *m*; ~**like** forretningsmessig; ~ **trip** forretningsreise *m/f*.
bust /bʌst/ byste *m/f*; (*amr*) fiasko *m*; **go** ~ (*amr*) gå konkurs.
bustle /'bʌsl/ travelhet *m*.
busy /'bɪzɪ/ travel, opptatt.
busy *verb* /'bɪzɪ/ beskjeftige; ~**body** geskjeftig person *m*.
but /bʌt/ men; **all** ~ alle unntatt; nesten.
butcher /'bʊtʃə/ slakter *m*.
butler /'bʌtlə/ hovmester *m*; overtjener *m*.
butt /bʌt/ (skyte)skive *m/f*; (*også overført*); tykk ende, kolbe *m*; (*amr*) rumpe *m/f*; (sigarett)stump *m*.
butt *verb* /bʌt/ stange.
butter /'bʌtə/ smør *n*; smøre smør på; ~ **up** smigre.
butterfly /'bʌtəflaɪ/ sommerfugl *m*.
buttock /'bʌtək/ rumpeballe *m*; ~**s** rumpe *f*.
button /'bʌtn/ knapp *m*.
button *verb* /'bʌtn/ kneppe; ~**hole** knapphull *n (m)*; slå kloa i.
buxom /'bʌksəm/ (om kvinne) fyldig, frodig, yppig.
buy /baɪ/ kjøpe; ~**er** kjøper *m*.
buzz /bʌz/ summe, surre; ~ **off!** forsvinn!
buzzword /'bʌzwɜːd/ moteord *n*.

by *preposisjon* /baɪ/ ved (siden av); av; med; innen; etter, ifølge.
by *adv* /baɪ/ forbi; ved; **~ all means** ja visst; **~ day/ night** om dagen/natten; **~-election** suppleringsvalg *n*; **~ heart** utenat; **~-product** biprodukt; **~ rail** med jernbane; **~ 6 o'clock** innen kl. 6; **~ the way** forresten, apropos; **~ the sack** i sekkevis.
byword /'baɪwɜːd/ munnhell *n*; typisk eksempel *n*.

C

cab /kæb/ drosje *m/f*; **~ stand** drosjeholdeplass *m*.
cabbage /'kæbɪdʒ/ kål *m*.
cabin /'kæbɪn/ hytte *f*; lugar *m*.
cabinet /'kæbɪnət/ skap *n*; regjering *m*; **~-maker** møbelsnekker *m*.
cable /'keɪbl/ kabel *m*; telegram *n*.
cable *verb* /'keɪbl/ telegrafere; **~ car** taubane *m*; **~ television** kabel-tv *m* .
cackle /'kækl/ kakling *m/f*, skravling *m/f*.
cackle *verb* /'kækl/ kakle, snadre; skvaldre.
caddie /'kædɪ/ (*sport*) (i golf) en som bærer køllene.
Caesarean /sɪ'zeərɪən/ keisersnitt *n*.
cage /keɪdʒ/ bur *n*.
cage *verb* /keɪdʒ/ sette i bur.
cairn /keən/ varde *m*.
cake /keɪk/ kake *m/f*.
calamity /kə'læmətɪ/ ulykke *m/f*, katastrofe *m*.
calcium /'kælsɪəm/ kalk *m*.
calculate /'kælkjʊleɪt/ beregne, regne ut.
calculation /,kælkjʊ'leɪʃ(ə)n/ beregning *m/f*, kalkyle *m*.
calendar /'kæləndə/ kalender *m*.
calf /kaːf/ kalv *m*; legg *m*.
calibre /'kælɪbə/ kaliber *n*; format *n*.
call /kɔːl/ rop *n*; oppringning

m; (kort) besøk *n*; (*kortspill*) melding *m/f*.
call *verb* /kɔːl/ kalle; rope; tilkalle; se innom; ringe til; melde; **~-box** telefonkiosk *m*; **~-girl** prostituert *m*.
calling /'kɔːlɪŋ/ roping *m/f*; kall *n*.
callisthenics /ˌkælɪs'θenɪks/ linjegymnastikk *m*.
callous /'kæləs/ hard, ufølsom.
calm /kaːm/ rolig, (vind) stille; ro *m/f*, stillhet *m*; **~ down** berolige.
calorie /'kælərɪ/ kalori *m*.
camel /'kæm(ə)l/ kamel *m*.
camera /'kæm(ə)rə/ fotografiapparat *n*, kamera *n*.
camp /kæmp/ leir *m*.
camp *verb* /kæmp/ ligge i/ slå leir; **~ site** leirplass *m*.
campaign /kæm'peɪn/ felttog *n*; kampanje *m*; **electoral ~** valgkamp *m*.
camphor /'kæmfə/ kamfer *m*.
campus /'kæmpəs/ universitetsområde *n*.
can /kæn/ kanne *m/f*, spann *n*; (*amr*) (hermetikk)boks *m*; (*slang*) fengsel.
can *verb* /kæn/ kan, være i stand til; hermetisere; (*slang, amr*) kutte ut; **~ opener** boksåpner *m*.
canal /kə'næl/ (kunstig) kanal *m*; **~ize, ~ise** (*overført*) kanalisere.
canary /kə'neərɪ/ kanarifugl *m*.
cancel /'kæns(ə)l/ avlyse, annullere; avbestille; stemple; **~lation** avlysning *m*; avbestilling *m/f*.
Cancer /'kænsə/ (*astrologi*) Krepsen.
cancer /'kænsə/ (*medisin*) kreft *m*; **~ous** kreft-.
candid /'kændɪd/ oppriktig, ærlig.
candidate /'kændɪdeɪt/ kandidat *m*, søker *m*.
candle /'kændl/ (stearin)lys *n*; **~stick** lysestake *m*.
candy /'kændɪ/ kandis(sukker) *n*; (*amr*) sukkertøy *n*, godteri *n*.
cane /keɪn/ rør *n*; spaserstokk *m*.
cane *verb* /keɪn/ pryle.
canned /kænd/ hermetisk; på boks.
cannery /'kænərɪ/ hermetikkfabrikk *m*.
cannon /'kænən/ (*mil*) kanon *m*.
canoe /kə'nuː/ kano *m*.
canon /'kænən/ (*religion*)

kanon *m*; kannik *m*; liste *m/f* med etablerte verk.
canopy /'kænəpɪ/ baldakin *m*.
cant /kænt/ tomme fraser *m*; (fag)sjargong *m*.
canteen /kæn'tiːn/ kantine *m/f*.
canvas /'kænvəs/ seilduk *n (m)*; lerret *n*; **~s** drive stemmeverving *m/f*.
canyon /'kænjən/ juv *n*, dyp kløft *m/f*.
cap /kæp/ lue *m/f*; (*maskin*) deksel *m*; lokk *n*.
cap *verb* /kæp/ sette deksel på; sette tak på; begrense.
capability /ˌkeɪpə'bɪlətɪ/ evne *m*, dyktighet *m*.
capable /'keɪpəbl/ dyktig, i stand til.
capacity /kə'pæsətɪ/ kapasitet *m*; evne *m*; egenskap *m*.
cape /keɪp/ nes *n*, odde *m*, kapp *n*; (ermeløs) kappe *m/f*.
capital /'kæpɪtl/ hovedstad *m*; kapital *m*; stor bokstav *m*; **~ism** kapitalisme *m*; **~ punishment** dødsstraff *m*.
capitulate /kə'pɪtjʊleɪt/ kapitulere.
capitulation /kəˌpɪtjʊ'leɪʃ(ə)n/ kapitulasjon *m*.
caprice /kə'priːs/ lune *n*, innfall *n*.
capricious /kə'prɪʃəs/ lunefull, ustadig.
Capricorn /'kæprɪkɔːn/ (*astrologi*) Steinbukken.
capsize /kæp'saɪz/ kantre.
capsule /'kæpsjuːl, amer. 'kæpsəl/ kapsel *m*.
captain /'kæptɪn/ kaptein *m*; skipsfører *m*; lagleder *m*.
caption /'kæpʃ(ə)n/ overskrift *m/f*; billedtekst *m/f*.
captivate /'kæptɪveɪt/ (*overført*) fengsle, fascinere.
captive /'kæptɪv/ fange *m*.
captivity /kæp'tɪvətɪ/ fangenskap *n*.
capture *verb* /'kæptʃə/ ta til fange; erobre.
car /kaː/ bil *m*; (*amr også*) jernbanevogn *m/f*; **~ hire**, (*amr*) **~ rental** bilutleie *m/f*; **~ park** parkeringsplass *m*.
caravan /'kærəvæn/ karavane *m*; campingvogn *m/f*.
caraway /'kærəveɪ/ karve *m/f*.
carbohydrate /ˌkaːbə(ʊ)'haɪdreɪt/ karbohydrat *n*.

carbon /ˈkɑːbən/ karbon *n*; **~ dioxide** karbondioksid *n*; **~ paper** blåpapir (til kopiering) *n*.
carburet(t)or /ˌkaːbjʊˈretə/ forgasser *m*.
carcass /ˈkɑːkəs/ kadaver *n*.
card /kɑːd/ kort *n*; **~amom** kardemomme *m/f*; **~board** kartong *m*, papp *m*.
cardiac /ˈkɑːdıæk/ hjerte-; hjertestyrkende middel *n*; **~ arrest** hjertestans *m*.
cardigan /ˈkɑːdıgən/ strikkejakke *m/f*.
cardinal /ˈkɑːdınl/ kardinal *m*; hoved-; **~ number** grunntall *n*.
cardiologist /ˌkɑːdıˈɒlədʒıst/ hjertespesialist *m*.
care /keə/ omsorg *m*; pleie *m/f*; forsiktighet *m*; bekymring *m/f*.
care *verb* /keə/ bry seg om; bekymre seg; **take ~** passe seg; **take ~ of** ta vare på; **~ for** være glad i; ta seg av; **~ of** (c/o) hos, adressert til.
career /kəˈrıə/ yrkesmessig; karriere *m*, løpebane *m*.
careful /ˈkeəf(ʊ)l/ forsiktig; omhyggelig.
careless /ˈkeələs/ likegyldig, skjødesløs.
caress /kəˈres/ kjærtegn *n*.
caretaker /ˈkeəˌteıkə/ oppsynsmann *m*, vaktmester *m*; (*amr*) omsorgsperspon *m*.
cargo /ˈkɑːgəʊ/ last *m/f*; ladning *m*.
caricature /ˈkærıkəˌtʃʊə/ karikatur *m*.
caries /ˈkeərız/ tannråte *m/f*, karies.
carnation /kɑːˈneıʃ(ə)n/ nellik *m*.
carnival /ˈkɑːnıv(ə)l/ karneval *n*.
carnivorous /kɑːˈnıv(ə)rəs/ kjøttetende.
carol /ˈkær(ə)l/ **Christmas ~** julesang *m*.
carp /kɑːp/ karpe *m*.
carpenter /ˈkɑːpəntə/ (bygnings)snekker *m*, tømmermann *m*.
carpenter *verb* /ˈkɑːpəntə/ tømre.
carpet /ˈkɑːpıt/ (gulv) teppe *n*.
carriage /ˈkærıdʒ/ vogn *m/f*.
carrier /ˈkærıə/ bærer *m*; bud *n*; transportør *m*; smittebærer *m*; **~ bag** bærepose *m*; **~ pigeon** brevdue *m*.
carrion /ˈkærıən/ åtsel *n*.
carrot /ˈkærət/ gulrot *m/f*.

carry /ˈkærɪ/ bære; frakte; (*amr*) føre (en vare); **~ on** fortsette; **~ out** gjennomføre, utføre.
cart /ˈkɑːt/ kjerre *f*; vogn *m/f*; tralle *m/f*.
carton /ˈkɑːt(ə)n/ kartong *m*; pappeske *m*.
cartoon /kɑːˈtuːn/ vitsetegning *m*; karikaturtegning *m*; tegneserie *m*; **~ (film)** tegnefilm *m*.
cartridge /ˈkɑːtrɪdʒ/ patron *m*.
carve /kɑːv/ skjære, hogge ut; (om kjøtt) skjære opp; **~r** forskjærskniv *m*.
cascade /kæˈskeɪd/ liten foss *m*; (*overført*) kaskade *m*.
case /keɪs/ tilfelle *n*; (*også jur*) sak *m*; (*gram*) kasus *n*; etui *n*; kasse *f*; **in any ~** forresten, uansett.
cash /kæʃ/ kontant(er) *m*.
cash *verb* /kæʃ/ heve penger; innløse; **~ dispenser** minibank *m*; **~ register** kassaapparat *n*.
cashier /kæˈʃɪə/ kasserer *m*.
cask /kɑːsk/ fat *n*, tønne *m/f*.
cast /kɑːst/ kast *n*; (av) støpning *m*; (*teater*) rollebesetning *m*.
cast *verb* /kɑːst/ kaste; støpe; tildele en rolle; **~ iron** støpejern *n*.
castaway /ˈkɑːstəweɪ/ skibbrudden/strandet person *m*; utstøtt person *m*.
caste /kɑːst/ kaste *m*, samfunnsklasse *m*.
castle /ˈkɑːsl/ borg *m/f*, slott *n*; (i sjakk) tårn *n*.
casual /ˈkæʒjʊəl/ tilfeldig; bekvem (om klær); **~ty** ulykkestilfelle *n*, offer *n*; **~ties** ofre (døde og sårede) *n*.
cat /kæt/ katt *m*; **cat's-eye** (på sykkel) kattøye *n*; (i veibanen) refleksmerke *n*.
catalogue /ˈkætəlɒg/ katalog *m*, register *n*.
catalogue *verb* /ˈkætəlɒg/ katalogisere.
cataract /ˈkætərækt/ foss *m*; (*medisin*) grå stær *m*.
catarrh /kəˈtɑː/ katarr *m*.
catastrophe /kəˈtæstrəfɪ/ katastrofe *m*.
catch /kætʃ/ fangst *m*.
catch *verb* /kætʃ/ fange; oppfatte; pådra seg; **~ on** slå an, bli populær; **~ up on** ta igjen; **~y** fengende, slående; **~word** slagord *n*.
cater /ˈkeɪtə/ **~ for** imøtekomme; levere mat

til; **~er** leverandør *m* av selskapsmat.
caterpillar /'kætəpɪlə/ (sommerfugl)larve *m/f*; (*maskin*) beltevogn *m*.
catfish /'kætfɪʃ/ steinbit *m*.
cathedral /kə'θiːdr(ə)l/ katedral *m*.
Catholic /'kæθəlɪk/ katolikk *m*; katolsk.
cattle /kætl/ storfe *n*, kveg *n*; **~-show** dyrskue *n*.
cauliflower /'kɒlɪflaʊə/ blomkål *m*.
causal /'kɔːz(ə)l/ kausal, årsaks-.
cause /kɔːz/ årsak *m/f*, grunn *m*; sak *m/f*.
cause *verb* /kɔːz/ forårsake.
caustic /'kɔːstɪk/ kaustisk; (*overført*) bitende.
caution /'kɔːʃ(ə)n/ forsiktighet *m*; advarsel *m*.
caution *verb* /'kɔːʃ(ə)n/ advare.
cautious /'kɔːʃəs/ forsiktig; varsom.
cave /keɪv/ hule *m*.
cavern /'kævən/ stor hule, grotte.
cavity /'kævətɪ/ hulrom *n*, hull *n* (i en tann) .
cayenne pepper kajennepepper *n*.
CBE /ˌsiːbiː'iː/ *fork for* **Commander of the Order of the British Empire**.
CBS *fork for* **Columbia Broadcasting System** (USA).
cd /siː'diː/ *fork for* **compact disc**; cd *m*; **~-player** cd-spiller *m*.
cease /siːs/ opphøre; holde opp med; **~-fire** våpenhvile *m*; **~less** uopphørlig.
ceiling /'siːlɪŋ/ (innvendig) tak *n*; (*overført*) øvre grense *m/f*.
celebrate /'seləbreɪt/ feire.
celebrated /'seləbreɪtɪd/ berømt.
celebration /ˌselə'breɪʃ(ə)n/ feiring *m/f*.
celebrity /sə'lebrətɪ/ berømthet *m*; kjendis *m*.
celery /'selərɪ/ (blad)selleri *m*; **~ sticks** stangselleri *m*.
celestial /sə'lestjəl/ himmelsk.
celibacy /'selɪbəsɪ/ sølibat *n*.
cell /sel/ celle *m/f*.
cellar /'selə/ kjeller *m*.
cellophane /'seləfeɪn/ cellofan(papir) *m (n)*.
cement /sɪ'ment/ bindemiddel *n*, sement *m*.
cement *verb* /sɪ'ment/ sementere; (*overført*) styrke.

cemetery /'semətrɪ/ kirkegård *m*, gravlund *m*.
censor /'sensə/ sensor *m*.
censor *verb* /'sensə/ sensurere; **~ship** sensur *m*.
cent /sent/ hundre; **per ~** prosent *m*, (*amr*) cent = $^1/_{100}$ dollar; **~enary/ennial** hundreårs-(dag) *n (m)*.
centigrade /'sentɪgreɪd/ Celsius.
central /'sentr(ə)l/ sentral, midt-; viktig; **~ heating** sentralvarme *m*; **~ization** sentralisering *m/f*.
centre /'sentə/ sentrum *n*; -sentral *m*.
century /'sen(t)ʃ(ə)rɪ/ århundre *n*.
ceramics /sə'ræmɪks/ keramikk *m*.
cereal /'sɪərɪəl/ kornslag *n*; (om mat) frokostblanding *m/f*.
cerebral /'serəbr(ə)l/ hjerne-, intellektuell; **~ haemorrhage** hjerneblødning *m*.
ceremonial /ˌserə'məʊnjəl/ seremoniell, høytidelig.
ceremony /'serəmənɪ/ seremoni *m*.
certain /'sɜːt(ə)n/ sikker, viss; **~ly** absolutt; javisst; **~ty** sikkerhet *m*, visshet *m*.
certifiable /ˌsɜːtɪ'faɪəbl/ beviselig.
certificate /sə'tɪfɪkət/ attest *m*.
certify /'sɜːtɪfaɪ/ attestere.
certitude /'sɜːtɪtjuːd/ visshet *m*.
cervical /'sɜːvɪk(ə)l/ hals-; livmorhals-.
cervix /'sɜːvɪks/ livmorhals *m*.
cf *fork for* **confer** jevnfør (jf), se.
chafe /tʃeɪf/ gnage, gjøre sår; irritere.
chain /tʃeɪn/ kjede *n*, lenke *m/f*.
chain *verb* /tʃeɪn/ lenke; legge i lenker.
chain store kjedebutikk *m*.
chair /tʃeə/ stol *m*; **easy ~** lenestol *m*; **~man/person/woman** leder *m*; ordstyrer *m*.
chair *verb* /tʃeə/ lede møte; være formann for.
chalk /tʃɔːk/ kritt *n*.
challenge /'tʃælən(d)ʒ/ utfordring *m/f*; (*jur*) protest *m*.
challenge *verb* /'tʃælən(d)ʒ/ utfordre; bestride.
chamber /'tʃeɪmbə/ kammer *n*; *flertall* advokatkontor *n*; **~ music** kammermusikk *m*.

chamois /ˈʃæmwɑː/ ~ **leather** semsket skinn *n*.
champagne /ˌʃæmˈpeɪn/ champagne *m*.
champion /ˈtʃæmpjən/ mester *m*; forkjemper *m*; **~ship** mesterskap *n*.
chance /tʃɑːns/ sjanse *m*; tilfelle *n*; anledning *m*.
chance *verb* /tʃɑːns/ ta sjansen på; **by ~** tilfeldig(vis).
chancellor /ˈtʃɑːns(ə)lə/ kansler *m*; **Chancellor of the Exchequer** (*britisk*) finansminister *m*.
chandelier /ˌʃændəˈlɪə/ lysekrone *m/f*.
change /tʃeɪn(d)ʒ/ forandring *m/f*; veksling *m/f*; småpenger *flertall*.
change *verb* /tʃeɪn(d)ʒ/ forandre (seg); veksle; bytte.
channel /ˈtʃænl/ kanal *m*;.
channel *verb* /ˈtʃænl/ kanalisere.
chant /tʃɑːnt/ (*religion*) sang *m*, monoton tale *m*; *verb* messe.
chap /tʃæp/ kar *m*, fyr *m*.
chapel /ˈtʃæp(ə)l/ frikirkelig; kapell *n*.
chaplain /ˈtʃæplɪn/ prest *m* ved institusjon.
chapter /ˈtʃæptə/ kapittel *n*.
character /ˈkærəktə/ karakter *m*; egenart *m*; bokstav *m*; (*teater*) rolle *m/f*; **~istic** karakteregenskap *m*; karakteristisk; **~ize** kjennetegne.
charcoal /ˈtʃɑːkəʊl/ trekull *n*.
charge /tʃɑːdʒ/ (*elektr*) ladning *m*; avgift *m*, omkostning *m*, pris *m*; (*jur*) siktelse *m*.
charge *verb* /tʃɑːdʒ/ lade; pålegge; (*handel*) belaste konto *m*; forlange (pris); anklage; **be in ~** ha ledelsen; **free of ~** gratis.
charitable /ˈtʃærɪtəbl/ nestekjærlig; veldedig.
charity /ˈtʃærətɪ/ nestekjærlighet *m*; veldedighet *m*; **~ concert** støttekonsert *m*.
charm /tʃɑːm/ sjarm *m*; trylleformular *n*; amulett *m*.
charm *verb* /tʃɑːm/ sjarmere, fortrylle.
chart /tʃɑːt/ kart *n*; grafisk fremstilling *m*.
charter /ˈtʃɑːtə/ (forfatnings)dokument *n*; (*sjøfart, handel*) befraktningskontrakt *m*; **~ tour** chartertur *m*.

charter *verb* /ˈtʃɑːtə/ leie.
chase /tʃeɪs/ jakt *m/f*, forfølgelse *m*.
chase *verb* /tʃeɪs/ jage, forfølge.
chassis /ˈʃæsɪ/ understell *n*.
chaste /tʃeɪst/ ærbar.
chastity /ˈtʃæstətɪ/ ærbarhet *m*.
chat /tʃæt/ prat *m*.
chat *verb* /tʃæt/ prate; (*edb*) chatte; ~ **up** legge an på, sjekke; ~ **line** (*edb*) chattelinje *m/f*.
chatter /ˈtʃætə/ skravling *m/f*.
chatter *verb* /ˈtʃætə/ skravle; klapre; **~box** skravlebøtte *m/f*.
chauvinism /ˈʃəʊvɪnɪz(ə)m/ sjåvinisme *m*.
chauvinist /ˈʃəʊvɪnɪst/ sjåvinist *m*.
cheap /tʃiːp/ billig; **~en** gjøre billigere; forsimple.
cheat /tʃiːt/ juks.
cheat *verb* /tʃiːt/ jukse, svindle; ~ **on** bedra, være utro.
check /tʃek/ (i sjakk) sjakk; hindring *m/f*, kontroll(merke) *m (n)*; (*amr*) sjekk *m*; (*amr*) (restaurant)regning *m/f*.
check *verb* /tʃek/ kontrollere; stanse, holde igjen; **~-in** innsjekking *m/f*; **~-up** kontroll *m* (hos lege).
checkers /ˈtʃekə/ damspill *n*.
checkmate /ˈtʃekmeɪt/ (i sjakk) sjakkmatt.
checkmate *verb* /ˈtʃekmeɪt/ gjøre sjakkmatt.
cheek /tʃiːk/ kinn *n*; frekkhet *m*; **~y** frekk.
cheer /tʃɪə/ bifall *n*; munterhet *m*.
cheer *verb* /tʃɪə/ hylle; **~s!** skål! ~ **up** oppmuntre; **~io** morn'a, ha det!
cheese /tʃiːz/ ost *m*.
chemical /ˈkemɪk(ə)l/ kjemisk; **~s** kjemikalier *m*.
chemist /ˈkemɪst/ kjemiker *m*; apoteker *m*; **~'s** apotek *n*; **~ry** kjemi *m*.
chemotherapy /ˌkemə(ʊ)ˈθerəpɪ/ cellegiftbehandling.
cheque /tʃek/ sjekk *m*; **~book** sjekkhefte *n*.
chequered /ˈtʃekəd/ rutete.
cherish /ˈtʃerɪʃ/ sette høyt; verne om.
cherry /ˈtʃerɪ/ kirsebær *n*.
chess /tʃes/ sjakk *m*; **~board** sjakkbrett *n*.
chest /tʃest/ kiste *m/f*; bryst(kasse) *n (m)*; ~ **of drawers** kommode *m*.

chestnut /'tʃesnʌt/ kastanje *m*; kastanjebrun.
chew /'tʃuː/ tygge; **~ing gum** tyggegummi *m*.
chicken /'tʃɪkɪn/ kylling *m*; **~ out** trekke seg, feige ut; **~pox** vannkopper.
chief /tʃiːf/ sjef *m*; høvding *m*; viktigst, hoved-; **~ly** hovedsakelig.
child /tʃaɪld/ **~ren** barn *n*; **~ abuse** barnemishandling *m/f*; **~hood** barndom *m*; **~ welfare** barnevern *n* .
chill /tʃɪl/ kulde *m/f*; kuldegysning *m*.
chill *verb* /tʃɪl/ avkjøle; **~ed** avkjølt; **~ing** isnende; skremmende; **~y** kjølig.
chime /tʃaɪm/ klokkespill *n*; kiming *m/f*.
chime *verb* /tʃaɪm/ kime, klinge.
chimney /'tʃɪmnɪ/ skorstein *m*; pipe *m/f*; **~sweep(er)** (skorsteins)feier *m*.
chin /tʃɪn/ hake (ansiktsdel) *f*.
china /'tʃaɪnə/ porselen *n*.
chip /tʃɪp/ flis *f*; splint *m*; (*edb*) brikke *m/f*; **~s** pommes frites; (*amr*) potetgull *n*; **~munk** (*amr*) jordekorn.
chiropodist /kɪ'rɒpədɪst/ fotpleier *m*.
chiropractor /ˌkaɪərə(ʊ)'præktə/ kiropraktor *m*.
chirp /tʃɜːp/ kvitter; kvitre.
chisel /'tʃɪzl/ meisel *m*, huggjern *n*.
chisel *verb* /'tʃɪzl/ meisle, hugge ut.
chivalrous /'ʃɪv(ə)lrəs/ ridderlig.
chivalry /'ʃɪv(ə)lrɪ/ ridderlighet *m*.
chives /tʃaɪvz/ gressløk *m*.
chocolate /'tʃɒk(ə)lət/ sjokolade *m*.
choice /tʃɔɪs/ valg *n*; utsøkt.
choir /'kwaɪə/ kor *n*.
choke /tʃəʊk/ kvele(s).
cholera /'kɒlərə/ kolera *m*.
choose /tʃuːz/ velge.
choosy /'tʃuːzɪ/ kresen.
chop /tʃɒp/ hugg *n*; kotelett *m*.
chop *verb* /tʃɒp/ hogge, hakke; **~per** helikopter; **~sticks** spisepinner *m*.
chord /kɔːd/ (*mus*) akkord *m*; streng *m*.
chores /tʃɔːz/ (hus)arbeid *n*; plikter *m*, rutinearbeid *n*.
chorus /'kɔːrəs/ kor(sang) *n (m)*.
Christ /kraɪst/ Kristus.
christen /'krɪsn/ døpe; **~ing** dåp *m*.

Christian /'krɪstʃ(ə)n/ kristen; ~ **name** fornavn *n*; ~**ity** kristendom(men) *m*.
Christmas /'krɪs(t)məs/ jul(ehelg) *m/f (m/f)*; **Father** ~ julenissen *m*; ~ **Eve** julaften *m*.
chronological /ˌkrɒnə'lɒdʒɪk(ə)l/ kronologisk.
chubby /tʃʌbɪ/ lubben.
chuck *verb* /tʃʌk/ kaste, kassere.
chuckle /'tʃʌkl/ klukklatter *m*.
chum(my) /tʃʌm(ɪ)/ kamerat *m*.
chunk /tʃʌŋk/ tykk skive *m/f*.
church /tʃɜːtʃ/ kirke *m/f*; kirke-; ~**yard** kirkegård *m*.
churn *verb* /tʃɜːn/ kjerne smør.
CIA /ˌsiːaɪ'eɪ/ *fork for* **Central Intelligence Agency**.
cider /'saɪdə/ alkoholholdig eplemost *m*, sider *m*.
cigar /sɪ'gɑː/ sigar *m*; ~**ette** sigarett *m*.
cinder /'sɪndə/ slagg *n*, glødende kull *n*.
Cinderella /ˌsɪnd(ə)r'elə/ Askepott.
cinema /'sɪnəmə/ kino *m*.
cinnamon /'sɪnəmən/ kanel *m*.
cipher /'saɪfə/ siffer *n (m)*, kode *m*.
circa /'sɜːkə/ cirka (ca.), omtrent.
circle /'sɜːkl/ sirkel *m*; krets *m*.
circle *verb* /'sɜːkl/ kretse; gå i ring; (*teater:*) **dress** ~ balkong *m*; **upper** ~ (øvre) galleri *n*.
circuit /'sɜːkɪt/ omkrets *m*; runde; (*elektr*) strømkrets *m*; **short** ~ kortslutning *m*; ~-**breaker** strømbryter *m* .
circular /'sɜːkjʊlə/ sirkelrund; ~ **letter** rundskriv *n*.
circulate /'sɜːkjʊleɪt/ sirkulere, være i omløp.
circulation /ˌsɜːkjʊ'leɪʃ(ə)n/ omløp *n*; (avis-, tidsskrift-) opplag *n*.
circumcise /'sɜːkəmsaɪz/ omskjære.
circumcision /ˌsɜːkəm'sɪʒ(ə)n/ omskjæring *m/f*.
circumference /sə'kʌmf(ə)r(ə)ns/ omkrets *m*, periferi *m*.
circumnavigation /'sɜːkəmˌnævɪ'geɪʃ(ə)n/ ~ **of the world** jordomseiling *m/f*.

circumstance /ˈsɜːkəmstəns/ omstendighet *m*.
circus /ˈsɜːkəs/ sirkus *n*, rund plass *m*.
citation /saɪˈteɪʃ(ə)n/ sitat *n*.
cite /saɪt/ sitere.
citizen /ˈsɪtɪzn/ (stats)borger *m*; **~ship** (stats)borgerskap *n*.
city /ˈsɪtɪ/ (større) by *m*; forretningssentrum *n*; **~ hall** rådhus *n*.
civic /ˈsɪvɪk/ by-, borger-, kommunal.
civil /ˈsɪvəl/ by-, borger-; høflig; sivil; **~ity** høflighet *m*; **~ization** sivilisasjon *m*; **~ize** sivilisere.
claim /kleɪm/ fordring *m/f*, krav *n*; reklamasjon *m*.
claim *verb* /kleɪm/ fordre, kreve; reklamere på; påstå.
clam /klæm/ musling *m*.
clammy /ˈklæmɪ/ fuktig, klam.
clamorous /ˈklæm(ə)rəs/ skrikende, larmende.
clamp /klæmp/ klemme *m/f*; **~down** skjerpet kontroll *m*.
clamp *verb* /klæmp/ spenne fast.
clan /klæn/ klan *m*, stamme *m*.
clank /klæŋk/ klirr *n*, skrangling *m/f*.
clank *verb* /klæŋk/ klirre, skrangle.
clap *verb* /klæp/ klappe; smelle.
claret /ˈklærət/ rødvin *m* (bordeaux).
clarification /ˌklærɪfɪˈkeɪʃ(ə)n/ avklaring *m/f*.
clarify /ˈklærɪfaɪ/ avklare.
clash /klæʃ/ klirr(ing) *n (m/f)*; (*overført*) sammenstøt *n*.
clash *verb* /klæʃ/ klirre; støte sammen med.
clasp /klɑːsp/ hekte *m*; omfavnelse *m*.
clasp *verb* /klɑːsp/ hekte; låse; omfavne.
class /klɑːs/ klasse(time) *m*; gruppe *m/f*; stil *m*.
classic /ˈklæsɪk/ klassiker *m*; klassisk; **~al** klassisk.
classification /ˌklæsɪfɪˈkeɪʃ(ə)n/ inndeling *m/f*; klassifisering *m/f*.
classify /ˈklæsɪfaɪ/ klassifisere; inndele.
classy /ˈklɑːsɪ/ stilig, av høy klasse.
clause /klɔːz/ klausul *m*; setning *m*.
claustrophobia /ˌklɔːstrəˈfəʊbjə/ klaustrofobi *m*.

claw /klɔː/ klo *m/f*.
claw *verb* /klɔː/ klore; krafse.
clay /kleɪ/ leire *m/f*.
clean /kliːn/ ren(t); renslig.
clean *verb* /kliːn/ gjøre ren(t); **~ing** rengjøring *m/f*; **~se** rense.
clear /klɪə/ klar; lys; tydelig.
clear *verb* /klɪə/ klargjøre; rydde; selge ut; **~ up** oppklare, klarne.
clearance /'klɪər(ə)ns/ klarering *m/f*; opprydding *m/f*; **~ sale** utsalg *n*.
clench /klen(t)ʃ/ presse/ klemme sammen; bite sammen (tennene).
clergy /'klɜːdʒɪ/ geistlighet *m*; **~man** geistlig *m*, prest *m*.
clerical /'klerɪk(ə)l/ geistlig; kontor-.
clerk /klɑːk/ kontorist *m*; (*amr også*) (butikk) ekspeditør *m*.
clever /'klevə/ dyktig, flink.
client /'klaɪənt/ klient *m*, kunde *m*.
cliff /klɪf/ klippe *m*, fjellskrent *m*; **~hanger** nervepirrende avslutning *m*.
climate /'klaɪmət/ klima *n*.
climatic /klaɪ'mætɪk/ klimatisk.
climb /klaɪm/ klatring *m/f*.
climb *verb* /klaɪm/ klatre.
clinch /klɪn(t)ʃ/ omfavnelse *m*.
clinch *verb* /klɪn(t)ʃ/ omfavne; fastslå; avgjøre.
clincher /'klɪntʃə/ avgjørende argument.
cling /klɪŋ/ **(to)** klynge seg (til); klenge; **~ing** ettersittende.
clinic /'klɪnɪk/ klinikk *m*; klinisk; **~al(ly)** klinisk.
clip /klɪp/ (avisut)klipp *n*; klemme *m/f*, klips *n*; filmklipp *n*, snutt *n*.
clip *verb* /klɪp/ klippe; **paper-~** binders *m*; **tie-~** slipsnål *m/f*.
cloak /kləʊk/ kappe *m/f*, kåpe *m/f*; **~room** garderobe *m*.
clock /klɒk/ ur *n*, klokke *m/f*; **alarm ~** vekkerklokke *m/f*; **~wise** med solen.
clog /klɒg/ tresko *m*.
clog *verb* /klɒg/ tilstoppe.
clone /kləʊn/ klon *m*, kopi *m*, etterligning *m/f*.
close /kləʊz/ slutt *m*.
close *verb* /kləʊz/ lukke; avslutte.
close /kləʊs/ nær; fortrolig; **~ by, ~ to** like ved; **~-up** nærbilde *n*.

closet /'klɒzɪt/ skap *n*, kott *n*.
clot /klɒt/ størknet blod *n*.
clot *verb* /klɒt/ størkne.
cloth /klɒθ/ stoff *n*; klut *m*; tøy *n*, klær; **~es**, **~ing** klær, tøy.
cloud /klaʊd/ sky *m*; **~y** skyet.
clove /kləʊv/ fedd *n*; kryddernellik *m*.
clover /'kləʊvə/ kløver *m*.
clown /klaʊn/ klovn *m*, bajas *m*.
club /klʌb/ klubbe *m/f*, kølle *m/f*; klubb *m*; **~s** (*kortspill*) kløver.
clue /kluː/ holdepunkt *n*, ledetråd *m*.
clueless /'kluːləs/ hjelpeløs; uvitende.
clumsy /'klʌmzɪ/ klossete.
cluster /'klʌstə/ klynge *m/f*; klase *m*; **~ bomb** klasebombe *m*.
clutch /klʌtʃ/ grep *n*, tak *n*; kløtsj *m*.
clutch *verb* /klʌtʃ/ gripe (hardt tak i).
clutter /'klʌtə/ rot *n*.
clutter *verb* /'klʌtə/ rote.
CNN /ˌsiːen'en/ *fork for* **Cable News Network**.
Co. /kəʊ/ *fork for* **Company**.
c/o /'keərɒv/ *fork for* **care of**.
co- /kəʊ/ med-.
coach /kəʊtʃ/ vogn *m/f*; (turist)buss *m*; trener *m*.
coach *verb* /kəʊtʃ/ trene (andre); **~ station** busstasjon *m*.
coal /kəʊl/ kull *n*; **~fish** sei *m*; **~mine(r)** kullgruve(arbeider) *m/f (m)*.
coarse /kɔːs/ grov.
coast /kəʊst/ kyst *m*; **~er** kystfartøy *n*; (*amr*) ølbrikke *m/f*; **~guard** kystvakt *m/f*.
coat /kəʊt/ frakk *m*; kåpe *m/f*; strøk *n* (maling).
coat *verb* /kəʊt/ overtrekke; **~ hanger** kleshenger *m*; **~ed** belagt; **~ing** lag *n*, belegg *n*.
coax /kəʊks/ godsnakke med, overtale.
cobble /'kɒbl/ rund brostein *m*.
cobble *verb* /'kɒbl/ brolegge; reparere på.
cobbler /'kɒblə/ skomaker *m*.
cobweb /'kɒbweb/ spindelvev *n*.
cock /kɒk/ hane *m*; hann(fugl) *m*; hane *m* (på bøsse); (*slang*) pikk.

cock *verb* /kɒk/ spenne hanen på; **~-eyed** skjeløyd; **~pit** førerrom i fly; **~roach** kakerlakk *m*; **~sure** skråsikker; **~up** tabbe *m/f*; **~y** overlegen, blærete.
cocoa /'kəʊkəʊ/ kakao *m*.
coconut /'kəʊkənʌt/ kokosnøtt *m/f*.
cocoon /kə'kuːn/ kokong *m*.
cod /kɒd/ torsk *m*.
code /kəʊd/ kode *m*; (*jur*) lovsamling *m/f*.
cod-liver oil tran *m*.
co-ed /'kəʊed/ fellesundervisning *m/f* (for begge kjønn).
coffee /'kɒfɪ/ kaffe *m*; **~ grounds** *flertall* kaffegrut *m*; **~pot** kaffekanne *m/f*.
coffin /'kɒfɪn/ (lik)kiste *m/f*.
cog /kɒg/ tann *m/f* (på tannhjul); **~wheel** tannhjul *n*.
cohabitant /kəʊ'hæbɪt(ə)nt/ samboer *m*.
cohabitation /ˌkəʊhæbɪ'teɪʃ(ə)n/ samboerskap *n*.
coherence /kə(ʊ)'hɪər(ə)ns/ logisk sammenheng *m*.
coherent /kə(ʊ)'hɪər(ə)nt/ sammenhengende, konsekvent.
cohesive /kə(ʊ)'hiːsɪv/ sammenhengende.
coil /kɔɪl/ spiral *m*; kveil *m*.
coil *verb* /kɔɪl/ kveile.
coin /kɔɪn/ mynt *m*; **~age** myntsort *m*; nydannet ord *n*.
coincide /ˌkəʊɪn'saɪd/ **(with)** falle sammen (med); **~nce** sammentreff *n*, tilfelle *n*.
coke /kəʊk/ koks *m*; cola *m*; kokain *n*.
cold *adj* /kəʊld/ kald; **~ buffet** koldtbord *n*; **~ comfort** mager trøst; **~ cuts** oppskåret kjøttpålegg *n*; **~ turkey** abstinens.
cold /kəʊld/ kulde *m/f*; forkjølelse *m*.
colitis /kɒ'laɪtis/ tykktarmbetennelse *m*.
collaborate /kə'læbəreɪt/ samarbeide.
collaboration /kəˌlæbə'reɪʃ(ə)n/ samarbeid *n*.
collapse /kə'læps/ sammenbrudd *n*.
collapse *verb* /kə'læps/ kollapse, falle sammen.
collar /'kɒlə/ krage *m*; snipp *m*; halsbånd *n*; **~bone** kragebein *n*.
colleague /'kɒliːg/ kollega *m*.
collect *verb* /kɒ'lekt/

samle; hente; ~ **call** noteringsoverføring; **~ed** fattet, rolig; **~ion** (inn) samling *m/f*; innkassering *m/f*; **~ive** kollektiv; **~or** samler *m*.
college /'kɒlɪdʒ/ høyskole *n*; universitetsavdeling *m/f*; kollegium *n*.
collide /kə'laɪd/ **(with)** støte sammen (med).
collier /'kɒlɪə/ kullgruvearbeider *m*; **~y** kullgruve *m/f*.
collision /kə'lɪʒ(ə)n/ kollisjon *m*, sammenstøt *n*.
colloquial /kə'ləʊkwɪəl/ som hører til hverdagsspråket; **~ism** hverdagsuttrykk *n*.
colon /'kəʊlən/ tykktarm *m*; (*gram*) kolon *n*.
colonel /'kɜːnl/ oberst *m*.
colonial /kə'ləʊnjəl/ koloni-.
colonize /'kɒlənaɪz/ kolonisere.
colony /'kɒlənɪ/ koloni *m*.
colour /'kʌlə/ farge *m*.
colour *verb* /'kʌlə/ farge; **~s** *flertall* flagg *n*; ~ **bar** raseskille *n*; ~ **chart** fargekart *n*; **~ful** fargerik.
colt /kəʊlt/ føll *n*.
column /'kɒləm/ søyle *m/f*; kolonne *m*; (avis)spalte *m*.
comb /kəʊm/ kam *m*.
combat /'kɒmbæt/ kamp *m*.
combat *verb* /'kɒmbæt/ (be)kjempe.
combination /ˌkɒmbɪ'neɪʃ(ə)n/ kombinasjon *m*.
combine /'kɒmbaɪn/ sammenslutning *m*, syndikat *n*; skurtresker *m*.
combine *verb* /kɒm'baɪn/ kombinere.
combustible /kəm'bʌstəbl/ lettantennelig.
combustion /kəm'bʌstʃ(ə)n/ forbrenning *m/f*; ~ **engine** forbrenningsmotor.
come /kʌm/ komme; ~ **by** få fatt på; ~ **down on** kritisere; ~ **true** bli oppfylt.
comedian /kə'miːdjən/ komiker *m*.
comedy /'kɒmədɪ/ komedie *m*.
comfort /'kʌmfət/ trøst *m*; komfort *m*.
comfort *verb* /'kʌmfət/ trøste; **~able** behagelig; **~ably** bekvemt.
comic /'kɒmɪk/ komiker *m*; komedie-; komisk; **~s** tegneserier *m*.
command /kə'mɑːnd/ befaling *m/f*, kommando *m*.
command *verb* /kə'mɑːnd/

kommandere; **~er** kommandør *m*; -sjef; **~er-in-chief** øverstkommanderende *m*.
commandment /kə'mɑːn(d)mənt/ (*religion*) bud *n*.
commemorate /kə'meməreɪt/ feire; minnes.
commemoration /kəˌmemə'reɪʃ(ə)n/ minnefest *m*.
commemorative /kə'memərətɪv/ minne-.
commend /kə'mend/ rose; anbefale; **~able** prisverdig.
comment /'kɒment/ kommentar *m*, bemerkning *m*; **~ on**; kommentere; **~ary** kommentar *m*; (i media) reportasje *m*; **~ator** reporter *m*.
commerce /'kɒməs/ handel *m*; samkvem *n*.
commercial /kə'mɜːʃ(ə)l/ reklamesending *m/f*; kommersiell.
commission /kə'mɪʃ(ə)n/ oppdrag *n*; (*handel*) provisjon *m*; kommisjon *m*.
commission *verb* /kə'mɪʃ(ə)n/ gi i oppdrag; **~er** kommissær *m*.
commit /kə'mɪt/ begå; **~ oneself** forplikte seg; **~ment** forpliktelse *m*; (*overført*) engasjement *n*; **~ted** engasjert; **~ted to** forpliktet til.
commodity /kə'mɒdɪtɪ/ vare *m*.
common /'kɒmən/ felles; alminnelig; allmenning *m*; **~ law** (*jur*) sedvanerett *m*; **~-law marriage** papirløst ekteskap *n*; **~er** borger *m*; **~place** banal; banalitet *m*; **~ room** pauserom; **~ sense** sunn fornuft; **the House of Commons** Underhuset; **the British Commonwealth of Nations** Det britiske samveldet.
commotion /kə'məʊʃ(ə)n/ bråk *n*.
communal /kə'mjuːnl/ felles, kollektiv.
communicate /kə'mjuːnɪkeɪt/ kommunisere; meddele.
communication /kəˌmjuːnɪ'keɪʃ(ə)n/ kommunikasjon *m*; forbindelse *m*; melding *m*.
communications /kəˌmjuːnɪ'keɪʃ(ə)nz/ samferdselsmidler *n*.
communicative /kə'mjuːnɪkətɪv/ meddelsom.

communion /kə'mju:njən/ nattverd *m*; fellesskap *n*.
communism /'kɒmjʊnɪzm/ kommunisme *m*.
communist /'kɒmjʊnɪst/ kommunistisk; kommunist *m*.
community /kə'mju:nətɪ/ samfunn *n*, fellesskap *n*.
commute /kə'mju:t/ pendle; **~r** pendler *m*.
compact /'kɒmpækt/ kompakt; tettbygd; (*amr*) småbil.
companion /kəm'pænjən/ ledsager *m*; kamerat *m*.
company /'kʌmp(ə)nɪ/ firma *n*, (handels)selskap *n*; sosialt samvær *n*.
comparable /'kɒmp(ə)rəbl/ sammenlignbar.
comparatively /kəm'pærətɪvlɪ/ forholdsvis.
compare /kəm'peə/ sammenligne.
comparison /kəm'pærɪsn/ sammenligning *m/f*.
compartment /kəm'pɑ:tmənt/ seksjon *m*; (*jernb*) kupé *m*.
compass /'kʌmpəs/ kompass *n*; **~es** *flertall* passer *m*.
compassion /kəm'pæʃ(ə)n/ medlidenhet *m*; **~ate** medfølende.
compatibility /kəm,pætə'bɪlətɪ/ forenlighet *m*, samsvar *n*.
compatible /kəm'pætəbl/ forenlig, som passer sammen.
compatriot /kəm'pætrɪət/ landsmann *m*.
compelling /kəm'pelɪŋ/ tvingende; fengslende.
compensate /'kɒmpenseɪt/ erstatte, kompensere.
compensation /,kɒmpen'seɪʃ(ə)n/ erstatning *m*, kompensasjon *m*.
compete /kəm'pi:t/ konkurrere.
competence /'kɒmpət(ə)ns/ dyktighet *m*, kompetanse *m*.
competent /'kɒmpət(ə)nt/ dyktig, kompetent.
competition /,kɒmpə'tɪʃ(ə)n/ konkurranse *m*.
competitive /kəm'petətɪv/ konkurransedyktig; aggressiv.
competitor /kəm'petɪtə/ (konkurranse)deltaker *m*; konkurrent *m*.
complacency /kəm'pleɪsnsɪ/ selvtilfredshet *m*.
complacent /kəm'pleɪsnt/ selvtilfreds, selvgod.

complain /kəm'pleɪn/ klage (**to** til; **about, of** over); **~t** klage *m*; reklamasjon *m*; lidelse *m*.
complaisant /kəm'pleɪz(ə)nt/ føyelig, imøtekommende.
complement /'kɒmplɪmənt/ supplement *n*.
complement *verb* /'kɒmplɪmənt/ supplere; **~ary** supplerende; utfyllende.
complete /kəm'pliːt/ fullstendig.
complete *verb* /kəm'pliːt/ gjøre ferdig, fullføre.
completion /kəm'pliːʃ(ə)n/ fullførelse *m*.
complex /'kɒmpleks/ kompleks, sammensatt.
complexion /kəm'plekʃ(ə)n/ hudfarge *m*.
compliance /kəm'plaɪəns/ samsvar *n*.
compliant /kəm'plaɪənt/ føyelig.
complicate /'kɒmplɪkeɪt/ komplisere, gjøre innviklet.
complication /ˌkɒmplɪ'keɪʃ(ə)n/ komplikasjon *m*.
complicity /kəm'plɪsətɪ/ delaktighet *m*.
compliment /'kɒmplɪmənt/ kompliment *n*, ros.
compliment *verb* /'kɒmplɪmənt/ komplimentere; gratulere; **with ~s** hilsen *m*.
complimentary /ˌkɒmplɪ'ment(ə)rɪ/ smigrende; **~ ticket** fribillett *m*.
comply /kəm'plaɪ/ **~ with** imøtekomme; etterkomme.
component /kəm'pəʊnənt/ bestanddel *m*.
compose /kəm'pəʊz/ komponere.
composed /kəm'pəʊzd/ rolig, fattet.
composer /kəm'pəʊzə/ komponist *m*.
composition /ˌkɒmpə'zɪʃ(ə)n/ komposisjon *m*; sammensetning *m*; (*jur*) akkord.
compositor /kəm'pɒzɪtə/ (*typografi*) setter *m*.
composure /kəm'pəʊʒə/ fatning *m*, sinnsro *m*.
compound /'kɒmpaʊnd/ sammensatt; sammensetning *m*; inngjerdet område *n*.
compound *verb* /kɒm'paʊnd/ blande; forverre.
comprehend /ˌkɒmprɪ'hend/ fatte, begripe.

comprehensible /ˌkɒmprɪˈhensəbl/ begripelig.
comprehension /ˌkɒmprɪˈhenʃ(ə)n/ fatteevne *m/f*; forståelse *m*.
comprehensive /ˌkɒmprɪˈhensɪv/ omfattende; **~ school** (*britisk*) ungdoms- og videregående skole *m*.
compromise /ˈkɒmprəmaɪz/ kompromiss *n*.
compromise *verb* /ˈkɒmprəmaɪz/ inngå et kompromiss.
compulsion /kəmˈpʌlʃ(ə)n/ tvang *m*.
compulsory /kəmˈpʌls(ə)rɪ/ obligatorisk; tvungen.
computer /kɒmˈpjuːtə/ datamaskin *m*; **personal ~** pc.
computerized /kəmˈpjuːtəraɪzd/ datastyrt.
computing /kɒmˈpjuːtɪŋ/ data-; databehandling *m/f*.
comrade /ˈkɒmreɪd/ kamerat *m*.
con /kɒn/ svindel *m*, forbryter *m*, straffange *m*.
con *verb* /kɒn/ lure, svindle.
conceal /kənˈsiːl/ skjule.
conceit /kənˈsiːt/ innbilskhet *m*; **~ed** innbilsk, forfengelig.
conceivable /kənˈsiːvəbl/ tenkelig.
conceive /kənˈsiːv/ tenke ut; bli gravid.
concentrate /ˈkɒns(ə)ntreɪt/ konsentrere seg (**on** om).
concentration /ˌkɒns(ə)nˈtreɪʃ(ə)n/ konsentrasjon *m*.
concept /ˈkɒnsept/ begrep *n*; **~ion** unnfangelse *m*; idé *m*; **~ual** begrepsmessig.
concern /kənˈsɜːn/ konsern *n*; anliggende *n*; bekymring *m*.
concern *verb* /kənˈsɜːn/ angå; engste; **~ed** bekymret.
concert /ˈkɒnsət/ konsert *m*.
concession /kənˈseʃ(ə)n/ innrømmelse *m*; rabatt *m*; (*jur*) konsesjon *m*.
conciliate /kənˈsɪlɪeɪt/ forsone.
conciliation /kənˌsɪlɪˈeɪʃ(ə)n/ forsoning *m/f*.
conciliatory /kənˈsɪlɪət(ə)rɪ/ forsonlig.
concise /kənˈsaɪs/ kortfattet, konsis.
conclude /kənˈkluːd/ konkludere, (av)slutte.
conclusion /kənˈkluːʒ(ə)n/ avslutning *m*; konklusjon *m*.

conclusive /kən'klu:sɪv/ avgjørende, overbevisende.
concord /'kɒnkɔ:d/ enighet *m*.
concrete /'kɒnkri:t/ konkret; betong *m*.
concur /kən'kɜ:/ samtykke; stemme overens; **~rent** sammenfallende; samtidig.
concussion /kən'kʌʃ(ə)n/ hjernerystelse *m*.
condemn /kən'dem/ (for) dømme; kondemnere; **~able** forkastelig; **~ation** fordømmelse *m*.
condensation /ˌkɒnden'seɪʃ(ə)n/ kondens *m*.
condense /kən'dens/ fortette, kondensere.
condescend /ˌkɒndɪ'send/ nedlate seg; **~ing** nedlatende.
condition /kən'dɪʃ(ə)n/ betingelse *m*; tilstand *m*; kondisjon *m*; **~s** forhold *n*, omstendigheter *m*; **~al** betinget; avhengig.
condolence /kən'dəʊləns/ kondolanse *m*; **offer one's ~s** kondolere.
condom /'kɒndɒm/ kondom *n*.
condo(minium) /ˌkɒndə'mɪnɪəm/ (*amr*) (blokk med) selveierleilighet(er) *m*.
conduct /'kɒndʌkt/ oppførsel *m*, vandel *m*.
conduct *verb* /kɒn'dʌkt/ lede; (*mus*) dirigere; **~or** konduktør *m*; (*mus*) dirigent *m*.
cone /kəʊn/ kjegle *m/f*; kongle *m/f*.
confederacy /kən'fed(ə)rəsɪ/ forbund *n*.
confederate /kən'fed(ə)rət/ forbunds-; forbundsfelle *m/f*.
confederation /kənˌfedə'reɪʃ(ə)n/ forbund *n*.
conference /'kɒnf(ə)r(ə)ns/ konferanse *m*.
confess /kən'fes/ tilstå; (*religion*) skrifte; **~ion** tilståelse *m*; bekjennelse *m*; skriftemål *n*.
confide /kən'faɪd/ **~ in** betro seg til; **~nce** tillit *m*; fortrolighet *m*; **~nce man** svindler *m*; **~nt** trygg, sikker; **~ntial** fortrolig.
confine /kɒn'faɪn/ begrense; sperre inne; **~ment** innesperring *m/f*; fødsel *m*.
confirm /kən'fɜ:m/ bekrefte; **~ation** bekreftelse *m*; (*rel.*) konfirmasjon.

confiscate /'kɒnfɪskeɪt/ konfiskere, beslaglegge.
conflict /'kɒnflɪkt/ konflikt *m*, kamp *m*; **~ing** motstridende.
conform /kən'fɔːm/ tilpasse seg; **~ity** konformitet *m*; samsvar *n*.
confounded /kən'faʊndɪd/ forbasket, pokkers.
confront /kən'frʌnt/ konfrontere.
confuse /kən'fjuːz/ forvirre; forveksle.
confusion /kən'fjuːʒ(ə)n/ forvirring *m/f*.
congeal /kən'dʒiːl/ størkne.
congenial /kən'dʒiːnjəl/ (ånds)beslektet; hyggelig.
congestion /kən'dʒestʃ(ə)n/ trengsel *m*, trafikkork *m*.
congratulate /kən'grætjʊleɪt/ gratulere.
congratulation /kən,grætjʊ'leɪʃ(ə)n/ gratulasjon *m*.
congregate /'kɒŋgrɪgeɪt/ samle seg.
congregation /,kɒŋgrɪ'geɪʃ(ə)n/ menighet *m*.
congress /'kɒŋgres/ kongress *m*; (*amr*) **the Congress** Kongressen; **~man** medlem *n* av Representantenes hus.
conic /'kɒnɪk/ kjegleformet.
conifer /'kɒnɪfə/ nåletre *n*, bartre *n*.
conjure /'kʌn(d)ʒə/ trylle.
conjurer /'kʌndʒərə/ tryllekunstner *m*.
conjuring trick tryllekunst *m*.
connect /kə'nekt/ forbinde; stå i forbindelse med; **~ing** forbindelses-; **~ion** forbindelse *m*, sammenheng *m*.
conquer /'kɒŋkə/ erobre; (be)seire.
conqueror /'kɒŋkərə/ erobrer *m*; seierherre *m*.
conquest /'kɒŋkwest/ erobring *m/f*.
conscience /'kɒnʃ(ə)ns/ samvittighet *m*.
conscientious /,kɒnʃɪ'enʃəs/ samvittighetsfull.
conscious /'kɒnʃəs/ bevisst; **~ness** bevissthet *m*.
conscript /'kɒnskrɪpt/ vernepliktig (soldat) *m*; **~ion** verneplikt *m*.
consecrate /'kɒnsɪkreɪt/ innvie; vigsle.
consecutive /kən'sekjʊtɪv/ som kommer etter hverandre.

consent /kən'sent/ samtykke *n*; ~ **to** samtykke i.
consequence /'kɒnsɪkwəns/ konsekvens *m*, følge *m*.
consequently /'kɒnsɪkwəntlɪ/ følgelig.
conservation /ˌkɒnsə'veɪʃ(ə)n/ bevaring *m*; **~ist** naturverner *m*.
conservative /kən'sɜːvətɪv/ konservativ.
conserve /kən'sɜːv/ bevare, drøye.
consider /kən'sɪdə/ overveie; **~able** betydelig; **~ate** hensynsfull; **~ation** overveielse *m*; hensyn *n*.
consignment /kən'saɪnmənt/ sending *m* (av varer).
consist /kɒn'sɪst/ bestå (**of** av, **in** i).
consistency /kən'sɪst(ə)nsɪ/ konsistens *m*; konsekvens *m*.
consistent /kən'sɪst(ə)nt/ konsekvent.
consolation /ˌkɒnsə'leɪʃ(ə)n/ trøst *m*.
console /'kɒnsəʊl/ konsoll *n*.
console *verb* /kɒn'səʊl/ trøste.
consolidate /kən'sɒlɪdeɪt/ konsolidere, trygge.
conspicuous /kən'spɪkjʊəs/ iøynefallende, påfallende.
conspiracy /kən'spɪrəsɪ/ sammensvergelse *m*.
constable /'kʌnstəbl/ konstabel *m*.
constancy /'kɒnst(ə)nsɪ/ uforanderlighet *m*; trofasthet *m*.
constant /'kɒnst(ə)nt/ uforanderlig.
constantly /'kɒnst(ə)ntlɪ/ uavbrutt; hele tiden.
consternation /ˌkɒnstə'neɪʃ(ə)n/ forskrekkelse *m*.
constipation /ˌkɒnstɪ'peɪʃ(ə)n/ forstoppelse *m*.
constituency /kən'stɪtjʊənsɪ/ valgkrets *m*.
constituent /kən'stɪtjʊənt/ velger *m*; bestanddel *m*.
constitute /'kɒnstɪtjuːt/ utgjøre.
constitution /ˌkɒnstɪ'tjuːʃ(ə)n/ konstitusjon *m*; grunnlov *m*.
constitutional /ˌkɒnstɪ'tjuːʃənl/ konstitusjonell.

constrain /kən'streɪn/ begrense, legge bånd på.
constrained /kən'streɪnd/ anstrengt, unaturlig.
construct /kɒn'strʌkt/ bygge; konstruere; **~ion** bygging *m/f*; konstruksjon *m*; **~ive** konstruktiv, nyttig.
consult /kən'sʌlt/ be om råd, konsultere; **~ant** konsulent *m*; **~ation** konsultasjon *m*.
consume /kən'sjuːm/ konsumere, forbruke; **~r** konsument *m*, forbruker *m*.
consumption /kən'sʌm(p)ʃ(ə)n/ forbruk *n*; tuberkulose *m*.
contact /'kɒntækt/ kontakt *m*; berøring *m*.
contact *verb* /'kɒntækt/ kontakte.
contageous /kən'teɪdʒəs/ smittsom.
contagion /kən'teɪdʒ(ə)n/ smitte *m*.
contain /kən'teɪn/ inneholde; **~er** beholder *m*.
contaminate /kən'tæmɪneɪt/ forurense.
contamination /kən,tæmɪ'neɪʃ(ə)n/ forurensning *m*.
contemplate /'kɒntəmpleɪt/ overveie, tenke på.
contemplation /,kɒntəm'pleɪʃ(ə)n/ ettertanke *m*, meditasjon *m*.
contemporary /kən'temp(ə)rərɪ/ samtidig; nåtidig.
contempt /kən'tem(p)t/ forakt *m*; **~ible** foraktelig, ynkelig; **~uous** full av forakt (for); hånlig.
contender /kən'tendə/ (mesterskaps)kandidat *m*.
content /'kɒntent/ innhold *n*; tilfreds; **~ment** tilfredshet *m*; **~s** innholdsfortegnelse *m*.
contest /'kɒntest/ konkurranse *m*; strid *m*; **~ant** konkurransedeltaker *m*.
context /'kɒntekst/ sammenheng *m*.
continent /'kɒntɪnənt/ verdensdel *m*; kontinent *n*.
contingency /kən'tɪn(d)ʒ(ə)nsɪ/ eventualitet *m*.
contingent /kən'tɪn(d)ʒ(ə)nt/ mulig; (troppe)kontingent *m*.
continual /kən'tɪnjʊəl/ stadig.
continuation /kən,tɪnjʊ'eɪʃ(ə)n/ fortsettelse *m*.

continue /kən'tɪnjʊ/ fortsette.
continuous /kən'tɪnjʊəs/ uavbrutt; sammenhengende.
contraception /ˌkɒntrə'sepʃ(ə)n/ prevensjon *m*.
contraceptive /ˌkɒntrə'septɪv/ prevensjonsmiddel *n*.
contract /'kɒntrækt/ kontrakt *m*.
contract *verb* /kɒn'trækt/ kontrahere; trekke seg sammen; (*medisin*) pådra seg; **~ion** sammentrekning *m*; **~or** entreprenør *m*.
contradict /ˌkɒntrə'dɪkt/ motsi; **~ion** (selv) motsigelse *m*; **~ory** (selv) motsigende.
contrary /'kɒntrərɪ/ motsatt; **on the ~** tvert imot.
contrast /'kɒntrɑːst/ motsetning *m*.
contrast *verb* /kɒn'trɑːst/ sammenligne.
contravene /ˌkɒntrə'viːn/ krenke, overtre.
contribute /kən'trɪbjuːt/ bidra.
contribution /ˌkɒntrɪ'bjuːʃ(ə)n/ bidrag *n*.
contributor /kən'trɪbjʊtə/ bidragsyter *m*.
contrivance /kən'traɪv(ə)ns/ påfunn *n*; innretning *m*.
contrive /kən'traɪv/ få til.
control /kən'trəʊl/ kontroll *m*.
control *verb* /kən'trəʊl/ kontrollere.
controversial /ˌkɒntrə'vɜːʃ(ə)l/ omstridt.
controversy /kən'trɒvəsɪ/ strid *m*, kontrovers *m*.
convalesce /ˌkɒnvə'les/ friskne til (etter sykdom); **~nce** rekonvalesens *m*; **~nt** rekonvalesent *m*.
convenience /kən'viːnjəns/ bekvemmelighet *m*.
convenient /kən'viːnjənt/ bekvem, passende.
convent /'kɒnv(ə)nt/ (nonne)kloster *n*.
convention /kən'venʃ(ə)n/ (*amr*) partimøte *n*, kongress *m*; konvensjon *m*, skikk og bruk; **~al** konvensjonell, alminnelig.
conversation /ˌkɒnvə'seɪʃ(ə)n/ samtale *m*.
conversion /kən'vɜːʃ(ə)n/ forvandling *m/f*; (*handel*) konvertering *m/f*; (*religion*) omvendelse *m*.
convert /'kɒnvɜːt/ konvertitt *m*.

convert *verb* /kɒn'vɜːt/ gjøre om; omvende; **~er** omformer *m*; **~ible** cabriolet.
convey /kən'veɪ/ føre; formidle; (*jur*) overdra; **~ance** transportmiddel *n*; overdragelse *m*; **~er belt** samlebånd *n*.
convict /'kɒnvɪkt/ fange *m*.
convict *verb* /kɒn'vɪkt/ erklære skyldig (**of** i); **~ion** domfellelse *m*; overbevisning *m*.
convince /kən'vɪns/ overbevise.
coo /kuː/ (om due) kurre; (om barn) pludre.
cook /kʊk/ kokk(e) *m (f)*.
cook *verb* /kʊk/ lage mat; **~book** kokebok *m/f*; **~er** komfyr *m*; **~ie** kjeks *m* (*også edb*), småkake *m/f*; (*edb*) informasjonskapsel *m*; **~ing** matlaging *m/f*.
cool /kuːl/ kjølig; (*hverdagslig*) stilig.
cool *verb* /kuːl/ avkjøle; kjølne; **~er** kjøler *m*; (*amr*) kjølemiddel *n*.
co-operate /kəʊ'ɒpəreɪt/ samarbeide.
co-operation /kəʊˌɒpə'reɪʃ(ə)n/ samarbeid *n*.
co-operative /kəʊ'ɒp(ə)rətɪv/ samarbeidende.
coordinate /kəʊ'ɔːdɪneɪt/ koordinere, samordne.
cop /kɒp/ politimann *m*.
cope /kəʊp/ greie, mestre.
copulate /'kɒpjʊleɪt/ pare seg.
copy /'kɒpɪ/ kopi *m*; avskrift *m*; eksemplar *n*.
copy *verb* /'kɒpɪ/ kopiere; **~right** opphavsrett *m*.
coral /'kɒr(ə)l/ korall *m*.
cord /kɔːd/ snor *m/f*; ledning *m*; **spinal ~** ryggmarg *m*; **vocal ~** stemmebånd *n*.
cordial /'kɔːdjəl/ hjertelig; vennlig.
corduroy /'kɔːdərɔɪ/ kord(fløyel) *m*.
core /kɔː/ kjerne(hus) *m (n)*; hoved-.
cork /kɔːk/ kork *m*.
cork *verb* /kɔːk/ sette kork i; **~screw** korketrekker *m*.
corn /kɔːn/ korn *n*; liktorn *m*; (*amr*) mais *m*; **~-on-the-cob** maiskolbe *m*.
corner /'kɔːnə/ hjørne *n*; (*sport*) hjørnespark *n*.
corner *verb* /'kɔːnə/ trenge opp i et hjørne; (*handel*) monopolisere; **~ stone** hjørnestein *m*.
cornice /'kɔːnɪs/ (*arkitektur*) gesims.
corny /'kɔːnɪ/ banal, sentimental.

coronation /ˌkɒrəˈneɪʃ(ə)n/ kroning *m/f*.
corporal /ˈkɔːp(ə)r(ə)l/ korporal *m*; legemlig.
corporation /ˌkɔːpəˈreɪʃ(ə) n/ aksjeselskap *n*; stor bedrift *m*.
corpse /kɔːps/ lik *n*.
corpuscle /ˈkɔːpʌsl/ blodlegeme *n*.
correct /kəˈrekt/ riktig.
correct *verb* /kəˈrekt/ rette, korrigere; **~ion** rettelse *m*; **~ive** korrektiv *n*; korrigerende.
correspond /ˌkɒrɪˈspɒnd/ svare (**to** til); brevveksle; **~ence** overensstemmelse *m*; brevveksling *m/f*; **~ent** korrespondent *m*; **~ing** tilsvarende.
corridor /ˈkɒrɪdɔː/ korridor *m*.
corrode /kəˈrəʊd/ ruste.
corroded /kəˈrəʊdɪd/ rusten.
corrosion /kəˈrəʊʒ(ə)n/ rust *m/f*; korrosjon *m*.
corrosive /kəˈrəʊsɪv/ etsende.
corrugate /ˈkɒrəgeɪt/ bølge; rifle; **~d iron** bølgeblikk *n*.
corrupt /kəˈrʌpt/ fordervet; korrupt.
corrupt *verb* /kəˈrʌpt/ bestikke; forderve; **~ible** bestikkelig; **~ion** korrupsjon *m*.
cosmetics /kɒzˈmetɪks/ kosmetikk *m*.
cost /kɒst/ pris *m*; omkostning(er) *m*.
cost *verb* /kɒst/ koste.
costly /ˈkɒstlɪ/ kostbar.
costume /ˈkɒstjuːm/ kostyme *n*; drakt *f*; **national ~** bunad *m*.
cosy /ˈkəʊzɪ/ koselig.
cot /kɒt/ barneseng *m/f*; (*amr*) feltseng *m/f*.
cottage /ˈkɒtɪdʒ/ hytte *f*, lite hus *n*.
cotton /ˈkɒtn/ bomull *m*.
couch /kaʊtʃ/ sofa *m*; **~ potato** TV-slave, sofagris.
cough /kɒf/ hoste *m*.
council /ˈkaʊnsl/ råd(sforsamling) *n (m/f)*; kommune-; **~ houses** (*britisk*) sosialboliger; **~lor** rådsmedlem *n*.
counsel /ˈkaʊns(ə)l/ råd *n*; **~ling** rådgivning *m*; **~lor** rådgiver *m*.
count /kaʊnt/ opptelling *m/f*; greve *m*.
count *verb* /kaʊnt/ telle; **~ down** nedtelling *m/f*; **~ on** regne med, stole på.
countenance /ˈkaʊntənəns/ ansikt *n*, ansiktsuttrykk *n*.

counter /'kaʊntə/ disk *m*; telleverk *n*; spillemerke *n*.
counter *verb* /'kaʊntə/ gå i mot; **~act** motvirke.
counterbalance /'kaʊntəˌbæləns/ motvekt *m*.
counterbalance *verb* /ˌkaʊntə'bæləns/ oppveie.
counterfeit /'kaʊntəfɪt/ forfalskning *m*; falsk.
counterfeit *verb* /'kaʊntəfɪt/ forfalske.
counterpane /'kaʊntəpeɪn/ sengeteppe *n*.
counterpart /'kaʊntəpɑːt/ motstykke *n*.
counterproductive /ˌkaʊntəprə'dʌktɪv/ som virker mot sin hensikt.
countess /'kaʊntəs/ grevinne *m/f*.
country /'kʌntrɪ/ land *n*; terreng *n*; landsens; **~ road** landevei *m*.
county /'kaʊntɪ/ (*brit.*) grevskap/fylke *n*, (*amr*) (stor) kommune *m*.
couple /'kʌpl/ par *n*; **a ~ of days** et par dager.
courage /'kʌrɪdʒ/ mot *n*; **~ous** modig.
course /kɔːs/ forløp *n*; kurs *m, n*; (mat)rett *m*; (*sport*) bane *m*; **of ~** selvfølgelig.
court /kɔːt/ domstol *m*; (*sport*) bane *m*; hoff *n*.
court *verb* /kɔːt/ kurtisere; **~ship** frieri *n*; **~yard** gårdsplass *m*.
courteous /'kɜːtjəs/ høflig.
courtesy /'kɜːtəsɪ/ høflighet *m*.
cousin /'kʌzn/ fetter *m*; kusine *m/f*.
cover /'kʌvə/ deksel *n*, lokk *n*; (bok)perm *m*; dekning *m*; kuvert *m*.
cover *verb* /'kʌvə/ dekke; skjule; være tilstrekkelig; **~ charge** kuvertpris *m*; **~ed** dekket; overbygd.
covetous /'kʌvɪtəs/ begjærlig (**of** etter).
cow /kaʊ/ ku *f*.
coward /'kaʊəd/ feiging *m*; **~ice** feighet *m*.
coy /kɔɪ/ kokett; blyg.
crab /kræb/ krabbe *f*; **~by** irritabel, sur.
crack /kræk/ sprekk *m*; smell *n*; (*medisin*) brist *m*.
crack *verb* /kræk/ knekke; smelle (med); knake; **~ a joke** slå en vits; **~ed** sprukket; **~er** knallbonbon *m*; (*amr*) kjeks *m*.
crackle /'krækl/ knitre, sprake.
cradle /'kreɪdl/ vugge *m/f*.

craft /krɑːft/ håndverk *n*; fartøy *n*; **~sman** håndverker *m*.
cram /kræm/ stappe; pugge; **be ~med** være stappfull.
cramp /kræmp/ krampe *m*.
cramp *verb* /kræmp/ hemme.
cranberry /ˈkrænb(ə)rɪ/ tranebær *n*.
crane /kreɪn/ kran *m/f*; trane *m*.
cranial /ˈkreɪnɪəl/ kranie-; **~ fracture** kraniebrudd *n*.
crank /kræŋk/ sveiv *m/f*; underlig fyr *m*.
crank *verb* /kræŋk/ sveive opp; **~shaft** veivaksel *m*; **~y** sær; (*amr*) gretten.
crap /kræp/ (*slang*) dritt *m*; drittprat *m*, vrøvl *n*.
crash /kræʃ/ brak *n*; kollisjon *m*; styrt *m*.
crash *verb* /kræʃ/ brake; styrte ned; **~ barrier** autovern *n*; **~-helmet** styrthjelm *m*.
crate /kreɪt/ (sprinkel)kasse *f*.
crater /ˈkreɪtə/ krater *n*.
crave /kreɪv/ lengte etter; be om.
craven /ˈkreɪv(ə)n/ feig.
craving /ˈkreɪvɪŋ/ (sterkt) ønske *n*, sug *n* etter.
craw /krɔː/ **~fish** (*amr*) kreps *m*.
crawl /krɔːl/ kravle, krabbe; **be ~ing with** myldre av; **~er lane** krabbefelt *n*.
crayfish /ˈkreɪfɪʃ/ kreps *m*.
craze /kreɪz/ mani *m*.
crazy /ˈkreɪzɪ/ sprø, gal.
creak /kriːk/ knirking *m/f*.
creak *verb* /kriːk/ knirke.
cream /kriːm/ fløte *m*; krem *m*.
crease /kriːs/ buksepress *m*; krøll *m*; rynke *m*.
crease *verb* /kriːs/ krølle; **~proof** krøllfri.
create /krɪˈeɪt/ skape.
creation /krɪˈeɪʃ(ə)n/ skapelse *m*, verk *n*.
creativity /ˌkriːeɪˈtɪvətɪ/ skaperevne *m*.
creator /krɪˈeɪtə/ skaper *m*.
creature /ˈkriːtʃə/ (levende) vesen *n*, skapning *m*.
credentials /krɪˈdenʃ(ə)lz/ (legitimasjons)papirer *n*; kvalifikasjoner.
credibility /ˌkredəˈbɪlətɪ/ troverdighet *m*.
credible /ˈkredəbl/ troverdig.
credit /ˈkredɪt/ kredit(t) *m*; ære *m*; kurspoeng *n*.
credit *verb* /ˈkredɪt/ kreditere; **~ card** kredittkort *n*.
credulous /ˈkredjʊləs/ godtroende.

creed /kriːd/ tro(sbekjennelse) *m*; overbevisning *m*.
creek /kriːk/ vik *m/f*; (*amr*) bekk *m*.
creep /kriːp/ kryp *n*; ekkel person *m*.
creep *verb* /kriːp/ krype; **~er** slyngplante *m/f*; **~y** nifs.
cremate /krɪˈmeɪt/ kremere.
cremation /krɪˈmeɪʃ(ə)n/ kremasjon *m*.
crescent /ˈkresnt/ halvmåne *m*; halvmåneformet.
cress /kres/ karse *m*.
crest /krest/ (bakke)kam *m*; hanekam *m*; våpenskjold *n*; **~fallen** slukkøret.
crevice /ˈkrevɪs/ (fjell) sprekk *m*.
crew /kruː/ mannskap *n*, lag *n*.
crib /krɪb/ krybbe *m/f*; (*amr*) barneseng *m/f*; **~ death** krybbedød *m*.
crib *verb* /krɪb/ plagiere.
crick /krɪk/ kink *n*.
cricket /ˈkrɪkɪt/ siriss *m*; (*sport*) cricket *m*.
crime /kraɪm/ forbrytelse *m*.
criminal /ˈkrɪmɪnl/ kriminell, forbrytersk; forbryter *m*.
crimson /ˈkrɪmzn/ høyrød.
cringe /krɪn(d)ʒ/ krype sammen.
cripple /ˈkrɪpl/ krøpling *m*.
crisis /ˈkraɪsɪs/ *flertall* **-es** krise *m/f*; vendepunkt *n*.
crisp /krɪsp/ sprø; sprøstekt; **~s** *flertall* (*britisk*) potetgull *n*; **~bread** knekkebrød *n*.
criterion /kraɪˈtɪərɪən/ *flertall* **criteria** kriterium *n*.
critic /ˈkrɪtɪk/ kritiker *m*; **~al** kritisk; **~ism** kritikk *m*; **~ize** kritisere.
croak /krəʊk/ kvekke.
crochet *verb* /ˈkrəʊʃeɪ/ hekle.
crockery /ˈkrɒkərɪ/ stentøy *n*, servise *n*.
crocodile /ˈkrɒkədaɪl/ krokodille *f*.
croissant /ˈkrwæsɑː(ŋ)/ croissant *m*.
crony /ˈkrəʊnɪ/ kamerat *m*.
crook /krʊk/ kjeltring *m*; **~ed** krokete, skjev; uhederlig.
crop /krɒp/ avling *m/f*.
croquet /ˈkrəʊkeɪ/ krokket (spill) *m (n)*; **~ mallet** krokketkølle *m/f*.
cross /krɒs/ kors *n*; kryss *n*; krysning *m*.
cross *verb* /krɒs/ krysse; gå i mot; gretten; **~-country** (*sport*) terreng-; langrenn *n*; **~-eyed** skjeløyd.

crossing /'krɒsɪŋ/ krysningspunkt *n*; (*sjøfart*) overfart *m*; **pedestrian ~** fotgjengerovergang *m*.
crossroads /'krɒsrəʊdz/ veikryss *n*.
crossword /'krɒswɜːd/ **~ puzzle** kryssord *n*.
crotch /krɒtʃ/ skritt *n*.
crouch /kraʊtʃ/ krøke seg sammen.
croup /kruːp/ krupp *m*.
crow /krəʊ/ kråke *f*.
crow *verb* /krəʊ/ gale; **~bar** brekkjern *n*.
crowd /kraʊd/ menneskemengde *m*; **~ed** overfylt.
crown /kraʊn/ krone *m/f*; isse *m*.
crucial /'kruːʃ(ə)l/ avgjørende.
crucifixion /ˌkruːsɪ'fɪkʃ(ə)n/ korsfestelse *m*.
crucify /'kruːsɪfaɪ/ korsfeste.
crude /kruːd/ rå; grov, vulgær.
cruel /kruːl/ grusom; **~ty** grusomhet *m*.
cruise /kruːz/ cruise *n*, sjøreise *m/f*; **~ ship** cruiseskip *n* .
crumb /krʌm/ (brød)smule *m*; **~le** smuldre opp.
crumpet /'krʌmpɪt/ tebrød *n*.
crumple /'krʌmpl/ krølle; **~d** krøllete.
crunch /krʌn(t)ʃ/ knase.
crusade /kruː'seɪd/ korstog *n*.
crush /krʌʃ/ trengsel *m*; **have a ~ on** være forelsket i.
crush *verb* /krʌʃ/ knuse; presse; **~ed** flatklemt.
crust /krʌst/ skorpe *m/f*; skare *m*.
crutch /krʌtʃ/ krykke *m/f*.
cry /kraɪ/ skrik *n*; gråt *m*; gråte.
crystal /'krɪstl/ krystall *n*; **~lize** krystallisere.
cub /kʌb/ valp *m*, unge *m*; **Cub Scout** småspeider: ulvunge *m*.
cube /kjuːb/ terning *m*.
cuckoo /'kʊkuː/ gjøk *m*.
cucumber /'kjuːkʌmbə/ agurk *m*.
cud /kʌd/ **chew the ~** tygge drøv.
cuddle *verb* /'kʌdl/ klemme; **~ up to** trykke seg inntil.
cuddly /'kʌdlɪ/ myk og deilig; **~ toy** kosedyr *n*.
cue /kjuː/ (biljard)kø *m*; (*teater*) stikkord *n*.
cuff /kʌf/ mansjett *m*; (*amr*) (bukse)brett *m*; dask *m*.
cuff *verb* /kʌf/ fike til; **~links** mansjettknapper *m*.

cuffs /kʌfs/ håndjern.
culminate /ˈkʌlmɪneɪt/ kulminere.
culmination /ˌkʌlmɪˈneɪʃ(ə)n/ kulminasjon *m*.
culprit /ˈkʌlprɪt/ gjerningsmann *m*, synder *m*.
cult /kʌlt/ kult *m*.
cultivate /ˈkʌltɪveɪt/ dyrke; kultivere.
cultivation /ˌkʌltɪˈveɪʃ(ə)n/ dyrking *m/f*.
cultural /ˈkʌltʃ(ə)r(ə)l/ kulturell; kultur-.
culture /ˈkʌltʃə/ kultur *m*; dyrking *m/f*.
cumbersome /ˈkʌmbəsəm/ besværlig.
cunning /ˈkʌnɪŋ/ utspekulert; list *m*, sluhet *m*.
cunt /kʌnt/ (*vulgært*) fitte *f*.
cup /kʌp/ kopp *m*; beger *n*; pokal *m*; **~board** skap *n*.
curable /ˈkjʊərəbl/ helbredelig.
curate /ˈkjʊərət/ kapellan *m*.
curator /ˌkjʊəˈreɪtə/ konservator *m*.
curb /kɜːb/ (*amr*) fortauskant *m*; demper *m*.
curb *verb* /kɜːb/ dempe.
cure /kjʊə/ kur *m*; helbredelse *m*.
cure *verb* /kjʊə/ helbrede; konservere (salte *o.l.*).
curfew /ˈkɜːfjuː/ portforbud *n*.
curiosity /ˌkjʊərɪˈɒsətɪ/ nysgjerrighet *m*; raritet *m*.
curious /ˈkjʊərɪəs/ nysgjerrig; underlig.
curl /kɜːl/ krøll *m*.
curl *verb* /kɜːl/ krølle (seg); **~er** papiljott *m*.
currant /ˈkʌr(ə)nt/ korint *m*; **red ~s** rips *n*; **black ~s** solbær *n*.
currency /ˈkʌr(ə)nsɪ/ valuta *m* .
current /ˈkʌr(ə)nt/ gangbar; aktuell; strøm *m*.
curriculum /kəˈrɪkjʊləm/ undervisningsplan *m*; fagkrets *m*; **~ vitae** personlige opplysninger *m*, CV.
curry /ˈkʌrɪ/ karri *m*.
curse /kɜːs/ forbannelse *m*.
curse *verb* /kɜːs/ forbanne.
cursor /ˈkɜːsə/ (*edb*) markør *m*.
curt /kɜːt/ kort, brysk.
curtail /kɜːˈteɪl/ skjære ned på.
curtain /ˈkɜːtn/ gardin *m/f/n*; (*teater*) teppe *n*.
curtsy /kɜːtsɪ/ neie.
curve /kɜːv/ kurve *m*; sving *m*.

curve *verb* /kɜːv/ krumme (seg), svinge.
cushion /ˈkʊʃ(ə)n/ pute *m/f*.
custard /ˈkʌstəd/ *omtrent* vaniljesaus *m*.
custodian /kʌˈstəʊdjən/ vokter *m*; (*amr*) vaktmester *m*.
custody /ˈkʌstədɪ/ varetekt *m*; (*jur*) foreldrerett *m*.
custom /ˈkʌstəm/ skikk *m*; **~s** toll(myndighet) *m*; **~s-house** tollbod *m*; **~s officer** toller *m*; **~ary** vanlig; **~er** kunde *m*.
cut /kʌt/ snitt *n*; hogg *n*; reduksjon *m*.
cut *verb* /kʌt/ skjære; klippe; hugge; redusere; (*kortspill*) ta av; **~back** skjære ned; **~ glass** krystallglass *n*; **~ short** avbryte; **~-throat** morderisk, hensynsløs.
cute /kjuːt/ søt; smart.
cuticle /ˈkjuːtɪkl/ neglebånd *n*.
cutlery /ˈkʌtlərɪ/ spisebestikk *n*.
cutlet /ˈkʌtlət/ kotelett *m*.
cutting /ˈkʌtɪŋ/ utklipp *n*; (vei-, jernbane-)skjæring *m*; **~ -edge** banebrytende, nyskapende.
cycle /ˈsaɪkl/ syklus *m*; sykkel *m*.
cycle *verb* /ˈsaɪkl/ sykle.
cylinder /ˈsɪlɪndə/ sylinder *m*; valse *m*.
cynic /ˈsɪnɪk/ kyniker *m*; **~al** kynisk.
cyst /sɪst/ cyste *m*.

D

dab /dæb/ slå lett, daske; **~ble in** sysle med (som amatør).
dad(dy) /dæd(ɪ)/ pappa *m*.
daffodil /'dæfədɪl/ påskelilje *m/f*.
daft /dɑːft/ tåpelig.
dagger /'dægə/ dolk *m*.
daily /'deɪlɪ/ daglig; dagsavis.
dainty /'deɪntɪ/ lekker; delikat.
dairy /'deərɪ/ meieri *n*.
daisy /'deɪzɪ/ tusenfryd *m*; (*amr*) prestekrage *m*.
dam /dæm/ dam *m*; demning *m*.
damage /'dæmɪdʒ/ skade *m*.
damage *verb* /'dæmɪdʒ/ skade; **~s** (*jur*) skadeserstatning *m*.
damn /dæm/ fordømme; **~!** fordømt! jævla!
damnation /dæm'neɪʃən/ fordømmelse.
damp /dæmp/ fuktig, klam.
damp *verb* /dæmp/ fukte; **~en** dempe; **~er** demper *m*.
dance /dɑːns/ dans *m*.
dance *verb* /dɑːns/ danse; **~r** danser *m*.
dandelion /'dændɪlaɪən/ løvetann *f*.
dandruff /'dændrʌf/ flass *n*.
dandy /'dændɪ/ laps *m*, moteløve *m*.
danger /'deɪn(d)ʒə/ fare *m*; **~ous** farlig.
dangle /'dæŋgl/ henge og slenge; dingle.
Danish /'deɪnɪʃ/ dansk; **~ pastry** wienerbrød *n*.
dare /deə/ utfordring; våge.
daring /'deərɪŋ/ dristig.
dark /dɑːk/ mørk; mørke *n*; **~en** mørkne; **~ness** mørke *n*.
darling /'dɑːlɪŋ/ elskling *m*; yndling *m*.
darn /dɑːn/ stoppe (hull); søren også!
dart /dɑːt/ (liten) pil *m/f*; **~s** pilespill *n*.
dash /dæʃ/ skvett *m*; sprint *m*; tankestrek *m*.
dash *verb* /dæʃ/ styrte

av sted; **~board** instrumentbord *n*; **~ing** flott.
data /ˈdeɪtə/ **~ base** database *m*; **~ processing** databehandling *m/f*.
date /deɪt/ daddel *m*; dato *m*; årstall *n*; avtale *m*, stevnemøte *n*.
date *verb* /deɪt/ datere; gå ut med; **dated/out of ~** foreldet; **sell-by ~** utløpsdato *m* (for matvarer); **up to ~** tidsmessig, moderne.
daub /dɔːb/ smøreri *n*.
daub *verb* /dɔːb/ klattemale.
daughter /ˈdɔːtə/ datter *m/f*; **~-in-law** svigerdatter *m/f*.
daunting /dɔːntɪŋ/ avskrekkende, skremmende.
dawn /dɔːn/ daggry *n*.
dawn *verb* /dɔːn/ gry (av dag); (*overført*) demre.
day /deɪ/ dag *m*; **the other ~** forleden (dag); **~care** (*amer.*) barnepark *m*, barnepass *n*.
dazed /deɪzd/ omtumlet.
dazzle /ˈdæzl/ blende.
DC /ˌdiːˈsiː/ *fork for* **District of Columbia** (Washington, USA).
dead /ded/ død, livløs; dødsens; **~en** dempe; **~end road** blindvei *m*; **~line** siste frist *m*; **~lock** fastlåst situasjon *m*; **~ly** dødelig.
deaf /def/ døv; **~-mute** døvstum; **~ening** øredøvende; **~ness** døvhet *m*.
deal /diːl/ forretning *m*, handel *m*; avtale *m*; (*kortspill*) giv *m*.
deal *verb* /diːl/ handle; (*kortspill*) gi; **a great ~** en hel del; **~ with** behandle; ta seg av; **~er** forhandler *m*.
dean /diːn/ dekanus *m*; domprost *m*.
dear /dɪə/ kjær; dyr.
death /deθ/ død *m*; dødsfall *n*.
debark /dɪˈbɑːk/ gå i land; landsette; **~ation** landgang *m*; landsetting *m/f*.
debate /dɪˈbeɪt/ debatt *m*.
debate *verb* /dɪˈbeɪt/ debattere.
debit /ˈdebɪt/ debet *m*.
debit *verb* /ˈdebɪt/ debitere.
debt /det/ gjeld *m/f*; **~or** debitor *m*, skyldner *m*.
decade /ˈdekeɪd/ tiår *n*.
decadence /ˈdekəd(ə)ns/ forfall *n*.
decadent /ˈdekəd(ə)nt/ dekadent.
decaf /ˈdiːkæf/ koffeinfri kaffe *m*.

decanter /dɪˈkæntə/ karaffel *m*.
decay /dɪˈkeɪ/ forråtnelse *m*; forfall *n*.
decay *verb* /dɪˈkeɪ/ råtne; forfalle.
deceased /dɪˈsiːst/ avdød.
deceit /dɪˈsiːt/ bedrag *n*; **~ful** svikefull.
deceive /dɪˈsiːv/ bedra; narre.
deceleration /diːˌseləˈreɪʃ(ə)n/ det å saktne farten.
December /dɪˈsembə/ desember.
decency /ˈdiːsnsɪ/ sømmelighet *m*; anstendighet *m*.
decent /ˈdiːsnt/ sømmelig; skikkelig.
deception /dɪˈsepʃ(ə)n/ bedrag *n*.
deceptive /dɪˈseptɪv/ villedende.
decide /dɪˈsaɪd/ bestemme; avgjøre.
decipher /dɪˈsaɪfə/ tyde, tolke.
decision /dɪˈsɪʒ(ə)n/ avgjørelse *m*.
decisive /dɪˈsaɪsɪv/ avgjørende.
deck /dek/ dekk *n*; (*kortspill*) kortstokk *m*.
declaration /ˌdekləˈreɪʃ(ə)n/ erklæring *m*.
declare /dɪˈkleə/ erklære; fortolle; (*kortspill*) melde.
decline /dɪˈklaɪn/ nedgang *m*; forfall *n*.
decline *verb* /dɪˈklaɪn/ avslå; avta.
decorate /ˈdekəreɪt/ dekorere; pusse opp.
decoration /ˌdekəˈreɪʃ(ə)n/ dekorasjon *m*; pynt *m*.
decoy /ˈdiːkɔɪ/ lokkefugl *m*.
decrease /ˈdiːkriːs/ nedgang *m*, reduksjon *m*.
decrease *verb* /diːˈkriːs/ avta, minke.
decree /dɪˈkriː/ dekret *n*.
decree *verb* /dɪˈkriː/ forordne.
decrepit /dɪˈkrepɪt/ skrøpelig; falleferdig.
dedicate /ˈdedɪkeɪt/ tilegne.
dedication /ˌdedɪˈkeɪʃ(ə)n/ engasjement *n*; dedikasjon *m*.
deduce /dɪˈdjuːs/ utlede, slutte.
deduct /dɪˈdʌkt/ trekke fra; **~ion** fradrag *n*; konklusjon *m*.
deed /diːd/ gjerning *m*, bedrift; (*jur*) skjøte *n*.
deep /diːp/ dyp; **~-fry** frityrsteke; **~en** fordype; skjerpe.

deer /dɪə/ hjortedyr *n*.
defeat /dɪ'fiːt/ nederlag *n*.
defeat *verb* /dɪ'fiːt/ vinne over; **~ism** defaitisme *m*, nederlagsstemning *m*.
defect /'diːfekt/ mangel *m*, feil *m*.
defect *verb* /dɪ'fekt/ (*politikk*) hoppe av; **~ion** avhopp *n*; **~ive** mangelfull; **~or** avhopper *m*.
defence /dɪ'fens/ forsvar *n*.
defend /dɪ'fend/ forsvare.
defendant /dɪ'fendənt/ anklaget, saksøkt.
defensive /dɪ'fensɪv/ forsvars-; defensiv.
defiance /dɪ'faɪəns/ trass *m*.
defiant /dɪ'faɪənt/ trassig, utfordrende.
deficiency /dɪ'fɪʃ(ə)nsɪ/ mangel *m*.
deficient /dɪ'fɪʃ(ə)nt/ mangelfull; utilstrekkelig.
deficit /'defɪsɪt/ underskudd *n*.
define /dɪ'faɪn/ definere; forklare.
definite /'defɪnət/ bestemt.
definition /ˌdefɪ'nɪʃ(ə)n/ definisjon *m*.
definitive /dɪ'fɪnətɪv/ definitiv, endelig.
deflect /dɪ'flekt/ få til å endre retning, bøye(s) av.
deforest /diː'fɒrɪst/ avskoge; **~ation** avskoging *m/f*.
deform /dɪ'fɔːm/ misdanne; **~ed** vanskapt; misdannet; **~ity** misdannelse *m*.
defrost /ˌdiː'frɒst/ avise, avrime.
deft /deft/ netthendt; rask.
defuse /ˌdiː'fjuːz/ uskadeliggjøre.
defy /dɪ'faɪ/ trosse, utfordre.
degenerate /dɪ'dʒen(ə)rət/ utarte; degenerert (person).
degeneration /dɪˌdʒenə'reɪʃ(ə)n/ utarting *m/f*.
degradation /ˌdegrə'deɪʃ(ə) n/ nedverdigelse *m*, degradering *m/f*.
degrade /dɪ'greɪd/ fornedre; degradere.
degree /dɪ'griː/ grad *m*; eksamen *m* (ved universitet *eller* college).
de-ice /ˌdiː'aɪs/ avise.
dejected /dɪ'dʒektɪd/ nedslått, motløs.
delay /dɪ'leɪ/ forsinkelse *m*; utsettelse *m*.
delay *verb* /dɪ'leɪ/ forsinke; utsette.
delegate /'delɪgət/ utsending *m*.

delegate *verb* /'delɪgeɪt/ delegere .
delete /dɪ'li:t/ stryke (ut), slette.
deliberate /dɪ'lɪbərət/ overlagt.
delicacy /'delɪkəsɪ/ finfølelse *m*; lekkerbisken *m*.
delicate /'delɪkət/ fintfølende; sart; delikat.
delicious /dɪ'lɪʃəs/ deilig, delikat.
delight /dɪ'laɪt/ glede *m*, fryd *m*.
delight *verb* /dɪ'laɪt/ glede seg (**in** over); **~ful** herlig.
delinquency /dɪ'lɪŋkwənsɪ/ lovovertredelse *m*; **juvenile ~** ungdomskriminalitet *m*.
delinquent /dɪ'lɪŋkwənt/ lovovertreder *m*, kriminell *m*.
delirious /dɪ'lɪrɪəs/ **be ~** ha feberfantasier *m*; være i ørska.
deliver /dɪ'lɪvə/ (over) levere; forløse; holde (en tale).
delivery /dɪ'lɪv(ə)rɪ/ (over) levering *m/f*; ombæring *m/f* (av post); fødsel *m*; fremføring *m/f*.
delude /dɪ'lu:d/ villede, narre.
deluge /'delju:dʒ/ oversvømmelse *m*; syndflod *m*.
delusion /dɪ'lu:ʒ(ə)n/ illusjon *m*; vrangforestilling *m/f*.
delusive /dɪ'lu:sɪv/ illusorisk; bedragersk.
demand /dɪ'mɑ:nd/ krav *n*; etterspørsel *m*.
demand *verb* /dɪ'mɑ:nd/ fordre, kreve; **in great ~** sterkt etterspurt.
demanding /dɪ'mɑ:ndɪŋ/ krevende.
demeanour /dɪ'mi:nə/ oppførsel *m*; holdning *m*.
democracy /dɪ'mɒkrəsɪ/ demokrati *n*.
democrat /'deməkræt/ demokrat *m*.
democratic /ˌdemə'krætɪk/ demokratisk.
demolish /dɪ'mɒlɪʃ/ rive ned, ødelegge.
demolition /ˌdemə'lɪʃ(ə)n/ nedriving *m/f*, rasering *m/f*.
demonstrate /'demənstreɪt/ (be)vise; demonstrere.
demonstration /ˌdemən'streɪʃ(ə)n/ bevis(føring) *n (m/f)*; demonstrasjon *m*.
demonstrative /dɪ'mɒnstrətɪv/ demonstrativ.

demure /dɪ'mjʊə/ anstendig, beskjeden.
den /den/ hule *m/f*.
denial /dɪ'naɪ(ə)l/ (be) nektelse *m*; avslag *n*.
denomination /dɪˌnɒmɪ'neɪʃ(ə)n/ benevnelse *m*; pålydende verdi *m*; trosretning *m*.
denominational /dɪˌnɒmɪ'neɪʃənəl/ livssyns-.
denominator /dɪ'nɒmɪneɪtə/ (*matematikk*) nevner *m*.
denounce /dɪ'naʊns/ fordømme; angi.
dense /dens/ tett; dum.
density /'densətɪ/ tetthet *m*.
dent /dent/ bulk *m*.
dent *verb* /dent/ bulke.
dental /'dentl/ tann-.
dental hygienist tannpleier *m*.
dentist /'dentɪst/ tannlege *m*.
dentures /'den(t)ʃəz/ gebiss *n*.
denunciation /dɪˌnʌnsɪ'eɪʃ(ə)n/ fordømmelse *m*; angiveri *n*.
deny /dɪ'naɪ/ (be)nekte; avslå.
depart /dɪ'pɑːt/ reise; dø; avvike; **~ed** avdød.
department /dɪ'pɑːtmənt/ avdeling *m*; departement *n*; **~ store** varehus *n*, stormagasin *n*.
departure /dɪ'pɑːtʃə/ avreise *m/f*; **date of ~** avreisedato *m*; **time of ~** avgangstid *m/f*.
depend /dɪ'pend/ **~ on** avhenge av; stole på; **~able** pålitelig; **~ence** avhengighet *m*.
depict /dɪ'pɪkt/ avbilde; skildre.
depletion /dɪ'pliːʃ(ə)n/ tømming *m/f*; uttynning *m/f*.
deplorable /dɪ'plɔːrəbl/ beklagelig.
deplore /dɪ'plɔː/ beklage.
depopulate /diː'pɒpjʊleɪt/ avfolke.
deport /dɪ'pɔːt/ deportere.
depose /dɪ'pəʊz/ avsette.
deposit /dɪ'pɒzɪt/ depositum *n*; innskudd *n*; avleiring *m/f*.
deposit *verb* /dɪ'pɒzɪt/ deponere, anbringe; avleire.
depreciate /dɪ'priːʃɪeɪt/ synke i verdi; nedvurdere.
depreciation /dɪˌpriːʃɪ'eɪʃ(ə)n/ (verdi) forringelse *m*; avskrivning *m*.
depress /dɪ'pres/ trykke ned; gjøre deprimert; **~ed**

nedtrykt; **~ion** nedtrykking *m/f*; depresjon *m*.
deprive /dɪ'praɪv/ berøve.
depth /depθ/ dybde *m*; dyp *n*.
deputy /'depjʊtɪ/ vikar *m*; vise-.
derail /dɪ'reɪl/ spore av; **~ment** avsporing *m/f*.
deranged /dɪ'reɪndʒd/ sinnsforvirret.
derision /dɪ'rɪʒ(ə)n/ hån *m*.
derivative /dɪ'rɪvətɪv/ uoriginal.
derive /dɪ'raɪv/ avlede, utlede.
dermal /'dɜːm(ə)l/ hud-.
dermatologist /ˌdɜːmə'tɒlədʒɪst/ hudlege *m*.
derogatory /dɪ'rɒgət(ə)rɪ/ nedsettende.
derrick /'derɪk/ boretårn *n*; lastebom *m*.
descend /dɪ'send/ stige ned; stamme fra.
descendant /dɪ'sendənt/ etterkommer *m*.
descent /dɪ'sent/ nedstigning *m*; avstamning *m*.
describe /dɪ'skraɪb/ beskrive.
description /dɪ'skrɪpʃ(ə)n/ beskrivelse *m*; signalement *n*.
desecrate /'desɪkreɪt/ vanhellige; skjende.
desert /'dezət/ ørken *m*.
desert *verb* /dɪ'zɜːt/ forlate; desertere; **~ion** desertering *m/f*.
deserve /dɪ'zɜːv/ fortjene.
deserving /dɪ'zɜːvɪŋ/ fortjenstfull.
design /dɪ'zaɪn/ tegning *m*; plan *m*; konstruksjon *m*.
design *verb* /dɪ'zaɪn/ tegne; planlegge; bestemme; **~ate** betegne; utpeke; **~ation** betegnelse *m*; **~er** designer *m*; formgiver *m*; **~ing** utspekulert.
desirable /dɪ'zaɪərəbl/ ønskelig.
desire /dɪ'zaɪə/ ønske *n*; begjær *n*.
desire *verb* /dɪ'zaɪə/ ønske; begjære.
desk /desk/ pult *m*; skranke *m*.
desktop computer stasjonær pc.
desktop publishing grafisk tekstbehandling *m/f*.
desolate /'desəleɪt/ øde; ulykkelig.
despair /dɪ'speə/ fortvilelse *m*.
despair *verb* /dɪ'speə/ fortvile; **~ing** fortvilet.
desperate /'desp(ə)rət/ fortvilet; desperat.

despise /dɪ'spaɪz/ forakte.
despite /dɪ'spaɪt/ til tross for.
despondency /dɪ'spɒndənsɪ/ motløshet *m*.
despondent /dɪ'spɒndənt/ motløs.
dessert /dɪ'zɜːt/ dessert *m*.
destination /ˌdestɪ'neɪʃ(ə)n/ bestemmelsessted *n*, reisemål *n* .
destined /'destɪnd/ forutbestemt.
destiny /'destɪnɪ/ skjebne *m*.
destitute /'destɪtjuːt/ lutfattig, nødlidende.
destitution /ˌdestɪ'tjuːʃ(ə)n/ nød *m*.
destroy /dɪ'strɔɪ/ ødelegge.
destruction /dɪ'strʌkʃ(ə)n/ ødeleggelse *m*.
destructive /dɪ'strʌktɪv/ ødeleggende.
detach /dɪ'tætʃ/ ta av; kople fra; **~ed** frittliggende; (*overført*) uengasjert; **~ed house** enebolig *m*.
detail /'diːteɪl/ detalj *m*; **~ed** inngående.
detain /dɪ'teɪn/ holde tilbake; oppholde.
detect /dɪ'tekt/ merke; oppdage; **~ive** detektiv *m*.
detention /dɪ'tenʃ(ə)n/ forvaring *m*, arrest *m*; gjensitting *m/f*.
detergent /dɪ'tɜːdʒ(ə)nt/ vaskemiddel *n*, vaskepulver *n*.
deteriorate /dɪ'tɪərɪəreɪt/ forverres, forfalle.
determination /dɪˌtɜːmɪ'neɪʃ(ə)n/ besluttsomhet *m*.
determine /dɪ'tɜːmɪn/ bestemme; **~d** (fast) bestemt; målbevisst.
detest /dɪ'test/ avsky *m*; **~able** avskyelig.
detonation /ˌdetə(ʊ)'neɪʃ(ə)n/ eksplosjon *m*; knall *n*.
detour /'diːtʊə/ omvei *m*.
detoxification /diːˌtɒksɪfɪ'keɪʃən/ avvenning *m*.
detoxify /diː'tɒksɪfaɪ/ fjerne giften fra.
detriment /'detrɪmənt/ skade *m*; **~al** skadelig.
deuce /djuːs/ (*kortspill o.l.*) toer; (i tennis) a-40.
devaluation /ˌdiːvæljʊ'eɪʃ(ə)n/ devaluering *m/f*.
devalue /ˌdiː'væljuː/ devaluere.
devastate /'devəsteɪt/ herje, ødelegge; **~d** (*om person*) fortvilet.

develop /dɪ'veləp/ utvikle (seg); (*fotogr*) fremkalle; **~er** entreprenør; **~ment** utvikling *m*; (*fotogr*) fremkalling *m/f*.
deviate /'diːvɪeɪt/ avvike.
deviation /ˌdiːvɪ'eɪʃ(ə)n/ avvik *n*.
device /dɪ'vaɪs/ innretning *m*, apparat *n*.
devil /'devl/ djevel *m*.
devious /'diːvjəs/ utspekulert; underfundig.
devise /dɪ'vaɪz/ tenke ut.
devoid /dɪ'vɔɪd/ fri, blottet (**of** for).
devote /dɪ'vəʊt/ vie.
devoted /dɪ'vəʊtɪd/ hengiven.
devotion /dɪ'vəʊʃ(ə)n/ hengivenhet *m*; fromhet *m*.
devour /dɪ'vaʊə/ sluke.
devout /dɪ'vaʊt/ from.
dew /djuː/ dugg *m*.
dewy /'djuːɪ/ dugget.
dexterity /dek'sterətɪ/ (be) hendighet *m*.
dexterous /'dekst(ə)rəs/ hendig, fingernem.
diabetes /ˌdaɪə'biːtiːz/ sukkersyke *m*.
diabetic /ˌdaɪə'betɪk/ diabetiker-; diabetiker *m*.
diagnose /'daɪəgnəʊz/ diagnostisere.
diagnosis /ˌdaɪəg'nəʊsɪs/ diagnose *m*.
dial /'daɪ(ə)l/ urskive *m/f*; nummerskive *m/f*.
dial *verb* /'daɪ(ə)l/ (*tlf*) slå et nummer.
dialect /'daɪəlekt/ målføre *n*, dialekt *m*.
dialling /'daɪəlɪŋ/ **~ code** (amr **area code**) retningsnummer *n*; **~ tone** (amr **dial tone**) summetone *m*.
diameter /daɪ'æmɪtə/ diameter *m*.
diamond /'daɪəmənd/ diamant *m*; **~s** (*kortspill*) ruter.
diaper /'daɪəpə/ (*amr*) bleie *m/f*; **disposable ~** papirbleie *m/f*.
diaphragm /'daɪəfræm/ (*anatomi*) mellomgulv *n*; *m*; (*medisin*) pessar *n*.
diarrhoea /ˌdaɪə'rɪə/ diaré *m*.
diary /'daɪərɪ/ dagbok *m/f*.
dice /daɪs/ (*flertall* av **die**) terninger *m*.
dice *verb* /daɪs/ spille med terninger.
dictate /'dɪkteɪt/ diktere.
dictation /dɪk'teɪʃ(ə)n/ diktat *m*.
dictator /dɪk'teɪtə/ diktator *m*.

dictatorship /dɪk'teɪtəʃɪp/ diktatur *n*.
dictionary /'dɪkʃ(ə)nrɪ/ ordbok *m/f*, leksikon *n*.
didactic /daɪ'dæktɪk/ didaktisk, belærende.
die /daɪ/ dø.
diesel /'diːz(ə)l/ diesel; **~ engine** dieselmotor.
diet /'daɪət/ kost *m*, diett *m*.
differ /'dɪfə/ være forskjellig; **~ence** forskjell *m*; uenighet *m*; **~ent** forskjellig.
difficult /'dɪfɪk(ə)lt/ vanskelig; **~y** vanskelighet *m*.
diffuse /dɪ'fjuːz/ spre; uklar.
diffusion /dɪ'fjuːʒ(ə)n/ spredning *m*, utbredelse *m*.
dig /dɪg/ grave.
digest /'daɪdʒest/ sammendrag *n*.
digest *verb* /daɪ'dʒest/ fordøye; **~ible** (lett) fordøyelig; **~ion** fordøyelse *m*.
digit /'dɪdʒɪt/ finger *m*; ensifret tall *n*; **~al** digital.
dignified /'dɪgnɪfaɪd/ (ær) verdig.
dignitary /'dɪgnɪt(ə)rɪ/ rangsperson *m*.
dignity /'dɪgnətɪ/ verdighet *m*.
digress /daɪ'gres/ komme bort fra emnet; **~ion** digresjon *m*.
dike /daɪk/ dike *n*; demning *m*.
dilapidated /dɪ'læpɪdeɪtɪd/ falleferdig.
diligence /'dɪlɪdʒ(ə)ns/ flid *m*.
diligent /'dɪlɪdʒ(ə)nt/ flittig.
dill /dɪl/ dill *m*.
dilute /daɪ'luːt/ fortynne.
dim /dɪm/ dunkel, uklar, sløret; dum.
dim *verb* /dɪm/ blende; dempe.
dimension /daɪ'menʃ(ə)n/ dimensjon *m*.
diminish /dɪ'mɪnɪʃ/ forminske; avta.
dimple /'dɪmpl/ smilehull *n*.
dine /daɪn/ spise middag.
dingy /'dɪŋgɪ/ skitten; snuskete.
dining car spisevogn *m/f*.
dining room spisestue *m/f*.
dinner /'dɪnə/ middag(smat) *m (m)*; **~ jacket** smoking *m*.
diocese /'daɪəsɪs/ bispedømme *n*.
dip /dɪp/ fordypning *m*; dukkert *m*; (mat) dip *m*.
dip *verb* /dɪp/ dyppe; dukke.
diphtheria /dɪf'θɪərɪə/ difteri *m*.

diploma /dɪ'pləʊmə/ diplom *n*, vitnemål *n*; **~cy** diplomati *n*; **~t** diplomat *m*.
dipstick /'dɪpstɪk/ oljepinne *m/f*.
dipswitch /'dɪpswɪtʃ/ dimbryter *m*.
direct /daɪ'rekt/ direkte; rett.
direct *verb* /daɪ'rekt/ rettlede; styre; **~ current** likestrøm *m*.
direction /daɪ'rekʃ(ə)n/ retning *m*; ledelse *m*.
directly /daɪ'rektlɪ/ direkte; straks.
director /dɪ'rektə/ leder *m*; instruktør *m*; direktør *m*.
directory /dɪ'rekt(ə)rɪ/ adressebok *m/f*; retningsgivende; **telephone ~** telefonkatalog *m*.
dirt /dɜːt/ skitt; **~y** skitten.
disability /ˌdɪsə'bɪlətɪ/ uførhet *m*.
disabled /dɪs'eɪbld/ ufør.
disadvantage /ˌdɪsəd'vɑːntɪdʒ/ ulempe *m/f*; **~ous** ufordelaktig.
disagree /ˌdɪsə'griː/ ikke stemme overens; være uenig **~able** ubehagelig; **~ment** uoverensstemmelse *m*; uenighet *m*.
disappear /ˌdɪsə'pɪə/ forsvinne; **~ance** forsvinning *m/f*.
disappoint /ˌdɪsə'pɔɪnt/ skuffe; **~ment** skuffelse *m*.
disapproval /ˌdɪsə'pruːv(ə)l/ misbilligelse *m*.
disapprove /ˌdɪsə'pruːv/ mislike.
disarm /dɪs'ɑːm/ avvæpne, nedruste; **~ament** avvæpning *m*, nedrusting *m/f*.
disassemble /ˌdɪsə'sembl/ demontere.
disaster /dɪ'zɑːstə/ katastrofe *m*; ulykke *m/f*.
disastrous /dɪ'zɑːstrəs/ katastrofal; ulykksalig.
disbelief /ˌdɪsbɪ'liːf/ vantro *m*; tvil *m*.
disc /dɪsk/ disk, (*edb*) diskett *m*; skive *m/f*; (grammofon) plate *m/f*; **slipped ~** ryggvirvelforskyvning *m*.
discern /dɪ'sɜːn/ skjelne; **~ing** forstandig; skarpsindig.
discharge /'dɪstʃɑːdʒ/ utskrivning *m*; avmønstring *m/f*; lossing *m*; løslatelse *m*; (*medisin*) utflod *m*.
discharge *verb* /dɪs'tʃɑːdʒ/ skrive ut; losse; avfyre; løslate; avskjedige.
disciple /dɪ'saɪpl/ disippel *m*.

discipline /'dɪsɪplɪn/ disiplin *m*.
discipline *verb* /'dɪsɪplɪn/ disiplinere; straffe.
disclaim /dɪs'kleɪm/ dementere; fraskrive seg.
disclose /dɪs'kləʊz/ avsløre; offentliggjøre.
disclosure /dɪs'kləʊʒə/ avsløring *m/f*.
discomfort /dɪ'skʌmfət/ ubehag *n*.
disconcerted /ˌdɪskən'sɜːtɪd/ forvirret, desorientert.
disconnect /ˌdɪskə'nekt/ (av)bryte; kople fra; **~ed** frakoplet; usammenhengende.
disconsolate /dɪs'kɒns(ə)lət/ utrøstelig.
discontent /ˌdɪskən'tent/ misnøye *m*; **~ed** misfornøyd.
discontinue /ˌdɪskən'tɪnjuː/ holde opp med, avbryte.
discord /'dɪskɔːd/ disharmoni *m*; uenighet *m*; dissonans *m*.
discount /'dɪskaʊnt/ rabatt *m*; diskonto *m*.
discount *verb* /dɪs'kaʊnt/ diskontere, trekke fra; se bort fra.
discourage /dɪs'kʌrɪdʒ/ ta motet fra; motarbeide; fraråde.
discourse /'dɪskɔːs/ diskurs *m*; foredrag *n*.
discourteous /dɪs'kɜːtjəs/ uhøflig.
discover /dɪ'skʌvə/ oppdage; **~er** oppdager *m*; **~y** oppdagelse *m*.
discredit *verb* /dɪ'skredɪt/ avvise, så tvil om.
discreet /dɪ'skriːt/ taktfull, diskret.
discrepancy /dɪ'skrep(ə)nsɪ/ uoverensstemmelse *m*, forskjell *m*.
discretion /dɪ'skreʃ(ə)n/ diskresjon *m*; skjønn *n*.
discriminate /dɪ'skrɪmɪneɪt/ diskriminere.
discrimination /dɪˌskrɪmɪ'neɪʃ(ə)n/ diskriminering *m/f*; skjønn *n*.
discuss /dɪ'skʌs/ drøfte, diskutere; **~ion** drøfting *m/f*, diskusjon *m*; forhandling *m/f*.
disease /dɪ'ziːz/ sykdom *m*; **~d** syk; sykelig.
disembark /ˌdɪsɪm'bɑːk/ losse; gå i land.
disengage /ˌdɪsɪn'geɪdʒ/ gjøre fri.

disentangle /ˌdɪsɪn'tæŋgl/ greie ut; vikle ut, løsgjøre.
disfigure /dɪs'fɪgə/ vansire.
disgrace /dɪs'greɪs/ unåde *m*; vanære *m/f*.
disgrace *verb* /dɪs'greɪs/ bringe i unåde; vanære; **~ful** skammelig.
disguise /dɪs'gaɪz/ forkledning *m*.
disguise *verb* /dɪs'gaɪz/ forkle; maskere.
disgust /dɪs'gʌst/ avsky *m*.
disgust *verb* /dɪs'gʌst/ virke frastøtende på; **~ing** motbydelig.
dish /dɪʃ/ fat *n*; (mat)rett *m*; **do the ~es** vaske opp; **~washer** oppvaskmaskin *m*.
dishonest /dɪ'sɒnɪst/ uærlig; **~y** uærlighet *m*.
dishonour /dɪ'sɒnə/ skam *m*; vanære *m/f*.
dishonour *verb* /dɪ'sɒnə/ vanære; ikke innfri (en veksel); **~able** vanærende.
disillusion /ˌdɪsɪ'luːʒ(ə)n/ desillusjonere.
disinclined /ˌdɪsɪn'klaɪnd/ motvillig, utilbøyelig (**to** til).
disinfect /ˌdɪsɪn'fekt/ desinfisere; **~ant** desinfeksjonsmiddel *n*.
disinherit /ˌdɪsɪn'herɪt/ gjøre arveløs.
disintegrate /dɪs'ɪntɪgreɪt/ nedbryte(s); gå i oppløsning.
disjointed /dɪs'dʒɔɪntɪd/ ute av ledd; usammenhengende.
disk /dɪsk/ *dss* disc.
dislike /dɪ'slaɪk/ motvilje *m*.
dislike *verb* /dɪ'slaɪk/ ikke like.
dislocate /'dɪslə(ʊ)keɪt/ forrykke; forstue; vri av ledd.
dislocation /ˌdɪslə(ʊ)'keɪʃ(ə)n/ forvridning *m*.
disloyal /dɪ'slɔɪ(ə)l/ illojal.
dismantle /dɪ'smæntl/ demontere.
dismay /dɪ'smeɪ/ forferdelse *m*.
dismay *verb* /dɪ'smeɪ/ forferde.
dismiss /dɪ'smɪs/ avskjedige; avvise; **~al** avskjed *m*.
dismount /ˌdɪ'smaʊnt/ stige av (hest *eller* sykkel); demontere.
disobedience /ˌdɪsə'biːdɪəns/ ulydighet *m*.
disobedient /ˌdɪsə'biːdɪənt/ ulydig.

disobey /ˌdɪsə'beɪ/ være ulydig.
disorder /dɪ'sɔːdə/ uorden *m*; **~ly** uordentlig; bråkete.
disown /dɪ'səʊn/ fornekte; ikke kjennes ved.
disparity /dɪs'pærətɪ/ ulikhet; forskjell.
dispatch /dɪ'spætʃ/ rapport *m*; avsendelse *m*.
dispatch *verb* /dɪ'spætʃ/ ekspedere.
dispel /dɪ'spel/ spre; jage bort.
dispensable /dɪ'spensəbl/ unnværlig.
dispensation /ˌdɪspen'seɪʃ(ə)n/ utdeling *m/f*; fritak *n*.
dispense /dɪ'spens/ dele ut; **~ with** klare seg uten.
disperse /dɪ'spɜːs/ spre (seg).
displace /dɪ'spleɪs/ forskyve; fordrive; **~ment** forskyvning *m*, forflytning *m*; **~d person** flyktning *m*.
display /dɪ'spleɪ/ utstilling *m/f*; oppvisning *m*.
display *verb* /dɪ'spleɪ/ vise; stille ut.
disposable /dɪ'spəʊzəbl/ engangs-.
disposal /dɪ'spəʊz(ə)l/ det å kvitte seg med; disposisjon *m*.
dispose /dɪ'spəʊz/ **~ of** kvitte seg med; **~d to** innstilt på.
disposition /ˌdɪspə'zɪʃ(ə)n/ disposisjon *m*; tilbøyelighet *m*; gemytt *n*.
dispossess /ˌdɪspə'zes/ berøve; fordrive.
disproportion /ˌdɪsprə'pɔːʃ(ə)n/ misforhold *n*.
disputable /dɪ'spjuːtəbl/ diskutabel, omstridt.
dispute /dɪ'spjuːt/ diskusjon *m*, konflikt *m*.
dispute *verb* /dɪ'spjuːt/ strides om; **-ed** omstridt.
disquieting /dɪ'skwaɪətɪŋ/ foruroligende.
disregard /ˌdɪsrɪ'gɑːd/ likegyldighet *m*; ignorering *m/f*.
disregard *verb* /ˌdɪsrɪ'gɑːd/ ikke ta hensyn til.
disreputable /dɪs'repjʊtəbl/ beryktet.
disrespect /ˌdɪsrɪ'spekt/ respektløshet *m*; **~ful** uhøflig.
dissatisfaction /ˌdɪssætɪs'fækʃ(ə)n/ misnøye *m*.
dissatisfied /ˌdɪs'sætɪsfaɪd/ misfornøyd.
dissension /dɪ'senʃ(ə)n/ uenighet *m*.

dissimilar /dɪ'sɪmɪlə/ ulik.
dissipate /'dɪsɪpeɪt/ spre; ødsle bort.
dissipated /'dɪsɪpeɪtɪd/ utsvevende.
dissipation /ˌdɪsɪ'peɪʃ(ə)n/ spredning *m*; ødsling *m*.
dissolvable /dɪ'zɒlvəbl/ oppløselig.
dissolve /dɪ'zɒlv/ oppløse(s).
distance /'dɪst(ə)ns/ avstand *m*; distanse *m*.
distant /'dɪst(ə)nt/ fjern.
distasteful /dɪ'steɪstfəl/ usmakelig, motbydelig.
distil /dɪ'stɪl/ destillere; **~lation** destillasjon *m*.
distinct /dɪ'stɪŋ(k)t/ tydelig; atskilt; **~ion** forskjell *m*; utmerkelse *m*; **~ive** særegen.
distinguish /dɪ'stɪŋgwɪʃ/ skjelne; utmerke (seg); **~ed** høyt anerkjent; fornem.
distort /dɪ'stɔːt/ fordreie, forvrenge; **~ion** forvrengning *m*.
distract /dɪ'strækt/ avlede, distrahere; **~ed** forstyrret; **~ion** distraksjon *m*; adspredelse *m*.
distress /dɪ'stres/ nød *m*; bekymring *m/f*.
distress *verb* /dɪ'stres/ bekymre.
distribute /dɪ'strɪbjuːt/ dele ut, fordele.
distribution /ˌdɪstrɪ'bjuːʃ(ə)n/ utdeling *m/f*, fordeling *m/f*.
distributor /dɪ'strɪbjʊtə/ fordeler *m*; forhandler *m*.
distrust /dɪ'strʌst/ mistillit *m*.
distrust *verb* /dɪ'strʌst/ mistro.
disturb /dɪ'stɜːb/ forstyrre; **~ance** forstyrrelse *m*; uro(lighet) *m*; **~ing** foruroligende.
ditch /dɪtʃ/ grøft *f*.
ditch *verb* /dɪtʃ/ kjøre i grøfta; droppe.
dive /daɪv/ stup *n*.
dive *verb* /daɪv/ stupe; dykke; **~r** dykker *m*.
diverse /daɪ'vɜːs/ diverse; forskjellig.
diversion /daɪ'vɜːʃ(ə)n/ avledning *m*; omkjøring *m/f*; atspredelse *m*.
diversity /daɪ'vɜːsətɪ/ mangfold *n*.
divert /daɪ'vɜːt/ avlede; omdirigere; atspre.
divide /dɪ'vaɪd/ (vann) skille *n*.
divide *verb* /dɪ'vaɪd/ dele; dividere.
divine /dɪ'vaɪn/ guddommelig.

divinity /dɪ'vɪnətɪ/ gud(dommelighet) *m*; teologi *m*.
division /dɪ'vɪʒ(ə)n/ deling *m/f*; divisjon *m*.
divorce /dɪ'vɔːs/ skilsmisse *m*.
divorce *verb* /dɪ'vɔːs/ skilles; **~d** skilt.
dizziness /'dɪzɪnəs/ svimmelhet *m*.
dizzy /'dɪzɪ/ svimmel.
do /duː/ gjøre; utføre; klare; gå an; **that will ~** det er nok; **how ~ you ~?** god dag! det gleder meg (ved presentasjon); **will this ~?** kan du bruke denne? **~ away with** avskaffe; **~ without** unnvære.
docile /'dəʊsaɪl/ føyelig.
dock /dɒk/ dokk *m*; (*jur*) anklagebenk *m*; **~er** havnearbeider *m*; **~land** dokkområde *n*.
doctor /'dɒktə/ lege *m*.
document /'dɒkjʊmənt/ dokument *n*.
document *verb* /'dɒkjʊmənt/ dokumentere; **~ary** dokumentar-; dokumentarfilm *m*.
dodge /dɒdʒ/ smette unna.
dog /dɒg/ hund *m*; **~-eared** med eselører; **~ged** seig; innbitt.
dole /dəʊl/ arbeidsledighetstrygd *f*; **~ful** bedrøvet; **on the ~** arbeidsløs.
doll /dɒl/ dukke *f*.
dolphin /'dɒlfɪn/ delfin *m*.
domain /də(ʊ)'meɪn/ domene *n*, besittelse *m*.
dome /dəʊm/ kuppel *m*.
domestic /də'mestɪk/ hus-; innenriks-; hushjelp *m/f*; **~ flight** innenriks flyrute *m/f*; **~ terminal** innenriksterminal *m* .
domicile /'dɒmɪsaɪl/ fast bopel *m*.
dominate /'dɒmɪneɪt/ dominere.
domination /ˌdɒmɪ'neɪʃ(ə) n/ herredømme *n*.
dominion /də'mɪnjən/ herredømme *n*, maktområde *n*.
donation /də(ʊ)'neɪʃ(ə)n/ donasjon *m*, gave *m*.
done /dʌn/ (*perf pts* av **do)** gjort, utført; ferdig; **well ~** (om kjøtt) godt stekt.
donkey /'dɒŋkɪ/ esel *n*.
donor /'dəʊnə/ donor *m*, giver *m*.
doom /duːm/ undergang *m*.
doom *verb* /duːm/ dømme; **~ed** fortapt; dødsdømt; **~sday** dommedag *m*.

door /dɔː/ dør *m/f*; ~ **handle** dørklinke *m/f*; ~**keeper** dørvakt *m/f*; ~**way** døråpning *m/f*.
dope /dəʊp/ stoff (narkotika) *n*, stimulerende middel *n*; tosk *m*; ~ **addict** stoffmisbruker *m*; ~**-pedlar** narkotikalanger *m*.
dormitory /'dɔːmətrɪ/ sovesal *m*.
DOS /dɒs/ *fork for* **Disc Operating System** (*edb*) operativsystem *n*.
dose /dəʊs/ dose *m*.
dosser /'dɒsə/ (*hverdagslig*) hjemløs *m*.
dosshouse /'dɒshaʊs/ hospits *n*.
dot /dɒt/ prikk *m*, punkt *n*; ~**ty** sprø, smårar .
double /'dʌbl/ dobbelt; dublett *m*; dobbeltgjenger *m*; dobbeltspill *n* (i tennis).
double *verb* /'dʌbl/ doble; ~**breasted** dobbeltknappet (om jakke); ~**-cross** narre; bedra; forråde; ~**-dealer** bedrager *m*; ~ **-decker** toetasjes buss *m*; ~ **glazing** dobbeltvinduer *n*, *flertall*; ~**-talk** tale med to tunger.
doubt /daʊt/ tvil *m*.
doubt *verb* /daʊt/ tvile; ~**ful** tvilsom, usikker; ~**less** utvilsomt.
dough /dəʊ/ deig *m*; (*slang*) penger; ~**nut** (*amr*) smultring *m*.
dove /dʌv/ due *m/f*.
dowager /'daʊədʒə/ (fornem) rik enke *m/f*.
down /daʊn/ ned(e); utfor; dun *n*; ~**s** bakkelandskap *n*; ~**fall** (*overført*) undergang *m*; ~**hearted** motløs; ~**hill** utforbakke *m*; ~ **payment** depositum *n*; ~**pour** øsregn *n*; ~**stairs** nedenunder; ~**town** især (*amr*) byens sentrum *n*; ~**ward(s)** nedover.
dowry /'daʊ(ə)rɪ/ medgift *m*.
doze /dəʊz/ døse, slumre.
dozen /'dʌzn/ dusin *n*.
drab /dræb/ trist, ensformig.
draft /drɑːft/ veksel *m*, tratte *m*; utkast *n*.
draft *verb* /drɑːft/ lage utkast til; (*amr*) innkalle til militærtjeneste.
drag /dræg/ (*hverdagslig*) kjedelig.
drag *verb* /dræg/ dra, trekke; gå tregt.
dragnet /'drægnet/ slepenot *m/f*; politiaksjon *m*.
dragon /'dræg(ə)n/ drage *m*; ~**fly** øyenstikker *m*.
drain /dreɪn/ avløpsrenne *f*; (*overført*) belastning *m*.

drain *verb* /dreɪn/ drenere; **~-pipe** avløpsrør *n*; **~age** drenering *m*; avløpssystem *n*.
drama /ˈdrɑːmə/ drama *n*; dramatikk *m*; **~tic** dramatisk; **~tist** dramatiker *m*; **~tize** dramatisere.
drape /dreɪp/ drapere; **~s** (*amr*) gardiner *m*.
draught /drɑːft/ trekk *m*; fatøl *n*; **~y** trekkfull.
draw /drɔː/ trekning *m*; (*sport*) uavgjort spill *n*; remis *m* (i sjakk); attraksjon *m*.
draw *verb* /drɔː/ dra, trekke; tegne; heve penger; **~back** ulempe *m/f*; **~bridge** klaffebro *m*.
drawer /ˈdrɔːə/ skuff *m*; **chest of ~s** kommode *m*.
drawing /ˈdrɔːɪŋ/ tegning *m/f*; **~-board** tegnebrett *n*; **~-room** (daglig)stue *f*; salong *m*.
drawl /drɔːl/ snakke med slepende tonefall (særlig om sørstatsamerikanere).
dread /dred/ skrekk *m*, frykt *m*.
dread *verb* /dred/ frykte; **~ful** fryktelig.
dream /driːm/ drøm *m*.
dream *verb* /driːm/ drømme; **~y** drømmende.
dreary /ˈdrɪəri/ trist; kjedelig.
dredge *verb* /dredʒ/ mudre, rense opp.
dregs /dregz/ bunnfall *n*; (*overført*) berme *m*, utskudd *n*.
drenched /drenʃt/ gjennomvåt.
dress /dres/ kjole *m*; antrekk *n*.
dress *verb* /dres/ kle på (seg); forbinde; pynte; **~ circle** (*teater*) balkong *m*; **~er** (*amr*) kommode *m*; **~-rehearsal** (*teater*) generalprøve *m/f*.
dressing /ˈdresɪŋ/ (salat) dressing *m*; påkledning *m*; bandasje *m*; **~-gown** slåbrok *m*; **~ room** garderobe (på teater).
dressmaker /ˈdresˌmeɪkə/ sydame *m/f*.
drift /drɪft/ noe som er føket sammen, haug *m*, snødrive *m/f*.
drift *verb* /drɪft/ fyke sammen; drive.
drill /drɪl/ bor *m/n*, drill *m*; (*mil*) eksersis *m*.
drill *verb* /drɪl/ drille, bore; innøve.
drink /drɪŋk/ drikk *m*.
drink *verb* /drɪŋk/ drikke;

soft ~ alkoholfri drikk *m*; ~ **to** skåle for.
drip /drɪp/ dråpe *m/f*; drypp *n*.
drip *verb* /drɪp/ dryppe; **~-feed** gi intravenøs næring *m/f*; **~ping** stekefett *n*.
drive /draɪv/ kjøretur *m*; kampanje *m*; oppkjørsel *m*; drivmekanisme *m*.
drive *verb* /draɪv/ kjøre; drive; ~ **at** sikte til; **~r** kjører *m*, sjåfør *m*.
driving /'draɪvɪŋ/ kjøring *m/f*; ~ **licence** førerkort *n*, (*amr*) **driver's license**.
drizzle /'drɪzl/ duskregn *n*.
drizzle *verb* /'drɪzl/ duskregne.
droll /drəʊl/ pussig, morsom.
drool /druːl/ sikle.
droop /druːp/ henge ned.
drop /drɒp/ dråpe *m*; øredobb *m*; fall *n*.
drop *verb* /drɒp/ dryppe; falle; miste; sløyfe; ~ **in** stikke innom.
drought /draʊt/ tørke *m/f*.
drown /draʊn/ drukne.
drowsy /'draʊzɪ/ døsig, søvnig.
drug /drʌg/ legemiddel *n*.
drug *verb* /drʌg/ bedøve; **~s** narkotika *m*, stoff *n*; ~ **abuse** stoffmisbruk *n*; ~ **addict** stoffmisbruker *m*; ~ **pusher** narkotikalanger *m*.
druggist /'drʌgɪst/ apoteker *m*.
drugstore /'drʌgstɔː/ (*amr*) drugstore (salg av apotekvarer m.m.).
drum /drʌm/ tromme *m/f*.
drum *verb* /drʌm/ tromme; tønne.
drunk /drʌŋk/ full; **~ard** drukkenbolt *m*; **~en driving** fyllekjøring *m/f*; **~enness** drukkenskap *m*.
dry *verb* /draɪ/ tørke; ~ **cleaner's** renseri *n*; **~er** tørketrommel *m*; hårtørrer *m* .
dry /draɪ/ tørr.
dual /'djuːəl/ dobbelt.
dub /dʌb/ dubbe; oversette dialog.
dubious /'djuːbjəs/ tvilsom; usikker.
duchess /'dʌtʃəs/ hertuginne *m/f*.
duchy /'dʌtʃɪ/ hertugdømme *n*.
duck /dʌk/ and *m/f*.
duck *verb* /dʌk/ dukke (seg); **~ling** andunge *m*.
dud /dʌd/ (*hverdagslig*) blindgjenger, udugelig, falsk.

dude /duːd/ (*amr*) type *m*, kar *m*.
due /djuː/ skyldig; passende; forfallen (til betaling); skyldighet *m*; **~s** avgifter *m*; **in ~ time** i rett tid; **~ date** forfallsdag *m*; **~ to** på grunn av.
duel /ˈdjuːəl/ duell *m*.
duel *verb* /ˈdjuːəl/ duellere.
duke /djuːk/ hertug *m*.
dull /dʌl/ kjedelig; treg; sløv; matt.
dumb /dʌm/ stum; dum, tåpelig; **~founded** forbløffet, målløs.
dummy /ˈdʌmɪ/ utstillingsfigur *m*; (*kortspill*) blindemann *m*; narresmokk *m*; stråmann *m*.
dump /dʌmp/ avfallsplass *m*, fylling *m/f*.
dump *verb* /dʌmp/ lesse av; sette tungt fra seg; dumpe; **~ing** avlessing; (*handel*) dumping *m/f*.
dumpling /ˈdʌmplɪŋ/ melbolle *m*.
dune /djuːn/ sandbanke *m*.
dung /dʌŋ/ naturgjødsel *m*.
dupe /djuːp/ lettlurt person *m*.
duplicate /ˈdjuːplɪkət/ dobbelt; dublett *m*; kopi *m*.
duplicate *verb* /ˈdjuːplɪkeɪt/ kopiere.
durability /ˌdjʊərəˈbɪlətɪ/ holdbarhet *m*.
durable /ˈdjʊərəbl/ varig; holdbar.
duration /djʊ(ə)ˈreɪʃ(ə)n/ varighet *m*.
during /ˈdjʊərɪŋ/ i løpet av, under, i.
dusk /dʌsk/ skumring *m/f*.
dust /dʌst/ støv *n*.
dust *verb* /dʌst/ støvtørre; **~bin** søppelbøtte *m/f*; **~ jacket** smussomslag *n*; **~man** søppeltømmer *m*; **~pan** feiebrett *n*; **~y** støvete.
dutiful /ˈdjuːtɪf(ʊ)l/ lydig, pliktoppfyllende.
duty /ˈdjuːtɪ/ plikt *m/f*; toll *m*; **be on ~** ha vakt; **liable to ~** tollpliktig; **~-free** tollfri.
dwarf /dwɔːf/ dverg *m*.
dwell /dwel/ dvele; bo; **~ing** bolig *m*.
dwindle /ˈdwɪndl/ svinne.
dye /daɪ/ farge *m*; fargestoff *n*.
dye *verb* /daɪ/ farge.
dying /ˈdaɪɪŋ/ døende.
dynamic /daɪˈnæmɪk/ dynamisk; **~s** *flertall* dynamikk *m*.
dynamite /ˈdaɪnəmaɪt/ dynamitt *m*.

E

each /iːtʃ/ hver (enkelt); ~ **other** hverandre.
eager /'iːgə/ ivrig; **~ness** iver *m*.
eagle /'iːgl/ ørn *m/f*.
ear /ɪə/ øre *n*; (*mus*) gehør *n*; **~ache** øreverk *m*; **~drum** trommehinne *m/f*; **~phones** høretelefon *m*.
earl /ɜːl/ greve *m*.
early /'ɜːlɪ/ tidlig.
earn /ɜːn/ (for)tjene; innbringe.
earnest /'ɜːnɪst/ alvorlig.
earnings /'ɜːnɪŋz/ inntekter *m/f*.
earth /ɜːθ/ jord *m/f*; verden *m*.
earthenware /'ɜːθənweə/ steintøy *n*.
earthly jordisk.
earthquake /'ɜːθkweɪk/ jordskjelv *n*.
earthworm /'ɜːθwɜːm/ meitemark *m*.
ease /iːz/ letthet *m*; utvungenhet *m*; lindring *m/f*.
ease *verb* /iːz/ lette; slakke; lindre.
easel /'iːzl/ staffeli *n*.
east /iːst/ øst; **~bound** som går østover; **~ern** østlig; **~wards** østover.
Easter /'iːstə/ påske *m/f*.
easy /'iːzɪ/ lett(vint); rolig; behagelig; utvungen; **take it** ~ ta det med ro; ~ **chair** lenestol *m*; **~-going** omgjengelig, avslappet.
eat /iːt/ spise; fortære; **~able** spiselig.
eaves /iːvz/ takskjegg *n*; **~drop** smuglytte, lytte ved dørene.
ebb /eb/ ebbe *m*, fjære *f*.
ebony /'ebənɪ/ ibenholt *m*.
EC /ˌiː'siː/ *fork for* **European Community** Europeiske Union.
ecclesiastic(al) /ɪˌkliːzɪ'æstɪk(əl)/ kirkelig, geistlig.
echo /'ekəʊ/ ekko *n*.
echo *verb* /'ekəʊ/ gi gjenlyd *m*.

eclipse /ɪ'klɪps/ formørkelse *m*; (*også overført*).
eclipse *verb* /ɪ'klɪps/ overskygge.
ecological /ˌiːkəʊ'lɒdʒɪk(ə)l/ økologisk.
ecology /iː'kɒlədʒɪ/ økologi *m*.
e-commerce /iː'kɒməs/ e-handel *m*, netthandel *m*.
economic /ˌiːkə'nɒmɪk/ (sosial)økonomisk.
economical /ˌiːkə'nɒmɪkəl/ økonomisk (sparsommelig).
economics /ˌiːkə'nɒmɪks/ (sosial)økonomi *m*.
economist /ɪ'kɒnəmɪst/ (sosial)økonom *m*.
economy /ɪ'kɒnəmɪ/ økonomi *m*; sparsommelighet *m*.
ecstasy /'ekstəsɪ/ ekstase *m*.
eczema /'eksɪmə/ eksem *m*.
eddy /'edɪ/ virvel *m*; bakevje *m/f*.
edge /edʒ/ kant *m*; egg *m*; **on ~** oppskaket, nervøs; **~ways** sidelengs; på høykant; **~y** irritabel.
edible /'edəbl/ spiselig.
edifice /'edɪfɪs/ byggverk *n*.
edifying /'edɪfaɪŋ/ oppbyggelig.
edit /'edɪt/ utgi; redigere; **~ion** utgave *m/f*; opplag *n*; **~or** utgiver *m*, redaktør *m*; **~orial** lederartikkel *m*.
educate /'edjʊkeɪt/ utdanne.
education /ˌedjʊ'keɪʃ(ə)n/ utdannelse *m*, undervisning *m/f*; skolevesen *n*.
educational /ˌedjʊ'keɪʃənl/ utdannelses-, lærerik.
EEA /ˌiːiː'eɪ/ *fork for* **European Economic Area** EØS.
eel /iːl/ ål *m*.
effect /ɪ'fekt/ virkning *m*; effekt *m*; **~s** effekter *m*, eiendeler *m*; **take ~** tre i kraft; **in ~** i virkeligheten; **~ive** virksom; effektiv.
effeminate /ɪ'femɪneɪt/ feminin, umandig.
efficiency /ɪ'fɪʃ(ə)nsɪ/ effektivitet *m*.
efficient /ɪ'fɪʃ(ə)nt/ effektiv.
effort /'efət/ anstrengelse *m*, innsats *m*; **~less** ubesværet; **make an ~** anstrenge seg.
effusion /ɪ'fjuːʒ(ə)n/ utgytelse *m*.
effusive /ɪ'fjuːsɪv/ overstrømmende.
EFTA /'eftə/ *fork for* **European Free Trade Association**.
e.g. /ˌiː'dʒiː, f(ə)rɪg'zɑːmpl/

fork for **exempli gratia** for eksempel (f.eks.).
egg /eg/ egg *n*; **~ cup** eggeglass *n*; **~head** fagidiot *m*; **~shell** eggeskall *n*; **~ yolk** eggeplomme *m/f*.
egoism /ˌiːgəʊɪz(ə)m/ egoisme *m*.
egoist /ˈiːgə(ʊ)ɪst/ egoist *m*.
egoistical /ˌiːgəʊˈɪstɪk(ə)l/ egoistisk.
egotism /ˈiːgə(ʊ)tɪz(ə)m/ egoisme *m*, selvopptatthet *m*.
eh /eɪ/ hva? ikke sant?
eider /ˈaɪdə/ ærfugl *m*.
eight /eɪt/ åtte; **~een** atten; **~eenth** attende; **~h** åttende; **~y** åtti.
either /ˈaɪðə/ en (av to); hvilken som helst (av to); heller; begge; **~ - or** enten - eller.
eject /ɪˈdʒekt/ slynge ut; fordrive; **~or seat** katapultsete *n*.
eke /iːk/ **~ out** drøye ut, komplettere.
elaborate /ɪˈlæbərət/ detaljert, gjennomtenkt.
elaborate *verb* /ɪˈlæbəreɪt/ bearbeide; gå i detaljer.
elaboration /ɪˌlæbəˈreɪʃ(ə)n/ utdyping *m/f*.
elapse /ɪˈlæps/ forløpe, gå (om tiden).
elastic /ɪˈlæstɪk/ elastisk, tøyelig; strikk *m*; **~ity** elastisitet *m*.
elbow /ˈelbəʊ/ albue *m*; krok *m*; puffe, skubbe; **~-room** alburom *n*.
elder /ˈeldə/ eldre; eldst (av to); **~berry** hyllebær *n*; **~ly** aldrende.
elect /ɪˈlekt/ velge; utvalgt; **~ion** valg *n*; **~ive** valg-; **~or** velger *m*; (*amr*) valgmann *m*.
electric(al) /ɪˈlektrɪk(əl)/ elektrisk.
electric engineer elektroingeniør *m*.
electrician /ɪlekˈtrɪʃ(ə)n/ elektriker *m*.
electricity /ɪlekˈtrɪsətɪ/ elektrisitet *m*.
electrocute /ɪˈlektrəkjuːt/ henrette ved elektrisitet.
elegance /ˈelɪgəns/ eleganse *m*.
elegant /ˈelɪgənt/ elegant, smakfull.
element /ˈelɪmənt/ element *n*; grunnstoff *n*; **~ary** elementær; **~ary school** grunnskole *m*.
elephant /ˈelɪfənt/ elefant *m*.
elevate /ˈelɪveɪt/ heve.

elevation /eˌlɪ'veɪʃ(ə)n/ høyning *m/f*; høyde *m*.
elevator /'elɪveɪtə/ (*amr*) heis *m*.
eleven /ɪ'levn/ elleve; **~th** ellevte.
elicit /ɪ'lɪsɪt/ lokke frem.
eligibility /ˌelɪdʒə'bɪlətɪ/ valgbarhet *m*.
eligible /'elɪdʒəbl/ valgbar; passende.
elk /elk/ elg *m*.
elm /elm/ alm *m*.
elope /ɪ'ləʊp/ rømme (for å gifte seg); **~ment** rømning *m*.
eloquence /'elə(ʊ)kw(ə)ns/ veltalenhet *m*.
eloquent /'elə(ʊ)kw(ə)nt/ veltalende.
else /els/ ellers; annen; **anyone ~** noen annen; **~where** annetsteds.
elucidate /ɪ'luːsɪdeɪt/ klargjøre.
elude /ɪ'luːd/ unnvike, unngå.
elusive /ɪ'luːsɪv/ unnvikende, flyktig.
emaciated /ɪ'meɪʃɪeɪtɪd/ utmagret.
e-mail /'iːmeɪl/ e-post *m*.
emanate /'eməneɪt/ strømme ut, utgå (**from** fra).
emancipate /ɪ'mænsɪpeɪt/ frigjøre.
emancipation /ɪ'mænsɪpeɪʃən/ frigjøring *m*.
emasculate /ɪ'mæskjʊleɪt/ kastrere.
embalm /ɪm'bɑːm/ balsamere.
embankment /ɪm'bæŋkmənt/ demning *m*; voll *m*.
embark /ɪm'bɑːk/ gå ombord; (*overført*) innlate seg (**on** på); **~ation** innskipning *m*.
embarrass /ɪm'bærəs/ gjøre flau; **~ing** pinlig; **~ment** forlegenhet *m*.
embassy /'embəsɪ/ ambassade *m*.
embezzle /ɪm'bezl/ underslå; **~ment** underslag *n*.
embitter /ɪm'bɪtə/ gjøre bitter; forbitre.
embodiment /ɪm'bɒdɪmənt/ legemliggjørelse *m*.
embody /ɪm'bɒdɪ/ legemliggjøre.
embrace /ɪm'breɪs/ omfavnelse *m*.
embrace *verb* /ɪm'breɪs/ omfavne.
embroider /ɪm'brɔɪdə/

brodere; (*overført*) utbrodere; **~y** broderi *n*.
emerald /'emər(ə)ld/ smaragd *m*.
emerge /ɪ'mɜːdʒ/ dukke opp, fremkomme; **~ncy** nøds-; nødstilfelle *n*; **state of ~ncy** unntakstilstand *m*.
emetic /ɪ'metɪk/ brekkmiddel *n*.
emigrant /'emɪgr(ə)nt/ utvandrer *m*.
emigrate /'emɪgrəɪt/ utvandre.
emigration /ˌemɪ'grəɪʃ(ə)n/ utvandring *m/f*.
eminence /'emɪnəns/ høy rang *m*.
eminent /'emɪnənt/ fremragende; høytstående.
emission /ɪ'mɪʃ(ə)n/ utstråling *m/f*; utslipp *n*.
emit /ɪ'mɪt/ sende ut.
emotion /ɪ'məʊʃ(ə)n/ sinnsbevegelse *m*, følelse *m*; **~al** følelsesmessig.
emotive /ɪ'məʊtɪv/ følelsesladet.
emperor /'emp(ə)rə/ keiser *m*.
emphasis /'emfəsɪs/ ettertrykk *n*.
emphasize /'emfəsaɪz/ legge vekt på, understreke.
emphatic /ɪm'fætɪk/ ettertrykkelig.
empire /'empaɪə/ keiserrike *n*; verdensrike *n*.
employ /ɪm'plɔɪ/ ansette; beskjeftige; **~ee** arbeidstaker *m*; **~er** arbeidsgiver *m*; **~ment** arbeid *n*; beskjeftigelse *m*.
empress /'emprəs/ keiserinne *m/f*.
empty /'em(p)tɪ/ tom **(of** for); (*overført*) innholdsløs.
empty *verb* /'em(p)tɪ/ tømme.
EMU *fork for* **Economic and Monetary Union** ØMU.
emulate /'emjʊleɪt/ etterligne.
enable /ɪ'neɪbl/ sette i stand til, muliggjøre.
enact /ɪ'nækt/ bestemme ved lov, vedta.
enamel /ɪ'næm(ə)l/ emalje *m*; glasur *m*.
enamel *verb* /ɪ'næm(ə)l/ emaljere; glasere.
encephalitis /ˌenkefə'laɪtɪs/ hjernebetennelse *m*.
enchant /ɪn'tʃɑːnt/ fortrylle; **~ment** fortryllelse *m*.
enclose /ɪn'kləʊz/ innhegne; vedlegge.
enclosure /ɪn'kləʊʒə/ innhegning *m*; vedlegg *n*.
encounter /ɪn'kaʊntə/ møte *n*; sammenstøt *n*.

encounter *verb* /ɪn'kaʊntə/ møte, støte på.
encourage /ɪn'kʌrɪdʒ/ oppmuntre; støtte; **~ment** oppmuntring *m/f.*
encroach /ɪn'krəʊtʃ/ **on** trenge seg inn på; gjøre inngrep i; **~ment** inntrengning *m*; overgrep *n.*
encumber /ɪn'kʌmbə/ bebyrde, belemre (**with** med).
encumbrance /ɪn'kʌmbr(ə)ns/ byrde *m*, besvær *n*; *(jur)* heftelse *m.*
encyclop(a)edia /ɪnˌsaɪklə'piːdɪə/ leksikon *n.*
end /end/ ende *m*, slutt *m*; mål *n.*
end *verb* /end/ (av)slutte; **~ing** slutt *m*; endelse *m*; **~less** uendelig.
endanger /ɪn'deɪn(d)ʒə/ bringe i fare; **~ed** truet.
endear /ɪn'dɪə/ **~ oneself** gjøre seg godt likt (*eller* elsket); **~ment** kjærtegn *n.*
endeavour /ɪn'devə/ bestrebelse *m*, anstrengelse *m.*
endeavour *verb* /ɪn'devə/ anstrenge seg.
endorse /ɪn'dɔːs/ støtte; påtegne; **~ment** støtte, påtegning *m/f.*
endow /ɪn'daʊ/ gi gave til; utstyre med; **~ment** gave *m*; legat *n (m).*
endurance /ɪn'djʊər(ə)ns/ utholdenhet *m.*
endure /ɪn'djʊə/ holde ut; tåle.
enema /'enəmə/ klyster *n.*
enemy /'enəmɪ/ fiende *m.*
energetic /ˌenə'dʒetɪk/ energisk.
energy /'enədʒɪ/ kraft *m/f*; energi *m.*
enforce /ɪn'fɔːs/ håndheve; fremtvinge; **~d** påtvungen, ufrivillig; **~ment** håndhevelse *m*; tvang *m.*
engage /ɪn'geɪdʒ/ engasjere; ansette; **~d** opptatt (**in** med); forlovet; **~ment** forlovelse *m*; avtale *m*; engasjement *n.*
engender /ɪn'dʒendə/ avle.
engine /'en(d)ʒɪn/ maskin *m*; (bil)motor *m*; lokomotiv *n*; **~ failure** motorstopp *m/n.*
engineer /ˌen(d)ʒɪ'nɪə/ ingeniør *m*; tekniker *m*; maskinist *m*; **~ing** ingeniør-; ingeniørarbeid *n.*
England /'ɪŋglənd/ England.
English /'ɪŋglɪʃ/ engelsk; **the ~** engelskmennene *m.*
engrave /ɪn'greɪv/ gravere.

engrossed /ɪn'grəʊst/ oppslukt.
enhance /ɪn'hɑːns/ øke; forbedre; **~ment** økning *m*.
enigma /ɪ'nɪgmə/ gåte *m/f*; **~tic** gåtefull.
enjoin /ɪn'dʒɔɪn/ pålegge.
enjoy /ɪn'dʒɔɪ/ nyte, glede seg ved; **~able** hyggelig; **~ment** fornøyelse *m*; glede *m/f*.
enlarge /ɪn'lɑːdʒ/ forstørre; **~ment** forstørrelse *m*.
enlighten /ɪn'laɪtn/ opplyse; **~ed** opplyst.
enlist /ɪn'lɪst/ (la seg) verve; slutte seg til.
enmity /'enmətɪ/ fiendskap *n*.
enormity /ɪ'nɔːmətɪ/ ugjerning *m*, enorm størrelse.
enormous /ɪ'nɔːməs/ enorm; uhyre stor.
enough /ɪ'nʌf/ nok.
enquire /ɪn'kwaɪə/ **enquiry**, *se inquire, inquiry*.
enrage /ɪn'reɪdʒ/ gjøre rasende.
enrapture /ɪn'ræptʃə/ henrykke.
enrich /ɪn'rɪtʃ/ berike.
enrol /ɪn'rəʊl/ skrive seg inn, melde seg på.
ensign /'ensaɪn/ flagg *n*; vimpel *m*; fenrik *m*.
enslave /ɪn'sleɪv/ gjøre til slave.
ensue /ɪn'sjuː/ følge.
ensuing /en'sjuːɪŋ/ påfølgende.
en suite /ɑːn'swiːt/ **bathroom ~~** med (eget) bad.
ensure /ɪn'ʃʊə/ garantere, sikre.
entail /ɪn'teɪl/ medføre.
entangle /ɪn'tæŋgl/ vikle inn i, komplisere; **~ment** sammenfiltring *m/f*; forviklinger *m/f*.
enter /'entə/ gå inn, komme inn (i); bokføre; melde på.
enterprise /'entəpraɪz/ foretak *n*; foretaksomhet *m*.
enterprising /'entəpraɪzɪŋ/ foretaksom.
entertain /ˌentə'teɪn/ more, underholde; **~ment** underholdning *m*; representasjon *m*.
enthusiasm /ɪn'θjuːzɪæz(ə)m/ begeistring *m/f*.
enthusiast /ɪn'θjuːzɪæst/ entusiast *m*.
enthusiastic /ɪnˌθjuːzɪ'æstɪk/ begeistret.
entice /ɪn'taɪs/ lokke, forlede.
entire /ɪn'taɪə/ hel; **~ly** helt; fullstendig.

entitle /ɪn'taɪtl/ berettige (**to** til).
entrails /'entreɪlz/ innvoller.
entrance /'entr(ə)ns/ inngang *m*; inntreden *m*; adgang *m*; ~ **exam** opptaksprøve *m*; ~ **fee** inngangspenger.
entreat /ɪn'triːt/ bønnfalle.
entree /'ɒntreɪ/ forrett; (*amr*) hovedrett *m*.
entrust /ɪn'trʌst/ betro.
entry /'entrɪ/ innreise *m/f*; adgang *m*; postering *m/f*.
E-number /'iːˌnʌmbə/ e-nummer *n*.
enumerate /ɪ'njuːməreɪt/ regne opp.
envelop /ɪn'veləp/ innhylle; ~**e** konvolutt *m*.
enviable /'envɪəbl/ misunnelsesverdig.
envious /'envɪəs/ misunnelig.
environment /ɪn'vaɪər(ə)nmənt/ omgivelse(r) *m*; miljø *n*; ~**al** miljø-; ~**alist** miljøforkjemper *m*.
envisage /ɪn'vɪzɪdʒ/ forestille seg.
envoy /'envɔɪ/ utsending *m*.
envy /'envɪ/ misunnelse *m*.
envy *verb* /'envɪ/ misunne.
epidemic /ˌepɪ'demɪk/ epidemisk; farsott *m*, epidemi *m*.
epilepsy /'epɪlepsɪ/ epilepsi *m*.
epileptic /ˌepɪ'leptɪk/ epileptiker *m*.
episcopalian /ɪˌpɪskə(ʊ)'pəɪljən/ episkopal, biskoppelig.
epitaph /'epɪtɑːf/ gravskrift *m/f*.
equal /'iːkw(ə)l/ lik(e); jevnbyrdig(e); ~**ity** likhet *m*; likestilling *m/f*; ~**ize** utjevne; ~**izer** (*sport*) utligningsmål *n*.
equanimity /ˌekwə'nɪmətɪ/ sinnsro *m/f*, likevekt *m*.
equation /ɪ'kweɪʒ(ə)n/ ligning *m/f*; regnestykke *n*.
equator /ɪ'kweɪtə/ ekvator *m*.
equestrian /ɪ'kwəstrɪən/ rytter-.
equilibrium /ˌiːkwɪ'lɪbrɪəm/ likevekt *m/f*.
equinox /'iːkwɪnɒks/ jevndøgn *n*.
equip /ɪ'kwɪp/ utruste; ~**ment** utstyr *n*; utrustning *m*.
equivalence /ɪ'kwɪvələns/ likeverd *n*.
equivalent /ɪ'kwɪvələnt/ av samme verdi; tilsvarende.
equivocal /ɪ'kwɪvək(ə)l/ tvetydig.

era /ˈɪərə/ æra *m*, tidsalder *m*.
eradicate /ɪˈrædɪkeɪt/ utrydde.
erase /ɪˈreɪz/ slette; stryke ut; **~r** viskelær *n*.
erect /ɪˈrekt/ oppreist; oppsvulmet.
erect *verb* /ɪˈrekt/ reise; oppføre; **~ion** oppførelse *m*; ereksjon *m*.
ermine /ˈɜːmɪn/ hermelin *m*; røyskatt *m*.
erode /ɪˈrəʊd/ tære bort; undergrave.
err /ɜː/ feile, ta feil.
errand /ˈer(ə)nd/ ærend *n*; **~boy** visergutt *m*.
erratic /ɪˈrætɪk/ uberegnelig; ujevn.
erroneous /ɪˈrəʊnjəs/ feilaktig.
error /ˈerə(r)/ feil *m*.
erudition /ˌerʊˈdɪʃ(ə)n/ lærdom *m*.
erupt /ɪˈrʌpt/ bryte frem; være i utbrudd; **~ion** utbrudd *n*.
escalate /ˈeskəleɪt/ trappe opp; tilta.
escalation /ˌeskəˈleɪʃ(ə)n/ opptrapping *m/f*.
escalator /ˈeskəleɪtə/ rulletrapp *m/f*.
escapade /ˌeskəˈpeɪd/ sidesprang *n*.
escape /ɪˈskeɪp/ flukt *m*, rømning *m*; (*også overført*).
escape *verb* /ɪˈskeɪp/ rømme, unnslippe; unngå.
escort /ˈeskɔːt/ eskorte *m*.
escort *verb* /ɪˈskɔːt/ ledsage.
especial /ɪˈspeʃ(ə)l/ særlig, spesiell; **~ly** særlig, spesielt.
espionage /ˌespɪəˈnɑːʒ/ spionasje *m*.
esquire /ɪˈskwaɪə/ (*britisk, gammeldags*) *fork* **Esq** herr.
essay /ˈeseɪ/ essay *n*; (skole) stil *m*.
essential /ɪˈsenʃ(ə)l/ vesentlig, absolutt nødvendig.
establish /ɪˈstæblɪʃ/ opprette, etablere; **~ed** etablert; **~ed church** statskirke *m/f*.
establishment /ɪˈstæblɪʃmənt/ etablering *m/f*; etablissement *n*; **the Establishment** det etablerte samfunn.
estate /ɪˈsteɪt/ gods *n*, eiendom *m*; (*jur*) bo *n*; **~ agent** eiendomsmegler *m*.
esteem /ɪˈstiːm/ aktelse *m*.
esteem *verb* /ɪˈstiːm/ (høy) akte; anse for.
estimate /ˈestɪmət/ vurdering *m/f*; overslag *n*.

estimate *verb* /'estɪmeɪt/ vurdere, beregne; taksere (**at** til).
estimation /ˌestɪ'meɪʃ(ə)n/ vurdering *m/f*; aktelse *m*.
estrange /ɪ'streɪn(d)ʒ/ fremmedgjøre; støte fra seg; **~d** separert; fremmedgjort; **~ment** kjølig forhold *n*.
estuary /'estjʊərɪ/ elvemunning *m*.
etching /'etʃɪŋ/ etsning *m*, radering *m/f*.
eternal /ɪ'tɜːnl/ evig, evinnelig.
eternity /ɪ'tɜːnətɪ/ evighet *m*.
ethics /'eθɪks/ etikk *m*.
ethnic /'eθnɪk/ etnisk, folke-; **~ cleansing** etnisk rensing.
eulogy /'juːlədʒɪ/ lovtale *m*.
Eurail /'jʊəræɪl/ (*amr*) interrail; **~ pass** interrailbillett *m*.
Europe /'jʊərəp/ Europa; **~an** europeisk; europeer *m*.
evacuate /ɪ'vækjʊeɪt/ evakuere; tømme; rømme.
evacuation /ɪˌvækjʊ'eɪʃ(ə)n/ evakuering *m/f*.
evade /ɪ'veɪd/ unngå; lure seg unna.
evaluate /ɪ'væljʊeɪt/ vurdere; verdsette.
evaluation /ɪˌvæljʊ'eɪʃ(ə)n/ vurdering *m/f*; verdsettelse *m*.
evaporate /ɪ'væpəreɪt/ fordampe.
evaporation /ɪˌvæpə'reɪʃ(ə)n/ fordampning *m*.
evasive /ɪ'veɪsɪv/ unnvikende.
eve /iːv/ aften *m* (før helligdag); **Christmas ~** julaften *m*.
even /'iːv(ə)n/ jevn; slett; lik; selv, til og med; enda.
even *verb* /'iːv(ə)n/ jevne; **not ~** ikke engang; **~ if/though** selv om.
evening /'iːvnɪŋ/ kveld *m*; **~dress** selskapsantrekk *n*.
event /ɪ'vent/ begivenhet *m*; (*sport*) øvelse *m*; **at all ~s** i alle tilfelle; **~ful** begivenhetsrik.
eventual /ɪ'ventʃʊəl/ endelig; **~ity** eventualitet *m*, mulighet *m*.
eventually /ɪ'ventʃʊəlɪ/ til slutt.
ever /'evə/ noensinne, stadig, alltid; **hardly ~** nesten aldri; **~ so** veldig; **~lasting** evig(varende); **~more** for alltid.
evergreen /'evəgriːn/

eviggrønn; stadig populær slager.
every /'evrɪ/ (en)hver; **~body** alle; **~day** hverdagslig; **~one** alle; **~ other** annenhver; **~thing** alt; **~where** overalt.
evict /ɪ'vɪkt/ (*jur*) kaste ut; **~ion** utkastelse *m*.
evidence /'evɪd(ə)ns/ bevis(materiale) *n*; vitneutsagn *n*.
evident /'evɪd(ə)nt/ innlysende, tydelig; **~ly** tydeligvis.
evil /'iːvl/ ond; onde *n*.
evocative /ɪ'vɒkətɪv/ stemningsfull, uttrykksfull.
evoke /ɪ'vəʊk/ fremkalle.
ex /eks/ fra; forhenværende.
exact /ɪg'zækt/ nøyaktig; **~ing** krevende; **~ly** nøyaktig; nettopp; **~ness** eksakthet *m*, nøyaktighet *m*.
exaggerate /ɪg'zædʒəreɪt/ overdrive.
exaggeration /ɪgˌzædʒə'reɪʃ(ə)n/ overdrivelse *m*.
exalt /ɪg'zɔːlt/ opphøye; lovprise; **~ation** opphøyelse *m*; opprømthet *m*.
exam /ɪg'zæm/ *fork for* **examination**.
examination /ɪgˌzæmɪ'neɪʃ(ə)n/ eksamen(sprøve) *m*; undersøkelse *m*; eksaminasjon *m*.
examine /ɪg'zæmɪn/ undersøke; eksaminere.
example /ɪg'zɑːmpl/ eksempel *n*; forbilde *n*; **for ~** for eksempel.
exasperate /ɪg'zæsp(ə)reɪt/ irritere, ergre.
exasperating /ɪg'zæspəreɪtɪŋ/ veldig irriterende.
excavate /'ekskəveɪt/ grave ut.
excavation /ˌekskə'veɪʃ(ə)n/ utgravning *m/f*.
exceed /ɪk'siːd/ overskride; overgå; **~ingly** umåtelig.
excel /ɪk'sel/ utmerke seg (**in, at** i); overgå; **~lence** fortreffelighet *m*; **~lent** utmerket; fortreffelig.
except *verb* /ɪk'sept/ unnta; **~ion** unntak *m*; innsigelse *m*; **~ional** usedvanlig.
except /ɪk'sept/ unntatt; uten.
excerpt /'eksɜːpt/ utdrag *n*.
excess /ɪk'ses/ overmål *n*; overskridelse *m*; **~ luggage** overvekt *m/f*;

~es utskeielser; **~ive** overdreven; altfor stor.
exchange /ɪks'tʃeɪn(d)ʒ/ (ut)veksling *m/f*; (om)bytte *n*; valutaveksling *m/f*; børs *m*; (telefon)sentral *m*.
exchange *verb* /ɪks'tʃeɪn(d)ʒ/ veksle; bytte; **~ rate** vekslingskurs *m*.
Exchequer, the ~ (*britisk*) *tilsvarer* Finansdepartementet *n*; **Chancellor of the ~** finansminister *m*.
excise /'eksaɪz/ (*medisin*) skjære bort; **~ duty** (forbruker)avgift *m*.
excitable /ɪk'saɪtəbl/ hissig; nervøs.
excite /ɪk'saɪt/ opphisse.
excitement /ɪk'saɪtmənt/ opphisselse *m*; spenning *m*.
exclaim /ɪk'skleɪm/ utbryte.
exclamation /ˌekskləˈmeɪʃn/ utrop *n* **~ mark** utropstegn *n*.
exclude /ɪk'skluːd/ utelukke.
exclusion /ɪk'skluːʒ(ə)n/ utelukkelse *m*.
exclusive /ɪk'skluːsɪv/ eksklusiv; **~ly** utelukkende.
excrete /ɪk'skriːt/ skille ut, utsondre.
excruciating /ɪk'skruːʃɪeɪtɪŋ/ ulidelig, uutholdelig.
excursion /ek'skɜːʃ(ə)n/ utflukt *m*, tur *m*.
excusable /ek'skjuːzəbl/ unnskyldelig.
excuse /ɪk'skjuːs/ unnskyldning *m*.
excuse *verb* /ɪk'skjuːs/ unnskylde; frita.
execute /'eksɪkjuːt/ utføre; henrette; effektuere.
execution /ˌeksɪ'kjuːʃn/ utførelse *m*; henrettelse *m*; effektuering *m/f*.
executioner /ˌeksɪ'kjuːʃ(ə)nə/ bøddel *m*.
executive /ɪg'zekjʊtɪv/ utøvende, utførende; leder *m*.
exemplary /ɪg'zemplərɪ/ mønstergyldig.
exemplify /ɪg'zemplɪfaɪ/ belyse ved eksempler.
exempt /ɪg'zem(p)t/ frita(tt) (**from** for); **~ion** fritak *m*.
exercise /'eksəsaɪz/ mosjon *m*; (ut)øvelse *m*.
exercise *verb* /'eksəsaɪz/ mosjonere; (ut)øve.
exert /ɪg'zɜːt/ (ut)øve, bruke; anstrenge (seg); **~ion** anstrengelse *m*; bruk *m*.
exhaust /ɪg'zɔːst/ eksos *m*.

exhaust *verb* /ɪg'zɔːst/ utmatte; drive rovdrift på; bruke opp; **~ing** slitsomt; **~ion** utmattelse *m*; utpining *m/f*; **~ pipe** eksosrør *n*; **~ system** eksosanlegg *n*; **~ive** uttømmende, grundig.
exhibit /ɪg'zɪbɪt/ utstillingsgjenstand *m*.
exhibit *verb* /ɪg'zɪbɪt/ utstille, (frem)vise; **~ion** utstilling *m/f*; fremvisning *m*.
exhilarate /ɪg'zɪləreɪt/ live opp; **~d** opprømt.
exhort /ɪg'zɔːt/ formane.
exigency /'eksɪdʒənsɪ/ tvingende nødvendighet *m*.
exigent /'eksɪdʒ(ə)nt/ presserende.
exile /'eksaɪl/ landsforvisning *m*; landflyktig(het) *(m)*.
exist /ɪg'zɪst/ eksistere; **~ence** eksistens *m*; tilværelse *m*; **~ing** eksisterende, foreliggende.
exit /'eksɪt/ utgang *m*; (*teater*) sorti *m*; avkjørsel *m*.
exorbitant /ɪg'zɔːbɪt(ə)nt/ urimelig, ublu.
expand /ɪk'spænd/ utvide (seg), utbre (seg).
expansion /ɪk'spænʃ(ə)n/ utvidelse *m*; utbredelse *m*.
expansive /ɪk'spænsɪv/ utvidbar, ekspansiv; meddelsom.
expatriate /eks'pætrɪət/ eksil-; person som bor utenlands.
expatriation /eks,pætrɪ'eɪʃ(ə)n/ landsforvisning *m*.
expect /ɪk'spekt/ vente (seg); anta; **~ant** forventningsfull; **~ation** forventning *m*.
expediency /ɪk'spiːdɪənsɪ/ hensiktsmessighet *m*, opportunisme *m*.
expedient /ɪk'spiːdjənt/ hensiktsmessig; utvei *m*.
expedite /'ekspɪdaɪt/ påskynde.
expedition /,ekspɪ'dɪʃ(ə)n/ ekspedisjon *m*.
expeditious /,ekspɪ'dɪʃəs/ rask; ekspeditt.
expel /ɪk'spel/ fordrive; utvise.
expenditure /ɪk'spendɪtʃə/ utgift(er) *m*; forbruk *n*.
expense /ɪk'spens/ utgift *m*.
expensive /ɪk'spensɪv/ dyr; kostbar.
experience /ɪk'spɪərɪəns/ erfaring *m/f*; opplevelse *m*.
experience *verb* /ɪk'spɪərɪəns/ erfare, oppleve; **~d** erfaren.

experiment /ɪk'sperɪmənt/ eksperiment *n*; eksperimentere.
expert /'ekspɜːt/ sakkyndig; fagmann *m*; ekspert *m*; **~ise** sakkunnskap *m*.
expiration /ˌekspɪ'reɪʃ(ə)n/ utånding *m/f*; utløp *n*.
expire /ɪk'spaɪə/ utånde; utløpe.
expiry /ɪk'spaɪərɪ/ utløp *n*.
explain /ɪk'spleɪn/ forklare; gjøre greie for.
explanation /ˌeksplə'neɪʃ(ə)n/ forklaring *m/f*.
explicable /ek'splɪkəbl/ forklarlig.
explicit /ɪk'splɪsɪt/ tydelig; uttrykkelig.
explode /ɪk'spləʊd/ eksplodere.
exploit /'eksplɔɪt/ dåd *m*, bedrift *m*.
exploit *verb* /eks'plɔɪt/ utnytte; **~ation** utnyttelse *m*, nyttiggjøring *m/f*.
exploration /ˌeksplɔː'reɪʃ(ə)n/ utforskning *m*.
exploratory drilling prøveboring *m/f*.
explore /ɪk'splɔː/ utforske.
explorer /ɪk'splɔːrə/ oppdagelsesreisende *m*.
explosion /ɪk'spləʊʒ(ə)n/ eksplosjon *m*.
explosive /ɪk'spləʊsɪv/ eksplosiv; sprengstoff *n*.
exponent /ek'spəʊnənt/ eksponent *m*; talsmann *m*.
export /'ekspɔːt/ eksport *m*.
export *verb* /eks'pɔːt/ eksportere; **~s** eksportvarer *m*.
expose /ɪk'spəʊz/ stille ut; avsløre; **~ oneself** blotte seg; (*fotogr*) belyse.
exposition /ˌekspə'zɪʃn/ utstilling *m/f*.
exposure /ɪk'spəʊʒə/ utsetting *m/f*; avsløring *m/f*; (*fotogr*) eksponering *m/f*.
express *verb* /ɪk'spres/ uttrykke; **~ion** uttrykk *n*; **~ive** uttrykksfull; **~ly** uttrykkelig **~way** (*amr*) motorvei.
express /ɪk'spres/ ekspress *m*, ilbud *n*.
expulsion /ɪk'spʌlʃ(ə)n/ fordrivelse *m*; utvisning *m*.
exquisite /ek'skwɪzɪt/ utsøkt.
extend /ɪk'stend/ forlenge; utvide; strekke seg (**to** til).
extension /ɪk'stenʃ(ə)n/ forlengelse *m*; utstrekning *m*; utvidelse *m*; (*tlf*) biapparat *n*; **~ cord** skjøteledning *m*.

extensive /ɪk'stensɪv/ utstrakt, omfattende.
extent /ɪk'stent/ utstrekning *m*, omfang *n*; **to a certain ~** i/til en viss grad.
extenuate /ek'stenjʊeɪt/ unnskylde; mildne.
extenuating circumstances formildende omstendigheter.
exterior /ek'stɪərɪə/ utvendig; ytre *n*, utside *m/f*.
exterminate /ɪk'stɜːmɪneɪt/ utrydde, tilintetgjøre.
extermination /ɪkˌstɜːmɪ'neɪʃ(ə)n/ utryddelse *m*.
external /ɪk'stɜːnl/ ytre; utvendig; utenriks-.
extinct /ɪk'stɪŋ(k)t/ utdødd; sloknet; **~ion** utslettelse *m*; slokking *m/f*.
extinguish /ɪk'stɪŋgwɪʃ/ slokke; utrydde.
extort /ɪk'stɔːt/ presse true; **~ion** utpressing *m/f*.
extra /'ekstrə/ ekstra; tilleggs-; statist *m*.
extract /'ekstrækt/ utdrag *n*; ekstrakt *n, m*.
extract *verb* /eks'trækt/ trekke ut; **~able** utvinnbar; **~ion** (ut)trekking *m/f*; utvinning *m*; avstamning *m*.
extradite /'ekstrədaɪt/ utlevere (forbryter til et annet land).
extradition /ˌekstrə'dɪʃ(ə)n/ utlevering *m/f*.
extraordinary /ɪk'strɔːd(ə)nərɪ/ usedvanlig; merkelig.
extravagance /ɪk'strævəgəns/ ekstravaganse *m*; ødselhet *m*.
extravagant /ɪk'strævəgənt/ ekstravagant; ødsel.
extreme /ɪk'striːm/ ytterst(e); ekstrem; drastisk; ytterlighet *m*; **~ist** ekstremist *m*; **~ly** ytterst, høyst.
extremity /ɪk'stremətɪ/ ytterpunkt *n*; ytterlighet *m*; nød *m*; (*anatomi*) ekstremitet *m*.
extricate /'ekstrɪkeɪt/ frigjøre, få løs.
extrication /ˌekstrɪ'keɪʃ(ə)n/ frigjøring *m/f*.
exuberance /ɪg'zjuːb(ə)r(ə)ns/ frodighet *m*; overflod *m*; begeistring *m/f*.
exuberant /ɪg'zjuːb(ə)r(ə)nt/ frodig; overstrømmende.
exult /ɪg'zʌlt/ juble; **~ation** jubel *m*.
eye *verb* /aɪ/ se på, betrakte;

mønstre; **~ball** øyeeple *n*; **~brow** øyebryn *n*; **~lash** øyevippe *m/f*; **~lid** øyelokk *n*; **~-opener** tankevekker *m*; **~sight** syn(sevne) *n (m)*; **~sore** (*overført*) skamplett *m*; **~witness** øyenvitne *n*.
eye /aɪ/ øye *n*; blikk *n*.

F

F *fork for* **Fahrenheit**.
f. *fork for* **farthing; fathom; following; foot**.
fable /'feɪbl/ fabel *m*, sagn *n*.
fabric /'fæbrɪk/ (vevd) stoff *n*, vevning *m*; struktur *m*; **~ate** dikte opp; **~ation** oppspinn *n*.
fabulous /'fæbjʊləs/ fabelaktig.
face /feɪs/ ansikt *n*; overflate *m/f*; tallskive *m/f*.
face *verb* /feɪs/ stå overfor; vende ut mot; **~less** anonym, karakterløs; **~-lift** ansiktsløftning *m*; **~ value** pålydende verdi *m*.
facetious /fə'siːʃəs/ spøkefull.
facial /'feɪʃ(ə)l/ ansikts-.
facilitate /fə'sɪlɪteɪt/ lette.
facilities /fə'sɪlətɪz/ hjelpemidler *n*; fasiliteter *m*.
facility /fə'sɪlətɪ/ letthet *m*.
fact /fækt/ kjensgjerning *m*; faktum *n*; **as a matter of ~, in ~** faktisk.
faction /'fækʃ(ə)n/ fraksjon *m*, gruppe *m*.
factious /'fækʃəs/ opprørsk.
factor /'fæktə/ faktor *m*; **~y** fabrikk *m*.
factual /'fæktʃʊəl/ saklig; faktisk, virkelig.
faculties /'fæk(ə)ltɪz/ åndsevner *m*.
faculty /'fæk(ə)ltɪ/ evne *m*; fakultet *n*.
fad /fæd/ mote *m*.
fade *verb* /feɪd/ visne; falme; dø hen; dempe.
fag /fæg/ slit *n*; (*hverdagslig*) sigarett *m*; (*amr*) homse *m*.
faggot /'fægət/ risknippe *n*; (*amr*) homse *m*.
fail /feɪl/ svikte; slå feil;

forsømme; stryke (til eksamen); **without** ~ helt sikkert.
failure /ˈfeɪljə/ svikt *m*; fiasko *m*; fallitt *m*; **engine** ~ motorstopp *n*.
faint /feɪnt/ svak, matt.
faint *verb* /feɪnt/ besvime.
fair /feə/ lys, blond; rimelig, rettferdig; marked *n*; varemesse *f*; ~ **play** ærlig spill *n*; **~ly** nokså; **~ness** rettferdighet *m*; redelighet *m*.
fairy /ˈfeərɪ/ fe *m*; homse *m*; **~-tale** eventyr *n*; skrøne *m/f*.
faith /feɪθ/ tro *m*; tillit *m*; **~ful** trofast; **~less** troløs.
fake /feɪk/ forfalskning *m*.
fake *verb* /feɪk/ forfalske.
falcon /ˈfɔːlkən/ falk *m*.
fall /fɔːl/ fall *n*; (*amr*) høst *m*.
fall *verb* /fɔːl/ falle; **~s** foss *m*; ~ **asleep** sovne; ~ **due** forfalle; ~ **in** styrte sammen; ~ **out** bli uenig; ~ **over** velte; ~ **short** komme til kort.
fallacy /ˈfæləsɪ/ feilslutning *m*.
fallopian tube eggleder *m*.
fallout /ˈfɔːlaʊt/ radioaktivt nedfall *n*; konsekvenser *m*.
fallow /ˈfæləʊ/ brakk(mark) *m/f*; ubrukt.
false /fɔːls/ falsk; uekte.
falsehood /ˈfɔːlshʊd/ løgn *m*.
falsification /ˌfɔːlsɪfɪˈkeɪʃ(ə)n/ forfalskning *m*.
falsify /ˈfɔːlsɪfaɪ/ forfalske.
falter /ˈfɔːltə/ snuble; nøle; svikte; **~ing** vaklende, usikker; nølende.
fame /feɪm/ berømmelse *m*; ry *n*.
familiar /fəˈmɪljə/ (vel)kjent; fortrolig; **~ity** fortrolighet *m*; **~ize** gjøre seg kjent med.
family /ˈfæm(ə)lɪ/ familie *m*.
famine /ˈfæmɪn/ hungersnød *m*.
famished /ˈfæmɪʃt/ skrubbsulten.
famous /ˈfeɪməs/ berømt.
fan /fæn/ vifte *f*; beundrer *m*.
fan *verb* /fæn/ vifte; ~ **belt** viftereim *m/f*.
fanatic /fəˈnætɪk/ fanatisk; fanatiker *m*; **~ism** fanatisme *m*.
fanciful /ˈfænsɪf(ʊ)l/ fantasifull.
fancy /ˈfænsɪ/ pyntete; kunstferdig; fantasi *m*, innbilning(skraft) *m*; forkjærlighet *m*.

fancy *verb* /'fænsɪ/ innbille seg; ha lyst på.
fantastic /fæn'tæstɪk/ fantastisk.
FAQ /efeɪ'kjuː/ *fork for* **Frequently Asked Questions** SoS (spørsmål og svar), OSS (ofte stilte spørsmål).
far /fɑː/ fjern, langt (borte); **so ~** hittil; **~ and wide** vidt og bredt; **~-fetched** søkt; usannsynlig; **~-reaching** vidtrekkende.
fare /feə/ billettpris *m*; takst *m* **~well** farvel; avskjed *m*.
farm /fɑːm/ (bonde)gård *m*.
farm *verb* /fɑːm/ dyrke jorden; drive gårdsbruk; **fish ~** fiskeoppdrett *n*; **~ salmon** oppdrettslaks *m*; **~er** gårdbruker *m*, bonde *m*; **~ing** jordbruk *n*; **~yard** gårdsplass *m*.
farther /'fɑːðə/ fjernere, lengre.
farthest /'fɑːðɪst/ fjernest, lengst.
farthing /'fɑːðɪŋ/ kvartpenny *m*; (*overført*) døyt, grann.
fascinate /'fæsɪneɪt/ fascinere, fengsle.
fashion /'fæʃ(ə)n/ mote *m*; måte *m*; **~able** moderne; moteriktig.
fast /fɑːst/ rask, hurtig; dyp (om søvn); for fort (om ur); faste *m*.
fast *verb* /fɑːst/ faste; **~ lane** forbikjøringsfelt *n*.
fasten /'fɑːsn/ feste, gjøre fast; lukke; **~er** lås *m*.
fastidious /fə'stɪdɪəs/ kresen, nøye.
fat /fæt/ fet, tykk; fett *n*; **deep ~** frityr *m*.
fatal /'feɪtl/ skjebnesvanger; dødbringende; **~ism** skjebnetro *m/f*; **~ity** skjebnebestemthet *m*; (døds)ulykke *m*; **~ly** dødelig, livsfarlig.
fate /feɪt/ skjebne *m*; **~ful** skjebnesvanger.
father /'fɑːðə/ far *m*; **Father Christmas** julenissen; **~-in-law** svigerfar *m*; **~hood** farskap *n*; **~less** farløs; **~ly** faderlig.
fathom /'fæðəm/ favn *m*.
fatigue /fə'tiːg/ tretthet *m*.
fatigues /fə'tiːgz/ militær arbeidsuniform *m*.
faucet /'fɔːsɪt/ (*amr*) (tappe) kran *f*.
fault /fɔːlt/ feil *m*; skyld *m/f*; **find ~ with** ha noe å utsette på, kritisere; **~less** feilfri; **~y** mangelfull.
favour /'feɪvə/ tjeneste *m*; velvilje *m*.

favour *verb* /ˈfeɪvə/ begunstige; **~able** gunstig; **~ed** begunstiget; **~ite** favoritt *m*, yndling *m*.
fax /fæks/ fakse; **~ machine** faks *m*.
FBI /ˌefbiːˈaɪ/ *fork for* **Federal Bureau of Investigation** (USA).
fear /fɪə/ frykt *m*.
fear *verb* /fɪə/ være redd for, frykte; **~ful** engstelig; fryktelig; **~less** fryktløs **~some** fryktinngytende.
feasibility /ˌfiːzəˈbɪlətɪ/ gjennomførlighet *m*; mulighet *m*.
feasible /ˈfiːzəbl/ gjennomførlig; mulig.
feast /fiːst/ fest(måltid) *m (n)*; høytid *m*; (*overført*) fryd *m*.
feast *verb* /fiːst/ spise riktig godt; beverte.
feat /fiːt/ prestasjon *m*.
feather /ˈfeðə/ fjær *m/f*; **~y** fjærkledd; fjærlett.
feature /ˈfiːtʃə/ (ansikts) trekk *n*; (*radio*) innslag *n*; attraksjon *m*; **~ (film)** hovedfilm *m*.
feature *verb* /ˈfiːtʃə/ fremheve; **~less** uten særpreg.
February /ˈfebrʊərɪ/ februar.
fecund /ˈfiːkənd/ fruktbar.
federal /ˈfed(ə)rəl/ føderal-, forbunds-.
federate /ˈfedəreɪt/ gå sammen i forbund.
federation /ˌfedəˈreɪʃ(ə)n/ føderasjon *m*; forbund *n*.
fed up /ˌfedˈʌp/ lut lei.
fee /fiː/ honorar *n*; gebyr *n*.
feeble /ˈfiːbl/ svak.
feed /fiːd/ fôr *n*; måltid *n*.
feed *verb* /fiːd/ fôre; mate (*også tekn*); **~back** tilbakemelding *m/f*; **~er** en som mater.
feel /fiːl/ følelse *m*.
feel *verb* /fiːl/ føle (seg); kjenne(s); **~ like** ha lyst på/til; **~er** følehorn *n*; (*overført*) føler *m*; **~ing** følelse *m*.
feet /fiːt/ (*flertall* av **foot**) føtter.
feign /feɪn/ late som.
felicitate /fəˈlɪsɪteɪt/ lykkønske.
felicitation /fəˌlɪsɪˈteɪʃ(ə)n/ lykkønskning *m*.
felicity /fəˈlɪsətɪ/ lykke *m*.
feline /ˈfiːlaɪn/ katte-.
fellow /ˈfeləʊ/ fyr *m*; kamerat *m*; medlem *n*; stipendiat *m*; **~ship** fellesskap *n*; kameratskap *n*.

felon /ˈfelən/ forbryter *m*; **~y** forbrytelse *m*.
felt /felt/ filt *m*.
female /ˈfiːmeɪl/ kvinnelig; kvinne *m/f*; hunn *m* (om dyr).
feminine /ˈfemɪnɪn/ kvinnelig, feminin.
fence /fens/ gjerde *n*; heler *m*.
fence *verb* /fens/ gjerde inn; fekte.
fencer /ˈfensə/ fekter *m*.
fencing /ˈfensɪŋ/ fekting *m/f*.
fender /ˈfendə/ fender *m*, støtfanger *m*; (*amr*) (bil) skjerm *m*.
fend off avverge; parere.
fennel /ˈfenl/ fennikel *m*.
ferment /ˈfɜːment/ gjæringsmiddel *n*; opphisselse *m*.
ferment *verb* /fəˈment/ gjære; hisse opp; **~ation** gjæring *m/f*.
fern /fɜːn/ bregne *m/f*.
ferocious /fəˈrəʊʃəs/ vill; glupsk.
ferret /ˈferət/ fritte *m*, ilder *m*.
ferry /ˈferɪ/ ferje(sted) *f (n)*.
fertile /ˈfɜːtaɪl/ fruktbar.
fertility /fɜːˈtɪlətɪ/ fruktbarhet *m*.
fertilize /ˈfɜːtɪlaɪz/ befrukte; gjødsle.
fertilizer /ˈfɜːtɪlaɪzə/ kunstgjødsel *m/f*.
fervent /ˈfɜːv(ə)nt/ ivrig; glødende.
fervour /ˈfɜːvə/ inderlighet *m*.
festival /ˈfestəv(ə)l/ fest(spill) *m (n)*; høytid *m*.
festive /ˈfestɪv/ festlig.
festivity /feˈstɪvətɪ/ festlighet *m*.
festoon /feˈstuːn/ girlander *m*.
fetch /fetʃ/ hente; innbringe.
fetter /ˈfetə/ (fot)lenke *m/f*.
fetter *verb* /ˈfetə/ lenke.
feud /fjuːd/ feide *m*, strid *m*.
feudal /ˈfjuːdl/ føydal; **~ism** føydalisme *m*; lensvesen *n*.
fever /ˈfiːvə/ feber *m*; **~ish** febril(sk).
few /fjuː/ få; **a ~** noen få.
fiancé /fɪˈɒnseɪ/ *m, f* **fiancée** forlovede *m*.
fib /fɪb/ liten løgn *m/f*.
fibre /ˈfaɪbə/ fiber *m*; (*overført*) støpning *m*.
fickle /ˈfɪkl/ ustadig, lunefull.
fiction /ˈfɪkʃ(ə)n/ (opp) diktning *m*; skjønnlitteratur *m*.
fictitious /fɪkˈtɪʃəs/ fiktiv, oppdiktet.

fiddle /'fɪdl/ (spille) fele *f*; **fit as a ~** frisk som en fisk; **~sticks** tull og tøys.
fidelity /fɪ'deləti/ troskap *m*.
fidgety /'fɪdʒətɪ/ urolig, rastløs.
field /fi:ld/ jorde *n*; felt *n*; område *n*; bane *m*; **~ glasses** *flertall* (felt) kikkert *m*.
fiend /fi:nd/ djevel *m*; **~ish** djevelsk.
fierce /fɪəs/ sint; barsk; voldsom.
fiery /'faɪərɪ/ flammende, heftig, fyrig.
fifteen /ˌfɪf'ti:n/ femten.
fifteenth /fɪfθ/ femtende.
fifth /fɪfθ/ femte; femtedel *m*.
fiftieth /'fɪftɪɪθ/ femtiende.
fifty /'fɪftɪ/ femti.
fig /fɪg/ fiken(tre) *m (n)*.
fight /faɪt/ kamp *m*; slagsmål *n*.
fight *verb* /faɪt/ kjempe; slåss.
fighter /'faɪtə/ **~ jet** (*mil*) jagerfly *n*.
figure /'fɪgə/ skikkelse *m*; tall *n*.
figure *verb* /'fɪgə/ figurere; beregne; anta; **~ out** forstå; **~ skating** kunstløp *n* på skøyter; **~head** gallionsfigur *m*; toppfigur *m*.
file /faɪl/ fil *m/f*; arkiv *n*, kartotek *n*; geledd *n*.
file *verb* /faɪl/ file; arkivere.
filial /'fɪljəl/ sønnlig, datterlig.
fill /fɪl/ fyll(masse) *n (m)*.
fill *verb* /fɪl/ fylle; tilfredsstille; **~ in** fylle igjen; fylle ut (skjema *o.l.*); vikariere.
fillet /'fɪlɪt/ (*mat*) filet *m*; **~ of beef** indrefilet *m*; **~ steak** tournedos *m*.
filling /'fɪlɪŋ/ fyll(ing) *n (m/f)*; plombe *m*; **~ station** bensinstasjon *m*.
filly /'fɪlɪ/ hoppeføll *n*.
film /fɪlm/ (fin) hinne *m/f*; film *m*.
film *verb* /fɪlm/ filme; **silent ~** stumfilm *m*.
filter /'fɪltə/ filter *n*.
filter *verb* /'fɪltə/ filtrere.
filth /fɪlθ/ smuss *n*, skitt *m*; **~y** skitten (også overført).
fin /fɪn/ finne *m*.
final /'faɪnl/ sist; endelig; finale *m*; **-s** avsluttende eksamen *m*; **~e** (*mus*) finale *m*; **~ize** sluttføre; **~ly** endelig, til slutt.
finance /'faɪnæns/ finans *m*.
finance *verb* /'faɪnæns/ finansiere.

finances /'faɪnænsɪz/ finanser.
financial /faɪ'nænʃ(ə)l/ finans-; økonomisk.
find /faɪnd/ funn *n*.
find *verb* /faɪnd/ finne; synes.
finding /'faɪndɪŋ/ funn *n*; (*jur*) kjennelse *m*; **~s** resultat(er) *n*.
fine /faɪn/ fin; bot *m*.
fine *verb* /faɪn/ bøtlegge; **~ry** pynt *m*.
finger /'fɪŋgə/ finger *m*.
finger *verb* /'fɪŋgə/ fingre med; ta på; **~print** fingeravtrykk *n*.
finish /'fɪnɪʃ/ slutt *m*; finpuss *m*; (*sport*) oppløp *n*.
finish *verb* /'fɪnɪʃ/ (av) slutte; overflatebehandle; **~ed** ferdig; **~ing touch** siste hånd på noe.
fir /fɜː/ furu *m/f*; edelgran *m*.
fire /'faɪə/ ild *m*, varme *m*; brann *m*; bål *n*; (*overført*) lidenskap *m*.
fire *verb* /'faɪə/ tenne, sette ild på; fyre av; (*hverdagslig*) gi sparken; **on ~** i brann.
firearms /'faɪərɑːmz/ skytevåpen *n*.
fire brigade /'faɪəbrɪ,geɪd/ brannvesen *n*.
fire engine brannbil *m*, brannsprøyte *m/f*.
fire escape brannstige *m*; nødutgang *m*.
fire extinguisher brannslukningsapparat *n*.
fire fighter brannmann *m*.
fireman /'faɪəmən/ brannmann *m*.
fireplace /'faɪəpleɪs/ ildsted *n*, peis *m*.
fireproof /'faɪəpruːf/ ildfast.
fire station /'faɪə,steɪʃ(ə)n/ brannstasjon *m*.
firewood /'faɪəwʊd/ ved *m*.
fireworks /'faɪəwɜːks/ fyrverkeri *n*.
firing /'faɪərɪŋ/ skyting *m/f*, (av)fyring *m/f*; tenning *m/f*.
firing squad henrettelsespelotong *m*.
firm /fɜːm/ fast; standhaftig; (*handel*) firma *n*; **a ~ offer** et bindende tilbud; **~ness** fasthet *m*.
first /fɜːst/ først; førsteplass; **at ~** til å begynne med; **~ of all** aller først; **~ aid** førstehjelp *m/f*; **~ name** fornavn *n*; **~ night** première *m*; **~-rate** førsteklasses; **~ly** for det første.
firth /fɜːθ/ fjord *m*.
fish /fɪʃ/ fisk *m*.

fish *verb* /fɪʃ/ fiske; **fly-~** fiske med flue; **~ farm** havbruk *n*; fiskeoppdrett *n*; **~hook** fiskekrok *m*.
fisheries /ˈfɪʃərɪz/ fiske(ri) *n*.
fisherman /ˈfɪʃəmən/ fisker *m*.
fishing /ˈfɪʃɪŋ/ fiske *n*; **~ licence** fiskekort *n*; **~-line** fiskesnøre *n*; **~-rod** fiskestang *f*; **~-tackle** fiskeutstyr *n*.
fishmonger /ˈfɪʃˌmʌŋgə/ fiskehandler *m*.
fission /ˈfɪʃ(ə)n/ (atom) spalting *m/f*.
fist /fɪst/ (knytt)neve *m*.
fit /fɪt/ skikket, passende; i god form; anfall *n*; pass(form) *m*.
fit *verb* /fɪt/ (til)passe; **~ful** ustadig, uregelmessig; **~ out** utruste; **~ness** form *m*; kondisjon *m*; **~ness centre** treningsstudio *n*; **~ted** tilpasset; **~ter** montør *m*; **~ting** passende; prøving *m/f*; montering *m/f*; **~tings** tilbehør *n*; utstyr *n*; armatur *m*.
five /faɪv/ fem.
fix /fɪks/ knipe *f*; (*hverdagslig*) narkotikasprøyte *m/f*.
fix *verb* /fɪks/ feste; avtale; ordne; fiksere; **~ation** *m/f*; (*psyk*) binding *m/f*, besettelse *m*; **~ed** fastsatt; festet; **~ture** fast inventar *n*.
fizz /fɪz/ bruse, skumme; **~y** musserende.
flabbergasted /ˈflæbəgɑːstɪd/ forbløffet.
flabby /ˈflæbɪ/ fet; slapp; kvapsete.
flag /flæg/ flagg *n*; **~-pole** flaggstang *m/f*.
flagrant /ˈfleɪgr(ə)nt/ åpenbar; opprørende.
flagstone /ˈflægstəʊn/ helle *m/f*.
flair /fleə/ eleganse *m*; (*overført*) teft *m*, nese *f*.
flak /flæk/ antiluftskyts *n*; kritikk *m*.
flake /fleɪk/ flak *n*; fnugg *n*; **~ off** skalle av, flasse.
flame /fleɪm/ flamme *m*.
flank /flæŋk/ flanke *m*.
flannel /ˈflæn(ə)l/ flanell *m*; **~s** flanellsbukser *m*.
flap /flæp/ klaff *m*; blafring *m/f*.
flap *verb* /flæp/ blafre.
flare /fleə/ bluss *n*.
flare *verb* /fleə/ flakke; blusse (opp).
flash /flæʃ/ glimt *n*, blink *n*.

flash *verb* /flæʃ/ blinke; **~back** tilbakeblikk; **~bulb** blitzpære *m/f*; **~light** (*amr*) lommelykt *m/f*; **~y** glorete; prangende.
flask /flɑːsk/ (kurv-)flaske *m/f*; lommelerke *m/f*; kolbe *m*.
flat /flæt/ flat; leilighet *m*; flate *m/f*; slette *f*; punktering *m/f*; **~-footed** plattfot; **~-iron** strykejern *n*; **~ly** kategorisk; **~ten** gjøre flat.
flatter /ˈflætə/ smigre; **~er** smigrer *m*; **~y** smiger *m*.
flavour /ˈfleɪvə/ smak(stilsetning) *m*; aroma *m*.
flavour *verb* /ˈfleɪvə/ krydre, sette smak på.
flaw /flɔː/ feil *m*; mangel *m*; **~less** feilfri.
flax /flæks/ lin *n*; **~en** lin-.
flay /fleɪ/ flå.
flea /fliː/ loppe *m/f*; **~ market** loppemarked *n*.
flee /fliː/ flykte.
fleece /fliːs/ skinn *n*; (saue) ull *m/f*.
fleece *verb* /fliːs/ klippe (sau); flå, plyndre.
fleecy /ˈfliːsɪ/ ullen, ull-.
fleet /fliːt/ flåte *m*; vognpark *m*; **~ing** flyktig.
flesh /fleʃ/ kjøtt *n*.
flex /fleks/ ledning *m*; **extension ~** skjøteledning *m*.
flexibility /ˌfleksəˈbɪlətɪ/ fleksibilitet *m*; bøyelighet *m*.
flexible /ˈfleksəbl/ fleksibel; bøyelig.
flicker /ˈflɪkə/ blafre; flimre.
flier /ˈflaɪə/ **flyer** flyger *m*.
flight /flaɪt/ flukt *m*; flyging *m/f*, flytur *m*; (*sport*) svev *n*; **~ of stairs** trapp *f*.
flimsy /ˈflɪmzɪ/ spinkel.
flinch /flɪn(t)ʃ/ vike tilbake.
fling /flɪŋ/ kast *n*; løssluppenhet *m*.
fling *verb* /flɪŋ/ slenge, hive; **have a ~** slå seg løs.
flint /flɪnt/ flint *m*.
flip /flɪp/ knips *n*; (*slang*) raptus *m*.
flip *verb* /flɪp/ knipse; (*amr*) bli forelsket; **~ a coin** slå mynt og krone; **~ out** bli rasende.
flippant /ˈflɪpənt/ fleipete.
flirt /flɜːt/ flørte; **~ation** flørt *m*.
flit /flɪt/ pile; smette.
float /fləʊt/ flåte *m*; flottør *m*; dupp *m*.
float *verb* /fləʊt/ flyte; sveve; fløte.

flock /flɒk/ flokk *m*; ulldott *m*.
flock *verb* /flɒk/ samle seg.
floe /fləʊ/ isflak *n*.
flog /flɒg/ piske; **~ging** pisking *m/f*; pryl *m*.
flood /flʌd/ flom *m*, oversvømmelse *m*.
flood *verb* /flʌd/ oversvømme; **~gate** sluseport *m*; **~light** flomlys *n*; **~lit** flombelyst; **~-tide** flo *m*, høyvann *n*.
floor /flɔː/ gulv *n*; etasje *m*; **first ~** (*britisk*) annen etasje; (*amr*) første etasje; **ground ~** første etasje; **take the ~** ta ordet.
flop /flɒp/ fiasko *m*.
flop *verb* /flɒp/ slå, bakse (med vingene); gjøre fiasko; **belly ~** mageplask *n*.
floppy /'flɒpɪ/ slapp; **~ disc** (*edb*) diskett *m*.
florid /'flɒrɪd/ rødmusset; (*overført*) overlesset.
florist /'flɒrɪst/ blomsterhandler *m*.
floss /flɒs/ dun; **dental ~** tanntråd *m*.
flounced /fləʊnst/ med (rynke)kapper *m*, *flertall*.
flounder /'flaʊndə/ flyndre *m/f*.
flounder *verb* /'flaʊndə/ bakse; være rådvill.
flour /'flaʊə/ mel *n*.
flourish /'flʌrɪʃ/ snirkel *m*; fanfare *m*.
flourish *verb* /'flʌrɪʃ/ florere; blomstre; **with a ~** med brask og bram; **~ing** blomstrende.
flow /fləʊ/ strøm *m*; flo *m/f*.
flower /'flaʊə/ blomst *m*.
flower *verb* /'flaʊə/ blomstre; **~ing** blomstring *m/f*.
flu /fluː/ = **influenza**.
fluctuate /'flʌktjʊeɪt/ svinge, variere.
fluctuation /ˌflʌktjʊ'eɪʃ(ə)n/ svingning *m*.
fluency /'fluːənsɪ/ taleferdighet *m*.
fluent /'fluːənt/ flytende (om språk).
fluff /flʌf/ lo *f*; **~y** dunbløt.
fluid /'fluːɪd/ flytende; væske *m/f*.
flunk /flʌŋk/ (*amr*) stryke; gi strykkarakter.
fluorescent /flɔː'resnt/ **~ tube** lysstoffrør *n*.
fluoridation /ˌflɔːrɪ'deɪʃ(ə)n/ fluorisering *m/f*.
fluoride /'flɔːraɪd/ fluor *m/n*.
flurry /'flʌrɪ/ vindkast *n*; snøføyke *m*; oppstyr *n*.

flurry *verb* /'flʌrɪ/ føyke; uroe.
flush /flʌʃ/ rødme *m*; glatt; rik på.
flush *verb* /flʌʃ/ rødme; strømme sterkt (om blod); spyle; **hot ~** hetetokt *m/f*; **~ toilet** vannklosett *n*.
flustered /'flʌstəd/ oppskjørtet.
flute /fluːt/ fløyte *f*.
flutter /'flʌtə/ flagring *m/f*; vibrering *m/f*.
flutter *verb* /'flʌtə/ flagre; gjøre urolig.
fly /flaɪ/ flue *m/f*; buksesmekk *m*.
fly *verb* /flaɪ/ fly; **~ing fish** flyvefisk *m*; **~ing saucer** flyvende tallerken *m*; **~ing squad** utrykningspatrulje *m*.
foal /fəʊl/ føll *n*.
foam /fəʊm/ skum *n*.
foam *verb* /fəʊm/ skumme; **~y** skummende.
f.o.b. *fork for* **free on board**.
focus /'fəʊkəs/ brennpunkt *n*, fokus *n*.
focus *verb* /'fəʊkəs/ fokusere.
fodder /'fɒdə/ fôr *n*.
foetal /'fiːtl/ foster-.
foetus /'fiːtəs/ foster *n*.
fog /fɒg/ tåke *m/f*; **~gy** tåkete; uklar.
foil /fɔɪl/ folie *m*; bakgrunn *m*; florett *m*.
foil *verb* /fɔɪl/ forpurre, hindre.
fold /fəʊld/ fold *m*; kve *f*.
fold *verb* /fəʊld/ folde, brette; gå dukken; **~er** folder *m*; **~ing chair** klappstol *m*.
foliage /'fəʊlɪɪdʒ/ løv(verk) *n*.
folk /'fəʊk/ folk, mennesker *n*; **my ~s** familien min.
follow /'fɒləʊ/ følge; etterfølge; **~-up** oppfølging *m/f*; oppfølger *m*; **~er** tilhenger *m*; **~ing** (på) følgende; tilhengere *m*.
folly /'fɒlɪ/ tåpelighet *m*.
fond /fɒnd/ kjærlig; **be ~ of** være glad i; **~le** kjærtegne.
food /fuːd/ mat *m*; **~ poisoning** matforgiftning *m* .
fool /fuːl/ tosk *m*.
fool *verb* /fuːl/ narre, bedra; tøyse; **~hardy** dumdristig; **~ish** tåpelig; **~proof** idiotsikker.
foot /fʊt/ *flertall* **feet** fot *m* (som mål = 30,48 cm); **on ~** til fots.
football /'fʊtbɔːl/ fotball *m*.

footbridge /ˈfʊtbrɪdʒ/ gangbro *m*.
foothold /ˈfʊthəʊld/ fotfeste *n*.
footing /ˈfʊtɪŋ/ fotfeste *n*; **gain a ~ing** vinne innpass.
footlights /ˈfʊtlaɪts/ *flertall* (*teater*) rampelys *n*.
footman /ˈfʊtmən/ lakei *m*.
footpath /ˈfʊtpɑːθ/ gangsti *m*.
footprint /ˈfʊtprɪnt/ fotspor *n*.
footstep /ˈfʊtstep/ fottrinn *n*.
for /fɔː/ for; til; av; **~ two hours** i to timer.
forage /ˈfɒrɪdʒ/ fôr *n*; samle føde.
forbear /ˈfɔːbeə/ unnlate; **~ance** overbærenhet *m*.
forbid /fəˈbɪd/ forby; **~ding** avskrekkende; frastøtende.
force /fɔːs/ kraft *m/f*; makt *m/f*; (*mil*) styrke *m*.
force *verb* /fɔːs/ tvinge; forsere; sprenge; **come into ~** tre i kraft; **~ful** energisk; **~ open** bryte opp.
forced /fɔːst/ påtvungen; **~ landing** nødlanding *m/f*; **~ sale** tvangsauksjon *m*.
forcible /ˈfɔːsəbl/ tvangs-.
ford /fɔːd/ vadested *n*.
fore /fɔːr/ foran, forrest; for-; **~arm** underarm *m*; **~boding** forutanelse *m*; **~cast** forutsigelse *m*.
forecast *verb* /ˈfɔːkɑːst/ forutsi.
forecastle /ˈfəʊksl/ (*sjøfart*) ruff *m*.
forefinger /ˈfɔːˌfɪŋə/ pekefinger *m*.
forefront /ˈfɔːfrʌnt/ forreste linje *m*.
foreground /ˈfɔːgraʊnd/ forgrunn *m*.
forehead /ˈfɒrɪd/ panne *f*.
foreign /ˈfɒrən/ utenlandsk; utenriks-; fremmed; **~ exchange** utenlandsk valuta *m*; **the Foreign Office** (*brit*) Utenriksdepartement *n*; **Foreign Secretary** (*brit*) utenriksminister *m*; **~ worker** fremmedarbeider *m*; **~er** utlending *m*.
foreman /ˈfɔːmən/ arbeidsleder *m*.
foremost /ˈfɔːməʊst/ forrest; fremst.
forerunner /ˈfɔːˌrʌnə/ forløper *m*.
foresail /ˈfɔːseɪl/ fokk *m*.
foresee /fɔːˈsiː/ forutse.
foreshadow /fɔːˈʃædəʊ/ bebude.
foresight /ˈfɔːsaɪt/ forutseenhet *m*.

forest /'fɒrɪst/ skog *m*; ~ **management** skogforvaltning *m*; **~ation** skogplanting *m/f*; **~er** forstmann *m*; **~ry** skogindustri *m*; skogvesen *n*.
foretaste /'fɔːteɪst/ forsmak *m*.
foreword /'fɔːwɜːd/ forord *n*.
forfeit /'fɔːfɪt/ forspilt, forbrutt; pant *m/n* .
forfeit *verb* /'fɔːfɪt/ forspille; miste retten til.
forge /fɔːdʒ/ smie *f*.
forge *verb* /fɔːdʒ/ smi; forfalske; **~r** falskner *m*; **~ry** forfalskning *m*.
forget /fə'get/ glemme; **~ful** glemsom; **~-me-not** (*bot*) forglemmegei *m*.
forgive /fə'gɪv/ tilgi, forlate; **~ness** tilgivelse *m*.
fork /fɔːk/ gaffel *m*; greip *n*; veiskille *n*.
form /fɔːm/ form *m/f*; skikkelse *m*; skjema *n*; (*britisk*) skoleklasse *m*.
form *verb* /fɔːm/ forme; danne.
formal /'fɔːməl/ formell; ~ **dress** gallaantrekk *n*; **~ity** formalitet *m*.
format /'fɔːmæt/ formatere; **~ion** danning *m/f*; formasjon *m*; **~ive** grunnleggende.
former /'fɔːmə/ tidligere, forhenværende; **the ~** førstnevnte; **~ly** tidligere, før i tiden.
formidable /'fɔːmɪdəbl/ fryktinngytende; imponerende.
formula /'fɔːmjʊlə/ formel *m*; oppskrift *m/f*; **~te** formulere.
forsake /fə'seɪk/ svikte; oppgi.
forth /fɔːθ/ frem; **and so ~** osv.; **~coming** forestående; forekommende; **~right** åpenhjertig; liketil.
fortieth /'fɔːtɪəθ/ førtiende.
fortify /'fɔːtɪfaɪ/ forsterke; (*mil*) befeste.
fortitude /'fɔːtɪtjuːd/ sjelsstyrke *m*, tapperhet *m*.
fortnight /'fɔːtnaɪt/ fjorten dager.
fortress /'fɔːtrəs/ festning *m*.
fortuitous /fɔː'tjuːɪtəs/ tilfeldig; heldig.
fortunate /'fɔːtʃ(ə)nət/ heldig; **~ly** heldigvis.
fortune /'fɔːtʃuːn/ skjebne *m*; lykke *m*; formue *m*; **~-teller** spåkone *f*, spåmann *m*.

forty /'fɔːtɪ/ førti.
forward /'fɔːwəd/ forrest; fremover; fremmelig; (i fotball) løper *m*.
forward *verb* /'fɔːwəd/ (videre)sende.
foster /'fɒstə/ fostre; ha i pleie; oppmuntre.
foul /faʊl/ skitten; stygg; vulgær.
foul *verb* /faʊl/ skitne til; **~-mouthed** grov i munnen; **~ play** (*sport*) forseelse *m* mot spillereglene; (*overført*) uærlig spill *n*; **~ up** tabbe seg ut; (*slang*) drite seg ut.
found /faʊnd/ grunnlegge, opprette; støpe; **~ation** grunnleggelse *m*; grunnmur *m/f*; fundament *n*; stiftelse *m*, legat *n*.
foundry /'faʊndrɪ/ støperi *n*.
fountain /'faʊntən/ kilde *m*; fontene *m*; **~-pen** fyllepenn *m*.
four /fɔː/ fire; **~fold** firedobbelt; **~-letter word** tabuord *n*; **~ wheel drive** firehjulstrekk *n*; **~teen(th)** fjorten(de); **~th** fjerde(del).
fowl /faʊl/ (hønse)fugl *m*.
fox /fɒks/ rev *m*.
fraction /'frækʃ(ə)n/ brøk(del) *m (m)*; **~al** brøk-; ubetydelig.
fracture /'fræktʃə/ brudd *n*; **~d** brukket.
fragile /'frædʒaɪl/ skjør, skrøpelig.
fragment /'frægmənt/ bruddstykke *n*.
fragrance /'freɪgr(ə)ns/ duft *m*; vellukt *m*.
fragrant /'freɪgr(ə)nt/ duftende; velluktende.
frail /freɪl/ svak; skrøpelig; **~ty** svakhet *m*; skrøpelighet *m*.
frame /freɪm/ ramme(verk) *m/f (n)*; skjelett *n*; struktur *m*; karm *m*.
frame *verb* /freɪm/ ramme inn; (ut)forme; **~ of mind** sinnsstemning *m*; **~-up** falsk anklage *m*; **~work**; rammeverk *n*.
franchise /'fræn(t)ʃaɪz/ stemmerett *m*; rettighet *m*; lisensavtale *m*.
frank /fræŋk/ oppriktig; åpen(hjertig); **~ly** åpent; ærlig talt.
frantic /'fræntɪk/ panisk; vill.
fraternal /frə'tɜːn(ə)l/ broderlig, bror-.
fraternity /frə'tɜːnətɪ/ brorskap *n*; (*amr*) sammenslutning *m* av (mannlige) studenter.

fraud /frɔːd/ svindel *m*; bedrageri *n*; svindler *m*; **~ulent** svikefull, falsk.
fraught /frɔːt/ nervøs, anspent; **~ with** ladet med.
frayed /freɪd/ frynsete.
freak /friːk/ original *m*; misfoster *n*; uventet; **~ out** gjøre noe helt sprøtt; **~ish** uvanlig; **~y** helt sprø.
freckle /ˈfrekl/ fregne *m/f*.
free /friː/ fri; ledig; gratis; utvungen.
free *verb* /friː/ befri, frigjøre; **~dom** frihet *m*; **~ kick** frispark *n* (i fotball); **~lancer** frilanser *m*; **~mason** frimurer *m*; **~way** (*amr*) motorvei *m*.
freeze /friːz/ fryse (ned); stivne; **~r** (dyp)fryser *m*.
freight /freɪt/ frakt(gods) *m (n)*; last *m/f*.
freight *verb* /freɪt/ (be) frakte; **~er** lastebåt *m*.
french fries pommes frites.
frenzy /ˈfrenzɪ/ vanvidd *n*, raseri *n*.
frequency /ˈfriːkwənsɪ/ hyppighet *m*; frekvens *m*.
frequent /frɪˈkwent/ hyppig.
frequent *verb* /frɪˈkwent/ frekventere, besøke (ofte).
fresh /freʃ/ frisk, fersk; ny, uerfaren; (*amr*) freidig, frekk; **~en** friske på; **~en up** stelle seg; **~ness** friskhet *m*; **~water** ferskvann *n*.
fret /fret/ være bekymret; irritere; ergre (seg); **~ful** gretten.
friar /fraɪə/ tiggermunk *m*.
friction /ˈfrɪkʃ(ə)n/ friksjon *m*, gnidning *m*.
Friday /ˈfraɪdeɪ/ fredag *m*; **Good ~** langfredag.
fridge /frɪdʒ/ kjøleskap *n*.
friend /frend/ venn(inne) *m (m/f)*; **~ly** vennlig; vennskapelig; **~ship** vennskap *n*.
frieze /ˈfriːz/ frise *m*; vadmel *n*.
fright /fraɪt/ skrekk *m*; **~en** skremme; **~ful** skrekkelig.
fringe /frɪn(d)ʒ/ frynse *m/f*; utkant *m*; ytterliggående; pannelugg *m*.
fringe *verb* /frɪn(d)ʒ/ kante; **~ benefits** frynsegoder *n*.
frisky /ˈfrɪskɪ/ spretten, sprelsk.
frivolity /ˈfrɪˈvɒlətɪ/ fjollethet *m*; lettsindighet *m*.
frivolous /ˈfrɪvələs/ fjollete; betydningsløs.
fro /frəʊ/ **to and ~** frem og tilbake.

frock /frɒk/ (barne- og dame)kjole *m*.
frog /frɒg/ frosk *m*; **~man** froskemann *m*.
frolic /'frɒlɪk/ munterhet *m*.
frolic *verb* /'frɒlɪk/ boltre seg.
from /frɒm/ fra; ut fra; mot; på grunnlag av; etter.
front /frʌnt/ forrest; front-; forside *m/f*, fasade *m*; front *m*; **in ~** foran; **~ wheel drive** forhjulsdrift *m/f*; **~ door** inngangsdør *m/f*; **~ page** forside *m/f*; **~ seat** forsete *n*; **~ier** grense *m/f*, grenseland *n*.
frost /frɒst/ frost *m*; rim *n*; **black ~** barfrost *m*; **~-bitten** frostskadet; **~ ing** glasur *m*; **~ed** dekket av rim; (om glass) mattslipt; **~y** frost-; (is)kald.
froth /'frɒθ/ skum *n*, fråde *m*.
frown /fraʊn/ rynke pannen; **~ on** mislike; fordømme.
frozen /'frəʊzn/ (til)frosset; sperret (om konto).
frugal /'fruːg(ə)l/ sparsommelig; nøysom.
fruit /fruːt/ frukt *m/f*; **~ful** fruktbar; **~less** nytteløs.
frustrate /frʌ'streɪt/ frustrere; forpurre (planer).
frustration /frʌ'streɪʃ(ə)n/ forpurring *m/f*; skuffelse *m*.
fry /fraɪ/ (fiske)yngel *m*.
fry *verb* /fraɪ/ steke; **~ing pan** stekepanne *m/f*.
ft. /fʊt/ *fork for* **foot, feet**.
fuck /fʌk/ (*vulgært*) samleie *n*: nummer *n*.
fuck *verb* /fʌk/ pule, knulle; **~ off** dra til helvete; **~ you** dra til helvete!
fuel /fjʊəl/ brensel *n*; drivstoff *n*; **~ gauge** bensinmåler *m*; **~ supply** bensintilførsel *m*; **~ tank** bensintank.
fugitive /'fjuːdʒətɪv/ flyktning *m*; flyktig.
fulfil /fʊl'fɪl/ oppfylle; innfri; **~ment** oppfyllelse *m*.
full /fʊl/ full, hel, fullstendig; mett; **in ~ dress** i galla; **~-fledged** flygeferdig; fullt utviklet; **~-time** heltids-; **~ness** fylde *m*; **~ stop** punktum.
fully /'fʊlɪ/ fullt ut.
fumble /'fʌmbl/ famle, rote, miste (ballen).
fume /fjuːm/ røyk *m*, damp *m*.
fume *verb* /fjuːm/ ryke; dunste; (*overført*) rase.
fun /fʌn/ moro *m/f*, fornøyelse *m*.

function /ˈfʌŋ(k)ʃ(ə)n/ funksjon *m*; oppgave *m*.
function *verb* /ˈfʌŋ(k)ʃ(ə)n/ fungere; **~al** funksjonell; funksjons-.
fund /fʌnd/ fond *n*, kapital *m*.
fund *verb* /fʌnd/ finansiere; **~amental** fundamental **~amentalism** fundamentalisme *m*.
funding /ˈfʌndɪŋ/ bevilgning *m*.
funeral /ˈfjuːn(ə)r(ə)l/ begravelse *m*.
fungus /ˈfʌŋgəs/ sopp *m*.
funnel /ˈfʌn(ə)l/ trakt *m/f*, skorstein *m*; kanalisere.
funny /ˈfʌnɪ/ morsom; pussig.
fur /fɜː/ pels *m*; tungebelegg *n*; **~s** pelsverk *n*; **~ coat** pelskåpe *m/f*.
furious /ˈfjʊərɪəs/ rasende.
furnace /ˈfɜːnɪs/ ovn *m*; fyringsanlegg *n*.
furnish /ˈfɜːnɪʃ/ møblere; forsyne, utstyre.
furniture /ˈfɜːnɪtʃə/ møbler *n*; **a piece of ~** et møbel.
furrier /ˈfʌrɪə/ buntmaker *m*.
furrow /ˈfʌrəʊ/ (plog)fure *m*.
further /ˈfɜːðə/ lenger (borte); ytterligere, mer.
further *verb* /ˈfɜːðə/ fremme; **~ education** videreutdanning *m/f*; **~more** dessuten.
furtive /ˈfɜːtɪv/ hemmelig(hetsfull).
fury /ˈfjʊərɪ/ raseri *n*; furie *m*.
fuse /fjuːz/ (elektrisk) sikring *m/f*; lunte *m/f*.
fuse *verb* /fjuːz/ (sammen) smelte.
fuse box sikringsskap *n*.
fusion /ˈfjuʒ(ə)n/ sammensmelting *m/f*; fusjon *m*.
fuss /fʌs/ oppstyr *n*.
fuss *verb* /fʌs/ mase, lage oppstyr; **~y** masete; kresen.
futile /ˈfjuːtaɪl/ forgjeves; intetsigende.
futility /fjʊˈtɪlətɪ/ formålsløshet *m*, resultatløshet *m*.
future /ˈfjuːtʃə/ fremtidig; fremtid *m*; (*gram*) futurum *m*.
fuzzy /ˈfʌzɪ/ lodden; krøllete.

G

gab /gæb/ skravle.
gable /ˈgeɪbl/ gavl *m*.
gad /gæd/ **~ about** farte omkring; **~fly** brems *m*, klegg *m* (også overført).
gadget /ˈgædʒɪt/ innretning *m*, greie *f*, dings *m*.
gag /gæg/ knebel *m*; (improvisert) vits *m*.
gag *verb* /gæg/ kneble, sette munnkurv på.
gaiety /ˈgeɪətɪ/ lystighet *m*.
gain /geɪn/ vinning *m/f*; økning *m*.
gain *verb* /geɪn/ vinne; tjene; oppnå; øke.
gait /geɪt/ ganglag *n*.
gale /geɪl/ kuling *m*; storm *m*.
gall /gɔːl/ galle *m*; bitterhet *m*; gnagsår *n*.
gall *verb* /gɔːl/ gnage; irritere; **~-bladder** galleblære *m/f*.
gallant /ˈgælənt/ kjekk; tapper; ridderlig.
gallery /ˈgælərɪ/ galleri *n*; (*teater*) balkong *m*.
galley /ˈgælɪ/ bysse *f*; galei *m*.
gallon /ˈgælən/ gallon (= ca. 4,55 l, i USA ca. 3,78 l).
gallop /ˈgæləp/ galopp *m*.
gallop *verb* /ˈgæləp/ galoppere.
gallows /ˈgæləʊz/ galge *m*.
gallstone /ˈgɔːlstəʊn/ gallesten *m*.
galore /gəˈlɔː/ i massevis.
galoshes /gəˈlɒʃɪz/ kalosjer *m*.
gamble /ˈgæmbl/ (hasard) spill *n*.
gamble *verb* /ˈgæmbl/ spille; **~r** (hasard)spiller *m*.
game /geɪm/ villig, med på; spill *n*; lek *m*; vilt *n*; (*kortspill*) utgang *m*; **play the ~** følge spillereglene; **~keeper** skogvokter *m*; **~s** stevne, leker *n m*.
gammon /ˈgæmən/ skinkestek *m/f*, spekeskinke *m/f*.
gander /ˈgændə/ gasse *m*.
gang /gæŋ/ bande *m*; gjeng

m; arbeidslag *n*; ~ **up on** rotte seg sammen mot.
gangrene /'gæŋgriːn/ koldbrann *m*.
gangway /'gæŋweɪ/ landgang *m*; fallrep *n*.
gaol /dʒeɪl/ = **jail** fengsel *n*.
gap /gæp/ åpning *m*; kløft *m/f*; hull *n*.
gape /geɪp/ gape; måpe; stå vid åpen.
garage /'gærɑːʒ/ garasje *m*; bensinstasjon *m*; bilverksted *n*.
garbage /'gɑːbɪdʒ/ avfall *n*; søppel *n*.
garden /'gɑːdn/ hage *m*; **~er** gartner *m*.
gardening /'gɑːdnɪŋ/ hagebruk *n*; hagearbeid *n*; **landscape ~** landskapsarkitektur *m*.
gargle *verb* /'gɑːgl/ gurgle.
garland /'gɑːlənd/ krans *m*.
garlic /'gɑːlɪk/ hvitløk *m*; **a clove of ~** et fedd hvitløk.
garment /'gɑːmənt/ plagg *n*.
garnish /'gɑːnɪʃ/ garnityr *n*.
garnish *verb* /'gɑːnɪʃ/ pynte (mat).
garret /'gærət/ kvistværelse *n*.
garrison /'gærɪsn/ garnison *m*.
garrulous /'gærʊləs/ snakkesalig.
garter /'gɑːtə/ strømpebånd *n*; (*amr*) sokkeholder *m*; **~ belt** (*amr*) strømpeholder *m*.
gas /gæs/ gass *m*; (*amr*) bensin *m*; **unleaded ~** blyfri bensin.
gas *verb* /gæs/ gassforgifte; **~ cooker** gasskomfyr *m*.
gash /gæʃ/ gapende sår *n*; flenge *m/f*.
gash *verb* /gæʃ/ flenge opp.
gasket /'gæskɪt/ (*maskin*) pakning *m*.
gasoline /'gæsəliːn/ (*amr*) bensin *m*.
gasp /gɑːsp/ gisp *n*.
gasp *verb* /gɑːsp/ gispe.
gastric /'gæstrɪk/ mage-.
gastric ulcer magesår *n*.
gastritis /gæ'straɪtɪs/ magekatarr *m*.
gate /geɪt/ port *m*; grind *m/f*; **~crasher** en som kommer uinnbudt på fest; **~way** port(hvelving) *m (m)*.
gather /'gæðə/ samle(s); plukke; øke; forstå; **~ing** sammenkomst *m*.
GATT /gæt/ *fork for* **General Agreement on Tariffs and Trade**.
gaudy /'gɔːdɪ/ grell, glorete.
gauge /geɪdʒ/ (standard)mål *n*, dimensjon *m*; måler *m*; sporvidde *m/f*.

gauge *verb* /geɪdʒ/ måle, bedømme.
gaunt /gɔːnt/ radmager; øde.
gauntlet /'gɔːntlət/ kjørehanske *m*; stridshanske *m*.
gauze /gɔːz/ gas(bind) *m (n)*.
gay /geɪ/ munter, lystig; homoseksuell.
gaze /geɪz/ (**at**) stirre (på).
gazette /gə'zet/ offisiell avis *m*, lysingsblad *n*.
GCE /ˌdʒiːsiː'iː/ *fork for* **General Certificate of Education**.
gear /gɪə/ utstyr *n*; redskap *n*; (*bil*) gir *n*; ~ **lever** girspak *m*.
gear *verb* /gɪə/ sette i gir; **~box** girkasse *m/f*; **~-lever**, **~-stick**, (*amr*) **~shift** girstang *m/f*.
geld /geld/ kastrere; **~ing** vallak *m*.
gem /dʒem/ (slepet) edelstein *m*.
Gemini /'dʒemɪnaɪ/ (*astronomi*) Tvillingene.
gender /'dʒendə/ kjønn *n*.
genealogist /ˌdʒiːnɪ'ælədʒɪst/ slektsforsker *m*.
genealogy /ˌdʒiːnɪ'ælədʒɪ/ slektsforskning *m/f*; slektshistorie *m*.
general /'dʒen(ə)r(ə)l/ allmenn; generell; general-; hoved-; general *m*; ~ **manager** administrerende direktør *m*; ~ **practitioner** (**G.P.**) allmennpraktiserende lege *m*; **~ly** vanligvis.
generate /'dʒenəreɪt/ frembringe.
generation /ˌdʒenə'reɪʃ(ə)n/ slektledd *n*; utvikling *m/f*.
generosity /ˌdʒenə'rɒsətɪ/ høysinn *n*; gavmildhet *m*.
generous /'dʒen(ə)rəs/ gavmild; rikelig.
genial /'dʒiːnjəl/ vennlig; elskverdig.
genitals /'dʒenɪtlz/ kjønnsorganer *n*.
genius /'dʒiːnjəs/ geni *n*; (skyts)ånd *m*.
gent /dʒent/ (*hverdagslig*), *fork for* **gentleman**; **~s** herretoalett *n*.
gentle /'dʒentl/ mild; blid; lett; **~man** dannet mann *m*, herre *m*; **~woman** dannet kvinne *m/f*.
gentry /'dʒentrɪ/ lavadelen *m*; fornemme folk.
genuine /'dʒenjʊɪn/ ekte, autentisk; oppriktig.
geographer /dʒɪ'ɒgrəfə/ geograf *m*.

geography /dʒɪ'ɒgrəfɪ/ geografi *m*.
geologist /dʒɪ'ɒlədʒɪst/ geolog *m*.
geology /dʒɪ'ɒlədʒɪ/ geologi *m*.
germ /dʒɜːm/ bakterie *m*; spire *m/f*.
gesture /'dʒestʃə/ håndbevegelse *m*, symbolsk handling *m*.
gesture *verb* /'dʒestʃə/ gestikulere.
get /get/ få; bli; hente; forstå; ~ **along** komme overens; klare seg; ~ **away** unnslippe; ~ **by** slippe igjennom; klare seg; ~ **down to** ta fatt på; ~ **going** få i gang; ~ **off** gå av; slippe fra det; ~ **on** komme godt ut av det med; ~ **over** komme over; overvinne; ~ **round to** få tid til; ~ **through to** få forbindelse med; ~ **up** stå opp.
ghastly /'gɑːstlɪ/ likblek; uhyggelig, grufull.
gherkin /'gɜːkɪn/ sylteagurk *m*.
ghost /gəʊst/ spøkelse *n*; ånd *m*; **the Holy Ghost** den Hellige Ånd; **~writer** en person som skriver på vegne av en annen.
GI /ˌdʒiː'aɪ/ *fork for* **Government Issue** menig soldat (USA).
giant /'dʒaɪənt/ kjempemessig; kjempe *m*.
gibberish /'dʒɪbərɪʃ/ vrøvl *n*; uforståelig snakk *n*.
gibe *verb* /dʒaɪb/ spotte, være spydig.
giddy /'gɪdɪ/ svimmel, ør.
gift /gɪft/ gave *m*; anlegg *n*; **~ed** begavet, talentfull.
gigantic /dʒaɪ'gæntɪk/ kjempemessig, gigantisk.
giggle /'gɪgl/ fnising *m*.
giggle *verb* /'gɪgl/ fnise, knise.
gild /gɪld/ forgylle.
gill /gɪl/ gjelle *m/f*.
gilt /gɪlt/ forgylt.
gimmick /'gɪmɪk/ knep *n*, salgstriks *n*.
ginger /'dʒɪn(d)ʒə/ rødbrun; ingefær *m*; ~ **ale,** ~ **beer** ingefærøl *n*; **~bread** honningkake *m/f*. .
gipsy /'dʒɪpsɪ/ sigøyner *m*.
girder /'gɜːdə/ (bære) bjelke *m*.
girdle /'gɜːdl/ belte *n*; hofteholder *m*.
girl /gɜːl/ pike *m/f*; **Girl Guide** speiderpike *m/f*; **~ish** jenteaktig.
giro /'dʒaɪrəʊ/ (bank- og

post-)giro *m*; ~ **account** postgirokonto *m*.
gist /dʒɪst/ hovedinnhold *n*; kjerne *m*.
give /gɪv/ gi; betale; ~ **away** gi bort; røpe; ~ **back** gi igjen; ~ **in** gi etter, gi opp; ~ **out** dele ut; ~ **up** gi opp; ~**-way sign** vikepliktskilt *n*.
glacial /'gleɪsjəl/ is-; uhyre langsom.
glacier /'glæsjə/ isbre *m*.
glad /glæd/ glad; ~**ly** gjerne, med glede; ~**ness** glede *m/f*.
glade /gleɪd/ lysning i skogen *m*.
glamour /'glæmə/ fortryllelse *m*; glans *m*; ~**ous** glamorøs, strålende.
glance /glɑːns/ blikk *n*.
glance *verb* /glɑːns/ kikke; ~ **through** se fort igjennom.
gland /glænd/ kjertel *m*.
glare /gleə/ skarpt lys *n*.
glare *verb* /gleə/ skinne, blende; ~ **at** glo sint på.
glaring /'gleərɪŋ/ grell; blendende.
glass /glɑːs/ glass *n*; speil *n*; ~**es** (*amr*) briller *m*; **cut** ~ krystall; **frosted** ~ matt glass.
glaucoma /glɔː'kəʊmə/ (*medisin*) grønn stær *m*.
glaze /gleɪz/ glasur *m*.
glaze *verb* /gleɪz/ glasere; sette rute (*eller* glass) i.
glazed /gleɪzd/ (*overført*) glassaktig.
glazier /'gleɪzjə/ glassmester *m*.
gleam /gliːm/ (lys)glimt *n*.
gleam *verb* /gliːm/ glimte; skinne.
glee /gliː/ fryd *m*; ~ **club** (*amr*) mannskor *n*.
glen /glen/ skar *n*, fjelldal *m*.
glib /glɪb/ tungerapp; overfladisk.
glide /glaɪd/ glidning *m*.
glide *verb* /glaɪd/ gli; ~**r** seilfly *n*.
glimpse /glɪm(p)s/ glimt *n*.
glimpse *verb* /glɪm(p)s/ skimte.
glisten /'glɪsn/ glinse; glitre.
glitter /'glɪtə/ glitring *m/f*.
glitter *verb* /'glɪtə/ funkle; glitre.
gloat /gləʊt/ ~ **over** gotte seg over.
globe /gləʊb/ globus *m*; **the** ~ jordkloden.
gloom /gluːm/ halvmørke *n*; tungsinn *n*; ~**y** dyster; nedtrykt.

glorification /ˌglɔːrɪfɪˈkeɪʃ(ə)n/ forherligelse *m*.
glorify /ˈglɔːrɪfaɪ/ forherlige.
glorious /ˈglɔːrɪəs/ strålende.
glory /ˈglɔːrɪ/ ære *m/f*; glans *m*; salighet *m*.
gloss /glɒs/ glans *m*; **~ary** ordliste *m/f*; **~y** blank, glatt.
glove /glʌv/ hanske *m*; **~ compartment** hanskerom *n*.
glow /gləʊ/ glød *m*.
glow *verb* /gləʊ/ gløde; **~er** stirre olmt på.
glue /gluː/ lim *n*; lime.
glum /glʌm/ nedtrykt, dyster.
glutton /ˈglʌtn/ fråtser *m*; (*zool*) jerv *m*; **~ous** grådig; **~y** fråtsing *m/f*, grådighet *m*.
GMT *fork for* **Greenwich Mean Time**.
gnarled /nɑːld/ knudrete.
gnat /næt/ mygg *m*.
gnaw /nɔː/ gnage; nage.
gnome /nəʊm/ dverg *m*, gnom *m*.
go /gəʊ/ forsøk *n*; pågangsmot *n*.
go *verb* /gəʊ/ gå; reise; kjøre; **let ~** slippe; **~ ahead** sette i gang; **~ along with** si seg enig i; **~ mad** bli gal; **~ on** fortsette; **~ through with** gjennomføre.
goad /gəʊd/ piggstav *m*.
goad *verb* /gəʊd/ tirre; anspore.
goal /gəʊl/ (i fotball) mål *n*, (*også overført*); **~keeper** målvakt *m*.
goat /gəʊt/ geit *f*; **~ee** fippskjegg *n*.
gobble /ˈgɒbl/ sluke.
goblet /ˈgɒblət/ beger *n*, pokal *m*.
god /gɒd/ gud *m*; **(~) bless you!** prosit!; **~dess** gudinne *m/f*; **~father** gudfar *m*; mafiaboss *m*; **~like** guddommelig; **~ly** from; **~send** som sendt fra himmelen.
goggle /ˈgɒgl/ stirre, glo; **~s** beskyttelsesbriller *m*.
gold /gəʊld/ gull *n*; **~en** gull-; gyllen.
golf /gɒlf/ golfspill *n*; **~ club** golfkølle *m/f*; golfklubb *m*; **~ course** golfbane *m*; **~er** golfspiller *m*.
gong /gɒŋ/ gongong *m*.
gonorrhea /ˌgɒnəˈrɪə/ gonoré *m*.
good /gʊd/ god; snill; dyktig; flink; frisk; behagelig; gyldig; gode *n*; **~s** varer *m*; **for ~** for godt.

goodbye /gʊd'baɪ/ ha det.
good evening god kveld.
good-looking /ˌgʊd'lʊkɪŋ/ pen.
good morning god morgen.
good-natured /ˌgʊd'neɪtʃəd/ godmodig, snill.
goodness /'gʊdnəs/ godhet *m*.
goods /gʊdz/ varer *m*; eiendeler *m*.
goodwill /'gʊdˌwɪl/ velvilje *m*; renommé *n*.
goof /guːf/ fjols *n*; tabbe *m*.
goose /guːs/ *flertall* **geese** gås *m/f*; **~berry** stikkelsbær *n*; **~flesh** gåsehud *m*.
gorge /gɔːdʒ/ fjellkløft *m/f*; strupe *m*.
gorge *verb* /gɔːdʒ/ sluke, fråtse.
gorgeous /'gɔːdʒəs/ praktfull, lekker.
gory /'gɔːrɪ/ blodig.
gospel /'gɒsp(ə)l/ evangelium *n*; gospelsang *m*.
gossip /'gɒsɪp/ sladrekjerring *f*; sladder *m*; sladre.
gout /gaʊt/ gikt *m/f*; **~y** giktisk.
govern /'gʌv(ə)n/ regjere, styre; **~ess** guvernante *m/f*; **~ment** regjering *m/f*; **~or** guvernør *m*.
gown /gaʊn/ lang kjole *m*; kappe *m/f*.
GP /ˌdʒiː'piː/ *fork for* General Practitioner (allmennlege).
GPO /ˌdʒiːpiː'əʊ/ *fork for* **General Post Office**.
grab /græb/ gripe; snappe.
grace /greɪs/ ynde *m*; bordbønn *m*.
grace *verb* /greɪs/ pryde; hedre; **~ful** grasiøs.
gracious /'greɪʃəs/ elskverdig; nådig; **good ~!** du store all verden!
gradation /grə'deɪʃ(ə)n/ gradering *m*; nyanse *m*.
grade /greɪd/ trinn *n*; grad *m*; (*amr*) (skole)klasse *m*; karakter *m* (på skolen).
grade *verb* /greɪd/ gradere; rette (gi karakter).
gradient /'greɪdjənt/ stigning(sgrad) *m*.
gradual /'grædʒʊəl/ gradvis.
graduate /'grædʒʊət/ kandidat *m*.
graduate *verb* /'grædjʊeɪt/ ta (akademisk) eksamen; inndele i grader.
graft /grɑːft/ pode *m*; podning *m*; (*amr*) korrupsjon *m*.

grain /greɪn/ (frø)korn *n*; tekstur *m*.
grammar /'græmə/ grammatikk *m*; ~ **school** (*britisk*) en type videregående skole *m*.
gramophone /'græməfəʊn/ grammofon *m*; ~ **record** grammofonplate *m*.
grand /grænd/ storartet; flygel *n*; (*slang*), tusen pund, (*amr*) tusen dollar; ~**child** barnebarn *n*; ~**daughter** sønnedatter *m/f*; datterdatter *m/f*; ~**father** bestefar *m*; ~**mother** bestemor *m/f*; ~ **piano** flygel *n*; ~**son** sønnesønn *m*; dattersønn *m*.
grandstand /'græn(d)stænd/ sittetribune *m*.
grant /grɑːnt/ bevilgning *m*; stipend *n*.
grant *verb* /grɑːnt/ bevilge; skjenke; innrømme.
granulated /'grænjəleɪtɪd/ kornete; ~ **sugar** grov farin *m/n*.
grape /greɪp/ (vin)drue *m*; ~ **sugar** druesukker *n*; ~**vine** vinranke *m*; jungeltelegrafen *m*.
graph /grɑːf/ diagram *n*; ~ **paper** rutepapir *n*.
graphic /'græfɪk/ grafisk; malende; ~ **art(s)** grafikk *m*.
grapple /'græpl/ gripe tak i; gi seg i kast med.
grasp /grɑːsp/ grep *n*.
grasp *verb* /grɑːsp/ gripe; forstå.
grass /grɑːs/ gress *n*; (*slang*) marihuana; ~**hopper** gresshoppe *f*; (*britisk*) tyster *m*.
grate /greɪt/ gitter *n*, rist *m/f*.
grate *verb* /greɪt/ rive, raspe; skurre.
grateful /'greɪtf(ʊ)l/ takknemlig.
grater /'greɪtə/ rivjern *n*.
gratification /ˌgrætɪfɪ'keɪʃ(ə)n/ tilfredsstillelse *m*.
gratify /'grætɪfaɪ/ tilfredsstille; glede.
gratitude /'grætɪtjuːd/ takknemlighet *m*.
gratuitous /grə'tjuːɪtəs/ gratis; unødvendig.
gratuity /grə'tjuːətɪ/ drikkepenger.
grave /greɪv/ alvorlig; betydningsfull; grav *m/f*.
gravel /'græv(ə)l/ grus *m*; ~ **road** grusvei *m*.
graveyard /'greɪvjɑːd/ kirkegård *m*.
gravitation /ˌgrævɪ'teɪʃ(ə)n/

tiltrekning *m*; tyngdekraft *m/f*.
gravity /ˈgrævətɪ/ alvor *n*; tyngdekraft *m*.
gravy /ˈgreɪvɪ/ (steke)sjy *m*, (brun) saus *m*.
graze /greɪz/ beite; få skrubbsår.
grease /griːs/ fett *n*.
grease *verb* /griːs/ smøre.
greasy /ˈgriːzɪ/ fett.
great /greɪt/ stor; storartet; **~-grandchild** oldebarn *n*; **~-grandfather** oldefar *m*; **~ly** i høy grad; **~ness** storhet *m*.
greed /griːd/ grådighet *m*; **~y** grådig.
green /griːn/ grønn (farge); grøntareale *n*; **~grocer's** grønnsaksforretning *m/f*; **~house** drivhus *n*.
greet /griːt/ hilse; **~ing** hilsen *m*.
gregarious /grɪˈgeərɪəs/ selskapelig.
grey /greɪ/ grå; **~hound** mynde *m*; (*amr*) fotballbane *m*.
grid /grɪd/ gitter *n*; **~iron** grillrist *m/f*; **~lock** trafikkaos *n*.
grief /griːf/ sorg *m*; **good ~!** herregud!, jeg gremmes!
grievance /ˈgriːv(ə)ns/ klagemål *n*.
grieve /griːv/ sørge; volde sorg.
grievous /ˈgriːvəs/ alvorlig; voldsom.
grill /grɪl/ rist *m/f*, grill *m*; grille.
grim /grɪm/ bister; uhyggelig.
grime /graɪm/ skitt *m*, sot *f/m/n*.
grimy /ˈgraɪmɪ/ skitten, sotete.
grin /grɪn/ glis *n*; smile bredt.
grind *verb* /graɪnd/ male; slipe; streve; **~ one's teeth** skjære tenner *flertall*.
grindstone /ˈgraɪn(d)stəʊn/ slipestein *m*.
grip /grɪp/ grep *n*.
grip *verb* /grɪp/ gripe; (*overført*) fengsle; **~ing** fengslende.
grisly /ˈgrɪzlɪ/ uhyggelig.
gristle /ˈgrɪsl/ brusk *m*.
grit /grɪt/ grus *m*; sand(korn) *m (n)*; (*overført*) mot.
grit *verb* /grɪt/ knase; **~ one's teeth** bite tennene sammen; **~ty** sandete; modig.
grizzly /ˈgrɪzlɪ/ grålig, gråsprengt; **~bear** grizzlybjørn.
groan /grəʊn/ stønn *n*.

groan *verb* /grəʊn/ stønne; knake.
grocer /'grəʊsə/ kjøpmann *m*; **~ies** (daglig)varer; **~'s** dagligvareforretning *m/f*.
grog /grɒg/ grogg *m*, brennevin og vann; **~gy** omtåket.
groin /grɔɪn/ lyske *m*.
groom /gruːm/ stallkar *m*; også **bridegroom** brudgom *m*.
groom *verb* /gruːm, grʊm/ pleie, stelle.
groove /gruːv/ spor *n*; rille *m*.
grope /grəʊp/ famle, føle seg frem.
gross /grəʊs/ tykk; grov; plump; brutto; gross *n* (12 dusin).
grouchy /'graʊtʃɪ/ gretten.
ground /graʊnd/ jord *m/f*; bakke *m*; grunn *m*; terreng *n*; årsak *m/f*.
ground *verb* /graʊnd/ grunnstøte; (pret av **grind**) malt; **~s** grut *m*; (*jur*) premisser *n*; **be ~ed** få startforbud; få husarrest; **~ floor** første etasje; **~less** grunnløs.
group /gruːp/ gruppe *f*.
group *verb* /gruːp/ gruppere; **~ travel** gruppereise *m/f*.
grouse /graʊs/ rype; skogshøns.
grove /grəʊv/ lund *m*, skogholt *n*.
grovel /'grɒvl/ krype (for).
grow /grəʊ/ vokse; dyrke; bli; **~ old** bli gammel.
growl /graʊl/ knurring *m/f*.
growl *verb* /graʊl/ knurre.
grown-up /'grəʊnʌp/ voksen.
growth /grəʊθ/ vekst *m*; (*medisin*) svulst *m*.
grub /grʌb/ larve *m/f*; mat *m*; **~by** skitten.
grudge /grʌdʒ/ uvilje *m*, nag *n*; misunne.
gruel /grʊəl/ velling *m/f*.
gruesome /'gruːsəm/ grusom, redselsfull.
gruff /grʌf/ barsk; grov.
grumble /'grʌmbl/ beklage seg; rumle.
grumpy /'grʌmpɪ/ gretten, sur.
grunt /grʌnt/ grynt *n*; grynte.
guarantee /ˌgær(ə)n'tiː/ garanti *m*; kausjon *m*.
guarantee *verb* /ˌgær(ə)n'tiː/ garantere.
guard /gɑːd/ vakt *m/f*; bevoktning *m*; garde *m*; fangevokter *m*.
guard *verb* /gɑːd/ vokte;

beskytte; **off one's ~** uoppmerksom; **on one's ~ against** være på vakt overfor; **~edly** forsiktig; **~ian** beskytter *m*; formynder *m*.
guess /ges/ gjetning *m*.
guess *verb* /ges/ gjette; anta, formode.
guest /gest/ gjest *m*; **be my ~!** vær så god!
guidance /ˈgaɪd(ə)ns/ veiledning *m*.
guide /gaɪd/ omviser *m*; (reise)håndbok *m/f*; veileder *m*.
guide *verb* /gaɪd/ vise vei; veilede; **the (Girl) Guides** jentespeiderne *m*; **~lines** retningslinjer *m*.
guild /gɪld/ laug *n*.
guile /gaɪl/ svik *n*; list *m*.
guilt /gɪlt/ skyld *m/f*; **~y** skyldig.
guinea pig marsvin *n*; (*overført*) forsøkskanin *m*.
guise /gaɪz/ forkledning *m*; **in the ~ of** forkledd som.
guitar /gɪˈtɑː/ gitar *m*.
gulch /gʌltʃ/ (*amr*) (fjell) kløft *m/f*.
gulf /gʌlf/ havbukt *f*, golf *m*; (*overført*) avgrunn *m*.
gull /gʌl/ måke *m/f*.
gullet /ˈgʌlɪt/ spiserør *n*.
gullible /ˈgʌləbl/ godtroende; naiv.
gully /ˈgʌlɪ/ kløft *m/f*; renne *m/f*.
gulp /gʌlp/ slurk *m*; jafs *m*.
gulp *verb* /gʌlp/ svelge, sluke.
gum /gʌm/ gom *m*, tannkjøtt *n*; gummi *m*.
gum *verb* /gʌm/ gummiere; **chewing ~** tyggegummi *m*.
gun /gʌn/ gevær *n*, børse *f*; (*amr*) revolver *m*.
gunfire /ˈgʌnfaɪə/ skyting *m/f*.
gunman /ˈgʌnmən/ gangster *m*.
gunner /ˈgʌnə/ artillerist *m*.
gunpowder /ˈgʌnˌpəʊdə/ krutt *n*.
gunrunner /ˈgʌnˌrʌnə/ våpensmugler *m*.
gunwale /ˈgʌnəl/ reling *m/f*.
gurgle /ˈgɜːgl/ gurglelyd *m*.
gurgle *verb* /ˈgɜːgl/ gurgle; klukke.
gush /gʌʃ/ sprut *m*; (*overført*) utbrudd *n*; **~ forth** velle frem, fosse.
gust /gʌst/ vindstøt *n*.
gusto /ˈgʌstəʊ/ nytelse *m*; forkjærlighet *m* for.
gut /gʌt/ tarm *m*; streng *m*.
gut *verb* /gʌt/ ta innvollene ut, sløye; **~s** (*overført*) mot

n; ~ **feeling** magefølelse *m*; **~ted** utbrent.
gutter /'gʌtə/ rennestein *m*; takrenne *m/f*.
guy /gaɪ/ bardun *m*; fyr *m*, gutt *m*; **you ~s** (*amr*) dere, folkens.
gymnasium /dʒɪm'neɪzjəm/ gymnastikksal *m*.
gymnast /'dʒɪmnæst/ turner *m*.
gymnastics /dʒɪm'næstiks/ gymnastikk *m*.
gynaecological /ˌgaɪnəkə'lɒdʒɪk(ə)l/ gynekologisk.
gynaecological examination underlivsundersøkelse *m*.
gynaecologist /ˌgaɪnə'kɒlədʒɪst/ gynekolog *m*.
gypsum /'dʒɪpsəm/ gips *m*.

H

haberdashery /'hæbədæʃərɪ/ garn- og trådhandel *m*; (*amr*) herrekonfeksjon *m*.
habit /'hæbɪt/ vane *m*; drakt *m/f*; **~-forming** vanedannende.
habitability /hæbɪtə'bɪlɪtɪ/ beboelighet *m*.
habitable /'hæbɪtəbl/ beboelig.
habitat /'hæbɪtæt/ tilholdssted *n*; voksested *n*.
habitual /hə'bɪtjʊəl/ sedvanlig.
hack /hæk/ skår *n*; hakk(e) *n (f)*.
hack *verb* /hæk/ hakke; (*edb*) hacke; **~er** datasnok *m* ~ **writer** bladsmører *m*.
hackneyed /'hæknɪd/ forslitt, banal.
haddock /'hædək/ kolje *m/f*, hyse *m/f*.
haemophilia /ˌhiːmə(ʊ)'fɪlɪə/ blødersykdom *m*.
haemorrhage /'hemərɪdʒ/ blødning *m*; **cerebral ~** hjerneblødning *m*.

haemorrhoids /'hemərɔɪdz/ hemorroider *m*.
hag /hæg/ hurpe *f*, heks *m/f*.
haggard /'hægəd/ mager; herjet.
haggle /'hægl/ prute.
hail /heɪl/ hagl *n*.
hail *verb* /heɪl/ hagle; praie.
hair /heə/ hår *n*; **~ conditioner** hårbalsam *m*; **~cut** hårklipp *m*; **~dresser** frisør *m*; **~-dye** hårfarging(smiddel) *m/f (n)*; **~-piece** tupé *m*, parykk *m*; **~-raising** nervepirrende; **~y** håret, lodden.
half /hɑːf/ halv(t); halvdel *m*; **~-breed** halvblods *m*; **~-time** halvtid, pause *m*; **~-way** halvveis.
halibut /'hælɪbət/ hellefisk *m*, kveite *m/f*.
hall /hɔːl/ hall *m*, sal *m*; entré *m*; herregård *m*.
hallow /'hæləʊ/ hellige, innvie; **Halloween** Allehelgensaften *m* (31. oktober).
halt /hɔːlt, hɒlt/ stopp *n*.
halt *verb* /hɔːlt, hɒlt/ stoppe; gjøre holdt.
ham /hæm/ skinke *m/f*; **~burger** hamburger *m* .
hammer /'hæmə/ hammer *m*; (*sport*) slegge *m/f*.
hammer *verb* /'hæmə/ hamre.
hammock /'hæmək/ hengekøye *m/f*.
hamper /'hæmpə/ stor kurv *m*.
hamper *verb* /'hæmpə/ hindre, hemme.
hand /hænd/ hånd *m/f*; urviser *m*; arbeider *m*.
hand *verb* /hænd/ levere, rekke; **at ~** for hånden; **in ~** til rådighet; **on ~** for hånden; **on the other ~** på den annen side; derimot; **shake ~s** håndhilse; **~bag** håndveske *m/f*; **~brake** håndbrems *m*; **~cuffs** håndjern *n*; **~ful** håndfull.
handicap /'hændɪkæp/ handikap *n*.
handicraft /'hændɪkrɑːft/ (kunst)håndverk *n*.
handkerchief /'hæŋkətʃɪf/ lommetørkle *n*.
handle /'hændl/ håndtak *n*; skaft *n*; hank *m*.
handle *verb* /'hændl/ håndtere; behandle; **~bars** sykkelstyre *n*.
hand luggage håndbagasje *m*.
handmade /ˌhæn(d)'meɪd, foranstilt: 'hæn(d)ˈmeɪd/ håndlaget.

handout /'hændaʊt/ løpeseddel *m*; almisse *m*, gave *m*; pressemelding *m/f*.
handrail /'hændreɪl/ gelender *n*.
handsome /'hænsəm/ pen; kjekk.
handwriting /'hænd,raɪtɪŋ/ håndskrift *m/f*.
handy /'hændɪ/ fingernem; bekvem, praktisk; for hånden; **~man** altmuligmann *m*.
hang /hæŋ/ henge; henge opp; **~ in there** hold ut; **~ loose** slapp av; **~ out** treffes; være sammen; **~er** henger *m*; **~ing** hengning *m*; opphenging *m/f*; **~man** bøddel *m* .
hangover /'hæŋ,əʊvə/ bakrus *m*.
hanker /'hæŋkə/ (**after**) ha god lyst på.
hanky-panky /,hæŋkɪ'pæŋkɪ/ (*hverdagslig*) lureri *n*, fantasi *m*, erotisk forhold *n*.
haphazard /,hæp'hæzəd/ tilfeldig; **~ly** på måfå.
happen /'hæp(ə)n/ hende; skje; **~ing** hendelse *m*.
happily /'hæpəlɪ/ lykkelig.
happiness /'hæpɪnəs/ lykke *m*.
happy /'hæpɪ/ lykkelig; glad; **~-go-lucky** sorgløs.
harass /'hærəs/ plage; trakassere **~ment** plage *m*; press *n*, overgrep *n*.
harbour /'hɑːbə/ havn *m/f*.
harbour *verb* /'hɑːbə/ nære; huse.
hard /hɑːd/ hard; vanskelig; tung; **~back** innbundet bok *m/f*; **~ cash** rede penger *m*, kontanter; **~-on** ereksjon *m*; **~ of hearing** tunghørt; **~ up** i pengeknipe; **~en** gjøre/bli hard; herde; **~ly** neppe; nesten ikke; **~ness** hardhet *m*; **~ship** motgang *m*.
hardware /'hɑːdweə/ jernvarer *m*, *flertall*; (*edb*) maskinvare *m*; **~ store** (*amr*) jernvareforretning *m*.
hardy /'hɑːdɪ/ hardfør.
hare /heə/ hare *m*; **~-brained** tankeløs; **~lip** hareskår *n*.
harlot /'hɑːlət/ skjøge *m/f*, hore *f*.
harm /hɑːm/ ugagn *m*; skade *m*.
harm *verb* /hɑːm/ skade; **~ful** skadelig; **~less** uskadelig, harmløs.
harmonious /hɑː'məʊnjəs/ harmonisk, fredelig.

harness /ˈhɑːnɪs/ seletøy *n*.
harness *verb* /ˈhɑːnɪs/ temme; sele på.
harp /hɑːp/ harpe *m/f*; **~ on** gnåle om, terpe på.
harpsichord /ˈhɑːpsɪkɔːd/ cembalo *m*.
harrow /ˈhærəʊ/ harv *m/f*: harve.
harsh /hɑːʃ/ barsk; hard; streng; besk.
hart /hɑːt/ hjort *m*.
harvest /ˈhɑːvɪst/ høst *m*; innhøstning *m*.
harvest *verb* /ˈhɑːvɪst/ høste; **combine ~er** skurtresker *m*.
hash /hæʃ/ (*hverdagslig*) hasj *m*; hakkemat *m*.
haste /heɪst/ hast(verk) *m (n)*; **make ~** skynde seg.
hasten /ˈheɪsən/ skynde seg; skynde på.
hasty /ˈheɪstɪ/ rask; forhastet.
hat /hæt/ hatt *m*.
hatch /hætʃ/ luke *m/f*; kull *n*.
hatch *verb* /hætʃ/ ruge ut, klekke ut; pønske ut.
hatchet /ˈhætʃɪt/ øks *m/f*, stridsøks *m/f*.
hate /heɪt/ hat *n*.
hate *verb* /heɪt/ hate.
hatred /ˈheɪtrɪd/ hat *n*.
hatter /ˈhætə/ hattemaker *m*; **mad as a ~** splitter pine gal.
haughty /ˈhɔːtɪ/ hovmodig; overlegen.
haul /hɔːl/ rykk *n*; frakt *m*; kast *n*; fangst *m*.
haul *verb* /hɔːl/ hale, dra.
haulage /ˈhɔːlɪdʒ/ transport *m*.
haunch /hɔːn(t)ʃ/ hofte *m/f*; (om mat) lår *n*; **~es** ende *m*, bakdel *m*.
haunt /hɔːnt/ tilholdssted *n*, stamsted *n*.
haunt *verb* /hɔːnt/ spøke; besøke ofte; **~ed** spøkelses-, hjemsøkt.
have /hæv/ ha; få; **~-not** fattig person; **~ to** måtte.
havoc /ˈhævək/ ødeleggelse *m*; kaos *n*.
hawk /hɔːk/ kremt *n*; hauk *m*.
hawk *verb* /hɔːk/ falby (sine varer), rope ut; **~er** gateselger *m*.
hawser /ˈhɔːzə/ trosse *f*; kabel *m*.
hawthorn /ˈhɔːθɔːn/ hagtorn *m*.
hay /heɪ/ høy *n*; **~ fever** høysnue *m*, pollenallergi *m*.
hazard /ˈhæzəd/ fare *m*.
hazard *verb* /ˈhæzəd/ våge; sette på spill; **~ous** risikabel.

haze /heɪz/ dis *m*.
hazelnut /'heɪzlnʌt/ hasselnøtt *m/f*.
hazy /'heɪzɪ/ disig.
he /hiː/ han; ~ **who** den som.
head /hed/ hode *n*; leder *m*.
head *verb* /hed/ lede; stå i spissen for; **~ache** hodepine *m*; **~cold** snue *m/f*; **~light** frontlys *n*; **dipped ~lights** nærlys *n*; **~line** overskrift *m/f*; **~long** hodekulls; **~master** rektor *m*; **~-on** frontal; **~phones** høretelefoner *m*; **~quarters** hovedkvarter *n*; **~stone** gravstein *m*; **~strong** stri, sta; **~waiter** hovmester *m*; **~way** fart forover; ~ **wind** motvind *m*; **~word** oppslagsord *n*.
heal /hiːl/ helbrede(s).
health /helθ/ helse *m*; sunnhet *m*; ~ **food** helsekost *m*; ~ **insurance** sykeforsikring *m/f*; ~ **resort** kursted *n*; **~y** sunn.
heap /hiːp/ haug *m*.
heap *verb* /hiːp/ legge i en haug; **~s** massevis.
hear /hɪə/ høre; få vite.
hearing /'hɪərɪŋ/ hørsel *m*; høring *m/f*; hørevidde *m/f*; (*jur*) behandling *m/f*; **~-aid** høreapparat *n*.
hearse /hɜːs/ likbil *m*; likvogn *m/f*.
heart /hɑːt/ hjerte *n*; kjerne *m*; **~s** (*kortspill*) hjerter *m*; ~ **attack** hjerteinfarkt *n*; **by** ~ utenat; **~beat** hjerteslag *n*; **~broken** sønderknust; **~burn** halsbrann *m*; ~ **failure** hjertefeil *m*; **~less** hjerteløs; **~-rending** hjerteskjærende; **~y** hjertelig; kraftig.
hearten /'hɑːtn/ oppmuntre; **~ing** oppmuntrende.
hearth /hɑːθ/ arne *m*; peis *m*.
heartily /'hɑːtəlɪ/ hjertelig.
heartiness /'hɑːtɪnəs/ hjertelighet *m*.
heat /hiːt/ hete *m*; løpetid *m/f*; pulje *m*; (*overført*) heftighet *m*.
heat *verb* /hiːt/ varme opp; ~ **rash** varmeutslett *n*; ~ **stroke** heteslag *n*; **~er** varmeapparat *n*.
heath /hiːθ/ hei *m/f*, mo *m*.
heathen /'hiːð(ə)n/ hedensk; hedning *m*.
heather /'heðə/ lyng *m*.
heating /'hiːtɪŋ/ oppvarming *m/f*; **central** ~ sentralvarme *m*.
heave /hiːv/ heve seg; stige og synke; gispe; *geologi* forskyve.

heaven /'hevn/ himmel *m*; **~ly** himmelsk.
heavy /'hevɪ/ tung; **~ with** tynget ned av; **~weight** tungvekter *m*.
heck! /hek/ pokker!
heckle /'hekl/ avbryte stadig vekk; **~r** møteplager *m*.
hectic /'hektɪk/ hektisk.
hedge /hedʒ/ hekk *m*.
hedge *verb* /hedʒ/ innhegne; unngå, gardere seg; **~hog** pinnsvin *n*; **~row** hekk *m*.
heed /hiːd/ ense, gi akt på.
heel /hiːl/ hæl *m*.
heifer /'hefə/ kvige *f*.
height /haɪt/ høyde *m*; høydepunkt *n*; **~en** gjøre høyere; forhøye.
heir /eə/ *m, f* **~ess** arving *m*; **~loom** arvestykke *n*.
hell /hel/ helvete *n*.
helm /helm/ ror *n*; **~et** hjelm *m*.
help /help/ hjelp *m/f*.
help *verb* /help/ hjelpe; la være; **~ oneself to sth** forsyne seg med; **~ful** hjelpsom; nyttig; **~ing** porsjon *m*; **~less** hjelpeløs; **~ out** hjelpe til.
helter-skelter /ˌheltə'skeltə/ hulter til bulter.
hem /hem/ søm *m*; fald *m*.
hem *verb* /hem/ falde; kremte; **~ in** omringe; **~line** skjørtelengde *m/f*.
hemisphere /'hemɪˌsfɪə/ halvkule *m/f*.
hemo- = haemo-.
hemp /hemp/ hamp *m*.
hen /hen/ høne *f*.
hence /hens/ derfor; følgelig; **~forth** fra nå av.
hepatitis /ˌhepə'taɪtɪs/ gulsott *m*, leverbetennelse *m*.
her /hɜː/ henne; seg; hennes; sin.
herb /hɜːb/ urt *m/f*; **~ tea** urtete *m*; **~al** urte-.
herbicide /'hɜːbɪsaɪd/ ugressmiddel *n*.
herd /hɜːd/ flokk *m*; **~sman** gjeter *m*.
here /hɪə/ her, hit; **~about(s)** på disse kanter; **~by** herved.
hereditary /hɪ'redɪt(ə)rɪ/ arvelig.
heredity /hɪ'redətɪ/ arvelighet *m*.
heresy /'herəsɪ/ kjetteri *n*.
heretic /'herətɪk/ kjetter *m*.
heretical /hɪ'retɪk(ə)l/ kjettersk.
heritage /'herɪtɪdʒ/ arv *m*.
hermit /'hɜːmɪt/ eremitt *m*, eneboer *m*.
hernia /'hɜːnjə/ brokk *m/n*.

hero /'hɪərəʊ/ **-es** helt *m*; **~ic** heroisk; **~ine** heltinne *m/f*; **~ism** heltemot *n*.
heron /'her(ə)n/ hegre *m*.
herpes /'hɜːpiːz/ herpes *m*.
herring /'herɪŋ/ sild *f*.
hers /hɜːz/ hennes; sitt, sin(e).
herself /hə'self/ henne selv; seg (selv); **by ~** alene.
hesitate /'hezɪteɪt/ nøle.
hesitation /ˌhezɪ'teɪʃ(ə)n/ nøling *m/f*.
hew /hjuː/ hogge.
hibernate /'haɪbəneɪt/ ligge (*eller* gå) i hi.
hibernation /ˌhaɪbə'neɪʃ(ə)n/ vinterdvale *m*.
hiccup /'hɪkʌp/ hikke *m*; **have the ~s** hikke.
hide /haɪd/ hud *m/f*, skinn *n*.
hide *verb* /haɪd/ skjule, gjemme (seg); **~-and-seek** gjemsel *m*; **~-out** gjemmested *n*.
hideous /'hɪdɪəs/ heslig, skrekkelig.
hiding /'haɪdɪŋ/ skjul *n*; dekning *m*; pryl *m/n*; **go into ~** gå i dekning; **~-place** skjulested *n*.
high /haɪ/ høy; **be in ~ spirits** være i godt humør; **be highly/~-strung** være overspent; **~brow** intellektuell *m*; åndssnobb *m*; **~ flier** streber *m*; **~light** høydepunkt *n*; **~ly** høyt, i høy grad; **~-minded** høysinnet; **~ness** høyhet *m*; **~-rise** høyhus *n*; **~ school** videregående skole *m*; **~ tea** aftensmåltid *n* (med te); **~way** motorvei *m*.
hijack /'haɪdʒæk/ kapre (fly *etc*); **~er** (fly)kaprer *m*.
hike /haɪk/ (gå) fottur *m*.
hiker /'haɪkə/ turgåer *m*.
hiking trail tursti *m*.
hill /hɪl/ bakke *m*; ås *m*; **~side** li *f*, åsside *m/f*.
him /hɪm, trykksvak: ɪm/ ham; den, det; seg.
himself /hɪm'self/ han selv; seg (selv); **by ~** alene.
hind /haɪnd/ hind *m/f*; bak-; **~er** (for)hindre; **~rance** hindring *m/f*; **~sight** (*overført*) etterpåklokskap *m*.
hinge /hɪn(d)ʒ/ hengsel *n*.
hint /hɪnt/ vink *n*, antydning *m*.
hint *verb* /hɪnt/ antyde, ymte.
hip /hɪp/ hofte *m/f*; (*bot*) nype *m/f*; (*hverdagslig*) moderne; *n*; **~flask** lommelerke *m/f*; **~ pocket** baklomme *m/f*.

hippo(potamus) /ˌhɪpəˈpɒtəməs/ flodhest *m*.
hire /ˈhaɪə/ leie *m/f*.
hire *verb* /ˈhaɪə/ leie; ansette; **~-purchase** avbetaling *m/f*.
his /hɪz/ hans; sitt, sin(e).
hiss /hɪs/ vislelyd *m*.
hiss *verb* /hɪs/ visle; pipe ut.
historian /hɪˈstɔːrɪən/ historiker *m*.
historic(al) /hɪsˈtɔːrɪk(əl)/ historisk.
history /ˈhɪst(ə)rɪ/ historie *m/f*.
hit /hɪt/ slag *n*; fulltreffer *m*, suksess *m*.
hit *verb* /hɪt/ treffe; slå; ramme.
hitch /hɪtʃ/ vanskelighet *m*, problem *n*.
hitch *verb* /hɪtʃ/ tjore, binde fast.
hitchhike /ˈhɪtʃhaɪk/ haike.
hitherto /ˈhɪðəˌtuː/ hittil.
HIV /ˌeɪtʃaɪˈviː/ *fork for* **Human Immunodeficiency Virus**; **~ infected** hiv-smittet.
hive /haɪv/ bikube *m*; **~s** (*medisin*) elveblest *m*.
hoard /hɔːd/ forråd *n*.
hoard *verb* /hɔːd/ hamstre; **~ing** hamstring *m/f*.
hoarse /hɔːs/ hes.
hoary /ˈhɔːrɪ/ gråhåret; eldgammel.
hoax /həʊks/ puss *n*, spøk *m*; svindel *m*.
hobgoblin /ˈhɒbgɒblɪn/ (ondskapsfull) nisse *m*.
hobnob /ˈhɒbnɒb/ **~ with** menge seg med, omgås med.
hoe /həʊ/ hakke *m/f*.
hog /hɒg/ svin *n*, gris *m*; **~-wash** tull.
hoist /hɔɪst/ heise.
hold /həʊld/ tak *n*, grep *n*.
hold *verb* /həʊld/ ta fatt i; holde; inneholde; anse for; reservere; **~ an office** ha et embete *n*; **~ one's own** hevde seg; **~ on to** holde fast i; **~ up** hefte; rane; **~ water** være vanntett.
holder /ˈhəʊldə/ holder *m*; innehaver *m*.
holdings /ˈhəʊldɪŋ/ aksjeportefølje *m*; beholdning *m*.
hole /həʊl/ hull *n*.
holiday /ˈhɒlədeɪ/ helligdag *m*; fridag *m*, ferie *m*; **~s** ferie *m*.
holiness /ˈhəʊlɪnəs/ hellighet *m*.
hollow /ˈhɒləʊ/ hul; innfallen; hulning *m*, fordypning *m*.

holly /'hɒlɪ/ kristtorn *m*.
holy /'həʊlɪ/ hellig.
homage /'hɒmɪdʒ/ hyllest *m*; **pay ~ to** hylle.
home /həʊm/ hjem *n*; hus *n*; **at ~** hjemme; **from ~** hjemmefra, bortreist; **~less** hjemløs; **~ly** enkel; stygg; **~-made** hjemmelaget.
Home Office /ðə'həʊm,ɒfɪs/ **the ~** (*britisk*) Innenriksdepartementet.
homeopath /'həʊmɪə(ʊ) pæθ/ homøopat *m*; **~y** homøopati *m*.
homesick /'həʊmsɪk/ som lengter hjem; **~ness** hjemlengsel *m*.
homewards /'həʊmwədz/ hjemover.
homicide /'hɒmɪsaɪd/ mord *n*, drap *n*.
Hon. *fork for* **honorary, honourable**.
hone *verb* /həʊn/ bryne; slipe.
honest /'ɒnɪst/ ærlig; **~ly** ærlig talt; **~y** ærlighet *m*, redelighet *m*.
honey /'hʌnɪ/ honning *m*; **~comb** bikake; **~moon** bryllupsreise *m/f*; **~suckle** kaprifolium *m*.
honk /hɒŋk/ tute (om bilhorn).
honorary /'ɒn(ə)rərɪ/ æres-, heders-.
honour /'ɒnə/ ære *m/f*, heder *m*; æresbevisning *m*.
honour *verb* /'ɒnə/ ære, hedre; honorere (veksel *o.l.*); **~able** hederlig; som tittel: ærede.
hood /hʊd/ hette *m/f*; kalesje *m*; (*amr*) (bil)panser *n*; (*slang*) **neighbourhood**; **~wink** narre, føre bak lyset.
hoof /huːf/ hov *m*.
hook /hʊk/ hake *m*; knagg *m*, krok *m*.
hook *verb* /hʊk/ få på kroken; hekte.
hooligan /'huːlɪgən/ bølle *m*, ramp *m*.
hoop /huːp/ bøyle *m*; tønnebånd *n*.
hoot /huːt/ tuting *m/f*, buing *m/f*.
hoot *verb* /huːt/ tute, ule; brøle av latter.
hoover /'huːvə/ støvsuger *m*.
hoover *verb* /'huːvə/ støvsuge.
hop /hɒp/ hopp *n*; (*bot*) humle *m*.
hop *verb* /hɒp/ hoppe.
hope /həʊp/ håp *n*.
hope *verb* /həʊp/ håpe; **~ful** forhåpningsfull. **~fully** *adv*

forhåpentlig(vis); **~less** håpløs.
hopscotch /ˈhɒpskɒtʃ/ **play ~** hoppe paradis.
horizon /həˈraɪzn/ horisont *m*.
horn /hɔːn/ horn *n*, (*amr*) (bil)horn *n*.
hornet /ˈhɔːnɪt/ (stor) veps.
horny /ˈhɔːnɪ/ hornaktig; kåt.
horrible /ˈhɒrəbl/ fryktelig.
horrid /ˈhɒrɪd/ vemmelig; redselsfull.
horrify /ˈhɒrɪfaɪ/ forferde; sjokkere; **~ing** gruoppvekkende; forferdelig.
horror /ˈhɒrə/ forferdelse *m*; redsel *m*.
horse /hɔːs/ hest *m*; **on ~back** til hest; **~-fly** klegg *m*; **~power (HP)** hestekraft *m/f* (HK); **~-race** hesteveddeløp *n*; **~whip** ridepisk *m*.
horticulture /ˈhɔːtɪkʌltʃə/ hagebruk *n*.
hose /həʊz/ slange *m*; strømpe *m/f*; **~ down** spyle.
hosiery /ˈhəʊzɪərɪ/ strømper, sokker.
hospitable /hɒˈspɪtəbl/ gjestfri.
hospital /ˈhɒspɪtl/ hospital *n*, sykehus *n*; **~ity** gjestfrihet *m*.
host /həʊst/ vert *m*; (hær) skare *m*.
hostage /ˈhɒstɪdʒ/ gissel *n*.
hostel /ˈhɒst(ə)l/ herberge *n*; **youth ~** vandrerhjem *n*.
hostess /ˈhəʊstɪs/ vertinne *m/f*.
hostile /ˈhɒstaɪl/ fiendtlig(sinnet).
hostility /hɒˈstɪlətɪ/ fiendskap *m*; fiendtlighet *m/n*.
hot /hɒt/ het, varm; (om mat) sterkt krydret; **~ air** tomt snakk; **~ dog** pølse *m*; **~-headed** hissig; **~house** drivhus *n*; **~plate** kokeplate *m/f*.
hotel /hə(ʊ)ˈtel/ hotell *n*; **~ room** hotellværelse *n*; **~ staff** hotellbetjening *m/f*.
hound /haʊnd/ jakthund *m*.
hound *verb* /haʊnd/ jage, forfølge.
hour /ˈaʊə/ time *m*; **~s** arbeidstid *m/f*, åpningstid *m/f*; **for ~s** i timesvis; **~ly** hver time.
house /haʊs/ hus *n*; **the House of Commons** Underhuset; **the House of Lords** Overhuset; **~hold** husstand *m*; **~keeper**

husholderske *m*; **~keeping** husholdning *m*; **~-trained** stueren; **~-warming** innvielsesfest *m*; **~wife** husmor *m/f*.
housing /'haʊzɪŋ/ bolig *m*; **~ estate** boligfelt *n*; **~ shortage** boligmangel *m*.
hovel /'hɒv(ə)l/ skur *n*, rønne *f*.
hover /'hɒvə/ sveve; **~craft** luftputefartøy *n*.
how /haʊ/ hvordan; hvor; **~ are you?** hvordan har du det? **~ do you do?** god dag! *(ved presentasjon)* det gleder meg; **~ much (is it)?** hvor mye (koster det)?
however /haʊ'evə/ imidlertid; hvordan - enn.
howl /haʊl/ hyl *n*, brøl *n*.
howl *verb* /haʊl/ hyle, ule.
h.p. *fork for* **horse-power**.
HQ *fork for* **headquarters**.
H.R.H. *fork for* **Her/His Royal Highness**.
hub /hʌb/ nav *n*; sentrum *n*; **~-cap** hjulkapsel *m*.
hubbub /'hʌbʌb/ støy *m*; ståhei *m*.
huddle /'hʌdl/ klynge *m/f*.
huddle *verb* /'hʌdl/ stuve (seg) sammen; krype sammen.
hue /hjuː/ farge *m*; anstrøk *n*.
Huey, Dewey and Louie Ole, Dole og Doffen.
huffy /'hʌfɪ/ fornærmet, snurt.
hug /hʌg/ klem *m*.
hug *verb* /hʌg/ klemme, omfavne.
huge /hjuːdʒ/ veldig; kjempestor.
hull /hʌl/ (skips)skrog *n*; belg *m*.
hum /hʌm/ nynne; summe.
human /'hjuːmən/ menneskelig; menneske-; **~ being** menneske *n*; **~e** human; **~ist** humanist *m*; **~ity** menneskehet *m*; menneskelighet *m*; **the ~ities** humaniora.
humble /'hʌmbl/ ydmyk, beskjeden.
humble *verb* /'hʌmbl/ ydmyke.
humbug /'hʌmbʌg/ lureri *n*; bløffmaker *m*.
humdrum /'hʌmdrʌm/ ensformig, kjedelig.
humid /'hjuːmɪd/ fuktig; **~ifier** luftfukter *m*; **~ity** fuktighet *m*.
humiliate /hjʊ'mɪlɪeɪt/ ydmyke.
humiliation /hjʊˌmɪlɪ'eɪʃ(ə)n/ ydmykelse *m*.
humility /hjʊ'mɪlətɪ/ ydmykhet *m*.

hummingbird /ˈhʌmɪŋbɜːd/ kolibri *m*.
humorous /ˈhjuːm(ə)rəs/ morsom; humoristisk.
humour /ˈhjuːmə/ humor *m*; **~ somebody** snakke en etter munnen, føye en.
hump /hʌmp/ pukkel *m*; kul *m*.
hunch /hʌn(t)ʃ/ pukkel *m*; (*hverdagslig*) (forut) anelse *m*; fornemmelse *m*; **~backed** pukkelrygget.
hundred /ˈhʌndrəd/ hundre; **~th** hundrede (ordenstall); hundredel *m*.
hunger /ˈhʌŋgə/ sult *m*.
hunger *verb* /ˈhʌŋgə/ hungre (**for** etter).
hungry /ˈhʌŋrɪ/ sulten.
hunt /hʌnt/ jakt *m/f*.
hunt *verb* /hʌnt/ jakte, drive jakt; **~er** jeger *m*.
hunting /ˈhʌntɪŋ/ jakt *m*; **go ~** gå på jakt.
hurdle /ˈhɜːdl/ hinder *n*; (*sport*) hekk; (*overført*) forhindring *m*.
hurdle *verb* /ˈhɜːdl/ løpe hekkeløp; **~s** hekkeløp *n*; **~r** hekkeløper *m*.
hurl /hɜːl/ kaste, slynge.
hurricane /ˈhʌrɪkən/ orkan *m*.
hurried /ˈhʌrɪd/ rask; oppjaget.
hurry /ˈhʌrɪ/ hast *m*; hastverk *n*; haste, skynde på; **be in a ~** ha det travelt; **~ up!** skynd deg!
hurt /hɜːt/ skade *m*; sår *n*.
hurt *verb* /hɜːt/ skade; gjøre vondt; såre.
husband /ˈhʌzbənd/ ektemann *m*.
hush /hʌʃ/ stille! **~ed** lavmælt; **~ money** bestikkelse *m*.
husk /hʌsk/ skall *n*.
husk *verb* /hʌsk/ skrelle, rense.
husky /ˈhʌskɪ/ hes, rusten; grønlandshund *m*.
hustle /ˈhʌsl/ trengsel *m*.
hustle *verb* /ˈhʌsl/ skubbe, dytte; skynde på; svindle; **~r** energisk person *m*; svindler *m*, smarting *m*.
hut /hʌt/ hytte *f*.
hutch /hʌtʃ/ (kanin)bur *n*.
hydro- *i sammensetninger*: vann-.
hyena /haɪˈiːnə/ hyene *m*.
hygiene /ˈhaɪdʒiːn/ hygiene *m*.
hygienic /haɪˈdʒiːnɪk/ hygienisk.
hymn /hɪm/ hymne *m*; salme *m*.
hype /haɪp/ reklamekampanje *m*;

overdrevent skryt *n*; **~d up** overdrevet, opphausset.
hyper /'haɪpə/ hyperaktiv; over-.
hyphen /'haɪf(ə)n/ bindestrek *m*.
hypnosis /hɪp'nəʊsɪs/ hypnose *m*.
hypnotic /hɪp'nɒtɪk/ søvndyssende; hypnotisk.
hypnotist /'hɪpnətɪst/ hypnotisør *m*.
hypnotize /'hɪpnətaɪz/ hypnotisere.
hypocrisy /hɪ'pɒkrəsɪ/ hykleri *n*; skinnhellighet *m*.
hypocrite /'hɪpəkrɪt/ hykler *m*.
hypodermic /ˌhaɪpə(ʊ)'dɜːmɪk/ underhuds-; (injeksjons) sprøyte *m/f*, 'skudd' *n*; **~ needle** kanyle *m*; **~ syringe** injeksjonssprøyte *m/f*.
hypothesis /haɪ'pɒθəsɪs/ hypotese *m*.
hysteria /hɪ'stɪərɪə/ hysteri *n*.
hysterical /hɪs'terɪkəl/ hysterisk.

I

I /aɪ/ jeg.
ICBM *fork for* **InterContinental Ballistic Missile**.
ice /aɪs/ is *m*.
ice *verb* /aɪs/ ise; glasere; **~berg** isfjell *n*; **~ breaker** isbryter *m*; **~ cream** iskrem *m*.
icicle /'aɪsɪkl/ istapp *m*.
icing /'aɪsɪŋ/ isdannelse *m*; glasur *m*.
icy /'aɪsɪ/ iskald; isete, glatt.
idea /aɪ'dɪə/ idé *m*; tanke *m*; hensikt *m*.
ideal /aɪ'dɪəl/ ideell; forbilde *n*; ideal *n*; **~ism** idealisme *m*; **~ize** idealisere.
identical /aɪ'dentɪk(ə)l/ identisk.
identify /aɪ'dentɪfaɪ/ identifisere.
identity /aɪ'dentətɪ/ identitet *m*; **~ card** legitimasjonskort *n* (**I.D**).

idiom /'ɪdɪəm/ idiom *n*, frase *m*.
idiot /'ɪdɪət/ idiot *m*.
idle /'aɪdl/ uvirksom; doven.
idle *verb* /'aɪdl/ drive dank; (bil) gå på tomgang.
idleness /'aɪdlnəs/ lediggang *m*; dovenskap *m*.
idler /'aɪdlə/ dagdriver *m*.
idol /'aɪd(ə)l/ avgud *m*; **~ize** forgude.
idyll /'ɪd(ə)l/ idyll *m*.
i.e. /ˌaɪ'iː/ *fork for* **id est (= that is)** det er; det vil si, *fork* dvs.
if /ɪf/ hvis; om.
ignitable /ɪg'naɪtəbl/ antennelig.
ignite /ɪg'naɪt/ antenne.
ignition /ɪg'nɪʃ(ə)n/ tenning *m/f*.
ignition key tenningsnøkkel *m* .
ignoble /ɪg'nəʊbl/ gemen, ussel.
ignominious /ˌɪgnə(ʊ)'mɪnɪəs/ forsmedelig; vanærende.
ignorance /'ɪgn(ə)r(ə)ns/ uvitenhet *m*.
ignorant /'ɪgn(ə)r(ə)nt/ uvitende.
ignore /ɪg'nɔː/ ignorere, overse.
ill /ɪl/ syk; dårlig; onde *n*.
illegal /ɪ'liːg(ə)l/ ulovlig.
illegible /ɪ'ledʒəbl/ uleselig.
illegitimate /ˌɪlɪ'dʒɪtəmət/ født utenfor ekteskap; ulovlig.
illicit /ɪ'lɪsɪt/ ulovlig.
illiteracy /ɪ'lɪt(ə)rəsɪ/ analfabetisme *m*.
illiterate /ɪ'lɪt(ə)rət/ analfabet *m*.
illness /'ɪlnəs/ sykdom *m*.
illuminated /ɪ'luːmɪneɪtɪd/ opplyst.
illumination /ɪˌluːmɪ'neɪʃ(ə)n/ opplysning *m*; belysning *m*.
illusion /ɪ'luːʒ(ə)n/ illusjon *m*; villfarelse *m*.
illusive /ɪ'luːsɪv/ **illusory** illusorisk.
illustrate /'ɪləstreɪt/ illustrere; belyse.
illustration /ˌɪlə'streɪʃ(ə)n/ illustrasjon *m*; belysning *m*.
illustrious /ɪ'lʌstrɪəs/ berømt; strålende.
image /'ɪmɪdʒ/ bilde *n*; (*overført*) ansikt utad.
imaginable /ɪ'mædʒɪnəbl/ tenkelig.
imaginary /ɪ'mædʒɪn(ə)rɪ/ innbilt.
imagination /ɪˌmædʒɪ'neɪʃ(ə)n/ fantasi *m*; innbilning *m*.

imaginative /ɪ'mædʒɪnətɪv/ fantasifull.
imagine /ɪ'mædʒɪn/ forestille seg; innbille seg.
imbibe /ɪm'baɪb/ drikke; (*overført*) absorbere.
imitable /'ɪmɪtəbl/ som kan etterlignes/imiteres.
imitate /'ɪmɪteɪt/ etterligne, imitere.
imitation /ˌɪmɪ'teɪʃ(ə)n/ etterligning *m/f*; imitasjon *m*.
imitator /'ɪmɪteɪtə/ imitator *m*.
immaculate /ɪ'mækjələt/ feilfri; ulastelig.
immaterial /ˌɪmə'tɪərɪəl/ uvesentlig, likegyldig.
immature /ˌɪmə'tjʊə/ umoden.
immeasurably /ɪ'meʒərablɪ/ umåtelig.
immediate /ɪ'mi:dɪət/ umiddelbar; øyeblikkelig; **~ly** straks.
immemorial /ˌɪmɪ'mɔ:rɪəl/ uminnelig, eldgammel.
immense /ɪ'mens/ enorm; **~ly** umåtelig, grenseløs.
immerse /ɪ'mɜ:s/ senke ned (**in** i); dyppe.
immigrant /'ɪmɪgr(ə)nt/ innvandrer *m*.
immigrate /'ɪmɪgreɪt/ innvandre.
immigration /ˌɪmɪ'greɪʃən/ innvandring *m/f*.
imminent /'ɪmɪnənt/ nært forestående; overhengende.
immoderate /ɪ'mɒdərət/ overdreven.
immoral /ɪ'mɒr(ə)l/ umoralsk; **~ity** umoral *m*.
immortal /ɪ'mɔ:tl/ udødelig; **~ity** udødelighet *m*.
immovable /ɪ'mu:vəbl/ ubevegelig; urokkelig.
immune /ɪ'mju:n/ immun; uimottakelig; **~ deficiency** immunsvikt *m*.
imp /ɪmp/ djevelunge *m*, skøyer *m*.
impact /'ɪmpækt/ støt *n*; (*overført*) (inn)virkning *m/f*.
impaired /ɪm'peəd/ svekket.
impart /ɪm'pɑ:t/ formidle; gi videre.
impartial /ɪm'pɑ:ʃ(ə)l/ upartisk.
impassable /ɪm'pɑ:səbl/ ufremkommelig.
impasse /ɪm'pɑ:s/ dødpunkt *n*, blindgate *m/f*.
impatience /ɪm'peɪʃ(ə)ns/ utålmodighet *m*.
impatient /ɪm'peɪʃ(ə)nt/ utålmodig.
impeach /ɪm'pi:tʃ/ stille for riksrett; **~ment** (riksretts) anklage *m*.

impeccable /ɪm'pekəbl/ uklanderlig; plettfri.
impede /ɪm'piːd/ hindre.
impediment /ɪm'pedɪmənt/ hinder *n*.
impel /ɪm'pel/ drive frem, tilskynde.
impending /ɪm'pendɪŋ/ nær forestående; overhengende.
impenetrable /ɪm'penɪtrəbl/ ugjennomtrengelig.
imperative /ɪm'perətɪv/ absolutt nødvendig; befaling; (*gram*) imperativ.
imperceptible /ˌɪmpə'septəbl/ umerkelig.
imperfect /ɪm'pɜːfɪkt/ ufullkommen; mangelfull; **~ion** ufullkommenhet *m*.
imperial /ɪm'pɪərɪəl/ keiserlig.
imperil /ɪm'per(ə)l/ utsette for fare.
imperishable /ɪm'perɪʃəbl/ som ikke taper seg; uforgjengelig.
impersonal /ɪm'pɜːsən(ə)l/ upersonlig.
impersonate /ɪm'pɜːsəneɪt/ imitere, etterligne.
impersonation /ɪmˌpɜːsə'neɪʃ(ə)n/ etterligning *m*.
impertinence /ɪm'pɜːtɪnəns/ nesevishet *m*.
impertinent /ɪm'pɜːtɪnənt/ nesevis, uforskammet.
imperturbable /ˌɪmpə'tɜːbəbl/ uforstyrrelig.
impervious /ɪm'pɜːvjəs/ ugjennomtrengelig; uimottakelig (**to** for).
impetuous /ɪm'petʃuəs/ heftig, voldsom; overilt.
impetus /'ɪmpɪtəs/ stimulans *m*, impuls *m*.
impious /'ɪmpɪəs/ ugudelig.
implement /'ɪmplɪmənt/ redskap *m/n*; iverksette.
implicate /'ɪmplɪkeɪt/ innvikle, implisere.
implication /ˌɪmplɪ'keɪʃ(ə)n/ innblanding *m/f*, slutning *m*; konsekvens *m*.
implicit /ɪm'plɪsɪt/ stilltiende, underforstått.
implore /ɪm'plɔː/ bønnfalle.
imply /ɪm'plaɪ/ antyde; implisere, innebære.
impolite /ˌɪmp(ə)'laɪt/ uhøflig.
import /'ɪmpɔːt/ innførsel *m*; betydning *m*; mening *m*.
import *verb* /ɪm'pɔːt/ innføre, importere; **~ance** viktighet *m*; **~ant** viktig.
impose /ɪm'pəʊz/ pålegge; påtvinge; **~ upon** narre, bedra.

imposing /ɪm'pəʊzɪŋ/ imponerende.
imposition /ˌɪmpə'zɪʃ(ə)n/ pålegg *n*; påbud *n*; belastning *m*; bedrag *n*.
impossibility /ɪmˌpɒsə'bɪlətɪ/ umulighet *m*.
impossible /ɪm'pɒsəbl/ umulig.
impostor /ɪm'pɒstə/ bedrager *m*.
impotence /'ɪmpət(ə)ns/ impotens *m*.
impotent /'ɪmpət(ə)nt/ kraftløs, impotent.
impoverish /ɪm'pɒv(ə)rɪʃ/ gjøre fattig, utarme.
impracticable /ɪm'præktɪkəbl/ ugjennomførlig; uanvendelig.
impregnable /ɪm'pregnəbl/ uinntakelig; uovervinnelig.
impregnate /'ɪmpregneɪt/ impregnert.
impregnate *verb* /'ɪmpregneɪt/ impregnere; befrukte.
impress *verb* /'ɪmpres/ imponere, gjøre inntrykk på, prege; **~ion** inntrykk *n*; avtrykk *n*; opplag *n*; **~ive** imponerende.
imprint /'ɪmprɪnt/ avtrykk *n*; preg *n*.
imprint *verb* /ɪm'prɪnt/ merke, prege; innprente.
imprison /ɪm'prɪz(ə)n/ fengsle; **~ment** fengsling *m*, fangenskap *n*.
improbability /ɪmˌprɒbə'bɪlətɪ/ usannsynlighet *m*.
improbable /ɪm'prɒbəbl/ usannsynlig.
improper /ɪm'prɒpə/ upassende; feilaktig.
improve /ɪm'pruːv/ forbedre.
improvement /ɪm'pruːvmənt/ forbedring *m/f*.
imprudence /ɪm'pruːd(ə)ns/ ubetenksomhet *m*.
imprudent /ɪm'pruːd(ə)nt/ ubetenksom; uklok.
impudence /'ɪmpjʊd(ə)ns/ uforskammethet *m*.
impudent /'ɪmpjʊd(ə)nt/ uforskammet.
impulse /'ɪmpʌls/ impuls *m*; tilskyndelse *m*; innfall *n*.
impure /ɪm'pjʊə/ uren.
in /ɪn/ i; inn; inne; innen; om; på; hos; ved; **be ~ for** ha i vente; **be ~ on** kjenne til.
in. *fork for* **inch(es)**.
inability /ˌɪnə'bɪlətɪ/ manglende evne *m*.

inaccessible /ˌɪnæk'sesəbl/ utilgjengelig.
inaccuracy /ɪn'ækjʊrəsɪ/ unøyaktighet *m*.
inaccurate /ɪn'ækjʊrət/ unøyaktig.
inaction /ɪn'ækʃ(ə)n/ uvirksomhet *m*.
inactive /ɪn'æktɪv/ uvirksom.
inadequate /ɪn'ædɪkwət/ utilstrekkelig.
inadmissible /ˌɪnəd'mɪsəbl/ som ikke kan godtas.
inadvertently /ˌɪnəd'vɜːt(ə)ntlɪ/ av vanvare.
inane /ɪ'neɪn/ tom; tåpelig.
inapplicable /ɪn'æplɪkəbl/ uanvendelig; ubrukelig.
inappropriate /ˌɪnə'prəʊprɪət/ upassende; malplassert.
inasmuch /ɪnəz'mʌtʃ/ ~ **as** for så vidt som, ettersom.
inattention /ˌɪnə'tenʃ(ə)n/ uoppmerksomhet *m*.
inattentive /ˌɪnə'tentɪv/ uoppmerksom.
inaugural /ɪ'nɔːgjər(ə)l/ innvielses-.
inaugurate /ɪ'nɔːgjʊreɪt/ innsette; innvie.
inauguration /ɪˌnɔːgjʊ'reɪʃ(ə)n/ innsettelse *m*; innvielse *m*.
inborn /ˌɪn'bɔːn/ medfødt.
inc. *fork for* **including, Incorporated**.
incandescent /ˌɪnkæn'desnt/ hvitglødende; ~ **lamp** glødelampe *m/f*.
incapability /ɪnˌkeɪpə'bɪlətɪ/ manglende evne *m*.
incapable /ɪn'keɪpəbl/ uskikket (**of** til).
incapacitate /ˌɪnkə'pæsɪteɪt/ gjøre arbeidsufør; umuliggjøre.
incapacity /ˌɪnkə'pæsətɪ/ udugelighet *m*; manglende evne *m*.
incarnate /'ɪnkɑːneɪt/ legemliggjøre; personifisert.
incendiary /ɪn'sendjərɪ/ brann-; opprørsk.
incense /'ɪnsens/ røkelse *m*.
incense *verb* /ɪn'sens/ hisse opp; gjøre rasende.
incentive /ɪn'sentɪv/ ansporende; incitament *n*; oppmuntring *m/f*.
incessant /ɪn'sesnt/ uopphørlig.
incest /'ɪnsest/ incest *m*; **~uous** skyldig i incest *m*.
inch /ɪn(t)ʃ/ tomme *m* (2,54 cm).
incidence /'ɪnsɪd(ə)ns/ hyppighet *m*; utbredelse *m*.

incident /'ɪnsɪd(ə)nt/ hendelse *m*; episode *m*; **~al** tilfeldig; **~ally** forresten.
incinerate /ɪn'sɪnəreɪt/ (for) brenne.
incineration /ɪn,sɪnə'reɪʃ(ə)n/ forbrenning *m/f*.
incinerator /ɪn'sɪnəreɪtə/ forbrenningsovn *m*.
incision /ɪn'sɪʒ(ə)n/ innsnitt *n*.
incisive /ɪn'saɪsɪv/ skarp; sindig.
incite /ɪn'saɪt/ anspore, egge; **~ment** tilskyndelse *m*; spore *m*.
incl. *fork for* **inclusive**.
inclination /,ɪnklɪ'neɪʃ(ə)n/ tilbøyelighet *m*; helling *m/f*.
incline /'ɪnklaɪn/ skråning *m*.
incline *verb* /ɪn'klaɪn/ skråne, helle.
inclined /ɪn'klaɪnd/ skrånende; tilbøyelig **(to** til).
include /ɪn'kluːd/ omfatte, inkludere.
inclusive /ɪn'kluːsɪv/ samlet; inklusive.
incoherent /,ɪnkə(ʊ)'hɪər(ə)nt/ usammenhengende.
income /'ɪnkʌm/ inntekt *m/f*.
income tax inntektsskatt *m*.
incoming /'ɪn,kʌmɪŋ/ innkommende.
incomparable /ɪn'kɒmp(ə)rəbl/ enestående, som ikke kan sammenlignes.
incompatible /,ɪnkəm'pætəbl/ som ikke passer sammen, uforenlig.
incompetent /ɪn'kɒmpɪt(ə)nt/ uskikket.
incomplete /,ɪnkəm'pliːt/ ufullstendig; uferdig.
incomprehensible /ɪn,kɒmprɪ'hensəbl/ uforståelig.
inconceivable /,ɪnkən'siːvəbl/ ufattelig.
incongruity /,ɪnkɒŋ'gruːətɪ/ uforenlighet *m*.
incongruous /ɪn'kɒŋgrʊəs/ uoverstemmende; selvmotsigende.
inconsiderable /,ɪnkən'sɪd(ə)rəbl/ ubetydelig.
inconsiderate /,ɪnkən'sɪd(ə)rət/ ubetenksom; hensynsløs.
inconsistent /,ɪnkən'sɪst(ə)nt/ inkonsekvent, selvmotsigende.
inconsolable /,ɪnkən'səʊləbl/ utrøstelig.
inconvenience /,ɪnkən'viːnjəns/ uleilighet *m*; ulempe *m*.

inconvenience *verb* /ˌɪnkən'viːnjəns/ uleilige; bry.
inconvenient /ˌɪnkən'viːnjənt/ ubeleilig; brysom.
incorporate /ɪn'kɔːpəreɪt/ innlemme; **~d** innlemmet; *fork* **Inc.** (*amr*) aksjeselskap *n*.
incorrect /ˌɪnkə'rekt/ uriktig.
incorrigible /ɪn'kɒrɪdʒəbl/ uforbederlig.
increase /'ɪnkriːs/ vekst *m*; økning *m*.
increase *verb* /ɪn'kriːs/ øke; forhøye; tilta.
incredible /ɪn'kredɪbl/ utrolig.
incredulous /ɪn'kredjʊləs/ tvilende; vantro.
increment /'ɪnkrəmənt/ økning *m*; tillegg *n*.
incriminate /ɪn'krɪmɪneɪt/ gjøre noen medskyldig; anklage.
incubator /'ɪŋkjʊbeɪtə/ kuvøse *m*; rugemaskin *m*.
incur /ɪn'kɜː/ pådra seg; utsette seg for.
incurable /ɪn'kjʊərəbl/ uhelbredelig.
indebted /ɪn'detɪd/ stå i gjeld (**to** til).
indecency /ɪn'diːsnsɪ/ uanstendighet *m*.
indecent /ɪn'diːsnt/ uanstendig.
indecision /ˌɪndɪ'sɪʒ(ə)n/ ubeslutsomhet *m*.
indecisive /ˌɪndɪ'saɪsɪv/ ubeslutsom.
indeed /ɪn'diːd/ sannelig, riktignok; ja visst!
indefatigable /ˌɪndɪ'fætɪgəbl/ utrettelig.
indefensible /ˌɪndɪ'fensəbl/ uholdbar; som ikke kan forsvares.
indefinite /ɪn'defɪnət/ ubestemt; ubegrenset.
indelible /ɪn'deləbl/ uutslettelig.
indelicate /ɪn'delɪkəsɪ/ taktløs, ufin.
indemnity /ɪn'demnətɪ/ dekning *m*; (*jur*) skadeserstatning *m*.
indent *verb* /ɪn'dent/ skjære hakk i; (*typografi*) lage innrykk; **~ation** hakk *n*, skår *n*; innrykk *n*.
independence /ˌɪndɪ'pendəns/ uavhengighet *m*.
independent /ˌɪndɪ'pendənt/ uavhengig.
indescribable /ˌɪndɪ'skraɪbəbl/ ubeskrivelig.

indestructible /ˌɪndɪˈstrʌktəbl/ som ikke kan ødelegges; uforgjengelig.
index /ˈɪndeks/ register *n*; pekefinger *m*; viser *m*.
indicate /ˈɪndɪkeɪt/ vise; markere; gi tegn (bilkjøring).
indication /ˌɪndɪˈkeɪʃ(ə)n/ tegn *n*.
indicator /ˈɪndɪkeɪtə/ tegn; viser *m*.
indict /ɪnˈdaɪt/ (*jur*) reise tiltale mot; **~ment** tiltale *m*.
indifference /ɪnˈdɪf(ə)r(ə)ns/ likegyldighet *m* (**to** overfor).
indifferent /ɪnˈdɪf(ə)r(ə)nt/ likegyldig; middelmådig.
indigenous /ɪnˈdɪdʒɪnəs/ innfødt; opprinnelig; medfødt.
indigestible /ˌɪndɪˈdʒestəbl/ ufordøyelig.
indigestion /ˌɪndɪˈdʒestʃ(ə)n/ dårlig fordøyelse *m*.
indignant /ɪnˈdɪgnənt/ vred; indignert.
indignation /ˌɪndɪgˈneɪʃ(ə)n/ harme *m*.
indiscernible /ɪndɪˈsɜːnəbl/ umerkelig.
indiscreet /ˌɪndɪˈskriːt/ indiskret; taktløs.
indiscretion /ˌɪndɪˈskreʃ(ə)n/ taktløshet *m*; indiskresjon *m*.
indiscriminate /ˌɪndɪˈskrɪmɪnət/ vilkårlig, ukritisk.
indispensable /ˌɪndɪˈspensəbl/ uunnværlig.
indisposed /ˌɪndɪˈspəʊzd/ indisponert; uopplagt.
indisputable /ˌɪndɪˈspjuːtəbl/ ubestridelig.
indissoluble /ˌɪndɪˈsɒljəbl/ uløselig; uoppløselig.
indistinct /ˌɪndɪˈstɪŋ(k)t/ utydelig; uklar.
indistinguishable /ˌɪndɪˈstɪŋgwɪʃəbl/ som ikke kan skjelnes fra hverandre.
individual /ˌɪndɪˈvɪdʒʊəl/ personlig, individuell; særskilt; individ *n*, enkeltperson *m*.
indivisible /ˌɪndɪˈvɪzəbl/ udelelig.
indolence /ˈɪnd(ə)ləns/ treghet *m*; lathet *m*.
indolent /ˈɪnd(ə)lənt/ treg, lat.
indomitable /ɪnˈdɒmɪtəbl/ urokkelig, ukuelig.
indoor /ˌɪnˈdɔː/ innvendig, inne-; **~s** inne, innendørs.

indubitable /ɪn'dju:bɪtəbl/ utvilsom.
induce /ɪn'dju:s/ forårsake; overtale; **~ment** motivasjon *m*; incitament *n*.
indulge /ɪn'dʌldʒ/ føye; gi etter for; **~nce** overbærenhet *m*; ettergivenhet *m*; noe man unner seg; **~nt** overbærende; ettergivende.
industrial /ɪn'dʌstrɪəl/ industriell; industri-.
industrious /ɪn'dʌstrɪəs/ flittig.
industry /'ɪndəstrɪ/ industri *m*; næringsvei *m*.
ineffective /ˌɪnɪ'fektɪv/ ineffektiv, virkningsløs.
inefficient /ˌɪnɪ'fɪʃ(ə)nt/ ineffektiv, udugelig.
inept /ɪ'nept/ udugelig; malplassert; dum.
inequality /ˌɪnɪ'kwɒlətɪ/ ulikhet *m*.
inequitable /ɪ'nekwɪtəbl/ urettferdig.
ineradicable /ˌɪnɪ'rædɪkəbl/ uutryddelig.
inert /ɪ'nɜ:t/ treg; ubevegelig.
inestimable /ɪ'nestɪməbl/ uvurderlig.
inevitable /ɪ'nevɪtəbl/ uunngåelig.
inexorably /ɪ'neksərəblɪ/ ubønnhørlig.
inexpedient /ˌɪnɪk'spi:dɪənt/ uhensiktsmessig.
inexperienced /ˌɪnɪk'spɪərɪənst/ uerfaren.
inexplicable /ˌɪnɪk'splɪkəbl/ uforklarlig.
inexpressible /ˌɪnɪk'spresəbl/ ubeskrivelig.
inexpressive /ˌɪnɪk'spresɪv/ uttrykksløs.
inextricable /ˌɪnɪk'strɪkəbl/ uløselig (sammenfiltret).
infallible /ɪn'fæləbl/ ufeilbarlig.
infamous /'ɪnfəməs/ beryktet; skammelig.
infancy /'ɪnfənsɪ/ spedbarnsalder *m*; tidlig barndom *m*.
infant /'ɪnfənt/ spedbarn *n*, lite barn *n*; **~ile** barnslig, infantil.
infantry /'ɪnfəntrɪ/ infanteri *n*; **~man** infanterist *m*.
infatuated /ɪn'fætjʊeɪtɪd/ blindt forelsket (**with** i).
infatuation /ɪnˌfætjʊ'eɪʃ(ə)n/ blind forelskelse *m*.
infect /ɪn'fekt/ infisere, smitte; **~ed** smittet; **~ion** smitte *m*, infeksjon *m*; **~ious** smittende; smittsom.

infer /ɪn'fɜː/ konkludere; antyde; **~ence** slutning *m.*
inferior /ɪn'fɪərɪə/ underordnet; lavere; dårligere; mindreverdig; **~ity** mindreverdighet *m*; **~ity complex** mindreverdighetskompleks *n.*
infernal /ɪn'fɜːn(ə)l/ fordømt; helvetes.
infertile /ɪn'fɜːtaɪl/ ufruktbar.
infertility /ˌɪnfə'tɪlətɪ/ ufruktbarhet *m.*
infest /ɪn'fest/ hjemsøke, plage; **~ed with** befengt med.
infidel /'ɪnfɪd(ə)l/ vantro; **~ity** vantro *m*; utroskap *m.*
infiltrate /'ɪnfɪltreɪt/ infiltrere; sive inn.
infinite /'ɪnfɪnət/ uendelig.
infinitesimal /ˌɪnfɪnɪ'tesɪməl/ uendelig liten.
infinity /ɪn'fɪnətɪ/ uendelighet *m.*
infirm /ɪn'fɜːm/ svak(elig); **~ary** sykehus *n*; **~ity** svakelighet *m*; skrøpelighet *m.*
inflamed /ɪn'fleɪmd/ betent; opphisset.
inflammable /ɪn'flæməbl/ (lett) antennelig; brennbar.
inflammation /ˌɪnflə'meɪʃ(ə)n/ betennelse *m.*
inflated /ɪn'fleɪtɪd/ oppblåst.
inflation /ɪn'fleɪʃ(ə)n/ inflasjon *m*; oppblåsing *m/f.*
inflect /ɪn'flekt/ modulere; (*gram*) bøye; **~ion** modulasjon *m*; bøyning *m.*
inflexible /ɪn'fleksəbl/ ubøyelig.
inflict /ɪn'flɪkt/ tildele, gi; påtvinge.
influence /'ɪnflʊəns/ innflytelse *m.*
influence *verb* /'ɪnflʊəns/ påvirke, influere.
influential /ˌɪnflʊ'enʃ(ə)l/ innflytelsesrik.
influenza /ˌɪnflʊ'enzə/ (*hverdagslig*) **the flu** influensa *m.*
influx /'ɪnflʌks/ tilstrømming *m*, innrykk *n.*
inform /ɪn'fɔːm/ underrette; meddele; **~al** uformell; **~ation** opplysninger *m*; **~er** angiver *m.*
infringe /ɪn'frɪn(d)ʒ/ (*jur*) overtre; **~ment** overtredelse *m.*
infuriate /ɪn'fjʊərɪeɪt/ gjøre rasende.
infuriating /ɪn'fjʊərɪeɪtɪŋ/ meget irriterende.

infuse /ɪn'fjuːz/ tilføre, inngi.
ingenious /ɪn'dʒiːnjəs/ oppfinnsom; skarpsindig.
ingenuity /ˌɪn(d)ʒɪ'njuːətɪ/ oppfinnsomhet *m*.
ingenuous /ɪn'dʒenjʊəs/ troskyldig; oppriktig.
ingrained /ɪn'greɪnd/ gjennomfarget (garn); inngrodd.
ingratitude /ɪn'grætɪtjuːd/ utakknemlighet *m*.
ingredient /ɪn'griːdjənt/ bestanddel *m*; ingrediens *m*.
inhabit /ɪn'hæbɪt/ bebo; **~able** beboelig; **~ant** beboer *m*; innbygger *m*.
inhale /ɪn'heɪl/ puste inn; inhalere; **~r** inhalator *m*.
inharmonious /ˌɪnhɑː'məʊnjəs/ uharmonisk.
inherent /ɪn'her(ə)nt/ iboende; medfødt.
inherit /ɪn'herɪt/ arve; **~ance** arv *m*.
inhibit /ɪn'hɪbɪt/ hemme; hindre; **~ion** hemning *m*; **~ive** hemmende.
inhospitable /ɪnhɒ'spɪtəbl/ ugjestfri.
inhuman /ɪn'hjuːmən/ umenneskelig.
inimical /ɪ'nɪmɪk(ə)l/ fiendtlig.
iniquitous /ɪ'nɪkwɪtəs/ grovt urettferdig; skammelig.
initial /ɪ'nɪʃ(ə)l/ begynnelses-; forbokstav *m*.
initiate /ɪ'nɪʃɪət/ innviet (person) *m*.
initiate *verb* /ɪ'nɪʃɪeɪt/ ta initiativ til; innvie.
initiation /ɪˌnɪʃɪ'eɪʃ(ə)n/ innledning *m*; innvielse *m*.
initiative /ɪ'nɪʃətɪv/ initiativ *n*.
inject /ɪn'dʒekt/ sprøyte inn; **~ion** sprøyte *m/f*; innsprøytning *m*.
injure /'ɪn(d)ʒə/ skade; krenke.
injurious /ɪn'dʒʊərɪəs/ skadelig; krenkende.
injury /'ɪn(d)ʒ(ə)rɪ/ skade *m*; krenkelse *m*.
injustice /ɪn'dʒʌstɪs/ urettferdighet *m*.
ink /ɪŋk/ blekk *n*.
inkling /'ɪŋklɪŋ/ anelse *m*; mistanke *m*.
inland /'ɪnlənd/ innlands(k); inne i landet.
in-laws /'ɪnlɔːz/ *flertall* svigerfamilie *m*.
inlet /'ɪnlet/ innløp *n*; vik *m/f*.
inmate /'ɪnmeɪt/ beboer *m*; innsatt *m*.

inn /ɪn/ vertshus *n*, kro *m/f*.
innate /ɪ'neɪt/ medfødt.
inner /'ɪnə/ indre; **~most** innerst.
innocence /'ɪnəsns/ uskyld(ighet) *m*.
innocent /'ɪnəsnt/ uskyldig.
innovation /ˌɪnə(ʊ)'veɪʃ(ə)n/ fornyelse *m*; nyskapning *m*.
innuendo /ˌɪnjʊ'endəʊ/ insinuasjon *m*.
innumerable /ɪ'njuːm(ə)rəbl/ utallig, talløs.
inoculate /ɪ'nɒkjʊleɪt/ vaksinere; innpode.
inoffensive /ˌɪnə'fensɪv/ harmløs.
inoperative /ɪn'ɒp(ə)rətɪv/ virkningsløs; som ikke virker.
inordinate /ɪ'nɔːdɪnət/ overdreven.
inquest /'ɪnkwest/ (rettslig) likskue *n*.
inquire /ɪn'kwaɪə/ spørre; **~ about** forhøre seg om.
inquiry /ɪn'kwaɪərɪ/ forespørsel *m*; undersøkelse *m*.
inquisitive /ɪn'kwɪzɪtɪv/ vitebegjærlig; nysgjerrig.
insane /ɪn'seɪn/ sinnssyk.
insanity /ɪn'sænətɪ/ sinnssykdom *m*; vanvidd *n*.
inscribe /ɪn'skraɪb/ skrive inn; gravere inn; dedisere.
inscription /ɪn'skrɪpʃ(ə)n/ inskripsjon *m*; inngravering *m/f*; dedikasjon *m*.
insect /'ɪnsekt/ insekt *n*; **~icide** insektdrepende middel *n*.
insecure /ˌɪnsɪ'kjʊə/ usikker, utrygg.
insensibility /ɪnˌsensə'bɪlətɪ/ følelsesløshet *m*.
insensible /ɪn'sensəbl/ følelsesløs; ufølsom.
insensitive /ɪn'sensɪtɪv/ ufølsom.
inseparable /ɪn'sep(ə)rəbl/ uatskillelig.
insert /'ɪnsɜːt/ sette/rykke inn.
inside /ɪn'saɪd/ inne; innvendig; innside *m/f*; **~ information** underhåndsopplysninger *m*; **~r trading** innsidehandel *m*.
insight /'ɪnsaɪt/ innsikt *m*.
insignificant /ˌɪnsɪg'nɪfɪkənt/ ubetydelig, uviktig.
insincere /ˌɪnsɪn'sɪə/ uoppriktig, falsk, uekte.
insinuate /ɪn'sɪnjʊeɪt/ antyde, insinuere.

insipid /ɪn'sɪpɪd/ flau, smakløs.
insist /ɪn'sɪst/ insistere; **~ on** fastholde; **~ent** sta, vedholdende.
insolent /'ɪnsələnt/ uforskammet.
insoluble /ɪn'sɒljʊbl/ u(opp) løselig.
insomnia /ɪn'sɒmnɪə/ søvnløshet *m*.
inspect /ɪn'spekt/ inspisere; kontrollere; **~ion** inspeksjon *m*; kontroll *m*; **~or** inspektør *m*.
inspiration /ˌɪnspə'reɪʃ(ə)n/ inspirasjon *m*.
inspire /ɪn'spaɪə/ inspirere.
inst. /'ɪnstənt/ *fork for* **instant** denne måned, d.m.
instability /ˌɪnstə'bɪlətɪ/ ustabilitet *m*.
install /ɪn'stɔːl/ installere; innsette (i et embete *o.l.*).
instalment /ɪn'stɔːlmənt/ avdrag *n*; porsjon *m*; **by ~s** avdragsvis.
instance /'ɪnstəns/ eksempel *n*; tilfelle *n*; **for ~** for eksempel.
instant /'ɪnstənt/ øyeblikkelig; øyeblikk *n*; **~ coffee** pulverkaffe *m*; **~aneous** momentan; **~ly** straks.
instead /ɪn'sted/ isteden; **~ of** istedenfor.
instep /'ɪnstep/ vrist *m*.
instigate /'ɪnstɪgeɪt/ fremkalle; egge.
instil /ɪn'stɪl/ innpode; vekke.
instinct /'ɪnstɪŋ(k)t/ instinkt *n*; **~ive** instinktiv; uvilkårlig.
institute /'ɪnstɪtjuːt/ institutt *n*; opprette.
institution /ˌɪnstɪ'tjuːʃ(ə)n/ institusjon *m*; **~alize** anbringe på institusjon.
instruct /ɪn'strʌkt/ undervise; instruere; **~ion** instruksjon *m*; undervisning *m/f*; **~ions** instruks *m*; bruksanvisning *m*; **~ive** lærerik.
instrument /'ɪnstrʊmənt/ instrument *n*; verktøy *n*; **~al** medvirkende; (*mus*) instrumental.
insubordination /ˌɪnsəˌbɔːd(ə)'neɪʃən/ oppsetsighet *m*; ulydighet *m*.
insufferable /ɪn'sʌf(ə)rəbl/ ulidelig; utålelig.
insufficient /ˌɪnsə'fɪʃ(ə)nt/ utilstrekkelig.
insular /'ɪnsjʊlə/ øy-; **~ity** øyboermentalitet *m*.

insulate /ˈɪnsjʊleɪt/ isolere.
insulation /ˌɪnsjʊˈleɪʃ(ə)n/ isolasjon *m*.
insulin /ˈɪnsjʊlɪn/ insulin *n*.
insult /ˈɪnsʌlt/ fornærmelse *m*.
insult *verb* /ɪnˈsʌlt/ fornærme, såre.
insuperable /ɪnˈsjuːp(ə)rəbl/ uoverkommelig; uoverstigelig.
insupportable /ˌɪnsəˈpɔːtəbl/ uutholdelig.
insurance /ɪnˈʃʊər(ə)ns/ forsikring *m/f*.
insure /ɪnˈʃʊə/ forsikre.
insurmountable /ˌɪnsəˈmaʊntəbl/ uoverstigelig.
insurrection /ˌɪnsəˈrekʃ(ə)n/ opprør *n*.
intangible /ɪnˈtæn(d)ʒəbl/ ubestemt; ikke merkbar.
integer /ˈɪntɪdʒə/ heltall *n*.
integral /ˈɪntɪgr(ə)l/ helhetlig; integrerende; integral *m*.
integrate /ˈɪntɪgreɪt/ integrere; inngå i et hele.
integrity /ɪnˈtegrətɪ/ integritet *m*; rettskaffenhet *m*.
intellect /ˈɪntəlekt/ forstand *m*; **~ual** forstandsmessig; intellektuell *m*.
intelligence /ɪnˈtelɪdʒ(ə)ns/ intelligens *m*; etterretning *m*.
intelligent /ɪnˈtelɪdʒ(ə)nt/ intelligent.
intelligentsia /ɪnˌtelɪˈdʒentsɪə/ åndseliten *m*.
intelligible /ɪnˈtelɪdʒəbl/ forståelig.
intemperance /ɪnˈtemp(ə)r(ə)ns/ mangel på måtehold *n*, drikkfeldighet *m*.
intend /ɪnˈtend/ ha til hensikt; **~ed** tilkommende.
intense /ɪnˈtens/ intens; voldsom.
intensification /ɪnˌtensɪfɪˈkeɪʃ(ə)n/ forsterkning *m*.
intensify /ɪnˈtensɪfaɪ/ forsterke; intensivere.
intensity /ɪnˈtensətɪ/ intensitet *m*; styrke *m*.
intent /ɪnˈtent/ hensikt *m*.
intention /ɪnˈtenʃ(ə)n/ hensikt *m*; formål *n*; **~al** tilsiktet.
interact /ˈɪntərækt/ påvirke hverandre gjensidig; **~ion** vekselvirkning *m*; **~ive** interaktiv.
intercede /ˌɪntəˈsiːd/ mekle; gå i forbønn.

intercept /ɪntə'sept/ snappe opp; avskjære; **~or** (*mil*) nærjager *m*.
interchange /'ɪntətʃeɪn(d)ʒ/ utveksling *m/f*.
interchange *verb* /ˌɪntə'tʃeɪn(d)ʒ/ utveksle.
intercom /'ɪntəkɒm/ *fork for* **intercommunication system** internt telefonanlegg *n*.
intercourse /'ɪntəkɔːs/ samkvem *n*; **sexual ~** samleie *n*.
interest /'ɪntrəst/ interesse *m*; rente *m/f*.
interest *verb* /'ɪntrəst/ interessere; **~ing** interessant.
interface /'ɪntəfeɪs/ (*edb*) grensesnitt *n*.
interfere /ˌɪntə'fɪə/ blande seg opp i; **~ with** hindre, komme i veien for; **~nce** innblanding *m/f*; (*radio*) støy *m*.
interior /ɪn'tɪərɪə/ indre; innvendig; **~ decorator** interiørarkitekt; (*amr*) **Department of the Interior** Innenriksdepartementet.
interlock *verb* /'ɪntəlɒk/ passe inn i hverandre; (*elektr*) blokkere.
interlude /'ɪntəluːd/ (*teater*) pause *m*; (*også overført*) mellomspill *n*.
intermediary /ˌɪntə'miːdjərɪ/ mellommann *m*.
intermediate /ˌɪntə'miːdjət/ mellomliggende; mellom-.
interminable /ɪn'tɜːmɪnəbl/ endeløs, uendelig.
intermission /ˌɪntə'mɪʃ(ə)n/ avbrytelse *m*; (*teater*) pause *m*.
intermittent /ˌɪntə'mɪt(ə)nt/ som skjer med mellomrom; periodisk.
intern /ɪn'tɜːn/ internere.
internal /ɪn'tɜːnl/ indre, innvendig; **~ combustion engine** forbrenningsmotor *m*.
international /ˌɪntə'næʃ(ə)nl/ internasjonal; **~ terminal** utenriksterminal *m*.
Internet /'ɪntəˌnet/ **the ~** Internett *n*; **~ café** internettkafé *m*.
interplay /'ɪntəpleɪ/ vekselspill *n*; samspill *n*.
interpolate /ɪn'tɜːpə(ʊ)leɪt/ innskyte, interpolere.
interpose /ˌɪntə'pəʊz/ sette/komme mellom; gripe inn i.

interpret /ɪn'tɜːprɪt/ tolke; tyde; **~ation** tolking *m/f*; fortolkning *m*; **~er** tolk *m*.
InterRail /ˌɪntə'reɪl/ interrail; **~ pass** interrailbillett *m*.
interrogate /ɪn'terə(ʊ)geɪt/ forhøre.
interrogation /ɪnˌterə(ʊ)'geɪʃ(ə)n/ forhør *n*; utspørring *m/f*.
interrogative /ˌɪntə'rɒgətɪv/ spørrende; (*gram*) spørreord *n*.
interrupt /ˌɪntə'rʌpt/ avbryte; **~ion** avbrytelse *m*.
intersect /ˌɪntə'sekt/ krysse hverandre; (gjennom) skjære; **~ion** veikryss *n*, skjæringspunkt *n*.
interval /'ɪntəv(ə)l/ mellomrom *n*; pause *m*.
intervene /ˌɪntə'viːn/ gripe inn; intervenere.
intervention /ˌɪntə'venʃ(ə)n/ intervensjon *m*; innblanding *m/f*.
interview /'ɪntəvjuː/ samtale *m*; intervju *n*.
interview *verb* /'ɪntəvjuː/ intervjue.
intestine /ɪn'testɪn/ tarm *m*; **large ~** tykktarm *m*; **small ~** tynntarm *m*.
intimacy /'ɪntɪməsɪ/ fortrolighet *m*.
intimate /'ɪntɪmət/ fortrolig; nær; inngående.
intimidate /ɪn'tɪmɪdeɪt/ skremme.
intimidation /ɪnˌtɪmɪ'deɪʃ(ə)n/ skremming *m/f*.
into /'ɪntʊ/ inn i; til.
intolerable /ɪn'tɒl(ə)rəbl/ uutholdelig; utålelig.
intolerant /ɪn'tɒlər(ə)nt/ intolerant.
intonation /ˌɪntə(ʊ)'neɪʃ(ə)n/ intonasjon *m*; tonefall *n*.
intoxicant /ɪn'tɒksɪkənt/ rusmiddel *n*.
intoxicate /ɪn'tɒksɪkeɪt/ beruse.
intoxicated /ɪn'tɒksɪkeɪtɪd/ beruset, rusa.
intoxication /ɪnˌtɒksɪ'keɪʃ(ə)n/ beruselse *m*; rus *m*.
intrepid /ɪn'trepɪd/ fryktløs, uforferdet.
intricate /'ɪntrɪkət/ innviklet.
intrigue /ɪn'triːg/ intrige *m*.
intrigue *verb* /ɪn'triːg/ fascinere.
intriguing /ɪn'triːgɪŋ/ interessant; fascinerende.
intrinsic /ɪn'trɪnsɪk/ indre; iboende; **~ value** reell verdi *m*.

introduce /ˌɪntrəˈdjuːs/ innføre, introdusere; presentere.
introduction /ˌɪntrəˈdʌkʃ(ə)n/ innledning *m*; presentasjon *m*.
introductory /ˌɪntrəˈdʌkt(ə)rɪ/ innledende.
intrude /ɪnˈtruːd/ trenge seg på; forstyrre; **~r** inntrenger *m*.
intrusion /ɪnˈtruːʒ(ə)n/ det å trenge seg på; forstyrrelse *m*.
intrusive /ɪnˈtruːsɪv/ påtrengende.
intuition /ˌɪntjʊˈɪʃ(ə)n/ intuisjon *m*.
intuitive /ɪnˈtjuːɪtɪv/ intuitiv.
invade /ɪnˈveɪd/ invadere; trenge inn i; **~r** inntrenger *m*.
invalid /ɪnˈvælɪd/ ugyldig.
invalid /ˈɪnvəlɪd/ ufør; invalid *m*; **~ate** gjøre ugyldig.
invaluable /ɪnˈvæljʊ(ə)bl/ uvurderlig.
invariable /ɪnˈveərɪəbl/ uforanderlig.
invariably /ɪnˈveərɪəblɪ/ alltid.
invasion /ɪnˈveɪʒ(ə)n/ invasjon *m*; (*jur*) krenkelse *m*.
invent /ɪnˈvent/ oppfinne; finne på; **~ion** oppfinnelse *m*; **~ive** oppfinnsom; **~or** oppfinner *m*.
inventory /ˈɪnvəntrɪ/ inventarliste *m/f*; fortegnelse *m*.
inverse /ˌɪnˈvɜːs/ omvendt.
inversion /ɪnˈvɜːʃ(ə)n/ det å vende om på, inversjon *m*.
invert /ˈɪnvɜːt/ snu opp ned på, snu om på; **~ed** omvendt; speilvendt; **~ed commas** anførselstegn *n*.
invest /ɪnˈvest/ investere; **~ment** investering *m/f*; **~or** investor *m*.
investigate /ɪnˈvestɪgeɪt/ etterforske; undersøke.
investigation /ɪnˌvestɪˈgeɪʃ(ə)n/ etterforskning *m*; granskning *m*.
inveterate /ɪnˈvet(ə)rət/ inngrodd, uforbederlig.
invigorate /ɪnˈvɪgəreɪt/ styrke.
invigorating /ɪnˈvɪgəreɪtɪŋ/ forfriskende.
invincible /ɪnˈvɪnsəbl/ uovervinnelig.
inviolable /ɪnˈvaɪələbl/ ukrenkelig.
invisible /ɪnˈvɪzəbl/ usynlig.
invitation /ˌɪnvɪˈteɪʃ(ə)n/

invitasjon *m*; oppfordring *m/f*.
invite /ˈɪnvaɪt/ innby, invitere; oppfordre.
inviting /ɪnˈvaɪtɪŋ/ innbydende.
invoice /ˈɪnvɔɪs/ faktura *m*.
invoke /ɪnˈvəʊk/ påkalle; påberope seg.
involuntary /ɪnˈvɒlənt(ə)rɪ/ ufrivillig.
involve /ɪnˈvɒlv/ trekke inn, involvere; medføre; **~ment** engasjement *n*; innblanding *m/f*.
invulnerable /ɪnˈvʌln(ə)rəbl/ usårbar.
inward /ˈɪnwəd/ indre; **~s** innover; **~ly** innvendig; i sitt stille sinn.
iodine /ˈaɪə(ʊ)diːn/ jod *m*.
IOU /ˌaɪəʊˈjuː/ *fork for* **I owe you** gjeldsbrev *n*.
iris /ˈaɪərɪs/ regnbuehinne *m/f*.
Irish /ˈaɪ(ə)rɪʃ/ irene *flertall*; irsk.
irksome /ˈɜːksəm/ plagsom; kjedsommelig.
iron /ˈaɪən/ jern *n*; strykejern *n*.
iron *verb* /ˈaɪən/ stryke; **~ing board** strykebrett *n*; **~monger's** jernvarehandel *m*.
ironic(al) /aɪəˈrɒnɪk(əl)/ ironisk.
irony /ˈaɪərənɪ/ ironi *m*.
irrational /ɪˈræʃənl/ irrasjonell; fornuftsstridig.
irreconcilable /ɪˌrekənˈsaɪləbl/ uforsonlig; uforenlig.
irregular /ɪˈregjʊlə/ uregelmessig; **~ity** uregelmessighet *m*.
irrelevance /ɪˈreləvəns/ noe som ikke har med saken å gjøre.
irrelevant /ɪˈreləvənt/ saken uvedkommende, irrelevant.
irreparable /ɪˈrep(ə)rəbl/ uopprettelig.
irreproachable /ˌɪrɪˈprəʊtʃəbl/ uangripelig, uklanderlig.
irresistible /ˌɪrɪˈzɪstəbl/ uimotståelig.
irresolute /ɪˈrezəluːt/ ubesluttsom.
irresponsible /ˌɪrɪˈspɒnsəbl/ uansvarlig.
irretrievable /ˌɪrɪˈtriːvəbl/ uopprettelig, uerstattelig.
irreverent /ɪˈrev(ə)r(ə)nt/ uærbødig, respektløs.
irrevocable /ɪˈrevəkəbl/ ugjenkallelig.
irrigate /ˈɪrɪgeɪt/ overrisle; vanne.

irrigation /ˌɪrɪˈgeɪʃ(ə)n/ overrisling *m/f*; (kunstig) vanning *m/f*.
irritable /ˈɪrɪtəbl/ irritabel.
irritate /ˈɪrɪteɪt/ irritere.
irritation /ˌɪrɪˈteɪʃ(ə)n/ irritasjon *m*; ergrelse *m*.
island /ˈaɪlənd/ øy *f*.
isle /aɪl/ øy *f*.
isler /ˈaɪlə/ øyboer *m*.
isolate /ˈaɪsəleɪt/ isolere.
issue /ˈɪʃuː/ utstedelse *m*; nummer *n* (av tidsskrift); sak *m*, spørsmål *n*.
issue *verb* /ˈɪʃuː/ utstede; utgi.
IT /ˌaɪˈtiː/ *fork for* Information Technology.
it /ɪt/ den, det.
italic(s) /ɪˈtælɪk(s)/ kursiv.
itch /ɪtʃ/ kløe *m*; klø.
item /ˈaɪtəm/ punkt *n*, post *m* (i regnskap *o.l.*); artikkel *m*; vare *m*; **~ize** spesifisere.
itinerant /aɪˈtɪn(ə)r(ə)nt/ omreisende.
itinerary /aɪˈtɪn(ə)rərɪ/ reiserute *m/f*, reiseplan *m*.
its /ɪts/ dens, dets, sin(e).
itself /ɪtˈself/ seg; selv; **by ~** for seg selv.
ivory /ˈaɪv(ə)rɪ/ elfenben *n*.
ivy /ˈaɪvɪ/ eføy *m*.

J

jab /dʒæb/ støt *n*; stikk *n*.
jab *verb* /dʒæb/ stikke.
jack /dʒæk/ jekk *m*; (*kortspill*) knekt *m*; **~ up** jekke opp; **~-knife** foldekniv *m*; **~-of-all-trades** tusenkunstner *m*.
jackal /ˈdʒækəl/ sjakal *m*.
jacket /ˈdʒækɪt/ jakke *m/f*; (på bok) omslag *n*; (på potet) skrell *n*.
jacuzzi /dʒəˈkuːzɪ/ boblebad *n*.
jaded /ˈdʒeɪdɪd/ trett; sløv; blasert.
jag /dʒæg/ spiss *m*, takk *m*; **~ged** takkete.
jail /dʒeɪl/ fengsel *n*.
jail *verb* /dʒeɪl/ sette i fengsel.
jam /dʒæm/ syltetøy *n*; trengsel *m*; knipe *m*; blokkering *m/f*.

jam *verb* /dʒæm/ presse sammen; være i knipe; blokkere; (*radio*) forstyrre.
jangle *verb* /ˈdʒæŋgl/ rasle; skramle.
janitor /ˈdʒænɪtə/ portvakt *m*; (*amr*) vaktmester *m*.
January /ˈdʒænjʊ(ə)rɪ/ januar.
jar /dʒɑː/ krukke *m/f*; **~ring** skurrende.
jaundice /ˈdʒɔːndɪs/ gulsott *m/f*.
jaunt /dʒɔːnt/ kort tur *m*; **~y** munter; kvikk.
javelin /ˈdʒævlɪn/ (kaste) spyd *n*.
jaw /dʒɔː/ kjeve *m*; **~s** gap *n*.
jay /dʒeɪ/ nøtteskrike *m/f*.
jealous /ˈdʒeləs/ sjalu; **~y** sjalusi *m*.
jeer /dʒɪə/ håne, spotte.
jelly /ˈdʒelɪ/ gelé *m*; **~fish** manet *m/f*.
jeopardize /ˈdʒepədaɪz/ bringe i fare, sette på spill.
jeopardy /ˈdʒepədɪ/ fare *m*.
jerk /dʒɜːk/ rykk *n*; tosk *m*.
jerk *verb* /dʒɜːk/ rykke; **~y** støtvis, rykkete.
jersey /ˈdʒɜːzɪ/ jersey (stoff) *m*; genser *m*.
jest /dʒest/ spøk *m*; spøke.
jester *verb* /dʒest/ spøkefugl *m*.
jet /dʒet/ stråle *m*, sprut *m*; jetfly *n*; **suffer from ~ lag** være døgnvill.
jetty /ˈdʒetɪ/ brygge *m/f*, kai *m/f*.
Jew /dʒuː/ *m; f* **~ess** jøde *m*; **~ish** jødisk.
jewel /ˈdʒuːəl/ juvel *m*; smykke *n*; **~ box** smykkeskrin *n*; **~ler** gullsmed *m*; **~lery** smykke(r) *n*.
jib /dʒɪb/ fokk(seil); jibbe.
jiffy /ˈdʒɪfɪ/ **in a ~** på et øyeblikk.
jig /dʒɪg/ pilk *m*; (*mus*) gigg *m*.
jigsaw /ˈdʒɪgsɔː/ løvsag *m/f*; **~ puzzle** puslespill *n*.
jilt /dʒɪlt/ slå opp med, dumpe.
jingle /ˈdʒɪŋgl/ klirring *m/f*; reklamemelodi *m*.
jingle *verb* /ˈdʒɪŋgl/ ringle, klirre.
jittery /ˈdʒɪtərɪ/ nervøs.
job /dʒɒb/ jobb *m*; arbeid *n*.
jockey /dʒɒkɪ/ jockey *m*.
jocular /ˈdʒɒkjʊlə/ spøkefull.
jog /dʒɒg/ joggetur *m*; puff *n*.
jog *verb* /dʒɒg/ jogge; skubbe.
join /dʒɔɪn/ forbinde; skjøte; forene(s); slutte seg til; bli medlem av.

joint /dʒɔɪnt/ felles-; skjøt *m*; ledd *n*; (mat) stek *m/f*; marihuanasigarett *m*.
joint *verb* /dʒɔɪnt/ skjøte; føye sammen.
joke /dʒəʊk/ spøk *m*; spøke.
joker /dʒəʊk/ spøkefugl.
jolly /ˈdʒɒlɪ/ lystig; morsom; veldig.
jolt /dʒəʊlt/ støt *n*.
jolt *verb* /dʒəʊlt/ støte; skumpe.
jostle /ˈdʒɒsl/ puffe, skubbe.
jot /dʒɒt/ tøddel *m*; **~ down** rable ned, notere.
journal /ˈdʒɜːnl/ dagbok *m/f*; tidsskrift *n*; avis *m/f*; **~ism** journalistikk *m*; **~ist** journalist *m*.
journey /ˈdʒɜːnɪ/ reise *m/f*.
Jove /dʒəʊv/ Jupiter; **by ~** du all verden!
jovial /ˈdʒəʊvjəl/ gemyttlig.
jowl /dʒaʊl/ (under)kjeve *m*.
joy /dʒɔɪ/ glede *m*; **~ful, ~ous** glad; gledelig; **~ride** heisatur *m* (i stjålet bil).
jubilee /ˈdʒuːbɪliː/ jubileum *n*.
judge /dʒʌdʒ/ dommer *m*.
judge *verb* /dʒʌdʒ/ dømme; anse for.
judg(e)ment /ˈdʒʌdʒmənt/ dom *m*; skjønn *n*; **Judgment Day** dommedag *m*.
judicial /dʒʊˈdɪʃ(ə)l/ rettslig; juridisk; retts-.
judicious /dʒʊˈdɪʃəs/ veloverveid, klok.
jug /dʒʌg/ mugge *m/f*.
juggle /ˈdʒʌgl/ sjonglere; **~r** sjonglør *m*.
jugular /ˈdʒʌgjʊlə/ halsblodåre; **go for the ~** gå i strupen.
juice /dʒuːs/ saft *m/f*; juice *m*.
juicy /ˈdʒuːsɪ/ saftig.
July /dʒʊˈlaɪ/ juli.
jumble /ˈdʒʌmbl/ virvar *n*; **~ sale** loppemarked *n*.
jump /dʒʌmp/ hopp *n*; sprang *n*.
jump *verb* /dʒʌmp/ hoppe (over); **~ at** gripe begjærlig; **~er cables** startkabler *m*; **~er** hopper *m*; jumper *m*.
jumping /ˈdʒʌmpɪŋ/ **~ hill** hoppbakke *m*; **~ jack** sprellemann *m*.
jumpy /ˈdʒʌmpɪ/ nervøs, urolig.
junction /ˈdʒʌŋ(k)ʃ(ə)n/ knutepunkt *n*; kryss *n*.
June /dʒuːn/ juni.
jungle /ˈdʒʌŋgl/ jungel *m*.
junior /ˈdʒuːnjə/ yngre; junior *m*.
juniper /ˈdʒuːnɪpə/ einer *m*.

junk /dʒʌŋk/ skrap *n*; narkotika *m*; **~ie** stoffmisbruker *m*; narkoman *m*; **~ shop** skraphandler *m*.
jurisdiction /ˌdʒʊərɪs'dɪkʃ(ə)n/ domsmyndighet *m*.
jurisprudence /ˌdʒʊərɪs'pruːd(ə)ns/ rettsvitenskap *m*.
jury /'dʒʊərɪ/ jury *m*.
just /dʒʌst/ rettferdig; nettopp; bare.
justice /'dʒʌstɪs/ rettferdighet *m*; berettigelse *m*; **Department of Justice** Justisdepartementet.
justifiable /ˌdʒʌstɪ'faɪəbl/ berettiget, forsvarlig.
justification /ˌdʒʌstɪfɪ'keɪʃ(ə)n/ begrunnelse *m*.
justify /'dʒʌstɪfaɪ/ rettferdiggjøre; forsvare.
jut /dʒʌt/ stikke frem.
juvenile /'dʒuːvənaɪl/ ungdom *m*; ungdoms-; **~ delinquent** ungdomsforbryter *m*.
juxtaposition /ˌdʒʌkstəpə'zɪʃ(ə)n/ sidestilling *m/f*.

K

kangaroo /ˌkæŋgə'ruː/ kenguru *m*; **~ court** domstolparodi *m*.
keel /kiːl/ kjøl *m*.
keen /kiːn/ ivrig; skarp.
keep /kiːp/ kost og losji *m*; **for ~s** for alltid.
keep *verb* /kiːp/ oppbevare; holde; beholde; opprettholde; føre; **~ accounts** føre regnskap *n*; **~ in mind** huske på; **~ in touch** holde kontakt *m*; **~ off** holde (seg) unna; **~ on** fortsette; **~ out** holde ute; **~ up with** holde tritt med; **~er** oppsynsmann *m*; vokter *m*; **~er** (*sport*) målmann *m*; **~ing** forvaring *m/f*; **~sake** minne *n*, souvenir *m*.
keg /keg/ liten tønne *f*; fat *n*.
kennel /'kenl/ hundehus *n*; kennel *m*.

kerb /kɜːb/ fortauskant *m*.
kerosene /ˈkerəsiːn/ (*især amr*) parafin *m*.
kettle /ˈketl/ kjele *m*; **~drum** (*mus*) pauke *m*.
key /kiː/ nøkkel *m*; tangent *m*; toneart *m*.
key *verb* /kiː/ (*mus*) stemme; **~ in** (*edb*) taste inn; **~board** tastatur *n*; klaviatur *n*; **~hole** nøkkelhull *n*; **~note** grunntone *m*.
kick /kɪk/ spark *n*.
kick *verb* /kɪk/ sparke; **~back** bestikkelse; **for ~s** for moro skyld; **~-off** avspark *n*.
kid /kɪd/ geitekilling *m*; (*hverdagslig*) unge *m*.
kid *verb* /kɪd/ erte.
kidney /ˈkɪdnɪ/ nyre *m/f*; **~ stone** nyresten *m* .
kill /kɪl/ drepe; slakte; **~er** morder *m*.
kilo /ˈkiːləʊ/ kilo *m/n*; **~gramme** kilogram *n*; **~metre** kilometer *m*.
kin /kɪn/ slekt *m/f*; slektninger *m*; **next of ~** nærmeste pårørende *m*.
kind /kaɪnd/ snill; vennlig; slag(s) *n*, sort *m*; **~ness** vennlighet *m*.
kindergarten /ˈkɪndəˌgɑːtn/ barnehage *m*.
kindle /ˈkɪndl/ tenne; (*overført*) nøre opp under.
kindred /ˈkɪndrəd/ beslektet; slektskap *m*; **~ spirit** åndsfrende *m*.
king /kɪŋ/ konge *m*; **~dom** kongerike *n*.
kiss /kɪs/ kyss *n*; kysse.
kit /kɪt/ sett *n*; utstyr *n*; **~bag** reiseveske *m/f*.
kitchen /ˈkɪtʃɪn/ kjøkken *n*; **~ette** tekjøkken *n*.
kite /kaɪt/ (papir)drage *m*.
kitten /ˈkɪtn/ kattunge *m*.
knack /næk/ knep *n*; ferdighet *m*; håndlag *n*.
knapsack /ˈnæpsæk/ ryggsekk *m*; ransel *m*.
knave /neɪv/ kjeltring *m*; (*kortspill*) knekt *m*.
knead /niːd/ kna, elte.
knee /niː/ kne *n*; **~cap** kneskål *m*.
kneel /niːl/ knele.
knickers /ˈnɪkəz/ truser *m/f*; (*amr*) nikkers *m*.
knife /naɪf/ kniv *m*.
knight /naɪt/ ridder *m*; (i sjakk) springer *m*.
knit /nɪt/ strikke.
knitting /ˈnɪtɪŋ/ strikketøy *n*; **~ -needle** strikkepinne *m*.
knob /nɒb/ knott *m*; knute *m*; **door~** dørhåndtak *n*; **~bly** knudrete.

knock /nɒk/ slag *n*; bank(ing) *n (m/f)*.
knock *verb* /nɒk/ slå; støte; banke; **~er** dørhammer *m*; **~ers** (*slang*) pupper *m*; **~out** knockout *n*; knallsuksess *m*.
knoll /nəʊl/ haug *m*; knaus *m*.
knot /nɒt/ knute *m*; klynge *m/f*; (*sjøfart*) knop *m*.
knot *verb* /nɒt/ knyte; **~ty** knudrete; med knuter.
know /nəʊ/ vite; kunne; kjenne til; **~-how** sakkunnskap *m*; **~ing(ly)** megetsigende.
knowledge /ˈnɒlɪdʒ/ kunnskap *m*; kjennskap *m*; **~able** kunnskapsrik.
knuckle /ˈnʌkl/ knoke *m*.
Koran /kɒrˈɑːn/ *the* ~ Koranen.
kosher /ˈkəʊʃə/ koscher, jødisk mat; genuin.
k.p.h. *fork for* **kilometres per hour** kilometer i timen.
krill /krɪl/ krill *m*, lyskreps *m*.

L

label /ˈleɪbl/ merkelapp *m*; etikett *m*.
label *verb* /ˈleɪbl/ sette merkelapp på; (*overført*) stemple.
laboratory /ləˈbɒrət(ə)rɪ/ laboratorium *n*.
laborious /ləˈbɔːrɪəs/ strevsom.
labour /ˈleɪbə/ arbeid *n*; arbeidskraft *m/f*; slit *n*; (fødsels)veer *m*.
labour *verb* /ˈleɪbə/ arbeide; slite, stri med; **the Labour Party** Arbeiderpartiet.
lace /leɪs/ knipling *m*; lisse *m/f*.
lace *verb* /leɪs/ snøre; sette til alkohol.
lacerate /ˈlæsəreɪt/ rive i stykker, flerre opp.
lack /læk/ mangel *m*; mangle.
lacquer /ˈlækə/ lakk(ferniss) *m (m)*; lakkere.
lad /læd/ gutt *m*.

ladder /ˈlædə/ stige *m*, leider *m*.
laden /ˈleɪdn/ lastet; nedtynget.
ladies' room /ˈleɪdɪzˌruːm/ dametoalett *n*.
lading /ˈleɪdɪŋ/ last *m/f*.
ladle /ˈleɪdl/ øse *m/f*; sleiv *f*.
ladle *verb* /ˈleɪdl/ øse; ~ **out** øse opp, servere.
lady /ˈleɪdɪ/ dame *m/f*; frue *m/f*; Lady (tittel).
lady's slipper (*bot*) marisko *m*.
lag /læg/ ~ **behind** sakke akterut; somle.
lager /ˈlɑːgə/ ~ **(beer)** omtr. dss. pilsnerøl *m (n)*.
lagoon /ləˈguːn/ lagune *m*.
lair /leə/ hi *n*; hule *m/f*.
lake /leɪk/ innsjø *m*.
lamb /læm/ lam *n*; ~ **roast** lammestek *m*.
lame /leɪm/ halt; (*overført*) spak.
lament /ləˈment/ klage *m*; klagesang *m*.
lament *verb* /ləˈment/ jamre; beklage (seg); ~**able** beklagelig.
lamp /læmp/ lampe *m/f*.
lampoon /læmˈpuːn/ smedeskrift *n*.
lamp-post lyktestolpe *m*.
lampshade /ˈlæmpʃeɪd/ lampeskjerm *m*.
lance /lɑːns/ lanse *m/f*.
land /lænd/ land(jord) *n (m/f)*.
land *verb* /lænd/ lande; havne; ~**ed** som eier jord; ~**holder** grunneier *m*.
landing /ˈlændɪŋ/ landing *m/f*; (ski) nedslag *n*; trappeavsats *m*; (*mil*) landsetting *m/f*.
landlady /ˈlæn(d)ˌleɪdɪ/ husvertinne *m/f*.
landlord /ˈlæn(d)lɔːd/ husvert *m*.
landscape /ˈlæn(d)skeɪp/ landskap *n*; ~ **gardening** hagearkitektur *m*.
landslide /ˈlæn(d)slaɪd/ skred *n*, valgskred *n*.
lane /leɪn/ smal vei *m*; fil *m/f*, kjørefelt *n*.
language /ˈlæŋgwɪdʒ/ språk *n*.
languid /ˈlæŋgwɪd/ sløv, treg.
languish /ˈlæŋgwɪʃ/ vansmekte; bli apatisk.
languor /ˈlæŋgə/ sløvhetstilstand *m*.
lanky /læŋk/ lang og ulenkelig.
lantern /ˈlæntən/ lanterne *m/f*, lykt *m/f*.
lap /læp/ fang *n*; (*sport*) runde *m*.

lap *verb* /læp/ slurpe i seg; skvalpe; **~ time** rundetid *m/f*; **~-dog** skjødehund *m*; **-top** (*edb*) bærbar pc *m* .
lapel /lə'pel/ slag (på jakke *o.l.*) *n*.
lapse /læps/ forløp *n*; feil *m*; (*forsikring*) forfall *n*.
lapse *verb* /læps/ flyte avsted; feile; forfalle.
lard /lɑːd/ spekk *n*, smult *n*.
lard *verb* /lɑːd/ spekke; **~er** spiskammer *n*.
large /lɑːdʒ/ stor; utstrakt; **at ~** på frifot; i sin alminnelighet; **~ly** overveiende.
lark /lɑːk/ lerke *m/f*; moro *m/f*; **~spur** (*bot*) ridderspore *m*.
larynx /'lærɪŋks/ strupehode *n*.
lascivious /lə'sɪvɪəs/ vellystig.
laser /'leɪzə/ laser *m*; **~ printer** (*edb*) laserskriver *m*.
lash /læʃ/ øyenvippe *m/f*; piskeslag *n*, snert *m*.
lass /læs/ ungjente *f*.
last /lɑːst/ sist(e), forrige; lest *m*.
last *verb* /lɑːst/ vare; **at ~** endelig; **~ing** varig; **~ly** til slutt.
latch /lætʃ/ smekklås *m*; dørklinke *m/f*; **~key** (entré) nøkkel *m*.
late /leɪt/ sein; forsinket; forhenværende; nylig avdød; **at the ~st** seinest; **of ~** nylig, i det siste; **~comer** etternøler *m*; **~ly** i det siste.
lateral /'læt(ə)r(ə)l/ side-.
lath /lɑːθ/ lekte *m/f*; tynn list *m/f*.
lather /'lɑːðə/ (såpe)skum *n*.
lather *verb* /'lɑːðə/ skumme.
Latin /'lætɪn/ latin(sk) *m*.
latitude /'lætɪtjuːd/ bredde(grad) *m*; spillerom *n*.
latter /'lætə/ (den, det) sistnevnte (av to); siste (annen).
lattice /'lætɪs/ (**work**) gitter(verk) *n*.
laudable /'lɔːdəbl/ rosverdig.
laugh /lɑːf/ latter *m*.
laugh *verb* /lɑːf/ le; **~ at** le av; **~able** latterlig; **~ing stock** en man ler av; **~ter** latter *m*.
launch /lɔːn(t)ʃ/ stabelavløpning *m*; utskytning *m*; lansering *m/f*.
launch *verb* /lɔːn(t)ʃ/ sjøsette; skyte ut; lansere.

launder /ˈlɔːndə/ vaske; hvitvaske (penger).
launderette /ˌlɔːndəˈret/ (selvbetjenings)vaskeri *n*.
laundry /ˈlɔːndrɪ/ vaskeri *n*; vask(etøy) *m (n)*.
laurel /ˈlɒr(ə)l/ laurbær(tre) *n*.
lavatory /ˈlævət(ə)rɪ/ w.c. *n*, toalett *n*.
lavender /ˈlævəndə/ lavendel *m*.
lavish /ˈlævɪʃ/ overdådig.
lavish *verb* /ˈlævɪʃ/ ødsle bort.
law /lɔː/ lov *m*; rett *m*; jus *m*; **~ful** lovlig; rettmessig; **~less** lovløs.
lawn /lɔːn/ gressplen *m*; **~mower** gressklipper *m*.
lawsuit /ˈlɔːsuːt/ rettssak *m*.
lawyer /ˈlɔːjə/ (praktiserende) jurist *m*; advokat *m*.
lax /læks/ slapp; **~ative** avføringsmiddel *n*; **~ity** slapphet *m*.
lay *verb* /leɪ/ legge; **~ bare** blottlegge; **~ by** legge til side, hamstre; **~ off** permittere; holde opp; holde seg unna.
lay-by /ˈleɪbaɪ/ parkeringslomme *m/f*; (*jernb*) lite sidespor *n*.
layer /ˈleɪə/ lag *n*; **~ cake** bløtkake *m/f*.
layman /ˈleɪmən/ lekmann *m*.
laziness /ˈleɪzɪnəs/ dovenskap *m*.
lazy /ˈleɪzɪ/ doven, lat.
L-car *fork for* **Learner car** øvelseskjøringsbil *m*.
lead /led/ bly *n*; (*sjøfart*) lodd *n*.
lead /liːd/ ledelse *m*; forsprang *n*; vink *n*; (*teater*) hovedrolle *m/f*.
lead *verb* /liːd/ føre, lede; (*kortspill*) spille ut.
leaded /ˈledɪd/ med bly; **un~** blyfri.
leaden /ˈledn/ bly-; blyaktig.
leader /ˈliːdə/ leder *m*; **~ship** ledelse *m*.
leading /ˈliːdɪŋ/ ledende.
leaf /liːf/ *flertall* **leaves** blad *n*; løv *n*; **gold ~** bladgull *n*; **~let** brosjyre *m* .
league /liːg/ forbund *n*; liga *m*.
leak /liːk/ lekkasje *m*.
leak *verb* /liːk/ lekke; **~age** lekkasje *m*.
lean /liːn/ tynn; mager.
lean *verb* /liːn/ helle; lene; **~ on** støtte seg til; **~ing** skjev; tilbøyelighet *m*.
leap /liːp/ hopp *n*; sprang *n*.

leap *verb* /liːp/ hoppe; **~-frog** hoppe bukk; **~ year** skuddår *n*.
learn /lɜːn/ lære; få vite; erfare; **~ from** lære av; **~ed** lærd.
learner /ˈlɜːnə/ elev *m*; lærling *m*.
learning /ˈlɜːnɪŋ/ læring *m/f*; lærdom *m*.
lease /liːs/ leie *m/f*, bygsel *m*; leiekontrakt *m*.
lease *verb* /liːs/ leie, forpakte.
leash /liːʃ/ (hunde)bånd *n*.
least /liːst/ minst; **at ~** i det minste; **~ of all** aller minst.
leather /ˈleðə/ lær *n*; **~y** læraktig; (om kjøtt) seigt.
leave /liːv/ avreise *m*; permisjon *m*.
leave *verb* /liːv/ reise; gå fra; etterlate; **be on ~** ha permisjon; **sick ~** sykepermisjon *m*; **take ~ of** si farvel til; **~ alone** la være i fred; **~ off** holde opp.
leaven /ˈlevn/ surdeig *m*.
lecherous /ˈletʃ(ə)rəs/ lidderlig, kåt.
lecture /ˈlektʃə/ foredrag *n*; forelesning *m*.
lecture *verb* /ˈlektʃə/ holde forelesning/ foredrag; **~r** foreleser *m*; universitetslektor *m*.
ledge /ledʒ/ hylle *m/f*, avsats *m*.
ledger /ˈledʒə/ (*handel*) hovedbok *m/f*.
lee /liː/ (*sjøfart*) le *n* (side).
leech /liːtʃ/ igle *m/f*; snylter *m*.
leek /liːk/ (*bot*) purre *m*.
leer /lɪə/ lystent blikk *n*.
left /left/ venstre.
left-hand /ˈlefthænd/ **~ bend** venstresving *m*; **~ driving** venstrekjøring *m/f*; **~ed** keivhendt; klossete.
leftist /ˈleftɪst/ venstreorientert.
left-luggage /ˌleftˈlʌgɪdʒ/ **~ office** bagasjeoppbevaring *m/f*.
leftovers /ˈleftˌəʊvəz/ (mat) rester *m*.
leg /leg/ ben *n*; (om mat) lår *n*.
legacy /ˈlegəsɪ/ testamentarisk gave *m*; arv *m*.
legal /ˈliːg(ə)l/ lovlig; **~ age** minstealder *m*.
legality /lɪˈgælətɪ/ lovlighet *m*.
legalize /ˈliːgəlaɪz/ legalisere, gjøre lovlig.
legally /ˈliːgəlɪ/ legalt; juridisk.

legation /lɪ'geɪʃ(ə)n/ legasjon *m*.
legend /'ledʒ(ə)nd/ legende *m*, sagn *n*; **~ary** legendarisk.
leggings /'legɪŋs/ gamasjer *m*, leggings *m*.
legible /'ledʒəbl/ leselig.
legislation /ˌledʒɪs'leɪʃ(ə)n/ lovgivning *m*.
legislative /'ledʒɪslətɪv/ lovgivende.
legitimate /lɪ'dʒɪtɪmət/ lovmessig; ektefødt.
legitimate *verb* /lɪ'dʒɪtɪmeɪt/ gjøre lovlig; legitimere.
leisure /'leʒə/ fritid *m/f*; **at ~** i ro og mak; **~ly** makelig.
lemon /'lemən/ sitron *m*; fiasko *m*; **~ade** limonade *m*.
lend /lend/ låne (ut); **~er** utlåner *m*; **~ing** utlåns-.
length /leŋθ/ lengde *m*; **at ~** omsider; **~en** forlenge.
lenient /'liːnjənt/ mild; skånsom.
lens /lenz/ linse *m/f*; (*fotogr*) objektiv *n*; **wide-angle ~** vidvinkelobjektiv *n*.
Lent /lent/ faste(tid) *m (m/f)*.
lentil /'lentl/ (*bot*) linse *m/f*.
Leo /'liːəʊ/ (*astrologi*) Løven.
leper /'lepə/ spedalsk *m*.
leprosy /'leprəsɪ/ spedalskhet *m*.
lesbian /'lezbɪən/ lesbisk.
lesion /'liːʒ(ə)n/ lesjon *m*; skade *m*.
less /les/ mindre; minus; **~en** minke, avta; minske; **~er** mindre; minst (av to).
lesson /'lesn/ lekse *m/f*; undervisningstime *m*; lærepenge *m*.
lest /lest/ for at (ikke).
let *verb* /let/ la, tillate; leie ut; **~ alone** for ikke å snakke om; **~ down** svikte; **~ go** slippe taket; **~ on** la seg merke med.
lethal /'liːθ(ə)l/ dødelig.
letter /'letə/ bokstav *m*; brev *n*; **~-box** postkasse *m/f*.
lettuce /'letɪs/ bladsalat *m*.
level /'levl/ jevn; vannrett; nivå *n*.
level *verb* /'levl/ planere; (ut)jevne; **on a ~ with** på samme nivå som; **~-crossing** (*jernb*) overgang *m*; planovergang *m*; **~-headed** stø, sindig.
lever /'liːvə/ spak *m*; vektstang *m/f*; **gear ~** girspak *m*.
lever *verb* /'liːvə/ jekke.
levity /'levətɪ/ lettsinn *n*, sorgløshet *m*.

levy /'levɪ/ skattutskrivning *m*; avgift *m/f*.
levy *verb* /'levɪ/ pålegge, innkreve skatt *o.l.*
lewd /lu:d/ slibrig; utuktig.
liabilities /ˌlaɪə'bɪlətɪz/ passiva.
liability /ˌlaɪə'bɪlətɪ/ belastning *m*; forpliktelse *m*; ansvar *n*.
liable /'laɪəbl/ ansvarlig; tilbøyelig.
liaison /lɪ'eɪzən/ (*mil*) forbindelse *m*, samband *n*; kjærlighetsaffære *m*.
liar /'laɪə/ løgner *m*.
lib /lɪb/ *fork for* **liberation**.
libel /'laɪb(ə)l/ injurie *m*; injuriere.
liberal /'lɪb(ə)r(ə)l/ frisinnet; liberal; gavmild.
liberate /'lɪbəreɪt/ frigjøre.
liberation /ˌlɪbə'reɪʃ(ə)n/ frigjøring *m/f*; befrielse *m*.
liberty /'lɪbətɪ/ frihet *m*.
Libra /'li:brə/ (*astrologi*) Vekten.
librarian /laɪ'breərɪən/ bibliotekar *m*.
library /'laɪbr(ə)rɪ/ bibliotek *n*.
licence /'laɪs(ə)ns/ bevilling *m*, lisens *m*; avgift *m/f*; **driving/driver's ~** førerkort *n*.
license /'laɪs(ə)ns/ gi bevilling til.
licensed /'laɪs(ə)nst/ med skjenkerett.
license plate (*amr*) nummerskilt *n*.
licentious /laɪ'senʃəs/ utsvevende; tøylesløs.
lichen /'laɪkən/ (*bot*) lav *m/n*.
lick /lɪk/ slikk *m*; slikke.
licorice /'lɪkərɪs/ (*amr*) lakris *m*.
lid /lɪd/ lokk *n*; deksel *n*; øyelokk *n*.
lie /laɪ/ løgn *m/f*.
lie *verb* /laɪ/ lyve; ligge.
lieutenant /lef'tenənt/ løytnant *m*.
life /laɪf/ *flertall* **lives** liv *n*; **~-jacket** redningsvest *m*; **~less** livløs; **~like** realistisk; **~long** livsvarig; **~-support machine** hjerte-lungemaskin *m*; **~time** levetid *m/f*.
lift /lɪft/ (*britisk*) heis *m*; løft *n*; (*hverdagslig*) haik *m*.
lift *verb* /lɪft/ løfte; lette; stjele.
ligament /'lɪgəmənt/ ligament *n*; leddbånd *n*.
light /laɪt/ lys *n*; belysning *m*.
light *verb* /laɪt/ lyse, tenne;

lett (om vekt); **come to ~** komme for dagen; **~bulb** lyspære *m/f*; **~en** lysne; lette; **~er** sigarettenner *m*; **~-hearted** sorgløs; **~house** fyrtårn *n*; **~ly** lett; **~weight** lettvekt(er) *m*.
lightning /'laɪtnɪŋ/ lyn *n*; **flash of ~** lyn *n*; **~ conductor**, (*amr*) **~ rod** lynavleder *m*.
like /laɪk/ lik(e); (slik) som.
like *verb* /laɪk/ like; ville gjerne.
lik(e)able /'laɪkəbl/ sympatisk.
likelihood /'laɪklɪhʊd/ sannsynlighet *m*.
likely /'laɪklɪ/ sannsynlig(vis).
liken /'laɪk(ə)n/ sammenligne (**to** med).
likeness /'laɪknəs/ likhet *m*.
likewise /'laɪkwaɪz/ likeså; likeledes.
liking /'laɪkɪŋ/ forkjærlighet *m*; **take a ~ to** fatte sympati for; **to my ~** etter min smak.
lilac /'laɪlək/ lilla; syrin *m*.
lily /'lɪlɪ/ lilje *m/f*; **~-of-the-valley** liljekonvall *m*.
limb /lɪm/ lem *n*; gren *m/f*.
lime /laɪm/ kalk *m*; lime *m*.
limit /'lɪmɪt/ grense *m/f*.
limit *verb* /'lɪmɪt/ begrense; **~ation** begrensning *m*; **~ed company** *fork* **Ltd.** aksjeselskap *n*.
limp /lɪmp/ slapp; halting *m/f*.
limp *verb* /lɪmp/ halte; **~id** klar, gjennomsiktig.
linden /'lɪndən/ lind *m*.
line /laɪn/ linje *m/f*; snor *m/f*; strek *m*; bransje *m*.
line *verb* /laɪn/ linjere; kante; fôre, kle; **~s** (*teater*) replikker *m*; **~-up** oppstilling *m/f*.
linen /'lɪnɪn/ lin(tøy) *n (n)*.
liner /'laɪnə/ ruteskip *n*; rutefly *n*.
linger /'lɪŋgə/ nøle, somle; bli lenger.
lingerie /'lænʒərɪ/ dameundertøy *n*.
lingering /'lɪŋgərɪŋ/ dvelende; langvarig.
lingual /'lɪŋgw(ə)l/ tunge-.
linguistic /lɪŋ'gwɪstɪk/ språklig.
liniment /'lɪnɪmənt/ salve *m/f*.
lining /'laɪnɪŋ/ fôr *n*.
link /lɪŋk/ ledd *n*; forbindelse *m*; (*edb*) lenke *m/f*.
link *verb* /lɪŋk/ forbinde; lenke (sammen);

~**s** golfbane *m*; ~**ed** sammenkoblet; ~-**up** forbindelse *m*.
linseed /ˈlɪnsiːd/ linfrø *n*.
lion /ˈlaɪən/ løve *m*.
lip /lɪp/ leppe *m/f*; **lower** ~ underleppe *m/f*; ~ **service** hykleri *n*; **upper** ~ overleppe *m/f*.
liposuction /ˈlɪpəʊˌsʌkʃn/ fettsuging *m/f*.
lipstick /ˈlɪpstɪk/ leppestift *m*.
liqueur /lɪˈkjʊə/ likør *m*.
liquid /ˈlɪkwɪd/ flytende; klar; væske *m/f*; ~ **assets** likvide midler.
liquidate /ˈlɪkwɪdeɪt/ likvidere; avvikle.
liquidity /lɪˈkwɪdətɪ/ likviditet *m*.
liquor /ˈlɪkə/ brennevin *n*.
liquorice /ˈlɪkərɪs/ lakris *m*.
lisp /lɪsp/ lesping *m/f*; lespe.
list /lɪst/ liste *m/f*, fortegnelse *m*; (*sjøfart*) slagside *m*.
listen /ˈlɪsn/ lytte; høre etter; ~**er** tilhører *m*.
listless /ˈlɪstləs/ giddeløs, likeglad.
literacy /ˈlɪt(ə)rəsɪ/ lese- og skriveferdighet *m*.
literal /ˈlɪt(ə)r(ə)l/ ordrett; bokstavelig.
literary /ˈlɪt(ə)rərɪ/ litterær.
literate /ˈlɪtərət/ som kan lese og skrive.
literature /ˈlɪt(ə)rətʃə/ litteratur *m*.
litter /ˈlɪtə/ søppel *n*; kull (av unger) *n*.
litter *verb* /ˈlɪtə/ rote, strø utover; ~-**bin** papirkurv *m*.
little /ˈlɪtl/ lite(n); **a** ~ litt; ~ **by** ~ litt etter litt.
Little Red Riding Hood lille Rødhette.
live /lɪv/ leve; bo; ~**lihood** levebrød *n*; ~**ly** livlig.
liver /ˈlɪvə/ lever *m/f*; ~ **paste** leverpostei *m*.
livestock /ˈlaɪvstɒk/ husdyrbestand *m*.
livid /ˈlɪvɪd/ gusten, blek; rasende.
living /ˈlɪvɪŋ/ (nå)levende; livsførsel *m*; levebrød *n*; ~**room** dagligstue *m/f*.
lizard /ˈlɪzəd/ firfisle *m/f*.
load /ləʊd/ last *m/f*; belastning *m*.
load *verb* /ləʊd/ lesse (på); (be)laste; lade (våpen); ~**ing** lasting *m/f*; lading *m/f*.
loaf /ləʊf/ *flertall* **loaves** brød *n*; ~**er** dagdriver *m*.
loan /ləʊn/ (ut)lån *n*.
loath /ləʊθ/ uvillig.

loathe /ləʊð/ avsky.
loathing /ˈləʊðɪŋ/ vemmelse *m*; avsky *m*.
loathsome /ˈləʊðsəm/ motbydelig.
lob /lɒb/ lobbe, (i tennis) slå ballen høyt.
lobby /ˈlɒbɪ/ (parlaments) korridor *m*; vestibyle *m*; (*teater*) foajé *m*.
lobby *verb* /ˈlɒbɪ/ drive korridorpolitikk; **~ist** korridorpolitiker *m*.
lobe /ləʊb/ lapp *m*, flik *m*; **ear~** øreflipp *m*.
lobster /ˈlɒbstə/ hummer *m*.
local /ˈləʊk(ə)l/ lokal, stedlig; kommunal; **~ity** beliggenhet *m*; sted *n*; **~ize** lokalisere; stedfeste.
locate /lə(ʊ)ˈkeɪt/ lokalisere; plassere.
location /lə(ʊ)ˈkeɪʃn/ plassering *m/f*; sted *n*.
loch /lɒk/ (skotsk for *lake*) innsjø *m*.
lock /lɒk/ lås *m*; sluse *m/f*; (hår)lokk *m*.
lock *verb* /lɒk/ låse(s); **~ up** låse inne; låse ned; stenge; **~er** (låsbart) skap *n*; oppbevaringsboks *m*; **~et** medaljong *m*; **~smith** låsesmed *m*.
locomotive /ˌləʊkəˈməʊtɪv/ lokomotiv *n*; bevegelses-.
lodge /lɒdʒ/ hytte *f*; (frimurer)losje *m*.
lodge *verb* /lɒdʒ/ (inn) losjere; sette seg fast; **~r** leieboer *m*.
lodging /ˈlɒdʒɪŋ/ losji *n*; **board and ~** kost og losji.
lofty /ˈlɒftɪ/ høy; opphøyet.
log /lɒg/ tømmerstokk *m*; loggbok *m/f*.
log *verb* /lɒg/ føre inn i loggbok; (*edb*) logge, registrere; **~ in** (*edb*) logge seg på; **~ off/out** logge seg ut.
logic /ˈlɒdʒɪk/ logikk *m*; **~al** logisk.
loin /lɔɪn/ lend *m/f*; (på slakt) nyrestykke *n*, kam *m*.
loiter /ˈlɔɪtə/ slentre; stå og henge.
lonely /ˈləʊnlɪ/ ensom.
loner /ˈləʊnə/ einstøing *m*.
lonesome /ˈləʊnsəm/ ensom.
long /lɒŋ/ lang; lenge.
long *verb* /lɒŋ/ lengte; **before ~** om kort tid; **~ for** lengte etter; **~-distance call** rikstelefonsamtale *m*; **~ing** lengselsfull; lengsel *m*.
longitude /ˈlɒn(d)ʒɪtjuːd/ lengde(grad) *m*.
loo /luː/ (*slang*) toalett *n*; w.c. *n*.

look /lʊk/ blikk *n*; mine *m/f*.
look *verb* /lʊk/ se; se ut til, synes; **~s** utseende *n*; **~ at** se på; **~ for** se etter; **~ forward to** se frem til; **~ into** undersøke; **~ up** slå opp (f.eks. i bok).
looker-on /ˌlʊkər'ɒn/ tilskuer *m*.
looking-glass /'lʊkɪŋglɑːs/ speil *n*.
loom /luːm/ vevstol *m*.
loom *verb* /luːm/ rage opp; true.
loop /luːp/ løkke *f*; sløyfe *m/f*; lage løkke; **~hole** (smutt)hull *n*.
loose /luːs/ løs; vid; **~n** løsne (på).
loot /luːt/ bytte *n*, tyvegods *n*.
loot *verb* /luːt/ plyndre.
lopsided /ˌlɒp'saɪdɪd/ skjev; usymmetrisk; med slagside.
lord /lɔːd/ herre *m*; lord *m*; medlem *n* av Overhuset; **the Lord** Gud; **the Lord's Prayer** Fader vår *n*; **the Lord's Supper** nattverden *m*.
lorry /'lɒrɪ/ lastebil *m*.
lose /luːz/ miste; tape; saktne (om klokken); **~r** taper *m*.
loss /lɒs/ tap *n*; savn *n*; **at a ~** med tap; opprådd.
lost /lɒst/ (for)tapt; **~ property office** hittegodskontor *n*.
lot /lɒt/ loddtrekning *m*; skjebne *m*; **a ~** mye; **the ~** alt.
lotion /'ləʊʃn/ væske *m*; fuktighetskrem *m*.
lottery /'lɒtərɪ/ lotteri *n*.
loud /laʊd/ høy (om lyd); skrikende (om farge); **~speaker** høyttaler *m*.
lounge /laʊn(d)ʒ/ salong *m*; vestibyle *m*.
louse /laʊs/ *flertall* **lice** lus *m/f*.
lousy /'lɑʊzɪ/ lusete; elendig.
lout /laʊt/ slamp *m*.
lovable /'lʌvəbl/ elskelig.
love /lʌv/ kjærlighet *m*; elskede *m*, kjæreste *m*.
love *verb* /lʌv/ elske; være glad i; **fall in ~ with** bli forelsket i; **make ~ to** elske med; **~ly** yndig; deilig; **~r** elsker(inne) *m*.
loving /'lʌvɪŋ/ kjærlig; øm.
low /ləʊ/ lav; simpel; dyp; (*overført*) nedslått; **~key** dempet, behersket; **~-necked** utringet.
lower /'ləʊə/ lavere, nedre, under-.
lower *verb* /'ləʊə/ senke.

loyal /ˈlɔɪ(ə)l/ lojal; trofast; **~ty** lojalitet *m*.
lozenge /ˈlɒzɪn(d)ʒ/ pastill *m*.
Ltd. /ˈlɪmɪtɪd/ *fork for* **Limited**.
lubricant /ˈluːbrɪkənt/ smøremiddel *n*.
lubricate /ˈluːbrɪkeɪt/ smøre.
lubrication /ˌluːbrɪˈkeɪʃn/ smøring *m/f*.
lucid /ˈluːsɪd/ klar.
luck /lʌk/ lykke *m*; hell *n*; **bad ~** uhell *n*; **good ~!** lykke til! **~ily** heldigvis; **~y** heldig.
lucrative /ˈluːkrətɪv/ innbringende; lønnsom.
ludicrous /ˈluːdɪkrəs/ latterlig.
lug /lʌg/ hale, slepe.
luggage /ˈlʌgɪdʒ/ bagasje *m*; reisegods *n*; **left-~ office** reisegodsoppbevaring *m/f*; **~ locker** oppbevaringsboks *m*.
lukewarm /ˈluːkwɔːm/ lunken.
lull /lʌl/ vindstille; opphold *n*; **~aby** vuggesang *m*.
lumbago /lʌmˈbeɪgəʊ/ hekseskudd *n*.
lumber /ˈlʌmbə/ (*amr*) tømmer *n*; **~jack** (*amr*) tømmerhogger *m*.
luminous /ˈluːmɪnəs/ (selv)lysende; **~ strip** refleksbånd *n*.
lump /lʌmp/ hevelse *m*; klump *m*.
lump *verb* /lʌmp/ klumpe; **a ~ sum** en rund sum; **~ sugar** raffinade *m*, sukkerbiter *m*; **~ together** slå sammen; betrakte under ett.
lunacy /ˈluːnəsɪ/ galskap *m*.
lunar /ˈluːnə/ måne-.
lunatic /ˈluːnətɪk/ galning *m*.
lunch /lʌn(t)ʃ/ lunsj *m*.
lung /lʌŋ/ lunge *m/f*; **~ cancer** lungekreft *m*.
lunge /lʌndʒ/ (i fekting) utfall *n*.
lunge *verb* /lʌndʒ/ gjøre utfall mot.
lurch /lɜːtʃ/ krenging *m/f*.
lurch *verb* /lɜːtʃ/ sjangle; **leave in the ~** la i stikken.
lure /ljʊə/ lokkemat *m*; lokke.
lurid /ˈljʊərɪd/ brannrød; glorete; makaber.
lurk /lɜːk/ ligge på lur.
luscious /ˈlʌʃəs/ saftig; lekker.
lush /lʌʃ/ frodig, yppig.
lust /lʌst/ (vel)lyst *m/f*; begjær *n*; **~ful** vellystig.
lustre /ˈlʌstə/ glans *m*.

lustrous /ˈlʌstrəs/ skinnende.
luxurious /lʌgˈzjʊərɪəs/ luksuriøs; overdådig.
luxury /ˈlʌkʃ(ə)rɪ/ luksus(artikkel) *m*.
lye /laɪ/ lut *m*.
lymphatic /lɪmˈfætɪk/ lymfe-.
lymph gland lymfekjertel *m*.
lynch /lɪn(t)ʃ/ lynsje.
lynx /lɪŋks/ gaupe *m/f*.
lyric /ˈlɪrɪk/ lyrisk (dikt); **~s** sangtekster *m*; lyriske vers *n*.

M

M.A. *fork for* **Master of Arts**.
macaroon /ˌmækəˈruːn/ makron *m*.
mace /meɪs/ septer *n*, stridsklubbe *m*.
machine /məˈʃiːn/ maskin *m*; **answering ~** telefonsvarer *m*; **~ry** maskineri *n*.
mackerel /ˈmækr(ə)l/ makrell *m*.
mackintosh /ˈmækɪntɒʃ/ regnfrakk *m*.
mad /mæd/ gal; rasende.
madam /ˈmædəm/ (i tiltale) frue *m/f*.
madden /ˈmædn/ gjøre gal, rasende.
madness /ˈmædnəs/ galskap *m*.
magazine /ˌmægəˈziːn/ magasin *n*; lagerbygning *m*; tidsskrift *n*.
maggot /ˈmægət/ larve *m/f*.
magic /ˈmædʒɪk/ magisk; magi *m*; **~ wand** tryllestav *m*; **~al** magisk; trylle-; **~ian** trollmann *m*; magiker *m*.
magnanimity /ˌmægnəˈnɪmətɪ/ storsinnethet *m*.
magnanimous /mægˈnænɪməs/ storsinnet.
magnificence /mægˈnɪfɪsns/ prakt *m*, storhet *m*.
magnificent /mægˈnɪfɪsnt/ storartet; praktfull.
magnify /ˈmægnɪfaɪ/ forstørre.
magnifying glass forstørrelsesglass *n*.

magnitude /'mægnɪtjuːd/ (stort) omfang *n*.
magpie /'mægpaɪ/ skjære *f*.
mahogany /mə'hɒgənɪ/ mahogni *m*.
maid /meɪd/ ungpike *m/f*; hushjelp *m/f*; **~ of honour** brudens forlover *m*.
maiden /'meɪdn/ jomfru *m/f*; **~ name** pikenavn *n*; **~ speech** jomfrutale *m*.
mail /meɪl/ post *m*.
mail *verb* /meɪl/ (*amr*) sende med post; **e-~** e-post *m*; **~-bag** postsekk *m*; **~box** (*amr*) postkasse *m/f*.
mailing list kundekartotek *n*.
mailman /'meɪlmən/ (*amr*) postbud *n*.
mail-order /'meɪl,ɔːdə/ postordre *m*.
maim /meɪm/ lemleste.
main /meɪn/ hoved-; **~ road** forkjørsvei *m*; **~ly** hovedsakelig; **~land** fastland *n*.
maintain /meɪn'teɪn/ vedlikeholde; opprettholde; hevde.
maintenance /'meɪntənəns/ vedlikehold *n*; underhold(sbidrag) *n*.
maize /meɪz/ mais *m*.
majestic /mə'dʒestɪk/ majestetisk.
majesty /'mædʒɪstɪ/ majestet *m*.
major /'meɪdʒə/ større; vesentlig; major *m*; (*mus*) dur *m*.
majority /mə'dʒɒrətɪ/ flertall *n*.
make /meɪk/ fabrikat *n*.
make *verb* /meɪk/ lage; gjøre; utgjøre; få til å; **~ up** dikte opp; ordne (en trette); sminke (seg); **~ up for** ta igjen; oppveie; **~ up one's mind** bestemme seg.
maker /'meɪkə/ -maker *m*, fabrikant *m*.
makeshift /'meɪkʃɪft/ provisorisk, midlertidig.
maladjusted /,mælə'dʒʌstɪd/ dårlig tilpasset.
malady /'mælədɪ/ sykdom *m*.
malaria /mə'leərɪə/ malaria *m*.
male /meɪl/ mannlig; hann *m*.
malevolent /mə'levələnt/ ondskapsfull.
malfunction /,mæl'fʌŋ(k)ʃ(ə)n/ funksjonsfeil *m*.
malfunction *verb* /,mæl'fʌŋ(k)ʃ(ə)n/ fungere dårlig.

malice /'mælɪs/ ondskap(sfullhet) *m*.
malicious /mə'lɪʃəs/ ondskapsfull; skadefro.
malignant /mə'lɪgnənt/ ond; ondartet.
mall /mɔːl, mæl/ kjøpesenter *n*.
mallard /ˌmæləd/ stokkand *m/f*.
malleable /'mælɪəbl/ føyelig, medgjørlig.
mallet /'mælɪt/ klubbe *m/f*.
malnutrition /ˌmælnjʊ'trɪʃ(ə)n/ feilernæring *m/f*; underernæring *m/f* .
malt /mɔːlt/ malt *n*.
mammal /'mæm(ə)l/ pattedyr *n*.
mammography /mə'mɒgrəfɪ/ mammografi *m*.
man /mæn/ *flertall* **men** mann *m*; menneske *n*; bemanne.
manage /'mænɪdʒ/ administrere; (be)styre; greie; **~able** medgjørlig; overkommelig; **~ment** administrasjon *m*; forvaltning *m*; ledelse *m*; **~r** leder *m*; direktør *m*; **~rial** leder-.
mandatory /'mændət(ə)rɪ/ obligatorisk.
mane /meɪn/ man(ke) *m/f (m)*.
mange /meɪn(d)ʒ/ skabb *n*.
manger /'meɪn(d)ʒə/ krybbe *m/f*.
mangle /'mæŋgl/ lemleste, ødelegge.
manhood /'mænhʊd/ manndom *m*; mandighet *m*.
mania /'meɪnjə/ vanvidd *n*; mani *m*.
maniac /'meɪnɪæk/ manisk person *m*; (*hverdagslig*) galning *m*.
manifest /'mænɪfest/ åpenbar; tydelig.
manifest *verb* /'mænɪfest/ legge for dagen; vise; **~ation** tilkjennegivelse *m*; manifestasjon *m*; **~o** manifest *n*.
manifold /'mænɪfəʊld/ mangfoldig.
manipulate /mə'nɪpjʊleɪt/ behandle; manipulere.
mankind /mæn'kaɪnd/ menneskeheten *m*.
manly /'mænlɪ/ mandig.
manner /'mænə/ måte *m*; **~s** oppførsel *m*; **~ism** manér *m*, tilgjorthet *m*.
manoeuvre /mə'nuːvə/ manøver *m*.
manoeuvre *verb* /mə'nuːvə/ manøvrere.

manor /'mænə/ gods *n*; herregård *m*.
manpower /'mæn,paʊə/ arbeidskraft *m/f*.
mansion /'mænʃ(ə)n/ herskapshus *n*.
manslaughter /'mæn,slɔːtə/ drap *n*.
mantelpiece /'mæntlpiːs/ kaminhylle *m/f*.
mantle /'mæntl/ kappe *m/f*.
manual /'mænjʊəl/ hånd-; håndbok *m/f*; **~ labour** kroppsarbeid *n*.
manufacture /,mænjʊ'fæktʃə/ fabrikasjon *m*; fremstilling *m/f*.
manufacture *verb* /,mænjʊ'fæktʃə/ fabrikkere; fremstille; **~r** fabrikant *m*.
manure /mə'njʊə/ gjødsel *m/f*.
manure *verb* /mə'njʊə/ gjødsle.
Manx /mæŋks/ fra øya Man.
many /'menɪ/ mange.
map /mæp/ kart *n*; **~ out** planlegge.
maple /'meɪpl/ (*bot*) lønn *m/f*; **~ syrup** lønnesirup *m* .
mar /mɑː/ spolere; skjemme.
marble /'mɑːbl/ marmor *n*; klinkekule *m/f*.
March /mɑːtʃ/ mars.
march /mɑːtʃ/ marsj *m*.
march *verb* /mɑːtʃ/ marsjere.
mare /meə/ hoppe *f*.
margin /'mɑːdʒɪn/ marg *m*; margin *m*; **~al** marginal.
marine /mə'riːn/ hav-; sjø-; marine(soldat) *m*; **~r** sjømann *m*.
marital /'mærɪtl/ ekteskapelig.
maritime /'mærɪtaɪm/ maritim; sjø-; kyst-.
marjoram /'mɑːdʒ(ə)rəm/ (krydder) merian *m*.
mark /mɑːk/ merke *n*; kjennemerke *n*; karakter *m* (på skolen).
mark *verb* /mɑːk/ merke; markere; gi karakter; **~ed** merket; markert; **~er** merkepenn *m*; markør *m*.
market /'mɑːkɪt/ marked *n*; torg *n*.
market *verb* /'mɑːkɪt/ markedsføre; selge; **~able** salgbar; **~ing** markedsføring *m/f*.
marksman /'mɑːksmən/ (skarp)skytter *m*.
marmalade /'mɑːm(ə)leɪd/ (appelsin)marmelade *m*.
marmot /'mɑːmət/ murmeldyr *n*.

maroon /mə'ruːn/ rødbrun.
marquee /mɑː'kiː/ stort telt (til fester *o.l.*); (*amr*) baldakin *m*.
marriage /'mærɪdʒ/ ekteskap *n*; vielse *m*; **civil ~** borgerlig vielse *m*; **~ certificate** vielsesattest *m*.
married /'mærɪd/ gift.
marrow /'mærəʊ/ (*anatomi*) marg *m*; (grønnsak) (*amr*) squash *m*.
marry /'mærɪ/ gifte seg (med); vie.
marsh /mɑːʃ/ myr *f*, sump *m*.
marshal /'mɑːʃ(ə)l/ marskalk *m*; *amr* politimester.
marshy /'mɑːʃɪ/ myrlendt.
marsupial /mɑː'suːpjəl/ pungdyr *n*.
marten /'mɑːtɪn/ mår *m*.
martial /'mɑːʃ(ə)l/ krigs-; **~ art** kampsport *m*; **court ~** krigsrett *m*; **~ law** militær unntakstilstand *m*.
martin /'mɑːtɪn/ (tak)svale *m/f*.
martyr /'mɑːtə/ martyr *m*.
marvel /'mɑːv(ə)l/ (vid) under *n*.
marvel *verb* /'mɑːv(ə)l/ undre seg (**at** over); **~lous** vidunderlig; fantastisk.
masculine /'mæskjʊlɪn/ mandig; hankjønns-.
mash /mæʃ/ mos *m*.
mash *verb* /mæʃ/ knuse, mose.
mask /mɑːsk/ maske *m/f*.
mask *verb* /mɑːsk/ maskere.
mason /'meɪsn/ steinhogger *m*; frimurer *m*; **~ic** frimurer-; **~ry** murverk *n*.
mass /mæs/ masse *m*; (*religion*) messe *m*; **~ media** massemedier *m*; **~ start** (*sport*) fellesstart *m* .
massacre /'mæsəkə/ massakre *m*.
massacre *verb* /'mæsəkə/ massakrere.
massage /'mæsɑːʒ/ massasje *m*.
massage *verb* /'mæsɑːʒ/ massere.
massive /'mæsɪv/ stor, tung; massiv.
master /'mɑːstə/ mester *m*; herre *m*; lærer *m*.
master *verb* /'mɑːstə/ mestre; beherske; **Master of Arts** humanistisk embetseksamen; **Master of Science** matematisk-naturvitenskapelig embetseksamen; **~-key** universalnøkkel *m*; **~ly** mesterlig; **~piece**

mesterstykke *n*; **~-stroke** mesterstykke *n*.
masturbation /ˌmæstəˈbeɪʃ(ə)n/ masturbasjon *m*, onani *m*.
mat /mæt/ matte *m/f*.
match /mætʃ/ fyrstikk *m/f*; like(mann) *m*; parti *n*; (*sport*) kamp *m*.
match *verb* /mætʃ/ passe til; måle seg med; **~box** fyrstikkeske *m/f*; **~less** makeløs.
mate /meɪt/ make *m*; kamerat *m*; (i sjakk) matt.
mate *verb* /meɪt/ pare seg.
material /məˈtɪərɪəl/ stofflig; materiell; materiale *n*; stoff *n* (til klær); **~ize** bli virkeliggjort.
maternal /məˈtɜːnl/ mors-.
maternity /məˈtɜːnətɪ/ mamma-; svangerskaps-; **~ ward** fødeavdeling *m/f*.
mathematics /ˌmæθəˈmætɪks/ matematikk *m*.
matriculate /məˈtrɪkjʊleɪt/ innskrive, immatrikulere (ved et universitet).
matrimonial /ˌmætrɪˈməʊnjəl/ ekteskaps-.
matrimony /ˈmætrɪm(ə)nɪ/ ekteskap *n*.
matrix /ˈmeɪtrɪks/ matrise *m*.
matron /ˈmeɪtr(ə)n/ forstander *m*; sjefsykepleier *m*.
matter /ˈmætə/ materie *m*; stoff *n*; sak *m*.
matter *verb* /ˈmætə/ ha betydning; **as a ~ of fact** i virkeligheten; **it doesn't ~** det spiller ingen rolle; **no ~ how** uansett hvordan; **printed ~** trykksak *m*; **~-of-fact** saklig, nøktern.
mattress /ˈmætrəs/ madrass *m*.
maturation /ˌmætjərˈeɪʃən/ modning *m*.
mature /məˈtjʊə/ moden; modne(s).
maturity /məˈtjʊərətɪ/ modenhet *m*.
maudlin /ˈmɔːdlɪn/ sentimental.
maul /mɔːl/ mishandle.
mauve /məʊv/ blålilla.
maxim /ˈmæksɪm/ grunnsetning *m*; (leve) regel *m*.
May /meɪ/ mai.
may /meɪ/ kan; få lov til; **~ I?** får jeg lov?
maybe /ˈmeɪbiː/ kanskje.
mayor /meə/ borgermester *m*.
maze /meɪz/ labyrint *m*.

MBA /ˌembiːˈeɪ/ *fork for* **Master of Business Administration**.
MBE /ˌembiːˈiː/ *fork for* **Member of the British Empire**.
MD /ˌemˈdiː/ *fork for* **Doctor of Medicine, Managing Director**.
me /miː, mɪ/ meg.
meadow /ˈmedəʊ/ eng *m/f*.
meagre /ˈmiːgə/ mager; fattigslig.
meal /miːl/ måltid *n*; grovt mel *n*.
mean /miːn/ simpel, lav; gjerrig; middel-.
mean *verb* /miːn/ bety; mene; **~while** i mellomtiden.
meaning /ˈmiːnɪŋ/ betydning *m*; mening *m/f*; **~ful** meningsfylt; megetsigende.
means /miːnz/ *flertall* middel *n*; (penge)midler *flertall*; **by all ~** for all del; **by ~ of** ved hjelp av; **by no ~** slett ikke.
measles /ˈmiːzlz/ meslinger; **German ~** røde hunder.
measurable /ˈmeʒ(ə)rəbl/ målbar, som kan måles.
measure /ˈmeʒə/ mål *n*; forholdsregel *m*; (*mus*) takt *m/f*.
measure *verb* /ˈmeʒə/ måle; bedømme; **~ up** holde mål.
measurement /ˈmeʒəmənt/ mål(ing) *n (m/f)*.
measuring tape /ˈmeʒ(ə)rɪŋteɪp/ målebånd *n*.
meat /miːt/ kjøtt *n*; **minced ~** hakket kjøtt, kjøttdeig *m*; **~balls** kjøttboller *flertall*.
mechanic /məˈkænɪk/ mekaniker *m*; **~s** *flertall* mekanikk *m*; **~al** mekanisk; **~al engineer** maskiningeniør *m*.
mechanism /ˈmekənɪz(ə)m/ mekanisme *m*.
mechanize /ˈmekənaɪz/ mekanisere.
medal /ˈmedl/ medalje *m*; **~list** medaljevinner *m*.
meddle /ˈmedl/ **~ in** (*eller* **with**) blande seg opp i; **~some** geskjeftig.
media /ˈmiːdɪə/ *flertall av* **medium**; **mass ~** massemedia *flertall*.
mediate /ˈmiːdɪeɪt/ mekle; formidle.
mediation /ˌmiːdɪˈeɪʃ(ə)n/ mekling *m/f*.
mediator /ˈmiːdɪeɪtə/ mekler *m*.
medical /ˈmedɪk(ə)l/ medisinsk; legeundersøkelse *m*.

medicate /ˈmedɪkeɪt/ behandle med medisin.
medication /ˌmedɪˈkeɪʃ(ə)n/ medisinsk behandling *m/f*, medisin *m*.
medicine /ˈmeds(ə)n/ medisin *m*.
medieval /ˌmedɪˈiːvəl/ middelaldersk.
mediocre /ˌmiːdɪˈəʊkə/ middelmådig.
mediocrity /ˌmiːdɪˈɒkrətɪ/ middelmådighet *m*.
meditate /ˈmedɪteɪt/ meditere.
meditative /ˈmedɪtətɪv/ ettertenksom.
medium /ˈmiːdjəm/ *flertall* **media** mellom-; middel *n*; medium *m*.
medley /ˈmedlɪ/ blanding *m/f*; potpurri *m*.
meek /miːk/ ydmyk; **~ness** ydmykhet *m*.
meet /miːt/ møte(s); oppfylle (forpliktelse); etterkomme (oppfordring *o.l.*); **~ with** møte, støte på; **~ing** møte *n*; stevne *n*.
megalomania /ˌmegələ(ʊ)ˈmeɪnjə/ stormannsgalskap *m*.
melancholy /ˈmelənkəlɪ/ tungsindig; tungsinn *n*.
mellow *verb* /ˈmeləʊ/ mildne(s); modne(s).
mellow /ˈmeləʊ/ bløt, myk; dempet.
melodious /mɪˈləʊdjəs/ melodisk.
melody /ˈmelədɪ/ melodi *m*.
melt /melt/ smelte; **~down** nedsmelting *m/f*.
member /ˈmembə/ medlem *n*; **~ship** medlemskap *n*.
membrane /ˈmembreɪn/ membran *m*, hinne *m/f*.
memorable /ˈmem(ə)rəbl/ minneverdig.
memorial /mɪˈmɔːrɪəl/ minne-; minnesmerke *n*.
memorize /ˈmeməraɪz/ lære utenat.
memory /ˈmemərɪ/ hukommelse *m*; minne *n*; **loss of ~y** hukommelsestap *n*.
menace /ˈmenəs/ trussel *m*.
menacing /ˈmenəsɪŋ/ truende.
mend /mend/ reparere; bli bedre; **on the ~** på bedringens vei.
meningitis /ˌmenɪnˈdʒaɪtɪs/ hjernehinnebetennelse *m*.
menopause /ˈmenə(ʊ)pɔːz/ overgangsalder *m*.
men's room herretoalett *n*.
menstruate /ˈmenstrʊeɪt/ menstruere.
menstruation /ˌmenstrʊˈeɪʃ(ə)n/ menstruasjon *m*.

mental /'mentl/ sinns-; sjelelig; (*hverdagslig*) gal, sprø; ~ **disorder** psykisk lidelse *m*; ~ **faculties** sjelsevner *m*.
mentality /men'tæləti/ mentalitet *m*.
mentally /'mentəlɪ/ psykisk; intellektuelt; ~ **disabled** psykisk utviklingshemmet *m*.
mention /'menʃ(ə)n/ omtale *m*.
mention *verb* /'menʃ(ə)n/ nevne; omtale; **don't ~ it!** ingen årsak!
menu /'menjuː/ meny *m*, spisekart *n*.
mercantile /'mɜːk(ə)ntaɪl/ merkantil, handels-.
mercenary /'mɜːs(ə)n(ə)rɪ/ leiesoldat *m*; egennyttig.
merchandise /'mɜːtʃ(ə)ndaɪz/ (handels)varer *m*.
merchant /'mɜːtʃ(ə)nt/ kjøpmann *m*; handels-.
merciful /'mɜːsɪf(ʊ)l/ barmhjertig; nådig.
merciless /'mɜːsɪləs/ ubarmhjertig.
mercury /'mɜːkjʊrɪ/ kvikksølv *n*.
mercy /'mɜːsɪ/ barmhjertighet *m*.
mere /mɪə/ ren; bare; **~ly** bare; utelukkende.
merge /mɜːdʒ/ smelte sammen; fusjonere; (*amr*) (i trafikk) velge fil, flette.
merger sammensmelting *m/f*; fusjon *m*.
merit /'merɪt/ fortreffelighet *m*; fortrinn *n*.
merit *verb* /'merɪt/ fortjene.
mermaid /'mɜːmeɪd/ havfrue *m/f*.
merry /'merɪ/ lystig; munter; ~ **Christmas!** god jul! **~-go-round** karusell *m*.
mesh /meʃ/ maske (i garn *o.l.*) *m/f*.
mess /mes/ rot *n*; (*sjøfart, mil*) messe *f*; **make a ~** rote; **~y** rotete.
message /'mesɪdʒ/ beskjed *m*; (*edb*) tekstmelding *m/f*.
messenger /'mesɪndʒə/ bud(bringer) *n (m)*.
metal /'metl/ metall *n*; **~lic** metallisk.
meteorological /ˌmiːtɪərə'lɒdʒɪkəl/ meteorologisk.
meteorologist /ˌmiːtjə'rɒlədʒɪst/ meteorolog *m*.
meteorology /ˌmiːtjə'rɒlədʒɪ/ meteorologi *m*.
meter /'miːtə/ måler *m*; (*amr*) meter *m*.

method /'meθəd/ metode *m*; **~ical** metodisk.
meticulous /mə'tɪkjʊləs/ pinlig nøyaktig.
metre /'miːtə/ meter *m*; versemål *n*.
metric /'metrɪk/ metrisk.
metropolis /mə'trɒpəlɪs/ verdensby *m*.
mettle /'metl/ mot *n*; temperament *n*.
mew /mjuː/ mjaue.
mica /'maɪkə/ glimmer *n*; kråkesølv *n*.
microchip /'maɪkrə(ʊ)tʃɪp/ mikrobrikke *m/f*.
microfiche /'maɪkrə(ʊ)fiʃ/ mikrokort *n*.
microphone /'maɪkrəfəʊn/ mikrofon *m*.
microscope /'maɪkrəskəʊp/ mikroskop *n*.
microwave /'maɪkrə(ʊ)weɪv/ mikrobølge *m*; **~ oven** mikrobølgeovn *m*.
mid /mɪd/ midt-; **~day** middag *m*, kl. 12.
middle /'mɪdl/ mellom-; midte *m*; **in the ~** i midten; **~ finger** langfinger *m*; **~-aged** middelaldrende.
midge /mɪdʒ/ (*zool*) knott *m*.
midget /'mɪdʒɪt/ dverg *m*.
midnight /'mɪdnaɪt/ midnatt *m*.
midsummer /'mɪdˌsʌmə/ midtsommer *m*; **Midsummer's Eve** sankthansaften *m*.
midwife /'mɪdwaɪf/ jordmor *m/f*; **~ry** fødselshjelp *m/f*.
might /maɪt/ makt *m/f*; kraft *m/f*; **~y**, mektig, sterk.
migraine /'miːgreɪn/ migrene *m*.
migrant /'maɪgr(ə)nt/ trekkfugl *m*; omstreifer *m*; **~ worker** fremmedarbeider *m*.
migrate /maɪ'greɪt/ flytte; vandre; (om fugler) trekke.
migration /maɪ'greɪʃ(ə)n/ vandring *m/f*; (om fugler) trekk *n*.
mild /maɪld/ mild; bløt; **~ness** mildhet *m*.
mildew /'mɪldjuː/ mugg *m*; jordslag *n*.
mile /maɪl/ (engelsk) mil *f* (= 1609 m); **~age** avstand *m* i mil; kilometerstand *m*; **~stone** (*overført*) milepæl *m*; kilometerstolpe *m*.
military /'mɪlɪt(ə)rɪ/ militær; **the ~** det militære.
milk /mɪlk/ melk *m/f*.
milk *verb* /mɪlk/ melke; **~maid** budeie *f*.

mill /mɪl/ mølle *m/f*; fabrikk *m*; (*maskin*) frese; **~er** møller *m*.
millennium /mɪ'lenɪəm/ årtusen *n*.
milliner /'mɪlɪnə/ modist *m*, hattemaker *m*.
millipede /'mɪlɪpi:d/ (*zool*) tusenbein *n*.
mimic /'mɪmɪk/ mimisk; imitator *m*.
mimic *verb* /'mɪmɪk/ herme etter.
mince /mɪns/ (fin)hakke; **~d meat** kjøttdeig *m*.
mincemeat /'mɪnsmi:t/ epler, rosiner *o.l.* brukt som fyll i pai.
mind /maɪnd/ sinn *n*; sjel *m/f*; forstand *m*; hjerne *m*, intellekt *n*.
mind *verb* /maɪnd/ passe (på); bry seg om; ha noe imot; **change one's ~** forandre mening *m/f*; **have a ~ to** ha lyst til; **keep in ~** huske (på); **never ~!** ikke bry deg om det! **~ you** vel og merke.
minded /'maɪndɪd/ -sinnet; **open-~** med åpent sinn.
mind-reader /'maɪnd,ri:də/ tankeleser *m*.
mine /maɪn/ min(e), mitt; gruve *m/f*; mine *m/f*.
mine *verb* /maɪn/ utvinne; minelegge; **~r** gruvearbeider *m*.
mineral /'mɪn(ə)r(ə)l/ mineral *n*; **~ water** mineralvann *n*.
mingle /'mɪŋgl/ blande (seg).
miniature /'mɪnjətʃə/ miniatyr(maleri) *n*.
minimum /'mɪnɪməm/ det minste; minstemål *n*.
mining /'maɪnɪŋ/ gruvedrift *m/f*.
minister /'mɪnɪstə/ minister *m*; prest *m*.
ministry /'mɪnɪstrɪ/ ministerium *n*; prestetjeneste *m*.
minor /'maɪnə/ mindre; mindreårig; (*mus*) moll; **~ity** mindretall *n*.
minster /'mɪnstə/ domkirke *m*.
mint /mɪnt/ myntverksted *n*; (*bot*) mynte *f*.
mint *verb* /mɪnt/ mynte.
minute /'mɪnɪt/ minutt *n*; øyeblikk *n*; **~s** *flertall* (møte)referat *n*; **~ hand** minuttviser *m*, langviser *m*.
minute /maɪ'nju:t/ ørliten; minutiøs.
miracle /'mɪrəkl/ under *n*.
miraculous /mɪ'rækjʊləs/ mirakuløs.

mire /'maɪə/ søle *m/f*, gjørme *m/f*.
mirror /'mɪrə/ speil *n*; speile.
mirth /mɜːθ/ munterhet *m*.
misadventure /ˌmɪsəd'ventʃə/ uhell *n*; ulykkestilfelle *n*.
misapprehension /ˌmɪsˌæprɪ'henʃ(ə)n/ misforståelse *m*, villfarelse *m*.
misbehave /ˌmɪsbɪ'heɪv/ oppføre seg dårlig.
misbehaviour /ˌmɪsbɪ'heɪvjə/ dårlig oppførsel *m*.
miscalculate /ˌmɪs'kælkjʊleɪt/ regne feil.
miscarriage /ˌmɪs'kærɪdʒ/ spontanabort *m*; det at noe mislykkes.
miscarriage of justice justismord *n*.
miscarry /ˌmɪs'kærɪ/ abortere; slå feil.
miscellaneous /ˌmɪsə'leɪnjəs/ blandet; diverse; *fork* **misc**.
mischief /'mɪstʃɪf/ ugagn *n*; skade *m*.
mischievous /'mɪstʃɪvəs/ skøyeraktig.
misconduct /mɪs'kɒndʌkt/ upassende oppførsel *m*; tjenesteforsømmelse *m*.
misdemeanour /ˌmɪsdɪ'miːnə/ (*jur*) mindre alvorlig forbrytelse *m*.
miser /'maɪzə/ gnier *m*.
miserable /'mɪz(ə)r(ə)bl/ elendig; ulykkelig.
misery /'mɪzərɪ/ fortvilelse *m*, elendighet *m*.
misfire /ˌmɪs'faɪə/ klikke; (om motor) ikke starte; slå feil.
misfit /'mɪsfɪt/ mistilpasset person.
misfortune /mɪs'fɔːtʃ(ə)n/ uhell *n*; ulykke *m*.
misgivings /mɪs'gɪvɪŋz/ bange anelser *m*.
misguided /mɪs'gaɪdɪd/ villedet; misforstått.
mishap /'mɪshæp/ uhell *n*.
misinterpret /ˌmɪsɪn'tɜːprɪt/ feiltolke.
misjudge /ˌmɪs'dʒʌdʒ/ feilbedømme.
mislay /mɪs'leɪ/ forlegge.
mislead /mɪs'liːd/ villede.
misprint /'mɪsprɪnt/ trykkfeil *m*.
miss /mɪs/ frøken *m/f*; bom(skudd) *m (n)*.
miss *verb* /mɪs/ savne; gå glipp av; bomme.
missing /'mɪsɪŋ/ manglende; forsvunnet.

mission /ˈmɪʃ(ə)n/ oppdrag *n*; misjon *m*; **~ary** misjonær *m*.
mist /mɪst/ tåke *m/f*.
mistake /mɪˈsteɪk/ feil(takelse) *m (m)*.
mistake *verb* /mɪˈsteɪk/ ta feil av, forveksle (**for** med).
mister /ˈmɪstə/ *fork* **Mr.** herr.
mistletoe /ˈmɪsltəʊ/ misteltein *m*.
mistress /ˈmɪstrəs/ husfrue *m*; elskerinne *m/f*.
mistrust /ˌmɪsˈtrʌst/ mistro *m*; mistenke.
misunderstand /ˌmɪsʌndəˈstænd/ misforstå; **~ing** misforståelse *m*.
misuse /ˌmɪsˈjuːs/ misbruk *n*.
misuse *verb* /ˌmɪsˈjuːz/ misbruke.
mitigate /ˈmɪtɪgeɪt/ formilde; lindre.
mitten /ˈmɪtn/ vott *m*; halvhanske *m*.
mix /mɪks/ blande; omgås; **~ up** blande; forveksle; **~ture** blanding *m/f*; mikstur *m*.
moan /məʊn/ stønn *n*.
moan *verb* /məʊn/ stønne; jamre.
moat /məʊt/ vollgrav *m/f*.
mob /mɒb/ mobb *m*; pøbel *m*.
mob *verb* /mɒb/ mobbe; stimle sammen om.
mobile /ˈməʊbaɪl/ mobil, bevegelig.
mobility /ˌmə(ʊ)ˈbɪlətɪ/ bevegelighet *m*.
mobilization /ˌməʊbɪlaɪˈzeɪʃ(ə)n/ mobilisering *m/f*.
mobilize /ˈməʊbɪlaɪz/ mobilisere.
mock /mɒk/ uekte; imitert.
mock *verb* /mɒk/ gjøre narr av; håne; **~ery** hån *n*.
mode /məʊd/ måte *m*; stil *m*; modus *n*; (*mus*) toneart *m*.
model /ˈmɒdl/ modell *m*; eksemplarisk.
model *verb* /ˈmɒdl/ modellere; være modell.
moderate /ˈmɒd(ə)rət/ måteholden; moderat.
moderate *verb* /ˈmɒd(ə)reɪt/ beherske seg, moderere (seg); lede et møte.
moderation /ˌmɒdəˈreɪʃ(ə)n/ måtehold *n*.
moderator /ˈmɒdəreɪtə/ ordstyrer *m*.
modern /ˈmɒd(ə)n/ moderne.
modest /ˈmɒdɪst/ beskjeden; blyg; **~y** beskjedenhet *m*.

modification /ˌmɒdɪfɪˈkeɪʃ(ə)n/ endring *m/f*.
modify /ˈmɒdɪfaɪ/ modifisere; endre.
moist /mɔɪst/ fuktig; **~en** fukte; **~ure** fuktighet *m*; **~urizer** fuktighetskrem *m*.
molar /ˈməʊlə/ jeksel *m*.
mole /məʊl/ muldvarp *m*; føflekk *m*; spion *m*.
moment /ˈməʊmənt/ øyeblikk *n*; **~ary** forbigående; **~arily** (*amr*) straks.
monarch /ˈmɒnək/ monark *m*; **~y** monarki *n*.
monastery /ˈmɒnəst(ə)rɪ/ (munke)kloster *n*.
Monday /ˈmʌndeɪ/ mandag.
monetary /ˈmʌnɪt(ə)rɪ/ penge-.
money /ˈmʌnɪ/ penger *m*.
mongrel /ˈmʌŋgr(ə)l/ kjøter *m*.
monitor /ˈmɒnɪtə/ ordensmann *m* (på skole); (billed)monitor *m*.
monitor *verb* /ˈmɒnɪtə/ avlytte; overvåke.
monk /mʌŋk/ munk *m*.
monkey /ˈmʌŋkɪ/ ape *m*.
monogram /ˈmɒnəgræm/ monogram *n*.
monologue /ˈmɒnəlɒg/ monolog *m*; enetale *m*.
monopoly /məˈnɒpəlɪ/ monopol *n*; enerett (**on** på).
monotonous /məˈnɒtənəs/ ensformig; monoton.
monster /ˈmɒnstə/ uhyre *n*.
monstrosity /mɒnˈstrɒsətɪ/ uhyrlighet *m*; misfoster *n*.
monstrous /ˈmɒnstrəs/ avskyelig; kjempestor.
month /mʌnθ/ måned *m*; **~ly** månedlig; månedstidsskrift *n*.
mood /muːd/ (sinns) stemning *m*; **~y** lunefull.
moon /muːn/ måne *m*; **~light** måneskinn *n*; arbeide ekstra (ofte svart).
moor /mʊə/ hei *f*, mo *m*.
moor *verb* /mʊə/ fortøye; **~ings** fortøyning(splass) *m*.
moose /muːs/ (*amr*) elg *m*.
mop /mɒp/ mopp *m*.
mop *verb* /mɒp/ tørke (opp).
mope /məʊp/ (sitte og) sture.
moral /ˈmɒr(ə)l/ moralsk; moral *m*; **~s** moral *m*, normer *m*; **~e** kampvilje *m*, moral *m*; **~ity** moral *m*, etikk *m*.
morbid /ˈmɔːbɪd/ sykelig; makaber.
more /mɔː/ mer; flere; **once ~** en gang til; **~over** dessuten.

morgue /mɔːg/ likhus *n*.
morning /ˈmɔːnɪŋ/ morgen *m*; formiddag *m*; **in the ~** om morgenen; **this ~** i morges.
moron /ˈmɔːrɒn/ (*hverdagslig*) idiot *m*.
morose /məˈrəʊs/ gretten.
morphine /ˈmɔːfiːn/ morfin *m*.
morsel /ˈmɔːs(ə)l/ liten bit *m*.
mortal /ˈmɔːtl/ dødelig; **~ity** dødelighet *m*.
mortar /ˈmɔːtə/ morter *m*; mørtel *m*; bombekaster *m*.
mortgage /ˈmɔːgɪdʒ/ pantelån *n* (på hus).
mortgage *verb* /ˈmɔːgɪdʒ/ belåne.
mortification /ˌmɔːtɪfɪˈkeɪʃ(ə)n/ krenkelse *m*, ydmykelse *m*.
mortify /ˈmɔːtɪfaɪ/ ydmyke, krenke.
mortuary /ˈmɔːtjʊərɪ/ likhus *n*; **~ table** obduksjonsbord *n*.
mosque /mɒsk/ moské *m*.
mosquito /məˈskiːtəʊ/ mygg *m*, moskito *m*; **~ repellent** myggolje *m/f*.
moss /mɒs/ mose *m*; **~y** mosegrodd.
most /məʊst/ mest; flest; **at (the) ~** høyst; **~ly** for det meste; hovedsakelig.
motel /məʊˈtel/ motell *n*.
moth /mɒθ/ møll *m*; **~ ball** møllkule *m/f*; **~-eaten** møllspist.
mother /ˈmʌðə/ mor *m*; **~hood** morskap *n*; **~-in-law** svigermor *m/f*; **~ly** moderlig; **~-of-pearl** perlemor *m/n*; **~ tongue** morsmål *n*.
motion /ˈməʊʃ(ə)n/ bevegelse *m*; forslag *n*.
motion *verb* /ˈməʊʃ(ə)n/ gjøre tegn til; **~less** ubevegelig.
motive /ˈməʊtɪv/ motiv *n*; driv-.
motley /ˈmɒtlɪ/ brokete, spraglete.
motor /ˈməʊtə/ bil-; motor *m*; **~way** motorvei *m*.
motor *verb* /ˈməʊtə/ bile; **~ bike, ~ cycle** motorsykkel *m*; **~ oil** motorolje *m/f*; **~ing** bilkjøring *m/f*; **~ist** bilist *m*.
mottled /ˈmɒtld/ spraglete; spettete.
mould /məʊld/ mugg *m*; (støpe)form *m/f*; muld *m*.
mould *verb* /məʊld/ mugne; støpe; forme; **~y** muggen.
mound /maʊnd/ (jord) haug *m*.

mount /maʊnt/ (be)stige; montere, stille opp; (i navn) fjell *n*, berg *n*.
mountain /ˈmaʊntɪn/ fjell *n*; berg *n*.
mountaineer /ˌmaʊntɪˈnɪə/ fjellklatrer *m*; **~ing** fjellklatring *m/f*.
mountain guide fjellfører *m*.
mountain inn fjellstue *m/f*.
mountainous /ˈmaʊntɪnəs/ fjellrik.
mountain plateau fjellvidde *m/f*.
mountain range fjellkjede *m*.
mountain ridge fjellrygg *m*.
mountain stream fjellbekk *m*.
mourn /mɔːn/ sørge (over); **~er** en som sørger; **~ful** sørgmodig.
mourning /ˈmɔːnɪŋ/ sorg *m*; **be in ~** bære sørgedrakt *m/f*.
mouse /maʊs/ *flertall* **mice** mus *m/f*.
mousse /muːs/ fromasj *m*.
mouth /maʊθ/ munn *m*; (elve)munning *m*.
mouth *verb* /maʊθ/ forme med leppene; **~-organ** munnspill *n*; **~piece** munnstykke *n*; (*tlf*) rør *n*; talsmann *m*.
move /muːv/ flytting *m/f*; trekk *n* (i sjakk *osv*).
move *verb* /muːv/ flytte; bevege (seg); ferdes; påvirke; fremsette forslag om; **on the ~** på farten; **~ on** gå videre; **~ over** flytte seg litt.
mov(e)able /ˈmuːvəbl/ bevegelig; **~s** (*jur*) løsøre *n*.
moved /muːvd/ beveget, rørt.
movement /ˈmuːvmənt/ bevegelse *m*; (*mus*) sats *m*.
movie /ˈmuːvɪ/ (*amr*) film *m*; **go to the ~s** gå på kino.
moving /ˈmuːvɪŋ/ som beveger seg; rørende.
mow /məʊ/ meie; slå; **(lawn) ~er** gressklipper *m*.
MP /ˌemˈpiː/ *fork for* **Member of Parliament; Military Police**.
Mr /ˈmɪstə/ hr.
Mrs /ˈmɪsɪz/ fru.
Ms /mɪz/ fr.
much /mʌtʃ/ mye; **how ~ is it?** hvor mye koster det?
muck /mʌk/ møkk *f*, gjødsel *m/f*.
mucous /ˈmjuːkəs/ slimete; **~ membrane** slimhinne *m/f*.
mud /mʌd/ mudder *n*,

gjørme *m/f*; ~ **flap** (på bil) skvettlapp *m*.
muddle /ˈmʌdl/ rot *n*, forvirring *m/f*.
muddle *verb* /ˈmʌdl/ rote sammen; forvirre; **~d** rotete; forvirret.
muddy /ˈmʌdɪ/ sølete; gjørmete.
muff /mʌf/ muffe *m/f*.
muffin /ˈmʌfɪn/ muffin *m*.
muffle /ˈmʌfl/ pakke inn; dempe (om lyd); **~d** dempet; **~r** skjerf *n*; (på bil) lydpotte *m*.
mug /mʌg/ krus *n*; (*hverdagslig*) fjes *n*.
mug *verb* /mʌg/ overfalle; **~ger** raner *m*; overfallsmann *m*; **~ging** overfall *n*; **~gy** fuktig, lummer.
mulberry /ˈmʌlb(ə)rɪ/ morbær(tre) *n*.
mule /mjuːl/ muldyr *n*; stabeis *m*.
mulish /ˈmjuːlɪʃ/ sta.
mull /mʌl/ (om vin) varme opp og krydre; **~ed wine** gløgg *m*.
multi /ˈmʌltɪ/ fler-; mange-; **~access** (*edb*) flerbruker *m*; **~-storey car park** parkeringshus *n*.
multiple /ˈmʌltɪpl/ mangfoldig.
multiplication /ˌmʌltɪplɪˈkeɪʃ(ə)n/ forøkelse *m*; multiplikasjon *m*.
multiply /ˈmʌltɪplaɪ/ formere (seg); multiplisere.
multitude /ˈmʌltɪtjuːd/ mengde *m/f*.
mumble /ˈmʌmbl/ mumling *m/f*.
mumble *verb* /ˈmʌmbl/ mumle.
mumps /mʌmps/ kusma *m*.
munch /mʌn(t)ʃ/ gomle på; knaske.
mundane /ˈmʌndeɪn/ dagligdags; verdslig.
municipal /mjʊˈnɪsɪp(ə)l/ by-; kommunal; **~ity** bykommune *m*.
munitions /mjuːˈnɪʃənz/ krigsmateriell *n*.
mural /ˈmjʊər(ə)l/ vegg-; mur-; veggmaleri *n*.
murder /ˈmɜːdə/ mord *n*.
murder *verb* /ˈmɜːdə/ myrde; **~er** morder *m*; **~ous** morderisk.
murky /ˈmɜːkɪ/ mørk; skummel.
murmur /ˈmɜːmə/ mumling *m/f*; murring *m/f*.
murmur *verb* /ˈmɜːmə/ mumle; bruse; protestere.
muscle /ˈmʌsl/ muskel *m*.

muscular /ˈmʌskjʊlə/ muskuløs.
muse /mjuːz/ muse *m*.
muse *verb* /mjuːz/ gruble, fundere.
museum /mjʊˈzɪəm/ museum *n*.
mushroom /ˈmʌʃrʊm/ sopp *m*, særlig sjampinjong *m*.
mushy /ˈmʌʃɪ/ grøtaktig; bløt.
music /ˈmjuːzɪk/ musikk *m*; noter *m*; (*overført*) **face the ~** ta støyten; **set to ~** tonesette; **~-hall** varieté *m*.
musical /ˈmjuːzɪk(ə)l/ musikalsk; velklingende; musikal *m*; **~ comedy** operette *m*.
musician /mjʊˈzɪʃ(ə)n/ musiker *m*.
musk /mʌsk/ moskus; **~-rat** bisamrotte *f*.
mussel /ˈmʌsl/ blåskjell *n*; musling *m*.
must /mʌst/ most *m*; nødvendighet *m*.
must *verb* /mʌst/ må, måtte.
mustard /ˈmʌstəd/ sennep *m*.
muster /ˈmʌstə/ mønstring *m/f*.
muster *verb* /ˈmʌstə/ mønstre.
musty /ˈmʌstɪ/ muggen; gammeldags.
mute /mjuːt/ stum (person).
mute *verb* /mjuːt/ dempe; **~d** dempet; **~ness** stumhet *m*.
mutilate /ˈmjuːtɪleɪt/ lemleste; ødelegge.
mutiny /ˈmjuːtɪnɪ/ mytteri *n*.
mutiny *verb* /ˈmjuːtɪnɪ/ gjøre mytteri.
mutter /ˈmʌtə/ mumling *m/f*.
mutter *verb* /ˈmʌtə/ mumle.
mutton /ˈmʌtn/ fårekjøtt *n*; **~ chop** lammekotelett *m*.
mutual /ˈmjuːtʃʊəl/ gjensidig; felles; **~ fund** aksjefond *n*.
muzzle /ˈmʌzl/ mule *m*; munning (på skytevåpen) *m/f*; munnkurv *m*.
muzzle *verb* /ˈmʌzl/ sette munnkurv på.
my /maɪ/ min(e), mitt.
myopic /maɪˈɒpɪk, maɪˈəʊpɪk/ nærsynt.
myrtle /ˈmɜːtl/ myrt *m*.
myself /maɪˈself/ jeg selv, meg selv; meg.
mysterious /mɪˈstɪərɪəs/ mystisk; hemmelighetsfull.
mystery /ˈmɪst(ə)rɪ/ mysterium *n*; hemmelighet *m*.
mystic /ˈmɪstɪk/ mystiker *m*; **~ism** mystisisme *m*.
mystification /ˌmɪstɪfɪˈkeɪʃ(ə)n/ mystifikasjon *m*.

mystify /ˈmɪstɪfaɪ/ mystifisere.

myth /mɪθ/ myte *m*.

N

nab /næb/ få tak i; fakke.
nag /næg/ gamp *m*.
nag *verb* /næg/ småskjenne; mase.
nail /neɪl/ negl *m*; spiker *m*.
nail *verb* /neɪl/ spikre; slå kloen i; **~-file** neglefil *m/f*; **~ varnish** neglelakk *m*.
naive /nɑːˈiːv/ naiv, godtroende.
naked /ˈneɪkɪd/ naken; bar; **~ness** nakenhet *m*.
name /neɪm/ navn *n*; ry *n*.
name *verb* /neɪm/ kalle; (be) nevne; **~less** navnløs; **~ly** nemlig **(= i.e.)**; **~-plate** navneskilt *n*; **~sake** navnebror *m*.
nanny /ˈnænɪ/ barnepike *m/f*.
nap /næp/ lur *m*; lo *f*.
nape /neɪp/ **~ of the neck** nakke *m*.
napkin /ˈnæpkɪn/ serviett *m*.
nappy /ˈnæpɪ/ bleie *m/f*; **disposable ~** papirbleie *m*.
narcissus /nɑːˈsɪsəs/ narsiss *m*; **white ~** pinselilje *m/f*.
narcotic /nɑːˈkɒtɪk/ narkotisk; narkotisk stoff *n*; **~s** narkotika *n*.
narrate /nəˈreɪt/ berette; fortelle.
narrative /ˈnærətɪv/ fortellende; fortelling *m/f*.
narrator /næˈreɪtə/ forteller *m*.
narrow /ˈnærəʊ/ smal; trang; snever.
narrow *verb* /ˈnærəʊ/ smalne; **~ing** innsnevring *m/f*; **~-minded** sneversynt.
nasal /ˈneɪz(ə)l/ nese-; nasal.
nasty /ˈnɑːstɪ/ ekkel, vemmelig; ubehagelig.
natal /ˈneɪtl/ fødsels-; føde-.
nation /ˈneɪʃ(ə)n/ nasjon *m*; folk(eslag) *n*; **~al** nasjonal; **~ality** nasjonalitet *m*; statsborgerskap *n*; **~alize** nasjonalisere.
native /ˈneɪtɪv/ føde-;

medfødt; innfødt (*m*); ~ **American** indianer *m*; ~ **country** hjemland *n*; ~ **language** morsmål *n*.
natural /'nætʃr(ə)l/ naturlig; medfødt; ~ **science** naturvitenskap *m*; **~ize** naturalisere; gi statsborgerskap *n*; **~ly** naturligvis.
nature /'neɪtʃə/ natur *m*; beskaffenhet *m*; ~ **conservation** naturvern *n*.
naught /nɔːt/ null *m/n*; **~y** uskikkelig; slem.
nausea /'nɔːsɪə/ kvalme *m*; **~ting** kvalmende; ekkel.
nautical /'nɔːtɪk(ə)l/ sjø-; nautisk; ~ **mile** sjømil *m* (1852 m).
naval /'neɪv(ə)l/ sjø-; marine-.
nave /neɪv/ (i kirke) skip *n*.
navel /'neɪv(ə)l/ navle *m*.
navigable /'nævɪgəbl/ farbar; fremkommelig.
navigate /'nævɪgeɪt/ navigere; seile.
navigation /ˌnævɪ'geɪʃ(ə)n/ navigasjon *m*; sjøfart *m*.
navigator /'nævɪgeɪtə/ navigatør *m*.
navy /'neɪvɪ/ marine *m*; flåte *m*.
near /nɪə/ nær; like ved; **~ly** nesten; **~-sighted** nærsynt.
neat /niːt/ ordentlig; ryddig; fiks.
necessary /'nesəs(ə)rɪ/ nødvendig; **if** ~ om nødvendig.
necessitate /nə'sesɪteɪt/ gjøre nødvendig.
necessity /nə'sesɪtɪ/ nødvendighet *m*.
neck /nek/ hals *m*; **back of the** ~ nakke *m*.
neck *verb* /nek/ kline, kjæle med; **~lace** halsbånd *n*; **~tie** slips *n*.
need /niːd/ nød *m*; behov *n*.
need *verb* /niːd/ behøve, trenge.
needle /'niːdl/ nål *m/f*; **~work** søm *m*; håndarbeid *n*.
needless /'niːdləs/ unødvendig.
needy /'niːdɪ/ trengende (*m*).
negative /'negətɪv/ nektende; negativ; nektelse *m*; (*fotogr*) negativ *n*.
neglect /nɪ'glekt/ forsømmelse *m*.
neglect *verb* /nɪ'glekt/ forsømme.
negligence /'neglɪdʒ(ə)ns/ skjødesløshet *m*.
negligent /'neglɪdʒ(ə)nt/ skjødesløs.

negligible /'neglɪdʒəbl/ ubetydelig.
negotiable /nɪ'gəʊʃjəbl/ omsettelig; som det kan forhandles om.
negotiate /nɪ'gəʊʃɪeɪt/ forhandle (om); omsette.
negotiation /nɪˌgəʊʃɪ'eɪʃ(ə)n/ forhandling *m/f*.
negotiator /nɪ'gəʊʃɪeɪtə/ forhandler *m*.
neigh *verb* /neɪ/ vrinske, knegge.
neighbour /'neɪbə/ nabo *m*; **~hood** naboskap *n*; **~ing** nabo-; omkringliggende.
neither /'naɪðə/ ingen (av to); **~ - nor** verken - eller.
nephew /'nefjʊ/ nevø *m*.
nerve /nɜːv/ nerve *m*; (*hverdagslig*) frekkhet *m*; **~-racking** enerverende.
nervous /'nɜːvəs/ nerve-; nervøs; **~ breakdown** nervesammenbrudd *n*; **~ness** nervøsitet *m*.
nest /nest/ reir *n*.
nest *verb* /nest/ bygge reir.
nestle /'nesl/ ligge lunt og trygt.
net /net/ netto; nett *n*, garn *n*.
net *verb* /net/ fange; score mål; tjene netto; **landing ~** håv *m*.
netting /'netɪŋ/ garnbinding *m/f*; nett *n*; **wire ~** ståltrådnetting *m*.
nettle /'netl/ nesle *m*; **stinging ~** brennesle *m/f*.
network /'netwɜːk/ nettverk *n*.
neurologist /ˌnjʊə'rɒlədʒɪst/ nevrolog *m*.
neurosis /njʊə'rəʊsɪs/ nevrose *m* .
neurotic /njʊə'rɒtɪk/ nevrotisk.
neuter /'njuːtə/ (*gram*) intetkjønn(sord) *n*; kjønnsløs.
neutral /'njuːtr(ə)l/ nøytral; **put the car in ~** sette bilen i fri; **~ity** nøytralitet *m*; **~ize** nøytralisere.
never /'nevə/ aldri; **~theless** ikke desto mindre.
new /njuː/ ny; fersk; **~fangled** nymotens; **~ly** nylig, nettopp; ny-.
news /njuːz/ nyhet(er) *m*; **~ agency** telegrambyrå *n*; **~agent's** forretning hvor det selges aviser og blader; **~boy** avisgutt *m*; **~cast** nyhetsprogram *n*; **~paper** avis *m/f*; **~-stand** aviskiosk *m*.

New Year /ˌnjuːˈjɪə/ nyttår *n*; **~~'s Eve** nyttårsaften *m*.
next /nekst/ neste; (på) følgende; nærmest; deretter; **~ to** ved siden av; nest etter.
NHS /ˌeneɪtʃˈes/ *fork for* **National Health Service**.
nib /nɪb/ spiss *m*; pennesplitt *m*.
nibble /ˈnɪbl/ liten bit *m*; **~ at** småspise av.
nice /naɪs/ fin; hyggelig, sympatisk; **~ly** fint; bra; **~ty** nøyaktighet *m*; liten detalj *m*.
nick /nɪk/ kutt *n*, snitt *n*.
nick *verb* /nɪk/ lage kutt i; (*hverdagslig*) stjele; arrestere; **in the ~ of time** i siste øyeblikk.
nickel /ˈnɪkl/ nikkel *m*; (*amr*) femcent(stykke) *m (n)*.
nickname /ˈnɪkneɪm/ klengenavn *n*.
niece /niːs/ niese *m/f*.
niggardly /ˈnɪgədlɪ/ knuslete.
night /naɪt/ natt *m/f*; kveld *m*; **at ~** om natten; om kvelden; **first ~** première *m*; **last ~** i går kveld.
nightcap /ˈnaɪtkæp/ kveldsdrink *m*.
nightingale /ˈnaɪtɪŋgeɪl/ nattergal *m*.
nightly /ˈnaɪtlɪ/ nattlig; hver natt.
nightmare /ˈnaɪtmeə/ mareritt *n*.
nightshade /ˈnaɪtʃeɪd/ (*bot*) søtvier *m*; **deadly ~** belladonna *m* (urt).
nil /nɪl/ null, intet.
nimble /ˈnɪmbl/ rask; kvikk.
nine /naɪn/ ni.
ninepins /ˈnaɪnpɪnz/ kjeglespill *n*.
nineteen /ˌnaɪnˈtiːn/ nitten.
nineteenth /ˌnaɪnˈtiːnθ/ nittende.
ninetieth /ˈnaɪntɪəθ/ nittiende.
ninety /ˈnaɪntɪ/ nitti.
ninth /naɪnθ/ niende.
nip /nɪp/ klyp *n*.
nip *verb* /nɪp/ klype; (*bot*) stoppe veksten av; **~ in the bud** kvele i fødselen.
nippers /ˈnɪpəz/ **a pair of ~** knipetang *m/f*.
nipple /ˈnɪpl/ brystvorte *m/f*; nippel *m*; (*amr*) tåtesmokk *m* .
nitre /ˈnaɪtə/ salpeter *m*.
nitrogen /ˈnaɪtrədʒən/ nitrogen *n*.
nitwit /ˈnɪtwɪt/ tåpelig person *m*; fjols *n*.

No. no. *fork for* **number**.
no /nəʊ/ nei; ikke; ikke noe(n); **in ~ time** på et øyeblikk; **~body** ingen; **~ one** ingen.
nobility /nəʊ'bɪlətɪ/ adel *m*.
noble /'nəʊbl/ adelig; fornem; edel .
nocturnal /nɒk'tɜːnl/ natt-, nattlig.
nod /nɒd/ nikk *n*.
nod *verb* /nɒd/ nikke; blunde.
noise /nɔɪz/ bråk *n*; støy *m*.
noiseless /'nɔɪzləs/ lydløs.
noisy /'nɔɪzɪ/ bråkete; støyende.
nominal /'nɒmɪnl/ nominell.
nominate /'nɒmɪneɪt/ nominere, innstille; utnevne.
nomination /ˌnɒmɪ'neɪʃ(ə)n/ nominasjon *m*.
nominee /ˌnɒmɪ'niː/ kandidat *m*.
non- /ˌnɒn/ ikke-.
noncommittal /ˌnɒnkə'mɪtəl/ uforpliktende; diplomatisk.
nonconformist /ˌnɒnkən'fɔːmɪst/ dissenter *m*.
nondescript /'nɒndɪskrɪpt/ ubestemmelig.
none /nʌn/ ingen(ting); ikke noe; **~ the less** ikke desto mindre.
nonsense /'nɒns(ə)ns/ sludder *n*.
noodle /'nuːdl/ nudel *m*.
noon /nuːn/ kl. 12 (middag).
noose /nuːs/ løkke *f*; rennesnare *m/f*.
nor /nɔː/ heller ikke; **neither - nor** verken - eller.
Nordic /'nɔːdɪk/ nordisk.
norm /nɔːm/ regel *m*, norm *m*; **~al** normal.
Norse /nɔːs/ norrøn; nordisk.
north /nɔːθ/ nord; nord-; nordover; **~bound** som går nordover; **~ern** nordlig; nord-; **~ward(s)** nordlig; nordover.
Norway /'nɔːweɪ/ Norge.
Norwegian /nɔː'wiːdʒ(ə)n/ nordmann *m*; norsk.
nose /nəʊs/ nese *m/f*; snute *m/f*; (*overført*) teft *m*.
nosebleed /'nəʊzˌbliːd/ neseblødning *m*.
nostalgia /nɒ'stældʒɪə/ hjemlengsel *m*; nostalgi *m*.
nostalgic /nɒ'stældʒɪk/ nostalgisk.
nostril /'nɒstr(ə)l/ nesebor *n*.
nosy /'nəʊzɪ/ nysgjerrig.
not /nɒt/ ikke.

notable /ˈnəʊtəbl/ bemerkelsesverdig.
notably /ˈnəʊtəblɪ/ særlig.
notation /nə(ʊ)ˈteɪʃ(ə)n/ tegnsystem *n*; notesystem *n*.
notch /nɒtʃ/ hakk *n*; nivå *n*.
notch *verb* /nɒtʃ/ lage hakk i.
note /nəʊt/ note *m*; lite brev *n*; (penge)seddel *m*; nota *m*; note *m*.
note *verb* /nəʊt/ notere (seg); legge merke til; **~ down** notere; **~book** notisbok *m/f*.
nothing /ˈnʌθɪŋ/ ingenting; **good for ~** udugelig.
notice /ˈnəʊtɪs/ melding *m/f*; notis *m* (i avis *o.l.*); varsel *n*; oppsigelse *m*.
notice *verb* /ˈnəʊtɪs/ legge merke til; **give ~** si opp; **~able** merkbar; **~-board** oppslagstavle *m/f*.
notification /ˌnəʊtɪfɪˈkeɪʃ(ə)n/ melding *m/f*.
notify /ˈnəʊtɪfaɪ/ underrette.
notion /ˈnəʊʃ(ə)n/ idé *m*; anelse *m*.
notorious /nə(ʊ)ˈtɔːrɪəs/ beryktet; **~ly** velkjent; notorisk.
notwithstanding /ˌnɒtwɪθˈstændɪŋ/ til tross for; ikke desto mindre.
nought /nɔːt/ null *n*.
noun /naʊn/ substantiv *n*.
nourish /ˈnʌrɪʃ/ (er)nære; **~ing** nærende; **~ment** næring *m/f*.
novel /ˈnɒv(ə)l/ roman *m*; **~ist** romanforfatter *m*; **~ty** nyhet *m*.
November /nə(ʊ)ˈvembə/ november.
novice /ˈnɒvɪs/ nybegynner *m*; novise *m/f*.
now /naʊ/ nå; **~adays** nå til dags.
nowhere /ˈnəʊweə/ ikke noe sted; **~ near** ikke på langt nær.
noxious /ˈnɒkʃəs/ skadelig; giftig.
nozzle /ˈnɒzl/ munnstykke *n*.
nuclear /ˈnjuːklɪə/ kjerne-; atom-; **~ power station** atomkraftverk *n*.
nude /njuːd/ naken.
nudge /nʌdʒ/ lite dytt *n*.
nudge *verb* /nʌdʒ/ dytte til.
nuisance /ˈnjuːsns/ plage *m/f*; besværlighet *m*.
null /nʌl/ ugyldig; **~ify** erklære ugyldig.
numb /nʌm/ nummen, følelsesløs.

numb *verb* /nʌm/ gjøre nummen.
number /'nʌmbə/ (an)tall *n*; nummer *n*.
number *verb* /'nʌmbə/ nummerere; **in large ~s** i massevis; **~ plate** nummerskilt *n*.
numeral /'njuːm(ə)r(ə)l/ tall(tegn) *n*.
numerical /njʊ'merɪk(ə)l/ tall-; **in ~ order** i nummerorden; **~ly** tallmessig.
numerous /'njuːm(ə)rəs/ tallrik.
nun /nʌn/ nonne *m/f*.
nuptial /'nʌpʃ(ə)l/ bryllups-; ekteskapelig.
nurse /nɜːs/ sykepleier *m*.
nurse *verb* /nɜːs/ pleie; amme; **wet ~** amme *m/f*; **~ry** barneværelse *n*; planteskole *m*.
nut /nʌt/ nøtt *m/f*; mutter *m*; **be ~s** (*overført*) være sprø, gal; **~cracker** nøtteknekker *m*.
nutmeg /'nʌtmeg/ muskat *m* (krydder).
nutrient /'njuːtrɪənt/ nærings-; næringsmiddel *n*.
nutrition /njʊ'trɪʃ(ə)n/ ernæring *m/f*.
nutritional /njuː'trɪʃənəl/ ernærings-; nærings-.
nutritious /njʊ'trɪʃəs/ nærende.
nutshell /'nʌtʃel/ nøtteskall *n*; **in a ~** i korthet *m*.
nuzzle /'nʌzl/ gni nesen (mulen, snuten) mot.

O

oak /əʊk/ eik *f*.
oar /ɔː/ åre *m/f*; **~sman** roer *m*.
oasis /əʊ'eɪsɪs/ oase *m*.
oath /əʊθ/ ed *m*; banning *m/f*; **take an ~** avlegge ed.
oatmeal /'əʊtmiːl/ havremel *n*; **~ porridge** havregrøt *m*.
oats /əʊts/ havre *m*.
OBE /ˌəʊbiː'iː/ *fork for* **Order of the British Empire**.
obedience /ə'biːdjəns/ lydighet *m* (**to** mot).

obedient /ə'biːdjənt/ lydig.
obesity /ə(ʊ)'biːsətɪ/ fedme *m*.
obey /ə(ʊ)'beɪ/ adlyde.
obituary /ə'bɪtʃʊərɪ/ nekrolog *m*.
object /'ɒbdʒɪkt/ gjenstand *m*; (for)mål *n*; (*gram*) objekt *n*.
object *verb* /əb'dʒekt/ innvende (**to** mot); **~ion** innvending *m/f*.
objectionable /əb'dʒekʃənəbl/ forkastelig.
objective /əb'dʒektɪv/ objektiv; mål *n*; objektiv *n*.
obligation /ˌɒblɪ'geɪʃ(ə)n/ forpliktelse *m*.
obligatory /ə'blɪgət(ə)rɪ/ bindende, obligatorisk.
oblige /ə'blaɪdʒ/ tvinge; gjøre en tjeneste; **anything to ~!** til tjeneste! **be ~d to** være nødt til; **much ~d!** tusen takk! .
obliging /ə'blaɪdʒɪŋ/ forekommende; tjenestevillig.
oblique /ə(ʊ)'bliːk/ skrå, skjev; indirekte.
obliterate /ə'blɪtəreɪt/ utslette.
oblivion /ə'blɪvɪən/ glemsel *m*.
oblong /'ɒblɒŋ/ avlang.
obnoxious /əb'nɒkʃəs/ ytterst ubehagelig.
obscene /əb'siːn/ obskøn; uanstendig; slibrig.
obscure /əb'skjʊə/ dunkel; lite kjent.
obscure *verb* /əb'skjʊə/ fordunkle; skjule.
obscurity /əb'skjʊərətɪ/ mørke *n*; ubemerkethet *m*.
observable /əb'zɜːvəbl/ iakttagbar.
observance /əb'zɜːv(ə)ns/ overholdelse *m*.
observant /əb'zɜːv(ə)nt/ oppmerksom.
observation /ˌɒbzə'veɪʃ(ə)n/ iakttakelse *m*; bemerkning *m*.
observatory /əb'zɜːvətrɪ/ observatorium *n*.
observe /əb'zɜːv/ iaktta; observere; legge merke til; **~r** iakttaker *m*; observatør *m*.
obsess /əb'ses/ plage; **~ion** besettelse *m*; tvangsforestilling *m/f*; **~ively** som besatt.
obsolete /'ɒbsəliːt/ foreldet.
obstacle /'ɒbstəkl/ hindring *m/f*; (*sport*) hinder *n*; **~ race** hinderløp *n*.
obstetrician /ˌɒbste'trɪʃ(ə)n/ fødselslege *m*.

obstinate /'ɒbstɪnət/ sta; gjenstridig.
obstruct /əb'strʌkt/ sperre; hindre; **~ion** hindring *m/f*; (*sport*) blokkering *m/f*; **~ive** som hindrer.
obtain /əb'teɪn/ få; oppnå; **~able** tilgjengelig; oppnåelig.
obtrusive /əb'truːsɪv/ påtrengende.
obvious /'ɒbvɪəs/ klar; innlysende; **~ly** tydeligvis.
occasion /ə'keɪʒ(ə)n/ anledning *m*; begivenhet *m*; **~al** tilfeldig; sporadisk; **~ally** av og til.
occupation /ˌɒkjʊ'peɪʃ(ə)n/ okkupasjon *m*; beskjeftigelse *m*, yrke *n*; **~al** yrkes-; arbeids-.
occupy /'ɒkjʊpaɪ/ beskjeftige; oppta; okkupere; **be -ied with** være opptatt med.
occur /ə'kɜː/ hende; forekomme; **~ to sby** falle en inn; **~rence** hendelse *m*; forekomst *m*.
ocean /'əʊʃ(ə)n/ (verdens) hav *n*.
o'clock /ə'klɒk/ **five ~** klokken fem.
October /ɒk'təʊbə/ oktober.
octopus /'ɒktəpəs/ blekksprut *m*.
ocular /'ɒkjʊlə/ øye(n)-.
odd /ɒd/ underlig, rar; ulike; umake; enkelt; **fifty ~ years** noen og femti år; **~ jobs** forefallende arbeid; **~ly enough** merkelig nok; **~ one out** til overs; som skiller seg ut.
oddity /'ɒdətɪ/ særhet *m*; sjeldenhet *m*.
odds /ɒdz/ odds; sjanser *m*.
odious /'əʊdjəs/ motbydelig.
odometer /əʊ'dɒmɪtə/ kilometerteller *m*.
odour /'əʊdə/ lukt *m/f*.
oestrogen /'iːstrə(ʊ)dʒ(ə)n/ østrogen *n*.
of *preposisjon* /ɒv/ av; fra; om.
off /ɒf/ bort; av sted; fri (fra arbeidet); ikke bli noe av; **be badly ~** være dårlig stilt; ha dårlig råd; **I must be ~** jeg må gå; **well ~** velstående; **~hand** (*overført*) på stående fot; **~-key** (*mus*) falsk; **~-licence** vin- og brennevinsutsalg *n*; **~-line** (*edb*) frakoblet; **~-peak** utenom rushtiden; **~-the-record** uoffisiell; konfidensiell.
offence /ə'fens/ krenkelse *m*; forseelse *m*.

offend /ə'fend/ fornærme; såre; **~ed** fornærmet; såret; **~er** lovovertreder *m.*
offensive /ə'fensɪv/ offensiv; anstøtelig; offensiv *m.*
offer /'ɒfə/ tilbud *n*; bud *n.*
offer *verb* /'ɒfə/ tilby; utlove; **~ing** offergave *m/f*; tilbud *n.*
office /'ɒfɪs/ kontor *n*; embete *n*; **~r** offiser *m*; embetsmann *m*; tjenestemann *m*; politimann *m.*
official /ə'fɪʃ(ə)l/ embets-; tjeneste-; offisiell; embetsmann *m*; tjenestemann *m*; funksjonær *m.*
officiate /ə'fɪʃɪeɪt/ forrette; fungere.
offprint /'ɒfprɪnt/ særtrykk *n.*
offshore /ˌɒf'ʃɔː/ fralands-; (i oljeindustrien) til havs, på feltet.
often /'ɒfn/ ofte.
ogre /'əʊgə/ uhyre *n*, troll *n.*
oil /ɔɪl/ olje *m/f.*
oil *verb* /ɔɪl/ olje, smøre; **crude ~** råolje *m/f*; **fuel ~** fyringsolje *m/f*; **lubricating ~** smøreolje *m/f*; **~cloth** voksduk *m*; **~ deposit** oljeforekomst *m*; **~ dipper** olje(måle) pinne *m*; **~field** oljefelt *n*; **~ gauge** oljemåler *m*; **~skin** oljelerret *n*; *i flertall* oljehyre *m/n*; **~ well** oljekilde *m*; **~y** oljete; (*overført*) slesk.
ointment /'ɔɪntmənt/ (sår) salve *m/f.*
OK /əʊ'keɪ/ okay, alt i orden.
old /əʊld/ gammel; **~ age** alderdom *m*; **~-age pensioner**, *fork* **OAP** pensjonist *m*; **~-fashioned** gammeldags.
olive /'ɒlɪv/ oliven(tre) *m (n)*; olivengrønn.
Olympic Games the ~ de olympiske leker.
omelette /'ɒmlət/ omelett *m.*
omen /'əʊmen/ tegn *n*, varsel *n.*
ominous /'ɒmɪnəs/ illevarslende.
omission /ə(ʊ)'mɪʃ(ə)n/ utelatelse *m*; unnlatelse *m.*
omit /ə(ʊ)'mɪt/ utelate; la være.
omnipotent /ɒm'nɪpət(ə)nt/ allmektig.
omniscient /ɒm'nɪsɪənt/ allvitende.
omnivorous /ɒm'nɪv(ə)rəs/ altetende.

on /ɒn/ på; fra; med; ved; overfor; ifølge; fremover, videre; ~ **and off** av og til.
once /wʌns/ én gang; **at** ~ straks; ~ **more** én gang til.
one /wʌn/ en, ett; man, en; ~ **another** hverandre; ~**-off** engangs-; ~**self** seg; selv; ~**-track** ensporet; ~**-way street** enveiskjørt gate *m/f*; ~**-way ticket** (*amr*) enkeltbillett *m*.
onion /'ʌnjən/ løk *m*.
online /'ɒnlaɪn/ (*edb*) oppkoblet; ~ **newspaper** nettavis *m/f*.
onlooker /'ɒnˌlʊkə/ tilskuer *m*.
only /'əʊnlɪ/ eneste; bare.
onset /'ɒnset/ begynnelse *m*; angrep *n*.
onward(s) /'ɒnwəd(z)/ fremover.
ooze /uːz/ slam *n*; ~ **out** sive ut.
open /'əʊp(ə)n/ åpen; fri; åpenhjertig.
open *verb* /'əʊp(ə)n/ åpne (seg); ~**-air** i friluft; ~**ing** åpnings-; åpning *m/f*; mulighet *m*; ~**ly** åpenlyst; ~**-minded** fordomsfri.
opera /'ɒp(ə)rə/ opera *m*.
operate /'ɒpəreɪt/ operere; virke; betjene.
operation /ˌɒpə'reɪʃ(ə)n/ operasjon *m*; drift *m/f*.
operator /'ɒpəreɪtə/ operatør *m*; (*tlf*) telefonist *m*.
opinion /ə'pɪnjən/ mening *m/f*; oppfatning *m*; ~**ated** sta, påståelig.
opponent /ə'pəʊnənt/ motstander *m*; motspiller *m*.
opportune /ɒpə'tjuːn/ beleilig.
opportunist /ɒpə'tjuːnɪst/ opportunist *m*.
opportunity /ˌɒpə'tjuːnətɪ/ (gunstig) anledning *m/f*; sjanse *m*.
oppose /ə'pəʊz/ bekjempe, motsette seg; ~**d** motsatt; motstridende; **be** ~**d to** være i mot.
opposite /'ɒpəzɪt/ motsatt; overfor.
opposition /ɒpə'zɪʃən/ motstand *m*; opposisjon *m*.
oppress /ə'pres/ undertrykke; ~**ion** undertrykkelse *m*; nedtrykthet *m*; ~**ive** trykkende, tyngende; ~**or** undertrykker *m*.
optical /'ɒptɪk(ə)l/ syns-.
optician /ɒp'tɪʃ(ə)n/ optiker *m*.

optics /'ɒptɪks/ optikk *m*.
option /'ɒpʃ(ə)n/ valg *n*; forkjøpsrett *m*; opsjon *m*; **~al** valgfri.
opulent /'ɒpjʊlənt/ rik; overdådig.
or /ɔː/ eller; **either - ~** enten - eller; **~ else** ellers.
oral /'ɔːr(ə)l / muntlig.
orange /'ɒrɪn(d)ʒ/ appelsin *m*; oransje(farget).
orator /'ɒrətə/ taler *m*; **~y** veltalenhet *m*.
orb /ɔːb/ kule *m/f*.
orbit /'ɔːbɪt/ (*astronomi*) bane *m*.
orbit *verb* /'ɔːbɪt/ gå i bane rundt.
orchard /'ɔːtʃəd/ frukthage *m*.
orchestra /'ɔːkɪstrə/ orkester *n*.
orchid /'ɔːkɪd/ orkidé *m*.
ordain /ɔː'deɪn/ ordinere; fastsette.
ordeal /ɔː'diːl/ ildprøve *m/f*, prøvelse *m*.
order /'ɔːdə/ orden *m*; ordre *m*; bestilling *m/f*; rang *m*.
order *verb* /'ɔːdə/ ordne; befale; bestille; **in ~ to** for å; **out of ~** i uorden; **~ly** velordnet; ordonnans *m*; portør *m* (på sykehus).
ordinal /'ɔːdɪnl/ ordenstall *n*.
ordinance /'ɔːdɪnəns/ forordning *m*.
ordinary /'ɔːdnrɪ/ ordinær; vanlig; **~ share** stamaksje *m*.
ordnance /'ɔːdnəns/ artilleri *n*.
ore /ɔː/ malm *m*.
oregano /ˌɒrɪ'gɑːnəʊ/ oregano *m*.
organ /'ɔːgən/ organ *n*; orgel *n*; **~ic** organisk; biodynamisk.
organization /ˌɔːgənaɪ'zəɪʃ(ə)n/ organisasjon *m*.
organize /'ɔːgənaɪz/ organisere.
orgy /'ɔːdʒɪ/ orgie *m*.
orientation /ˌɔːrɪən'teɪʃ(ə)n/ orientering *m*.
orienteering /ˌɔːrɪən'tɪərɪŋ/ (*sport*) orientering *m/f*.
origin /'ɒrɪdʒɪn/ opprinnelse *m*; opphav *n*; **~al** opprinnelig, original; **~ate** oppstå; **~ator** opphavsmann *m*.
ornament /'ɔːnəmənt/ pryd(gjenstand) *m*.
ornament *verb* /'ɔːnəmənt/ pryde; **~al** dekorativ.
orphan /'ɔːf(ə)n/ foreldreløs; **~age** hjem *n* for foreldreløse barn.

orthodox /'ɔːθədɒks/ ortodoks; rettroende.
orthography /ɔː'θɒgrəfɪ/ rettskrivning *m*.
orthopedics /ˌɔːθəʊ'piːdɪks/ ortopedi *m*.
oscillate /'ɒsɪleɪt/ svinge, pendle.
ostensibly /ɒ'stensəblɪ/ tilsynelatende.
ostentatious /ˌɒsten'teɪʃəs/ brautende; prangende.
ostracized /'ɒstrəsaɪzd/ landsforvist; utstøtt.
ostrich /'ɒstrɪtʃ/ struts *m*.
other /'ʌðə/ annen, annet, andre; **the ~ day** forleden dag; **each ~** hverandre; **~wise** annerledes; ellers.
otter /'ɒtə/ oter *m*.
ought /ɔːt/ **~ to** bør; burde.
ounce /aʊns/ unse *m* (28,35 g); *fork* oz.
our *adjektivisk:* /'aʊə/ vår, vårt, våre; **~s** vår, vårt, våre; **~selves** (oss) selv.
oust /aʊst/ fortrenge, fordrive.
out /aʊt/ ut; ute; **way ~** utgang *m*; utvei *m*; **~break** utbrudd *n*; **~cast** utstøtt; **~come** resultat *n*; **~cry** (rama)skrik *n*; **~dated** foreldet; **~distance** distansere, gå forbi; **~doors** ute i det fri; **~er** ytre, ytter-; **~fit** utstyr *n*; **~grow** vokse fra; **~ing** utflukt *m*; **~law** fredløs *m*; **~let** utløp *n*; **~line** omriss *n*; utkast *n*; *verb* angi hovedtrekkene i; **~live** overleve; **~look** utsikt *m*; **~number** være tallmessig overlegen.
outpatient /'aʊtˌpeɪʃənt/ poliklinisk pasient *m*; **~ clinic** poliklinikk *m*.
output /'aʊtpʊt/ produksjon(sytelse) *m*; (*edb*) ut-; utdata.
outrage /'aʊtreɪdʒ/ ugjerning *m*; krenkelse *m*.
outrage *verb* /aʊt'reɪdʒ/ fornærme grovt; **~ous** opprørende; skandaløs.
outright /'aʊt'raɪt/ rent ut; likefrem.
outset /'aʊtset/ begynnelse *m*.
outside /ˌaʊt'saɪd/ utenfor; utenfra; utvendig; ytterside *m/f*; **~r** utenforstående *m*.
outsize /'aʊtsaɪz/ av stor størrelse *m*.
outskirts /'aʊtskɜːts/ utkant *m*.
outspoken /ˌaʊt'spəʊk(ə)n/ åpenhjertig.
outstanding /ˌaʊt'stændɪŋ/

fremragende; utestående (beløp) *(n)*.
outstrip /ˌaʊt'strɪp/ løpe fra; overgå.
outward journey utreise *m/f*.
outward(s) /'aʊtwəd(z)/ ytre; utover.
outweigh /ˌaʊt'weɪ/ oppveie.
outwit /ˌaʊt'wɪt/ overliste.
outworn /ˌaʊt'wɔːn/ utslitt.
ovary /'əʊvərɪ/ eggstokk *m*.
oven /'ʌvn/ (steke)ovn *m*; **~-proof** ildfast.
over /'əʊvə/ over; **~ again** om igjen; **~ here** hitover; **~ there** der borte.
overall /'əʊvərɔːl/ samlet, generell; **~s** kjeledress *m*.
overbearing /ˌəʊvə'beərɪŋ/ overlegen.
overboard /'əʊvəbɔːd/ over bord.
overcast /'əʊvəkɑːst/ overskyet.
overcoat /'əʊvəkəʊt/ ytterfrakk *m*.
overcome /ˌəʊvə'kʌm/ overvelde; overvinne.
overdo /ˌəʊvə'duː/ overdrive.
overdraft /'əʊvədrɑːft/ overtrekk *n* (av konto).
overdraw /ˌəʊvə'drɔː/ overtrekke (konto).
overdue /ˌəʊvə'djuː/ forsinket; forfalt.
overeat /ˌəʊvər'iːt/ forspise seg.
overflow /ˌəʊvə'fləʊ/ overløp *n*; oversvømmelse *m*.
overflow *verb* /'əʊvəfləʊ/ oversvømme.
overgrown /ˌəʊvə'grəʊn/ tilgrodd; forvokst.
overhaul /'əʊvəhɔːl/ overhaling *m/f*.
overhaul *verb* /ˌəʊvə'hɔːl/ etterse, overhale.
overhead /'əʊvəhed/ luft-; over; **~s** faste utgifter *m*.
overhear /ˌəʊvə'hɪə/ overhøre.
overland /'əʊvəlænd/ til lands.
overload /'əʊvələʊd/ overbelastning *m*; *verb* overbelaste.
overlook /ˌəʊvə'lʊk/ ha utsikt over; overse.
overnight /ˌəʊvə'naɪt/ natten over.
overpowering /ˌəʊvə'paʊərɪŋ/ overveldende.
overrate /ˌəʊvə'reɪt/ overvurdere.
overrule /ˌəʊvə'ruːl/ oppheve, forkaste.

overseas /ˌəʊvə'siːz/ oversjøisk.
oversight /'əʊvəsaɪt/ forglemmelse *m*.
oversleep /ˌəʊvə'sliːp/ forsove seg.
overstep /ˌəʊvə'step/ overskride.
overstrain /ˌəʊvə'streɪn/ overanstrenge seg.
overt /ə(ʊ)'vɜːt/ åpen; åpenlys.
overtake /ˌəʊvə'teɪk/ innhente; **no -ing!** forbikjøring forbudt!
overthrow /ˌəʊvə'θrəʊ/ styrte.
overturn /ˌəʊvə'tɜːn/ velte.
overvalue /ˌəʊvə'væljuː/ overvurdere.
overweight /'əʊvəweɪt/ overvektig; overvekt *m/f*.
overwhelm /ˌəʊvə'welm/ overvelde.
overwrought /ˌəʊvə'rɔːt/ overspent.
owe /əʊ/ skylde.
owing /'əʊɪŋ/ skyldig; utestående; **~ to** på grunn av.
owl /aʊl/ ugle *m/f*.
own /əʊn/ egen, eget, egne.
own *verb* /əʊn/ eie; innrømme.
owner /'əʊnə/ eier *m*; **~ship** eierskap *n*.
ox /ɒks/ *flertall* **oxen** okse *m*.
oxygen /'ɒksɪdʒ(ə)n/ oksygen *n*.
oyster /'ɔɪstə/ østers *m*.
oz. /aʊns/ *fork for* **ounce(s)**.
ozone /'əʊzəʊn/ ozon *m/n*; **~ layer** ozonlag *n*.

P

pace /peɪs/ skritt *n*; hastighet *m*.
pace *verb* /peɪs/ gå (frem og tilbake).
pacific /pə'sɪfɪk/ fredelig; **the Pacific Ocean** Stillehavet.
pacifist /'pæsɪfɪst/ pasifist *m*.
pacify /'pæsɪfaɪ/ berolige.
pack /pæk/ oppakning *m*; flokk *m*.
pack *verb* /pæk/ pakke; **~ of**

cards kortstokk *m*; ~ **up** pakke sammen.
package /'pækɪdʒ/ pakke *m/f*; kolli *n*; ~ **tour** pakketur *m* .
packed pakket; stuvende fullt; ~ **lunch** nistepakke *m/f*.
packet /'pækɪt/ (liten) pakke *m/f*.
packing /'pækɪŋ/ pakking *m/f*; emballasje *m*; (*tekn*) pakning *m*.
pact /pækt/ pakt *m*; overenskomst *m*.
pad /pæd/ pute *m/f*.
pad *verb* /pæd/ vattere, polstre; **knee** ~ knebeskytter *m*; **shoulder** ~ skulderpute *m/f*; ~**ding** vattering *m/f*; stopp *m*.
paddle /'pædl/ padleåre *m/f*.
paddle *verb* /'pædl/ padle; plaske.
paddock /'pædək/ hesteinnhegning *m*.
padlock /'pædlɒk/ hengelås *m*.
paediatrician /ˌpiːdɪə'trɪʃən/ barnelege *m*.
pagan /'peɪgən/ hedensk; hedning *m*.
page /peɪdʒ/ side *m/f*; ~**(boy)** pikkolo *m*.
pager /'peɪdʒə/ personsøker *m*.
pail /peɪl/ spann *n*.
pain /peɪn/ smerte *m*; plage *m*.
pain *verb* /peɪn/ gjøre vondt; **be in great** ~ ha store smerter; ~**ful** smertefull; pinlig; ~-**killer** smertestillende middel *n*; ~**less** smertefri.
painstaking /'peɪnzˌteɪkɪŋ/ omhyggelig; flittig.
paint /peɪnt/ maling *m/f*; sminke *m*.
paint *verb* /peɪnt/ male; sminke (seg); (*medisin*) pensle; ~**brush** pensel *m*; ~**er** maler *m*; ~**ing** maleri *n*.
pair /peə/ par *n*.
pal /pæl/ (*hverdagslig*) kamerat *m*.
palace /'pælɪs/ slott *n*.
palatable /'pælətəbl/ velsmakende; tiltalende.
palate /'pælət/ gane *m*.
pale /peɪl/ blek; stake *m*; **go** ~ bli blek.
paling /'peɪlɪŋ/ plankegjerde *n*.
pall /pɔːl/ likklede (til kiste) *n*.
pallet /'pælɪt/ (laste)pall *m*.
palliative /'pælɪətɪv/ smertestillende middel *n*.

pallid /'pælɪd/ gusten, blek.
palm /pɑːm/ palme *m*; håndflate *m/f*.
palpable /'pælpəbl/ følbar; håndgripelig.
palpitation /ˌpælpɪ'teɪʃ(ə)n/ (*medisin*) hjertebank *m*.
palsy /'pɔːlzɪ/ lammelse *m*.
pampered /'pæmpəd/ bortskjemt.
pamphlet /'pæmflət/ brosjyre *m*.
pan /pæn/ panne *m/f*; gryte *m/f*; **~cake** pannekake *m/f*.
pancreas /'pæŋkrɪəs/ bukspyttkjertel *m*.
pane /peɪn/ (vindus)rute *m/f*.
panel /'pænl/ panel *n*; felt *n* (i dør *o.l.*); instrumentbord *n*; **wooden ~ling** trepanel *n*.
pang /pæŋ/ stikk(ende smerte) *n (m)*.
panic /'pænɪk/ panisk; panikk *m*.
panic *verb* /'pænɪk/ få panikk.
pansy /'pænzɪ/ stemorsblomst *m*; (*hverdagslig*) homse *m*.
pant /pænt/ pese.
panther /'pænθə/ panter *m*.
pantry /'pæntrɪ/ spiskammer *n*; anretning *m*.
pants /pænts/ (*amr*) bukser *m/f*.
papal /'peɪp(ə)l/ pavelig.
paper /'peɪpə/ papir *n*; avis *m/f*; foredrag *n*; (skole) stil *m*.
paper *verb* /'peɪpə/ tapetsere; **corrugated ~** bølgepapp *m*; **wrapping ~** innpakkingspapir *n*; **~s** (legitimasjons)papirer *n*; **~back** uinnbundet bok *m/f*; **~ clip** binders *m*.
paprika /'pæprɪkə/ paprika *m*.
par /pɑː/ pari; **at ~** til pari (kurs) *m*; **be on a ~ with** være på høyde med; **~ for the course** det normale.
parachute /'pærəʃuːt/ fallskjerm *m*; hoppe i fallskjerm.
parade /pə'reɪd/ parade *m*.
parade *verb* /pə'reɪd/ paradere.
paradise /'pærədaɪs/ paradis *n*.
paradoxical /ˌpærə'dɒksɪk(ə)l/ paradoksal.
paragraph /'pærəgrɑːf/ avsnitt *n*.
paralyse /'pærəlaɪz/ lamme.
paralysis /pə'ræləsɪs/ lammelse *m*.
paralytic /ˌpærə'lɪtɪk/ lam(met).

paramount /ˈpærəmaʊnt/ meget viktig.
paraphrase /ˈpærəfreɪz/ omskrivning *m/f*; omskrive.
parasite /ˈpærəsaɪt/ parasitt *m*, snylter *m*.
parcel /ˈpɑːsl/ pakke *m/f*; **~ out** utparsellere.
parch /pɑːtʃ/ tørke ut; **~ment** pergament *n*.
pardon /ˈpɑːdn/ tilgivelse *m*.
pardon *verb* /ˈpɑːdn/ tilgi; benåde; **I beg your ~** unnskyld meg!; **~ (me)** unnskyld, hva var det du sa?
parent /ˈpeər(ə)nt/ forelder *m*; **~s** foreldre; **single ~** aleneforelder *m*; **~age** opphav *n*; **~al** foreldre-.
parenthesis /pəˈrenθəsɪs/ parentes *m*.
parish /ˈpærɪʃ/ (kirke)sogn *n*; **~ioner** sognebarn *n*.
park /pɑːk/ park *m*.
park *verb* /pɑːk/ parkere; **car ~** parkeringsplass *m*.
parking /ˈpɑːkɪŋ/ parkering *m/f*; **long-term parking** langtidsparkering *m/f*; **~ fee** parkeringsavgift *m/f*; **~ lot** (*amr*) parkeringsområde *n*; **~ meter** parkometer *n*; **parallel ~** lukeparkering *m/f*; **~ space** plass til å parkere; **~ ticket** parkeringsbot *m*.
parliament /ˈpɑːləmənt/ parlament *n*; **~arian** parlamentariker *m*; **~ary** parlamentarisk.
parlour /ˈpɑːlə/ dagligstue *m/f*; **beauty ~** skjønnhetssalong *m*.
parody /ˈpærədɪ/ parodi *m*.
parody *verb* /ˈpærədɪ/ parodiere.
parole /pəˈrəʊl/ parole *m*; (*jur*) **be on ~** løslatt på prøve.
parrot /ˈpærət/ papegøye *m*.
parsley /ˈpɑːslɪ/ persille *m/f*.
parsnip /ˈpɑːsnɪp/ pastinakk *m*.
parson /ˈpɑːsn/ sogneprest *m*; **~age** prestegård *m*.
part /pɑːt/ (an)del *m*; (*teater*) rolle *m/f*; (*mus*) stemme *m*, parti *n*.
part *verb* /pɑːt/ dele; skille(s); **in ~** delvis; **take ~ in** delta i.
partake /pɑːˈteɪk/ delta (*in* i).
partial /ˈpɑːʃ(ə)l/ delvis; partisk; **~ity** partiskhet *m*; forkjærlighet *m*.
participate /pɑːˈtɪsɪpeɪt/ delta (**in** i).
particular /pəˈtɪkjʊlə/

særlig, spesiell; særskilt; kresen; **in ~** spesielt; **~s** detaljer; **~ly** særlig.
parting /ˈpɑːtɪŋ/ avskjeds-; avskjed *m*; skill (i håret) *m*.
partisan /ˈpɑːtɪz(a)n/ (parti) tilhenger *m*; partisan *m*.
partition /pɑːˈtɪʃ(ə)n/ deling *m/f*; skillevegg *m*.
partly /ˈpɑːtlɪ/ delvis.
partner /ˈpɑːtnə/ partner *m*; kompanjong *m*; **~ship** kompaniskap *n*.
partridge /ˈpɑːtrɪdʒ/ rapphøne *m/f*.
part-time /ˈpɑːttaɪm/ deltids-.
party /ˈpɑːtɪ/ parti *n*; selskap *n*; fest *m*; (*jur*) part *m*.
pass /pɑːs/ fjellovergang *m*; pasning *m*; passerseddel *m*; tilnærmelse *m*.
pass *verb* /pɑːs/ passere, gå forbi; bestå (eksamen); tilbringe (tid); vedta (lov); avsi (dom); **~ away** gå bort; dø; **~able** farbar; **~ on** sende videre; **~ out** miste bevisstheten.
passage /ˈpæsɪdʒ/ passasje *m*; gang *m*; overfart *m*; avsnitt *n* (i bok).
passenger /ˈpæsɪn(d)ʒə/ passasjer *m*.
passing /ˈpɑːsɪŋ/ flyktig; passering *m/f*; forbigående; **in ~** i forbifarten.
passion /ˈpæʃ(ə)n/ lidenskap *m*; **~ate** lidenskapelig.
passive /ˈpæsɪv/ passiv.
passkey /ˈpɑːskiː/ hovednøkkel *m*.
passport /ˈpɑːspɔːt/ pass *n*.
past /pɑːst/ forbi, over; fortid *m/f*.
paste /peɪst/ klister *n*; pasta *m*; deig *m*.
paste *verb* /peɪst/ klistre; **~board** papp *m*, kartong *m*.
pastime /ˈpɑːstaɪm/ tidsfordriv *n*.
pastoral /ˈpɑːst(ə)r(ə)l, ˈpæst(ə)r(ə)l/ pastoral; hyrdedikt.
pastry /ˈpeɪstrɪ/ kake *m/f*; kakedeig *m*; **Danish ~** wienerbrød *n*.
pasture *verb* /ˈpɑːstʃə/ beite.
pasty /ˈpeɪstɪ/ deigaktig; kjøttpostei *m*.
pat /pæt/ klapp *n*.
pat *verb* /pæt/ klappe; glatte på.
patch /pætʃ/ lapp *m*; flekk *m*; jordstykke *n*.
patch *verb* /pætʃ/ lappe; **~work** lappverk *n*.
patent /ˈpeɪt(ə)nt/ tydelig; patent *n*.

patent *verb* /'peɪt(ə)nt/ patentere; **~ leather** lakk.
paternal /pə'tɜːnl/ faderlig.
paternity /pə'tɜːnətɪ/ farskap *n*.
path /pɑːθ/ sti *m*.
patience /'peɪʃ(ə)ns/ tålmodighet *m*; kabal *m*.
patient /'peɪʃ(ə)nt/ tålmodig; pasient *m*.
patriot /'pætrɪət/ patriot; **~ic** patriotisk; **~ism** patriotisme *m*.
patrol /pə'trəʊl/ patrulje *m*.
patrol *verb* /pə'trəʊl/ patruljere.
patron /'peɪtr(ə)n/ beskytter *m*; **~ize** behandle nedlatende; beskytte; **~izing** nedlatende; **~ saint** skytshelgen *m*.
pattern /'pæt(ə)n/ mønster *n*.
pause /pɔːz/ pause *m*; ta en pause.
pave /peɪv/ brolegge; **~ment** fortau *n*; brolegging *m/f*; veidekke *n*.
paw /pɔː/ pote *m*; labb *m*.
pawn /pɔːn/ pant *n*; bonde *m* (i sjakk).
pawn *verb* /pɔːn/ pantsette; **~broker** pantelåner *m*.
pay /peɪ/ lønn *m/f*.
pay *verb* /peɪ/ betale; lønne seg; **~able** betalbar; **~ing** betalende; lønnsom; **~ment** betaling *m/f*; **~-off** bestikkelse *m*; **~roll** lønningsliste *m/f*.
pea /piː/ ert *m/f*.
peace /piːs/ fred *m*; ro *m*; **~ful** fredelig.
peach /piːtʃ/ fersken *m*.
peacock /'piːkɒk/ påfugl(hann) *m*.
peak /piːk/ topp *m*; høydepunkt *n*.
peak *verb* /piːk/ nå et høydepunkt; **~ hours** rushtid *m/f*; **~ed cap** skyggelue *m/f*.
peal /piːl/ skrall *n*; klokkeklang *m*.
peanut /'piːnʌt/ jordnøtt *m/f*; **~s** *flertall* småpenger.
pear /peə/ pære *m/f*.
pearl /pɜːl/ perle *m/f*.
peasant /'pez(ə)nt/ bonde *m*.
peat /piːt/ torv *m/f*.
pebbles /'peblz/ småstein *m*.
peck /pek/ hakke (med nebb); pirke (**at** i).
peculiar /pɪ'kjuːljə/ underlig; sær(egen); **~ity** eiendommelighet *m*.
pecuniary /pɪ'kjuːnjərɪ/ penge-.
pedal /'pedl/ pedal *m*.

pedal *verb* /ˈpedl/ bruke pedal; sykle.
peddle /ˈpedl/ selge ved dørene; **~r** (*amr*) dørselger *m*; **drug ~r** narkotikalanger *m*.
pedestrian /pəˈdestrɪən/ fotgjenger *m*; **~ crossing** fotgjengerovergang *m*.
pedigree /ˈpedɪgriː/ stamtavle *m/f*.
pedlar /ˈpedlə/ dørselger *m*.
peek /piːk/ titt *m*; **~ at** ta en titt på.
peel /piːl/ skall *n*.
peel *verb* /piːl/ skrelle; skalle av; **~ings** skrell *n*.
peep /piːp/ glimt *n*; pip *n*.
peer /pɪə/ like(mann); adelsmann *m* (med rett til å sitte i Overhuset).
peer *verb* /pɪə/ stirre; **~age** adelsstand *m*; **~ group** gruppe av jevnaldrende.
peevish /ˈpiːvɪʃ/ irritabel.
peg /peg/ plugg *m*; knagg *m*; klype *m/f*.
peg *verb* /peg/ feste, plugge fast.
pellet /ˈpelɪt/ liten kule *m/f*; hagl *n*.
pell-mell /ˌpelˈmel/ hulter til bulter.
pelt /pelt/ pels *m*; ubehandlet skinn *n*.
pelt *verb* /pelt/ kaste på.
pelvic /ˈpelvɪk/ bekken-.
pelvis /ˈpelvɪs, flertall var. 1: ˈpelviːz/ bekken *n*.
pen /pen/ penn *m*; kve *n*; **~ name** pseudonym *n*.
penal /ˈpiːnl/ straffe-; **~ize** straffe; **~ty** straff *m*; bot *m/f*.
pencil /ˈpensl/ blyant *m*.
pendant /ˈpendənt/ anheng *n*.
pending /ˈpendɪŋ/ ikke avgjort; ventet; i påvente av.
pendulum /ˈpendjʊləm/ pendel *m*.
penetrate /ˈpenətreɪt/ trenge gjennom; trenge inn i.
penguin /ˈpeŋgwɪn/ pingvin *m*.
peninsula /pəˈnɪnsjʊlə/ halvøy *f*.
penis /ˈpiːnɪs/ penis *m* .
penitent /ˈpenɪt(ə)nt/ angerfull; **~iary** (*amr*) fengsel *n*.
pennant /ˈpenənt/ vimpel *m*.
penniless /ˈpenɪləs/ pengelens; fattig.
penny /ˈpenɪ/ *flertall* **pence** (enkelte: **pennies)**, penny (eng. mynt = $^{1}/_{100}$ pund); (*amr*) 1 cent.
pension /ˈpenʃ(ə)n/ pensjon *m*; pensjonat *n*.

pension *verb* /'penʃ(ə)n/ pensjonere; **(old-age) pensioner** *fork* **OAP** pensjonist *m*.
pentagon /'pentəgən/ femkant *m*; **the Pentagon** Forsvarsdepartementet i USA.
penthouse /'penthaus/ takleilighet *m*.
people /'pi:pl/ folk *n*; folkeslag *n*; mennesker *n*; man, en.
pep /pep/ pepp *m*, futt *m*; **~ sby up** pigge en opp.
pepper /'pepə/ pepper *n*.
pepper *verb* /'pepə/ pepre; **green ~** grønn paprika *m*; **~mint** peppermynte; **red ~** rød paprika *m*.
per /pɜː/ per, pr.
perambulator /pə'ræmbjʊleɪtə/ *fork* **pram** barnevogn *m/f*.
perceive /pə'si:v/ merke, sanse; oppfatte.
percentage /pə'sentɪdʒ/ prosent(sats) *m*; provisjon *m*.
perceptible /pə'septɪbl/ merkbar.
perception /pə'sepʃ(ə)n/ oppfatning *m/f*.
perceptive /pə'septɪv/ observant.
perch /pɜːtʃ/ vagle *n/m*; abbor *m*.
perch *verb* /pɜːtʃ/ sette seg (*eller* sitte) på vagle.
percolate /'pɜːkəleɪt/ **~ through** sive gjennom.
percolator /'pɜːkəleɪtə/ kaffetrakter *m*.
percussion /pə'kʌʃ(ə)n/ (*mus*) slagverk *n*, slaginstrument *n*.
perennial /pə'renjəl/ evigvarende; flerårig; staude *m*.
perfect /'pɜːfekt/ fullkommen; perfeksjonere (seg); **~ion** fullkommenhet *m*.
perforate /'pɜːfəreɪt/ gjennomhulle; (*medisin*) gå hull på.
perform /pə'fɔːm/ utføre; oppfylle (plikt, løfte); (*teater*) fremføre; opptre; **~ance** utførelse *m*; opptreden *m*; prestasjon *m*; (*teater*) forestilling *m/f*; **~er** utøver *m*; opptredende *m*.
perfume /'pɜːfjuːm/ parfyme *m*.
perhaps /pə'hæps/ kanskje.
peril /'per(ə)l/ fare *m*; **~ous** farlig.
period /'pɪərɪəd/ periode *m*; punktum *n*; (*hverdagslig*)

menstruasjon *m*; **~ical** periodisk; tidsskrift *n*.
peripheral /pə'rɪfər(ə)l/ perifer; (*edb*) ytre; **~ control unit** ytre styreenhet *m*.
perish /'perɪʃ/ omkomme; gå i oppløsning; **~able** lett bedervelig; **~ables** ferskvarer *m*.
perjure /'pɜːdʒə/ **~ oneself** sverge falskt.
perjury /'pɜːdʒ(ə)rɪ/ mened *m*.
perk /pɜːk/ frynsegode *n*; **~ up** kvikke opp; **~y** kjekk; fiks.
perm /pɜːm/ (*hverdagslig*) permanent(krøll) *m*.
permanence /'pɜːmənəns/ varighet *m*.
permanent /'pɜːmənənt/ varig; fast; **~ wave** permanent(krøll) *m*.
permeate /'pɜːmɪeɪt/ trenge gjennom; gjennomsyre.
permission /pə'mɪʃ(ə)n/ tillatelse *m*.
permit /'pɜːmɪt/ skriftlig tillatelse *m*.
permit *verb* /pə'mɪt/ tillate.
permute /pə'mjuːt/ bytte om; forandre rekkefølgen av.
pernicious /pə'nɪʃəs/ skadelig; ondartet.
perpetrate /'pɜːpətreɪt/ forøve; begå.
perpetual /pə'petʃʊəl/ vedvarende; evig.
perplex /pə'pleks/ forvirre; **~ity** forvirring *m/f*.
persecute /'pɜːsɪkjuːt/ forfølge; plage.
persecution /ˌpɜːsɪ'kjuːʃ(ə)n/ forfølgelse *m*.
persecutor /'pɜːsɪkjuːtə/ forfølger *m*.
perseverance /ˌpɜːsɪ'vɪər(ə)ns/ utholdenhet *m*.
persevere /ˌpɜːsɪ'vɪə/ holde ut; fortsette.
persevering /ˌpɜːsɪ'vɪərɪŋ/ utholdende; iherdig.
persist /pə'sɪst/ vedvare; holde fast ved; **~ent** standhaftig; vedvarende.
person /'pɜːsn/ person *m*; **in ~** personlig, i egen person.
personal /'pɜːsənl/ personlig; **~ computer** *fork* pc *m*, datamaskin *m*.
personality /ˌpɜːsə'nælətɪ/ personlighet *m*.
personification /pɜːˌsɒnɪfɪ'keɪʃ(ə)n/ personliggjøring *m/f*.
personify /pɜː'sɒnɪfaɪ/ personifisere.

personnel /ˌpɜːsə'nel/ personale *n*.
perspective /pə'spektɪv/ perspektiv *n*.
perspiration /ˌpɜːspə'reɪʃ(ə)n/ svette *m*.
perspire /pə'spaɪə/ svette.
persuade /pə'sweɪd/ overtale.
persuasion /pə'sweɪʒ(ə)n/ overtalelse *m*.
persuasive /pə'sweɪsɪv/ overbevisende.
pert /pɜːt/ nesevis.
pertain /pɜː'teɪn/ **~ to** høre (med) til; angå.
pertinent /'pɜːtɪnənt/ relevant, som angår saken.
perturb /pə'tɜːb/ forurolige.
perusal /pə'ruːz(ə)l/ gjennomlesing *m/f*.
peruse /pə'ruːz/ lese grundig igjennom.
pervade /pə'veɪd/ gjennomtrenge; (*overført*) gjennomsyre.
pervasive /pə'veɪsɪv/ gjennomtrengende.
perverse /pə'vɜːs/ pervers; fordervet.
perverse *verb* /pə'vɜːs/ forderve; fordreie.
pervert /'pɜːvɜːt/ en pervers person.
pessimism /'pesɪmɪz(ə)m/ pessimisme *m*.
pessimistic /ˌpesɪ'mɪstɪk/ pessimistisk.
pest /pest/ plageånd *m*; skadedyr *n*; **~er** plage; **~icide** middel *n* mot skadedyr; sprøytemiddel *n*.
pet /pet/ kjæledyr *n*; yndling *m*.
pet *verb* /pet/ kjærtegne; **~ting** klining *m/f*.
petition /pə'tɪʃ(ə)n/ bønnskrift *n*; protestskriv *n*; (*jur*) begjæring *m/f*.
petition *verb* /pə'tɪʃ(ə)n/ søke om.
petrify /'petrɪfaɪ/ forstene; gjøre stiv av redsel.
petrol /'petr(ə)l/ (*britisk*) bensin *m*; **~ station** (*britisk*) bensinstasjon *m*; **unleaded ~** blyfri bensin.
petticoat /'petɪkəʊt/ underskjørt *n*.
pettiness /'petɪnəs/ smålighet *m*.
petty /'petɪ/ ubetydelig; smålig.
pew /pjuː/ kirkestol *m*.
pewter /'pjuːtə/ tinn(vare) *n (m)*.
phantom /'fæntəm/ spøkelse *n*; fantom *n*.
pharmacy /'fɑːməsɪ/ farmasi *m*; apotek *n*.
phase /feɪz/ fase *m*; **~ in** ta i bruk gradvis.

pheasant /'feznt/ fasan *m*.
phenomenon /fə'nɒmɪnən/ *flertall*; fenomen *n*.
phial /'faɪ(ə)l/ (medisin) flaske *m/f*.
philanthropist /fɪ'lənθrəpɪst/ menneskevenn *m*; filantrop *m*.
philatelist /fɪ'lætəlɪst/ frimerkesamler *m*.
philately /fɪ'lætəlɪ/ filateli *m*.
philological /ˌfɪlə'lɒdʒɪk(ə)l/ filologisk.
philology /fɪ'lɒlədʒɪ/ filologi *m*.
philosopher /fɪ'lɒsəfə/ filosof *m*.
philosophy /fɪ'lɒsəfɪ/ filosofi *m*.
phlegm /flem/ slim *n*; sinnsro *m*; **~atic** flegmatisk.
phone /fəʊn/ telefon *m*.
phone *verb* /fəʊn/ ringe.
phonetics /fə(ʊ)'netɪks/ fonetikk *m*; lydlære *m/f*.
phon(e)y /'fəʊnɪ/ fals, uekte; svindler.
photo /'fəʊtəʊ/ foto(grafi) *n*.
photograph /'fəʊtəgrɑːf/ fotografi *n*; fotografere.
photographer /f(ə)'tɒgrəfə/ fotograf *m*.
photography /f(ə)'tɒgrəfɪ/ fotografering *m/f*.
phrase /freɪz/ frase *m*; uttrykk *n*.
phrase *verb* /freɪz/ uttrykke; formulere.
physical /'fɪzɪk(ə)l/ fysisk, kroppslig.
physician /fɪ'zɪʃ(ə)n/ lege *m*.
physicist /'fɪzɪsɪst/ fysiker *m*.
physics /'fɪzɪks/ fysikk *m*.
physique /fɪ'ziːk/ kroppsbygning *m*, fysikk *m*.
piano /pɪ'ænəʊ/ piano *n*; **grand ~** flygel *n*.
pick /pɪk/ hakke *m/f*.
pick *verb* /pɪk/ hakke; pirke i; plukke; velge; **~ up** ta opp; tilegne seg; **~axe** hakke *m/f*.
picket /'pɪkɪt/ stake *m*; streikevakt *m/f*.
picket *verb* /'pɪkɪt/ stå streikevakt ved; blokkere.
pickled /'pɪkld/ nedlagt i lake; **~ cucumber** sylteagurk *m*.
pickpocket /'pɪkˌpɒkɪt/ lommetyv *m*.
pickup /'pɪkʌp/ **(truck)** lastebil *m*; pickup *m* (på platespiller).

picnic /ˈpɪknɪk/ landtur *m*, piknik *m*.
pictorial /pɪkˈtɔːrɪəl/ bilde-.
picture /ˈpɪktʃə/ bilde *n*; maleri *n*; **~ oneself** forestille seg; **go to the ~s** gå på kino.
picturesque /ˌpɪktʃəˈresk/ malerisk.
pie /paɪ/ pai *m*.
piece /piːs/ stykke *n*; del *m*; **a ~ of advice** et råd *n*; **go to ~s** gå i stykker; **~meal** stykkevis; **~-work** akkordarbeid *n*.
pier /pɪə/ brygge *m/f*, pir *m*.
pierce /pɪəs/ gjennombore; trenge inn i.
piercing /ˈpɪəsɪŋ/ gjennomtrengende.
piety /ˈpaɪətɪ/ fromhet *m*.
pig /pɪg/ gris *m*; svin *n*; **~headed** sta; **~sty** grisebinge *m*; (*overført*) svinesti *m*; **~tails** musefletter *f*.
pigeon /ˈpɪdʒ(ə)n/ due *m/f*.
pike /paɪk/ gjedde *m/f*.
pile /paɪl/ haug *m*, stabel *m*; **~ on to** lesse på; **~ up** stable; samle seg (opp).
pilfer /ˈpɪlfə/ naske.
pilgrim /ˈpɪlgrɪm/ pilegrim *m*; **~age** pilegrimsferd *m/f*.
pill /pɪl/ pille *m*.
pillage /ˈpɪlɪdʒ/ plyndring *m/f*.
pillage *verb* /ˈpɪlɪdʒ/ plyndre.
pillar /ˈpɪlə/ pilar *m*; søyle *m/f*; **~-box** søyleformet postkasse *m/f*.
pillow /ˈpɪləʊ/ (hode)pute *m/f*; **~case** putevar *n*.
pilot /ˈpaɪlət/ los *m*; pilot *m*.
pimp /pɪmp/ hallik *m*.
pimple /ˈpɪmpl/ kvise *m/f*.
PIN /pɪn/ *fork for* **Personal Identification Number**.
pin /pɪn/ knappenål *m/f*; stift *m*; tapp *m*.
pin *verb* /pɪn/ feste med nåler; holde fast; **~cushion** nålepute *m/f*.
pincers /ˈpɪnsəz/ knipetang *m/f*.
pinch /pɪn(t)ʃ/ klyp(e) *n (m)*.
pinch *verb* /pɪn(t)ʃ/ klype; klemme; stjele; **a ~ of salt** en klype salt.
pine /paɪn/ furu(tre) *m/f (n)*; **~ for** lengte etter.
pineapple /ˈpaɪnˌæpl/ ananas *m*.
pink /pɪŋk/ nellik *m*; rosa(farget).
pinky /ˈpɪŋkɪ/ lillefinger *m*.
pinnacle /ˈpɪnəkl/ tind *m*.
pint /paɪnt/ hulmål: 0,57 l; halvliter (øl) *m*.

pioneer /ˌpaɪəˈnɪə/ foregangsmann *m*; pionér *m*.
pious /ˈpaɪəs/ from.
pipe /paɪp/ rør *n*; pipe *m/f*; fløyte *m/f*.
pipe *verb* /paɪp/ pipe, blåse; **~line** rørledning *m*.
pirate /ˈpaɪərət/ sjørøver *m*; pirat *m*.
pirate *verb* /ˈpaɪərət/ utgi uten tillatelse *m*.
Pisces /ˈpaɪsiːz/ (*astrologi*) Fiskene.
pistol /ˈpɪstl/ pistol *m*.
piston /ˈpɪstən/ stempel *n* (i motor).
pit /pɪt/ hull *n*, grop *m/f*; gruve *m/f*; (*teater*) parterre *n*; (*sport*) depot *n*.
pitch /pɪtʃ/ bek *n*; (tone) høyde *m*; (*britisk*) bane *m*.
pitch *verb* /pɪtʃ/ kaste; sette opp; sette tonehøyde; **~-black/-dark** bekmørkt; **~er** krukke *m/f*; kaster *m* (i baseball); **~fork** høygaffel *m*.
pitfall /ˈpɪtfɔːl/ fallgruve *m/f*.
pith /pɪθ/ (*bot*) marg *m*.
pitiful /ˈpɪtɪf(ʊ)l/ ynkelig.
pittance /ˈpɪt(ə)ns/ ussel lønn *m/f*, en slikk og ingenting.
pity /ˈpɪtɪ/ medlidenhet *m*.
pity *verb* /ˈpɪtɪ/ føle medlidenhet med; **it's a ~** det er synd.
pivot /ˈpɪvət/ dreietapp *m*; midtpunkt *n*; **~al** sentral, nøkkel-.
placard /ˈplækɑːd/ plakat *m*, skilt *n*.
place /pleɪs/ sted *n*; plass *m*.
place *verb* /pleɪs/ plassere; **out of ~** malplassert; **take ~** finne sted.
placid /ˈplæsɪd/ rolig, fredelig.
plague /pleɪg/ pest *m*; (lande)plage *m*.
plaice /pleɪs/ rødspette *m/f*.
plaid /plæd/ skotskrutet stoff *n*.
plain /pleɪn/ enkel; klar; ensfarget; slette *f*.
plaint /pleɪnt/ klage(skrift) *m/f (n)*; **~iff** (*jur*) saksøker *m*; **~ive** klagende.
plait /plæt/ (hår)flette *m/f*.
plan /plæn/ plan *m*; utkast *n*.
plan *verb* /plæn/ planlegge.
plane /pleɪn/ plan, jevn; fly *n*; høvel *m*; høvle.
plank /plæŋk/ planke *m*.
plant /plɑːnt/ plante *m*; fabrikkanlegg *n*.
plant *verb* /plɑːnt/ (be) plante.
plaque /plæk/ plakett *m*; minnetavle *m/f*.

plaster /ˈplɑːstə/ gips *m*; murpuss *m*; plaster *n*.
plaster *verb* /ˈplɑːstə/ gipse; pusse; klistre; plastre.
plastic /ˈplæstɪk/ plastisk, formbar; plast *m*.
plate /pleɪt/ tallerken *m*; (metall)plate *m/f*.
platform /ˈplætfɔːm/ plattform *m*; perrong *m*; partiprogram *n*.
platinum /ˈplætɪnəm/ platina *m/n*.
platitude /ˈplætɪtjuːd/ platthet *m*; selvfølgelighet *m*.
plausible /ˈplɔːzəbl/ sannsynlig.
play /pleɪ/ lek *m*; spill *n*; skuespill *n*.
play *verb* /pleɪ/ leke; spille; **fair ~** ærlig spill *n*; **~-act** agere; **~back** avspilling (av lydopptak) *m/f*; **~ful** leken; spøkefull; **~ground** lekeplass *m*; **~ing card** spillkort *n*; **~mate** lekekamerat *m*; **~wright** skuespillforfatter *m*.
plc /ˌpiːelˈsiː/ *fork for* **public limited company**.
plea /pliː/ (*jur*) påstand *m*, innlegg *n*; appell *m*.
plead /pliːd/ (*jur*) svare (på skyldspørsmål); føre en sak; be inntrengende (om); trygle; **~ guilty** erkjenne seg skyldig.
pleasant /ˈpleznt/ behagelig; hyggelig; **~ry** hyggelig bemerkning *m*.
please /pliːz/ behage; gjøre til lags.
please! /pliːz/ vær så snill! **Yes ~!** ja takk! **do as one ~s** gjøre som man selv vil.
pleased /pliːzd/ fornøyd.
pleasing /ˈpliːzɪŋ/ behagelig.
pleasure /ˈpleʒə/ fornøyelse *m*; glede *m*; **my ~** ikke noe å takke for!
pleat /pliːt/ plissé *m*, fold *m*.
pledge /pledʒ/ pant *n*; løfte *n*.
pledge *verb* /pledʒ/ pantsette; forplikte (seg); love.
plentiful /ˈplentɪf(ʊ)l/ rikelig.
plenty /ˈplentɪ/ nok; overflod *m*; **~ of** massevis av.
pliable /ˈplaɪəbl/ bøyelig; smidig; føyelig.
pliers /ˈplaɪəz/ (nebb)tang *m/f*.
plight /plaɪt/ (sørgelig) forfatning *m*; vanskelig situasjon *m*.
plod /plɒd/ **~ on** traske; gå tungt.

plot /plɒt/ komplott *n*, sammensvergelse *m*; jordstykke *n*; (*litterært*) handling *m*, forløp *n*.
plot *verb* /plɒt/ planlegge; intrigere.
plough /plaʊ/ plog *m*.
plough *verb* /plaʊ/ pløye.
ploy /plɔɪ/ knep *n*.
pluck /plʌk/ mot *n*; styrke *m*.
pluck *verb* /plʌk/ plukke; nappe; **~y** modig.
plug /plʌg/ plugg *m*; propp *m*; tapp *m*; støpsel *n*; tilstoppe; **sparking ~** tennplugg *m*.
plum /plʌm/ plomme *m/f*; godbit *m*.
plumage /ˈpluːmɪdʒ/ fjærdrakt *m/f*.
plumb /plʌm/ i lodd; loddrett; (bly)lodd *n*.
plumb *verb* /plʌm/ lodde; **~er** rørlegger *m*; **~ing** rørleggerarbeid *n*; rørsystem *n*.
plump /plʌmp/ trinn, lubben.
plump *verb* /plʌmp/ plumpe, falle.
plunder /ˈplʌndə/ plyndring *m/f*.
plunder *verb* /ˈplʌndə/ plyndre.
plunge /plʌn(d)ʒ/ kaste seg; styrte; stupe; dukkert *m*; stup *n*; **take the ~** (*overført*) våge spranget.
plural /ˈplʊər(ə)l/ flertall *n*.
plush /plʌʃ/ plysj *m*; luksuriøs.
ply /plaɪ/ (i garn) tråd *m*; (i finér) lag *n*; **~wood** finér *m*.
p.m. /ˌpiːˈem/ *fork for* **post meridiem** etter middag; **at 4 p.m.** kl. 16.
pneumatic /njʊˈmætɪk/ luft-; pressluft-.
pneumonia /njʊˈməʊnjə/ lungebetennelse *m*.
poach /pəʊtʃ/ drive ulovlig jakt *eller* fiske; pochere (egg); **~er** krypskytter *m*.
pocket /ˈpɒkɪt/ lomme *m/f*.
pocket *verb* /ˈpɒkɪt/ stikke i lommen.
pockmark /ˈpɒkmɑːk/ kopparr *n*.
pod /pɒd/ belg *m*, kapsel *m*; stim *m*.
poem /ˈpəʊɪm/ dikt *n*.
poet /ˈpəʊɪt/ dikter *m*; **~ic(al)** poetisk; **~ry** poesi *m*.
poignant /ˈpɔɪnənt/ skarp, bitende; gripende.
point /pɔɪnt/ spiss *m*; punkt *n*; hensikt *m*; poeng *n*.

point *verb* /pɔɪnt/ peke; spisse; ~ **at** peke på; ~**-blank** likefrem, rett på sak; ~ **out** gjøre oppmerksom på; ~**ed** spiss; poengtert; ~**er** (*edb*) peker *m*; viser *m* (på instrument); ~**less** meningsløs.
poise /pɔɪz/ likevekt *m/f*; (kropps)holdning *m*; sikker fremtreden *m*.
poise *verb* /pɔɪz/ holde i likevekt, balansere.
poison /'pɔɪzn/ gift *m/f*.
poison *verb* /'pɔɪzn/ forgifte; ~**ing** forgiftning *m*; ~**ous** giftig.
poke /pəʊk/ dytt *n*.
poke *verb* /pəʊk/ rote i; dytte; ~**r** ildraker *m*; poker(spill) *m (n)*.
polar /'pəʊlə/ pol-, polar-; ~ **bear** isbjørn *m*.
pole /pəʊl/ stang *m/f*, stake *m*; pol *m*; ~ **position** (*billøp*) beste startposisjon; ~**-vault** stavsprang *n*.
police /pə'li:s/ politi *n*.
policy /'pɒlɪsɪ/ politikk *m*; polise *m*.
polish /'pɒlɪʃ/ glans *m*; polering(smiddel) *m/f (n)*.
polish *verb* /'pɒlɪʃ/ polere.
polite /pə'laɪt/ høflig; ~**ness** høflighet *m*.
political /pə'lɪtɪk(ə)l/ politisk; ~ **science** statsvitenskap *m*.
politician /ˌpɒlɪ'tɪʃ(ə)n/ politiker *m*.
politics /'pɒlɪtɪks/ politikk *m*.
poll /pəʊl/ valg *n*; skriftlig avstemning *m*; **Gallup** ~ gallupundersøkelse *m*; meningsmåling *m/f*; ~**ing station** valglokale *n*.
pollack /'pɒlək/ sei *m*.
pollutant /pə'lu:tənt/ som forurenser; forurensende.
pollute /pə'lu:t/ forurense.
pollution /pə'lu:ʃ(ə)n/ forurensing *m/f*.
polyp /'pɒlɪp/ polypp *m*.
pompous /'pɒmpəs/ pompøs.
pond /pɒnd/ dam *m*.
ponder /'pɒndə/ tenke over; ~**ous** tung; klossete.
pony /'pəʊnɪ/ ponni *m*; ~**-tail** hestehale *m*.
poodle /'pu:dl/ puddel *m*.
pool /pu:l/ dam *m*; basseng *n*; sammenslutning *m*; ~**s** (*fotball*) tipping *m/f*.
poop /pu:p/ (*sjøfart*) akterdekk *n*; (*barnespråk*) bæsj *m*.
poor /pɔ:/ fattig; stakkars; ~**ly** (*britisk*) skral, dårlig.

pop /pɒp/ smell *n*; populær(musikk).
pop *verb* /pɒp/ smelle; **~-eyed** med utstående øyne; ~ **in** stikke innom; ~ **up** dukke opp.
pope /pəʊp/ pave *m*.
poplar /'pɒplə/ poppel *m*.
poppy /'pɒpɪ/ valmue *m*.
popular /'pɒpjʊlə/ populær; folkelig.
populate /'pɒpjʊleɪt/ befolke.
population /ˌpɒpjʊ'leɪʃ(ə)n/ befolkning *m*.
populous /'pɒpjʊləs/ folkerik.
porcelain /'pɔːs(ə)lɪn/ porselen *n*.
porch /pɔːtʃ/ vindfang *n*; (*amr*) veranda *m*.
porcupine /'pɔːkjʊpaɪn/ pinnsvin *n*.
pork /pɔːk/ svinekjøtt *n*; ~ **chop** svinekotelett *m*.
pornographic /ˌpɔːnə(ʊ)'græfɪk/ pornografisk.
pornography /pɔː'nɒgrəfɪ/ **porn** pornografi *m*.
porous /'pɔːrəs/ porøs.
porridge /'pɒrɪdʒ/ grøt *m*.
port /pɔːt/ babord; havn(eby) *m*; portvin *m*; (*edb*) port *m*.
portable /'pɔːtəbl/ bærbar.
portal /'pɔːtl/ (*edb*) portal *m*, startside *m/f*; port *m*.
portend /pɔː'tend/ varsle.
portent /'pɔːtent/ (ondt) varsel *n*; **~ous** illevarslende.
porter /'pɔːtə/ dørvokter *m*; bærer *m*.
portfolio /ˌpɔːt'fəʊljəʊ/ (dokument)mappe *m/f*; portefølje *m*.
portion /'pɔːʃ(ə)n/ (an) del *m*; porsjon *m*; ~ **out** dele ut.
portly /'pɔːtlɪ/ korpulent.
portrait /'pɔːtrət/ portrett *n*.
portray /pɔː'treɪ/ portrettere; (*overført*) skildre; (*teater*) fremstille.
pose /pəʊz/ stilling *m/f*, positur *m*.
pose *verb* /pəʊz/ posere; sitte modell; gi seg ut for å være.
posh /pɒʃ/ fin, flott; overklasse-.
position /pə'zɪʃ(ə)n/ stilling *m/f*; posisjon *m*; beliggenhet *m*.
positive /'pɒzətɪv/ positiv; sikker.
possess /pə'zes/ eie; besitte; besette; **~ed** besatt; **~ion** eiendel *m*; eiendom

m; besettelse *m*; **~ive** eierglad; dominerende.
possibility /ˌpɒsəˈbɪlətɪ/ mulighet *m*.
possible /ˈpɒsəbl/ mulig.
possibly /ˈpɒsəblɪ/ muligens, kanskje.
post /pəʊst/ post *m*; stilling *m*; stolpe *m/f*.
post *verb* /pəʊst/ poste; postere.
postage /ˈpəʊstɪdʒ/ porto *m*; **~ stamp** frimerke *n*.
postal /ˈpəʊst(ə)l/ post-.
postcode /ˈpəʊs(t)kəʊd/ postnummer *n*.
post-date /ˌpəʊstˈdeɪt/ tilbakedatere.
poster /ˈpəʊstə/ plakat *m*.
posterior /pɒˈstɪərɪə/ senere; bakre; bak(ende) *m*.
posterity /pɒˈsterətɪ/ etterslekt *m/f*, kommende generasjoner *m*.
posthumous /ˈpɒstjʊməs/ posthum, etter døden.
postmark /ˈpəʊs(t)mɑːk/ poststempel *n*.
post-office box postboks *m*.
postpone /pəʊs(t)ˈpəʊn/ utsette; **~ment** utsettelse *m*.
postscript /ˈpəʊsskrɪpt/ etterskrift *m/n*; *fork* **p.s.**
posture /ˈpɒstʃə/ holdning *m*; stilling *m*; positur *m*.
posture *verb* /ˈpɒstʃə/ posere.
postwar etterkrigs-.
pot /pɒt/ potte *m/f*; gryte *m/f*; kanne *m/f*; krukke *m/f*; (*slang*) marihuana; **~-roast** grytestek *m*.
potato /p(ə)ˈteɪtəʊ/ **-es** potet *m*; **~ chips** (*amr*) potetgull *n*.
potency /ˈpəʊt(ə)nsɪ/ kraft *m/f*, styrke *m*; potens *m*.
potent /ˈpəʊt(ə)nt/ kraftig; mektig.
potential /pə(ʊ)ˈtenʃ(ə)l/ potensiell, mulig.
potter /ˈpɒtə/ pottemaker *m*; keramiker *m*; **~y** keramikk *m*; pottemakerverksted *n*.
pouch /paʊtʃ/ pung *m*; pose *m*.
poultry /ˈpəʊltrɪ/ fjærfe *n*, høns *f*, *flertall*.
pounce /paʊns/ **~ on** kaste seg over; slå ned på.
pound /paʊnd/ pund *n* (vekt, 454 g, mynt); innhegning *m/f*.
pound *verb* /paʊnd/ hamre, dundre (**at** på).
pour /pɔː/ helle, skjenke; strømme; (om regn) øse ned.
pout /paʊt/ geip *m*; trutmunn *m*.

pout *verb* /paʊt/ surmule.
poverty /ˈpɒvətɪ/ fattigdom *m*.
powder /ˈpaʊdə/ pulver *n*; pudder *n*.
powder *verb* /ˈpaʊdə/ pudre (seg); pulverisere; **~-puff** pudderkvast *m*.
power /ˈpaʊə/ makt *m/f*; evne *m/f*; kraft *m/f*; **~ful** mektig; kraftig; **~ failure** strømbrudd *n*; **~less** kraftløs; **~-station** kraftstasjon *m*; **~ steering** (i bil) servostyring *m/f*.
practical /ˈpræktɪk(ə)l/ praktisk; **~ly** praktisk talt.
practice /ˈpræktɪs/ praksis *m*; skikk *m*; øvelse *m*; trening *m/f*.
practise /ˈpræktɪs/ praktisere; øve.
practitioner /prækˈtɪʃənə/ praktiserende lege *m eller* advokat *m*.
praise /preɪz/ ros *m*.
praise *verb* /preɪz/ rose.
pram /præm/ barnevogn *m/f*.
prance /prɑːns/ spankulere.
prattle *verb* /ˈprætl/ skravle.
prawn /prɔːn/ (stor) reke *m/f*.
pray /preɪ/ be; **~er** bønn *m*.
preach /priːtʃ/ (*religion*) preke; **~er** predikant *m*.
precarious /prɪˈkeərɪəs/ usikker; prekær.
precaution /prɪˈkɔːʃ(ə)n/ forholdsregel *m*.
precede /prɪˈsiːd/ gå foran.
precedence /ˈpresɪdəns/ forrang *m*.
precedent /ˈpresɪdənt/ presedens *m*, sidestykke *n*.
preceding /prɪˈsiːdɪŋ/ foregående.
precept /ˈpriːsept/ forskrift *m/f*.
precinct /ˈpriːsɪŋ(k)t/ -sone *m*; -område *n*; (*amr*) distrikt *n* (særlig om valg og politi).
precious /ˈpreʃəs/ kostbar; kjær, dyrebar.
precipice /ˈpresɪpɪs/ stup *n*; bratt skrent *m*.
precipitate /prɪˈsɪpɪtət/ overilt; hodekulls; (*kjemi*) bunnfall *n*.
precipitate *verb* /prɪˈsɪpɪteɪt/ styrte; påskynde.
precipitation /prɪˌsɪpɪˈteɪʃ(ə)n/ nedbør *m*.
precipitous /prɪˈsɪpɪtəs/ stupbratt; steil.
precise /prɪˈsaɪs/ nøyaktig.
precisely /prɪˈsaɪslɪ/ nettopp.

precision /prɪ'sɪʒ(ə)n/ nøyaktighet *m*; presisjon *m*.
preclude /prɪ'kluːd/ utelukke.
precocious /prɪ'kəʊʃəs/ bråmoden; veslevoksen.
precursor /prɪ'kɜːsə/ forløper *m*.
predator /'predət(ə)r/ rovdyr *n*.
predecessor /'priːdɪsesə/ forgjenger *m*.
predestination /ˌpriːdestɪ'neɪʃən/ skjebne *m*.
predestine /prɪ'destɪn/ forutbestemme.
predicament /prɪ'dɪkəmənt/ knipe *m/f*; forlegenhet *m*.
predict /prɪ'dɪkt/ forutsi; **~able** forutsigbar; **~ion** forutsigelse *m*.
predilection /ˌpriːdɪ'lekʃ(ə)n/ forkjærlighet *m*.
predominance /prɪ'dɒmɪnəns/ overmakt *m*; overvekt *m/f*.
predominant /prɪ'dɒmɪnənt/ fremherskende.
pre-eminent /ˌpriː'emɪnənt/ fremragende.
prefab /'priːfæb/ (*hverdagslig*) prefabrikert; ferdighus *n*.
preface /'prefəs/ forord *n*.
prefer /prɪ'fɜː/ foretrekke; **~ably** helst; fortrinnsvis.
preference /'pref(ə)r(ə)ns/ preferanse *m*.
pregnancy /'pregnənsɪ/ graviditet *m*.
pregnant /'pregnənt/ gravid.
prejudice /'predʒʊdɪs/ fordom *m*; **be ~d** ha fordommer; være forutinntatt.
preliminary /prɪ'lɪmɪnərɪ/ forberedende; innledende.
prelude /'preljuːd/ opptakt *m/f*; innledning *m*; (*mus*) preludium *n*.
premature /ˌpremə'tjʊə/ for tidlig; forhastet.
premeditated /prɪ'medɪteɪtɪd/ overlagt.
premier /'premjə/ først; fornemst; statsminister *m*.
premise /'premɪs/ premiss *n*; antakelse *m*; **~s** eiendom *m*; **on the ~s** på stedet.
premium /'priːmjəm/ premie *m*; belønning *m/f*; bonus *m*.
premonition /ˌpriːmə'nɪʃ(ə)n/ forutanelse *m*.
preoccupied /prɪ'ɒkjʊpaɪd/ åndsfraværende; **~ with** opptatt av.

prepaid /ˌpriːˈpeɪd/ forhåndsbetalt.
preparation /ˌprepəˈreɪʃ(ə)n/ forberedelse *m*.
preparatory /prɪˈpærət(ə)rɪ/ forberedende.
prepare /prɪˈpeə/ forberede; tilberede.
preponderant /prɪˈpɒnd(ə)r(ə)nt/ overveiende.
preposterous /prɪˈpɒst(ə)rəs/ meningsløs; latterlig.
prerogative /prɪˈrɒgətɪv/ privilegium *n*.
prescribe /prɪˈskraɪb/ foreskrive, ordinere.
prescription /prɪˈskrɪpʃ(ə)n/ resept *m*.
presence /ˈprezns/ nærvær *n*.
present /ˈpreznt/ til stede; nåværende; nåtid *m/f*; gave *m*.
present *verb* /ˈprɪˈzənt/ overrekke; presentere; fremsette.
presentation /ˌprez(ə)nˈteɪʃ(ə)n/ overrekkelse *m*; presentasjon *m*.
presentiment /prɪˈzentɪmənt/ forutanelse *m*.
presently /ˈprezntlɪ/ snart; for øyeblikket.
preservation /ˌprezəˈveɪʃ(ə)n/ bevaring *m/f*; konservering *m/f*.
preservative /prɪˈzɜːvətɪv/ konserveringsmiddel *n*.
preserve /prɪˈzɜːv/ bevare; konservere; hermetisere.
preserve(s) /prɪˈzɜːv(z)/ syltetøy *n*.
preside /prɪˈzaɪd/ presidere; lede.
president /ˈprezɪd(ə)nt/ president *m*; formann (i forening *o.l.*) *m*; (*amr*) administrerende direktør *m*.
press /pres/ presse *m/f*; press *n*; presse.
press *verb* /pres/ presse; trykke; **~ing** presserende; **~ release** pressemelding *m*; **~ure** trykk *n*; press *n*.
prestige /preˈstiːʒ/ prestisje *m*.
presumably /prɪˈzjuːməblɪ/ antakelig.
presume /prɪˈzjuːm/ anta.
presumption /prɪˈzʌm(p)ʃ(ə)n/ antakelse *m*, formodning *m/f*.
presumptuous /prɪˈzʌm(p)tjʊəs/ arrogant; overmodig.
pretence /prɪˈtens/ påskudd *n*.

pretend /prɪ'tend/ late som om; ~ **to** pretendere.
pretension /prɪ'tenʃ(ə)n/ pretensjon *m*.
pretentious /prɪ'tenʃəs/ pretensiøs.
pretext /'priːtekst/ påskudd *n*.
pretty /'prɪtɪ/ pen; temmelig.
prevail /prɪ'veɪl/ seire, råde; ~ **upon** overtale til.
prevalent /'prevələnt/ rådende; utbredt.
prevent /prɪ'vent/ forhindre; forebygge; ~**ion** forebyggelse *m*; ~**ive** forebyggende (middel) *(n)*.
previous /'priːvjəs/ foregående; tidligere; ~**ly** tidligere.
prey /preɪ/ bytte *n*, rov *n*; **of** ~ rov-; ~ **on** jakte på; tære på.
price /praɪs/ pris *m*.
price *verb* /praɪs/ prise, fastsette pris; ~-**label**, ~-**tag** prislapp *m*; ~**less** uvurderlig.
prick /prɪk/ stikk *n*; (*vulgært*) pikk *m*.
prick *verb* /prɪk/ stikke.
prickle /'prɪkl/ tagg *m*, pigg *m*.
prickly /'prɪklɪ/ piggete; stikkende.
pride /praɪd/ stolthet *m*; ~ **oneself on** rose seg av.
priest /priːst/ (katolsk) prest *m*.
prig /prɪg/ innbilsk narr *m*; pedant *m*; ~**gish** pedantisk; selvgod.
prim /prɪm/ snerpete; pertentlig.
primarily /'praɪm(ə)rəlɪ/ opprinnelig; hovedsakelig.
primary /'praɪmərɪ/ primær-; grunn-; ~ **school** grunnskole *m*.
prime /praɪm/ hoved-; førsteklasses; ens beste alder; **Prime Minister** statsminister *m*; ~**r** ABC-bok *m/f*, begynnerbok *m/f*; grunning(smiddel) *m/f (n)*; ~ **time** beste sendetid.
prince /prɪns/ prins *m*; fyrste *m*; ~**ly** fyrstelig; ~**ss** prinsesse *m/f*.
principal /'prɪnsəp(ə)l/ hoved-; viktigst; rektor *m*; sjef *m*.
principality /ˌprɪnsɪ'pælətɪ/ fyrstedømme *n*.
principle /'prɪnsəpl/ prinsipp *n*; **on** ~ av prinsipp.
print /prɪnt/ trykk *n*; (*fotogr*) kopi *m*.
print *verb* /prɪnt/ trykke; kopiere; ~**out** (*edb*) utskrift

m/f; **~ed matter** trykksak *m*.
printer /ˈprɪntə/ (*edb*) skriver *m*.
printing /ˈprɪntɪŋ/ trykking *m/f*; opptrykk *n*; **~ office** trykkeri *n*.
prior /ˈpraɪə/ tidligere; prior *m*; **~ to** før.
priority /praɪˈɒrətɪ/ fortrinn *n*; prioritet *m*; forkjørsrett *m*.
prison /ˈprɪzn/ fengsel *n*; **~er** fange *m*.
privacy /ˈprɪvəsɪ/ uforstyrrethet *m*; privatliv *n*.
private /ˈpraɪvət/ privat; (*mil*) menig *m*; **in ~** for lukkede dører; under fire øyne.
privately /ˈpraɪvɪtlɪ/ i all stillhet; underhånden.
privatize /ˈpraɪvətaɪz/ privatisere.
privilege /ˈprɪvəlɪdʒ/ privilegium *n*; **~d** privilegert.
privy /ˈprɪvɪ/ utedo *m*; **~ to** innviet i.
prize /praɪz/ premie *m*, pris *m*; gevinst *m*.
prize *verb* /praɪz/ vurdere høyt; lirke åpen.
pro /prəʊ/ for-; profesjonell *m*; **~s and cons** argumenter for og imot.
probability /ˌprɒbəˈbɪlətɪ/ sannsynlighet *m*.
probable /ˈprɒb(ə)bl/ sannsynlig.
probably /ˈprɒb(ə)blɪ/ sannsynligvis.
probation /prəˈbeɪʃ(ə)n/ prøve *m*; prøvetid *m/f*; **on ~** på prøve; (*jur*) betinget dom med tilsynsverge; **~ officer** tilsynsverge *m*.
probe /prəʊb/ undersøkelse *m*; sonde *m/f*.
probe *verb* /prəʊb/ sondere; undersøke grundig.
problem /ˈprɒbləm/ problem *n*.
procedure /prəˈsiːdʒə/ fremgangsmåte *m*; prosedyre *m*.
proceed /prəˈsiːd/ fortsette; gå til verks; **~s** vinning *m/f*; **~ against** (*jur*) anlegge sak mot; **~ings** *flertall* det som foregår; (*jur*) rettergang *m*.
process /ˈprəʊses/ prosess *m*; (*jur*) stevning *m*.
process *verb* /ˈprəʊses/ bearbeide; (*fotogr*) fremkalle; **~ed** behandlet.
processing /ˈprəʊsesɪŋ/ behandling *m/f*; **word ~** tekstbehandling *m/f*; **~ industry** foredlingsindustri *m*.

procession /prə'seʃ(ə)n/ prosesjon *m*; opptog *n*.
processor /'prəʊsesə/ (*edb*) prosessor *m*; **word ~** tekstbehandler *m*.
proclaim /prə'kleɪm/ bekjentgjøre; proklamere.
proclamation /ˌprɒklə'meɪʃ(ə)n/ bekjentgjørelse *m*.
procure /prə'kjʊə/ skaffe, få tak i.
prod /prɒd/ stikk *n*.
prod *verb* /prɒd/ stikke; sette fart i.
prodigal /'prɒdɪg(ə)l/ ødsel.
prodigious /prə'dɪdʒəs/ forbløffende; uhyre.
prodigy /'prɒdɪdʒɪ/ vidunder *n*; **child ~** vidunderbarn *n*.
produce /'prɒdjuːs/ (jordbruks)produkter *n*.
produce *verb* /prə'djuːs/ produsere; fremstille; (*teater*) iscenesette.
producer /prə'djuːsə/ produsent *m*; regissør *m*.
product /'prɒdʌkt/ produkt *n*; **~ion** produksjon *m*; fremskaffelse *m*; **~ive** produktiv; fruktbar.
profane /prə'feɪn/ profan; verdslig.
profane *verb* /prə'feɪn/ vanhellige.
profanities /prə'fænɪtɪz/ banning *m/f*.
profess /prə'fes/ erklære; **~ion** yrke *n*; profesjon *m*; bekjennelse *m*; **~ional** faglig; yrkes-; profesjonell *m*; **~or** professor *m*.
proffer *verb* /'prɒfə/ tilby.
proficiency /prə'fɪʃ(ə)nsɪ/ dyktighet *m*; ferdighet *m*.
proficient /prə'fɪʃ(ə)nt/ dyktig.
profile /'prəʊfaɪl/ profil *m*.
profit /'prɒfɪt/ fortjeneste *m*; utbytte *n*; **~ by** tjene på; dra nytte av; **~able** lønnsom; nyttig.
profligate /'prɒflɪgət/ utsvevende, lastefull.
profound /prə'faʊnd/ dyp(sindig).
profuse /prə'fjuːs/ overstrømmende; overdådig; **~ly** voldsomt; rikt.
progesterone /prə(ʊ)'dʒestərəʊn/ progesteron *n*.
prognosis /prəg'nəʊsɪs/ prognose *m*.
program /'prəʊgræm/ program *n*.
program *verb* /'prəʊgræm/ programmere; **~mer** (*edb*) programmerer *m*.
progress /'prəʊgres/

fremgang *m*; fremskritt *n*; utvikling *m/f*.
progress *verb* /prə'gres/ gjøre fremskritt; **~ion** det å gå fremover; progresjon *m*; **~ive** progressiv; fremskrittsvennlig.
prohibit /prə'hɪbɪt/ forby; **~ion** forbud *n*; **~ive** uoverkommelig.
project /'prɒdʒekt/ plan *m*; prosjekt *n*.
project *verb* /prə'dʒekt/ planlegge; prosjektere; (*psyk*) projisere; **~ion** prosjektering *m/f*; projeksjon *m*; fremspring *n*; (*psyk*) projisering *m/f*; **~or** fremviser *m*.
prolapse /'prəʊlæps/ (*medisin*) fremfall *n*, prolaps *m*.
proliferation /prəˌlɪfə'reɪʃ(ə)n/ rask formering *m*; spredning *m*; **nuclear non-~ treaty** ikke-spredningsavtale *m* (for atomvåpen).
prolific /prə'lɪfɪk/ produktiv; fruktbar.
prologue /'prəʊlɒg/ prolog *m*.
prolong /prə'lɒŋ/ forlenge.
prom /prɒm/ (*hverdagslig*) promenadekonsert *m*; (*amr*) skoleball *n*; **~enade** promenade *m*; spasertur *m*.
promenade *verb* /ˌprɒmə'nɑːd/ spasere.
prominent /'prɒmɪnənt/ fremstående; iøyenfallende.
promise /'prɒmɪs/ løfte *n*.
promise *verb* /'prɒmɪs/ love.
promising /'prɒmɪsɪŋ/ lovende.
promote /prə'məʊt/ fremme; forfremme.
promotion /prə'məʊʃ(ə)n/ forfremmelse *m*.
prompt /prɒm(p)t/ rask; omgående.
prompt *verb* /prɒm(p)t/ tilskynde; (*teater*) sufflere; **~er** sufflør *m*.
pronate /'prəʊneɪt/ (*anatomi*) pronere, dreie innover.
prone /prəʊn/ utstrakt (på magen); **~ to** tilbøyelig til.
prong /prɒŋ/ tann *m/f* (på gaffel); spiss *m*.
pronoun /'prəʊnaʊn/ pronomen *n*.
pronounce /prə'naʊns/ uttale; erklære; **~d** utpreget.
pronunciation /prəˌnʌnsɪ'eɪʃ(ə)n/ uttale *m*.
proof /pruːf/ (i sammen-

setninger) -fast, -sikker; -tett; bevis *n*; korrektur *m*; **~-reader** korrekturleser *m*.
prop /prɒp/ støtte(bjelke) *m/f (m)*; (*teater*) rekvisitt *m*; **~ up** støtte opp.
propagate /'prɒpəgeɪt/ forplante (seg); spre.
propel /prə'pel/ drive (fremover); **~ler** propell *m*.
propensity /prə'pensətɪ/ tendens *m*, tilbøyelighet *m*.
proper /'prɒpə/ riktig; passende; egen; **~ly** ordentlig.
property /'prɒpətɪ/ eiendom *m*; (*hverdagslig*), (*teater*) **prop** rekvisitt *m*.
prophecy /'prɒfəsɪ/ spådom *m*.
prophesy /'prɒfəsaɪ/ spå.
prophet /'prɒfɪt/ profet *m*.
prophetic /prə'fetɪk/ profetisk.
prophylactic /ˌprɒfɪ'læktɪk/ forebyggende (middel) *(n)*; prevensjonsmiddel *n* (særlig kondom).
propitious /prə'pɪʃəs/ gunstig.
proponent /prə'pəʊnənt/ talsmann *m*.
proportion /prə'pɔːʃ(ə) n/ forhold *n*; proporsjon *m*; andel *m*; **~al** forholdsmessig.
proposal /prə'pəʊz(ə)l/ forslag *n*; frieri *n*.
propose /prə'pəʊz/ foreslå; fri (**to** til); **~ a toast to** utbringe en skål for.
proposition /ˌprɒpə'zɪʃ(ə)n/ forslag *n*.
proprietary /prə'praɪət(ə) rɪ/ eiendoms-; (*handel*) merkebeskyttet; **~ brand** varemerke *n*.
proprietor /prə'praɪətə/ eier *m*.
propriety /prə'praɪətɪ/ anstendighet *m*.
propulsion /prə'pʌlʃ(ə)n/ fremdrift *m/f*.
prosaic /prə'zeɪɪk/ prosaisk.
prose /prəʊz/ prosa *m*.
prosecute /'prɒsɪkjuːt/ (*jur*) saksøke, sette under tiltale.
prosecution /ˌprɒsɪ'kjuːʃ(ə)n/ søksmål *n*; rettsforfølgning *m*; påtalemyndighet *m*.
prosecutor /'prɒsɪkjuːtə/ aktor *m*.
prospect /'prɒspekt/ utsikt *m*; fremtidsmulighet *m*; **~ive** fremtidig; mulig; **~us** prospekt *n*, brosjyre *m*.
prosper /'prɒspə/ lykkes, ha fremgang; **~ity** velstand

m; **~ous** velstående; blomstrende.
prostate /'prɒsteɪt/ (*anatomi*) prostata *m*.
prosthesis /'prɒsθɪsɪs/ protese *m*.
prostitute /'prɒstɪtju:t/ prostituert *m*.
prostitution /ˌprɒstɪ'tju:ʃ(ə)n/ prostitusjon *m*.
prostrate /'prɒstreɪt/ nesegrus; nedbrutt.
prostrate *verb* /prɒ'streɪt/ kaste seg ned.
prostration /prɒ'streɪʃ(ə)n/ knefall *n*, ydmykelse *m*.
protect /prə'tekt/ beskytte; **~ion** beskyttelse *m*; vern *n*; **~ionism** proteksjonisme *m*; **~ive** beskyttende; **~or** beskytter *m*.
protest /'prəʊtest/ protest *m*; innvending *m/f*.
protest *verb* /prəʊ'test/ protestere; bedyre, hevde.
Protestant /'prɒtɪst(ə)nt/ (*religion*) protestantisk; protestant *m*.
protruding /prə'tru:dɪŋ/ som stikker frem; utstående.
proud /praʊd/ stolt.
provable /'pru:vəbl/ bevislig.
prove /pru:v/ bevise; vise seg å være.
proverb /'prɒvɜ:b/ ordspråk *n*; **~ial** ordspråklig; legendarisk.
provide /prə'vaɪd/ skaffe; **~ for** forsørge; dra omsorg for; **~d (that)** forutsatt at.
province /'prɒvɪns/ provins *m*.
provincial /prə'vɪnʃ(ə)l/ fra provinsen; provinsiell.
provision /prə'vɪʒ(ə)n/ forsyning *m/f*; (*jur*) bestemmelse *m*; **~s** proviant *m*, (mat) forsyninger *m*; **~al** foreløpig, provisorisk.
provocation /ˌprɒvə'keɪʃ(ə)n/ provokasjon *m*.
provocative /prə'vɒkətɪv/ utfordrende.
provoke /prə'vəʊk/ provosere; irritere.
prow /praʊ/ baug *m*, forstavn *m*.
prowl /praʊl/ luske omkring.
proxy /'prɒksɪ/ stedfortreder *m*; fullmakt *m/f*; **vote by ~** stemme med fullmakt.
prude /pru:d/ snerpete person *m*.
prudence /'pru:d(ə)ns/ forsiktighet *m*; klokskap *m*.

prudent /'pruːd(ə)nt/ forsiktig; klok.
prudish /'pruːdɪʃ/ snerpete.
prune /pruːn/ sviske *m.*
prune *verb* /pruːn/ beskjære.
pry /praɪ/ være nysgjerrig; snuse (*into* i).
PS /ˌpiː'es/ *fork for* **postscript**.
psalm /sɑːm/ salme *m.*
psychiatric /ˌsaɪkɪ'ætrɪk/ psykiatrisk.
psychiatrist /saɪ'kaɪətrɪst/ psykiater *m.*
psychiatry /saɪ'kaɪətrɪ/ psykiatri *m.*
psychic /'saɪkɪk/ psykisk; synsk.
psychoanalysis /ˌsaɪkəʊə'næləsɪs/ psykoanalyse *m.*
psychoanalyst /ˌsaɪkəʊ'ænəlɪst/ psykoanalytiker *m.*
psychological /ˌsaɪkə'lɒdʒɪk(ə)l/ psykologisk.
psychologist /saɪ'kɒlədʒɪst/ psykolog *m.*
psychology /saɪ'kɒlədʒɪ/ psykologi *m.*
psychopath /'saɪkə(ʊ)pæθ/ psykopat *m.*
psychosis /saɪ'kəʊsɪs/ psykose *m.*
psychotic /saɪ'kɒtɪk/ psykotisk.
PTA /ˌpiːtiː'eɪ/ *fork for* **Parent-Teacher Association**.
ptarmigan /'tɑːmɪgən/ (fjell)rype *m/f.*
PTO /ˌpiːtiː'əʊ/ *fork for* **please turn over**.
pub /pʌb/ *fork for* **public house** pub *m*; kro *m/f*; **~ crawl** pubrunde *m.*
puberty /'pjuːbətɪ/ pubertet *m.*
pubic /'pjuːbɪk/ (*anatomi*) skam-; kjønnshår *n.*
public /'pʌblɪk/ offentlig; allmenn; offentlighet *m*; allmennheten *m*; **go ~** bli børsnotert; **make ~** offentliggjøre; **~ relations** P.R., reklame *m*; **~ school** (*britisk*) privat internatskole *m*; (*amr*) offentlig skole; **~ transport** kollektivtrafikk *m.*
publican /'pʌblɪkən/ krovert *m.*
publication /ˌpʌblɪ'keɪʃ(ə)n/ publikasjon *m*; utgivelse *m*; offentliggjøring *m/f.*
publicity /pʌb'lɪsətɪ/ publisitet *m*; reklame *m.*
publish /'pʌblɪʃ/ utgi; forlegge; **~er** forlegger *m*; **~ers** forlag *n.*

publishing /ˈpʌblɪʃɪŋ/ forlagsvirksomhet *m*; **desktop** ~ grafisk tekstbehandling *m/f*; ~ **house** forlagshus *n*.
pudding /ˈpʊdɪŋː/ pudding *m*.
puddle /ˈpʌdl/ sølepytt *m*.
puff /pʌf/ vindpust *n*; drag *n*.
puff *verb* /pʌf/ blåse, puste ut; pese, dampe; ~**ed up** opphovnet.
pugnacious /pʌgˈneɪʃəs/ kamplysten; trettekjær.
puke /pjuːk/ (*hverdagslig*) kaste opp.
pull /pʊl/ rykk *n*; trekking *m/f*.
pull *verb* /pʊl/ trekke; dra; rykke; ~ **back** trekke seg tilbake; ~ **down** dra ned; rive; ~ **oneself together** ta seg sammen; ~ **through** overleve; komme seg igjen; ~ **up (the car)** stanse (bilen).
pulley /ˈpʊlɪ/ trinse *m/f*; talje *m/f*.
pulmonary /ˈpʌlmənərɪ/ lunge-.
pulp /pʌlp/ (papir)masse *m*; mos *m*; ~ **fiction** kiosklitteratur *m*.
pulpit /ˈpʊlpɪt/ prekestol *m*.
pulpy /ˈpʌlpɪ/ kjøttfull; bløt.
pulsate /pʌlˈseɪt/ pulsere.
pulse /pʌls/ puls *m*.
pump /pʌmp/ pumpe *m/f*.
pumpkin /ˈpʌm(p)kɪn/ (*bot*) gresskar *n*.
pun /pʌn/ ordspill *n*.
punch /pʌn(t)ʃ/ slag *n*; punsj *m*.
punch *verb* /pʌn(t)ʃ/ lage hull i; slå; klippe (billett).
punctual /ˈpʌŋ(k)tjʊəl/ punktlig.
punctuate /ˈpʌŋ(k)tjʊeɪt/ sette skilletegn *n*; avbryte.
punctuation /ˌpʌŋ(k)tjʊˈeɪʃ(ə)n/ tegnsetting *m*; ~ **mark** skilletegn *n*.
puncture /ˈpʌŋ(k)tʃə/ punktering *m/f*.
puncture *verb* /ˈpʌŋ(k)tʃə/ stikke hull på; punktere.
pungent /ˈpʌndʒ(ə)nt/ skarp; bitter; besk (om smak).
punish /ˈpʌnɪʃ/ straffe; ~**able** straffbar; ~**ment** straff *m*.
punitive /ˈpjuːnətɪv/ straffe-.
puny /ˈpjuːnɪ/ liten; ynkelig.
pup /pʌp/ (dyre)unge *m*; valp *m*.
pupil /ˈpjuːpl/ elev *m*; pupill *m*.
puppet /ˈpʌpɪt/ (hånd)dukke

m; marionett *m*; **~ theatre** dukketeater *n*.
puppy /'pʌpɪ/ valp *m*.
purchase /'pɜːtʃəs/ (inn) kjøp *n*.
purchase *verb* /'pɜːtʃəs/ kjøpe.
pure /pjʊə/ ren, ublandet; **~ly** utelukkende.
purgative /'pɜːgətɪv/ avføringsmiddel *n*.
Purgatory /'pɜːgət(ə)rɪ/ skjærsilden *m*.
purge /pɜːdʒ/ utrenskning *m/f*.
purge *verb* /pɜːdʒ/ renske ut.
purify /'pjʊərɪfaɪ/ gjøre ren, rense.
purity /'pjʊərətɪ/ renhet *m*.
purple /'pɜːpl/ purpur *n*; mørk lilla.
purpose /'pɜːpəs/ hensikt *m*; formål *n*; **on ~** med hensikt; **to no ~** til ingen nytte.
purr /pɜː/ male (om katt).
purse /pɜːs/ (penge)pung *m*; (hånd)veske *m/f*.
pursue /pə'sjuː/ forfølge.
pursuit /pə'sjuːt/ forfølgelse *m*; beskjeftigelse *m*; **in ~ of** på jakt etter.
push /pʊʃ/ støt *n*, puff *n*; krafttak *n*.
push *verb* /pʊʃ/ puffe, dytte; skyve; **~ drugs** omsette narkotika; **~er** narkotikalanger *m*; **~-up** armheving *m/f*; **~y** pågående.
put /pʊt/ sette; stille; legge; putte; **stay ~** bli hvor man er; **~ off** utsette; avskrekke; **~ on** ta på (seg); **~ out** slukke; **~ through** (*tlf*) sette over; **~ up with** finne seg i.
putrefy /'pjuːtrɪfaɪ/ råtne.
putrid /'pjuːtrɪd/ råtten.
putt /pʌt/ (i golf) putte; **~er** (golfkølle) putter.
putty /'pʌtɪ/ kitt *n*.
puzzle /'pʌzl/ gåte *m/f*, mysterium *n*.
puzzle *verb* /'pʌzl/ forvirre; **crossword ~** kryssord *m/n*; **jigsaw ~** puslespill *n*; **~d** uforstående; rådvill.
pyjamas /pə'dʒɑːməz/ pyjamas *m*; nattdrakt *m/f*.
pylon /'paɪlən/ høyspentmast *m/f*.
pyre /'paɪə/ **funeral ~** likbål *n*.
pyromaniac /ˌpaɪrə(ʊ)'meɪnɪæk/ pyroman *m*.

Q

quack /kwæk/ (lyd) snadring *m/f*; kvakksalver *m*.
quack *verb* /kwæk/ snadre.
quadrangular /kwɒˈdræŋgjʊlə/ firkantet.
quail /kweɪl/ vaktel *m*.
quaint /kweɪnt/ merkelig; sjarmerende gammeldags.
quake /kweɪk/ skjelving *m/f*; rystelse *m*; **earth~** jordskjelv *n*.
qualification /ˌkwɒlɪfɪˈkeɪʃ(ə)n/ kvalifikasjon *m*; forutsetning *m*.
qualify /ˈkwɒlɪfaɪ/ kvalifisere (seg); modifisere.
qualitative /ˈkwɒlɪtətɪv/ kvalitativ.
quality /ˈkwɒlətɪ/ kvalitet *m*; egenskap *m*.
qualm /kwɑːm/ **~s** skrupler *m*; betenkeligheter *m*.
quantity /ˈkwɒntətɪ/ kvantitet *m*; mengde *m*.
quarantine /ˈkwɒr(ə)ntiːn/ karantene *m*.
quarantine *verb* /ˈkwɒr(ə)ntiːn/ sette/holde i karantene.
quarrel /ˈkwɒr(ə)l/ krangel *m*.
quarrel *verb* /ˈkwɒr(ə)l/ krangle; **~some** kranglevoren, trettekjær.
quarry /ˈkwɒrɪ/ steinbrudd *n*; (jakt)bytte *n*.
quart /kwɔːt/ rommål for væske; (*britisk*) 0,964 liter; (*amr*) 1,136 liter.
quarter /ˈkwɔːtə/ fjerdedel *m*; kvarter *n*; bydel *m*; kvartal *n*; 25 cent; **~ of an hour** (*sport*) omgang *m*; kvarter *n*; **~ly** kvartalsvis; **~s** innkvartering *m*.
quaver /ˈkweɪvə/ skjelving *m/f*; (*mus*) åttendedelsnote *m*.
quaver *verb* /ˈkweɪvə/ skjelve, vibrere.
quay /kiː/ kai *f*; brygge *f*.
queasy /ˈkwiːzɪ/ kvalm.
queen /kwiːn/ dronning *m/f*; (*kortspill*) dame *m/f*.
queer /kwɪə/ merkelig; rar; homse *m*.

quell /kwel/ dempe; undertrykke.
quench /kwen(t)ʃ/ slukke; dempe.
querulous /'kwerʊləs/ gretten; klagende.
quest /kwest/ leting *m/f*, søking *m/f* (**for** etter).
question /'kwestʃ(ə)n/ spørsmål *n*.
question *verb* /'kwestʃ(ə) n/ (ut)spørre; **the person in ~** vedkommende; **~able** tvilsom; **~ing** avhør *n*; **~naire** spørreskjema *n*.
queue /kjuː/ kø *m*.
queue *verb* /kjuː/ stå i kø; **~ up** stille seg i kø.
quibble /'kwɪbl/ liten krangel *m*; ordkløveri *n*.
quibble *verb* /'kwɪbl/ krangle om detaljer.
quibbling /'kwɪblɪŋ/ ordkløveri *n*.
quick /kwɪk/ rask; kvikk; skarp; **~en** påskynde; **~ness** raskhet *m*; **~sand** kvikksand *m/f*; **~silver** kvikksølv *n*; **~-witted** snartenkt; slagferdig.
quid /kwɪd/ (*hverdagslig*) pund (sterling) *n*.
quiet /'kwaɪət/ rolig; stille; stillhet *m*; **~en** roe ned; berolige.
quilt /kwɪlt/ vatteppe *n*; lappeteppe *n*; **~ed** vattert; utført i lappeteknikk.
quinine /kwɪ'niːn/ kinin *m/n*.
quirk /kwɜːk/ eiendommelighet *m*; innfall *n*.
quit /kwɪt/ slutte; holde opp med.
quite /kwaɪt/ helt; ganske; javisst! **not ~** ikke akkurat; **~ a lot** en hel del.
quits /kwɪts/ skuls; kvitt; **let's call it ~** la oss være skuls.
quitter /'kwɪtə/ person som lett gir opp.
quiver /'kwɪvə/ skjelving *m/f*; (pile)kogger *n*.
quiver *verb* /'kwɪvə/ skjelve; vibrere.
quiz *verb* /kwɪz/ (ut)spørre; **~zical** spørrende; ertende.
quiz /kwɪz/ spørrekonkurranse *m*.
quota /'kwəʊtə/ kvote *m*; andel *m*.
quotation /kwə(ʊ)'teɪʃ(ə)n/ sitat *n*; (børs)notering *m/f*; **~-marks** anførselstegn *n*.
quote /kwəʊt/ sitere; notere; **~ - unquote** anførselstegn begynner - anførselstegn slutter.

R

rabbi /'ræbaɪ/ rabbiner *m*.
rabbit /'ræbɪt/ kanin *m*.
rabble /'ræbl/ pøbel *m*; **~-rouser** oppvigler *m*.
rabid /'ræbɪd/ rabiat; rasende, vill.
race /reɪs/ rase *m*; løp *n*; veddeløp *n*.
race *verb* /reɪs/ løpe om kapp med; gå (kjøre) fort; **~course** veddeløpsbane *m*; **~horse** veddeløpshest *m*; **~-track** (*amr*) veddeløpsbane *m*.
racial /'reɪʃ(ə)l/ rase-.
racing /'reɪsɪŋ/ (heste) veddeløp *n*; **motor ~** billøp *n*.
racism /'reɪsɪz(ə)m/ rasisme *m*.
racist /'reɪsɪst/ rasist *m*.
rack /ræk/ hylle *m/f*; stativ *n*; knaggrekke *m*; (*hist*) pinebenk *m*.
rack *verb* /ræk/ pine; anstrenge; **luggage ~** bagasjehylle *m/f*.
racket /'rækɪt/ (tennis) racket *m*; bråk *n*, uro *m*; svindelforetak *n*; **~eer** svindler *m*; pengeutpresser *m*.
radar /'reɪdɑː/ radar *m*; **~ control** radarkontroll *m*.
radiance /'reɪdjəns/ stråleglans *m*.
radiant /'reɪdjənt/ strålende.
radiate /'reɪdɪeɪt/ utstråle.
radiation /ˌreɪdɪ'eɪʃ(ə)n/ utstråling *m/f*; **~ therapy** strålebehandling *m/f*.
radiator /'reɪdɪeɪtə/ radiator *m*.
radical /'rædɪk(ə)l/ radikal; radikaler *m*.
radio /'reɪdɪəʊ/ radio *m*; **on the ~** i radio; **~ transmitter** radiosender *m*.
radioactive /ˌreɪdɪəʊ'æktɪv/ radioaktiv; **~ fallout** radioaktivt nedfall *n*.
radioactivity /ˌreɪdɪəʊæk'tɪvətɪ/ radioaktivitet *m*.
radiograph /'reɪdɪə(ʊ)grɑːf/ røntgenbilde *n*.

radish /ˈrædɪʃ/ reddik *m*.
RAF /ˌɑːreɪˈef/ *fork for* **Royal Air Force**.
raffle /ˈræfl/ tombola *m*; lotteri *n*.
raft /rɑːft/ (tømmer)flåte *m*; **~er** takbjelke *m*.
raft *verb* /rɑːft/ fløte; **~ing** (*sport*) rafting.
rag /ræg/ fille *f*; klut *m*; **~ged** fillete; ujevn.
rage /reɪdʒ/ raseri *n*.
rage *verb* /reɪdʒ/ rase.
raid /reɪd/ razzia *m*; overfall *n*.
raid *verb* /reɪd/ foreta en razzia; overfalle, plyndre.
rail /reɪl/ (*jernb*) skinne *m/f*; rekkverk *n*; **by ~** med jernbane.
railing(s) /ˈreɪlɪŋ(z)/ stakitt *n*; rekkverk *n*.
railroad /ˈreɪlrəʊd/ (*amr*) jernbane *m*.
railway /ˈreɪlweɪ/ jernbane *m*; **~ carriage** jernbanevogn *m/f*; **~ station** jernbanestasjon *m*; **~ track** jernbanespor *n*.
rain /reɪn/ regn *n*.
rain *verb* /reɪn/ regne; **acid ~** sur nedbør *m*; **~bow** regnbue *m*; **~coat** regnfrakk *m*; **~fall** regn(skur) *n (m/f)*; nedbør *m*; **~ forest** regnskog *m*.
rainy /ˈreɪnɪ/ regnfull; regn-; **~ season** regntid *m/f*.
raise /reɪz/ (*amr*) lønnsforhøyelse *m*.
raise *verb* /reɪz/ heve; løfte; forhøye; vekke; oppfostre; **~ a loan** ta opp et lån.
raisin /ˈreɪzn/ rosin *m*.
rake /reɪk/ rive *m/f*, rake *f*.
rake *verb* /reɪk/ rake.
rally /ˈrælɪ/ samling *m/f*, møte *n*.
rally *verb* /ˈrælɪ/ samle (seg); komme til krefter.
RAM (*edb*) *fork for* **random access memory** hukommelse *m*.
ram /ræm/ (*zool*) vær *m*.
ram *verb* /ræm/ **~ against** kollidere med, kjøre inn i.
ramble /ˈræmbl/ spasertur *m*.
ramble *verb* /ˈræmbl/ gå tur; streife omkring.
rambler /ˈræmblə/ fotturist *m*; vandrer *m*.
rambling /ˈræmblɪŋ/ springende, ustrukturert.
ramification /ˌræmɪfɪˈkeɪʃn/ forgrening *m/f*.
ramp /ræmp/ rampe *m*; bukk *m*; fartsdemper *m*.
rampant /ˈræmpənt/ altfor frodig; tøylesløs.
ramshackle /ˈræmˌʃækl/ falleferdig; skranglete.

ranch /rɑːn(t)ʃ/ (*amr*) kvegfarm *m*.
rancid /ˈrænsɪd/ harsk.
random /ˈrændəm/ tilfeldig; **at ~** på måfå; **~ access** (*edb*) direkte tilgang *m*.
randy /ˈrændɪ/ kåt.
range /reɪn(d)ʒ/ utvalg *n*; rekkevidde *m/f*, skuddvidde *m/f*; (fjell)kjede *m*.
range *verb* /reɪn(d)ʒ/ strekke seg, rekke; ordne; **~r** skogvokter *m*; (*amr*) vakt i nasjonalpark.
rank /ræŋk/ rekke *m/f*; geledd *n*; rang *m*, grad *m*.
rank *verb* /ræŋk/ rangere; **close ~s** stille seg solidarisk.
rankle /ˈræŋkl/ nage.
ransack /ˈrænsæk/ ransake; plyndre.
ransom /ˈrænsəm/ løsepenger *m*.
ransom *verb* /ˈrænsəm/ betale løsepenger for.
rant /rænt/ snakke sint og høyt.
rap /ræp/ rapp *n*; smekk *n*.
rap *verb* /ræp/ fike til.
rape /reɪp/ voldtekt *m*.
rape *verb* /reɪp/ voldta; **attempted ~** voldtektsforsøk *n*.
rapid /ˈræpɪd/ rask; stri; **~s** (elve)stryk *n*; **~ity** hurtighet *m*.
rapist /ˈreɪpɪst/ voldtektsforbryter *m*.
rapt /ræpt/ henført; **~ure** henrykkelse *m*.
rare /reə/ sjelden; (*amr*) (om kjøtt) rå, lite stekt.
rarely /ˈreəlɪ/ sjelden.
rarity /ˈreərətɪ/ sjeldenhet *m*.
rascal /ˈrɑːsk(ə)l/ kjeltring *m*; slyngel *m*.
rash /ræʃ/ overilt; utslett *n*.
rasp /rɑːsp/ rasp *m/f*.
rasp *verb* /rɑːsp/ raspe; skurre.
raspberry /ˈrɑːzb(ə)rɪ/ bringebær *n*.
rat /ræt/ rotte *m/f*; **~ race** karrièrejag *n*.
rate /reɪt/ (rente)sats *m*; takst *m*, rate *m*; fart *m*.
rate *verb* /reɪt/ verdsette; taksere (**at** til); **at any ~** i hvert fall; **~ of exchange** valutakurs *m*.
rather /ˈrɑːðə/ heller; snarere; nokså; temmelig.
rating /ˈreɪtɪŋ/ oppslutning *m*; **~s** seertall *n*.
ration /ˈræʃ(ə)n/ rasjon *m*.
ration *verb* /ˈræʃ(ə)n/ rasjonere.
rational /ˈræʃənl/ fornuftig; **~e** logisk begrunnelse.

rattle /'rætl/ skramling *m/f*; rangle.
rattle *verb* /'rætl/ skrangle; rasle; **~snake** klapperslange *m*.
raucous /'rɔːkəs/ hes; røff (om lyd).
ravage *verb* /'rævɪdʒ/ herje, ødelegge.
rave /reɪv/ snakke i ørske, fantasere; være vilt begeistret.
raven /'reɪvn/ ravn *m*; **~ous** skrubbsulten.
ravine /rə'viːn/ kløft *m/f*, juv *n*.
raving /'reɪvɪŋ/ **~ mad** splitter pine gal.
ravish /'rævɪʃ/ henrykke; voldta; bortføre; **~ing** henrivende.
raw /rɔː/ rå; ubearbeidet.
ray /reɪ/ (lys)stråle *m/f*.
rayon /'reɪɒn/ kunstsilke *m*.
raze /reɪz/ rasere.
razor /'reɪzə/ barberkniv *m*; barbermaskin *m*; **~-blade** barberblad *n*.
re /reɪ/ *fork for* **regarding; with reference to,** angående.
reach /riːtʃ/ rekkevidde *m/f*; strekning *m*.
reach *verb* /riːtʃ/ nå; rekke; strekke.
react /rɪ'ækt/ reagere; **~ion** reaksjon *m*; **~ionary** reaksjonær.
read /riːd/ lese; avlese; **~able** leseverdig; lesbar; **~er** leser *m*; lesebok *m/f*.
readily /'redəlɪ/ gjerne; lett.
readiness /'redɪnəs/ beredskap *m*; beredvillighet *m*.
reading /'riːdɪŋ/ lesestoff *n*; (opp)lesning *m*; fortolkning *m*.
readjust /ˌriːə'dʒʌst/ innstille på nytt; omstille seg.
ready /'redɪ/ klar, ferdig; villig; **~-made** konfeksjonssydd.
real /rɪəl/ virkelig; faktisk; ekte; **~ estate** (*amr*) fast eiendom *m*; **~ estate agent** eiendomsmegler *m*.
reality /rɪ'ælətɪ/ virkelighet *m*; **virtual ~** virtuell virkelighet *m*; konstruert virkelighet *m*.
realizable /'rɪəlaɪzəbl/ realiserbar.
realization /ˌrɪəlaɪ'zeɪʃ(ə)n/ forståelse *m*; realisering *m/f*; iverksetting *m/f*.
realize /'rɪəlaɪz/ bli klar over; virkeliggjøre; realisere.

really /'rɪəlɪ/ virkelig; egentlig; **~?** jasså?
realm /relm/ (konge)rike *n*; verden *m*.
reap /riːp/ høste; **~er** slåmaskin *m*.
reappear /ˌriːə'pɪə/ dukke opp igjen.
rear /rɪə/ bak-; bakside *m/f*.
rear *verb* /rɪə/ oppdra; **at the ~** på baksiden; bakerst; **~-end collision** påkjørsel bakfra; **~-view mirror** bakspeil *n*.
rearmament /rɪ'ɑːməmənt/ opprustning *m*.
rearrange /ˌriːə'reɪn(d)ʒ/ omorganisere; omarbeide.
reason /'riːzn/ grunn *m*, årsak *m*; fornuft *m*.
reason *verb* /'riːzn/ resonnere; bruke fornuften; **~ with** snakke fornuft med; **~able** fornuftig; rimelig, moderat; **~ing** resonnement *n*; argumentering *m/f*.
reassure /ˌriːə'ʃʊə/ berolige.
reassuring /ˌriːə'ʃʊərɪŋ/ beroligende; betryggende.
rebel /'rebl/ opprørs-; opprører *m*; gjøre opprør (**against** mot); **~lion** opprør *n*; **~lious** opprørsk.
rebound /'riːbaʊnd/ (*sport*) retur *m*; **on the ~** fremdeles påvirket av (et brutt forhold).
rebound *verb* /rɪ'baʊnd/ sprette tilbake.
rebuff /rɪ'bʌf/ (bryskt) avslag *n*.
rebuff *verb* /rɪ'bʌf/ avslå.
rebuild /ˌriː'bɪld/ gjenoppbygge; bygge om.
rebuke /rɪ'bjuːk/ irettesettelse *m*.
rebuke *verb* /rɪ'bjuːk/ irettesette.
recall /rɪ'kɔːl/ tilbakekalling *m/f*.
recall *verb* /rɪ'kɔːl/ minnes; huske; tilbakekalle.
recapture /ˌriː'kæptʃə/ gjenerobre; gjenskape.
recede /rɪ'siːd/ vike, trekke seg tilbake; falle.
receipt /rɪ'siːt/ kvittering *m/f*; mottakelse *m*.
receive /rɪ'siːv/ motta; få; **~r** mottaker *m*; telefonrør *n*.
recent /'riːsnt/ ny; fersk; **~ly** nylig; i det siste.
reception /rɪ'sepʃ(ə)n/ mottakelse *m*; resepsjon *m*; **~ist** portier *m*, resepsjonist *m*.
receptive /rɪ'septɪv/ mottakelig.
recess /rɪ'ses/ nisje *m*; pause *m*; **~ion**

tilbaketrekning *m*; lavkonjunktur *m*, resesjon *m*.
recharge /ˌriːˈtʃɑːdʒ/ lade opp igjen.
recipe /ˈresɪpɪ/ (mat) oppskrift *m/f*.
recipient /rɪˈsɪpɪənt/ mottaker *m*.
reciprocal /rɪˈsɪprək(ə)l/ gjensidig.
reciprocate /rɪˈsɪprəkeɪt/ gjøre gjengjeld.
recital /rɪˈsaɪtl/ solistkonsert *m*; opplesning *m*.
recite /rɪˈsaɪt/ lese opp; deklamere; redegjøre for.
reckless /ˈrekləs/ dumdristig; uvøren; skjødesløs.
reckon /ˈrek(ə)n/ tro, anse; beregne, telle; **~ing** beregning *m*; oppgjør *n*.
reclaim /rɪˈkleɪm/ gjenvinne; avhente; dyrke opp.
reclamation /ˌrekləˈmeɪʃ(ə)n/ gjenvinning *m/f*; nydyrking *m/f*; reklamasjon *m*.
recline /rɪˈklaɪn/ lene bakover, hvile.
recluse /rɪˈkluːs/ eneboer *m*.
recognition /ˌrekəgˈnɪʃ(ə)n/ (an)erkjennelse *m*; gjenkjennelse *m*.
recognizable /ˈrekəgnaɪzəbl/ gjenkjennelig.
recognize /ˈrekəgnaɪz/ gjenkjenne; innrømme; (an)erkjenne.
recoil /ˈrɪːkɔɪl/ rekyl *m*; tilbakeslag *n*; avsky *m*.
recoil *verb* /rɪˈkɔɪl/ rygge tilbake.
recollect /ˌrekəˈlekt/ huske; minnes; **~ion** erindring *m/f*.
recommend /ˌrekəˈmend/ anbefale; **~ation** anbefaling *m/f*.
recompense /ˈrekəmpens/ erstatning *m*; belønning *m/f*.
recompense *verb* /ˈrekəmpens/ erstatte; belønne.
reconcile /ˈrekənsaɪl/ forsone; bilegge.
reconciliation /ˌrekənsɪlɪˈeɪʃ(ə)n/ forsoning *m/f*; forlik *n*.
reconsider /ˌriːkənˈsɪdə/ vurdere på nytt.
reconstruct /ˌriːkənˈstrʌkt/ gjenoppbygge; rekonstruere.
record /ˈrekɔːd/ rekord *m*; opptegnelse *m*, dokument *n*; grammofonplate *m/f*.
record *verb* /rɪˈkɔːd/ skrive

ned, protokollere; ta opp (på plate *o.l.*); **off the ~** uoffisielt, i all fortrolighet.
recorder /rɪ'kɔːdə/ (*mus*) blokkfløyte *m/f*; spiller *m*; **video ~** videospiller *m*.
recording /rɪ'kɔːdɪŋ/ opptak *n*, innspilling *m/f*; nedtegnelse *m*.
recover /rɪ'kʌvə/ få tilbake; komme seg (etter sykdom); gjenvinne; (*edb*) gjenopprette; **~y** bedring *m/f*; gjenvinning *m/f*.
re-create /ˌriːkrɪ'eɪt/ gjenskape.
recreation /ˌrekrɪ'eɪʃ(ə)n/ atspredelse *m*; rekreasjon *m*.
recreational /ˌrekrɪ'eɪʃənəl/ hobby-; fritids-.
recruit /rɪ'kruːt/ rekrutt *m*.
recruit *verb* /rɪ'kruːt/ verve.
rectal /'rekt(ə)l/ endetarms-.
rectify /'rektɪfaɪ/ korrigere.
rector /'rektə/ sogneprest *m* (i den engelske kirken); rektor *m* (ved visse skoler); **~y** prestegård *m*.
rectum /'rektəm/ endetarm *m*.
recumbent /rɪ'kʌmbənt/ liggende; tilbakelent.
recuperate /rɪ'kjuːp(ə)reɪt/ komme til krefter (etter sykdom).
recur /rɪ'kɜː/ hende igjen; gjenta seg; **~rence** gjentakelse *m*; **~rent** tilbakevendende.
recycle /ˌriː'saɪkl/ resirkulere; gjenvinne.
recycling /ˌriː'saɪklɪŋ/ resirkulering *m/f*; gjenbruk *n*.
red /red/ rød (farge); (*hverdagslig*) kommunist *m*; **~currant** rips *n*; **~ herring** avledningsmanøver *m*; **~ tape** byråkrati *n*.
Red Cross Røde Kors.
redecorate /ˌriː'dekəreɪt/ pusse opp.
redeem /rɪ'diːm/ kjøpe tilbake; innløse; frelse; **~able** som kan kjøpes tilbake; som kan innfris; **~ing** forsonende.
redefine /ˌriːdɪ'faɪn/ definere på nytt.
redemption /rɪ'dem(p)ʃ(ə)n/ innløsning *m*; (*religion*) frelse *m*.
red-handed /ˌred'hændɪd/ på fersk gjerning.
redirect /ˌriːdɪ'rekt/ omadressere; omdirigere.
redoubtable /rɪ'daʊtəbl/ fryktinngytende.
redress /rɪ'dres/ råde bot (på); gjenopprette.

reduce /rɪ'dju:s/ redusere; sette ned; **~ weight** gå ned i vekt, slanke seg.
reduction /rɪ'dʌkʃ(ə)n/ nedsettelse *m*; reduksjon *m*.
redundant /rɪ'dʌndənt/ overflødig; overtallig.
reed /ri:d/ (*bot*) rør *n*; siv *n*.
reef /ri:f/ (klippe)rev *n*.
reef *verb* /ri:f/ reve (seil).
reek /ri:k/ os *m*; **~ of** stinke av; ose av.
reel /ri:l/ skotsk dans; spole *m*; (tråd)snelle *m/f*; (film) rull *m*.
reel *verb* /ri:l/ spole; sjangle; tumle; vakle; danse reel; **~ off** lire av seg.
re-elect /ˌri:ɪ'lekt/ gjenvelge.
re-enter /ˌri:'entə/ komme inn igjen.
re-establish /ˌri:ɪ'stæblɪʃ/ gjenopprette.
refer /rɪ'fɜ:/ **~ to** henvise til; angå; **~ee** (fotball-, bokse) dommer *m*; (om person:) referanse *m*.
referee *verb* /rɪ'fɜ:/ dømme (fotball- og boksekamp).
reference /'ref(ə)r(ə)ns/ henvisning *m*; referanse *m*, attest *m*; **in/with ~ to** angående; **~ book** oppslagsbok *m/f*; håndbok *m/f*.
refill /'ri:fɪl/ påfyll *n*.
refine /rɪ'faɪn/ rense; foredle; raffinere; **~ment** foredling *m/f*; raffinering *m/f*; raffinement *n*.
refit /'ri:fɪt/ reparasjon *m*.
refit *verb* /ri:'fɪt/ reparere.
reflect /rɪ'flekt/ reflektere; gjenspeile; **~ on** tenke på (*el* over); **~ion** refleks(jon) *m*; gjenspeiling *m/f*; overveielse *m*; **~ive** reflekterende; tenksom; **~or** kattøye *n*; refleksbrikke *m/f*.
reflex /'ri:fleks/ refleks *m*; **~ action** reflekshandling *m/f*.
reform /rɪ'fɔ:m/ reform *m*; forbedring *m/f*.
reform *verb* /rɪ'fɔ:m/ reformere; forbedre; **~ation** reformering *m/f*; forbedring *m/f*; **~er** reformator *m*.
Reformation, the (*rel*) Reformasjonen.
refrain /rɪ'freɪn/ refreng *n*; **~ from** avholde seg fra.
refresh /rɪ'freʃ/ forfriske; **~ing** oppkvikkende; **~ment** forfriskning *m*.
refrigerant /rɪ'frɪdʒərənt/ kjølevæske *m/f*; kjølemiddel *n*.
refrigerate /rɪ'frɪdʒəreɪt/ (av)kjøle.

refrigerator /rɪ'frɪdʒəreɪtə/ (*hverdagslig*) **fridge** kjøleskap *n*.
refuel /ˌriː'fjʊəl/ fylle bensin, tanke opp.
refuge /'refjuːdʒ/ tilflukt(ssted) *m (n)*.
refugee /ˌrefjʊ'dʒiː/ flyktning *m*; **~ camp** flyktningeleir *m*.
refund /'riːfʌnd/ tilbakebetaling *m/f*, refusjon *m*.
refund *verb* /ˌriː'fʌnd/ tilbakebetale.
refusal /rɪ'fjuːz(ə)l/ avslag *n*; vegring *m/f*; **first ~** forkjøpsrett *m*.
refuse /'refjuːs/ avfall *n*.
refuse *verb* /rɪ'fjuːz/ avslå; avvise; nekte.
refutation /ˌrefjʊ'teɪʃ(ə)n/ gjendrivelse *m*.
refute /rɪ'fjuːt/ gjendrive, motbevise.
regain /rɪ'geɪn/ gjenvinne.
regard /rɪ'gɑːd/ aktelse *m*; hensyn *m*.
regard *verb* /rɪ'gɑːd/ betrakte; angå; **as ~s** hva angår; **in/with ~ to** med hensyn til; **with kind -s** de beste hilsener *m*; **~ing** angående; **~less of** uten (å ta) hensyn til.
regenerate /rɪ'dʒenəreɪt/ gjenføde(s); fornye(s).
region /'riːdʒ(ə)n/ region *m*; egn *m*; strøk *n*.
register /'redʒɪstə/ protokoll *m*; register *n*; fortegnelse *m*.
register *verb* /'redʒɪstə/ protokollere; registrere; skrive (seg) inn; (*jur*) tinglyse; rekommandere (et brev); **hotel ~** gjestebok *m/f*; **~ed** registrert; innskrevet; rekommandert.
registration /ˌredʒɪ'streɪʃ(ə)n/ registrering *m/f*; **~ document** (i bil) vognkort *n*.
regret /rɪ'gret/ beklagelse *m*; sorg *m*; anger *m*.
regret *verb* /rɪ'gret/ beklage; angre; **~table** beklagelig.
regular /'regjʊlə/ regelmessig; fast; regulær; stamgjest *m*; **~ity** regelmessighet *m*.
regulate /'regjʊleɪt/ regulere; ordne.
regulation /ˌregjʊ'leɪʃ(ə)n/ regulering *m/f*; vedtekt *m/f*; regel *m*.
rehabilitation /'riːhəˌbɪlɪ'teɪʃ(ə)n/ rehabilitering *m/f*; attføring *m/f*.

rehearsal /rɪ'hɜːs(ə)l/ (*teater*) prøve *m/f*; **dress ~** (*teater*) generalprøve *m/f*.
rehearse /rɪ'hɜːs/ (*teater*) ha prøve på; innstudere.
reign /reɪn/ regjering(stid) *m/f (m/f)*.
reign *verb* /reɪn/ regjere.
reimburse /ˌriːɪm'bɜːs/ tilbakebetale; dekke (utlegg); **~ment** tilbakebetaling *m/f*.
rein /reɪn/ tøyle *m*; tømme *m*.
reindeer /'reɪndɪə/ rein *m*, reinsdyr *n*.
reinforce /ˌriːɪn'fɔːs/ forsterke; armere; **~ment** forsterkning *m*; armering *m/f*.
reiterate /riː'ɪtəreɪt/ gjenta.
reject /riː'dʒekt/ forkaste; vrake; avslå; avvise; **~ion** forkastelse *m*; vraking *m/f*; avslag *n*.
rejoice /rɪ'dʒɔɪs/ glede (seg), fryde (seg) (**at, in** over).
rejoicing /rɪ'dʒɔɪsɪŋ/ fryd *m*; glede *m*.
rejoin /ˌriː'dʒɔɪn/ svare; vende tilbake til; **~der** gjensvar *n*, replikk *m*.
rejuvenate /rɪ'dʒuːvəneɪt/ forynge(s).
relapse /rɪ'læps/ tilbakefall *n*.
relate /rɪ'leɪt/ berette; **~ to** angå; sette *eller* stå i forbindelse med; **~d** beslektet (**to** med).
relation /rɪ'leɪʃ(ə)n/ slektning *m*; forbindelse *m*, forhold *n*; **~ship** slektskap *n*; forhold *n*.
relative /'relətɪv/ relativ; slektning *m*; **~ly** forholdsvis.
relax /rɪ'læks/ slappe (av); koble av; løsne (på); **~ation** avslapping *m/f*; avkobling *m/f*.
relay /'riːleɪ/ (*sport*) stafett *m*.
release /rɪ'liːs/ løslatelse *m*; frigivelse *m*; utgivelse *m*; lettelse *m*.
release *verb* /rɪ'liːs/ løslate; frafalle (rett); *film, musikk, etc.* sende ut (på markedet); utløse; slippe.
relegate /'reləgeɪt/ forvise; degradere; (*sport*) rykke ned.
relegation /ˌrelə'geɪʃ(ə)n/ (*sport*) nedrykking *m/f*.
relent /rɪ'lent/ formildes; gi etter; **~less** ubøyelig.
reliability /rɪˌlaɪə'bɪlətɪ/ pålitelighet *m*.

reliable /rɪ'laɪəbl/ pålitelig.
reliance /rɪ'laɪəns/ tillit *m*; tiltro *m*.
relic /'relɪk/ levning *m*; relikvie *m*.
relief /rɪ'li:f/ lettelse *m*; hjelpe-; lindring *m/f*; hjelp *m/f*; avløsning *m*; relieff *n*; **~ road** avlastningsvei *m*; **~ work** bistandsarbeid *n*.
relieve /rɪ'li:v/ lette; understøtte; hjelpe; unnsette; **~d** lettet.
religion /rɪ'lɪdʒ(ə)n/ religion *m*.
religious /rɪ'lɪdʒəs/ religiøs; samvittighetsfull.
relinquish /rɪ'lɪŋkwɪʃ/ slippe; oppgi; frafalle.
relish /'relɪʃ/ nytelse *m*; smakstilsetning *m*.
relish *verb* /'relɪʃ/ like; sette pris på.
reload /ˌri:'ləʊd/ lesse om; lade på nytt.
relocate /ˌri:lə(ʊ)'keɪt/ omplassere; flytte.
reluctant /rɪ'lʌktənt/ motvillig; uvillig; **~ly** motstrebende.
rely /rɪ'laɪ/ **~ on** stole på.
remain /rɪ'meɪn/ (for) bli; være igjen; vedbli å være; **~der** rest *m*; selge restopplag; **~s** levninger *m*, ruiner *m*.
remand /rɪ'mɑ:nd/ varetekt(skjennelse) *m/f (m)*; **~ sby (in custody)** varetektsfengsle.
remark /rɪ'mɑ:k/ bemerkning *m*.
remark *verb* /rɪ'mɑ:k/ bemerke; **~able** bemerkelsesverdig; merkelig.
remedy /'remɪdɪ/ botemiddel *n*; legemiddel *n*.
remember /rɪ'membə/ huske; erindre.
remembrance /rɪ'membr(ə)ns/ minne *n*; erindring *m/f*.
remind /rɪ'maɪnd/ minne (**of** om, på); **~er** påminnelse *m*; kravbrev *n*.
reminisce *verb* /ˌremɪ'nɪs/ minnes gamle dager; **~nce** minne *n* fra gamle dager; erindring *m/f*.
remit /rɪ'mɪt/ betale; (over) sende; minske(s); ettergi; **~tance** pengeoverføring *m/f*.
remnant /'remnənt/ levning *m*; (tøy)rest *m*.
remorse /rɪ'mɔ:s/ samvittighetsnag *n*; **~ful** angrende.
remote /rɪ'məʊt/ fjern; avsides; svært liten; **~ control** fjernkontroll *m*.

removable /rɪ'muːvəbl/ avtagbar; som kan fjernes; oppsigelig.
removal /rɪ'muːv(ə)l/ fjernelse *m*; flytting *m/f*; avskjedigelse *m*.
remove /rɪ'muːv/ fjerne; flytte; avskjedige.
remunerate /rɪ'mjuːnəreɪt/ (be)lønne.
remuneration /rɪˌmjuːnə'reɪʃ(ə)n/ godtgjørelse *m*.
render /'rendə/ gjengi, oversette; yte, gi.
renew /rɪ'njuː/ fornye; **~able** fornybar; **~al** fornyelse *m*.
renounce /rɪ'naʊns/ oppgi; gi avkall på; fornekte.
renovate /'renəveɪt/ restaurere, modernisere.
renown /rɪ'naʊn/ berømmelse *m*; **~ed** berømt.
rent /rent/ (hus)leie *m/f*; revne *m/f*, sprekk *m/f*; rift *m/f*.
rent *verb* /rent/ leie; forpakte.
rental /'rentl/ leieavgift *m/f*; leieinntekt *m/f*; **~ car** leiebil *m*.
renunciation /rɪˌnʌnsɪ'eɪʃ(ə)n/ forsakelse *m*; avkall *n*.
reorganization /riːˌɔːgənaɪ'zeɪʃən/ omdannelse *m*; reorganisering *m/f*.
reorganize /ˌriː'ɔːgənaɪz/ omdanne; reorganisere.
repair /rɪ'peə/ reparasjon *m*; istandsettelse *m*.
repair *verb* /rɪ'peə/ reparere; **be under ~** være til reparasjon.
reparation /ˌrepə'reɪʃ(ə)n/ oppreisning *m*; erstatning *m*.
repatriate /riː'pætrɪeɪt/ sende hjem; repatriere.
repatriation /ˌriːpætrɪ'eɪʃ(ə)n/ hjemsendelse *m*.
repay /rɪ'peɪ/ betale tilbake; **~ment** tilbakebetaling *m/f*.
repeal *verb* /rɪ'piːl/ oppheve.
repeat /rɪ'piːt/ gjenta; **~edly** gjentatte ganger.
repel /rɪ'pel/ drive tilbake; avvise; frastøte; **~lent** frastøtende; avstøtende.
repent /rɪ'pent/ angre; **~ance** anger *m*; **~ant** angrende.
repercussion /ˌriːpə'kʌʃ(ə)n/ ettervirkning *m*; følge(r) *m*; tilbakeslag *n*.

repetition /ˌrepɪˈtɪʃ(ə)n/ gjentakelse *m*; repetisjon *m*.
replace /rɪˈpleɪs/ sette tilbake; erstatte; skifte ut; **~ment** tilbakesettelse *m*; erstatning *m*.
replenish /rɪˈplenɪʃ/ fylle opp; supplere, komplettere.
reply /rɪˈplaɪ/ svar *n*; svare.
report /rɪˈpɔːt/ melding *m/f*; rapport *m*; beretning *m*; referat *n*.
report *verb* /rɪˈpɔːt/ berette; melde (seg); rapportere; **~er** referent *m*, journalist *m*.
repose /rɪˈpəʊz/ hvile *m*.
represent /ˌreprɪˈzent/ fremstille; forestille; representere; oppføre; **~ation** fremstilling *m/f*; oppførelse *m*; forestilling *m/f*; representasjon *m*; **~ative** representant; representativ; *m*.
repress /rɪˈpres/ undertrykke; **~ion** undertrykkelse *m*.
reprieve /rɪˈpriːv/ frist *m*; utsettelse *m*; benådning *m*.
reprieve *verb* /rɪˈpriːv/ benåde.
reprimand /ˈreprɪmɑːnd/ irettesette; reprimande *m*.
reprint /ˈriːprɪnt/ opptrykk *n*.
reprint *verb* /riːˈprɪnt/ trykke opp igjen.
reprisal /rɪˈpraɪz(ə)l/ gjengjeldelse *m*; **~s** represalier *m*.
reproach /rɪˈprəʊtʃ/ bebreidelse *m*.
reproach *verb* /rɪˈprəʊtʃ/ bebreide; **~ful** bebreidende.
reproduce /ˌriːprəˈdjuːs/ gjengi; reprodusere.
reproduction /ˌriːprəˈdʌkʃ(ə)n/ ny fremstilling *m/f*; gjengivelse *m*; forplantning *m*; reproduksjon *m*.
reproof /rɪˈpruːf/ bebreidelse *m*.
reprove /rɪˈpruːv/ bebreide.
reptile /ˈreptaɪl/ krypdyr *n*.
republic /rɪˈpʌblɪk/ republikk *m*; **~an** republikansk; republikaner *m*.
repudiate /rɪˈpjuːdɪeɪt/ forkaste; tilbakevise; fornekte.
repugnance /rɪˈpʌgnəns/ motvilje *m*; avsky *m*.
repugnant /rɪˈpʌgnənt/ frastøtende, avskyelig.
repulse *verb* /rɪˈpʌls/ drive tilbake; avvise.
repulsive /rɪˈpʌlsɪv/ frastøtende; motbydelig.

reputable /'repjʊtəbl/ aktet, vel ansett; hederlig.
reputation /ˌrepjʊ'teɪʃ(ə)n/ rykte *n*; anseelse *m*.
repute /rɪ'pjuːt/ anseelse *m*; rykte *n*.
request /rɪ'kwest/ anmodning *m*; ønske *n*; etterspørsel *m*.
request *verb* /rɪ'kwest/ anmode om, be om; **by ~** etter anmodning.
require /rɪ'kwaɪə/ forlange; kreve; trenge; behøve; **~ment** krav *n*, fordring *m/f*; behov *n*.
requisite /'rekwɪzɪt/ nødvendig, påkrevd; nødvendighet(sartikkel) *m*.
requisition /ˌrekwɪ'zɪʃ(ə)n/ rekvisisjon *m*; krav *n*.
requisition *verb* /ˌrekwɪ'zɪʃ(ə)n/ bestille; rekvirere.
rerun /'riːˌrʌn/ nyutsending *m/f*; nyoppførelse *m*; (*sport*) omløp *n*; (*edb*) omkjøring *m/f*.
rescue /'reskjuː/ redning *m/f*, berging *m/f*.
rescue *verb* /'reskjuː/ redde.
research /rɪ'sɜːtʃ/ forskning *m/f*; forske.
resemblance /rɪ'zembləns/ likhet *m*.
resemble /rɪ'zembl/ ligne.
resent /rɪ'zent/ ta ille opp; føle seg fornærmet over; **~ful** ergerlig; **~ment** ergrelse *m*; harme *m*.
reservation /ˌrezə'veɪʃ(ə)n/ forbehold *n*; bestilling *m/f*; (*amr*) reservat *n*; **make a ~** (forhånds)bestille; ta et forbehold.
reserve /rɪ'zɜːv/ reserve *m*; reservat *n*.
reserve *verb* /rɪ'zɜːv/ reservere; forbeholde; bestille; **~d** reservert; forbeholden.
reshuffle /ˌriː'ʃʌfl/ (*politikk*) ommøblering *m/f*; (*kortspill*) ny giv *m*.
reside /rɪ'zaɪd/ bo; være bosatt; **~nce** residens *m*; bosted *n*; opphold *n*; **~nt** bosatt; fastboende; **~ntial** bolig-; villa-.
residue /'rezɪdjuː/ levning *m*; rest *m*.
resign /ˌriː'saɪn/ oppgi; frasi seg; ta avskjed; **~ation** fratredelse *m*; avskjedsansøkning *m*; resignasjon *m*; **~ed** resignert.
resilient /rɪ'zɪlɪənt/ elastisk; spenstig; robust.
resin /'rezɪn/ harpiks *m*, kvae *m*.

resist /rɪ'zɪst/ motstå; **~ance** motstand *m*; **~ant** motstandsdyktig.
resolute /'rezəluːt/ besluttsom.
resolution /ˌrezə'luːʃ(ə)n, ˌrezə'ljuːʃ(ə)n/ beslutning *m*; besluttsomhet *m*; oppløsning *m*.
resoluteness besluttsomhet *m*.
resolve /rɪ'zɒlv/ beslutning *m/f*.
resolve *verb* /rɪ'zɒlv/ beslutte; løse; **~d** fast bestemt.
resort /rɪ'zɔːt/ feriested *n*; utvei *m*; **~ to** ty til.
resound /rɪ'zaʊnd/ gjenlyde; **~ing** rungende.
resource /rɪ'sɔːs/ ressurs *m*; **~ful** oppfinnsom; snarrådig.
respect /rɪ'spekt/ aktelse *m*, respekt *m*; henseende *m/n*.
respect *verb* /rɪ'spekt/ akte, respektere; **in this ~** i denne henseende; **pay one's ~s** vise sin aktelse/ deltakelse; **~able** vel ansett; skikkelig; **~ful** ærbødig.
respective /rɪ'spektɪv/ hver sin (sitt), respektive; **~ly** henholdsvis.
respiration /ˌrespə'reɪʃ(ə)n/ åndedrett *n*.
respiratory /rɪ'spɪrət(ə)rɪ/ åndedretts-.
respite /'respaɪt/ frist *m*; pusterom *n*.
respond /rɪ'spɒnd/ svare; **~ to** svare på; reagere på.
response /rɪ'spɒns/ svar *n*; reaksjon *m*.
responsibility /rɪsˌpɒnsə'bɪlətɪ/ ansvar(lighet) *n (m)*.
responsible /rɪ'spɒnsəbl/ ansvarlig.
responsive /rɪ'spɒnsɪv/ lydhør; mottakelig (**to** for).
rest /rest/ hvile *m*; støtte *m*; pause *m*; rest *m*.
rest *verb* /rest/ hvile; støtte (seg); **the ~** de øvrige, de andre; **~ive** rastløs; **~less** rastløs; urolig; **~room** (*amr*) toalett *n*.
restaurant /'rest(ə)rɒnt/ restaurant *m*.
restoration /ˌrestə'reɪʃ(ə)n/ istandsetting *m/f*, restaurering *m/f*.
restore /rɪ'stɔː/ restaurere; gi tilbake; gjenopprette; **feel ~d** føle seg frisk igjen (etter sykdom).
restrain /rɪ'streɪn/ holde tilbake; beherske; **~ed** behersket; **~t** (selv) beherskelse *m*; tvang *m*.

restrict /rɪ'strɪkt/ begrense; innskrenke; **~ed** ikke tilgjengelig; fortrolig; **~ion** innskrenkning *m*; begrensning *m*; **~ive** restriktiv, innskrenkende.
result /rɪ'zʌlt/ resultat *n*; resultere.
resume /rɪ'zjuːm/ gjenoppta; fortsette.
resurgent /rɪ'sɜːdʒ(ə)nt/ gjenoppblussende, fornyet.
resurrection /ˌrezə'rekʃ(ə)n/ gjenopplivelse *m*; oppstandelse *m* fra de døde.
retail /'riːteɪl/ detalj(handel) *m*; **~ price** utsalgspris *m*; **~er** detaljist *m*.
retain /rɪ'teɪn/ holde tilbake; beholde.
retaliate /rɪ'tælɪeɪt/ gjengjelde.
retaliation /rɪˌtælɪ'eɪʃ(ə)n/ hevn *m*.
retarded /rɪ'taːdɪd/ utviklingshemmet; **mentally ~** psykisk utviklingshemmet.
reticent /'retɪs(ə)nt/ tilbakeholden; fåmælt.
retina /'retɪnə/ netthinne *m/f*.
retire /rɪ'taɪə/ trekke (seg) tilbake; gå av; **~d** pensjonert; reservert; **~ment** det å gå av; fratredelse *m*; pensjonisttilværelse *m*.
retort /rɪ'tɔːt/ skarpt svar *n*.
retort *verb* /rɪ'tɔːt/ svare (skarpt).
retract /rɪ'trækt/ trekke tilbake; **~able** som kan trekkes inn (*eller* tilbake).
retreat /rɪ'triːt/ retrett *m*, tilbaketog *n*; tilfluktssted *n*.
retreat *verb* /rɪ'triːt/ trekke seg tilbake.
retrench /rɪ'tren(t)ʃ/ innskrenke, skjære ned på.
retribution /ˌretrɪ'bjuːʃ(ə) n/ velfortjent straff *m*; gjengjeldelse *m*.
retrievable /rɪ'triːvəbl/ som kan fås (*eller* finnes) igjen.
retrieval /rɪ'triːv(ə)l/ det å få igjen; gjenervervelse *m*; (*edb*) gjenfinning *m/f*.
retrieve /rɪ'triːv/ få (tak i) igjen; gjenopprette; (*edb*) gjenfinne.
retroactive /ˌretrəʊ'æktɪv/ tilbakevirkende.
retrospect /'retrə(ʊ)spekt/ tilbakeblikk *n*; **in ~** når man ser tilbake.
return /rɪ'tɜːn/ tilbaketur *m*; hjemkomst *m*; tilbakelevering *m/f*; tilbakebetaling *m/f*; avkastning *m*.

return *verb* /rɪ'tɜːn/ komme (*eller* reise, gi, betale) tilbake; besvare; **by ~ (of post)** omgående; **in ~** til gjengjeld; **~ ticket** returbillett *m*; **many happy ~s (of the day)** til lykke med fødselsdagen.
reunion /ˌriː'juːnjən/ gjenforening *m/f*; sammenkomst *m*.
Rev. *fork for* **Reverend**.
rev /rev/ **~ up the engine** (om bil) gi gass; ruse motoren.
revaluation /ˌriːvæljʊ'eɪʃ(ə)n/ omvurdering *m/f; økon* oppskrivning *m*; ny taksering *m/f*.
revalue /ˌriː'væljuː/ vurdere på nytt; taksere på nytt; (*handel*) skrive opp.
reveal /rɪ'viːl/ røpe; avsløre; åpenbare; **~ing** avslørende.
revel /'rev(ə)l/ fest *m*, kalas *n*; **~ in** nyte; fryde seg over; **~ation** åpenbaring *m*; avsløring *m/f*.
revenge /rɪ'ven(d)ʒ/ hevn *m*.
revenge *verb* /rɪ'ven(d)ʒ/ hevne; **~ful** hevngjerrig.
revenue /'revənjuː/ (stats) inntekter.
reverberate /rɪ'vɜːb(ə)reɪt/ gi gjenlyd; ljome.
reverberation /rɪˌvɜːbə'reɪʃ(ə)n/ gjenlyd *m*; gjenklang *m*.
revere *verb* /rɪ'vɪə/ hedre; ære; **~nce** ærefrykt *m*; ærbødighet *m*; **~nd** prest *m*.
reverie /'revərɪ/ dagdrøm *m*.
reverse /rɪ'vɜːs/ motsatt; omvendt; motsatt side *m/f*; bakside *m/f*; revers *m*.
reverse *verb* /rɪ'vɜːs/ vende om; reversere; (om bil) rygge; **~ the charges** (*tlf*) la mottaker betale samtalen.
reversible /rɪ'vɜːsəbl/ vendbar; omstillbar.
revert /rɪ'vɜːt/ **~ to** vende tilbake til.
review /rɪ'vjuː/ tilbakeblikk *n*; anmeldelse *m*; tidsskrift *n*; (*mil*) inspeksjon *m*.
review *verb* /rɪ'vjuː/ ta et tilbakeblikk på; se igjennom; anmelde; **~er** anmelder *m*.
revise /rɪ'vaɪz/ lese igjennom; revidere.
revision /rɪ'vɪʒ(ə)n/ gjennomsyn *n*; revisjon *m*; rettelse *m*.
revival /rɪ'vaɪv(ə)l/ gjenopplivelse *m*; fornyelse *m*; (*rel*) vekkelse *m*.

revive /rɪ'vaɪv/ livne til igjen; gjenopplive.
revoke /rɪ'vəʊk/ tilbakekalle; inndra.
revolt /rɪ'vəʊlt/ opprør *n*.
revolt *verb* /rɪ'vəʊlt/ gjøre opprør; opprøre.
revolution /ˌrevə'luːʃ(ə)n/ omveltning *m*; revolusjon *m*; omdreining *m*; **~ary** revolusjonær (*m*); **~ize** revolusjonere.
revolve /rɪ'vɒlv/ rotere; dreie (seg).
revolving door svingdør *m/f*.
revulsion /rɪ'vʌlʃ(ə)n/ avsky *m*; motvilje *m*.
reward /rɪ'wɔːd/ belønning *m/f*.
reward *verb* /rɪ'wɔːd/ belønne; **~ing** givende.
rewind /riː'waɪnd/ spole tilbake.
rheumatic /rʊ'mætɪk/ revmatisk; revmatiker *m*.
rheumatism /'ruːmətɪz(ə) m/ gikt *m/f*, revmatisme *m*.
rhinoceros /raɪ'nɒs(ə)rəs/ neshorn *n*.
rhubarb /'ruːbɑːb/ rabarbra *m*.
rhyme /raɪm/ rim *n*.
rhyme *verb* /raɪm/ rime (**with** på).
rhythm /'rɪð(ə)m/ rytme *m*; takt *m/f*; **~ic(al)** rytmisk; taktfast.
rib /rɪb/ ribben *n*; ribbe *m/f*; spile *m*.
ribbon /'rɪb(ə)n/ bånd *n*; remse *m/f*; sløyfe *f*.
rice /raɪs/ ris *m*.
rich /rɪtʃ/ rik (**in** på); fet; kraftig (om mat); fruktbar (om jord); fyldig (om vin); **~es** rikdom *m*.
rickets /'rɪkɪts/ engelsk syke *m*.
rickety /'rɪkətɪ/ skrøpelig; vaklevoren.
rid /rɪd/ befri (**of** for); frigjøre; **get ~ of** bli kvitt; **good ~dance** godt å være kvitt.
riddle /'rɪdl/ gåte *f*.
riddle *verb* /'rɪdl/ gjennomhulle.
ride /raɪd/ ritt *n*; kjøretur *m*.
ride *verb* /raɪd/ ride; kjøre; **~r** rytter *m*.
ridge /rɪdʒ/ fjellrygg *m*; åskam *m*.
ridicule /'rɪdɪkjuːl/ latterliggjøring *m/f*.
ridicule *verb* /'rɪdɪkjuːl/ latterliggjøre.
ridiculous /rɪ'dɪkjʊləs/ latterlig.
riff-raff /'rɪfræf/ pøbel *m*, berme *m*.

rifle /ˈraɪfl/ rifle *m/f*, gevær *n*.
rift /rɪft/ revne *m/f*, rift *m/f*.
rig /rɪg/ rigg *m*; utrustning *m*.
rig *verb* /rɪg/ rigge; fuske.
right /raɪt/ rett; riktig; høyre; rett(ighet) *m*; **be ~** ha rett; **~ away** med en gang; **~ of way** forkjørsrett *m*.
righteous /ˈraɪtʃəs/ rettferdig.
rigid /ˈrɪdʒɪd/ stiv; streng.
rigorous /ˈrɪg(ə)rəs/ streng; grundig.
rim /rɪm/ kant *m*; felg *m*; **~less** (om briller) uten innfatning *m*.
rind /raɪnd/ skall *n*; skorpe *m/f*; svor *m*.
ring /rɪŋ/ ring *m*; sirkel *m*; arena *m*; manesje *m*; krets *m*, klikk *m*; (klokke) klang *m*.
ring *verb* /rɪŋ/ ringe; lyde; klinge; **~leader** anfører *m*; hovedmann *m*.
rink /rɪŋk/ **skating ~** skøytebane *m*.
rinse /rɪns/ skylling *m/f*.
rinse *verb* /rɪns/ skylle.
riot /ˈraɪət/ bråk *n*; spetakkel *n*; tumult *m*; **~s** opptøyer; **run ~** løpe løpsk; **~ous** opprørsk; støyende.
RIP /ˌɑːraɪˈpiː/ *fork for* **rest in peace**.
rip /rɪp/ flenge *m/f*.
rip *verb* /rɪp/ få en flenge i; spjære; **~ off** rive av; (*amr*) (*hverdagslig*) **~-off** blodpris *m*; lureri *n*.
ripe /raɪp/ moden; **~n** modne(s).
ripple /ˈrɪpl/ krusning *m*; skvulp *n*.
ripple *verb* /ˈrɪpl/ kruse; skvulpe.
rise /raɪz/ stigning *m*; vekst *m*; oppgang *m*.
rise *verb* /raɪz/ reise seg; stige; stå opp; avansere; heve seg; gå opp; **give ~ to** forårsake.
rising /ˈraɪzɪŋ/ stigende; opprør *n*.
risk /rɪsk/ risiko *m*.
risk *verb* /rɪsk/ risikere; **~y** risikabel.
rival /ˈraɪv(ə)l/ rivaliserende; rival *m*; konkurrent *m*.
rival *verb* /ˈraɪv(ə)l/ rivalisere; **~ry** rivalisering *m/f*; konkurranse *m*.
river /ˈrɪvə/ elv *m/f*; flod *m*.
rivet /ˈrɪvɪt/ nagle *m*.
rivet *verb* /ˈrɪvɪt/ nagle; klinke; **~ing** fascinerende.
roach /rəʊtʃ/ kakkerlakk *m*; mort *m*.

road /rəʊd/ vei *m*; gate *m/f*; **~-block** veisperring *m*; **~-hog** bilbølle *m/f*; **~ junction** veikryss *n*; **~side** grøftekant *m*; **~ sign** veiskilt *n*; **~-works** veiarbeid *n*.
roam /rəʊm/ streife omkring; vandre rundt.
roar /rɔː/ brøl *n*; brus *n*.
roar *verb* /rɔː/ brøle; bruse; brake; **~ing** brølende; brakende; **~ing success** knallsuksess *m*.
roast /rəʊst/ stek *m*.
roast *verb* /rəʊst/ steke (i ovn); riste (kastanjer); brenne (kaffe); **~ beef** oksestek *m*, roastbiff *m*.
rob /rɒb/ plyndre; røve; **~ber** ransmann *m*; **~bery** ran *n*.
robe /rəʊb/ fotsid kappe *m/f*; embetsdrakt *m/f*; badekåpe *m/f*.
robin /ˈrɒbɪn/ rødstrupe *m*.
robot /ˈrəʊbɒt/ robot *m*.
rock /rɒk/ klippe *m*; (*amr*) stein *m*.
rock *verb* /rɒk/ gynge, vugge; krenge; **on the ~s** (om drink) med is; **~y** berglendt; vanskelig.
rocket /ˈrɒkɪt/ rakett *m*.
rocket *verb* /ˈrɒkɪt/ skyte i været (om pris).
rocking chair /ˈrɒkɪŋtʃeə/ gyngestol *m*.
rod /rɒd/ kjepp *m*; stang *m/f*.
rodent /ˈrəʊd(ə)nt/ gnager *m*.
roe /rəʊ/ (fiske)rogn *m/f*; rådyr *n*; **cod ~** torskerogn *m/f*.
rogue /rəʊg/ kjeltring *m*; skøyer *m*.
role /rəʊl/ **rôle** rolle *m/f*.
roll /rəʊl/ rulling *m/f*; rull *m*; valse *m*; rundstykke *n*.
roll *verb* /rəʊl/ rulle; trille; valse; slingre; **~-call** navneopprop *n*.
roller /ˈrəʊlə/ valse *m*; **~ skate** rulleskøyte *m/f*.
rollicking /ˈrɒlɪkɪŋ/ lystig.
rolling /ˈrəʊlɪŋ/ rullende; kupert; **~-pin** kjevle *m/f*.
Roman /ˈrəʊmən/ romersk; romer *m*.
romantic /rə(ʊ)ˈmæntɪk/ romantisk.
romp /rɒmp/ boltre seg; tumle; leke viltert.
roof /ruːf/ tak *n*; **~ of the mouth** den harde gane *m*; **~-rack** takgrind *m/f*.
rook /rʊk/ kråke *m/f*; svindler *m*; tårn *n* (i sjakk).
room /ruːm/ rom *n*; værelse *n*; **~ service** rombetjening *m/f*; **~s** bolig *m*; **~y** rommelig.

roost /ruːst/ vagle *m/n*; hønsehus *n*; **~er** (*amr*) hane *m*.
root /ruːt/ rot *m*; knoll *m*.
root *verb* /ruːt/ slå rot; **~less** rotløs; **~ out** utrydde; **~ed** rotfestet.
rope /rəʊp/ tau *n*; rep *n*; **~ ladder** taustige *m*.
rose /rəʊz/ rose *m/f*; **bed of ~s** dans på roser.
rosehip /ˈrəʊzhɪp/ nype *m/f*.
rosemary /ˈrəʊzmərɪ/ rosmarin *m* (krydder).
rosy /ˈrəʊzɪ/ rosenrød.
rot /rɒt/ råte *m*; forråtnelse *m*; tøv *n*.
rot *verb* /rɒt/ råtne.
rotate /rə(ʊ)ˈteɪt/ rotere; dreie; veksle.
rotation /rə(ʊ)ˈteɪʃ(ə)n/ omdreining *m*; rotasjon *m*; veksling *m/f*.
rotten /ˈrɒtn/ råtten; bedervet; elendig.
rough /rʌf/ ujevn; grov; rå; barsk; primitiv; **~ draft** utkast *n*; **~ly** omtrent; **~neck** bølle *m/f*; oljeriggarbeider *m*; **~ness** råhet *m*; grovhet *m*.
round /raʊnd/ rund; hel; likefrem; tydelig; rundt (om); omkring; ring *m*; runding *m/f*; runde *m*; omgang *m*.
round *verb* /raʊnd/ gjøre rund; (av)runde; dreie rundt; **~ trip** rundreise *m/f*; (*amr*) reise *(m/f)* tur-retur; **~ed** avrundet; **~ly** rett ut; fullstendig; **~-the-clock** døgn-.
roundabout /ˈraʊndəbaʊt/ rundkjøring *m/f*; karusell *m*; **in a ~ way** ad omveier.
rouse /raʊz/ vekke.
route /ruːt/ (reise)rute *m/f*.
routine /ruːˈtiːn/ rutine *m*.
rove /rəʊv/ streife omkring; vandre; **~r** vandrer *m*.
row /rəʊ/ spetakkel *n*; bråk *n*.
row *verb* /rəʊ/ ro.
rowan /ˈrəʊən/ (*bot*) rogn *m*; **~berry** rognebær *n*.
rowdy /ˈraʊdɪ/ bråkete, bøllete.
rower /ˈrəʊə/ roer *m*.
rowing boat robåt *m*.
royal /ˈrɔɪ(ə)l/ kongelig; **~ty** kongelige personer; avgift *m/f*; honorar *n*.
rpm /ˌɑːpiːˈem/ *fork for* **revolutions per minute**.
rub *verb* /rʌb/ gni; skubbe; gnisse; **~ down** frottere; **~ out** viske ut.
rubber /ˈrʌbə/ gummi *m*; (*slang*) kondom *n*; viskelær *n*; (*kortspill*) robber *m*; **~ band** gummistrikk *m*.

rubbish /ˈrʌbɪʃ/ avfall *n*; skrot *n*; sludder *n*; ~ **bin** søppelbøtte *m/f*; ~ **chute** søppelsjakt *m/f*.
ruby /ˈruːbɪ/ rubin *m*.
rucksack /ˈrʌksæk/ ryggsekk *m*.
rudder /ˈrʌdə/ ror *n*.
ruddy /ˈrʌdɪ/ rødmusset.
rude /ruːd/ grov; rå; udannet; uhøflig (**to** mot); ~**ly** uforskammet; frekt; ~**ness** grovhet *m*; uhøflighet *m*.
ruffian /ˈrʌfjən/ bølle *m/f*.
ruffle /ˈrʌfl/ rysj *m*; rynket strimmel *m*; krusning *m*.
ruffle *verb* /ˈrʌfl/ kruse; buste til; uroe.
rug /rʌg/ lite teppe *n*; matte *m/f*.
ruin /ˈruːɪn/ ruin *m*; ødeleggelse *m*.
ruin *verb* /ˈruːɪn/ ruinere; ødelegge; ~**ed** ruinert; ødelagt; ~**ous** ødeleggende; ruinerende.
rule /ruːl/ regel *m*; forskrift *m/f*; styre *n*; regjering *m/f*.
rule *verb* /ruːl/ lede; herske; regjere; linjere; **as a** ~ som regel; ~ **out** utelukke; ~**r** hersker *m*; linjal *m*.
rum /rʌm/ rom *m* (brennevin).
rumble /ˈrʌmbl/ rumling *m/f*, buldring *m/f*.
rumble *verb* /ˈrʌmbl/ rumle; buldre.
ruminate /ˈruːmɪneɪt/ tygge drøv; gruble over.
rummage *verb* /ˈrʌmɪdʒ/ lete; ransake.
rumour /ˈruːmə/ rykte *n*.
rump /rʌmp/ bakdel *m*; rumpe *m/f*; ~ **steak** lårstek *m*, rundbiff *m* .
run /rʌn/ løp *n*; renn *n*; gang *m*; ferd *m*.
run *verb* /rʌn/ løpe; renne; flyte; strømme; kjøre; være i gang; trafikkere; drive (fabrikk, maskin, forretning); (*teater*) oppføres, spilles; ~ **across** treffe tilfeldig; ~ **against** konkurrere mot; ~ **down** kjøre ned; løpe ned; jakte på; gå i stå; ~ **dry** gå tørr, tom; ~ **into** støte på; kjøre på; ~ **off** rømme; flykte; ~ **out** løpe fra (om tid); utløpe; ~ **short** slippe opp (for); ~ **a temperature** ha feber *m*.
runaway /ˈrʌnəweɪ/ flyktning *m*; rømling *m*.
runner-up /ˌrʌnərˈʌp/ (*sport*) nr 2; på annenplass.
running /ˈrʌnɪŋ/ løpende; rennende; sammenhengende; løping *m/f*.

run-up /ˈrʌnʌp/ (*sport*) tilløp *n*; innspurt *m*.
runway /ˈrʌnweɪ/ rullebane *m*.
rupture /ˈrʌptʃə/ brudd *n*.
rural /ˈrʊər(ə)l/ landlig; land-.
rush /rʌʃ/ jag *n*; mas *n*; tilstrømning *m*; sus *n*; (*bot*) siv *n*.
rush *verb* /rʌʃ/ fare av sted; styrte frem; suse; sette fart i; fremskynde; **~ hour** rushtid *m/f*.
rust /rʌst/ rust *m/f*.
rust *verb* /rʌst/ ruste.
rustic /ˈrʌstɪk/ landlig; enkel.
rustle /ˈrʌsl/ rasling *m/f*.
rustle *verb* /ˈrʌsl/ rasle.
rusty /ˈrʌstɪ/ rusten.
rut /rʌt/ hjulspor *n*; brunst *m*.
rutabaga /ruːtəˈbeɪgə/ kålrot *m/f*.
ruthless /ˈruːθləs/ ubarmhjertig; hard.
rye /raɪ/ rug *m*; **~ bread** rugbrød *n* .

S

S. *fork for* **Saint; South**.
s. *fork for* **second(s); shilling(s); steamer**.
S.A. *fork for* **South Africa; South America; Salvation Army**.
sabre /ˈseɪbə/ sabel *m*.
sack /sæk/ sekk *m*; pose *m*; (*mil*) plyndring *m/f*.
sack *verb* /sæk/ (*hverdagslig*) avskjedige; (*mil*) plyndre; **hit the ~** (*hverdagslig*) krype til køys.
sacred /ˈseɪkrɪd/ hellig.
sacrifice /ˈsækrɪfaɪs/ offer *n*; ofring *m/f*.
sacrifice *verb* /ˈsækrɪfaɪs/ (opp)ofre .
sad /sæd/ bedrøvet; trist; bedrøvelig; **~den** gjøre bedrøvet; bli bedrøvet; **~ness** tristhet *m*, vemod *n*.
saddle /ˈsædl/ (ride)sal *m*; (om mat) sadel *m*.
saddle *verb* /ˈsædl/ sale; belemre med; **~-backed** salrygget; svairygget.

safe /seɪf/ pengeskap *n*; trygg; sikker; i god behold.
safeguard /'seɪfgɑːd/ beskyttelse *m*, vern *n*.
safeguard *verb* /'seɪfgɑːd/ beskytte, verne.
safety /'seɪftɪ/ sikkerhet *m/f*; **~ belt** sikkerhetsbelte *n*; **~ pin** sikkerhetsnål *m/f*.
saffron /'sæfr(ə)n/ safran *m* .
sag /sæg/ fordypning *m*; sig *n*.
sag *verb* /sæg/ henge ned; synke.
sagacious /sə'geɪʃəs/ klok; skarpsindig.
sagacity /sə'gæsətɪ/ skarpsindighet *m/f*; klokskap *m*.
sage /seɪdʒ/ klok, vis; salvie (krydder); vismann *m*.
Sagittarius /ˌsædʒɪ'teəriəs/ (*astrologi*) Skytten.
sail /seɪl/ seil(as) *n (m)*.
sail *verb* /seɪl/ seile; **~ing** seilsport *m*; **~or** sjømann *m*; matros *m*.
saint /seɪnt/ helgen *m*.
sake /seɪk/ **for my ~** for min skyld.
salacious /sə'leɪʃəs/ slibrig; vellystig.
salad /'sæləd/ salat *m*.
salaried /'sælәriːd/ (fast) lønnet.
salary /'sælərɪ/ gasje *m*; (måneds)lønn *m*.
sale /seɪl/ salg *n*; avsetning *m*; **for ~** til salgs; **~sman** handelsreisende *m*; ekspeditør *m*; **~swoman** kvinnelig selger; ekspeditrise *m/f*.
salient /'seɪljənt/ fremtredende; svært viktig.
saliva /sə'laɪvə/ spytt *n*.
sallow /'sæləʊ/ selje *m/f*; gusten (hud).
sally /'sælɪ/ (*mil*) utfall *n*; vittighet *m*.
salmon /'sæmən/ laks *m*.
saloon /sə'luːn/ (*amr*) bar *m*; kneipe *m/f*.
salt /sɔːlt/ salt *n*.
salt *verb* /sɔːlt/ salte; **~-cellar** (*britisk*) saltkar *n*.
salty /'sɔːltɪ/ salt.
salutation /ˌsæljə'teɪʃ(ə)n/ hilsen *m*.
salute /sə'luːt/ hilsen *m*; honnør *m*, salutt *m*.
salute *verb* /sə'luːt/ hilse; saluttere.
salvation /sæl'veɪʃ(ə)n/ (*religion*) frelse *m/f*.
Salvation Army, the Frelsesarméen.
same /seɪm/ **all the ~** likevel; **the ~** den, det, de samme.

sample /'sɑːmpl/ (vare) prøve *m/f*; smaksprøve *m/f*.
sample *verb* /'sɑːmpl/ (ta) prøve (av); smake på.
sanctify /'sæŋktɪfaɪ/ helliggjøre; innvie.
sanctimonious /sæŋktɪ'məʊnjəs/ skinnhellig.
sanction /'sæŋkʃ(ə)n/ stadfestelse *m*; godkjennelse *m*; sanksjon *m*.
sanction *verb* /'sæŋkʃ(ə)n/ godkjenne; bifalle.
sanctuary /'sæŋktʃʊərɪ/ helligdom *m*; fristed *n*, asyl *n*.
sand /sænd/ sand *m*; **~s** *flertall* sandstrand *m/f*.
Sandman, Mr ~ Ole Lukkøye.
sandwich /'sænwɪdʒ/ smørbrød *n*.
sandy /'sændɪ/ sandete; (rød)blond.
sane /'seɪn/ forstandig; mentalt frisk.
sanitary /'sænɪt(ə)rɪ/ sanitær; hygienisk; ~ **napkin (towel)** sanitetsbind *n*.
sanitation /ˌsænɪ'teɪʃ(ə)n/ sanitære forhold; hygiene *m*.
sanity /'sænətɪ/ mental helse *m/f*; sunn fornuft *m*.
Santa Claus /'sæntəklɔːz/ julenissen.
sap /sæp/ saft *m/f*; sevje *m/f*; fjols *n*.
sap *verb* /sæp/ tappe saft (*eller* krefter) av; underminere.
sapphire /'sæfaɪə/ safir *m*; safirblå.
sarcasm /'sɑːkæz(ə)m/ spydighet *m*; sarkasme *m*.
sarcastic /sɑː'kæstɪk/ spydig; sarkastisk.
sardine /sɑː'diːn/ sardin *m*.
satchel /'sætʃ(ə)l/ ransel *m*; veske *m/f*.
sateen /sə'tiːn/ sateng *m*.
satellite /'sætəlaɪt/ satellitt *m*; ~ **dish** parabolantenne *m/f*; ~ **town** drabantby *m*.
satiate *verb* /'seɪʃɪeɪt/ (over) mette.
satiation /ˌseɪʃɪ'eɪʃ(ə)n/ (over)metthet *m/f*.
satin /'sætɪn/ sateng *m*.
satisfaction /ˌsætɪs'fækʃ(ə)n/ tilfredshet *m/f*; tilfredsstillelse *m*.
satisfactory /ˌsætɪs'fækt(ə)rɪ/ tilfredsstillende.
satisfied /'sætɪsfaɪd/ tilfreds.

satisfy /ˈsætɪsfaɪ/ tilfredsstille; forvisse; overbevise.
saturate /ˈsætʃəreɪt/ gjennombløte; (*kjemi*) mette; **~d** (*kjemi*) mettet; **~d fat** mettet fett.
Saturday /ˈsætədeɪ/ lørdag *m*.
sauce /sɔːs/ saus *m*; (*overført*) krydder.
saucepan /ˈsɔːspən/ kasserolle *m*; kjele *m*.
saucer /ˈsɔːsə/ skål *m/f* (til kopp); **flying ~** flygende tallerken *m*.
saucy /ˈsɔːsɪ/ nesevis; smart.
sauna /ˈsɔːnə/ badstue *m/f*.
sausage /ˈsɒsɪdʒ/ pølse *m/f*.
savage /ˈsævɪdʒ/ vill; grusom; villmann *m*; barbar *m*; **~ry** villskap *m*; grusomhet *m*.
save /seɪv/ unntatt.
save *verb* /seɪv/ redde; bevare; trygge; spare (opp).
saving /ˈseɪvɪŋ/ besparelse *m*; **~s** sparepenger *m*; **~s account** sparekonto *m*; **~s bank** sparebank *m*.
saviour /ˈseɪvjə/ frelser *m*.
savour /ˈseɪvə/ smak *m*; aroma *m*; **~y** velsmakende; delikat; pikant.
saw /sɔː/ sag *m/f*.
saw *verb* /sɔː/ sage; **~dust** sagmugg *m*; **~mill** sagbruk *n*.
say /seɪ/ si; **have one's ~** si sin mening; **I ~!** det må jeg si! si meg; hør her!; **~ing** ordtak *n*.
scab /skæb/ skorpe *m/f*; skabb *m*; streikebryter *m*.
scaffold /ˈskæfəʊld/ stillas *n*; skafott *n*; **~ing** stillas *n*.
scald /skɔːld/ skålde.
scale /skeɪl/ vekt(skål) *m/f*; skjell *n*; (tone)skala *m*; målestokk *m*.
scale *verb* /skeɪl/ bestige; måle; veie; skalle av.
scallion /ˈskæljən/ vårløk *m*.
scallop /ˈskɒləp/ kamskjell *n*.
scalp /skælp/ skalp *m*; hodebunn *m*.
scalp *verb* /skælp/ skalpere.
scamp /skæmp/ slubbert *m*.
scamper *verb* /ˈskæmpə/ løpe hit og dit; fare av sted.
scampi /ˈskæmpɪ/ scampi, store reker.
scan /skæn/ granske; skanne.
scandal /ˈskændl/ skandale *m*; sladder *m*; **~ous** skandaløs.
Scandinavia /ˌskændɪˈneɪvjə/

Skandinavia; **~n** skandinavisk; skandinav *m.*
scantiness /'skæntɪnəs/ knapphet *m/f.*
scanty /'skæntɪ/ knapp, snau.
scapegoat /'skeɪpgəʊt/ syndebukk *m.*
scar /skɑː/ arr *n*; skramme *m.*
scar *verb* /skɑː/ sette arr; merke.
scarce /skeəs/ knapp; sjelden.
scarcely /'skeəslɪ/ neppe; knapt.
scarcity /'skeəsətɪ/ mangel *m.*
scare /skeə/ skrekk *m*; forskrekkelse *m.*
scare *verb* /skeə/ skremme.
scarecrow /'skeəkrəʊ/ fugleskremsel *n.*
scarf /skɑːf/ skjerf *n*; halstørkle *n.*
scarlet /'skɑːlət/ skarlagen(rød); **~ fever** skarlagensfeber *m.*
scary /'skeərɪ/ skremmende.
scatter /'skætə/ spre (utover); strø; spre seg; **~brained** vimsete.
scavenger /'skævɪn(d)ʒə/ person som leter i søppel; (*zool*) åtseldyr *n.*
scene /siːn/ scene *m*; skueplass *m*; opptrinn *n*; hendelse *m*; **~ry** (natur) landskap *n*; kulisser *m.*
scenic /'siːnɪk/ naturskjønn; scenisk.
scent /sent/ (vel)lukt *m/f*; duft *m.*
scent *verb* /sent/ lukte.
sceptic /'skeptɪk/ skeptiker *m*; **~al** skeptisk; tvilende.
schedule /'ʃedjuːl/ timeplan *m*; (tog)tabell *m*; (rute) plan *m.*
schedule *verb* /'ʃedjuːl/ fastsette tidspunkt for.
scheme /skiːm/ plan *m*; prosjekt *n*; utkast *n*; skjema *n.*
scheme *verb* /skiːm/ intrigere; planlegge.
scholar /'skɒlə/ lærd *m*; (humanistisk) vitenskapsmann *m*; **~ly** lærd; vitenskapelig; **~ship** stipend *n*; lærdom *m.*
school /skuːl/ skole *m*; (fiske)stim *m*; **at ~** på skolen; **~ing** utdannelse *m*; skolegang *m*; skolering *m/f.*
sciatica /saɪ'ætɪkə/ isjias *m.*
science /'saɪəns/ (natur) vitenskap *m.*
scientific /ˌsaɪən'tɪfɪk/ (natur)vitenskapelig.

scientist /'saɪəntɪst/ (natur) vitenskapsmann *m*.
scissors /'sɪzəz/ **(a pair of) ~** saks *f*.
sclerosis /sklə'rəʊsɪs/ (*medisin*) forkalkning *m*.
scoff /skɒf/ håne, være spydig.
scold /skəʊld/ skjenne på; skjelle; **~ing** skjenn(epreken) *n (m)*.
scope /skəʊp/ spillerom *n*; (*overført*) område *n*.
scorch /skɔːtʃ/ svi; brenne; fare av sted.
score /skɔː/ resultat *n*; poengsum *m*; skår *n*; regnskap *n*; partitur *n*; snes *n*.
score *verb* /skɔː/ merke; notere; nedtegne; føre regnskap; vinne; score; **~board** resultattavle *m/f*.
scorn /skɔːn/ forakt *m*.
scorn *verb* /skɔːn/ forakte; **~ful** hånlig; full av forakt.
Scorpio /'skɔːpɪəʊ/ (*astrologi*) Skorpionen.
Scotch /skɒtʃ/ skotsk; skotsk whisky.
scoundrel /'skaʊndrəl/ kjeltring *m*; skurk *m*; usling *m*.
scour *verb* /'skaʊə/ skure; gjennomsøke.
scourge /skɜːdʒ/ svepe *m*; svøpe *m*; plage.
scourge *verb* /skɜːdʒ/ piske; plage.
scout /skaʊt/ speider *m*; speide.
scrabble /'skræbl/ rabling *m/f*; rable (ned).
scramble /'skræmbl/ klatring *m/f*; kappløp *n*.
scramble *verb* /'skræmbl/ krabbe; klatre; krafse, streve (**for** etter); **~d eggs** eggerøre *m/f*.
scrap /skræp/ lite stykke *n*; utklipp *n*; skrap *n*; avfall *n*.
scrap *verb* /skræp/ kassere; **~-book** utklippsbok *m/f*; **~ iron** skrapjern *n*.
scrape /skreɪp/ skrape; skure; spare.
scratch /skrætʃ/ risp *n*; kloring *m/f*.
scratch *verb* /skrætʃ/ klore; rispe; skrape.
scrawl /skrɔːl/ rabbel *n*; kråketær *m*.
scrawl *verb* /skrɔːl/ rable ned.
scrawny /'skrɔːnɪ/ radmager; skranglete.
scream /skriːm/ skrik *n*.
scream *verb* /skriːm/ skrike.
screech /skriːtʃ/ hvin *n*.
screech *verb* /skriːtʃ/ hvine.

screen /skriːn/ film-; skjerm *m*; skjermbrett *n*; filmlerret *n*.
screen *verb* /skriːn/ skjerme; verne; sortere; filme.
screw /skruː/ skrue *m*; propell *m*; gnier *m*.
screw *verb* /skruː/ skru; vri; presse; (*vulgært*) knulle.
screwdriver /ˈskruːˌdraɪvə/ skrujern *n*.
scribble /ˈskrɪbl/ rabbel *n*.
scribble *verb* /ˈskrɪbl/ rable, smøre sammen.
script /skrɪpt/ (hånd)skrift *m/f*; (for film) dreiebok *m/f*; manus *n*; **the (Holy) ~ure(s)** Bibelen, Den hellige skrift.
Scrooge /skruːdʒ/ **Uncle ~** Onkel Skrue.
scrotum /ˈskrəʊtəm/ (*anatomi*) pung *m*.
scrub /skrʌb/ kratt(skog) *n (m)*.
scrub *verb* /skrʌb/ skrubbe; skure.
scruple /ˈskruːpl/ skruppel *m*.
scrupulous /ˈskruːpjʊləs/ meget samvittighetsfull; skrupuløs.
scrutinize /ˈskruːtənaɪz/ undersøke nøye, granske.
scrutiny /ˈskruːtənɪ/ gransking *m/f*.
scullery /ˈskʌlərɪ/ oppvaskrom *n*.
sculptor /ˈskʌlptə/ billedhugger *m*.
sculpture /ˈskʌlptʃə/ skulptur *m*.
scum /skʌm/ avskum *n*, pakk *n*.
scurrilous /ˈskʌrɪləs/ uforskammet; sjofel.
scuttle *verb* /ˈskʌtl/ fare av sted; oppgi.
scythe /saɪð/ ljå *m*.
sea /siː/ hav *n*; sjø *m*; **at ~** til sjøs; (*overført*) helt på jordet; **~food** fisk og skalldyr; **~gull** måke *m/f*; **~-level** hav(over)flate *m*; **~man** sjømann *m*; **~sick** sjøsyk; **~weed** tang *m/f*.
seal /siːl/ segl *n*; sel *m*.
seal *verb* /siːl/ forsegle; besegle; plombere.
sealing /ˈsiːlɪŋ/ selfangst *m*; forsegling *m/f*.
seam /siːm/ søm *m (n)*; fuge *m; geol* gang *m*, lag *n*; fure *m*, rynke *m*; **~stress** sydame *m/f*; **~y side** skyggesiden.
sear /sɪə/ brenne; svi.
search /sɜːtʃ/ søking *m/f*; leting *m/f*; gransking *m/f*.

search *verb* /sɜːtʃ/ (under) søke; gjennomsøke; lete (**for** etter); granske; **in ~ of** på leting etter; **~ engine** søkemotor *m*; **~light** lyskaster *m*; søkelys *n*; **~-party** letemannskap *n*.
season /'siːzn/ årstid *m/f*; sesong *m*.
season *verb* /'siːzn/ modne; krydre; **in ~** være rett tid (for noe); **out of ~** ikke rett tid (for noe); **~able** beleilig; **~ed** krydret; lagret; erfaren; **~ing** krydder *n*; **~-ticket** sesongbillett *m*.
seat /siːt/ sete *n*; benk *m*; sitteplass *m*; bosted *n*.
seat *verb* /siːt/ anvise plass; anbringe; **~-belt** bilbelte *n*.
secluded /sɪ'kluːdɪd/ bortgjemt; avsidesliggende.
second /'sek(ə)nd/ annen, andre; nummer to; sekundant *m*; sekund *n*.
second *verb* /'sek(ə)nd/ støtte, sekundere; **~ary** underordnet; **~-hand** annenhånds; brukt; **~-rate** annenrangs.
secrecy /'siːkrəsɪ/ hemmeligholdelse *m*; diskresjon *m*.
secret /'siːkrət/ hemmelig; hemmelighet *m*; **-ive** hemmelighetsfull; **-ly** i hemmelighet.
secretary /'sekrət(ə)rɪ/ sekretær *m*; **~-general** generalsekretær *m*; **~ of State** minister *m*; (*amr*) utenriksminister *m*.
secrete /sɪ'kriːt/ utsondre.
secretion /sɪ'kriːʃ(ə)n/ sekresjon *m*; sekret *n*.
sect /sekt/ sekt *m/f*; **-arian** sekterisk.
section /'sekʃ(ə)n/ snitt *n*; avdeling *m/f*; avsnitt *n*; seksjon *m*.
section *verb* /'sekʃ(ə)n/ seksjonere.
secular /'sekjʊlə/ verdslig.
secure *verb* /sɪ'kjʊə/ sikre, feste; sikre (*eller* skaffe) seg.
secure /sɪ'kjʊə/ sikker, trygg.
securities /sɪ'kjʊərɪtɪz/ verdipapirer *n*.
security /sɪ'kjʊərətɪ/ sikkerhet *m*; trygghet *m*; kausjon *m*; **~ check** sikkerhetskontroll *m*.
sedative /'sedətɪv/ beroligende; beroligende middel *n*.
sedition /sɪ'dɪʃ(ə)n/ oppvigleri *n*.

seduce /sɪ'djuːs/ forføre.
seducer /sɪ'djuːsə/ forfører *m*.
seductive /sɪ'dʌktɪv/ forførerisk.
see /siː/ se; innse; forstå; besøke, treffe; omgås; passe på; se etter; følge; **I ~** jeg skjønner; **~ you!** ha det!
seed /siːd/ frø *n*; sæd *m*; **~y** medtatt; loslitt; frørik.
seek /siːk/ søke; forsøke.
seem /siːm/ synes; se ut; **~ing(ly)** tilsynelatende; **~ly** sømmelig; passende.
seesaw /'siːsɔː/ (dumpe) huske *m/f*.
seesaw *verb* /'siːsɔː/ huske, gynge opp og ned.
seethe /siːð/ syde; koke.
see-through /'siːθruː/ gjennomsiktig.
segregate /'segrɪgeɪt/ skille ut; avsondre; isolere.
segregation /ˌsegrɪ'geɪʃ(ə)n/ utskillelse *m*; (rase)skille *n*.
seize /siːz/ gripe; forstå; konfiskere.
seizure /'siːʒə/ pågripelse *m*; beslagleggelse *m*; anfall *n*.
seldom *adv* /'seldəm/ sjelden.
select /sə'lekt/ utsøkt; utvalgt.
select *verb* /sə'lekt/ velge (*eller* plukke) ut; **~ion** utvalg *n*; **~ive** kresen.
self /self/ *flertall* **selves** selv; (eget) jeg; **~-adhesive** selvklebende; **~-centered** selvopptatt; **~-confidence** selvtillit *m*; **~-conscious** forlegen; sjenert; **~-control** selvbeherskelse *m*; **~-evident** selvinnlysende; **~-esteem** selvaktelse *m*; **~-government** selvstyre *n*; **~ish** egoistisk; **~less** uselvisk; **~-sufficient** selvhjulpen.
sell /sel/ *verb* selge(s); **~er** selger *m*; (god) salgsvare *m*; **~ing price** salgspris *m*.
semblance /'sembləns/ utseende *n*; likhet *m*; (*overført*) skinn *n*, maske *m*.
semester /sɪ'mestə/ (*amr*) semester *n*.
semi- /'semɪ-/ halv-.
senate /'senɪt/ senat *n*.
send /send/ sende; **~ for** sende bud etter; **~er** avsender.
senile /'siːnaɪl/ senil.
senior /'siːnɪə/ eldre;

eldst(e); overordnet *m*; senior *m*; ~ **citizen** pensjonist *m* .
seniority ansiennitet *m*.
sensation /sen'seɪʃ(ə)n/ følelse *m*; fornemmelse *m*; sensasjon *m*.
sensational /sen'seɪʃənəl/ sensasjonell.
sense /sens/ sans *m*; sansning *m*; følelse *m*; forstand *m*; betydning *m*; **~less** bevisstløs; meningsløs.
sense *verb* /sens/ fornemme.
sensibility /ˌsensə'bɪlətɪ/ følsomhet *m*.
sensible /'sensəbl/ fornuftig; merkbar.
sensitive /'sensətɪv/ sensibel; følsom.
sensitivity /ˌsensə'tɪvətɪ/ følsomhet *m*.
sensual /'sensjʊəl/ sanselig; sensuell; **~ity** sensualitet *m*.
sentence /'sentəns/ (*jur*) dom *m*; setning *m*. *verb* dømme (**to** til).
sentiment /'sentɪmənt/ følelse *m*; mening *m/f*; **~al** sentimental; **~al value** affeksjonsverdi *m*.
sentinel /'sentɪnl/ **sentry** skiltvakt *m/f*; post *m*.
separate /'sep(ə)rət/ særskilt; (at)skilt.
separate *verb* /'sep(ə)reɪt/ separere; skilles, gå fra hverandre.
separation /ˌsepə'reɪʃ(ə)n/ atskillelse *m*; separasjon *m*.
September /sep'tembə/ september.
sequel /'siːkw(ə)l/ fortsettelse *m*; følge *m*.
sequence /'siːkwəns/ rekkefølge *m*; rekke *m/f*; sekvens *m*.
sequester /sɪ'kwestə/ beslaglegge; isolere.
serene /sə'riːn/ klar; ren; rolig.
serenity /sɪ'renɪtɪ/ sinnsro *m*.
sergeant /'sɑːdʒ(ə)nt/ sersjant *m*; overbetjent *m*.
serial /'sɪərɪəl/ rekke-; føljetong *m*; (film)serie *m*.
series /'sɪəriːz/ rekke *m/f*; serie *m*.
serious /'sɪərɪəs/ alvorlig.
seriously /'sɪərɪslɪ/ alvorlig (talt).
sermon /'sɜːmən/ preken *m*.
serpent /'sɜːp(ə)nt/ slange *m*; **~ine** buktet; serpentin *m*.
servant /'sɜːv(ə)nt/ tjener *m*; hushjelp *m/f*; **civil ~** statstjenestemann *m*.

serve /sɜːv/ tjene; betjene; servere; gjøre tjeneste; (i tennis) serve.
service /'sɜːvɪs/ tjeneste *m*; nytte *m*; servering *m/f*; betjening *m/f*; statstjeneste *m*, (embets) verk *n*; gudstjeneste *m*; krigstjeneste *m*; servise *n*; **~able** nyttig; brukbar.
session /'seʃ(ə)n/ sesjon *m*; samling *m/f*; møte *n*.
set *verb* /set/ sette; innfatte; fastsette (tid for); bestemme; anslå; ordne; stille (en klokke); gå ned (om himmellegemer); bli stiv, størkne; **~ about** ta fatt på; **~ free** befri; **~ off** starte; fremheve; **~ out** dra av sted; **~ up** oppføre; sette opp; fremsette.
set /set/ fast, stivnet; stø; bestemt; sett *n*, samling *m/f*; (radio- *eller* tv-) apparat *n*; spisestell *n*; lag *n*; (omgangs)krets *m*; snitt *n*, kulisse *m*.
setback /'setbæk/ tilbakeslag *n*.
settee /se'tiː/ sofa *m*.
setting /'setɪŋ/ omgivelser *m*; innfatning *m*; ramme *m/f*.
settle /'setl/ bosette; etablere; ordne; avgjøre; betale, gjøre opp; festne seg; komme til ro; **~ down** slå seg ned; bosette seg; slå seg til ro.
settlement /'setlmənt/ bosetning *m*; ordning *m*; overenskomst *m*; oppgjør *n*; nybyggerkoloni *m*.
settler /'setlə/ nybygger *m*, kolonist *m*.
seven /'sevn/ sju; **~fold** sjudobbelt; **~teen(th)** sytten(de); **~th** sjuende; sjuendedel *m*; **~tieth** syttiende; **~ty** sytti.
several /'sevr(ə)l/ atskillige; flere; forskjellige; respektive.
severe /sɪ'vɪə/ streng; hard; skarp; voldsom.
sew /səʊ/ sy; hefte (bok); **~ing** sytøy *n*; sy-.
sewage /'suːɪdʒ/ kloakkinnhold *n*; kloakkvann *n*; **~ works, ~ plant** kloakkrenseanlegg *n*.
sewer /'səʊə/ avløpsrør *n*; kloakk *m*.
sex /seks/ kjønn *n*; seksualitet *m*.
sexton /'sekst(ə)n/ kirketjener *m*.
sexual /'seksjʊəl/ seksuell; kjønns-; kjønnslig;

~ **harassment** seksuell trakassering *m*; ~ **intercourse** samleie *n*.
shabby /'ʃæbɪ/ loslitt; simpel.
shack /ʃæk/ (*hverdagslig*), ~ **up with** bo sammen med.
shackle /'ʃækl/ lenke *m/f*.
shade /ʃeɪd/ skygge *m*; nyanse *m*, avskygning *m*; skjerm *m*.
shade *verb* /ʃeɪd/ kaste skygge på; skygge (for); skjerme; sjattere.
shadow /'ʃædəʊ/ skygge *m*; skyggebilde *n*.
shady /'ʃeɪdɪ/ skyggefull; lyssky.
shaft /ʃɑːft/ skaft *n*; spyd *n*; (*maskin*) aksel *m*; sjakt *m/f*; **propeller** ~ kardangaksel *m* .
shaggy /'ʃægɪ/ raggete.
shake /ʃeɪk/ rysting *m/f*; skaking *m/f*; håndtrykk *n*.
shake *verb* /ʃeɪk/ riste; skjelve.
shaky /'ʃeɪkɪ/ ustø; vaklende.
shall /ʃæl/ skal; vil.
shallow /'ʃæləʊ/ grunn; overfladisk; grunne *m*.
sham /ʃæm/ falsk; humbug *m*.
sham *verb* /ʃæm/ hykle; agere.
shamble /'ʃæmbl/ subbe; ~**s** kaos *n*.
shame /ʃeɪm/ skam(følelse) *m*; skjensel *m*; ~ **on you!** fy, skam deg!; ~**ful** skammelig; ~**less** skamløs.
shampoo /ʃæm'puː/ hårvask *m*; sjampo *m*.
shampoo *verb* /ʃæm'puː/ vaske håret.
shank /ʃæŋk/ legg *m*; skank *m*.
shanty /'ʃæntɪ/ (*sjøfart*) oppsang *m*; hytte *f*; skur *n*.
SHAPE /ʃeɪp/ *fork for* **Supreme Headquarters of Allied Powers in Europe**.
shape /ʃeɪp/ skikkelse *m*; form *m*; snitt *n*; figur *m*.
shape *verb* /ʃeɪp/ danne; forme; **in bad** ~ i dårlig stand/form *m*; ~**ly** velformet; velskapt.
share /ʃeə/ (an)del *m*; part *m*; aksje *m*.
share *verb* /ʃeə/ (for)dele; ha sammen; ~**holder** aksjonær *m*.
shark /ʃɑːk/ hai *m*; svindler *m*.
sharp /ʃɑːp/ skarp; spiss; gløgg; lur; **at ten** ~ presis kl. 10; **look** ~! kvikt nå!
sharpen /'ʃɑːp(ə)n/ skjerpe;

kvesse; spisse; **~er** (blyant) spisser *m*.
sharper /ˈʃɑːpə/ bedrager *m*.
sharpness /ˈʃɑːpnəs/ skarphet *m*; skarpsindighet *m*.
shatter /ˈʃætə/ splintre(s); knuse.
shattered /ˈʃætəd/ ødelagt; nedbrutt.
shave /ʃeɪv/ barbering *m/f*.
shave *verb* /ʃeɪv/ barbere.
shaving /ˈʃeɪvɪŋ/ barber-; barbering *m/f*.
shavings /ˈʃeɪvɪŋz/ høvelspon *n*.
shawl /ʃɔːl/ sjal *n*.
she /ʃiː/ hun; hunn- (om dyr).
sheaf /ʃiːf/ bunt *m*; nek *n*.
shear /ʃɪə/ klippe (især sau); **~s** saue- *eller* hagesaks *f*.
sheath /ʃiːθ/ skjede *m*; slire *m/f*; kondom *n*.
shed /ʃed/ skur *n*.
shed *verb* /ʃed/ utgyte; felle (tårer, tenner *etc*); kvitte seg med.
sheep /ʃiːp/ *flertall* **sheep** sau *m*; **~ish** flau, forlegen.
sheer /ʃɪə/ skjær; ren.
sheet /ʃiːt/ ark *n*; flak *n*; flate *m/f*; plate *m/f*; laken *n*.
shelf /ʃelf/ *flertall* **shelves** hylle *m/f*; avsats *m*; grunne *m/f*; sandbanke *m*.
shell /ʃel/ skall *n*; skjell *n*; musling *m*; (patron)hylse *m/f*; patron *m*; granat *m*.
shell *verb* /ʃel/ bombardere; **~fish** skalldyr *n*.
shelter /ˈʃeltə/ ly *n*; vern *n*; herberge *n*.
shelter *verb* /ˈʃeltə/ beskytte; gi ly.
shelve /ʃelv/ legge på hylla; skrinlegge.
shepherd /ˈʃepəd/ (saue) gjeter *m*, hyrde *m*.
sherbet /ˈʃɜːbət/ sorbet *m*.
sheriff /ˈʃerɪf/ sheriff *m*; fogd *m*; (*amr*) *omtrent* lensmann *m*.
shield /ʃiːld/ skjold *n*; vern *n*; forsvar *n*.
shield *verb* /ʃiːld/ beskytte, verge.
shift /ʃɪft/ skifte *n*; ombytting *m/f*; arbeidsskift *n*; klesskift *n*.
shift *verb* /ʃɪft/ skifte; omlegge; flytte på; forskyve seg.
shiftless /ˈʃɪftləs/ doven.
shifty /ˈʃɪftɪ/ upålitelig.
shilling /ˈʃɪlɪŋ/ (tidl. eng. mynt) shilling *m* ($^{1}/_{20}$ pund), tilsvarer 5 pence.
shimmer /ˈʃɪmə/ flimring *m/f*.

shimmer *verb* /'ʃɪmə/ flimre.
shin /ʃɪn/ skinneben *n*.
shine /ʃaɪn/ skinn *n*; glans *m*.
shine *verb* /ʃaɪn/ skinne; stråle; pusse.
shingle /'ʃɪŋgl/ takspon *n*; kledningsplate *m/f*; grus *n (m)*, singel *m*; **~s** helvetesild *m*.
shiny /'ʃaɪnɪ/ blank; skinnende.
ship /ʃɪp/ skip *n*; **~ment** parti *n*; sending *m/f*; **~owner** skipsreder *m*.
shipping /'ʃɪpɪŋ/ skipsfart *m*; tonnasje *m*; **~ agency** spedisjonsfirma *n*.
shipwreck /'ʃɪprek/ skibbrudd *n*.
shipwreck *verb* /'ʃɪprek/ forlise.
shipyard /'ʃɪpjɑːd/ skipsverft *n*.
shire /'ʃaɪə/ engelsk grevskap *n*; fylke *n*.
shirk /ʃɜːk/ skulke; lure seg unna.
shirt /ʃɜːt/ skjorte *m/f*; skjortebluse *m*.
shiver /'ʃɪvə/ (kulde) gysning *m/f*.
shiver *verb* /'ʃɪvə/ skjelve; **~y** skjelven.
shoal /ʃəʊl/ stim *m*; grunne *m*.
shock /ʃɒk/ støt *n*; sjokk *n*.
shock *verb* /ʃɒk/ ryste; sjokkere; **~ absorber** støtdemper *m*; **~ing** sjokkerende; forferdelig.
shoe /ʃuː/ sko *m*; **~-lace** skolisse *m/f*; **~maker** skomaker *m*; **~string** *(m/f)* skolisse *m/f*; lavt budsjett.
shoot /ʃuːt/ skudd *n*; jakt *m/f*; stryk *n* (i elv).
shoot *verb* /ʃuːt/ skyte; gå på jakt; spire frem; ta opp (film).
shooting /'ʃuːtɪŋ/ skyting *m/f*; (film)opptak *n*; jakt(rett) *m/f (m)*; **~ star** stjerneskudd *n*.
shop /ʃɒp/ butikk *m*; verksted *n*.
shop *verb* /ʃɒp/ handle, gå i butikker; **~keeper** kjøpmann *m*; **~lifter** butikktyv *m*; **~ping centre, ~ping mall** kjøpesenter *n*.
shore /ʃɔː/ kyst *m*; strand *m/f*.
short /ʃɔːt/ kort; liten (av vekst); kortvarig; kortfattet; knapp; **in ~** kort sagt; **~ circuit** kortslutning *m*; **~ wave** kortbølge *m*.
short story novelle *m/f*.

shortage /'ʃɔːtɪdʒ/ mangel *m*; knapphet *m*.
shortcoming /ˌʃɔːt'kʌmɪŋ/ brist *m*; mangel *m*.
shortcut /'ʃɔːtkʌt/ snarvei *m*.
shorten /'ʃɔːtn/ forkorte; (ved baking) tilsette fett; **~ing** forkorting *m/f*; (ved baking) fett *n*.
shorthand /'ʃɔːthænd/ stenografi *m*.
shortlisted /'ʃɔːtlɪstɪd/ blant favorittene.
short-lived /ˌʃɔːt'lɪvd/ kortvarig.
shortly /'ʃɔːtlɪ/ snart.
shorts /ʃɔːts/ shorts *m*; **boxer ~** (*amr*) underbukser *m*.
short-sighted /ˌʃɔːt'saɪtɪd/ kortsynt; nærsynt.
shot /ʃɒt/ skudd *n*; hagl *n*; prosjektil(er) *n*; skytter *m*; forsøk *n*.
shotgun /'ʃɒtgʌn/ haglgevær *n*.
shoulder /'ʃəʊldə/ skulder *m*; (om kjøtt) bog *m*; **~blade** skulderblad *n*.
shout /ʃaʊt/ rop *n*; brøl *n*.
shout *verb* /ʃaʊt/ rope; brøle.
shove /ʃʌv/ skubb *n*.
shove *verb* /ʃʌv/ skubbe; skyve.
shovel /'ʃʌvl/ skuffe *m/f*.
shovel *verb* /'ʃʌvl/ skyfle.
show /ʃəʊ/ utstilling *m/f*; fremvisning *m*; forestilling *m/f*; ytre skinn *n*; forstillelse *m*.
show *verb* /ʃəʊ/ vise (seg); fremvise; forevise; stille ut; **~down** oppgjør *n*; **~ off** vise seg; briljere.
shower /'ʃaʊə/ byge *m*; skur *m*; dusj *m*.
shower *verb* /'ʃaʊə/ dusje.
showroom /'ʃəʊruːm/ utstillingslokale *n*.
showy /'ʃəʊɪ/ prangende; glorete.
shred /ʃred/ strimmel *m*; trevl *m*; skjære i strimler, makulere.
shrewd /ʃruːd/ skarpsindig, smart.
shriek /ʃriːk/ hyl *n*; skrik *n*.
shriek *verb* /ʃriːk/ hyle; skrike.
shrill /ʃrɪl/ skingrende.
shrimp /ʃrɪmp/ reke *m/f*; pusling *m/f*.
shrine /ʃraɪn/ helligdom *m*; helgenskrin *n*.
shrink /ʃrɪŋk/ skrumpe inn; krympe; vike tilbake for.
shrink (*hverdagslig*) psykiater *m*.
shrivel /'ʃrɪvl/ skrumpe inn.

shrub /ʃrʌb/ busk *m*; **~bery** buskas *n*.
shrug /ʃrʌg/ skuldertrekning *m*.
shrug *verb* /ʃrʌg/ trekke på skuldrene.
shudder /'ʃʌdə/ gysning *m/f*.
shudder *verb* /'ʃʌdə/ gyse.
shuffle /'ʃʌfl/ subbe, slepe; (*kortspill*) stokke, blande.
shun /ʃʌn/ unngå; sky.
shut /ʃʌt/ lukket.
shut *verb* /ʃʌt/ lukke(s); lukke seg; **~ down** lukke; stanse arbeidet; **~ up** stenge (inne); holde munn.
shutter /'ʃʌtə/ skodde *m*; vinduslem *m*; (*fotogr*) lukker *m*.
shuttle /'ʃʌtl/ skyttel(trafikk) *m*.
shuttle *verb* /'ʃʌtl/ pendle; **~cock** fjærball *m*; **~ service** pendeltrafikk *m*.
shy *verb* /ʃaɪ/ bli sky; kaste; **~ away** vike tilbake; skygge unna; **~ness** skyhet *m*.
shy /ʃaɪ/ sky; sjenert; skvetten.
sick /sɪk/ syk; lei (**of** av); makaber; **be ~** kaste opp; **feel ~** være kvalm; **~-leave** sykepermisjon *m*; **~ly** sykelig; skrøpelig; usunn; kvalmende; **~ness** sykdom *m*; kvalme *m*.
sickle /'sɪkl/ sigd *m*.
side /saɪd/ side-; side *m/f*; kant *m*; parti *n*.
side *verb* /saɪd/ ta parti (**with** for); **~board** anretningsbord *n*; **~burns** kinnskjegg *n*; **~line** sidelinje *m/f*; ekstrajobb *m*; **~step** unngå; **~track** avlede; **~walk** (*amr*) fortau *n*; **~ways** sidelengs.
sieve /sɪv/ sil *m/f*; dørslag *n*.
sift /sɪft/ sikte, sile; vurdere; strø.
sigh /saɪ/ sukk *n*.
sigh *verb* /saɪ/ sukke.
sight /saɪt/ syn(sevne) *n* *(m/f)*; observasjon *m*; severdighet *m*; sikte *n* (på skytevåpen).
sight *verb* /saɪt/ få øye på; få i sikte; sikte inn *eller* på; **~seeing** det å se på severdigheter.
sign /saɪn/ tegn *n*; vink *n*; skilt *n*.
sign *verb* /saɪn/ gjøre tegn; merke; undertegne; **~ language** tegnspråk *n*.
signal /'sɪgn(ə)l/ utmerket; signal *n*.
signal *verb* /'sɪgn(ə)l/ signalisere.

signature /'sɪgnətʃə/ underskrift *m/f*; ~ **tune** kjenningsmelodi *m*.
significance /sɪg'nɪfɪkəns/ betydning *m/f*; viktighet *m*.
significant /sɪg'nɪfɪkənt/ viktig, betydningsfull; betegnende.
signify /'sɪgnɪfaɪ/ betegne; bety.
signpost /'saɪnpəʊst/ veiskilt *n*; veiviser *m*.
silence /'saɪləns/ stillhet *m*; taushet *m*.
silence *verb* /'saɪləns/ få til å tie.
silencer /'saɪlənsə/ lyddemper *m*; lydpotte *m/f*.
silent /'saɪlənt/ stille; taus.
silk /sɪlk/ silke *m*; **~en** silke-; av silke; **~y** silkeaktig.
sill /sɪl/ vinduskarm *m*; dørterskel *m*.
silliness /'sɪlɪnəs/ dumhet *m*.
silly /'sɪlɪ/ dum; enfoldig; idiotisk.
silver /'sɪlvə/ sølv *n*.
similar /'sɪmɪlə/ lignende; lik; maken; **~ity** likhet *m*.
simmer /'sɪmə/ småkoke; (*overført*) ulme; syde.
simple /'sɪmpl/ enkel; lett.
simplicity /sɪm'plɪsətɪ/ enkelhet *m*; letthet *m*; troskyldighet *m*.
simplification /ˌsɪmplɪfɪ'keɪʃ(ə)n/ forenkling *m/f*.
simplify /'sɪmplɪfaɪ/ forenkle.
simply /'sɪmplɪ/ simpelthen.
simultaneous /ˌsɪm(ə)l'teɪnjəs/ samtidig; simultan-.
sin /sɪn/ synd *m*.
sin *verb* /sɪn/ synde.
since /sɪns/ siden; ettersom.
sincere /sɪn'sɪə/ oppriktig.
sincerity /sɪn'serətɪ/ oppriktighet *m*.
sinew /'sɪnjuː/ sene *m*; kraft *m/f*.
sing /sɪŋ/ synge; **~er** sanger *m*.
singe /sɪn(d)ʒ/ svi.
single /'sɪŋgl/ enkelt; eneste; enslig; (i tennis) enkeltspill *n*, single.
single *verb* /'sɪŋgl/ **(out)** utvelge, plukke ut; ~ **file** gåsegang *m*; **~-handed** uten hjelp; ~ **parent** eneforsørger *m*.
singular /'sɪŋgjʊlə/ enestående; usedvanlig; underlig; entall *n*.
sinister /'sɪnɪstə/ illevarslende; skummel.

sink /sɪŋk/ vask *m*; oppvaskkum *m*.
sink *verb* /sɪŋk/ synke; senke; **~er** søkke *n*.
sinner /'sɪnə/ synder *m*.
sinuous /'sɪnjʊəs/ buktete, slyngete; smidig.
sinusitis /ˌsaɪnə'saɪtɪs/ bihulebetennelse *m*.
sip /sɪp/ tår *m*.
sip *verb* /sɪp/ nippe (**at** til).
sir /sɜː, trykksvak sə/ (i tiltale) min herre; **Sir** tittel foran adelsmenns navn.
sirloin /'sɜːlɔɪn/ mørbrad(stek) *m*.
sister /'sɪstə/ søster *m/f*; **~-in-law** svigerinne *m/f*.
sit /sɪt/ sitte; holde møte(r); (om høne) ruge (**on** på); passe (om klær); **~ down** sette seg; **~-in** demonstrasjon *m*.
sitcom situasjonskomedie *m* (TV-serie).
site /saɪt/ beliggenhet *m*; plass *m*; (bygge)tomt *m/f*.
sitting /'sɪtɪŋ/ det å sitte; møte *n*; sesjon *m*; **~-room** dagligstue *m/f*.
situated /'sɪtjʊeɪtɪd/ beliggende.
situation /ˌsɪtjʊ'eɪʃ(ə)n/ situasjon *m*; stilling *m/f*, post *m*.
six /sɪks/ seks; **~fold** seksdobbelt; **~teen** seksten; **~teenth** sekstende(del); **~th** sjette(del); **~ty** seksti.
size /saɪz/ størrelse *m*; dimensjon *m*; (om sko, klær) nummer *n*.
size *verb* /saɪz/ **~ up** beregne.
siz(e)able /'saɪzəbl/ ganske stor, betraktelig.
skate /skeɪt/ skøyte *f*.
skate *verb* /skeɪt/ gå på skøyter.
skateboard rullebrett *n*.
skating-rink /'skeɪtɪŋrɪŋk/ (kunstig) skøytebane *m*; rulleskøytebane *m*.
skeleton /'skelɪtn/ skjelett *n*; sterkt redusert.
sketch /sketʃ/ skisse *m/f*.
sketch *verb* /sketʃ/ skissere.
sketchy /'sketʃɪ/ overfladisk, flyktig.
ski /skiː/ ski *m/f*.
ski *verb* /skiː/ gå på ski; **~er** skiløper *m*; **~-jumper** skihopper *m*; **~-lift** skiheis *m*; **~ pole** skistav *m*; **~ wax** skismøring *m/f*.
skid /skɪd/ skrens *m*.
skid *verb* /skɪd/ skrense; gli.
skilful /'skɪlf(ʊ)l/ dyktig.
skill /skɪl/ dyktighet *m*; ferdighet *m*; **~ed** faglært; dyktig.

skim /skɪm/ skumme; skumlese; **~(med) milk** skummet melk *m/f*.
skin /skɪn/ hud *m*; skinn *n*; skall *n* (på frukt); hinne *f*; snerk *m*.
skin *verb* /skɪn/ flå, skrelle; **~ny** mager, tynn.
skip /skɪp/ hopp *n*; byks *n*; sprett *n*.
skip *verb* /skɪp/ hoppe; springe; hoppe tau; hoppe over; **~per** skipper *m*; kaptein *m*; lagleder *m*; **~ping-rope** hoppetau *n*.
skirt /skɜːt/ skjørt *n*; flik *m*; frakkeskjøt *m*.
skirt *verb* /skɜːt/ ligge ved kanten av; unnvike; gå utenom.
skull /skʌl/ hodeskalle *m*.
skunk /skʌŋk/ stinkdyr *n*.
sky /skaɪ/ himmel *m*; **~light** takvindu *n*; overlys *n*; **~scraper** skyskraper *m*.
slab /slæb/ plate *m/f*; steinhelle *m/f*; skive *m/f* (av brød, kjøtt *o.l.*).
slack /slæk/ slapp; slakk; sløy; **~en** slappe (av); slakke; minske (seil); **~er** slappfisk *m*.
slag /slæg/ slagg *n*.
slam /slæm/ smell *n*.
slam *verb* /slæm/ smelle igjen.
slander /ˈslɑːndə/ bakvaskelse *m*.
slander *verb* /ˈslɑːndə/ baktale; **~ous** ærekrenkende.
slang /slæŋ/ slang *m*.
slant /slɑːnt/ på skrå; skråning *m/f*; synsvinkel *m*.
slant *verb* /slɑːnt/ skråne; helle; **~ing** skrå; skrånende.
slap /slæp/ dask *m*; slag *n*.
slap *verb* /slæp/ slå; klapse; **~dash** skjødesløs; **~stick** farse *m*, bløtkakekomedie *m*.
slash /slæʃ/ flenge; (*typografi*) skråstrek *m*.
slash *verb* /slæʃ/ kutte; hogge.
slate /sleɪt/ skifer(tavle) *m (m/f)*; **a clean ~** rent rulleblad *n*; blanke ark *n*.
slaughter /ˈslɔːtə/ slakting *m/f*; nedsabling *m/f*, blodbad *n*.
slaughter *verb* /ˈslɔːtə/ slakte; **~house** slakteri *n*.
slave /sleɪv/ slave *m*; **~ry** slaveri *n*.
slay /sleɪ/ slå ihjel.
sleazy /ˈsliːzɪ/ snuskete; simpel.
sled(ge) /sled(ʒ)/ slede *m*; kjelke *m*.
sled(ge) *verb* /sled(ʒ)/ kjøre med slede; ake.

sledge(hammer) /ˈsledʒ(ˌhæmə)/ slegge *m/f.*
sleek /sliːk/ glatt; blank; elegant.
sleep /sliːp/ søvn *m.*
sleep *verb* /sliːp/ sove; **go to ~** sovne; **~er** (*jernb*) sovevogn *m/f*; (*jernb*) sville *m.*
Sleeping Beauty Tornerose.
sleeping bag sovepose *m.*
sleeping car sovevogn *m/f.*
sleeping pills sovetabletter *flertall.*
sleepless /ˈsliːpləs/ søvnløs.
sleepwalker /ˈsliːpˌwɔːkə/ søvngjenger *m.*
sleepy /ˈsliːpɪ/ søvnig.
sleet /sliːt/ sludd *n.*
sleeve /sliːv/ erme *n*; (plate) omslag *n.*
sleigh /sleɪ/ slede *m.*
slender /ˈslendə/ slank; smekker; tynn; skrøpelig.
slice /slaɪs/ skive *m/f*; del *m*, stykke *n*; (steke)spade *m.*
slice *verb* /slaɪs/ skjære i skiver; skjære opp.
slick /slɪk/ glatt; elegant; snedig.
slide /slaɪd/ sklie *f*; ras *n*; skred *n*; (*fotogr*) lysbilde *n.*
slide *verb* /slaɪd/ gli; skli; **~-rule** regnestav *m.*
slight /slaɪt/ sped; ubetydelig.
slightly /ˈslaɪtlɪ/ litt; ubetydelig.
slim /slɪm/ slank.
slim *verb* /slɪm/ slanke seg; **~ming remedy** slankemiddel *n.*
slime /slaɪm/ slam *n*; slim *n.*
sling /slɪŋ/ slynge *f*; fatle *m.*
sling *verb* /slɪŋ/ kaste; slynge.
slip /slɪp/ glidning *m*; feil *m*; strimmel *m*; underkjole *m*; (*maskin*) sluring *m/f*; putevar *n.*
slip *verb* /slɪp/ gli; smutte; liste seg; slippe bort (fra); slure; **~ on/off** ta på/av.
slipped disc (*medisin*) skiveprolaps *m.*
slipper /ˈslɪpə/ tøffel *m*; **a pair of ~s** et par tøfler.
slippery /ˈslɪpərɪ/ glatt; upålitelig.
slit /slɪt/ spalte *m/f*; rift *m/f*; splitt *m*; revne *m/f.*
slit *verb* /slɪt/ skjære; sprette, klippe opp.
slither /ˈslɪðə/ skli; **~y** glatt.
slogan /ˈsləʊgən/ slagord *n.*
slop /slɒp/ skyllevann *n*; pytt *m.*
slope /sləʊp/ skråning *m*; helling *m/f.*
slope *verb* /sləʊp/ skråne.
sloppy /ˈslɒpɪ/ slurvete; våt.

slosh /slɒʃ/ skvalping *m/f.*
slosh *verb* /slɒʃ/ skvalpe.
slot /slɒt/ sprekk *m*; spalte *m*; **~-machine** myntautomat *m*; spilleautomat *m*.
slouch /slaʊtʃ/ henge slapt; lute.
slovenly /ˈslʌvnlɪ/ sjusket.
slow /sləʊ/ langsom; sen; treg; **~ lane** krabbefelt *n*; **~ motion** sakte film.
sludge /slʌdʒ/ snøslaps *n*; sørpe *m/f*; mudder *n*.
sluice /sluːs/ sluse(port) *m/f (m)*.
slumber /ˈslʌmbə/ slummer *m*.
slumber *verb* /ˈslʌmbə/ slumre.
slump /slʌmp/ plutselig nedgang *m*; lavkonjunktur *m*.
slump *verb* /slʌmp/ falle brått (om priser *o.l.*).
slur /slɜː/ skamplett *m*; fornærmelse *m*.
slur *verb* /slɜː/ snakke (*eller* skrive) utydelig.
slush /slʌʃ/ slaps *n*; søle *m/f*.
sly /slaɪ/ slu; listig; lur; **on the ~** i smug.
smack /smæk/ klask *n*; smatting *m/f*; smellkyss *n*; smak *m*; (*slang*) heroin *n*.
smack *verb* /smæk/ smatte; smaske.
small /smɔːl/ liten; ubetydelig; **~pox** (*medisin*) kopper; **~ talk** lett konversasjon *m*; småprat *n*.
smart *verb* /smɑːt/ svi, gjøre vondt.
smart /smɑːt/ skarp, gløgg; flott; velkledd; smart.
smash /smæʃ/ brak *n*; hardt slag *n*; **~hit** braksuksess *m* (særlig om plater).
smash *verb* /smæʃ/ smadre(s); slå; slenge; **~ing** knusende; flott.
smattering /ˈsmæt(ə)rɪŋ/ overfladisk kjennskap *m/n*; ubetydelig del.
smear /smɪə/ flekk *m*.
smear *verb* /smɪə/ smøre utover; bakvaske; **~ campaign** bakvaskelseskampanje *m*.
smell /smel/ lukt *m/f*.
smell *verb* /smel/ lukte.
smelly /ˈsmelɪ/ illeluktende.
smelt /smelt/ smelte (malm).
smile /smaɪl/ smil *n*.
smile *verb* /smaɪl/ smile.
smith /smɪθ/ smed *m*; **~y** smie *m/f*.
smock /smɒk/ arbeidskittel *m*.
smog /smɒg/ (**smoke** + **fog**) røyktåke *m/f*.

smoke /sməʊk/ røyk *m*; blås *m*.
smoke *verb* /sməʊk/ ryke; røyke; **~ detector** røykvarsler *m*; **~d** (om mat) røkt; **~r** røyker *m*; røykekupé *m*.
smoking /ˈsməʊkɪŋ/ røyking *m/f*; **no ~!** røyking forbudt!
smoky /ˈsməʊkɪ/ røykfylt.
smooth /smuːð/ glatt; jevn; rolig.
smooth *verb* /smuːð/ glatte; berolige.
smoulder /ˈsməʊldə/ ulme.
SMS *fork for* **Short Message Service** tekstmelding.
smudge /smʌdʒ/ flekk *m*.
smudge *verb* /smʌdʒ/ gni utover.
smug /smʌg/ selvtilfreds.
smuggle /ˈsmʌgl/ smugle; **~r** smugler *m*.
smut /smʌt/ (sot)flekk *m*; smuss *n*; (*litteratur*) skitt *m/n*.
snack /snæk/ matbit *m*; lett måltid *n*.
snag /snæg/ ulempe *m*; vanskelighet *m*.
snail /sneɪl/ snegl *m* (med hus).
snake /sneɪk/ slange *m*.
snap /snæp/ forhastet; glefs *n*; knips *n*; (*amr*) lett jobb *m*.
snap *verb* /snæp/ snappe; glefse; knekke; knipse; **~py** bisk; irritabel; rask.
snare /sneə/ snare *m/f*.
snare *verb* /sneə/ fange i snare.
snarl /snɑːl/ snerre; knurre.
snatch /snætʃ/ bruddstykke *n*; napp *n*.
snatch *verb* /snætʃ/ snappe; gripe (**at** etter); (*hverdagslig*) kvarte.
snazzy /ˈsnæzɪ/ flott, smart.
sneak *verb* /sniːk/ snike (seg); luske; sladre på; snik-; **~ers** (*amr*) joggesko *m*.
sneer /snɪə/ hånlig flir *n*.
sneer *verb* /snɪə/ smile hånlig.
sneeze /sniːz/ nys *n*.
sneeze *verb* /sniːz/ nyse.
sniff /snɪf/ snuse; snufse; rynke på nesen (**at** av).
sniper /ˈsnaɪpə/ snikskytter *m*.
snob /snɒb/ snobb *m*; **~bery** snobbethet *m*; **~bish** snobbete.
snore /snɔː/ snork *n*.
snore *verb* /snɔː/ snorke.
snort /snɔːt/ snøfte; fnyse; sniffe.

snot /snɒt/ snørr *n*.
snout /snaʊt/ snute *m/f*; tryne *n*.
snow /snəʊ/ snø *m*.
Snow White *eventyrfigur* Snøhvit.
snub /snʌb/ avfeie; stumpe.
snuff /snʌf/ snus *m*; utbrent veke *m*.
snuff *verb* /snʌf/ snuse; blåse ut (et lys).
snug /snʌg/ lun; koselig.
snuggle /'snʌgl/ legge seg (godt) ned; krype sammen; kjæle med.
so /səʊ/ så(ledes); altså; **and ~ on** og så videre; **~ what!** ja, hva så?
soak /səʊk/ gjennombløte; **~ up** suge opp.
soap /səʊp/ såpe *m/f*; **~suds** såpeskum *n*.
soap *verb* /səʊp/ såpe inn.
soar /sɔː/ fly høyt; sveve; stige sterkt (om pris *o.l.*).
sob /sɒb/ hulking *m/f*.
sob *verb* /sɒb/ hulke.
sober /'səʊbə/ nøktern; edru; edruelig; sindig.
sobriety /sə(ʊ)'braɪətɪ/ nøkternhet *m*; edruelighet *m*.
so-called /ˌsəʊ'kɔːld/ såkalt.
soccer /'sɒkə/ (vanlig) fotball *m*.
sociable /'səʊʃəbl/ selskapelig; omgjengelig.
social /'səʊʃ(ə)l/ sosial; samfunns-; selskaps-; **~ism** sosialisme *m*; **~ize** delta i selskapslivet; **~ science** samfunnsvitenskap *m*.
society /sə'saɪətɪ/ samfunn *n*; forening *m/f*; selskap *n*.
sock /sɒk/ sokk *m*; slag *n*.
socket /'sɒkɪt/ holder *m*; øyenhule *m/f*; hofteskål *m/f*; (*elektr*) stikkontakt *m*.
sod /sɒd/ gresstorv *m/f*; **~ off!** (*britisk, slang*) dra til helvete!
soda /'səʊdə/ soda(vann) *m (n)*; natron *n*.
sofa /'səʊfə/ sofa *m*.
soft /sɒft/ bløt; myk; svak; dempet; blid; **~core porn(ography)** mykporno *m*; **~ drink** leskedrikk *m*; **~en** bløtgjøre; mildne; **~ness** bløthet *m*; mildhet *m*; **~ware** *edb* programvare *m*.
soggy /'sɒgɪ/ gjennomvåt.
soil /sɔɪl/ jord(smonn) *m/f (n)*; jordbunn *m*; skitt *m*.
soil *verb* /sɔɪl/ søle, skitne til.
soldier /'səʊldʒə/ soldat *m*.
sole /səʊl/ eneste; ene-; såle *m*; sjøtunge *m/f*; flyndre *m/f*; **~ly** utelukkende.

solemn /'sɒləm/ høytidelig.
solicit /sə'lɪsɪt/ be innstendig om; anmode om; trekke på gaten; **~or** (*britisk*) (rådgivende) advokat *m*.
solid /'sɒlɪd/ fast; massiv; solid; pålitelig; **~ify** (få til å) størkne; **~ity** fasthet *m*; soliditet *m*.
solitaire /ˌsɒlɪ'teə/ kabal; brettspill (for én person).
solitary /'sɒlɪt(ə)rɪ/ ensom; enslig; **~ confinement** isolasjon *m*.
solitude /'sɒlɪtjuːd/ ensomhet *m*.
solution /sə'luːʃ(ə)n, sə'ljuːʃ(ə)n/ (opp)løsning *m*.
solve /sɒlv/ løse (problem *o.l.*).
some /sʌm/ noen, noe; en eller annen, et eller annet; omtrent; **~body** noen, en eller annen; **~how** på en eller annen måte; **~one** noen.
somersault /'sʌməsɔːlt/ (slå) saltomortale *m*; stupe kråke.
something /'sʌmθɪŋ/ noe, et eller annet.
sometime /'sʌmtaɪm/ en gang, en dag.
sometimes /'sʌmtaɪmz/ av og til, nå og da.
somewhat /'sʌmwɒt/ noe; litt; temmelig.
somewhere /'sʌmweə/ et eller annet sted.
son /sʌn/ sønn *m*; **~-in-law** svigersønn *m*.
song /sɒŋ/ sang *m*; vise *m/f*.
sonic /'sɒnɪk/ lyd-; **~ depth finder** ekkolodd *n*.
soon /suːn/ snart; tidlig; gjerne; **~er** snarere; heller.
soot /sʊt/ sot *m*.
soothe /suːð/ berolige.
sooty /'sʊtɪ/ sotete; svart.
sop /sɒp/ oppbløtt brødbit *m*; godbit *m*; pyse *m*.
sophisticated /sə'fɪstɪkeɪtɪd/ avansert; raffinert.
sorcerer /'sɔːs(ə)rə/ trollmann *m*.
sorcery /'sɔːs(ə)rɪ/ trolldom *m*.
sordid /'sɔːdɪd/ skitten; elendig; simpel.
sore /sɔː/ sår; irritert; sår *n*; **~ness** sårhet *m*; ømhet *m*.
sorrow /'sɒrəʊ/ sorg *m*; bedrøvelse *m*.
sorry /'sɒrɪ/ bedrøvet; sørgmodig; lei (seg); **(I am so) ~!** unnskyld!
sort /sɔːt/ sort *m*; slag(s) *n*.

sort *verb* /sɔːt/ sortere; ordne.
soul /səʊl/ sjel *m/f*; soulmusikk *m*.
sound /saʊnd/ sunn, frisk; sterk; uskadd; velbegrunnet; lyd *m*; klang *m*; sund *n*.
sound *verb* /saʊnd/ sondere; lodde; lyde; klinge; gi signal; **safe and ~** i god behold; **~ asleep** i dyp søvn; **~ barrier** lydmur *m*; **~-proof** lydisolert.
soup /suːp/ suppe *m/f*; **~-plate** dyp tallerken *m*.
sour /ˈsaʊə/ sur; gretten.
sour *verb* /ˈsaʊə/ surne; gjøre sur; forbitre.
source /sɔːs/ kilde *m*; opprinnelse *m*.
south /saʊθ/ sør; syden; sørover; i sør; **~bound** som går sørover; **~ern** sørlig, sør-; sydlandsk; **~erner** sydlending *m*; (*amr*) en fra sørstatene; **~wards** sørover.
south-wester /ˌsaʊθˈwestə/ sørvestvind *m*; sydvest *m* (hodeplagg).
sovereign /ˈsɒvrən/ suverén; hersker *m*; monark *m*; **~ty** suverenitet *m*.
sow /saʊ/ purke *f*.
sow *verb* /səʊ/ **~ (seed)** så.
spa /spɑː/ kursted *n*; helsesenter *n*.
space /speɪs/ rom *n*; plass *m*; areal *n*; tidsrom *n*; spalteplass *m*; **outer ~** verdensrommet *n*.
spacecraft /ˈspeɪskrɑːft/ romskip *n*.
spaceship /ˈspeɪsʃɪp/ romskip *n*.
spacious /ˈspeɪʃəs/ rommelig.
spade /speɪd/ spade *m*; **~s** (*kortspill*) spar.
spam /spæm/ spam *m*, søppelpost *m*.
span /spæn/ spenn *n*; spann *n* (hester); spennvidde *m/f*.
span *verb* /spæn/ spenne over; strekke seg over.
spank /spæŋk/ klaps *n*; smekk *m/n*.
spank *verb* /spæŋk/ klaske; daske; **~ing** ris *m*, juling *m/f*.
spanner /ˈspænə/ skrunøkkel *m*; skiftenøkkel *m*.
spare *verb* /speə/ unnvære; avse; skåne; **~ parts** reservedeler *m*; **~-rib** (svine)ribbe *m/f*; **~ time** fritid *m/f*.
spare /speə/ knapp; sparsom; ledig; reserve-.
sparing(ly) sparsom(t); forsiktig.

spark /spɑːk/ gnist *m*.
spark *verb* /spɑːk/ gnistre; tenne (om motor); **~ plug** tennplugg *m*.
sparkle /ˈspɑːkl/ (liten) gnist *m*.
sparkle *verb* /ˈspɑːkl/ gnistre; funkle; perle (om drikke).
sparkling /ˈspɑːklɪŋ/ glitrende; musserende (om vin).
sparrow /ˈspærəʊ/ spurv *m*.
spasm /ˈspæz(ə)m/ krampe(trekning) *m*.
spatial /ˈspeɪʃ(ə)l/ romlig, rom-.
spawn /spɔːn/ (fiske)rogn *m/f*.
spawn *verb* /spɔːn/ legge egg; gyte; være opphav til; **~ing ground** gyteplass *m*.
speak /spiːk/ tale; snakke; **on ~ing terms** på talefot; **~ out** snakke ut; si sin mening; **~er** taler *m*; ordstyrer *m*; president i Underhuset.
spear /spɪə/ spyd *n*; lanse *m*.
special /ˈspeʃ(ə)l/ spesiell; særlig; spesial-; **~ist** fagmann *m*; **~ity** spesialitet *m*; **~ize** spesialisere (seg).
species /ˈspiːʃiːz/ art *m*; slag(s) *n*.
specific /spəˈsɪfɪk/ presis; særegen, spesiell; spesifikk.
specification /ˌspesɪfɪˈkeɪʃən/ spesifisering *m/f*.
specify /ˈspesɪfaɪ/ spesifisere.
specimen /ˈspesɪmən/ prøve *m*; eksemplar *n*.
speck /spek/ (liten) flekk *m*.
spectacle /ˈspektəkl/ syn *n*; opptog *n*; **(a pair of) ~s (specs)** briller.
spectacular /spekˈtækjʊlə/ iøynefallende; imponerende.
spectator /spekˈteɪtə/ tilskuer *m*.
speculate /ˈspekjʊleɪt/ gruble (**on** over); spekulere.
speculation /ˌspekjʊˈleɪʃ(ə)n/ spekulasjon *m*.
speech /spiːtʃ/ tale *m*; **~ therapist** logoped *m*; **~less** målløs, stum.
speed /spiːd/ fart *m*; hurtighet *m*; (*slang*) amfetamin *m*.
speed *verb* /spiːd/ haste; fare; ile; **~ up** sette opp farten; **~boat** passbåt *m*; **~ bump** fartsdump *m/f*; **~ limit** fartsgrense *m/f*; **~y** hurtig; rask; snarlig.

spell /spel/ (kort) periode *m*; tørn *m*; trylleformular *m/n*; fortryllelse *m*.
spell *verb* /spel/ stave; **~bound** fortryllet, fjetret.
spelling /ˈspelɪŋ/ rettskrivning *m*; stavemåte *m*.
spend /spend/ (for)bruke; tilbringe; **~thrift** ødeland *m*.
spew /spjuː/ spy, trekke seg.
sphere /sfɪə/ sfære *m*; klode *m*.
spice /spaɪs/ krydder *n*.
spice *verb* /spaɪs/ krydre.
spicy /ˈspaɪsɪ/ krydret; pikant.
spider /ˈspaɪdə/ edderkopp *m*; **~ web** spindelvev *n*; edderkoppnett *n*.
spike /spaɪk/ spiss *m*; pigg *m*; nagle *m*; aks *n*.
spike *verb* /spaɪk/ nagle fast; sette pigger på; **~s** piggsko *m*.
spill /spɪl/ søle; spille; la renne over.
spin /spɪn/ spinne; virvle; snurre rundt; (om fly, bil) gå i spinn; **take for a ~** ta en rask kjøretur.
spinach /ˈspɪnɪdʒ/ spinat *m*.
spinal /ˈspaɪnl/ rygg-; **~ cord** ryggmarg *m*.
spin doctor profesjonell talsmann *m* som fremstiller alt i et positivt lys.
spin-drier /ˈspɪnˌdraɪə/ sentrifuge *m*.
spine /spaɪn/ ryggrad *m*; bokrygg *m*; **~less** holdningsløs, feig.
spinning mill spinneri *n*.
spinning-wheel /ˈspɪnɪŋwiːl/ rokk *m*.
spire /ˈspaɪə/ spir *n*.
spirit /ˈspɪrɪt/ ånd *m*; spøkelse *n*; sinn(elag) *n*; humør *n*; livlighet *m*.
spirit *verb* /ˈspɪrɪt/ oppmuntre; **~s** brennevin *n*; **in high ~s** opprømt; i godt humør; **~ed** livlig; energisk; kraftig; **~ual** åndelig; geistlig.
spit /spɪt/ spidd *n*; odde *m*; spytt *n*.
spit *verb* /spɪt/ spytte; frese (om katt); sprute.
spite /spaɪt/ ondskap(sfullhet) *m*; **in ~ of** til tross for; **~ful** ondskapsfull.
spitfire /ˈspɪtˌfaɪə/ hissigpropp *m*.
spittle /ˈspɪtl/ spytt *n*.
splash /splæʃ/ skvett *m*; plask *n*.
splash *verb* /splæʃ/ skvette;

plaske; søle til; **make a ~** vekke sensasjon *m*.
spleen /spliːn/ milt *m*; dårlig humør *n*; tungsinn *n*.
splendid /ˈsplendɪd/ strålende; glimrende; storartet.
splendour /ˈsplendə/ glans *m*; prakt *m*.
splice /splaɪs/ spleise; skjøte.
splint /splɪnt/ (*medisin*) skinne *m/f*; **~er** splint *m*; flis *f*; spon *n*.
splint *verb* /splɪnt/ splintre.
split /splɪt/ sprekk *m*; spalting *m/f*; splittelse *m*.
split *verb* /splɪt/ splitte; spalte; kløyve; dele seg; **~ second** brøkdelen av et sekund.
splutter /ˈsplʌtə/ spruting *m/f*; oppstyr *n*.
splutter *verb* /ˈsplʌtə/ sprute; frese; snakke fort og usammenhengende.
spoil /spɔɪl/ bytte *n*; rov *n*.
spoil *verb* /spɔɪl/ ødelegge; skjemme bort; spolere; **~sport** gledesdreper *m*.
spoke /spəʊk/ eike *f*; trinn *n*.
spokesman /ˈspəʊksmən/ talsmann *m*.
spokeswoman /ˈspəʊksˌwʊmən/ talskvinne *m*.
sponge /spʌn(d)ʒ/ svamp *m*; **~-cake** sukkerbrød *n*; **~r** snyltegjest *m*.
sponsor /ˈspɒnsə/ sponsor *m*; fadder *m*; garantist *m*.
sponsor *verb* /ˈspɒnsə/ sponse, støtte; garantere.
spontaneity /ˌspɒntəˈneɪətɪ/ spontanitet *m*.
spontaneous /spɒnˈteɪnjəs/ spontan; umiddelbar.
spook /spuːk/ spøkelse *n*; **~y** nifs.
spool /spuːl/ spole *m*; filmrull *m*.
spool *verb* /spuːl/ spole.
spoon /spuːn/ skje *m/f*.
sport /spɔːt/ sport *m*; atspredelse *m*; lek *m*; moro *m/f*; idrett *m*.
sport *verb* /spɔːt/ leke; drive sport; skilte med.
sportive /ˈspɔːtɪv/ leken.
spot /spɒt/ flekk *m*; sted *n*; bit *m*, smule *m*.
spot *verb* /spɒt/ oppdage; **~ check** stikkprøve *m/f*; **~less** uten flekker; lytefri; **~light** prosjektør *m*; søkelys *n*; **~ted** flekkete; prikkete.

sprain /spreɪn/ forstuing *m/f*.
sprain *verb* /spreɪn/ forstue; **~ed** forstuet; vrikket.
sprat /spræt/ brisling *m*.
sprawl /sprɔːl/ ukontrollert vekst (særlig om byområder); ligge henslengt.
spray /spreɪ/ sprøyt *m*; dusj *m*; sprøytevæske *m/f*; kvist *m*.
spray *verb* /spreɪ/ (over) sprøyte; dusje; **~ can** sprayboks *m*.
spread /spred/ utstrekning *m*; omfang *n*; utbredelse *m*; (smøre)pålegg *n*; **~sheet** (*edb*) regneark *n*.
spree /spriː/ rangel *m*; moro *m/f*; **go on a ~** rangle; more seg.
sprig /sprɪg/ kvist *m*; kvast *m*.
spring /sprɪŋ/ vår *m*; kilde *m*; hopp *n*; (driv)fjær *m/f*.
spring *verb* /sprɪŋ/ springe; sprette; bryte frem; oppstå (**from** av); **in ~** om våren; **~board** springbrett *n*; **~y** fjærende; spenstig.
sprinkle /ˈsprɪŋkl/ stenke; skvette; **~r** spreder *m*.
sprout /spraʊt/ spire *m/f*; skudd *n*.
sprout *verb* /spraʊt/ spire; **Brussels ~s** rosenkål *m*.
spruce /spruːs/ gran *m/f*; fjong, fin.
spry /spraɪ/ kvikk; livlig.
spur /spɜː/ spore *m*.
spur *verb* /spɜː/ (**on**) (an) spore; fremskynde.
spurn /spɜːn/ avvise med forakt, vrake.
spurt /spɜːt/ spurt *m*; utbrudd *n*.
spurt *verb* /spɜːt/ spurte; sprute.
sputter /ˈspʌtə/ frese; sprute; snakke fort og usammenhengende.
spy /spaɪ/ spion *m*.
spy *verb* /spaɪ/ spionere.
squabble /ˈskwɒbl/ kjekl *n*.
squabble *verb* /ˈskwɒbl/ kjekle.
squad /skwɒd/ lag *n*; patrulje *m*; **~ron** skvadron *m*; eskadron *m*.
squalid /ˈskwɒlɪd/ skitten; ussel; tarvelig.
squall /skwɔːl/ vindstøt *n*, byge *m*; skrål *n*.
squalor /ˈskwɒlə/ skitt *m*; elendighet *m/f*.
squander /ˈskwɒndə/ ødsle bort; spre(s).
square /skweə/ firkantet; kvadratisk; rettvinklet; ærlig; real; kvitt, skuls; firkant *m*; kvadrat *n*; åpen plass *m*.

square *verb* /skweə/ kvadrere; gjøre opp, ordne; **~ with** stemme med.
squarely /'skweəlɪ/ utvetydig; direkte.
squash /skwɒʃ/ squash *m*; fruktsaft *m/f*; gresskar *n*.
squash *verb* /skwɒʃ/ kryste; presse.
squat /skwɒt/ liten; undersetsig; sitte på huk; ta opphold uten tillatelse; **~ter** husokkupant *m*.
squeak /skwiːk/ pip *n*.
squeak *verb* /skwiːk/ pipe; sladre.
squeal /skwiːl/ hvin *n*, skrik *n*.
squeal *verb* /skwiːl/ hvine; skrike; tyste.
squeamish /'skwiːmɪʃ/ pysete; som lett blir kvalm; snerpete.
squeeze /skwiːz/ klem *m*; trykk *n*; press *n*.
squeeze *verb* /skwiːz/ klemme; trykke; presse.
squint /skwɪnt/ skjele; myse; **~-eyed** skjeløyd.
squire /'skwaɪə/ godseier *m*.
squirm /skwɜːm/ vri seg; være forlegen.
squirrel /'skwɪr(ə)l/ ekorn *n*.
squirt /skwɜːt/ sprut *m*; sprute (på).
S.S. *fork for* **steamship**.
St. *fork for* **Saint; Street**.
stab /stæb/ stikke; dolke.
stability /stə'bɪlətɪ/ fasthet *m*; stabilitet *m*.
stabilization /ˌsteɪbɪlaɪ'zeɪʃ(ə)n/ stabilisering *m/f*.
stabilize /'steɪbɪlaɪz/ stabilisere.
stable /'steɪbl/ stabil; fast; varig; trygg; stall *m*.
stack /stæk/ stabel *m*; (høy-) stakk *m*.
stack *verb* /stæk/ stable; stakke (høy).
stacks /stæks/ (*i bibliotek*) magasin *n*.
stadium /'steɪdjəm/ stadion *n*.
staff /stɑːf/ stab *m*; personale *n*; stang *m/f*; stokk *m*.
stag /stæg/ (kron)hjort *m*; **~-party** utdrikkingslag *n*.
stage /steɪdʒ/ plattform *m*; stillas *n*; skueplass *m*; (*teater*) scene *m*; stadium *n*.
stage *verb* /steɪdʒ/ sette i scene; oppføre; arrangere; **~-director** regissør *m*; **~-manager** inspisient *m*; regiassistent *m*.
stagger *verb* /'stægə/ rave; forbløffe.
stagnant /'stægnənt/ stillestående.

stagnate /stæg'neɪt/ stagnere.
stain /steɪn/ flekk *m*; skam *m*.
stain *verb* /steɪn/ flekke; vanære; farge; **~less** plettfri; rustfri.
stained glass glassmaleri *n*.
stair /steə/ trapp(etrinn) *m/f (n)*; **~case/way** trapp *m/f*; trappegang *m*.
stake /steɪk/ stake *m*; påle *m*; **~s** (*veddemål*) innsats *m*.
stake *verb* /steɪk/ våge, sette på spill; **at ~** på spill; **~out** (*politi*) overvåkning *m/f*, spaning *m/f*.
stale /steɪl/ bedervet; flau; doven (om øl); gammelt (brød); forslitt; **~mate** matt (i sjakk); fastlåst situasjon *m*.
stalk /stɔːk/ stengel *m*; stilk *m*.
stalk *verb* /stɔːk/ skygge; forfølge.
stall /stɔːl/ bås *m*; spiltau *n*; markedsbu *f*; **~s** (*teater*) parkett *m*.
stall *verb* /stɔːl/ stoppe; kvele (motor); (*overført*) vinne tid, oppholde.
stallion /'stæljən/ hingst *m*.
stamina /'stæmɪnə/ utholdenhet *m*.
stammer /'stæmə/ stamme.
stamp /stæmp/ stempel *n*; preg *n*; avtrykk *n*; frimerke *n*.
stamp *verb* /stæmp/ stemple; frankere; stampe; **~ dealer** frimerkehandler *m*.
stampede /stæm'piːd/ panikk *m*; stormløp *n* .
stand /stænd/ bod *m*; (utstillings)stand *m*; standpunkt *n*; tribune *m*.
stand *verb* /stænd/ stå; ligge (om bygning); bestå; være; tåle; **make a ~ against** gjøre motstand mot; **~ by** stå ved; holde seg klar; **~-in** stedfortreder *m*; **~ one's ground** holde stand.
standard /'stændəd/ normal-; fane *f*; flagg *n*; norm *m*; standard *m*; målestokk *m*; myntfot *m*; **~ of living** levestandard *m*; **~ize** standardisere.
standing /'stændɪŋ/ stående; fast; stilling *m/f*; rang *m*.
standpoint /'stæn(d)pɔɪnt/ standpunkt *n*; synspunkt *n*.
standstill /'stæn(d)stɪl/ stans *m*; stillstand *m*.
stanza /'stænzə/ vers *n*; strofe *m*.

staple /'steɪpl/ hovedbestanddel *m*; viktigste næringsmiddel *n*; stift *m* (til maskin); **~r** stiftemaskin *m*.
star /stɑː/ stjerne *m/f*.
star *verb* /stɑː/ opptre i hovedrolle.
starboard /'stɑːbəd/ styrbord.
starch /stɑːtʃ/ stivelse *m*; stive.
stare /steə/ stirring *m/f*.
stare *verb* /steə/ stirre, glo.
starfish /'stɑːfɪʃ/ sjøstjerne *m/f*.
stark /stɑːk/ bar; skarp; fullstendig.
starling /'stɑːlɪŋ/ stær *m*.
start /stɑːt/ begynnelse *m*; start *m*; støkk *n*, rykk *n*.
start *verb* /stɑːt/ begynne; sette i gang; fare opp, få et støkk.
starter /'stɑːtə/ starter *m*; *eng* forrett *m*.
starting point utgangspunkt *n*.
startle /'stɑːtl/ skremme; overraske.
starvation /stɑː'veɪʃ(ə)n/ sult *m*; hungersnød *m*.
starve /stɑːv/ sulte (i hjel); hungre.
stash /stæʃ/ skjult forråd *n*; **~ (away)** gjemme unna.
state /steɪt/ stat *m*; tilstand *m*; stilling *m/f*; stand *m*; **the State Department** (*amr*) Utenriksdepartementet; **~ of emergency** unntakstilstand *m*.
state *verb* /steɪt/ erklære; fremsette.
stately /'steɪtlɪ/ verdig; prektig.
statement /'steɪtmənt/ erklæring *m/f*; fremstilling *m/f*; beretning *m*.
statesman /'steɪtsmən/ statsmann *m*.
station /'steɪʃ(ə)n/ stasjon *m*; (samfunns)stilling *m/f*.
station *verb* /'steɪʃ(ə)n/ anbringe; stasjonere; **~ary** stasjonær; fast; **~ wagon** stasjonsvogn *m/f*.
stationer /'steɪʃ(ə)nə/ papirhandler *m*; **~y** papirvarer; skrivesaker.
statistical /stə'tɪstɪk(ə)l/ statistisk.
statistics /stə'tɪstɪks/ statistikk *m*.
statue /'stætʃuː/ statue *m*.
stature /'stætʃə/ legemshøyde *m*; ry *n*; stor betydning *m*.
status /'steɪtəs/ status *m*; posisjon *m*.
statute /'stætjuːt/ lov *m*; vedtekt *m/f*.

statutory /ˈstætjʊt(ə)rɪ/ lovfestet.
staunch /stɔːn(t)ʃ/ pålitelig; trofast; stanse (blødning).
stave /steɪv/ (tønne)stav *m*; ~ **off** avverge; forhale.
stay /steɪ/ opphold *n*; stag *n*; bardun *m*.
stay *verb* /steɪ/ oppholde seg; stanse; (for)bli; bo; ~ **away** holde seg borte; ~ **put** bli hvor man er.
stead /sted/ sted *n*; **in his** ~ i hans sted.
steadfast /ˈstedfəst/ trofast, lojal.
steady *verb* /ˈstedɪ/ berolige; bli roligere; **go** ~ (*hverdagslig*) ha fast følge.
steady /ˈstedɪ/ stø, fast; regelmessig; rolig; vedholdende.
steak /steɪk/ biff *m*.
steal /stiːl/ stjele; liste seg.
stealthy /ˈstelθɪ/ ubemerket, i smug.
steam /stiːm/ damp *m*.
steam *verb* /stiːm/ dampe; **let off** ~ avreagere; **~er**, **~ship** dampskip *n*; **~y** dampende; erotisk.
steel /stiːl/ stål *n*.
steep /stiːp/ steil; bratt; stiv (om pris); skrent *m*; stup *n*.
steeple /ˈstiːpl/ (spisst) kirketårn *n*; **~chase** hinderløp *n*.
steer /stɪə/ (ung) okse *m*.
steer *verb* /stɪə/ styre.
steering /ˈstɪərɪŋ/ styring *m/f*; **~-wheel** ratt *n*.
stem /stem/ stilk *m*; stett *m*; forstavn *m*.
stem *verb* /stem/ demme opp; stamme (**from** fra).
stench /sten(t)ʃ/ stank *m*.
stenographer /steˈnɒgrəfə/ stenograf *m*.
stenography /steˈnɒgrəfɪ/ stenografi *m*.
step /step/ skritt *n*; (fot)trinn *n*; trappetrinn *n*.
step *verb* /step/ skritte; trå (**on** på); **~father** stefar *m*; **~mother** stemor *m/f*.
sterling /ˈstɜːlɪŋ/ ekte; helstøpt; gedigen; **one pound** ~ (mynt) et pund sterling.
stern /stɜːn/ hard; streng; akterstevn *m*.
stevedore /ˈstiːvədɔː/ stuer *m*.
stew /stjuː/ stuing *m/f*; lapskaus *m*.
stew *verb* /stjuː/ småkoke.
steward /ˈstjʊəd/ forvalter *m*; intendant *m*; stuert *m*; flyvert *m*; **~ess** flyvertinne *m/f*.

stewed /stjuːd/ stuet.
stick /stɪk/ stokk *m*; kjepp *m*; kølle *f*; stang *m/f*; **~ around** holde seg i nærheten; **~ to** holde fast ved.
sticker /ˈstɪkə/ klistremerke *n*.
sticking plaster heftplaster *n*.
sticky /ˈstɪkɪ/ klebrig; seig; vanskelig; lummer.
stiff /stɪf/ stiv; stri; støl; vrien; **~en** stivne; gjøre stiv, stive; **~ness** stølhet *m*.
stifle /ˈstaɪfl/ kvele; undertrykke.
still /stɪl/ ennå; enda; likevel; stille; rolig; uten kullsyre (om drikke).
still *verb* /stɪl/ berolige; stagge.
stillborn /ˈstɪlbɔːn/ dødfødt.
stilts /stɪlts/ stylter *m/f*.
stilted /ˈstɪltɪd/ oppstyltet.
stimulant /ˈstɪmjʊlənt/ stimulerende middel *n*; oppstiver *m*, stimulans *m*.
stimulate /ˈstɪmjʊleɪt/ stimulere.
stimulating /ˈstɪmjʊleɪtɪŋ/ stimulerende.
sting /stɪŋ/ brodd *m*; nag *n*; stikk *n*; (*amr*) felle *m/f* for forbrytere.
sting *verb* /stɪŋ/ stikke; svi, smerte.
stingy /ˈstɪn(d)ʒɪ/ gjerrig.
stink /stɪŋk/ stank *m*; bråk *n*.
stink *verb* /stɪŋk/ stinke (**of** av).
stir /stɜː/ røre *n*; oppstuss *n*; bevegelse *m*.
stir *verb* /stɜː/ røre (på); bevege (seg); rote opp i; **~ up** hisse opp.
stirrup /ˈstɪrəp/ stigbøyle *m*.
stitch /stɪtʃ/ sting *n*; maske *m*.
stitch *verb* /stɪtʃ/ sy; hefte sammen.
stock /stɒk/ lager *n*; beholdning *m*; bestand *m*; besetning *m*; ætt *f*; kapital *m*; aksje *m*; suppekraft *m/f*.
stock *verb* /stɒk/ ha på lager; føre; **take ~** holde vareopptelling *m/f*; **~ up** fylle lageret.
Stock Exchange børs *m*.
stock market (fonds) børs *m*.
stockbroker /ˈstɒkˌbrəʊkə/ aksjemekler *m*.
stockholder /ˈstɒkˌhəʊldə/ aksjonær *m*.
stocking /ˈstɒkɪŋ/ strømpe *m/f*.
stockpile /stɒkpaɪl/ forråd *n*.

stocky /'stɒkɪ/ tettvokst.
stodgy /'stɒdʒɪ/ (om mat) tungt fordøyelig; kjedelig.
stoke /stəʊk/ fyre opp; **~r** fyrbøter *m*.
stole /stəʊl/ stola *m*.
stolid /'stɒlɪd/ tung; sløv; passiv.
stomach /'stʌmək/ mage(sekk) *m*.
stomach *verb* /'stʌmək/ finne seg i; **~-ache** mageknip *n*; vondt i magen.
stone /stəʊn/ stein *m*; (vekt) = 6,35 kg.
stone *verb* /stəʊn/ steine; **~d** (*hverdagslig*) sterkt påvirket (av alkohol *eller* narkotika).
stony /'stəʊnɪ/ steinhard; steinete.
stool /stu:l/ krakk *m*; taburett *m*; **~s** avføring *m/f*.
stoop /stu:p/ bøye seg fremover; lute.
stop /stɒp/ stans *m*; avbrytelse *m*; stoppested *n*; (*mus*) klaff *m*; (*mus*) register *n*.
stop *verb* /stɒp/ stanse; stoppe; hindre; fylle; sperre; innstille (sine betalinger); slå seg til ro.
stopgap /'stɒpgæp/ midlertidig; nødhjelp *m/f*.
stoppage /'stɒpɪdʒ/ stans *m*; streik *m*; tilstopping *m/f*; **~ time** (*sport*) tilleggstid *m*.
stopper /'stɒpə/ propp *m*; kork *m*.
stopwatch /'stɒpwɒtʃ/ stoppeklokke *m/f*.
storage /'stɔ:rɪdʒ/ lagring *m/f*; lagerrom *n*.
store /stɔ:/ forråd *n*; lager *n*; (*amr*) butikk *m*.
store *verb* /stɔ:/ lagre; oppbevare.
storehouse lagerbygning *m*, magasin *n*.
storey /'stɔ:rɪ/ *eller* **story** etasje *m*.
stork /stɔ:k/ stork *m*.
storm /stɔ:m/ storm *m*; uvær *n*.
storm *verb* /stɔ:m/ storme; **~y** stormfull.
story /'stɔ:rɪ/ historie *m*; fortelling *m/f*.
stout /staʊt/ kraftig; traust; tapper; kjekk; korpulent; sterkt øl.
stove /stəʊv/ ovn *m*; komfyr *m*.
stow *verb* /stəʊ/ stue; pakke ned; **~away** blindpassasjer *m*.
straddle /'strædl/ skreve; sitte over skrevs.
straggler /'stræglə/ etternøler *m*.

straight /streɪt/ rett; strak; like; grei; heteroseksuell; **~forward** likefrem; redelig.
straighten /'streɪtn/ rette (på); **~ out** rette ut; ordne opp i.
strain /streɪn/ belastning *m/f*; påkjenning *m/f*; sort *m*; (*medisin*) forstrekkelse *m*, forstuing *m/f*.
strain *verb* /streɪn/ anspenne; anstrenge (seg); forstrekke; forstue; sile; **~ed** tvungen, anstrengt.
strainer /'streɪnə/ sil *m*.
strait /streɪt/ sund *n*, strede *n*; **in dire ~s** i en kritisk situasjon *m*.
strait-jacket tvangstrøye *m/f*.
strand /strænd/ tau(streng) *n* *(m)*; hårlokk *m*.
strand *verb* /strænd/ strande.
strange /streɪn(d)ʒ/ fremmed; merkelig; **~r** fremmed *m*.
strangle /'strængl/ kvele; **~hold** kvelertak *n*.
strap /stræp/ stropp *m*; rem *m/f*.
strap *verb* /stræp/ spenne fast.
straw /strɔː/ strå *n*; halm *m*.
strawberry /'strɔːb(ə)rɪ/ jordbær *n*.
stray /streɪ/ bortkommen; tilfeldig.
stray *verb* /streɪ/ streife omkring; skeie ut.
streak /striːk/ strek *m*; stripe *m/f*; trekk *n*; snev *m*.
streaking /'striːkɪŋ/ springe naken på offentlig sted.
stream /striːm/ strøm *m*; elv *m/f*; bekk *m*.
stream *verb* /striːm/ strømme; myldre.
streamer /'striːmə/ vimpel *m*; strimmel *m*.
street /striːt/ gate *m/f*; **~car** (*amr*) trikk *m*.
strength /streŋθ/ styrke *m*; **~en** (be)styrke; bli sterkere.
strenuous /'strenjʊəs/ iherdig; energisk; anstrengende.
stress /stres/ (etter)trykk *n*; spenning *m/f*; betoning *m/f*; stress *n*.
stress *verb* /stres/ betone; understreke; stresse.
stretch /stretʃ/ strekning *m*; tidsrom *n*.
stretch *verb* /stretʃ/ strekke (seg); tøye.
stretcher /'stretʃə/ (syke) båre *m*.
strew /struː/ (be)strø; spre.
strict /strɪkt/ streng; nøye;

~ly speaking strengt tatt.
stride /straɪd/ langt skritt *n*.
stride *verb* /straɪd/ skride; gå med lange skritt.
strident /ˈstraɪd(ə)nt/ skingrende; grell.
strife /straɪf/ strid *m*.
strike /straɪk/ streik *m*; (*mil.*) angrep *n*.
strike *verb* /straɪk/ slå; treffe; støte på; slå (om klokke *m)*; gjøre inntrykk; avslutte (handel); ta fyr, tenne på (fyrstikk); slå ned (lyn); streike; **~r** (*fotball*) angrepsspiller *m*.
striking /ˈstraɪkɪŋ/ påfallende; slående; treffende.
string /strɪŋ/ snor *m/f*; hyssing *m*; streng *m*; kjede *m*, rekke *m*.
stringent /ˈstrɪn(d)ʒ(ə)nt/ streng; stringent.
strings /strɪŋz/ (*mus*) strykere *m*.
stringy /ˈstrɪŋɪ/ trevlete.
strip /strɪp/ strimmel *m*.
strip *verb* /strɪp/ trekke av; kle av (seg), strippe; (*tekn*) ta fra hverandre; frata; **comic ~** tegneserie *m*.
stripe /straɪp/ stripe *f*.
stripe *verb* /straɪp/ lage stripe i.
strive /straɪv/ streve; kjempe.
stroke /strəʊk/ (svømme)tak *n*; klapp *n*; trekk *n*; støt *n*; (pensel)strøk *n*; (*medisin*) hjerneslag *n*; **~ of luck** lykketreff *n*.
stroll /strəʊl/ spasertur *m*.
stroll *verb* /strəʊl/ spasere.
stroller /ˈstrəʊlə/ (*amr*) sportsvogn *m/f*.
strong /strɒŋ/ sterk; kraftig; **~hold** (høy)borg *m*.
structural /ˈstrʌktʃ(ə)r(ə)l/ struktur-; bygningsmessig.
structure /ˈstrʌktʃə/ struktur *m*; oppbygning *m*; byggverk *n*.
struggle /ˈstrʌgl/ kamp *m*; strev *n*.
struggle *verb* /ˈstrʌgl/ kjempe; stri.
strum *verb* /strʌm/ klimpre.
strut /strʌt/ spankulere; støtte.
stub /stʌb/ stump *m*; talong *m*; **~ble** skjeggstubb *m*.
stubborn /ˈstʌbən/ stri; sta.
stuck /stʌk/ **be ~** sitte fast; **~-up** hoven, hovmodig.
stud /stʌd/ stift *m*; pigg *m*; knott *m*; stutteri *n*; (*hverdagslig*) sexy og viril mann *m*; **~ded tyre** piggdekk *n*.

student /ˈstjuːd(ə)nt/ student *m*.
studied /ˈstʌdɪd/ overlagt; utstudert.
studio /ˈstjuːdɪəʊ/ atelier *n*; studio *n*.
studious /ˈstjuːdjəs/ flittig; omhyggelig.
study /stʌdɪ/ studium *n*; analyse *m*; arbeidsværelse *n*.
study *verb* /stʌdɪ/ studere.
stuff /stʌf/ (rå)stoff *n*; ting *m*; emne *n*.
stuff *verb* /stʌf/ stoppe (ut); fylle; proppe; stappe; **~ed** fylt.
stuffing /ˈstʌfɪŋ/ farse *m*, fyll *m/n*; stopp *m*; polstring *m/f*.
stuffy /ˈstʌfɪ/ innestengt; trykkende; stiv; selvhøytidelig.
stumble /ˈstʌmbl/ snuble; begå et feiltrinn.
stump /stʌmp/ stump *m*; stubbe *m*.
stun /stʌn/ svimeslå; overvelde; **~-gun** elektrosjokkvåpen *n*; **~ning** fantastisk; overveldende.
stunt /stʌnt/ kunststykke *n*; vågestykke *n*; knep *n*.
stunt *verb* /stʌnt/ hemme; **~ed** forkrøplet; avstumpet.
stupefaction /ˌstjuːpɪˈfækʃ(ə)n/ forbløffelse *m*.
stupefy /ˈstjuːpɪfaɪ/ forbløffe; bedøve.
stupendous /stjʊˈpendəs/ veldig; overveldende.
stupid /ˈstjuːpɪd/ dum; tåpelig; **~ity** dumhet *m*.
stupor /ˈstjuːpə/ sløvhetstilstand *m*; apati *m*.
sturdy /ˈstɜːdɪ/ robust; kraftig; traust.
stutter /ˈstʌtə/ stamme.
sty /staɪ/ svinesti *m*, (*medisin*) sti *m* (på øyet) .
style /staɪl/ stil *m*; type *m*; design *n*.
style *verb* /staɪl/ titulere; benevne.
stylish /ˈstaɪlɪʃ/ stilig; flott.
suave /swɑːv/ beleven; urban.
sub /sʌb/ under-.
subconscious /ˌsʌbˈkɒnʃəs/ underbevisst.
subdivide /ˌsʌbdɪˈvaɪd/ underinndele.
subdivision /ˈsʌbdɪˌvɪʒ(ə)n/ underavdeling *m/f*; (*amr*) område med utskilte tomter.
subdue /səbˈdjuː/ undertrykke; dempe; **~d** dempet; stillferdig.

subject /'sʌbdʒekt/ statsborger *m*; gjenstand *m*; emne *n*; sak *m/f*; (studie) fag *n*; ~ **to** med forbehold om; utsatt for; underlagt.
subject *verb* /səb'dʒekt/ ~ **to** utsette for.
subjugate /'sʌbdʒʊgeɪt/ kue; underlegge seg.
sublet /ˌsʌb'let/ fremleie *m/f*.
sublime /sə'blaɪm/ opphøyet, sublim.
submarine /ˌsʌbmə'riːn/ undersjøisk; undervanns(båt *m*).
submerge /səb'mɜːdʒ/ dukke (ned); senke under vann.
submissive /səb'mɪsɪv/ underdanig; spak.
submit /səb'mɪt/ fremlegge; sende inn; underkaste (seg).
subordinate /sə'bɔːdənət/ underordnet; ~ **clause** bisetning *m*, leddsetning *m*.
subordinate *verb* /sə'bɔːdəneɪt/ underordne.
subscribe /səb'skraɪb/ subskribere; abonnere (**to** på); tegne (et bidrag); ~**r** abonnent *m*; bidragsyter *m*.
subscription /səb'skrɪpʃ(ə)n/ abonnement *n*; tegning *m/f* av bidrag.
subsequent /'sʌbsɪkwənt/ påfølgende; ~**ly** siden; etterpå.
subservient /səb'sɜːvjənt/ underdanig; servil.
subside /səb'saɪd/ synke; avta.
subsidiary /səb'sɪdjərɪ/ hjelpe-; side-; ~ **company** datterselskap *n*.
subsidies /'sʌbsɪdɪz/ subsidier *flertall*.
subsidize /'sʌbsɪdaɪz/ subsidiere.
subsidy /'sʌbsɪdɪ/ statsstøtte *m/f*.
subsistence /səb'sɪst(ə)ns/ eksistensminimum *n*.
substance /'sʌbst(ə)ns/ substans *m*; stoff *n*; kjerne *m*.
substantial /səb'stænʃ(ə)l/ betydelig; solid.
substitute /'sʌbstɪtjuːt/ stedfortreder *m*; vikar *m*; erstatning *m*.
substitute *verb* /'sʌbstɪtjuːt/ sette istedenfor; vikariere.
subtenant /ˌsʌb'tenənt/ en som bor på fremleie.
subtitle /'sʌbˌtaɪtl/ undertittel *m*; undertekst *m/f* på film.
subtle /'sʌtl/ fin; subtil; skarp(sindig); ~**ty**

finesse *m*; subtilitet *m*; spissfindighet *m*.
subtotal /ˈsʌbˌtəʊtəl/ delsum *m*.
subtract /səbˈtrækt/ trekke fra.
suburb /ˈsʌbɜːb/ forstad *m*; **~an** forstads-; **~ia** forstedene (kollektivt).
subversive /səbˈvɜːsɪv/ (samfunns)nedbrytende; undergravende.
subway /ˈsʌbweɪ/ (*britisk*) fotgjengerundergang *m*; (*amr*) T-bane *m*, undergrunnsbane *m*.
succeed /səkˈsiːd/ lykkes; etterfølge; **~ to** arve (særlig om kongelige).
success /s(ə)kˈses/ fremgang *m*; suksess *m*; **~ful** vellykket; fremgangsrik.
succession /s(ə)kˈseʃ(ə)n/ arvefølge *n*; rekke(følge) *m/f (m)*.
successive /s(ə)kˈsesɪv/ som følger etter hverandre; på rad.
successor /səkˈsesə/ etterfølger *m*.
succinct /səkˈsɪŋ(k)t/ kort; fyndig, konsis.
succulent /ˈsʌkjʊlənt/ saftig.
succumb /səˈkʌm/ bukke under; ligge under (**to** for).
such /sʌtʃ/ sånn; slik; **~ and ~** den og den; en viss.
suck /sʌk/ suge; die; (*slang*) være bånn i bøtta; **~er** en som suger; (*amr*), (*hverdagslig*) lettlurt person, grønnskolling *m*; **~le** die; gi bryst.
suction /ˈsʌkʃ(ə)n/ suging *m/f*.
sudden /ˈsʌdn/ plutselig; brå; **all of a ~** med ett.
suddenly /ˈsʌdnlɪ/ plutselig, med ett.
suds /sʌdz/ såpeskum *n*.
sue /suː/ saksøke; anklage.
suffer /ˈsʌfə/ lide (**from** av); tåle; tillate; **~ing** lidelse *m*; lidende.
suffice /səˈfaɪs/ strekke til; være nok.
sufficient /səˈfɪʃ(ə)nt/ nok, tilstrekkelig.
suffocate /ˈsʌfəkeɪt/ kvele(s).
suffrage /ˈsʌfrɪdʒ/ stemmerett *m*; **universal ~** alminnelig stemmerett *m*.
sugar /ˈʃʊgə/ sukker *n*.
sugar *verb* /ˈʃʊgə/ sukre; forskjønne.
suggest /səˈdʒest/ foreslå; antyde; **~ion** antydning *m*;

forslag *n*; suggesjon *m*; **~ive** tankevekkende; suggestiv.
suicidal /suːɪ'saɪdəl/ selvmords-.
suicide /'suːɪsaɪd/ selvmord *n*; **commit ~** begå selvmord.
suit /suːt/ drakt *m/f*; dress *m*; (*kortspill*) farge *m*; søksmål *n*; rettssak *m*; begjæring *m/f*.
suit *verb* /suːt/ passe; kle; tilfredsstille; **~able** passende.
suitcase /'suːtkeɪs/ koffert *m*.
suite /swiːt/ suite *m*; sett *n*.
suited /'suːtɪd/ (vel)egnet.
suitor /'suːtə/ frier *m*; (*jur*) saksøker *m*.
sulk /sʌlk/ furte, surmule.
sulky /'sʌlkɪ/ furten.
sullen /'sʌlən/ mutt; tverr.
sulphur /'sʌlfə/ svovel *m/n*.
sultry /'sʌltrɪ/ lummer; trykkende; sensuell.
sum /sʌm/ (penge)sum *m*; **~ up** oppsummere.
summarize /'sʌməraɪz/ sammenfatte; resymere.
summary /'sʌmərɪ/ kortfattet; resymé *n*; referat *n*.
summer /'sʌmə/ sommer *m*; **in ~** om sommeren.
summit /'sʌmɪt/ topp *m*; høydepunkt *n*; toppmøte *n*.
summon /'sʌmən/ stevne; innkalle; **~s** stevning *m*.
sumptuous /'sʌm(p)tʃʊəs/ overdådig; praktfull.
sun /sʌn/ sol *m/f*; **~bathe** sole seg; **~beam** solstråle *m*.
sunburnt /'sʌnbɜːnt/ solbrent.
Sunday /'sʌndeɪ, spesielt foranstilt: 'sʌndɪ/ søndag *m*.
sundial /'sʌndaɪ(ə)l/ solur *n*.
sundown /'sʌndaʊn/ solnedgang *m*.
sundries /'sʌndrɪz/ diverse småting.
sundry /'sʌndrɪ/ diverse.
sunglasses /'sʌnˌglɑːsɪz/ solbriller *m*.
sun helmet tropehjelm *m*.
sunrash /'sʌnræʃ/ soleksem *m*.
sunrise /'sʌnraɪz/ soloppgang *m*.
sunset /'sʌnset/ solnedgang *m*.
sunshine /'sʌnʃaɪn/ solskinn *n*.
sunstroke /'sʌnstrəʊk/ solstikk *n*.
suntan /'sʌntæn/ brunfarge (av solen).

super /'suːpə/ flott, storartet.
superb /suː'pɜːb/ prektig; storartet.
supercilious /ˌsuːpə'sɪlɪəs/ overlegen, hoven.
superficial /ˌsuːpə'fɪʃ(ə)l/ overfladisk.
superfluous /suː'pɜːflʊəs/ overflødig.
superintend /ˌsuːp(ə)rɪn'tend/ lede; overvåke; **~ent** inspektør *m*; leder *m*.
superior /sʊ'pɪərɪə/ over-; høyere; overlegen; utmerket; overordnet; foresatt; **~ity** overlegenhet *m*.
superlative /sʊ'pɜːlətɪv/ fremragende; av høyeste grad; superlativ *m*.
superman /'suːpəmæn/ overmenneske *n*.
supernatural /ˌsuːpə'nætʃ(ə)r(ə)l/ overnaturlig.
supersede /ˌsuːpə'siːd/ fortrenge; erstatte.
supersonic /ˌsuːpə'sɒnɪk/ overlyds-.
superstition /ˌsuːpə'stɪʃ(ə)n/ overtro *m*.
superstitious /ˌsuːpə'stɪʃəs/ overtroisk.
supervise /'suːpəvaɪz/ føre oppsyn med.
supervision /ˌsuːpə'vɪʒ(ə)n/ tilsyn *n*; kontroll *m*.
supervisor /'suːpəvaɪzə/ inspektør *m*.
supper /'sʌpə/ kveldsmat *m*; middag *m*.
supple /sʌpl/ myk; smidig.
supplement /'sʌplɪmənt/ tillegg *n*; tilskudd *n*; (avis) bilag *n*; supplement *n*.
supplement *verb* /'sʌplɪmənt/ supplere; **~ary** supplerende; tilleggs-.
supplier /sə'plaɪə/ leverandør *m*.
supply /sə'plaɪ/ tilførsel *m*; levering *m/f*; forsyning *m/f*; forråd *n*; tilbud *n*.
supply *verb* /sə'plaɪ/ skaffe; levere; forsyne.
support /sə'pɔːt/ støtte *m/f*; understøttelse *m*.
support *verb* /sə'pɔːt/ støtte; holde oppe; forsørge; **~er** tilhenger *m*; en som støtter noe(n); **~ive** støttende.
suppose /sə'pəʊz/ anta; formode.
supposition /ˌsʌpə'zɪʃən/ antakelse *m*.
suppository /sə'pɒzɪt(ə)rɪ/ stikkpille *m/f* .
suppress /sə'pres/ undertrykke; forby; **~ion** undertrykkelse *m*.

supremacy /suː'preməsɪ/ overhøyhet *m*; overlegenhet *m*.
supreme /suː'priːm/ høyest; øverst.
sure /ʃʊə/ sikker; trygg; viss; tilforlatelig; **make ~ (that)** forvisse seg om (at); **~ly** sikkert; utvilsomt.
surf /sɜːf/ brenning *m/f*; (*edb*) surfing *m/f*.
surf *verb* /sɜːf/ surfe.
surface /'sɜːfɪs/ (over)flate *m/f*; (vei)dekke *n*.
surface *verb* /'sɜːfɪs/ komme til overflaten; dukke opp; legge dekke på; **~ mail** vanlig post (ikke luftpost).
surfboard /'sɜːfbɔːd/ surfebrett *n*.
surge /sɜːdʒ/ brottsjø *m*; stor bølge *m/f*.
surge *verb* /sɜːdʒ/ bruse; strømme.
surgeon /'sɜːdʒ(ə)n/ kirurg *m*.
surgery /'sɜːdʒ(ə)rɪ/ kirurgi *m*; (*britisk*) legekontor *n*.
surmise /'sɜːmaɪz/ antakelse *m*.
surmise *verb* /sɜː'maɪz/ anta.
surmount /sə'maʊnt/ overvinne; komme over.
surname /'sɜːneɪm/ etternavn *n*.
surpass /sə'pɑːs/ overtreffe; overgå.
surplus /'sɜːpləs/ overskudd *n*.
surprise /sə'praɪz/ overraskelse *m*.
surprise *verb* /sə'praɪz/ overraske.
surprisingly /sə'praɪzɪŋlɪ/ overraskende nok.
surrender /sə'rendə/ overgivelse *m*; utlevering *m/f*.
surrender *verb* /sə'rendə/ overgi (seg); oppgi.
surround /sə'raʊnd/ omgi; omringe; **~ings** omgivelser *m*.
surveillance /sɜː'veɪlən(t)s/ overvåking *m/f*.
survey /'sɜːveɪ/ overblikk *n*; undersøkelse *m*.
survey *verb* /'sɜːveɪ/ se over; besiktige; måle opp; **~or** takstmann *m*; inspektør *m*; landmåler *m*.
survival /sə'vaɪv(ə)l/ det å overleve; (fortids)levning *m*.
survive /sə'vaɪv/ overleve.
survivor /sə'vaɪvə(r)/ overlevende *m*.
susceptible /sə'septəbl/ mottakelig; lettpåvirkelig.

suspect /'sʌspekt/ mistenkelig; mistenkt *m*.
suspect /sʌs'pekt/ mistenke; ane .
suspend /sə'spend/ henge (opp); utsette; stanse; suspendere; **~ed sentence** betinget dom.
suspenders /sə'spendəs/ strømpeholder *m*.
suspense /sə'spens/ uvisshet *m*; spenning *m/f*.
suspension /sə'spenʃ(ə)n/ (på bil) oppheng *n*, fjæring *m/f*; utsettelse *m*; stans *m/f*; suspensjon *m*; **~ bridge** hengebro *m*.
suspicion /sə'spɪʃ(ə)n/ mistanke *m*.
suspicious /sə'spɪʃəs/ mistenksom; mistenkelig.
sustain /sə'steɪn/ støtte; tåle; lide (tap); **~able** bærekraftig; **~ed** langvarig; vedvarende.
sustenance /'sʌstənəns/ næring *m/f*; livsopphold *n*.
swagger /'swægə/ skryte; spankulere, sprade.
swallow /'swɒləʊ/ svale *m/f*; slurk *m*.
swallow *verb* /'swɒləʊ/ svelge.
swamp /swɒmp/ myr *f*; sump *m*; **~ed** overlesset, druknet; **~y** myrlendt.
swan /swɒn/ svane *m*.
swap /swɒp/ bytte; utveksle.
swarm /swɔːm/ sverm *m*.
swarm *verb* /swɔːm/ sverme; yre; kry.
sway /sweɪ/ svaiing *m/f*; gynging *m/f*; makt *m/f*, innflytelse *m* (**over** over).
sway *verb* /sweɪ/ svaie; påvirke; **hold ~** kontrollere.
swear /sweə/ sverge; banne; **~ word** banneord *n*.
sweat /swet/ svette *m*; (*amr*) **no ~!** ikke noe problem!
sweat *verb* /swet/ svette; **~er** (ull)genser *m*.
sweep /swiːp/ feie; sope; **make a clean ~** gjøre rent bord; **(chimney) ~** (skorsteins)feier *m*; **~er** gatefeier *m*; feiemaskin *m*; **~ing** feiende; omfattende; (over)forenklet.
sweepstakes /'swiːpsteɪks/ hesteveddeløp *n*; totalisatorspill *n*.
sweet /swiːt/ søt; yndig; blid; dessert *m*; **~s** sukkertøy *n*; godteri *n*; **~corn** mais *m*.
sweeten /'swiːtn/ sukre, gjøre søt; blidgjøre; **~er** søtningsmiddel *n*.
sweetheart /'swiːthɑːt/ kjæreste *m*.

sweet potato søtpotet *m/f*.
swell /swel/ flott; elegant; svulming *m/f*; dønning *m*.
swell *verb* /swel/ hovne opp; svulme; stige; vokse; **~ing** svulmende; hevelse *m*.
swelter /ˈsweltə/ gispe av varme.
swerve /swɜːv/ dreie av; svinge (brått) til siden.
swift /swɪft/ hurtig; rask; (*zool*) tårnsvale *m/f*.
swim /swɪm/ svømmetur *m*.
swim *verb* /swɪm/ svømme; **~ming pool** svømmebasseng *n*; **~wear** badetøy *n*.
swindle /ˈswɪndl/ svindel *m*.
swindle *verb* /ˈswɪndl/ svindle; bedra; **~r** svindler *m*; bedrager *m*.
swine /swaɪn/ svin *n*.
swing /swɪŋ/ sving(ing) *m (m/f)*; huske *m/f*; rytme *m*; swing *m* (dans).
swing *verb* /swɪŋ/ svinge; huske; dingle.
swirl /swɜːl/ virvel *m*.
swirl *verb* /swɜːl/ virvle.
switch /swɪtʃ/ (*elektr*) (strøm)bryter *m*; skifte *n*; pens *m*.
switch *verb* /swɪtʃ/ skifte; bytte; slå; **~ off/on** slå av/på.
switchboard /ˈswɪtʃbɔːd/ strømtavle *m/f*; (*tlf*) sentralbord *n*.
swollen /ˈswəʊl(ə)n/ (*medisin*) hoven.
swoon /swuːn/ besvimelse *m*.
swoon *verb* /swuːn/ besvime; (*hverdagslig*) komme i ekstase.
swoop /swuːp/ stup *n*; nedslag *n*; razzia *m*; **~ down on** slå ned på; **at/in one fell ~** med ett slag.
sword /sɔːd/ sverd *n*; kårde *m*; sabel *m*.
syllable /ˈsɪləbl/ stavelse *m*.
syllabus /ˈsɪləbəs/ pensum *n*; leseplan *m*.
symbol /ˈsɪmb(ə)l/ symbol *n*; **~ic** symbolsk.
sympathetic /ˌsɪmpəˈθetɪk/ sympatisk; deltakende, medfølende.
sympathize /ˈsɪmpəθaɪz/ sympatisere, ha medfølelse (**with** med).
sympathy /ˈsɪmpəθɪ/ sympati *m*.
symphony /ˈsɪmfənɪ/ symfoni *m*; **~ orchestra** symfoniorkester *n*.
synchronize /ˈsɪŋkrənaɪz/ synkronisere; samordne.
synopsis /sɪˈnɒpsɪs/ oversikt *m*; resymé *n*.

synthesis /'sɪnθəsɪs/ syntese *m*.
synthesize /'sɪnθəsaɪz/ (*tekn*) syntetisere; fremstille kunstig.
syphilis /'sɪfɪlɪs/ syfilis *m*.
syringe /'sɪrɪn(d)ʒ/ (*medisin*) sprøyte *m/f*.
syrup /'sɪrəp/ sukkerholdig (frukt)saft *m/f*; sirup *m*.
system /'sɪstəm/ system *n*; **~atic(ally)** systematisk; **~atize** systematisere.
systems analysis (*edb*) systemanalyse *m/f*.
systems analyst systemanalytiker *m*.

T

tab /tæb/ merkelapp *m*; klaff *m*; hempe *m/f*; (*amr*) regning *m/f*.
table /'teɪbl/ bord *n*; tabell *m*; **clear the ~** ta av bordet; **lay the ~** dekke på (bordet).
tablecloth /'teɪblklɒθ/ bordduk *m*.
tablespoon /'teɪblspuːn/ spiseskje *m/f*.
tacit /'tæsɪt/ stilltiende; taus; **~urn** fåmælt.
tack /tæk/ stift *m*; tråklesting *n*.
tack *verb* /tæk/ feste; hefte med stifter; tråkle; (*sjøfart*) baute.
tackle /'tækl/ redskap *n*, utstyr *n*; talje *m*.
tackle *verb* /'tækl/ ta seg av; takle.
tacky /'tækɪ/ smakløs, simpel; klebrig.
tact /tækt/ takt *m*; finfølelse *m*; **~ful** taktfull; **~ical** taktisk; **~ics** taktikk *m*; **~less** taktløs.
tadpole /'tædpəʊl/ rumpetroll *n*.
tag /tæg/ merkelapp *m*; vedheng *n*; sisten (lek); **play ~** leke sisten.
tag *verb* /tæg/ feste (**on** på); sette merkelapp på; **~ along with** følge i hælene på.
tail /teɪl/ hale *m*; bakende *m*; **~s** kjole og hvitt;

snippkjole *m*; mynt(side); **~-coat** kjole og hvitt.
tailor /'teɪlə/ skredder *m*.
tailor *verb* /'teɪlə/ sy; tilpasse; **~-made** skreddersydd.
taint /teɪnt/ plett *m*; flekk *m*.
take /teɪk/ ta; gripe; innta; fange; arrestere; ta med; anta; gjøre; utføre; fenge (om ild); **~ after** ta etter, ligne på; **~ off** ta av seg (klær); starte, gå opp (om fly); **~ on** påta seg; ansette; **~ place** finne sted; **~ to** like; ha sympati for; **~ up** ta opp; slå seg på.
takeover (*handel*) overtakelse *m* (ved aksjemajoritet); kupp *n*.
tale /teɪl/ fortelling *m/f*; oppspinn *n*; **tell ~s** sladre.
talented /'tæləntɪd/ talentfull; evnerik.
talk /tɔːk/ snakk *n*; samtale *m*; kåseri *n*; **~s** forhandlinger *m*.
talk *verb* /tɔːk/ snakke; **~ative** snakkesalig.
tall /tɔːl/ høy; stor; utrolig.
tallow /'tæləʊ/ talg *m/f*.
tally /'tælɪ/ regnskap *n*; poengsum *m*.
tally *verb* /'tælɪ/ føre regnskap; telle opp; stemme (**with** med).
tame /teɪm/ tam; kjedelig.
tame *verb* /teɪm/ temme.
tamper /'tæmpə/ **~ with** klusse med.
tan /tæn/ brunfarge *m*; garvebark *m*.
tan *verb* /tæn/ bli brun (av solen); garve.
tangerine /ˌtæn(d)ʒə'riːn/ mandarin *m*.
tangible /'tæn(d)ʒəbl/ håndgripelig.
tangle /'tæŋgl/ floke *m*; forvirring *m/f*.
tangle *verb* /'tæŋgl/ floke seg; krangle.
tank /tæŋk/ beholder *m*; tank *m*; **~ up** fylle bensin, tanke.
tankard /'tæŋkəd/ ølkrus *n*; seidel *m*.
tanker /'tæŋkə/ tankskip *n*.
tanner /'tænə/ garver *m*.
tannic /'tænɪk/ **~ acid** garvesyre *m/f*.
tantalize /'tæntəlaɪz/ friste; pine.
tantalizing /'tæntəlaɪzɪŋ/ fristende, forførerisk.
tap /tæp/ kran *m*; (tønne) tapp *m*; lett slag *n*.
tap *verb* /tæp/ banke lett; tappe; avlytte; **on ~** på fat; lett tilgjengelig.
tap-dance /'tæpdɑːns/ steppe.

tape /teɪp/ (lyd)bånd *n*; limbånd *n*; **~-measure** målebånd *n*; **~-recorder** båndopptaker *m*.
tape *verb* /teɪp/ feste med limbånd; ta opp på (lyd) bånd.
taper /'teɪpə/ (tynt voks) lys *n*.
taper *verb* /'teɪpə/ smalne av; minke, avta.
tapestry /'tæpəstrɪ/ billedvev *m*; billedteppe *n*.
tar /tɑː/ tjære *m/f*.
tar *verb* /tɑː/ tjærebre.
tardy /'tɑːdɪ/ sen; treg.
target /'tɑːgɪt/ skyteskive *m/f*, mål *n*.
target *verb* /'tɑːgɪt/ utpeke til mål.
tariff /'tærɪf/ tariff *m*; takst *m*; prisliste *m/f*.
tarmac /'tɑːmæk/ asfaltdekke *n*; rullebane *m*.
tarnish /'tɑːnɪʃ/ ta glansen av; anløpe(s).
tart /tɑːt/ besk; terte *m/f*; tøs *f*.
tartan /'tɑːt(ə)n/ tartan *m*, skotskrutet tøy *n*.
task /tɑːsk/ oppgave *m/f*; plikt *m/f*; verv *n*; lekse *m/f*; **~ force** arbeidsgruppe *m/f*.
tassel /'tæs(ə)l/ kvast *m*, dusk *m*.
taste /teɪst/ smak *m*.
taste *verb* /teɪst/ smake (på).
tasteful /'teɪstfəl/ smakfull.
tasteless /'teɪstləs/ smakløs.
tasty /'teɪstɪ/ som smaker godt; lekker.
tatter /'tætə/ fille *f*; **in ~s** i filler.
taunt /tɔːnt/ spydighet *m*; hån *m*.
taunt *verb* /tɔːnt/ håne.
Taurus /'tɔːrəs/ (*astrologi*) Tyren.
taut /tɔːt/ stram; anspent; (*sjøfart*) tott *m*.
tavern /'tæv(ə)n/ vertshus *n*.
tawdry /'tɔːdrɪ/ prangende; glorete.
tawny /'tɔːnɪ/ gyllen.
tax /tæks/ skatt *m*; avgift *m*.
tax *verb* /tæks/ beskatte; bebyrde; **~-deductible** fradragsberettiget; **~able** skattbar; **~ation** beskatning *m*; **~ return** selvangivelse *m*.
taxi /'tæksɪ/ drosje *m/f*.
TB /ˌtiː'biː/ *fork for* tuberculosis.
tea /tiː/ te *m*; **~ cosy** tevarmer *m*; **~pot** tekanne *m/f*; **~spoon** teskje *m/f*.
teach /tiːtʃ/ lære (fra seg); undervise; **~er** lærer *m*.
teaching /'tiːtʃɪŋ/ lære *m/f*, undervisning *m/f*.

team /tiːm/ lag *n*; gruppe *m/f*; spann *n*; kobbel *n*; ~ **spirit** lagånd *m*; ~ **up** slå seg sammen.
tear /tɪə/ tåre *m*; rift *m/f*, flenge *m*.
tear *verb* /teə/ rive (i stykker); få rift i; slite i.
tease /tiːz/ erte; plage; pirre.
technical /'teknɪk(ə)l/ teknisk.
technician /tek'nɪʃ(ə)n/ tekniker *m*.
technique /tek'niːk/ teknikk *m*.
technological /ˌteknə'lɒdʒɪk(ə)l/ teknologisk.
technology /tek'nɒlədʒɪ/ teknologi *m*.
tedious /'tiːdjəs/ trettende; langtekkelig; kjedelig.
tee /tiː/ (i golf) tee *m* (underlag for ballen ved første slag).
teem /tiːm/ ~ **with** vrimle av, myldre av.
teenager /'tiːnˌeɪdʒə/ tenåring *m*.
teens /tiːnz/ tenårene.
tee off /tiː/ (i golf) gjøre det første slaget; begynne.
teetotaller /tiː'təʊt(ə)lə/ avholdsmann *m*.
telegram /'telɪgræm/ telegram *n*.
telegraph /'telɪgrɑːf/ telegraf *m*.
telepathic /ˌtelɪ'pæθɪk/ telepatisk.
telephone /'telɪfəʊn/ telefon *m*.
telephone *verb* /'telɪfəʊn/ ringe; **push-button** ~ tastafon *m*; ~ **booth** telefonkiosk *m*; ~ **directory** telefonkatalog *m*.
telephoto /ˌtelɪ'fəʊtəʊ/ ~ **lens** telelinse *m/f*.
teleprinter /'telɪˌprɪntə/ fjernskriver *m*; teleks *m*.
telescope /'telɪskəʊp/ kikkert *m*; teleskop *n*.
teletext /'telɪtekst/ tekst-TV *m*.
televise /'telɪvaɪz/ sende (på fjernsyn).
television /'telɪˌvɪʒ(ə)n/ fjernsyn *n*; TV *m*.
telex /'teleks/ teleks *m*.
tell /tel/ fortelle; si (til); be; fastslå; skjelne.
telling-off /ˌtelɪŋ'ɒf/ skrape *m/f*, utskjelling *m/f*.
telltale /'telteɪl/ sladderhank *m*; avslørende.
temper /'tempə/ lynne *n*; humør *n*.
temper *verb* /'tempə/ herde; mildne; dempe; modifisere (ved tilsetning); blande (i

riktig forhold); **lose one's ~** miste beherskelsen; bli sint.
temperance /'temp(ə)r(ə)ns/ avholds-; måtehold *n*; edruelighet *m*.
temperature /'temp(ə)rətʃə/ temperatur *m*.
tempest /'tempɪst/ storm *m*.
temple /'templ/ tempel *n*; tinning *m*.
temporal /'temp(ə)r(ə)l/ tids-; timelig; verdslig.
temporary /'temp(ə)rərɪ/ midlertidig.
temporize /'tempəraɪz/ nøle, forsøke å vinne tid.
tempt /tempt/ friste; forlede; **~ation** fristelse *m*.
ten /ten/ ti; tier *m*.
tenacious /tə'neɪʃəs/ hårdnakket; seig; fast.
tenancy /'tenənsɪ/ leietid *m/f*.
tenant /'tenənt/ leieboer *m*.
tenant farmer forpakter *m*.
tend /tend/ pleie; **~ to** ha tendens til; tendere mot; **~ency** tendens *m*; retning *m/f*; **~entious** tendensiøs.
tender *verb* /'tendə/ tilby; **~ness** ømhet *m*.
tender /'tendə/ øm; følsom; mør (om kjøtt); tilbud *n*; anbud *n*.
tenderloin /'tend(ə)lɔɪn/ mørbrad *m*.
tendon /'tendən/ (*anatomi*) sene *m/f*; **~itis** senebetennelse *m*.
tenet /'tenɪt/ trossetning *m/f*, læresetning *m/f*.
tenfold /'tenfəʊld/ tidobbelt.
tennis /'tenɪs/ **~ court** tennisbane *m*.
tenor /'tenə/ (hoved)innhold *n*; (*mus*) tenor *m*; tone *m*.
tense /tens/ (an)spent; stram; (*gram*) tid *m/f*.
tensile /'tensaɪl, 'tensl/ strekkbar.
tension /'tenʃ(ə)n/ spenning *m/f*; anspenthet *m*.
tent /tent/ telt *n*.
tent *verb* /tent/ ligge i telt; teltduk *m*; **~-peg** teltplugg *m*; **~ pole** teltstang *m/f*.
tentative /'tentətɪv/ forsøksvis; famlende.
tenth /tenθ/ tiende(del) *(m)*.
tepid /'tepɪd/ lunken.
term /tɜːm/ termin *m*; (tids) grense *m/f*; periode *m*; semester *n*; uttrykk *n*; **~s** betingelser.
term *verb* /tɜːm/ benevne, kalle; **be on good/bad ~s with** stå på god/dårlig fot med; **come to ~s with** lære seg å leve med; **in ~s of** når det gjelder.

terminal /ˈtɜːmɪnəl/ ende-; slutt-; endestasjon *m*; terminal *m*.
terminate /ˈtɜːmɪneɪt/ avslutte.
termination /ˌtɜːmɪˈneɪʃən/ ende(lse) *m*; avslutning *m*; oppsigelse *m*.
terrace /ˈterəs/ terrasse *m*.
terrestrial /təˈrestrɪəl/ jordisk.
terrible /ˈterəbl/ skrekkelig; forferdelig.
terrific /təˈrɪfɪk/ fryktelig; fantastisk bra.
terrified /ˈterɪfaɪd/ vettskremt.
terrify /ˈterɪfaɪ/ skremme; forferde.
territory /ˈterɪt(ə)ri/ (land) område *n*; territorium *n*.
terror /ˈterə/ skrekk *m*; redsel *m*; **~ist** terrorist *m*; **~ize** terrorisere.
terse /tɜːs/ kort, konsis.
test /test/ prøve-; prøve *m/f*.
test *verb* /test/ prøve, sette på prøve.
testicle /ˈtestɪkl/ testikkel *m*.
testify /ˈtestɪfaɪ/ (be)vitne.
testimonial /ˌtestɪˈməʊnɪəl/ vitnemål *n*; attest *m*.
testimony /ˈtestɪmənɪ/ vitnemål *n*; vitneutsagn *n*.
testy /ˈtestɪ/ gretten; amper.
tetanus /ˈtetənəs/ stivkrampe *m/f*.
tether /ˈteðə/ tjor *n*.
tether *verb* /ˈteðə/ tjore; **be at the end of one's ~** ikke orke mer.
text /tekst/ tekst *m*; skriftsted *n*; **~book** lærebok *m/f*.
textile /ˈtekstaɪl/ tekstil-; vevd (stoff *n*).
texture /ˈtekstʃə/ vev *m*; konsistens *m*; tekstur *m*; (*overført*) struktur *m*.
than /ðæn/ enn.
thank /θæŋk/ takke; **~s** takk; **no, ~ you!** nei takk! **~ you very much!** mange takk! **~ful** takknemlig; **~s to** takket være.
Thanksgiving, ~ Day (*amr*) høsttakkefest *m* (fjerde torsdag i november).
that /ðæt/ den, det; den (*eller* det) der; som; så at, for at.
thatch /θætʃ/ halmtak *n*; takhalm *m*.
thatch *verb* /θætʃ/ tekke.
thaw /θɔː/ tøvær *n*, opptining *m/f*.
thaw *verb* /θɔː/ smelte, tine.
the /ðə/ den, det, de; **the - the** jo - desto.
theatre /ˈθɪətə/ teater *n*; auditorium *n*; (operasjons) sal *m*; krigsskueplass *m*.

theatrical /θɪ'ætrɪk(ə)l/ teater-; teatralsk.
theft /θeft/ tyveri *n*.
their /ðeə/ deres; sin(e), sitt; **~s** deres; sin(e).
them /ðem/ dem; (etter *prep*) seg; **~selves** seg (selv).
theme /θiːm/ tema *n*; emne; **~ park** fornøyelsespark *m*.
then /ðen/ da; den gang; deretter; så; derfor; daværende.
theologian /θɪə'ləʊdʒjən/ teolog *m*.
theology /θɪ'ɒlədʒɪ/ teologi *m*.
theoretical /ˌθɪə'retɪk(ə)l/ teoretisk.
theory /'θɪərɪ/ teori *m*.
there /ðeə/ der, dit; **~ is, ~ are** det er, det finnes; **~ you are!** der kan du se! vær så god! **~about(s)** deromkring; **~after** deretter; **~by** derved; **~fore** derfor; følgelig.
thermal /'θɜːm(ə)l/ varme-.
thermometer /θə'mɒmɪtə/ termometer *n*.
thermos flask termos *m*.
these /ðiːz/ (*flertall* av **this**) disse.
thesis /'θiːsɪs/ tese *m*; avhandling *m/f*.
they /ðeɪ/ de; folk; man.
thick /θɪk/ tykk; tett; uklar; grumset; (*hverdagslig*) dum; **~en** gjøre tykkere; bli tykkere.
thicket /'θɪkɪt/ kratt *n*; kjerr *n*.
thickness /'θɪknəs/ tykkelse *m*.
thief /θiːf/ *flertall* **thieves** tyv *m*.
thieve /θiːv/ stjele.
thigh /θaɪ/ lår *n*; **~ bone** lårben *n* .
thimble /'θɪmbl/ fingerbøl *n*.
thin /θɪn/ tynn; mager.
thin *verb* /θɪn/ tynne(s) ut; fortynne.
thing /θɪŋ/ ting *n*; sak *m*; vesen *n*.
think /θɪŋk/ tenke; mene; tro; synes; **~ing** tenkende; tenkning *m*; ideer *m*.
thinner /'θɪnə/ tynner *m*.
third /θɜːd/ tredje(del) *m*; **~ly** for det tredje.
thirst /θɜːst/ tørst *m*; **~ after** *eller* **for** tørste etter; **~y** tørst.
thirteen /θɜː'tiːn/ tretten.
thirteenth /ˌθɜː'tiːnθ/ trettende.
thirtieth /'θɜːtɪɪθ/ trettiende.
thirty /'θɜːtɪ/ tretti.
this /ðɪs/ *flertall* **these** denne, dette, disse; **~**

morning i morges, i formiddag.
thistle /'θɪsl/ tistel *m*.
thorn /θɔːn/ torn *m*; **~y** tornete.
thorough /'θʌrə/ grundig; inngående; fullstendig.
thoroughfare /'θʌrəfeə/ gjennomfartsvei *m*; hovedgate *m/f*.
those /ðəʊz/ de (der); dem (*flertall* av **that**).
though /ðəʊ/ skjønt; enda; likevel; **as ~** som om; **even ~** selv om.
thought /θɔːt/ tanke *m*; idé *m*; tankegang *m*; tenkning *m*; **~ful** tankefull; omtenksom; **~less** tankeløs; ubekymret.
thousand /'θaʊz(ə)nd/ tusen; **~th** tusende.
thrash /θræʃ/ jule opp, denge.
thread /θred/ tråd *m*; garn *n*; (skrue)gjenge *m*.
thread *verb* /θred/ træ i en nål; træ på; **~bare** loslitt.
threat /θret/ trussel *m* (**to** mot); **~en** true.
three /θriː/ tre; **~fold** tredobbel; **~-ply** tretrådet.
thresh /θreʃ/ treske (korn); **~ing machine** treskemaskin *m*.
threshold /'θreʃ(h)əʊld/ (dør)terskel *m*.
thrice /θraɪs/ tre ganger.
thrift /θrɪft/ sparsommelighet *m*; **~y** sparsommelig.
thrill /θrɪl/ sitring *m/f*; skjelving *m*; velbehagelig gys *n*; spenning *m*.
thrill *verb* /θrɪl/ sitre; grøsse; (*om film etc.*) begeistre; **~er** grøsser; **~ing** spennende.
thrive /θraɪv/ trives; blomstre.
throat /θrəʊt/ svelg *n*; strupe *m*; hals *m*; **have a sore ~** ha vondt i halsen.
throb /θrɒb/ banking *m/f*; slag *n*.
throb *verb* /θrɒb/ banke, slå, pulsere; dunke.
throne /θrəʊn/ trone *m*.
throng /θrɒŋ/ trengsel *m*; mengde *m*; skare *m*.
throng *verb* /θrɒŋ/ stimle sammen.
through /θruː/ (i)gjennom; på grunn av; ferdig; gjennomgangs-; **right ~** tvers igjennom; **~out** over hele; gjennom hele.
throw /θrəʊ/ kast *n*.
throw *verb* /θrəʊ/ kaste; **~ away** kaste bort; sløse (med); kvitte seg med; **~ out** kaste ut; avvise; **~ up** kaste opp.

thrush /θrʌʃ/ trost *m.*
thrust /θrʌst/ støt *n*; skubb *n*; fremstøt *n*; hovedtanke *m*; reaksjonskraft *m.*
thrust *verb* /θrʌst/ støte; stikke; skubbe.
thud /θʌd/ dunk *n*; dunke.
thumb /θʌm/ tommelfinger *m.*
thumb *verb* /θʌm/ fingre med; bla i.
thunder /ˈθʌndə/ torden *m.*
thunder *verb* /ˈθʌndə/ tordne; **~bolt** lynglimt *n* (med torden); **~storm** tordenvær *n.*
Thursday /ˈθɜːzdeɪ/ torsdag *m.*
thus /ðʌs/ så(ledes); derfor.
thwart /θwɔːt/ tofte *m/f.*
thwart *verb* /θwɔːt/ forpurre; motarbeide; hindre.
thyme /taɪm/ timian *m.*
thyroid /ˈθaɪrɔɪd/ skjoldbrusk-; **~ gland** skjoldbruskkjertel *m.*
tick /tɪk/ tikking *m/f*; flått *m.*
tick *verb* /tɪk/ tikke; krysse av; fungere; **~ off** skjenne på.
ticket /ˈtɪkɪt/ billett *m*; adgangstegn *n*; (lodd) seddel *m*; **~-collector** billettkontrollør *m*; **return ~** tur/retur-billett *m.*
tickle /ˈtɪkl/ kile.
ticklish /ˈtɪklɪʃ/ kilen; ømtålig.
tidal /ˈtaɪdl/ tidevanns-.
tide /taɪd/ tidevann *n*; strøm *m*; retning *m*; **low ~** lavvann; fjære *f*; **high ~** høyvann; flo *m.*
tidings /ˈtaɪdɪŋz/ nyheter *m.*
tidy /ˈtaɪdɪ/ ryddig; nett; pen; **~ up** rydde opp.
tie /taɪ/ bånd *n*; slips *n.*
tie *verb* /taɪ/ binde; knytte; forbinde.
tier /tɪə/ rekke *m/f*; rad *m.*
tiger /ˈtaɪgə/ tiger *m.*
tight /taɪt/ tett; fast; stram; trang; (av drikke) pussa; **~s** strømpebukse *m*; **~en** stramme(s); **~rope** stram line *m/f.*
tigress /ˈtaɪgrəs/ hunntiger *m.*
tile /taɪl/ tegl(stein) *n (m)*; takstein *m*; (gulv)flis *m/f.*
tile *verb* /taɪl/ flislegge; legge takstein på.
till /tɪl/ (inn)til; kasseapparat *n*; **not ~** ikke før; først.
till *verb* dyrke.
tiller /ˈtɪlə/ (*sjøfart*) rorkult *m.*
tilt /tɪlt/ helling *m/f.*
tilt *verb* /tɪlt/ vippe; helle.
timber /ˈtɪmbə/ tømmer *n.*

time /taɪm/ tid *m/f*; klokkeslett *n*; (*mus*) takt *m/f*.
time *verb* /taɪm/ avpasse; ta tiden; beregne; gange; **~ after ~** gang på gang; **at ~s** av og til; **in ~** i tide; tidsnok; **what ~ is it?** hva er klokka? **~ly** i rett tid.
timetable /ˈtaɪmˌteɪbl/ timeplan *m*; rutetabell *m*; tidsskjema *n*.
timid /ˈtɪmɪd/ engstelig; sky.
tin /tɪn/ tinn *n*; (blikk)boks *m*; blikk *n*; **~ opener** bokseåpner *m*.
tinge /tɪn(d)ʒ/ fargeskjær *n*; anstrøk *n*; snev *m*.
tingle /ˈtɪŋgl/ krible; prikke.
tinkle /ˈtɪŋkl/ klirre; ringle.
tint /tɪnt/ (farge)tone *m*; sjattering *m/f*.
tint *verb* /tɪnt/ farge; gi et anstrøk.
tiny /ˈtaɪnɪ/ ørliten.
tip /tɪp/ spiss *m*; tipp topp; tupp *m*; (*britisk*) avfallsplass *m*; driks, råd *n*.
tip *verb* /tɪp/ vippe; tippe; gi drikkepenger *eller* et vink; **~ off** tipse.
tipsy /ˈtɪpsɪ/ pussa; beruset.
tire /ˈtaɪə/ (*amr*) sykkel- *eller* bildekk *n*.
tire *verb* /ˈtaɪə/ gjøre *eller* bli trett.
tired /ˈtaɪəd/ trett.
tireless /ˈtaɪəles/ utrettelig.
tiresome /ˈtaɪəsʌm/ kjedelig.
tiring /ˈtaɪərɪŋ/ anstrengende.
tissue /ˈtɪʃuː/ vev *n*; papirlommetørklær *flertall*; **~ paper** silkepapir *n* (til innpakking).
titbit /ˈtɪtbɪt/ lekkerbisken *m*.
titillate /ˈtɪtɪleɪt/ pirre.
title /ˈtaɪtl/ tittel *m*; (*sport*) mesterskap *n*; (*jur*) hjemmel *m*; skjøte *n*.
title *verb* /ˈtaɪtl/ titulere; **~d** adelig.
tit(mouse) /ˈtɪt(məʊs)/ meis *m*.
titter /ˈtɪtə/ fnis(ing) *m/n* (*m/f*).
titter *verb* /ˈtɪtə/ fnise.
tittle-tattle /ˈtɪtlˌtætl/ sladder *m*; snakk *n*.
to /tuː/ til; for; (for) å.
toad /təʊd/ padde *m/f*.
toadstool /ˈtəʊdstuːl/ giftig sopp *m*; hattsopp *m*.
toady /ˈtəʊdɪ/ spyttslikker *m*; smiske for.
toast /təʊst/ ristet brød *n*; skål *m*; feiret person.
toast *verb* /təʊst/ riste; skåle.
tobacco /təˈbækəʊ/ tobakk *m*.

toboggan /tə'bɒg(ə)n/ kjelke *m*.
today /tə'deɪ/ i dag.
toddler /'tɒdlə/ smårolling *m*; pjokk *m*.
toe /təʊ/ tå *m/f*; tupp *m*; ~ **the line** lystre ordre.
toffee /'tɒfɪ/ fløtekaramell *m*.
together /tə'geðə/ sammen.
toil /tɔɪl/ slit *n*.
toil *verb* /tɔɪl/ slite; streve.
toilet /'tɔɪlət/ toalett *n*; antrekk *n*; påkledning *m*; **~ries** toalettartikler *m*.
token /'təʊk(ə)n/ tegn *n*; merke *n*; polett *m*; minne *n*; symbolsk.
tolerable /'tɒlərəbl/ tålelig; utholdelig.
tolerance /'tɒlər(ə)ns/ toleranse *m*.
tolerant /'tɒlər(ə)nt/ tolerant.
tolerate /'tɒləreɪt/ tåle; finne seg i; tolerere.
toleration /ˌtɒlə'reɪʃ(ə)n/ toleranse *m*.
toll /təʊl/ vei-, bropenger *m*; tap *n* (særlig ved dødsfall).
toll *verb* /təʊl/ ringe; kime; **~-road** bomvei *m*.
tomato /tə'mɑːtəʊ/ *flertall* **~es** tomat *m*.
tomb /tuːm/ grav(kammer) *m (n)*; **~stone** gravstein *m*.
tomboy /'tɒmbɔɪ/ guttejente *f*.
tomcat /'tɒmkæt/ hannkatt *m*.
tome /təʊm/ stor bok *m/f*.
tomorrow /tə'mɒrəʊ/ i morgen.
Tom Thumb Tommeliten.
ton /tʌn/ tonn *n*.
tone /təʊn/ tone *m*; klang *m*; tonefall *n*.
tongs /tɒŋz/ *flertall*, **(a pair of)** ~ tang *m/f*.
tongue /tʌŋ/ tunge *m/f*; språk *n*; **~-in-cheek** på spøk; **~-tied** taus, stum.
tonic /'tɒnɪk/ styrkemedisin *m*.
tonight /tə'naɪt/ i kveld; i natt.
tonnage /'tʌnɪdʒ/ tonnasje *m*.
tonsil /'tɒnsl/ (*anatomi*) mandel *m*; **~litis** betennelse *m* i mandlene.
too /tuː/ også; (alt)for.
tool /tuːl/ verktøy *n*; redskap *n*; **~-box** verktøykasse *f*.
tooth /tuːθ, flertall: tiːθ/ *flertall* **teeth** tann *m/f*; **~ache** tannpine *m/f*.
top /tɒp/ topp, prima; topp *m*; øverste del; overside *m/f*; spiss *m*; (*sjøfart*) mers *n*; snurrebass *m*.

top *verb* /tɒp/ overgå; toppe; **~ hat** flosshatt *m*; **~ off** avrunde.
topic /ˈtɒpɪk/ emne *n*; tema *n*; **~al** aktuell.
torch /tɔːtʃ/ fakkel *m*; (*britisk*) lommelykt *m/f*; (*amr*) blåselampe *m/f*.
torment /ˈtɔːment/ kval *m*; pinsel *m*.
torment *verb* /tɔːˈment/ pine; plage.
torpid /ˈtɔːpɪd/ sløv; treg.
torrent /ˈtɒr(ə)nt/ striregn *n*; strøm *m*.
torrid /ˈtɒrɪd/ brennende het.
tortoise /ˈtɔːtəs/ skilpadde *m/f*.
tortuous /ˈtɔːtjʊəs/ krokete; innviklet.
torture /ˈtɔːtʃə/ tortur *m*.
torture *verb* /ˈtɔːtʃə/ torturere.
Tory Party det konservative parti i Storbritannia.
toss /tɒs/ kast *n*.
toss *verb* /tɒs/ kaste; **~ a coin** kaste mynt og krone.
total /ˈtəʊtl/ hel; total; samlet sum *m*; **~ity** helhet *m*; **~ly** fullstendig.
totter /ˈtɒtə/ vakle; stavre.
touch /tʌtʃ/ berøring *m*; anstrøk *n*.
touch *verb* /tʌtʃ/ (be)røre; ta på; føle på; **get in ~ with** komme i forbindelse med; **~ing** rørende; angående; **~y** ømfintlig; nærtakende.
tough /tʌf/ seig; vanskelig; vrien; barsk; **~en** gjøre hard; gjøre seig; **~ness** seighet *m*.
tour /tʊə/ rundreise *m/f*; tur *m*; turné *m*.
tour *verb* /tʊə/ reise (omkring).
tourist /ˈtʊərɪst/ turist *m*.
tow /təʊ/ buksering *m/f*; stry *n*.
tow *verb* /təʊ/ slepe; taue; buksere; **in ~** på slep.
toward(s) mot; i retning av; (hen)imot.
towel /ˈtaʊəl/ håndkle *n*.
tower /ˈtaʊə/ tårn *n*.
tower *verb* /ˈtaʊə/ heve seg; kneise; **~ing** kjempehøy.
town /taʊn/ by *m*; **~ council** bystyre *n*; **~ hall** rådhus *n*.
toxic /ˈtɒksɪk/ giftig.
toy /tɔɪ/ leketøy *n*; leke (**with** med).
trace /treɪs/ spor *n*; merke *n*; antydning *m/f*.
trace *verb* /treɪs/ (etter) spore; oppspore; streke opp; **~able** påviselig.
track /træk/ spor *n*; fotspor *n*; vei *m*; sti *m*; (*jernb*) skinne *m/f*; (*sport*) bane *m*.

track *verb* /træk/ følge spor etter; (*amr*) **~ and field** friidrett-; **~ down** spore opp; **~ record** tidligere prestasjoner; **~ suit** treningsdress *m*.
tract /trækt/ område *n*; (lite) skrift *n*.
tractable /'træktəbl/ medgjørlig.
traction /'trækʃ(ə)n/ trekking *m/f*; trekkraft *m/f*.
tractor /'træktə/ traktor *m*.
trade /treɪd/ handel *m*; bransje *m*; næring *m/f*; (frakt)fart *m*.
trade *verb* /treɪd/ handle; **~ mark** varemerke *n*; **~-off** kompromiss; **~r** næringsdrivende *m*; børsmegler *m*; handelsskip *n*; **~ union** fagforening *m*.
tradition /trə'dɪʃ(ə)n/ tradisjon *m*; overlevering *m/f*.
traffic /'træfɪk/ trafikk *m*; ferdsel *m*; handel *m*.
traffic *verb* /'træfɪk/ trafikkere; handle; **~ jam** trafikkork *m*.
tragedy /'trædʒədɪ/ tragedie *m*.
tragic /'trædʒɪk/ tragisk.
trail /treɪl/ stripe *m/f*; hale *m*; løype *f*; sti *m*; spor *n*.
trail *verb* /treɪl/ slepe; (opp) spore; følge etter; **~blazer** pioner *m*, banebryter *m*; **~er** (bil)tilhenger *m*; (*amr*) campingvogn *m/f*; (*amr*) trailer *m*; (*fjernsyn, film*) forfilm *m*.
train /treɪn/ tog *n*; slep *n*; rekke *m/f*.
train *verb* /treɪn/ trene; utdanne (seg); **~ee** praktikant *m*, lærling *m*; **~ing** trening *m/f*.
trait /treɪ, treɪt/ (karakter) trekk *n*.
traitor /'treɪtə/ forræder *m*.
tram /træm/ sporvogn *m/f*; trikk *m*.
tramp /træmp/ trampbåt *m*; landstryker *m*; (*amr*) hore *f*; **~le** tråkke (**on** på).
tranquil /'træŋkwɪl/ rolig; **~lizer** beroligende middel *n*.
transact /træn'zækt/ utføre; **~ion** forretning *m*.
transcend /træn'send/ overskride; overgå; **~ent(al)** oversanselig.
transcribe /træn'skraɪb/ skrive ut; transkribere.
transcript /'trænskrɪpt/ gjenpart *m*; kopi *m*; **~ion** transkripsjon *m*.
transfer /'trænsfə/

overføring *m/f*; (for)flytting *m/f*.
transfer *verb* /træns'fɜː/ overføre; flytte; overdra; **~ ticket** overgangsbillett *m*; **~able** som kan overføres.
transfigure /træns'fɪgə/ forvandle.
transform /trɑːns'fɔːm/ omdanne; omforme; forvandle; **~ation** omforming *m/f*; forvandling *m/f*; **~er** transformator *m*.
transfuse /træns'fjuːz/ overføre (blod).
transfusion /træns'fjuːʒ(ə) n/ (blod)overføring *m/f*.
transgress /træns'gres/ overskride; overtre; **~ion** overtredelse *m*; synd *m*.
transient /'trænzɪənt/ flyktig; forbigående.
transit /'trænzɪt/ transitt *m*; gjennomreise *m/f*; (*amr*) offentlig transport; **in ~** på gjennomreise *m*.
transition /træn'zɪʒ(ə)n/ overgang *m*; **~al** overgangs-.
transitory /'trænsɪt(ə)rɪ/ flyktig; forbigående.
translate /trænz'leɪt/ oversette.
translation /trænz'leɪʃ(ə)n/ oversettelse *m*.
translator /træns'leɪtə/ oversetter *m*.
translucent /trænz'luːsnt/ gjennomskinnelig.
transmission /trænz'mɪʃ(ə)n/ sending *m/f*; overføring *m/f*; girkasse *m/f*; **automatic ~** automatgir *n*.
transmit /trænz'mɪt/ (over) sende; overføre; **~ter** (*radio, tv*) sender *m*.
transparent /træn'spær(ə)nt/ gjennomsiktig; åpenbar.
transpire /træn'spaɪə/ vise seg; hende; svette.
transplant /'trænsplɑːnt/ transplantasjon *m*; transplantat *n*.
transplant *verb* /'træns'plɑːnt/ omplante; transplantere; **~ation** omplanting *m/f*; transplantasjon *m*.
transport /'trænspɔːt/ transport *m*.
transport *verb* /træns'pɔːt/ transportere.
transverse /'trænzvɜːs/ tverrstilt; tverrgående.
trap /træp/ felle *m/f*.
trap *verb* /træp/ fange i felle; besnære; **~door** falluke *m/f*; lem *m*; skyvedør *m/f*;

~per pelsjeger *m*; **~pings** pynt *m*; utstyr *n*.
trash /træʃ/ skrap *n*; søppel *m/f/n*; **~can** søppelbøtte *m/f*; **~y** verdiløs; unyttig.
travel /ˈtrævl/ reise *m/f*.
travel *verb* /ˈtrævl/ reise; være på reise; **~ agency** reisebyrå *n*.
traveller /ˈtræv(ə)lə/ reisende *m*; passasjer *m*; **~'s cheque** reisesjekk *m*.
travelling /ˈtræv(ə)lɪŋ/ det å reise.
trawl /trɔːl/ trål *m*.
trawl *verb* /trɔːl/ tråle; fiske med trål.
tray /treɪ/ brett *n*.
treacherous /ˈtretʃ(ə)rəs/ forrædersk; upålitelig.
treachery /ˈtretʃ(ə)rɪ/ forræderi *n*.
treacle /ˈtriːkl/ (*britisk*) sirup *m*.
tread /tred/ trinn *n*; gange *m*; (på (bil)dekk) slitebane *m*.
tread *verb* /tred/ trå; tråkke; trampe.
treadle /ˈtredl/ pedal *m*.
treason /ˈtriːzn/ forræderi *n*, landssvik *n*.
treasure /ˈtreʒə/ skatt *m*; klenodie *n*.
treasure *verb* /ˈtreʒə/ verdsette; gjemme (på).
treasurer /ˈtreʒərə/ kasserer *m*.
treasury /ˈtreʒ(ə)rɪ/ skattkammer *n*; (*britisk*) **the Treasury**, (*amr*) **the Treasury Department** finansdepartementet.
treat /triːt/ godbit *m*; fornøyelse *m*.
treat *verb* /triːt/ behandle; traktere; **~ sby to sth** spandere noe på en; **~ment** behandling *m/f*.
treatise /ˈtriːtɪz/ avhandling *m/f*.
treaty /ˈtriːtɪ/ traktat *m*.
treble /ˈtrebl/ tredobbelt; diskant.
tree /triː/ tre *n*; **~ trunk** trestamme *m*.
tremble /ˈtrembl/ skjelve, dirre.
tremendous /trəˈmendəs/ veldig; enorm.
tremulous /ˈtremjʊləs/ skjelvende; engstelig.
trench /tren(t)ʃ/ grøft *f*; skyttergrav *m*.
trenchant /ˈtrenʃənt/ skarp; bitende.
trench coat (vanntett) ytterfrakk *m*.
trend /trend/ retning *m/f*; tendens *m*.
trendy /ˈtrendɪ/ moteriktig, moderne.

trespass /'trespəs/ gå *eller* trenge seg inn på en annens eiendom; **no ~ing!** adgang forbudt for uvedkommende! **~er** uvedkommende.
trial /'traɪ(ə)l/ prøve-; prøvelse *m*; forsøk *n*; rettergang *m*; sak *m/f*; **~s** innledende konkurranser *m*; forsøk *n*; **~ and error** prøve og feile-metoden; **on ~** på prøve; (*jur*) for retten.
triangle /'traɪæŋgl/ trekant *m*.
tribal /'traɪb(ə)l/ stamme-.
tribe /traɪb/ stamme *m*; slekt *m/f*.
trick /trɪk/ knep *n*; kunststykke *n*; (*kortspill*) stikk *n*.
trick *verb* /trɪk/ lure; narre.
trickle /'trɪkl/ risle; piple.
tricky /'trɪkɪ/ lur; kinkig; vanskelig.
trifle /'traɪfl/ bagatell *m*; fruktterte *m/f*.
trifle *verb* /'traɪfl/ tøyse.
trifling /'traɪflɪŋ/ ubetydelig; tøysete.
trigger /'trɪgə/ avtrekker *m* (på skytevåpen); **pull the ~** trykke på avtrekkeren.
trigger *verb* /'trɪgə/ utløse.
trill /trɪl/ trille *m/f*.
trill *verb* /trɪl/ slå triller.
trim /trɪm/ nett; slank; velordnet; pynt *m*.
trim *verb* /trɪm/ trimme; bringe i orden; klippe; stusse; beskjære; **~ming** besetning *m*, pynt *m*; **~mings** tilbehør *n*; garnityr *n*.
trinity /'trɪnətɪ/ treenighet *m*.
trinket /'trɪŋkɪt/ billig pyntegjenstand *m*; nips *m*.
trip /trɪp/ utflukt *m/f*; tur *m*; kortere reise *m/f*.
trip *verb* /trɪp/ snuble; spenne ben for; trippe.
tripe /traɪp/ innmat *m*; vrøvl *n*.
triple /'trɪpl/ tredobbelt; **~ jump** (*sport*) tresteg.
trite /traɪt/ forslitt; banal.
triumph /'traɪəmf/ triumf *m*.
triumph *verb* /'traɪəmf/ triumfere; **~ant** triumferende.
trivial /'trɪvɪəl/ hverdagslig; triviell; ubetydelig.
trolley /'trɒlɪ/ tralle *m/f*; (*britisk*) handlevogn *m/f*; **~ bus** trolleybuss *m* (som går på strøm).
trombone /trɒm'bəʊn/ basun *m*.
troop /tru:p/ tropp *m*; flokk *m*; **~s** (*mil*) tropper *m*.

troop *verb* /truːp/ samle seg; marsjere.
trophy /ˈtrəʊfɪ/ trofé *n*; seierstegn *n*.
tropical /ˈtrɒpɪk(ə)l/ tropisk.
tropics /ˈtrɒpɪks/ **the ~** tropene.
trot /trɒt/ trav *n*.
trot *verb* /trɒt/ trave; traske; **~ter** travhest *m*.
trouble /ˈtrʌbl/ bekymring *m/f*; besvær *n*; plage *m*.
trouble *verb* /ˈtrʌbl/ forstyrre; bekymre; bry; plage; **~d** bekymret; urolig; **~some** besværlig; plagsom.
trough /trɒf/ trau *n*.
trousers /ˈtraʊzəz/ bukse(r) *m*.
trout /traʊt/ ørret *m*.
truant /ˈtruːənt/ skulker *m*; unnasluntrer *m*; **play ~** skulke, skofte.
truce /truːs/ våpenstillstand *m*.
truck /trʌk/ (*britisk*) godsvogn *m/f* (jernbane); lastebil *m*.
trudge /trʌdʒ/ traske.
true /truː/ sann; riktig; ekte; **come ~** gå i oppfyllelse.
truffle /ˈtrʌfl/ trøffel *m*.
truly /ˈtruːlɪ/ i sannhet; oppriktig; **yours ~** vennlig hilsen; ærbødigst (foran underskriften i et brev).
trump /trʌmp/ (*kortspill*) trumf *m*.
trump *verb* /trʌmp/ trumfe; **~ed up** oppdiktet.
trumpet /ˈtrʌmpɪt/ trompet *m*.
trunk /trʌŋk/ (tre)stamme *m*; snabel *m*; (stor) koffert *m*; (*amr*) bagasjerom *n* (i bil); **~s** badebukse(r) *m/f*; **~-line** hovedlinje *m/f*.
trust /trʌst/ tillit *m*; forventning *m*; betrodde midler *n*.
trust *verb* /trʌst/ stole på; ha tillit til; **~ee** tillitsmann *m*; styremedlem *n*; (*jur*) bobestyrer *m*; **~ing** tillitsfull.
trustworthy /ˈtrʌstˌwɜːðɪ/ pålitelig.
truth /truːθ/ sannhet *m*; **~ful** sannferdig.
try /traɪ/ forsøke; prøve; sette på prøve; **~ on** prøve på seg (klær); **~ing** anstrengende; vanskelig; irriterende.
tub /tʌb/ balje *f*; kar *n*.
tubby /ˈtʌbɪ/ lubben.
tube /tjuːb/ rør *n*; tube *m*; (*amr*) (radio)rør *n*; undergrunnsbane *m; anat* eggleder *m*.

tuberculosis /tjʊˌbɜːkjʊˈləʊsɪs/ tuberkulose *m*.
tubular /ˈtjuːbjʊlə/ rørformet.
TUC *fork for* **the Trades Union Congress**, dss. britisk LO.
tuck /tʌk/ legg *n* (på klær).
tuck *verb* /tʌk/ sy i legg; stikke vekk; proppe; **~ in** bre over.
Tuesday /ˈtjuːzdeɪ/ tirsdag *m*.
tug /tʌg/ rykk *n*; napp *n*.
tug *verb* /tʌg/ slepe, taue; hale; **~(boat)** slepebåt *m*; **~ of war** tautrekking *m/f*; styrkeprøve *m*.
tuition /tjʊˈɪʃ(ə)n/ undervisning *m/f*; betaling *m/f* for undervisning.
tulip /ˈtjuːlɪp/ tulipan *m*.
tumble /ˈtʌmbl/ tumle; rulle; ramle ned; **~-drier** tørketrommel *m*.
tumbledown /ˈtʌmbldaʊn/ falleferdig.
tumbler /ˈtʌmblə/ øl- *eller* vannglass *n*; akrobat *m*.
tumour /ˈtjuːmə/ svulst *m*.
tumult /ˈtjuːmʌlt/ tumult *m*; forvirring *m/f*; **~uous** stormende; urolig.
tun /tʌn/ vinfat *n*; ølfat *n*.
tuna /ˈtjuːnə/ tunfisk *m*.
tune /tjuːn/ melodi *m*; (*mus*) harmoni *m*.
tune *verb* /tjuːn/ stemme; **out of ~** ustemt; **~ in (to)** (*radio*) stille inn (på).
turbot /ˈtɜːbət/ piggvar *m*.
turbulent /ˈtɜːbjʊlənt/ urolig; opprørt; stormende.
tureen /təˈriːn/ terrin *m*.
turf /tɜːf/ gress(torv) *n (m/f)*; veddeløp(sbane) *n (m)*; (*amr*) revir *n*, bane *m*.
turkey /ˈtɜːkɪ/ kalkun *m*.
turmoil /ˈtɜːmɔɪl/ uro *m/f*; virvar *n*.
turn /tɜːn/ omdreining *m*; vending *m/f*; sving *m*; omslag *n*; forandring *m/f*; tur *m*, omgang *m*.
turn *verb* /tɜːn/ dreie (rundt); vende; snu (seg); svinge; bøye av; bli; **in ~** i sin tur; **out of ~** utenfor tur; i utide; **~ down** brette ned; senke (lyd *o.l.*); avslå; **~ off** skru av; **~ on** skru på (vannkran *o.l.*); **~ sby on** vekke ens interesse; **~ out** vise seg å være; produsere (varer); **~ over** snu om; vende seg; overlevere; **~ to** vende seg til; ta fatt på; **~ up** skru opp; dukke opp, vise seg uventet.

turning /'tɜːnɪŋ/ sving *m*; **~-point** vendepunkt *n*.
turnip /'tɜːnɪp/ nepe *m/f*.
turnpike /'tɜːnpaɪk/ (*amr*) avgiftsbelagt motorvei *m*.
turnstile /'tɜːnstaɪl/ korsbom *m*; telleapparat *n* (ved inngang).
turntable /'tɜːnˌteɪbl/ dreieskive *m/f*; platetallerken *m*.
turtle /'tɜːtl/ skilpadde *m/f*; **~-dove** turteldue *m/f*.
tusk /tʌsk/ støttann *m/f*; hoggtann *m/f* .
tussle /'tʌsl/ dyst *m*; strid *m*.
tutor /'tjuːtə/ (privat)lærer *m*; studieveileder *m*.
tutorial /tjuː'tɔːrɪəl/ veiledning(stime).
tuxedo /tʌk'siːdəʊ/ (*amr*) smoking *m*.
tweezers /'twiːzəz/ pinsett *m*.
twelfth /twelfθ/ tolvte.
twelve /twelv/ tolv; **~fold** tolvdobbelt.
twentieth /'twentɪɪθ/ tjuende.
twenty /'twentɪ/ tjue; **~fold** tjuedobbelt.
twice /twaɪs/ to ganger.
twig /twɪg/ kvist *m*; **~gy** grenete; radmager.
twilight /'twaɪlaɪt/ tusmørke *n*; grålysning *m/f*; skumring *m/f*.
twin /twɪn/ tvilling *m*; **~ beds** to enkeltsenger.
twine /twaɪn/ snor *m/f*; hyssing *m*.
twine *verb* /twaɪn/ tvinne.
twinge /twɪn(d)ʒ/ stikk *n*; stikkende smerte *m*.
twinkle /'twɪŋkl/ blink *n*; blunk *n*.
twinkle *verb* /'twɪŋkl/ blinke; glitre; funkle; blunke.
twirl /twɜːl/ virvle; snurre.
twist /twɪst/ vridning *m*; dreining *m*; pussegarn *n*, uventet utvikling *m/f*.
twist *verb* /twɪst/ vri; tvinne; dreie; fordreie; **~ed** vridd; fordreid.
twitch /twɪtʃ/ napp *n*; rykk *n*.
twitch *verb* /twɪtʃ/ nappe; rykke.
twitter /'twɪtə/ kvitter *n*.
two /tuː/ to; **~fold** dobbelt; **~-way** i begge retninger; gjensidig.
type /taɪp/ type *m*; slag *n*; skrift *m/f*; (*typografi*) sats *m*.
type *verb* /taɪp/ skrive på maskin .
typhoid fever tyfus *m*.

typhoon /taɪ'fuːn/ tyfon *m.*
typhus /'taɪfəs/ tyfus *m.*
typical /'tɪpɪk(ə)l/ typisk (**of** for).
tyrannize /'tɪrənaɪz/ tyrannisere.
tyranny /'tɪrənɪ/ tyranni *n.*
tyrant /'taɪər(ə)nt/ tyrann *m.*
tyre /'taɪə/ (*amr*) **tire**, bil- *eller* sykkeldekk *n*; **flat ~** punktering *m/f*; **studded ~** piggdekk *n.*

U

ubiquitous /juː'bɪkwɪtəs/ allestedsnærværende.
udder /'ʌdə/ jur *n.*
UFO /ˌjuːef'əʊ/ *fork for* **Unidentified Flying Object**.
ugly /'ʌglɪ/ stygg, heslig.
UK /ˌjuː'keɪ/ *fork for* **United Kingdom**: England, Wales, Skottland og Nord-Irland.
ulcer /'ʌlsə/ (kronisk) sår *n*; **gastric ~** magesår *n.*
ultimate /'ʌltɪmət/ sist; endelig; best.
umbilical cord /ʌm'bɪlɪk(ə)l/ navlestreng *m.*
umbrella /ʌm'brelə/ paraply *m.*
umpire /'ʌmpaɪə/ (*sport*) dommer *m*; oppmann *m.*
UN /ˌjuː'en/ *fork for* **United Nations**.
un- /ʌn/ forstavelse: u-.
unable /ˌʌn'eɪbl/ ute av stand (**to** til).
unabridged /ˌʌnə'brɪdʒd/ uforkortet.
unaccountable /ˌʌnə'kaʊntəbl/ uforklarlig; ikke ansvarlig.
unaccustomed /ˌʌnə'kʌstəmd/ uvanlig; uvant; **~ to** uvant med.
unacquainted /ˌʌnə'kweɪntɪd/ **be ~ with** være ukjent med.
unaffected /ˌʌnə'fektɪd/ oppriktig; upåvirket; uforandret.
unaltered /ˌʌn'ɔːltəd/ uforandret.
unambiguous /ˌʌnæm'bɪgjʊəs/ utvetydig; klar.

unanimity /ˌjuːnəˈnɪmətɪ/ enstemmighet *m.*
unanimous /juːˈnænɪməs/ enstemmig.
unarmed /ˌʌnˈɑːmd/ ubevæpnet.
unassailable /ˌʌnəˈseɪləbl/ uangripelig.
unassuming /ˌʌnəˈsjuːmɪŋ/ beskjeden; upretensiøs.
unattended /ˌʌnəˈtendɪd/ uten tilsyn; forlatt.
unavailable /ˌʌnəˈveɪləbl/ utilgjengelig.
unavoidable /ˌʌnəˈvɔɪdəbl/ uunngåelig.
unaware /ˌʌnəˈweə/ **~ of** uvitende om; **~s** av vanvare; uforvarende.
unbalanced /ˌʌnˈbælənst/ ubalansert.
unbearable /ˌʌnˈbeərəbl/ uutholdelig.
unbecoming /ˌʌnbɪˈkʌmɪŋ/ ukledelig; upassende.
unbelievable /ˌʌnbəˈliːvəbl/ utrolig.
unbias(s)ed /ʌnˈbaɪəst/ upartisk; fordomsfri.
unbroken /ˌʌnˈbrəʊk(ə)n/ ubrutt.
uncertain /ˌʌnˈsɜːtn/ usikker.
unchecked /ˌʌnˈtʃekt/ uhemmet; uhindret.
uncle /ˈʌŋkl/ onkel *m.*
uncomfortable /ˌʌnˈkʌmf(ə)təbl/ ubehagelig; ubekvem.
uncommon /ˌʌnˈkɒmən/ uvanlig; **~ly** ualminnelig; usedvanlig.
unconcerned /ˌʌnkənˈsɜːnd/ ubekymret; likegyldig.
unconditional /ˌʌnkənˈdɪʃ(ə)nl/ betingelsesløs; ubetinget.
unconscious /ˌʌnˈkɒnʃəs/ bevisstløs; ubevisst.
uncontested /ˌʌnkənˈtestɪd/ ubestridt.
uncooperative /ˌʌnkəʊˈɒp(ə)rətɪv/ lite samarbeidsvillig.
uncork /ˌʌnˈkɔːk/ **~ a bottle** trekke opp en flaske.
uncouple /ˌʌnˈkʌpl/ kople fra.
uncouth /ˌʌnˈkuːθ/ udannet; grov.
uncover /ˌʌnˈkʌvə/ avdekke; avsløre.
undecided /ˌʌndɪˈsaɪdɪd/ ikke avgjort, uavgjort.
undeniable /ˌʌndɪˈnaɪəbl/ unektelig.
under /ˈʌndə/ under-; under; **~ age** umyndig.

undercover /ˌʌndəˈkʌvə/ spanings-; ~ **agent** spaner *m*.
undercut /ʌndəˈkʌt/ underby; underminere.
underdone /ˌʌndəˈdʌn/ lite stekt; halvrå.
underestimate /ˌʌndərˈestɪmət/ undervurdere.
underfed /ˌʌndəˈfed/ underernært.
undergo /ˌʌndəˈgəʊ/ gjennomgå.
undergraduate /ˌʌndəˈgrædjʊət/ lavere (grads) student *m*.
underground /ˈʌndəgraʊnd/ undergrunn(sbane) *m*; T-bane *m*; underjordisk.
underhand /ˌʌndəˈhænd/ hemmelig; uærlig.
underline /ʌndəˈlaɪn/ understreke.
undermine /ˌʌndəˈmaɪn/ undergrave.
underneath /ˌʌndəˈniːθ/ under; nedenfor; (*overført*) innerst inne.
underpants /ˈʌndəpænts/ underbukse(r) *m/f*.
underrate /ˌʌndəˈreɪt/ undervurdere.
understand /ˌʌndəˈstænd/ forstå; begripe; **~ably** forståelig nok; **~ing** forståelsesfull; forståelse *m*.
understatement /ˌʌndəˈsteɪtmənt/ et for svakt uttrykk.
understudy /ˈʌndəˌstʌdɪ/ (*teater*) stedfortreder *m*; reserve *m*.
undertake /ˌʌndəˈteɪk/ foreta seg; påta seg.
undertaker innehaver *m* av et begravelsesbyrå.
undertaking /ˈʌndəˌteɪkɪŋ/ foretak *n*.
underwear /ˈʌndəweə/ undertøy *n*.
undeserved /ˌʌndɪˈzɜːvd/ ufortjent.
undesirable /ˌʌndɪˈzaɪərəbl/ uønsket; uheldig.
undeveloped /ˌʌndɪˈveləpt/ uutviklet; ikke bebygd.
undisturbed /ˌʌndɪˈstɜːbd/ uforstyrret.
undo /ˌʌnˈduː/ knyte opp; kneppe opp; sprette opp; **~ing** ulykke *m*, ruin *m*; **~ne** ugjort; oppknappet.
undoubted(ly) /ʌnˈdaʊtɪd(lɪ)/ utvilsom(t).
undress /ˌʌnˈdres/ kle av (seg).
undue /ˌʌnˈdjuː/ utilbørlig; overdreven.

unearth /ˌʌn'ɜːθ/ grave opp; **~ly** overnaturlig.
uneasy /ˌʌn'iːzɪ/ urolig; engstelig.
unemployed /ˌʌnɪm'plɔɪd/ arbeidsledig.
unemployment /ˌʌnɪm'plɔɪmənt/ arbeidsledighet *m.*
unemployment benefit(s) arbeidsledighetstrygd *m/f.*
unequal /ˌʌn'iːkw(ə)l/ ulik; urettferdig; **~led** uten like; uovertruffen.
unequivocal /ˌʌnɪ'kwɪvək(ə)l/ utvetydig; klar.
unerring /ˌʌn'ɜːrɪŋ/ usvikelig; sikker.
unessential /ˌʌnɪ'senʃ(ə)l/ uvesentlig.
uneven /ˌʌn'iːv(ə)n/ ujevn.
unexpected /ˌʌnɪk'spektɪd/ uventet.
unfailing /ˌʌn'feɪlɪŋ/ ufeilbarlig; sikker.
unfair /ˌʌn'feə/ urimelig; urettferdig.
unfaithful /ˌʌn'feɪθf(ʊ)l/ utro (**to** mot).
unfaltering /ˌʌn'fɔːlt(ə)rɪŋ/ fast; uten vakling.
unfasten /ˌʌn'fɑːsn/ løse opp; kneppe opp.
unfavourable /ˌʌn'feɪv(ə)rəbl/ ugunstig.
unfit /ˌʌn'fɪt/ uegnet (**for**, til).
unfold /ˌʌn'fəʊld/ brette ut, folde ut; utvikle seg.
unforeseen /ˌʌnfɔː'siːn/ uforutsett.
unforgettable /ˌʌnfə'getəbl/ uforglemmelig.
unfortunate /ˌʌn'fɔːtʃ(ə)nət/ beklagelig; uheldig; **~ly** dessverre.
unfurnished /ˌʌn'fɜːnɪʃt/ umøblert.
ungrateful /ˌʌn'greɪtf(ʊ)l/ utakknemlig.
unhappy /ˌʌn'hæpɪ/ ulykkelig.
unhealthy /ˌʌn'helθɪ/ usunn.
unification /ˌjuːnɪfɪ'keɪʃ(ə)n/ forening *m/f*; samling *m/f.*
uniform /'juːnɪfɔːm/ uniform *m/f*; ensartet.
uniform *verb* /'juːnɪfɔːm/ uniformere.
unify /'juːnɪfaɪ/ forene; samle.
unimaginative /ˌʌnɪ'mædʒɪnətɪv/ fantasiløs.
unimpaired /ˌʌnɪm'peəd/ usvekket.
uninhibited /ˌʌnɪn'hɪbɪtɪd/ uhemmet.
unintelligible /ˌʌnɪn'telɪdʒəbl/ uforståelig.

unintentional /ˌʌnɪnˈtenʃənl/ utilsiktet.
union /ˈjuːnjən/ forening *m/f*; forbund *n*; forbindelse *m*; union *m*; **trade ~** fagforening *m/f*.
unique /juːˈniːk/ enestående.
unison /ˈjuːnɪsn/ **in ~** unisont, enstemmig.
unit /ˈjuːnɪt/ enhet *m*; seksjon *m*; komponent *m*.
unite /juːˈnaɪt/ forene (seg); **the United Kingdom** kongeriket Storbritannia og Nord-Irland; **the United States of America** Amerikas forente stater.
unity /ˈjuːnətɪ/ enhet *m*; enighet *m*.
universal /ˌjuːnɪˈvɜːs(ə)l/ universell; altomfattende; allmenn; **~ suffrage** alminnelig stemmerett *m*.
universe /ˈjuːnɪvɜːs/ univers *n*.
university /ˌjuːnɪˈvɜːsətɪ/ universitet *n*; **~ degree** universitetsgrad *m*.
unjust /ˌʌnˈdʒʌst/ urettferdig.
unkind /ˌʌnˈkaɪnd/ uvennlig.
unknown /ˌʌnˈnəʊn/ ukjent.
unlawful /ˌʌnˈlɔːf(ʊ)l/ ulovlig.
unleaded /ˌʌnˈledɪd/ blyfri.
unless /ʌnˈles/ med mindre; hvis ikke.
unlike /ˌʌnˈlaɪk/ ulik; motsatt; **~ly** usannsynlig.
unlimited /ˌʌnˈlɪmɪtɪd/ ubegrenset.
unload /ˌʌnˈləʊd/ losse; lesse av.
unlock /ˌʌnˈlɒk/ låse opp.
unlucky /ˌʌnˈlʌkɪ/ uheldig.
unmistakable /ˌʌnmɪˈsteɪkəbl/ umiskjennelig.
unmitigated /ˌʌnˈmɪtɪgeɪtɪd/ rendyrket, fullstendig.
unmoved /ˌʌnˈmuːvd/ uberørt; uanfektet.
unnatural /ˌʌnˈnætʃr(ə)l/ unaturlig.
unobtrusive /ˌʌnəbˈtruːsɪv/ lite iøynefallende; beskjeden.
unpack /ˌʌnˈpæk/ pakke ut.
unpalatable /ˌʌnˈpælətəbl/ usmakelig; ubehagelig.
unparalleled /ˌʌnˈpærəleld/ uten sidestykke *n*.
unprecedented /ˌʌnˈpresɪd(ə)ntɪd/ enestående; uten sidestykke.
unprejudiced /ˌʌnˈpredʒʊdɪst/ fordomsfri; upartisk.

unprepared /ˌʌnprɪˈpeəd/ uforberedt.
unpretentious /ˌʌnprɪˈtenʃəs/ beskjeden; upretensiøs.
unprofitable /ˌʌnˈprɒfɪtəbl/ ulønnsom.
unqualified /ˌʌnˈkwɒlɪfaɪd/ ukvalifisert; ubetinget.
unquestionable /ˌʌnˈkwestʃənəbl/ ubestridelig; utvilsom.
unravel /ˌʌnˈræv(ə)l/ rakne; klargjøre.
unreasonable /ˌʌnˈriːz(ə)nəbl/ urimelig; ufornuftig.
unrecognisable ugjenkjennelig.
unreliable /ˌʌnrɪˈlaɪəbl/ upålitelig.
unreserved /ˌʌnrɪˈzɜːvd/ åpen; uforbeholden.
unrivalled /ˌʌnˈraɪv(ə)ld/ uten like, uovertruffen.
unruly /ˌʌnˈruːlɪ/ uregjerlig; ustyrlig.
unsaturated /ˌʌnˈsætʃəreɪtɪd/ (*kjemi*) umettet.
unsavoury /ˌʌnˈseɪv(ə)rɪ/ usmakelig; motbydelig.
unscrupulous /ˌʌnˈskruːpjʊləs/ hensynsløs; samvittighetsløs.
unseen /ˌʌnˈsiːn/ usett.
unsettle /ˌʌnˈsetl/ rokke ved; bringe ut av fatning; **~d** ustadig, usikker; ubetalt; **~ing** foruroligende.
unshrinkable /ˌʌnˈʃrɪŋkəbl/ krympefri.
unshrinking /ˌʌnˈʃrɪŋkɪŋ/ uten å nøle.
unskilled /ˌʌnˈskɪld/ ufaglært.
unsociable /ˌʌnˈsəʊʃəbl/ usosial; uselskapelig.
unsophisticated /ˌʌnsəˈfɪstɪkeɪtɪd/ enkel, naturlig.
unsound /ˌʌnˈsaʊnd/ dårlig; usunn; uholdbar.
unspeakable /ˌʌnˈspiːkəbl/ ubeskrivelig.
unspecified /ʌnˈspesɪfaɪd/ uspesifisert.
unstable /ˌʌnˈsteɪbl/ ustabil; ustø; ujevn.
unsteady /ˌʌnˈstedɪ/ ustø; vaklevoren.
unthinkable /ˌʌnˈθɪŋkəbl/ utenkelig; ufattelig.
untidy /ˌʌnˈtaɪdɪ/ uordentlig; rotete.
untie /ˌʌnˈtaɪ/ knyte opp; løse.
until /ənˈtɪl, ʌnˈtɪl/ (inn)til.
untiring /ˌʌnˈtaɪərɪŋ/ utrettelig.

untouched /ˌʌn'tʌtʃt/ urørt; uberørt.
untrue /ˌʌn'truː/ usann; falsk.
unusual /ˌʌn'juːʒʊəl/ ualminnelig; usedvanlig.
unvarying /ˌʌn'veərɪɪŋ/ uforanderlig.
unveil /ˌʌn'veɪl/ avsløre; avdekke.
unwarranted /ˌʌn'wɒr(ə)ntɪd/ uberettiget.
unwavering /ˌʌn'weɪv(ə)rɪŋ/ fast; urokkelig.
unwell /ˌʌn'wel/ uvel.
unwise /ˌʌn'waɪz/ uklok.
unwittingly /ˌʌn'wɪtɪŋlɪ/ uforvarende.
unworthy /ˌʌn'wɜːðɪ/ uverdig.
unwrap /ˌʌn'ræp/ pakke opp, pakke ut.
up /ʌp/ oppe; opp; oppover; opp i; oppe på; **be hard ~** ha det vanskelig (økonomisk); **be ~ to** drive med; **time is ~** tiden er omme; **what's ~?** hva skjer? .
upbringing /'ʌpˌbrɪŋɪŋ/ oppdragelse *m*.
update /'ʌpdeɪt/ oppdatering *m/f*.
update *verb* /ʌp'deɪt/ oppdatere.
upheaval /ʌp'hiːv(ə)l/ oppstyr *n*; omveltning *m/f*.
uphill /'ʌpˌhɪl/ oppover bakke.
uphold /ʌp'həʊld/ opprettholde; vedlikeholde.
upholster /ʌp'həʊlstə/ stoppe; polstre; trekke (møbler); **~y** møbelstopp *m/f*.
upkeep /'ʌpkiːp/ vedlikehold *n*.
upon /ə'pɒn/ (op)på; **once ~ a time...** det var en gang...
upper /'ʌpə/ over-; øvre; **~ class** overklasse *m*; **~s** overlær *n*; **~most** øverst.
upright /'ʌpraɪt/ oppreist, loddrett; rettskaffen; **~s** (*sport*) målstenger *m/f*.
uprising /'ʌpˌraɪzɪŋ/ oppstand *m*.
uproar /'ʌprɔː/ oppstyr *n*.
upset /ʌp'set/ urolig; oppskaket.
upset *verb* /ʌp'set/ velte; bringe ut av likevekt.
upshot /'ʌpʃɒt/ resultat *n*, utfall *n*.
upside /'ʌpsaɪd/ **~ down** opp ned; endevendt.
upstairs /ʌp'steəz/ ovenpå.
upstart /'ʌpstɑːt/ oppkomling *m/f*.
up-to-date /ˌʌptə'deɪt/ à jour; moderne.

upward(s) oppover; oppadgående.
uranium /jʊˈreɪnjəm/ uran *n*.
urban /ˈɜːbən/ by-; bymessig.
urbane /ɜːˈbeɪn/ verdensvant, sofistikert.
urchin /ˈɜːtʃɪn/ gategutt *m*; rakkerunge *m*; sjøpinnsvin *n*.
urge /ɜːdʒ/ sterk innskytelse *m*.
urge *verb* /ɜːdʒ/ drive; tilskynde; be inntrengende; **~ncy** press *n*; tvingende nødvendighet *m*; **~nt** påtrengende nødvendig; som haster.
urinal /ˈjʊərɪnl/ pissoir *n*; uringlass *n*.
urinary /ˈjʊərɪnərɪ/ urin-.
urinate /ˈjʊərɪneɪt/ urinere.
urn /ɜːn/ urne *m/f*.
us /ʌs/ oss.
U.S.A. *fork for* **United States of America**.
usage /ˈjuːsɪdʒ/ behandling *m/f*; sedvane *m*; språkbruk *m*.
use /juːs/ bruk *m*; vane *m*; nytte *m/f*.
use *verb* /juːs/ bruke; **~d to** pleide å; **be (get) ~d to** være (bli) vant til; **~ful** nyttig; brukbar; **~less** unyttig; ubrukelig; **~r** bruker *m*.
usher /ˈʌʃə/ dørvakt *m/f*; kontrollør *m*; (*jur*) rettstjener *m*; (*amr*) brudesvenn *m*.
usher *verb* /ˈʌʃə/ føre inn; vise inn; **~ in** innlede; innvarsle.
usual /ˈjuːʒʊəl/ vanlig; **as ~** som vanlig; **~ly** vanligvis.
usury /ˈjuːʒərɪ/ åger *m*.
utensil /juːˈtensl/ redskap *m/n*; **kitchen ~s** *flertall* kjøkkenutstyr *n*.
uterine /ˈjuːtəraɪn/ livmor-.
uterus /ˈjuːtərəs/ livmor *m/f*.
utility /juːˈtɪlətɪ/ nytte *m/f*.
utilize /ˈjuːtɪlaɪz/ bruke; nyttiggjøre (seg); utnytte.
utmost /ˈʌtməust/ ytterst(e).
utter /ˈʌtə/ fullstendig, absolutt.
utter *verb* /ˈʌtə/ ytre; uttale; **~ance** ytring *m/f*; uttalelse *m*; **~ly** fullstendig; **~most** ytterst.
uvula /ˈjuːvjʊlə/ drøvel *m*.

V

vacancy /ˈveɪk(ə)nsɪ/ tomrom *n*; ledig stilling *m*; ledig rom *n*.
vacant /ˈveɪk(ə)nt/ tom; ledig; ubesatt.
vacation /vəˈkeɪʃ(ə)n/ (*amr*) ferie *m*.
vaccinate /ˈvæksɪneɪt/ vaksinere.
vacillate /ˈvæsɪleɪt/ vakle.
vacillation /ˌvæsɪˈleɪʃ(ə)n/ slingring *m/f*; vakling *m/f*.
vacuum /ˈvækjʊm/ **~ cleaner** støvsuger *m*.
vagina /vəˈdʒaɪnə/ skjede *m* .
vague /veɪg/ vag; ubestemt.
vain /veɪn/ forgjeves; forfengelig; **in ~** forgjeves.
valiant /ˈvæljənt/ tapper.
valid /ˈvælɪd/ gyldig; holdbar; **~ate** godkjenne; **~ity** gyldighet *m*.
valise /vəˈliːz/ reiseveske *m/f*.
valley /ˈvælɪ/ dal *m*.
valour /ˈvælə/ tapperhet *m*.
valuable /ˈvæljʊəbl/ verdifull; **~s** verdisaker *m*.
value /ˈvæljuː/ verdi *m*; valør *m*; betydning *m*.
value *verb* /ˈvæljuː/ vurdere; verdsette; **~ added tax** *fork* **VAT** merverdiavgift *m/f*.
valve /vælv/ ventil *m*; klaff *m*; (*radio*) rør *n*.
van /væn/ flyttevogn *m/f*; varevogn *m/f*; (*jernb*) godsvogn *m/f*.
vanilla /vəˈnɪlə/ vanilje *m*.
vanish /ˈvænɪʃ/ forsvinne.
vanity /ˈvænətɪ/ forfengelighet *m*; tomhet *m*.
variable /ˈveərɪəbl/ foranderlig; ustadig.
variant /ˈveərɪənt/ varierende.
variation /ˌveərɪˈeɪʃ(ə)n/ forandring *m/f*; forskjell *m*; variasjon *m*.
varicose veins åreknuter.
varied /ˈveərɪd/ avvekslende; variert.
variety /vəˈraɪətɪ/ avveksling *m/f*; forandring *m/f*; mangfold(ighet) *m*; avart *m*; **~ show** varietéforestilling *m/f*.

various /'veərɪəs/ forskjellig(e); diverse.
varnish /'vɑːnɪʃ/ lakk *m*; ferniss *m*.
varnish *verb* /'vɑːnɪʃ/ lakkere; fernissere.
vary /'veərɪ/ forandre (seg); variere; veksle; **~ing** varierende; vekslende.
vase /vɑːz/ vase *m*.
vast /vɑːst/ uhyre; veldig; umåtelig; **~ness** vidstrakthet *m*.
VAT /ˌviːeɪ'tiː/ *fork for* **Value Added Tax**.
vault /vɔːlt/ hvelv(ing) *n (m/f)*; sprang *n*, hopp *n*.
vault *verb* /vɔːlt/ hvelve (seg); hoppe.
veal /viːl/ kalvekjøtt *n*.
vegetable /'vedʒ(ə)təbl/ plante-, vegetabilsk; **~s** grønnsaker.
vegetarian /ˌvedʒɪ'teərɪən/ vegetar-; vegetarianer *m*.
vegetation /ˌvedʒɪ'teɪʃ(ə)n/ vegetasjon *m*.
vehemence /'viːəməns/ heftighet *m*; voldsomhet *m*.
vehement /'viːəmənt/ heftig; voldsom.
vehicle /'viːɪkl/ kjøretøy *n*; redskap *n*; uttrykksmiddel *n*.
veil /veɪl/ slør *n*.
veil *verb* /veɪl/ (til)sløre.
vein /veɪn/ vene *m*; (blod)åre *m/f*; tone *m*.
velocity /və'lɒsətɪ/ hastighet *m*.
velvet /'velvət/ fløyel *m*; **~een** bomullsfløyel *m*.
venal /'viːnl/ korrupt.
vending machine (salgs) automat *m*.
vendor /'vendə/ selger *m*.
veneer /və'nɪə/ finér *m*; ferniss *m*.
venerable /'ven(ə)rəbl/ ærverdig.
venerate /'venəreɪt/ høyakte; holde i ære.
veneration /ˌvenə'reɪʃ(ə)n/ ærbødighet *m*; ærefrykt *m*.
venereal /vɪ'nɪərɪəl/ **~ disease** kjønnssykdom *m*.
Venetian /və'niːʃ(ə)n/ **~ blind** persienne *m*.
vengeance /'ven(d)ʒ(ə)ns/ hevn *m*.
venison /'venɪsn/ vilt *n*; dyrekjøtt *n*.
venom /'venəm/ gift *m/f*.
venomous /'venəməs/ giftig; bitter.
vent /vent/ lufthull *n*; trekkhull *n*; utløp *n*.
vent *verb* /vent/ lage (lufte) hull; **give ~ to** (*overført*) gi utløp for.

ventilate /'ventɪleɪt/ ventilere; lufte; drøfte.
ventilation /ˌventɪ'leɪʃ(ə)n/ ventilasjon *m*.
ventilator /'ventɪleɪtə/ ventilator *m*.
ventriloquist /ven'trɪləkwɪst/ buktaler *m*.
venture /'ventʃə/ vågestykke *n*; spekulasjon *m*; risiko *m*.
venture *verb* /'ventʃə/ våge; løpe en risiko; **~ capital** risikovillig kapital *m*.
veracious /və'reɪʃəs/ sannferdig.
veracity /və'ræsətɪ/ sannferdighet *m*.
verb /vɜːb/ verb *n*; **~al** muntlig; ord-.
verbose /vɜː'bəʊs/ ordrik; vidløftig.
verdict /'vɜːdɪkt/ (*jur*) kjennelse *m*; dom *m*.
verge /vɜːdʒ/ rand *m/f*; kant *m*.
verify /'verɪfaɪ/ bevise; bekrefte; etterprøve.
veritable /'verɪtəbl/ sann; virkelig.
verity /'verətɪ/ sannhet *m*.
vermin /'vɜːmɪn/ skadedyr *n*.
vernacular /və'nækjʊlə/ morsmål *n*; dialekt *m*.
verse /vɜːs/ poesi *m*; vers *n*; verselinje *m/f*; **be ~d in** være kyndig i.
version /'vɜːʃ(ə)n/ versjon *m*, fremstilling *m/f*; utgave *m*.
vertebra /'vɜːtɪbrə/ (rygg) virvel *m*.
vertigo /'vɜːtɪgəʊ/ svimmelhet *m*.
verve /vɜːv/ liv *n*; kraft *m/f*; begeistring *m/f*.
very /'verɪ/ veldig; **the ~ best** det aller beste.
vessel /'vesl/ kar *n*; beholder *m*; skip *n*.
vest /vest/ undertrøye *m/f*; vest *m*.
vestibule /'vestɪbjuːl/ (for) hall *m*; entré *m*; vestibyle *m*.
vestige /'vestɪdʒ/ spor *n*; levning *m*.
vestry /'vestrɪ/ sakristi *n*.
vet /vet/ *fork for* **veterinary surgeon** veterinær *m*; dyrlege *m*; **~erinary** veterinær-; veterinær *m*.
vex /veks/ ergre; irritere; **~ation** ergrelse *m* **~ed** omstridt.
viable /'vaɪəbl/ levedyktig; gjennomførbar.
vial /'vaɪəl/ medisinglass *n*.
vibrant /'vaɪbrənt/ livfull; klangfull.
vibrate /'vaɪbreɪt/ vibrere.

vibration /vaɪ'breɪʃ(ə)n/ vibrasjon *m*; svingning *m*.
vicar /'vɪkə/ sogneprest *m*.
vice /vaɪs/ vise-; last *m/f*; uvane *m*; skruestikke *m/f*.
vice versa /ˌvaɪsɪ'vɜːsə/ omvendt.
vicinity /vɪ'sɪnətɪ/ nærhet *m*; naboskap *n*.
vicious /'vɪʃəs/ grusom; uregjerlig; ondskapsfull; **~ circle** ond sirkel *m*.
victim /'vɪktɪm/ offer *n*; **~ize** gjøre til offer; bedra; plage.
victor /'vɪktə/ seierherre *m*; **~ious** seierrik; **~y** seier *m*.
video /'vɪdɪəʊ/ video-; **~ cassette** videokassett *m*; **~ recorder** videospiller *m*; **~tape** videobånd *n*.
videotape *verb* /'vɪdɪəʊteɪp/ ta opp på video.
view /vjuː/ syn *n*; blikk *n*; utsikt *m*; mening *m/f*.
view *verb* /vjuː/ bese; se på; betrakte; **in ~ of** i betraktning av; **in my ~** i mine øyne; **point of ~** synspunkt *n*.
viewer /'vjuːə/ (*edb*) visningsprogram *n*; fjernsynsseer *m*.
vigil /'vɪdʒɪl/ (natte) våking *m/f*; **~ant** vaktsom; årvåken.
vigorous /'vɪg(ə)rəs/ kraftig; sprek; sterk.
vigour /'vɪgə/ kraft *m/f*; energi *m*.
vile /vaɪl/ sjofel; ussel.
vilify /'vɪlɪfaɪ/ bakvaske.
village /'vɪlɪdʒ/ landsby *m*; **~r** landsbyboer *m*.
villain /'vɪlən/ kjeltring *m*; skurk *m*; **~y** skurkestrek *m*.
vindication /ˌvɪndɪ'keɪʃ(ə)n/ rettferdiggjøring *m/f*; forsvar *n*.
vindictive /vɪn'dɪktɪv/ hevngjerrig.
vine /vaɪn/ vinranke *m*; vinstokk *m*.
vinegar /'vɪnɪgə/ eddik *m*.
vineyard /'vɪnjəd/ vingård *m*.
vintage /'vɪntɪdʒ/ vinhøst *m*; årgang *m*.
viola /vɪ'əʊlə/ bratsj *m*.
violate /'vaɪəleɪt/ krenke; overtre; skjende.
violation /ˌvaɪə'leɪʃ(ə)n/ overtredelse *m*; krenkelse *m*.
violence /'vaɪələns/ vold(somhet) *m*.
violent /'vaɪələnt/ voldsom.
violet /'vaɪələt/ fiol *m*.
violin /ˌvaɪə'lɪn/ fiolin *m*.
VIP *fork for* **Very Important Person**.

viper /'vaɪpə/ hoggorm *m*; (*overført*) slange *m*.
viral /'vaɪər(ə)l/ virus-; ~ **infection** virusinfeksjon *m*.
virgin /'vɜːdʒɪn/ jomfru *m/f*; uberørt.
Virgo /'vɜːgəʊ/ (*astrologi*) Jomfruen.
virtual /'vɜːtʃʊəl/ virkelig, faktisk; virtuell; ~ **reality** virtuell virkelighet *m*; **~ly** faktisk; praktisk talt.
virtue /'vɜːtjuː/ dyd *m*; fordel *m*; **by ~ of** i kraft av.
virtuous /'vɜːtʃʊəs/ dydig.
virulent /'vɪrʊlənt/ kraftig; bitter; (*medisin*) ondartet.
visa /'viːzə/ visum *n*.
viscount /'vaɪkaʊnt/ vicomte *m*.
visibility /ˌvɪzɪ'bɪlətɪ/ synlighet *m*; sikt(barhet) *m (m)*.
visible /'vɪzəbl/ synlig.
vision /'vɪʒ(ə)n/ syn *n*; synsevne *m*; visjon *m*; **~ary** visjonær.
visit /'vɪzɪt/ besøk *n*.
visit *verb* /'vɪzɪt/ besøke; **~ing hours** besøkstid *m/f*; **~or** besøkende *m*.
visual /'vɪʒjʊəl/ syns-; synlig.
vital /'vaɪtl/ livs-; livsviktig; **~ity** vitalitet *m*; livskraft *m/f*.
vitamin /'vɪtəmɪn/ vitamin *m*.
vivacious /vɪ'veɪʃəs/ livfull; livlig.
vivid /'vɪvɪd/ livlig; levende.
viz. *fork for* **videlicit** nemlig.
vocabulary /və(ʊ)'kæbjʊlərɪ/ ordliste *m/f*; ordforråd *n*.
vocal /'vəʊkl/ stemme-; vokal-; sang-; høylydt; ~ **chord** stemmebånd *n*; **~ist** sanger(inne) *m*.
vocation /və(ʊ)'keɪʃ(ə)n/ kall *n*; yrke *n*; **~al** yrkesrettet.
vociferous /və(ʊ)'sɪf(ə)rəs/ høyrøstet.
vogue /vəʊg/ mote *m*; **in ~** populær.
voice /vɔɪs/ stemme *m*.
voice *verb* /vɔɪs/ gi uttrykk for.
void /vɔɪd/ tom; (*jur*) ugyldig; tomrom *n*; lakune *m*.
volatile /'vɒlətaɪl/ flyktig; ustadig.
volcano /vɒl'keɪnəʊ/ vulkan *m*.
volition /və(ʊ)'lɪʃ(ə)n/ vilje *m*.
volley /'vɒlɪ/ (skudd)salve *m/f* (*overført*) strøm *m*.
voluble /'vɒljʊbl/ ordrik; munnrapp.

volume /ˈvɒljuːm/ bind *n*; bok *m/f*; årgang *m*; volum *n*; lydstyrke *m*; omfang *n*.
voluminous /vəˈljuːmɪnəs/ omfangsrik.
voluntary /ˈvɒlənt(ə)rɪ/ frivillig.
volunteer /ˌvɒlənˈtɪə/ frivillig.
volunteer *verb* /ˌvɒlənˈtɪə/ melde seg frivillig.
voluptuous /vəˈlʌptjʊəs/ vellystig; yppig.
vomit /ˈvɒmɪt/ oppkast *n*.
vomit *verb* /ˈvɒmɪt/ kaste opp; spy.
voracious /vəˈreɪʃəs/ grådig; glupsk.
vote /vəʊt/ (valg)stemme *m*; avstemning *m*.
vote *verb* /vəʊt/ avlegge stemme; votere, vedta; **~r** velger *m*.
vouch /vaʊtʃ/ **~ for** gå god for; **~er** (verdi)kupong *m*.
vow /vaʊ/ (høytidelig) løfte *n*.
vow *verb* /vaʊ/ love (høytidelig).
vowel /ˈvaʊ(ə)l/ vokal *m*.
voyage /ˈvɔɪɪdʒ/ (lengre) reise *m/f* til sjøs.
vs. *fork. for* versus.
vulgar /ˈvʌlgə/ simpel; vulgær; **~ity** simpelhet *m*, tarvelighet *m*.
vulnerable /ˈvʌln(ə)rəbl/ sårbar.
vulture /ˈvʌltʃə/ gribb *m*.

W

wacky /ˈwækɪ/ (*hverdagslig*) sprø; gal.
wad /wɒd/ dott *m*; klump *m*; seddelbunt *m*.
wad *verb* /wɒd/ stoppe; fôre med vatt.
waddle *verb* /ˈwɒdl/ vralte.
wade /weɪd/ vade; vasse; **~r** vadefugl *m*; **~rs** vadestøvler *m*.
wafer /ˈweɪfə/ (tynn) kjeks *m*; (*rel.*) oblat *n*.
waffle /ˈwɒfl/ vaffel *m*; **~-iron** vaffeljern *n*.
waffle *verb* /ˈwɒfl/ (*hverdagslig*) tulle, vrøvle.

wag /wæg/ skøyer *m*.
wag *verb* /wæg/ svinge; dingle; logre.
wager /'weɪdʒə/ veddemål *n*.
wager *verb* /'weɪdʒə/ vedde.
wage(s) lønn *m/f*.
wag(g)on vogn *m/f*.
wail /weɪl/ jammer *m*; klage *m*.
wail *verb* /weɪl/ jamre seg; klage.
waist /weɪst/ liv *n*; midje *m/f*; **~line** livvidde *m*.
wait /weɪt/ vente; **~ for/on** vente på; **~ on** oppvarte; **~er** kelner *m*; **~ing-room** venteværelse *n*; **~ress** servitrise *m/f*.
waive /weɪv/ oppgi; gi avkall på.
waiver oppgivelse *m*; avkall *n*.
wake /weɪk/ kjølvann *n*; likvake *m*.
wake *verb* /weɪk/ vekke; våkne; **~ up** våkne; vekke; **~ful** våken; søvnløs; **~n** våkne; vekke.
walk /wɔːk/ spasertur *m*; gange *m*.
walk *verb* /wɔːk/ spasere; gå; vandre.
walkout (protest)streik *m*.
wall /wɔːl/ vegg *m*; mur *m*.
wall *verb* /wɔːl/ omgi med en mur; befeste.
wallet /'wɒlɪt/ lommebok *m/f*.
wallop /'wɒləp/ kraftig slag *n*.
wallop *verb* /'wɒləp/ pryle; denge; **~ing** juling *m/f*.
wallow /'wɒləʊ/ velte seg; **~ in** fråtse i.
wallpaper /'wɔːlˌpeɪpə/ tapet *m*.
walnut /'wɔːlnʌt/ valnøtt *m/f*.
walrus /'wɔːlrʌs/ hvalross *m*.
waltz /wɔːls/ vals *m*.
waltz *verb* /wɔːls/ danse vals.
wander /'wɒndə/ vandre; gå seg bort; snakke over seg; **~er** vandrer *m*; **~ing** vandrende; flakkende.
wane /weɪn/ avta; blekne; **on the ~** dalende, på retur.
wangle /'wæŋgl/ fikse; bruke knep.
want /wɒnt/ mangel *m* **(of** på); nød *m*.
want *verb* /wɒnt/ ønske; ville (ha); mangle; trenge; **~ed** ettersøkt.
wanton /'wɒntən/ formålsløs; løssluppen; lettlivet.

war /wɔː/ krig *m*.
warble /ˈwɔːbl/ trille; synge; **~r** sangfugl *m*.
ward /wɔːd/ vakthold *n*; formynderskap *n*; vern *n*; myndling *m*; avdeling *m/f*, sal *m* (ved sykehus); **~en** bestyrer *m*; oppsynsmann *m*; (*amr*) fengselsbetjent *m*; **~ off** avverge.
wardrobe /ˈwɔːdrəʊb/ garderobe *m*; klesskap *n*.
warehouse /ˈweəhaʊs/ lagerbygning *m*.
wares /weəz/ varer *m*.
warfare /ˈwɔːfeə/ krigføring *m/f*.
warhead /ˈwɔːhed/ stridshode *n*.
warm /wɔːm/ varm.
warm *verb* /wɔːm/ varme (seg); **~-up** (*sport*) oppvarming *m/f*; **~th** varme *m*.
warn /wɔːn/ advare (**against** mot); varsle; **~ing** varsel-; (ad)varsel *m*; formaning *m/f*.
warp /wɔːp/ (i vev) renning *m/f*, rennegarn *n*.
warp *verb* /wɔːp/ forvri; (*overført*) forvrenge; (om trevirke) slå seg; **~ed** vindskjev; fordreid; forkvaklet.
warrant /ˈwɒr(ə)nt/ fullmakt *m*; garanti *m*; hjemmel *m*; arrestordre *m*.
warrant *verb* /ˈwɒr(ə)nt/ rettferdiggjøre; garantere; hjemle.
warranty /ˈwɒr(ə)ntɪ/ garanti *m*.
warrior /ˈwɒrɪə/ kriger *m*.
wart /wɔːt/ vorte *m/f*.
wary /ˈweərɪ/ forsiktig, på vakt.
wash /wɒʃ/ vask *m*.
wash *verb* /wɒʃ/ vaske (seg); skylle over.
washer /ˈwɒʃə/ vaskemaskin *m*.
washing /ˈwɒʃɪŋ/ (kles) vask *m*; **~ machine** vaskemaskin *m*.
washing-up /ˌwɒʃɪŋˈʌp/ oppvask *m*.
wasp /wɒsp/ veps *m*; **~ish** irritabel.
waste /weɪst/ sløsing *m/f*; tap *n*; avfalls-; avfall *n*; øde; udyrket.
waste *verb* /weɪst/ sløse med; kaste bort; (gå til) spille; ødelegge; **~d** bortkastet; **~ful** sløsete; **~land** ødemark *m*.
wastepaper /ˈweɪstˌpeɪpə/ **~-basket** papirkurv *m*.
watch /wɒtʃ/ vakt(hold) *m/f* (*n*); armbåndsur *n*.

watch *verb* /wɒtʃ/ se på; iaktta; passe på; våke.
watchful /ˈwɒtʃf(ʊ)l/ vaktsom; påpasselig.
watchmaker /ˈwɒtʃˌmeɪkə/ urmaker *m*.
watchman /ˈwɒtʃmən/ vaktmann *m*.
watchword /ˈwɒtʃwɜːd/ slagord *n*; stikkord *n*.
water /ˈwɔːtə/ vann *n*.
water *verb* /ˈwɔːtə/ vanne; **~s** *flertall* farvann *n*.
water-colour /ˈwɔːtəˌkʌlə/ vannfarge *m*; akvarell *m*.
waterfall /ˈwɔːtəfɔːl/ foss *m*.
waterfront /ˈwɔːtəfrʌnt/ sjøside *m/f*; havneområde *n*.
waterproof /ˈwɔːtəpruːf/ **watertight** vanntett.
watershed /ˈwɔːtəʃed/ vannskille *n*; vendepunkt *n*.
water-ski *verb* stå på vannski.
waterway /ˈwɔːtəˌweɪ/ vannvei *m*; kanal *m*.
watery /ˈwɔːtərɪ/ vannrik; vassen; smakløs.
wave /weɪv/ bølge *m/f*.
wave *verb* /weɪv/ vifte; vinke; vaie; lage fall i (håret); **~length** bølgelengde *m*.
waver /ˈweɪvə/ være usikker; vakle; blafre.
wax *verb* /wæks/ vokse; øke; tilta (om månen).
wax /wæks/ voks *m*.
way /weɪ/ vei(stykke) *m (n)*; retning *m*; kurs *m*; måte *m*; (*sjøfart*) fart *m*; **by the ~** forresten; **give ~** vike; **have one's ~** få viljen sin.
waylay /weɪˈleɪ/ ligge på lur etter, lokke i bakhold.
wayside /ˈweɪsaɪd/ veikant *m*.
wayward /ˈweɪwəd/ uberegnelig; egensindig.
we /wiː/ vi.
weak /wiːk/ svak.
weaken /ˈwiːk(ə)n/ svekke(s).
weakness /ˈwiːknəs/ svakhet *m*.
wealth /welθ/ velstand *m*; rikdom *m*; **~y** velstående.
wean /wiːn/ avvenne.
weapon /ˈwepən/ våpen *n*.
wear /weə/ bruk *m*; slitasje *n (m)*; holdbarhet *m*.
wear *verb* /weə/ ha på (seg); bære; slite(s); være holdbar.
weariness /ˈwɪərɪnəs/ tretthet *m*.
weary /ˈwɪərɪ/ trett.
weasel /ˈwiːzl/ snømus *m/f*; røyskatt *m*; beltebil *m*; (*slang*) tyster *m*.
weather /ˈweðə/ vær *n*.

weather *verb* /'weðə/ overleve; klare seg gjennom; **~-beaten** værbitt; **~ forecast** værvarsel *n*.
weave /wiːv/ veve.
weaving /'wiːvɪŋ/ veving *m/f*.
web /'web/ **the ~** *fork for* **World Wide Web** (*edb*) Internett *n*; **~ bank** nettbank *m*; **~ page** nettside *m/f*; **~ site** nettsted *n*.
web /'web/ (spindel)vev *n*; svømmehud *m*; .
wed /wed/ gifte seg med.
wedding /'wedɪŋ/ bryllup *n*.
wedge /wedʒ/ kile *m*.
wedge *verb* /wedʒ/ kile fast.
wedlock /'wedlɒk/ ekteskap *n*.
Wednesday /'wenzdeɪ/ onsdag *m*.
weed /wiːd/ ugress *n*; ukrutt *n*; (*slang*) marihuana.
weed *verb* /wiːd/ luke; renske; **~-killer** ugressmiddel *n*.
week /wiːk/ uke *m/f*; **~day** hverdag *m*; **~end** helg *m*.
weekly /wiːklɪ/ ukentlig; ukeblad *n*.
weep /wiːp/ gråte.
weigh /weɪ/ veie; overveie; **~ down** tynge; presse ned; **~ on** tynge.
weight /weɪt/ vekt *m/f*; byrde *m*; **put on ~** legge på seg; **~y** vektig; betydningsfull.
welcome /'welkəm/ velkommen; velkomst(hilsen) *m*.
welcome *verb* /'welkəm/ ønske velkommen.
weld /weld/ sveise (sammen); **~ing** sveising *m/f*.
welfare /'welfeə/ velferd *m*.
well /wel/ brønn *m*; kilde *m*; sjakt *m/f*; **~ out** strømme ut.
well /wel/ godt; vel; riktig; frisk; **as ~ as** så vel som; så godt som; **oh, well** nåja; **~-being** trivsel *m*; **~-bred/ behaved** veloppdragen; **~-deserved** velfortjent; **~ founded** velbegrunnet; **~-intentioned** velmenende; **~-known** velkjent; **~ meaning** velmenende; **~ off** velstående; **~-read** belest.
wellies /'welɪz/ = **wellingtons** *flertall* gummistøvler *m*, *flertall*.
Welsh /welʃ/ walisisk; **~man** waliser *m*.

welter /'weltə/ rot *n*; virvar *n*.
werewolf /'weəwʊlf/ varulv *m*.
west /west/ vestlig; vest-; vestre; vest *m*; **~bound** som går vestover; **~ern** vestlig; western-film *m*; **~wards** vestover; mot vest.
wet /wet/ våt; fuktig; regnfull; fuktighet *m*.
wet *verb* /wet/ gjøre våt; fukte; **~ oneself** tisse på seg; **~-lands** våtområder.
wet-nurse /'wetnɜːs/ amme *m/f*.
whack /wæk/ klask *n*; (an) del *m*.
whack *verb* /wæk/ dra til; slå; (*amr*) kverke.
whale /weɪl/ hval *m*.
whaler /'weɪlə/ hvalfanger *m*; hvalfangstskip *n*.
whaling /'weɪlɪŋ/ hvalfangst *m*.
wharf /wɔːf/ brygge *f*; kai *m/f*.
what /wɒt/ hva; hva for en; hvilken; det som; **~ about...?** hva med...?; **~ever** hva - enn; hva i all verden; som du vil.
whatsoever overhodet (ikke).
wheat /wiːt/ hvete *m*; **~ flour** hvetemel *n*.
wheel /wiːl/ hjul *n*; ratt *n*.
wheel *verb* /wiːl/ kjøre; trille; rulle.
wheelbarrow /'wiːlˌbærəʊ/ trillebår *m/f*.
wheelchair /'wiːltʃeə/ rullestol *m*.
wheeze /wiːz/ hvese.
when /wen/ når; da; **since ~** hvor lenge; **~ever** når; hver gang når.
where /weə/ hvor; hvorhen; **~abouts** oppholdssted *n*; **~as** mens derimot; **~by** hvorved; **~upon** hvoretter; **~ver** hvor som helst; hvor enn; hvor i all verden.
whet /wet/ kvesse; slipe; skjerpe.
whether /'weðə/ om (hvorvidt); **~ - or** enten - eller.
which /wɪtʃ/ hvilken; hvem; som; (hva) som.
while /waɪl/ mens; selv om; så lenge som; tid *m/f*, stund *m*.
whilst /waɪlst/ mens.
whim /wɪm/ lune *n*; nykke *m/n*; innfall *n*.
whimper /'wɪmpə/ klynk *n*.
whimper *verb* /'wɪmpə/ klynke.
whimsical /'wɪmzɪk(ə)l/ lunefull; underlig.

whine /waɪn/ klynk *n*.
whine *verb* /waɪn/ klynke; sutre; klage.
whip /wɪp/ pisk *m*; svepe *m/f*; (*politikk*) innpisker *m*.
whip *verb* /wɪp/ piske; slå.
whiplash /ˈwɪplæʃ/ **~ injury** nakkeslengskade *m*.
whirl /wɜːl/ virvel *m*; snurring *m*.
whirl *verb* /wɜːl/ virvle, snurre.
whisk /wɪsk/ visp *m*; støvkost *m*.
whisk *verb* /wɪsk/ snappe; daske; piske (egg, fløte). **~ers** kinnskjegg *n*; **~ey** amerikansk/irsk whisky *m*; **~y** skotsk whisky.
whisper /ˈwɪspə/ hvisking *m/f*.
whisper *verb* /ˈwɪspə/ hviske.
whistle /ˈwɪsl/ plystring *m/f*; fløyte *m/f*.
whistle *verb* /ˈwɪsl/ plystre.
Whit /wɪt/ **~ Monday** 2. pinsedag; **~ Sunday** 1. pinsedag; **~sun Eve** pinseaften *m*; **~sun(tide)** pinse *m/f*.
white /waɪt/ hvit; blek; hvite *m*; **~ elephant** kostbar, men unyttig gave; **~ lie** hvit løgn *m/f*; **~-hot** hvitglødende; **~ness** hvithet *m*.
Whitehall (*overført*) den britiske regjering.
whitewash /ˈwaɪtwɒʃ/ hvitkalking *m/f*; hvitmaling *m/f*; renvasking *m*.
whitewash *verb* /ˈwaɪtwɒʃ/ hvitte; kalke; renvaske.
whittle /ˈwɪtl/ spikke; beskjære.
whiz kid vidunderbarn *n*.
whiz(z) /wɪz/ (*amr*) suse; visle.
who /huː/ hvem (som); som; den som; **~ever** hvem som enn; enhver som; hvem i all verden.
whole /həʊl/ hel; helhet *m*; **on the ~** i det hele tatt; stort sett; **~-heartedly** helhjertet; **~some** sunn; nyttig.
whoop /huːp/ hyl *n*.
whoop *verb* /huːp/ hyle; huie; gispe; **~ing cough** kikhoste *m*.
whore /hɔː/ hore *f*.
whose /huːz/ hvem sin.
why /waɪ/ hvorfor; hva!
wick /wɪk/ veke *m*.
wicked /ˈwɪkɪd/ ond; slem; skøyeraktig.
wicker /ˈwɪkə/ **~ basket** flettet kurv *m*; **~ chair** kurvstol *m*.

wide /waɪd/ vid; vidstrakt; stor; bred; ~ **awake** lys våken; **~ly** vidt; bredt; **~n** utvide (seg).
widow /ˈwɪdəʊ/ enke *m/f*; **~er** enkemann *m*.
width /wɪdθ/ vidde *m/f*; bredde *m*.
wife /waɪf/ *flertall* **wives** hustru *m/f*; kone *f*.
wig /wɪg/ parykk *m*.
wild /waɪld/ vill; vilter; ustyrlig; forrykt; villmark *m/f*.
wilderness /ˈwɪldənəs/ villmark *m/f*; villnis *n*.
wildlife /ˈwaɪldˌlaɪf/ dyreliv *n*.
wilful /ˈwɪlf(ʊ)l/ egensindig, egenrådig.
will /wɪl/ vilje *m*.
will *verb* /wɪl/ ville; **at** ~ etter ønske; **(last)** ~ testament *n*.
willing /ˈwɪlɪŋ/ villig; **~ly** gjerne.
willow /ˈwɪləʊ/ pil(etre) *m (n)*.
willpower /ˈwɪlˌpaʊə/ viljestyrke *m*.
win /wɪn/ vinne; seire.
wince /wɪns/ krympe seg; rykke til.
wind /wɪnd/ vind *m*; luft *m/f* (i magen); pust *m*.
wind *verb* /waɪnd/ slynge seg; bukte seg; vikle; ~ **down** trappe ned; falle til ro; ~ **up** trekke opp; sveive opp; avslutte, avvikle (forretning).
windbag /ˈwɪndbæg/ pratmaker *m*.
windfall /ˈwɪndfɔːl/ nedfallsfrukt *m/f*; uventet hell *n*.
winding /ˈwaɪndɪŋ/ buktet; svingete; omdreining *m*; sving *m*; bøyning *m*.
windlass /ˈwɪndləs/ vinsj *m*.
window /ˈwɪndəʊ/ vindu *n*; **~-pane** vindusrute *m/f*; **~-sill** vinduskarm *m*.
windpipe /ˈwɪndpaɪp/ luftrør *n*.
windscreen wiper /ˈwɪndskriːn/ vindusvisker *m*.
windshield /ˈwɪndʃiːld/ frontrute *m/f*.
wine /waɪn/ vin *m*.
wing /wɪŋ/ vinge *m*; fløy *m/f*; gren *m*; **~s** (*teater*) kulisser *m*.
wink /wɪnk/ blinking *m/f*; blunk *n*.
wink *verb* /wɪnk/ blinke; plire; ~ **at** blunke til; lukke øynene for.
winner /ˈwɪnə/ vinner *m*.

Winnie-the-Pooh /ˌwɪnɪðə'puː/ Ole Brumm.
winnings /'wɪnɪŋz/ gevinst *m*.
winter /'wɪntə/ vinter *m*; **in ~** om vinteren.
winter *verb* /'wɪntə/ overvintre.
wipe /waɪp/ tørke (av); **~ off** tørke bort; **~ out** stryke ut; utslette.
wire /'waɪə/ metalltråd *m*; ledning *m*; streng *m*.
wire *verb* /'waɪə/ feste med (stål)tråd.
wireless /'waɪələs/ trådløs.
wiring /'waɪərɪŋ/ (i bil) ledningsnett *n*; elektrisk opplegg *n*.
wiry /'waɪərɪ/ seig; ståltråd-; senet.
wisdom /'wɪzd(ə)m/ visdom *m*.
wise /waɪz/ vis; klok.
wisecrack /'waɪzkræk/ morsomhet *m*.
wish /wɪʃ/ ønske *n*.
wish *verb* /wɪʃ/ ønske; **~ful thinking** ønsketenkning *m*.
wisp /wɪsp/ dott *m*; **~y** pistrete.
wit /wɪt/ vidd *n*; vett *n*; forstand *m*; **~ty** vittig.
witch /wɪtʃ/ heks *m/f*; **~craft** trolldom *m*; hekseri *n*.
with /wɪð/ med; sammen med; hos; av; til.
withdraw /wɪð'drɔː/ trekke (seg) tilbake (**from** fra); ta tilbake; ta ut (av banken); **~al** tilbakekalling *m/f*; uttak *n* (av en bank); **~n** tilbakeholden; reservert.
wither /'wɪðə/ visne.
withhold /wɪð'həʊld/ holde tilbake; nekte (samtykke).
within /wɪ'ðɪn/ innenfor; innvendig; inne i; innen.
without /wɪð'aʊt/ uten; **do ~** klare seg uten.
withstand /wɪð'stænd/ motstå.
witness /'wɪtnəs/ vitne *n*; vitnesbyrd *n*.
witness *verb* /'wɪtnəs/ bevitne; være vitne til; se.
wittingly /'wɪtɪŋlɪ/ med vilje; bevisst.
wizard /'wɪzəd/ trollmann *m*.
wobble /'wɒbl/ slingre; være ustø; rave.
wobbly /'wɒblɪ/ vaklevoren; ustabil.
woe /wəʊ/ smerte *m*; sorg *m*; **~ful** sørgelig.
wolf /wʊlf/ *flertall* **wolves** ulv *m*.
woman /'wʊmən, i flertall: 'wɪmɪn/ *flertall* **women**

kvinne *m/f*; kone *f*; **~hood** kvinnelighet *m*; kvinnekjønnet.
womanizer skjørtejeger *m*; rundbrenner *m*.
womb /wuːm/ livmor *m/f*; (*overført*) beskyttet sted *n*.
wonder /ˈwʌndə/ (for) undring *m*; (vid)under *n*.
wonder *verb* /ˈwʌndə/ undre seg; **~ful** vidunderlig.
woo /wuː/ beile til.
wood /wʊd/ skog *m*; tre *n*; ved *m*; trevirke *n*; **touch ~!** bank i bordet!
woodcarving /ˈwʊdˌkɑːvɪŋ/ treskjæring *m/f*.
woodcut /ˈwʊdkʌt/ tresnitt *n*.
wooded /ˈwʊdɪd/ skogkledd.
wooden /ˈwʊdn/ tre-; av tre.
woodgrouse /ˈwʊdgraʊs/ tiur *m*; storfugl *m*.
woodpecker /ˈwʊdˌpekə/ hakkespett *m*.
woodwind /ˈwʊdwɪnd/ treblåseinstrument *n*.
woodwork /ˈwʊdwɜːk/ treverk *n*; trearbeid *n*; sløyd *m*.
wool /wʊl/ ull *m/f*; garn *n*; **~len** ull-; av ull.
woolly /ˈwʊlɪ/ ullen, uklar.
word /wɜːd/ ord *n*; løfte *n*; beskjed *m*.
word *verb* /wɜːd/ uttrykke; formulere; **by ~ of mouth** muntlig; **~ing** ordlyd *m*; **~ processing** tekstbehandling *m/f*; **~ processor** tekstbehandler *m*.
work /wɜːk/ arbeid *n*; verk *n*; gjerning *m/f*.
work *verb* /wɜːk/ arbeide; fungere; drive; (*maskin*) gå; (*maskin*) betjene; **~s** *flertall* verk *n*; fabrikk *m*; **at ~** i arbeid; **~ out** utarbeide; løse (problem); trene; **~ up** opparbeide; bearbeide.
work of art kunstverk *n*.
workable brukbar; gjennomførbar.
worker /ˈwɜːkə/ arbeider *m*.
working /ˈwɜːkɪŋ/ arbeids-; arbeid *n*; drift *m/f*; **in ~ order** i god stand.
workman /ˈwɜːkmən/ arbeider *m*; **~ship** faglig dyktighet *m*.
workout /ˈwɜːkaʊt/ trening *m/f*.
workshop /ˈwɜːkʃɒp/ verksted *n*.
world /wɜːld/ verdens-; verden *m*; **~ly** verdslig; jordisk.
worldwide /ˌwɜːldˈwaɪd/ verdensomspennende.
World Wide Web Internett *n*.

worm /wɜːm/ (innvolls) orm *m*; mark *m*; **~eaten** markspist.
worn-out /ˈwɔːnaʊt/ utslitt.
worry /ˈwʌrɪ/ engstelse *m*; bekymring *m/f*; plage *m/f*.
worry *verb* /ˈwʌrɪ/ plage; engste (seg); bry; **~ing** bekymringsfull; foruroligende.
worse /wɜːs/ verre; dårligere.
worship /ˈwɜːʃɪp/ (guds) dyrkelse *m*; tilbedelse *m*.
worship *verb* /ˈwɜːʃɪp/ tilbe; dyrke.
worst /ˈwɜːst/ verst; dårligst.
worsted /ˈwʊstɪd/ kamgarn *n*.
worth /wɜːθ/ verd(t); verdi *m*; **~less** verdiløs; **~while** umaken verdt; lønnsom; **~y** verdig; aktverdig.
would /wʊd/ ville; ble; ville gjerne; pleide; **~-be** som utgir seg for å være; såkalt.
wound /wuːnd/ sår *n*.
wound *verb* /wuːnd/ såre.
wrangle /ˈræŋgl/ krangling *m/f*.
wrangle *verb* /ˈræŋgl/ krangle; **~r** kranglefant *m*; (*amr*) cowboy *m*.
wrap /ræp/ sjal *n*.
wrap *verb* /ræp/ vikle; svøpe; **~ (up)** pakke inn.
wrapper /ˈræpə/ omslag *n*; emballasje *m*; overtrekk *n*.
wrapping /ˈræpɪŋ/ innpakning *m*; **~ paper** innpakningspapir *n*.
wrath /rɒθ/ vrede *m*.
wreath /riːθ/ krans *m*; **~e** (be)kranse.
wreck /rek/ vrak *n*; skibbrudd *n*; ødeleggelse *m*.
wreck *verb* /rek/ ødelegge; forlise.
wren /ren/ gjerdesmutt *m*.
wrench (*amr*) skiftenøkkel *m*.
wrench *verb* /ren(t)ʃ/ vri; rykke; forvrenge.
wrestle /ˈresl/ bryte; **~ with** bryte (med); kjempe med.
wrestler bryter *m*.
wrestling /ˈreslɪŋ/ bryting *m/f*.
wretch stakkar *m*.
wretched /ˈretʃɪd/ elendig; ussel.
wriggle /ˈrɪgl/ vrikke; vri seg; sno seg.
wring /rɪŋ/ vri (opp).
wrinkle /ˈrɪŋkl/ rynke *m/f*.
wrinkle *verb* /ˈrɪŋkl/ rynke; krølle; **~d** rynkete; skrukkete.
wrist /rɪst/ håndledd *n*; **~-watch** armbåndsur *n*.

write /raɪt/ skrive; **~r** skribent *m*; forfatter *m*; **~-off** totalvrak *n*.
writing /ˈraɪtɪŋ/ skriving *m*; (hånd)skrift *m/f*; innskrift *m/f*; **in ~** skriftlig; **~s** (forfatters) verker *n*.
wrong /rɒŋ/ urett; feil; vrang; gal; urett *m*.
wrong *verb* /rɒŋ/ forurette; **be ~** ta feil; **go ~** gå galt; mislykkes; **~ly** galt.
wrongdoing forseelse *m*; forbrytelse *m*.
wrought /rɔːt/ smidd; **~ iron** smijerns-.
wry /raɪ/ ironisk; syrlig; skjev; **~ face** skjevt smil *n*.
wt. *fork. for* **weight**.

X-Y

xenophobia /ˌzenə(ʊ)ˈfəʊbjə/ fremmedhat *n*.
Xmas /ˈkrɪsməs/ = **Christmas** .
X-rated (*om film*) forbudt for personer under 18 år; pornografisk.
x-ray røntgenstråle *m*; røntgenbilde *n*.
x-ray *verb* røntgenfotografere.
yacht /jɒt/ yacht *m*; lystbåt *m*; **~ing** seiling *m/f*.
Yankee /ˈjæŋkɪ/ innbygger i USA; (*for amerikanere*) innbygger i New England.
yap /jæp/ bjeffe, gneldre.
yard /jɑːd/ yard *m* (eng. lengdemål: 0,914 m), (*sjøfart*) rå *m/f*; gård(splass) *m*; **~stick** målestokk *m*.
yarn /jɑːn/ garn *n*; skrøne *m/f*.
yawn /jɔːn/ gjesp *n*.
yawn *verb* /jɔːn/ gjespe; gape; åpne seg.
year /jɪə, jɜː/ år *n*; **~ly** årlig.
yearn /jɜːn/ lengte (**for** etter); **~ing** lengsel *m*.
yeast /jiːst/ gjær *m*.
yell /jel/ hyl *n*.
yell *verb* /jel/ hyle.
yellow /ˈjeləʊ/ gul; gulfarge *m*; **~ish** gulaktig.

yelp /jelp/ bjeff *n*.
yelp *verb* /jelp/ bjeffe.
yeoman /ˈjəʊmən/ (*historisk*) odelsbonde *m*; **~ of the guard** medlem av den engelske livgarde.
yes /jes/ ja.
yesterday /ˈjestədeɪ/ i går.
yet /jet/ enda; ennå; dog; likevel; **as ~** hittil.
yew /juː/ barlind(tre) *m (n)*.
yield /jiːld/ utbytte *n*; ytelse *m*.
yield *verb* /jiːld/ yte; gi; kaste av seg; gi etter; gi seg; **~ to** (*i trafikken*) vike for; bøye av for.
YMCA /ˌwaɪemsiːˈeɪ/ *fork for* **Young Men's Christian Association** KFUM.
yoke /jəʊk/ åk *n*; forspann *n*.
yolk /jəʊk/ eggeplomme *m/f*.
you /juː/ du, deg; De, Dem; dere; man.
young /jʌŋ/ ung; liten; **the ~** ungdommen; **~ster** ung gutt *m*.
your /jɔː/ din; ditt; dine; deres; Deres, **~s** *(substantivisk)* din; Deres; **~self** du (selv), De (selv); **~selves** *flertall* dere (selv), Dem (selv).
youth /juːθ/ ungdom *m*; **~ hostel** ungdomsherberge *n*; vandrerhjem *n*.
YWCA /ˌwaɪˌdʌbljuːsiːˈeɪ/ *fork for* **Young Women's Christian Association** KFUK.

Z

zeal /ziːl/ iver *m*.
zealot /ˈzelət/ fanatiker *m*.
zealous /ˈzeləs/ ivrig; nidkjær.
zebra /ˈziːbrə/ sebra *m*; ~ **crossing** fotgjengerovergang *m* (med striper).
zero /ˈzɪərəʊ/ null(punkt) *n*.
zest /zest/ lyst *m/f*; glede *m* (**for** ved); entusiasme *m*.
zip /zɪp/ glidelås *m*; ~ **code** (*amr*) postnummer *n*.
zither /ˈzɪðə/ (*mus*) sitar *m*.
zodiac /ˈzəʊdɪæk/ **the** ~ dyrekretsen.
zone /zəʊn/ sone *m/f*.
zoo /zuː/ zoologisk hage *m*.
zoologist /zʊˈɒlədʒɪst/ zoolog *m*.
zoology /zʊˈɒlədʒɪ/ zoologi *m*.

IDTSIDENE

Side

FACTS ABOUT NORWAY

386 958 km^2

4 799 300 inhabitants (2009)

Name *Kingdom of Norway*

Constitution Parliamentary Monarchy

King and queen King Harald 5 and Queen Sonja

Capital *Oslo*

Language Norwegian

Religion Protestant Christianity

National Day May 17th

FAKTA OM STORBRITANNIA

244 177 km^2

61 113 200 innbyggere (2009)

Navn *Det forente kongedømmet Storbritannia og Nord-Irland*

Styreform Konstitusjonelt monarki

Dronning Elizabeth 2

Hovedstad London

Språk Engelsk

Hovedreligion Protestantisk (anglikansk) kristendom

Nasjonaldag i juni (varierer)

'AKTA OM USA

9 372 614 km²
307 212 100 innbyggere (2009)
'avn *Amerikas forente stater*
tyreform Forbundsrepublikk
'ovedstad Washington, D.C. (District of Columbia)
pråk Amerikansk engelsk
lest utbredte religion Protestantisk og romersk-katolsk kristendom
'asjonaldag 4. juli

AKTA OM AUSTRALIA

7 682 300 km²
21 545 600 innbyggere (2009)
avn Commonwealth of Australia
tyreform Forbundsstat i Oseania
'ovedstad Canberra
anguage Engelsk
eligion Kristendom
asjonaldag 26. januar

HELLIGDAGER OG HØYTIDER – *PUBLIC HOLIDAYS*

Britiske helligdager og høytider

1. januar	Første nyttårsdag.
Mars/april	Påske.
	Langfredag: Man spiser bolle med et kors på til minne om Jesu korsfestelse.
	1. påskedag: Man spiser påskeegg.
Mai/juni	1. pinsedag, 2. pinsedag.
31. oktober	Halloween (se neste side).
5. november	Guy Fawkes Day. På den dagen, i 1605, prøvde Guy Fawkes å sprenge parlamentet i luften. Han b dømt og henrettet. Man brenner bål og vanligvis e Guy Fawkes-figur. Barn ber om «a penny for the guy».
25. desember	Første juledag. Barn får gaver om morgenen. Tradisjonell middag er kalkun og Christmas pudding.
26. desember	Boxing Day. De rike ga penger eller gaver til sine tjenere, eller postmannen, melkemannen o.a. den dagen. De fikk sine bokser fylt – derav navnet.

merikanske helligdager og høytider

januar	Første nyttårsdag.
mandag anuar	Martin Luther King Day. Til minne om den svarte presten som sloss for like rettigheter for svarte og hvite. Han ble myrdet i 1968.
4. februar	Valentine's Day. St. Valentine var en kristen maryr som i følge tradisjonen ble drept fordi han hjalp unge par til å gifte seg mot keiserens vilje. Hans navn knyttes derfor til denne dagen som er viet den romantiske kjærlighet. Den feires hovedsakelig ved at man sender kort (eller gir romantiske gaver) til den man er forelsket i.
mandag ebruar	President's Day. Opprinnelig feiring av George Washingtons fødselsdag, USAs første president. I dag feires alle USAs tidligere presidenter.
mandag nai	Memorial Day. Til minne om dem som døde i borgerkrigen (1861-65) og andre kriger.
juli	Independence Day. USA erklærte seg uavhengig av Storbritannia og erklæringen ble underskrevet denne dagen i 1776.
mandag eptember	Labor Day. Arbeiderforeninger arrangerer parader.
mandag ktober	Columbus Day. Til minne om Christofer Columbus som oppdaget Amerika 12. oktober 1492.
oktober	Leif Erikson Day. Til ære for vikingen som reiste til Amerika for 1000 år siden.
. oktober	Halloween. Barn kler seg ut, banker på dører i nabolaget og roper «Trick or Treat». Vanligvis får de frukt og søtsaker, men får de ingenting, kan de

	straffe vedkommende ved f.eks. å såpe inn vinduer kutte tørkesnora o.l. Egentlig betydning er All Saint's Day, en katolsk feiring av helgenene; Halloween feires kvelden før.
11. november	Veteran's Day. Egentlig for å ære veteranene fra første verdenskrig (1914-18), nå for å ære veterane fra alle krigene som amerikanske soldater har vært involvert i.
4. torsdag i november	Thanksgiving (Day). Til minne om den første organiserte gruppe religiøse immigranter (the Pilgrim Fathers) som kom til New England (den nord-østlige delen av USA) i 1620 på skipet «Mayflower». I dag er Thanksgiving en familiesamling om et tradisjonelt måltid (vanligvis kalkun med tilbehør).
25. desember	Christmas Day. Dagen man gir gaver. Familiene h en tradisjonell julemiddag.

ustralske nasjonale helligdager og høytider

. januar	Første nyttårsdag.
6. januar	Australia Day.
lars/april	Påske – langfredag til 2. påskedag.
5. april	Anzac Day (Anzac: forkortelse for Australian and New Zealand Army Corps; til minne om ilandstigningen i Gallipoli 1915.
. mandag juni nntatt WA)	Dronningens fødselsdag.
iste mandag september VA)	Dronningens fødselsdag.
5. desember	Første juledag.
5. desember	Boxing Day.

'orwegian public holidays

January	New Year's Day.
larch/April	Easter – Maundy Thursday to Easter Monday.
lay	Ascension Day, Thursday in the sixth week after Easter.
May	Labour Day.
7 May	National Day.
lay/June	Whitsun holidays – the day before Whitsun, Whit Sunday, Whit Monday.
ecember	Christmas holidays – Christmas Eve, Christmas Day, Boxing Day.

MYNT – *COINAGE*

British mynt
1 pound (£1) = 100 pence (100p)

Skillemynt
½ p – a halfpenny
1 p – a penny
2 p – two pence, twopence
5 p – a five-pence piece
10 p – a ten-pence piece
20 p – a twenty-pence piece
50 p – a fifty-pence piece

Sedler
£1 – a pound note, a quid
£5 – a five-pound note, a fiver, five quid
£10 – a ten-pound note, a tenner, ten quid
£20 – a twenty-pound note

Amerikansk mynt
1 dollar ($1) = 100 cents (c)

Skillemynt
1 c – a penny
5 c – a nickel
10 c – a dime
25 c – a quarter
50 c – a half-dollar

edler

reenbacks: $1 – a dollar bill, a buck
$5 – a five-dollar bill
$10 – a ten-dollar bill
$20 – a twenty-dollar bill
$ 50 – a fifty-dollar bill
$ 100 – a hundred-dollar bill

ørre sedler $50, $100, (500, 1000 og 10 000 dollar er ikke lenger
ruk)

ustralsk mynt

dollar (A$1) = 100 cents

illemynt

:, 10 c, 20 c, 50 c, $1, $2

dler

, $10, $20, $50, $100

uropeisk mynt

uro (E1) = 100 cents

MÅL – *MEASURES*

Lengdemål

1 inch = 2,54 cm
1 foot = 12 inches = 30,48 cm
1 yard = 3 feet = 0,9144 m
1 mile = 1760 yards = 1609,3 m
1 nautical mile = 1/60 degree = 1 minute = 1852 m

Flatemål

1 square inch = 6,45 cm^2
1 square foot = 0,093 m^2
1 square yard = 0,836 m^2
1 acre = 4840 square yards = 4046,86 m^2
1 square mile = 640 acres = 2,59 km^2

Hastighet

1 mile/hour = 1,609 km/t
1 mile/gallon = 0,354 km/liter

Rommål

1 cubic inch = 16,39 cm^3
1 pint = 0,568 litre
1 quart (GB) = 1,136 litre
1 quart (US) = 0,946 litre
1 gallon (GB) = 4 quarts = 4,546 litre
1 gallon (US) = 4 quarts = 3,785 litre

bushel (GB) = 8 gallons = 36,37 litre
bushel (US) = 8 gallons = 35,24 litre
cubic foot = 0,0283 m^3
cubic yard = 0,7646 m^3
barrel (oil) = 159 litre
,29 barrels = 1 m^3
cup = 2,4 dl

'EKT – *WEIGHT*

ounce = 28 g
pound = 457 g
stone = 14 pounds = 6,35 kg
cwt = 1 hundresweight = 112 pounds = 50,8 kg
short ton = 907,2 kg
long ton = 1016 kg

Slik regner du om – *this is how you convert:*

Når du kjenner	ganger du med	for å få
millimetres	0.04	inches
centimetres	0.39	inches
metres	3.28	feet
metres	1.09	yards
kilometres	0.62	miles
litres	0.22	gallons (GB)
litres	0.26	gallons (US)
litres	1.76	pints (GB)
litres	2.12	pints (US)
grams	0.035	ounces
kilograms	2.21	pounds
hectares	2.47	acres

Når du kjenner	ganger du med	for å få
inches	2.54	centimetres
feet	30.48	centimetres
yards	0.91	metres
miles	1.61	kilometres
pints (GB)	0.56	litre
pints (US)	0.47	litres
gallons (GB)	4.50	litre
gallons (US)	3.79	litres
ounces	28.35	grams
pounds	0.45	kilograms
acres	0.40	hectares

TALL – *NUMBERS*

0 nought, zero	19 nineteen
1 one	20 twenty
2 two	21 twenty-one
3 three	22 twenty-two
4 four	30 thirty
5 five	40 forty
6 six	50 fifty
7 seven	60 sixty
8 eight	70 seventy
9 nine	80 eighty
10 ten	90 ninety
11 eleven	100 a/one hundred
12 twelve	101 a/one hundred and one
13 thirteen	1000 one thousand
14 fourteen	10 000 ten thousand
15 fifteen	100 000 a/one hundred thousand
16 sixteen	1000 000 a/one million
17 seventeen	1000 000 000 a/one billion (= 1 milliard
18 eighteen	

1. first	1st
2. second	2nd
3. third	3rd
4. fourth	4th
5. fifth	5th
6. sixth	6th
7. seventh	7th
8. eighth	8th
9. ninth	9th
10. tenth	10th
11. eleventh	11th
12. twelfth	12th
13. thirteenth	13th
14. fourteenth	14th
15. fifteenth	15th
16. sixteenth	16th
17. seventeenth	17th
18. eighteenth	18th
19. nineteenth	19th
20. twentieth	20th
21. twenty-first	21st
22. twenty-second	22nd
30. thirtieth	30th
40. fortieth	40th
50. fiftieth	50th
60. sixtieth	60th
70. seventieth	70th
80. eightieth	80th
90. ninetieth	90th
100. a/one hundredth	100th
101. hundred and first	101st
1000. a/one thousandth	1000th

KLOKKEN – *THE TIME*

Hva er klokken? *What's the time?*

Klokken er ... *It's ...*

to two o'clock
fem over to five past two
ti over to ten past two
kvart over to a quarter past two
ti på halv tre twenty past two
fem på halv tre twenty-five past two
halv tre half past two
fem over halv tre twenty-five to three
ti over halv tre twenty to three
kvart på tre a quarter to three
ti på tre ten to three
fem på tre five to three

Amerikanerne bruker som britene også «to» og «past» ved tidsangivelser, men i tillegg kan de bruke alternativet «of» istedenfor «to» og «after» istedenfor «past». Eksempel: Ti på tre ten of three; kvart over fem= a quarter after five.

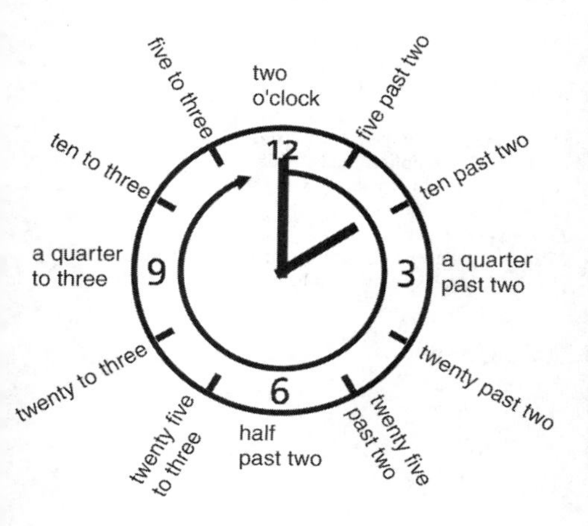
two
o'clock
five past two
ten past two
a quarter
past two
twenty past two
twenty five
past two
half
past two
twenty five
to three
twenty to three
a quarter
to three
ten to three
five to three
12
3
6
9

TEMPERATUR – *TEMPERATURE*

Omgjøring fra Celsius til Fahrenheit:
multipliser med 1,8 og legg til 32
multiply with 1,8 and add 32

Omgjøring fra Fahrenheit til Celsius:
trekk fra 32, multipliser med 0,5555
subtract 32, multiply with 0,5555

Eksempler:
37°C : thirty-seven degrees Centigrade= 99 Fahrenheit
-10°F: 10 degrees below zero Fahrenheit= -23 Celsius

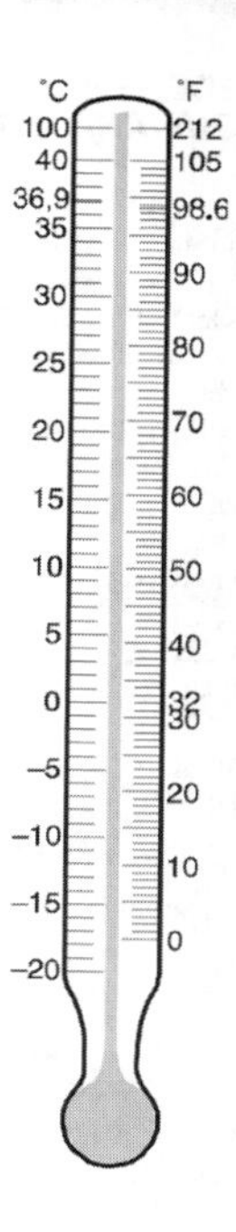
˚C
˚F
100
212
40
105
36,9
98.6
35
30
90
25
80
20
70
15
60
10
50
5
40
0
32
30
–5
20
–10
10
–15
0
–20

AUSTRALSKE SÆREGENHETER – *AUSTRALIAN PECULIARITIES*

bikies motorsyklister
billabong vannhull som ligger tørt i den tørre årstiden
billy vannkjele til et bål
boomerang en flat, vinklet trebit som aboriginerne bruker til jakt
bottle shop = off-licence (brennevins-/vinbutikk)
corroboree aboriginsk fest
cut lunch matpakke (vanligvis brødskiver)
didgeridoo sylindrisk blåseinstrument av aboriginsk opprinnelse
the Dreaming aboriginernes teori om verdens opprinnelse og energien rundt oss
the dry tørkeperioden i nord- og sentral-Australia (mai-november)
dunny toalett utendørs
freshie ferskvannskrokodille
the never-never the outback (indre områder av nord- og sentral-Australia)
road train et langt vogntog
salty saltvannskrokodille
schooner et stort glass øl
sheila jente eller kvinne
story en historie i 'the Dreaming'
tinny 375 ml ølkanne
walkabout vandring
the wet regntiden i nord

REGELMESSIGE NORSKE VERB –
ORWEGIAN IRREGULAR VERBS

finitiv/ *finitive*	Presens/ *Present tense*	Preteritum *Past tense*	Perfektum/ *Perfect tense*	
ta	antar	antok	antatt	*take it, assume*
	ber	ba	bedt	*ask, beg, pray, invite*
nde	binder	bandt	bundet	*bind*
te	biter	bet	bitt	*bite*
	blir	ble	blitt	*be, become*
enne	brenner	brant	brent	*burn*
inge	bringer	brakte	brakt	*carry, take, bring*
	byr	bød	budt	*order, bid*
ere	bærer	bar	båret	*carry, wear*
a	drar	dro	dratt	*draw, pull, leave*
ikke	drikker	drakk	drukket	*drink*
ive	driver	drev	drevet	*carry on, run, drift*
	eter	åt	ett	*eat*
le	faller	falt	falt	*fall*
ne	finner	fant	funnet	*finne*
	flyr	fløy	fløyet	*fly*
stå	forstår	forsto	forstått	*understand*
svinne	forsvinner	forsvant	forsvunnet	*disappear*
telle	forteller	fortalte	fortalt	*tell*
se	fryser	frøs	frosset	*freeze, feel cold*
ge	følger	fulgte	fulgt	*follow*
	får	fikk	fått	*get*
	gir	ga	gitt	*give*
lde	gjelder	gjaldt	gjeldt	*apply (to)*
re	gjør	gjorde	gjort	*do*

gli	glir	gled	glidd	*slide, skid*
gripe	griper	grep	grepet	*catch, grab*
gråte	gråter	gråt	grått	*cry*
gå	går	gikk	gått	*walk, go*
ha	har	hadde	hatt	*have*
henge	henger	hang	hengt	*hang*
hete	heter	het	hett	*be called*
hjelpe	hjelper	hjalp	hjulpet	*help, assist*
holde	holder	holdt	holdt	*hold*
klype	klyper	kløp	kløpet	*pinch*
komme	kommer	kom	kommet	*come*
krype	kryper	krøp	krøpet	*creep*
kunne	kan	kunne	kunnet	*can*
la	lar	lot	latt	*let*
le	ler	lo	ledd	*laugh*
legge	legger	la	lagt	*lay*
lide	lider	led	lidd	*suffer*
ligge	ligger	lå	ligget	*lie*
lyde	lyder	lød	lydd	*sound*
lyve, lyge	lyver	løy	løyet	*lie*
løpe	løper	løp	løpt	*run*
måtte	må	måtte	måttet	*must*
nyse	nyser	nøs	nyst	*sneeze*
nyte	nyter	nøt	nytt	*enjoy*
rekke	rekker	rakk	rukket	*reach, give*
ri	rir	red	ridd	*ride*
rive	river	rev	revet	*tear*
se	ser	så	sett	*see*
selge	selger	solgte	solgt	*sell*
sette	setter	satte	satt	*place*

	sier	sa	sagt	*say*
te	sitter	satt	sittet	*sit*
jære	skjærer	skar	skåret	*cut*
rike	skriker	skrek	skreket	*cry, call*
rive	skriver	skrev	skrevet	*write*
ulle	skal	skulle	skullet	*shall/will*
yte	skyter	skjøt	skutt	*shoot*
yve	skyver	skjøv	skjøvet	*push*
ope	slipper	slapp	sluppet	*let go of, drop*
	slår	slo	slått	*beat, hit*
ss	slåss	sloss	slåss	*fight*
elle	smeller	smalt	smelt	*crack, bang*
øre	smører	smurte	smurt	*oil, smear*
e	sover	sov	sovet	*sleep*
inge	springer	sprang	sprunget	*run*
rre	spør	spurte	spurt	*ask*
ge	stiger	steg	steget	*mount, increase*
kke	stikker	stakk	stukket	*sting*
le	stjeler	stjal	stjålet	*steal*
ekke	strekker	strakk	strukket	*stretch*
yke	stryker	strøk	strøket	*delete, iron*
	står	sto	stått	*stand*
	svir	sved	svidd	*burn, scorch*
ke	sviker	svek	sveket	*deceive*
ge	synger	sang	sunget	*sing*
	tar	tok	tatt	*take*
e	teller	talte	talt	*count*
ge	tigger	tagg	tigget	*beg (for)*
fe	treffer	traff	truffet	*hit*
kke	trekker	trakk	trukket	*pull, draw*

tvinge	tvinger	tvang	tvunget	*force, compel*
velge	velger	valgte	valgt	*choose*
ville	vil	ville	villet	*want to, will/shall*
vinne	vinner	vant	vunnet	*win*
vite	vet	visste	visst	*know*
vri	vrir	vred	vridd	*twist, wring*
være	er	var	vært	*be*

REGELMESSIGE ENGELSKE VERB –
NGLISH IRREGULAR VERBS

n del uregelmessige verb, f.eks. *dream*, *spoil*, har to former i
eteritum og perfektum partisipp: *dreamt*, *spoilt*, er vanligst i
itisk, mens *dreamed*, *spoiled* er vanligst i amerikansk.

finitive/ *finitiv*	**Past tense/** ***Preteritum***	**Perfect tense/** ***Perfektum***	
	was/were	been	*være*
at	beat	beaten	*slå*
come	became	become	*bli*
gin	began	begun	*begynne*
d	bid, bade	bid, bidden	*by*
te	bit	bitten	*bite*
eed	bled	bled	*blø*
ow	blew	blown	*blåse*
eak	broke	broken	*bryte*
ild	built	built	*bygge*
rn	burnt, burned	burnt, burned	*brenne*
y	bought	bought	*kjøpe*
tch	caught	caught	*fange*
oose	chose	chosen	*velge*
me	came	come	*komme*
t	cut	cut	*kutte*
al	dealt	dealt	*handle*
	dug	dug	*grave*
	did	done	*gjøre*
aw	drew	drawn	*dra, tegne*
eam	dreamt, dreamed	dreamt, dreamed	*drømme*

drink	drank	drunk	*drikke*
drive	drove	driven	*kjøre*
eat	ate	eaten	*spise*
fall	fell	fallen	*falle*
feel	felt	felt	*føle*
fight	fought	fought	*slåss*
find	found	found	*finne*
fly	flew	flown	*fly*
forbid	forbade	forbidden	*forby*
forget	forgot	forgotten	*glemme*
freeze	froze	frozen	*fryse*
get	got	got, gotten	*få*
give	gave	given	*gi*
go	went	gone	*gå*
grow	grew	grown	*vokse*
hang	hung	hung	*henge*
hang	hanged	hanged	*henge (ved dødsstraff)*
have	had	had	*ha*
hear	heard	heard	*høre*
hide	hid	hidden	*gjemme*
hit	hit	hit	*slå*
hold	held	held	*holde*
keep	kept	kept	*(be)holde*
know	knew	known	*vite, kjenne*
lay	laid	laid	*legge*
learn	learnt, learned	learnt, learned	*lære seg*
leave	left	left	*forlate*
lend	lent	lent	*låne ut*
let	let	let	*la*

e	lay	lain	*ligge*
	lied	lied	*lyve*
ght	lit, lighted	lit, lighted	*tenne, lyse*
se	lost	lost	*miste*
ake	made	made	*gjøre*
ean	meant	meant	*mene, bety*
eet	met	met	*møte*
y	paid	paid	*betale*
ad	read	read	*lese*
de	rode	ridden	*ri*
se	rose	risen	*stå opp*
n	ran	run	*løpe*
y	said	said	*si*
e	saw	seen	*se*
l	sold	sold	*selge*
nd	sent	sent	*sende*
ow	showed	shown, showed	*vise*
ut	shut	shut	*lukke*
g	sang	sung	*synge*
	sat	sat	*sitte*
ep	slept	slept	*sove*
ell	smelt, smelled	smelt, smelled	*lukte*
eak	spoke	spoken	*snakke*
ell	spelt, spelled	spelt, spelled	*stave*
end	spent	spent	*bruke tid/penger*
ll	spilt, spilled	spilt, spilled	*søle*
il	spoilt, spoiled	spoilt, spoiled	*ødelegge*
nd	stood	stood	*stå*
al	stole	stolen	*stjele*
ng	stung	stung	*stikke*

swim	swam	swum	*svømme*
swing	swung	swung	*svinge*
take	took	taken	*ta*
teach	taught	taught	*lære bort*
tear	tore	torn	*rive i stykker*
tell	told	told	*fortelle*
think	thought	thought	*tenke, synes*
throw	threw	thrown	*kaste*
understand	understood	understood	*forstå*
wake	woke	woken	*våkne*
wear	wore	worn	*ha på seg*
win	won	won	*vinne*
write	wrote	written	*skrive*

EGNE NOTATER

EGNE NOTATER

EGNE NOTATER

EGNE NOTATER

A

abbor perch, bass.
abc-bok primer, ABC (book).
abdikasjon abdication.
abdisere abdicate.
abnorm abnormal; **~itet** abnormality.
abonnement subscription; season ticket.
abonnent subscriber.
abonnere subscribe (**på** to).
abort abortion, miscarriage; **ta ~** have an abortion; **~ere** abort, miscarry.
absolutt absolute; **~ gehør** (*mus*) perfect pitch.
absorbere absorb.
abstrakt abstract.
absurd absurd; preposterous; **~itet** absurdity.
AD *fork for* **Anno Domini** e.Kr. (etter Kristus).
addere add (up).
addisjon addition.
adel nobility; **~ig** noble; titled.
adgang *(tillatelse)* admittance, admission; *(mulighet for)* access to; *(vei til)* approach, access; **~ forbudt** no admittance.
adjektiv adjective.
adlyde obey.
administrasjon administration, management.
administrativ administrative.
administrator administrator, manager, executive.
administrere manage; administer.
adopsjon adoption.
adoptere adopt.
adoptivbarn adopted child.
adresse address; **~re** address.
advare warn (**mot** against; **om** of).
advarsel warning; (*sport*) caution.
adverb adverb.
advokat lawyer; (*britisk*) barrister; *(juridisk rådgiver)* solicitor, (*amr*) attorney; **~fullmektig** assistant lawyer.

aerobic aerobics.
affektert affected, stilted.
affære affair, matter.
Afrika Africa.
afrikaner African.
afrikansk African.
afroamerikaner African-American, Afro-American.
agent agent; **~ur** agency.
agere act, play.
aggresjon aggression, hostility.
aggressiv aggressive, hard-hitting.
agitasjon agitation, propaganda.
agitere agitate, campaign for.
agn bait; *(på korn)* chaff, husk.
agronom agronomist.
agurk cucumber.
aha-opplevelse eye-opener, revelation.
aids *fork for* **Acquired Immuno-Deficiency Syndrome (AIDS)**; **~smittet** aids-infected.
à jour up-to-date; **ajourføre** bring up to date.
akademi academy; **~ker** academic, university graduate; **~sk** academic.
ake *verb* sledge, (*amr*) sled; **~bakke** sledding hill, toboggan slide; **~brett** toboggan, (*amr*) sled, sledding board.
akevitt aquavit.
akillessene Achilles' tendon.
akklimatisere acclimatize.
akklimatisering acclimatization, adaption.
akklimatisere seg adapt oneself.
akkompagnatør accompanist.
akkompagnement accompaniment.
akkompagnere accompany.
akkord (*mus*) chord; (*arbeid*) piecework contract; (*handel, jur*) debt settlement.
akkurat *(nettopp)* exactly; precisely; just.
a konto on account.
akrobat acrobat.
akryl acrylic.
aks ear (of corn); (*bot*) spike.
akse axis.
aksel *(på hjul)* axle; (*maskin*) shaft; *(skulder)* shoulder.
akselerasjon acceleration.
aksent accent.
aksept acceptance.
akseptabel acceptable.

akseptere accept; honour.
aksje share, (*amr*) stock; **~brev** share certificate, (*amr*) stock certificate; **~eier** shareholder, (*amr*) stockholder; **~fond** unit trust (fund), (*amr*) mutual fund; **-handel** share trading; stock trading; **~kurs** share price, (*amr*) stock price.
aksjeleilighet shared ownership flat, (*amr*) joint-ownership apartment, co-op.
aksjemarked stock market, stock exchange.
aksjemegler (stock)broker.
aksjeomsetning equity trading.
aksjeportefølje share portfolio, (*amr*) stock portfolio.
aksjeselskap limited (liability) company (AS = Ltd.), (*amr*) (stock) corporation (AS = Inc.).
aksjesparer unit trust investor, (*amr*) mutual fund investor.
aksjesparing share savings, (*amr*) stock savings.
aksjetegning subscription of shares, (*amr*) stock subscription.
aksjeutbytte (share) dividend, (*amr*) (stock) dividend.
aksjon action; **gå til ~** take action; **~ere** demonstrate; **~ist** demonstrator, activist.
aksjonær shareholder, (*amr*) stockholder.
akt act; *(om maleri)* nude; **gi ~!** attention!
aktelse respect, regard, esteem.
akter aft, astern; **~dekk** after deck; **~ende** stern.
aktiv active.
aktiva *flertall* assets; **~ og passiva** assets and liabilities.
aktivisere activate; keep busy.
aktivist activist.
aktivitet activity.
aktmaleri nude.
aktor (*jur*) counsel for the prosecution; prosecutor, **~at** prosecution.
aktualisere bring up-to-date.
aktualitet current interest, topicality.
aktuell current; present, topical.
akupunktur acupuncture.
akustikk acoustics *flertall*.
akustisk acoustic.

akutt acute, sudden; **~avdeling** casualty ward, (*amr*) emergency room (ER).
akvarell watercolour.
akvarium aquarium.
à la carte à la carte.
alarm alarm; **~anlegg** alarm system; **~beredskap** alert; **~ere** alarm, alert.
albaner Albanian.
Albania Albania.
albansk Albanian.
albatross albatross.
albino albino.
albue elbow.
album album.
aldeles quite, perfectly; **~ ikke** certainly not, nothing of the kind.
alder age; **~dom** old age.
aldersbevis ID-card.
aldersgrense age limit.
aldershjem old people's home.
alderspensjon old-age pension.
aldri never.
alene alone, by oneself; **~forelder** single parent; **~forsørger** single provider, sole provider.
alfabet alphabet; **~isk** alphabetical(ly).
alfablokker (*medisin*) alpha-blocker.
alge (*bot*) (*oftest flertall*) algae; *(tang)* seaweed.
alias alias, assumed name, a.k.a. (also known as).
alibi alibi.
alkis wino, boozer, (*amr*) lush.
alkohol alcohol; **~forbud** ban on alcohol; **~fritt drikke** non-alcoholic drinks; soft drinks; **~holdig** alcoholic; **~holdig drikke** spirits, (*amr*) liquor; **~iker** alcoholic; **~isme** alcoholism; **~misbruk** alcohol abuse.
alkotest breathalyser.
all all.
alle everyone, everybody, all; *(hvem som helst)* anybody; **~ sammen** all of us (you, them), everybody; **~ slags** all kinds of.
allé avenue.
allehånde allspice; all sorts of.
allemannsrett public right of access.
aller ~ best best of all, the very best; **~ først** first of all; **~ mest** most of all .
allerede already, as early as.
allergen (*medisin*) allergen.
allergi allergy; **~sk** allergic.
allestedsnærværende

omnipresent, ubiquitous.
allianse alliance.
alliere ally; **de allierte** the Allies.
alligator alligator.
allikevel still, yet, all the same.
allmakt omnipotence.
allmektig almighty.
allmenn general, common, ordinary; **~dannelse** general education; **~fag** general/liberal studies.
allmennpraktiker *(lege)* general practitioner (GP).
allsang singsong, *(amr)* sing-along.
allsidig versatile, all-round; **~het** versatility.
allslags all sorts/kinds of.
alltid always, invariably.
allting everything.
allvitende omniscient, all-knowing.
alm elm; **~esyke** Dutch elm disease.
almanakk almanac.
alpelue beret.
Alpene the Alps.
alpin alpine; **~ist** alpine skier, downhill skier; **~senter** alpine skiing resort, alpine ski centre.
alt (*om stemme*) contralto, alto.
alt *pron.* everything, all; **~ annet enn** everything but.
alter altar; **~gang** reception of communion.
alternativ alternative.
alternere alternate.
altetende omnivorous.
altfor too, much too.
altså therefore, consequently, so.
aluminium aluminium, *(amr)* aluminum; **~sfolie** tinfoil, *(amr)* aluminum foil.
alv elf, fairy.
alvor seriousness, earnestness, gravity; **for ~** in earnest; **~lig** serious, earnest, grave.
a.m. *fork for* **ante meridiem** før klokka tolv (fra kl 0000 til kl 1200).
amalgam amalgam (filling).
amatør amateur.
ambassade embassy.
ambassadør ambassador.
ambisjon ambition.
ambolt anvil; *(del av øret)* incus, anvil.
ambulanse ambulance.
A-menneske early riser, early bird.
Amerika America.
amerikaner American, US citizen.

amerikansk American.
amfetamin amphetamine, (*hverdagslig*) speed.
amfiteater amphitheatre.
amme *verb* breast-feed.
ammoniakk ammonia.
ammunisjon ammunition.
amnesti amnesty.
a-moll A minor.
amortisere amortize.
ampel hanging lamp; hanging flower pot.
amputasjon amputation.
amputere amputate.
amulett amulet; charm.
anabole steroider anabolic steroids.
anal anal.
analfabet illiterate.
analyse analysis (*flertall* analyses); **~re** analyse, (*amr*) analyze.
ananas pineapple.
anarki anarchy; **~st** anarchist.
anatomi anatomy.
anbefale recommend.
anbefaling recommendation.
anbud tender, (*amr*) bid.
anbudsdokumenter tender documents.
anbudsgiver tenderer, (*amr*) bidder.
and duck.
andakt *(kort gudstjeneste)* prayers, devotions.
andel share; quota; **~shaver** co-owner; **~slag** co-operative society; **~sleilighet** co-op flat, (*amr*) co-op apartment.
andpusten out of breath, breathless.
andre others, other people.
andunge duckling.
ane *verb* suspect; guess; **jeg ~r ikke** I have no idea.
aner *flertall* ancestors; ancestry.
anerkjenne acknowledge, appreciate; recognize; **~lse** acknowledg(e)ment, recognition; approval.
anfall assault; attack; (*medisin*) fit.
anførselstegn inverted commas, quotation marks.
angel fishhook.
angi inform against/on; *(vise)* indicate; *(nevne)* state; **~ver** informer, (*slang*) snitch.
angre regret, repent.
angrep attack, assault, charge; **~sspiller** (*sport*) striker, forward.
angripe attack, assault; *(tære)* corrode; **~r** aggressor, attacker.
angst fear, dread; anxiety.

angå concern, relate to; **~ende** concerning, as regards, with regard to.
anheng pendant.
animasjon animation.
animatør cartoonist, animator.
animasjonsfilm cartoon, animated film.
anke *subst* (*jur*) appeal.
anke *verb* (*jur*) appeal.
ankel ankle.
anker anchor; **~kjetting** cable; **~spill** windlass.
anklage *subst* accusation, (*jur*) charge, indictment.
anklage *verb* accuse (**for** of); (*jur*) charge (**for** with); **~r** (*jur*) prosecutor, (*amr*) prosecuting attorney.
ankomme arrive (**til** at, in).
ankomst arrival; **~dato** date of arrival; **~tid** time of arrival.
ankre anchor.
anledning occasion; opportunity; **i den ~** in that connection.
anlegg *(byggeplass)* construction site; *(fabrikk)* works, plant; (*elektr*) installation; *(evner)* talent, aptitude; **~e** construct, lay out; (*sak, jur*) bring an action against, (*amr*) sue.
anløpe *sjøfart* touch at, call at; *(metall)* tarnish.
anmelde *(til politiet)* report, notify; *(bok)* review; **~lse** report, notification; **~r** reviewer.
anmerke note, put down.
anmerkning comment; reprimand.
anneks annex.
annen other; (*numerisk*) second; **~klasses** second-class; **~steds** elsewhere, somewhere else.
annerledes different; special.
annonse advertisement, ad; **~re** advertise; make public.
annullere cancel, annul.
annullering cancellation.
anonym anonymous; **~itet** anonymity.
anorakk anorak, parka.
anoreksi anorexia.
anorektiker anorectic.
ansatt employed.
ansatt *subst* employee.
anseelse reputation.
anse for regard as, consider.
ansett distinguished, of good repute.
ansette employ, engage, hire; **~lse** employment, engagement, appointment.
ansiennitet seniority.

ansikt face; **~sfarge** complexion; **~krem** face cream; **~sløftning** face-lift; **~strekk** features.
ansjos anchovy.
anslag (*mus*) touch; *(vurdering)* estimate.
anslå estimate (**til** at); (*mus*) strike.
anspent tense, strained.
anstalt institution.
anstand chaperon(e).
anstendig decent, proper.
anstrengelse effort, exertion.
anstrengende tiring, strenuous.
anstrenge seg *(for å)* endeavour (to), exert oneself (to).
anstrengt strained, tense.
ansvar responsibility; **~lig** responsible (**for** for; **overfor** to); **~sforsikring** liability insurance; **~sløs** irresponsible, careless.
anta suppose; assume; *(godkjenne)* approve, accept.
antall number.
Antarktis the Antarctic, Antarctica.
antenne *subst* (*radio, tv*) antenna, aerial; (*zool*) antenna, (*amr*) feeler; (*flertall* antennae); **~uttak** aerial socket.
antenne *verb* ignite, set fire to; **~lig** inflammable.
antibiotika (*medisin*) *flertall* antibiotics.
antidepressiva (*medisin*) antidepressants.
antihistaminer (*medisin*) antihistamin drugs.
antikk antique.
antikvar second-hand bookseller; **~iat** second-hand bookshop.
antilope antelope.
antiluftskyts anti-aircraft guns.
antipati antipathy.
antipersonellmine anti-personnel (land)mine.
antiseptisk antiseptic.
antistatisk anti-static.
antistoff (*medisin*) antibody.
antrekk dress, attire.
antropolog anthropologist; **~i** anthropology.
antyde imply, suggest, hint.
antydning hint; suggestion; *(spor)* trace.
anvise *(vise)* show; *(tildele)* assign; (*handel*) pass for payment; *(på bank)* draw on a bank.
anvisning *(veiledning)* directions, instructions;

(penge-) money order; cheque.
aparte odd, peculiar.
apati apathy; **~sk** apathetic.
ape *subst* monkey; ape.
ape *verb* mimic; ape.
aperitiff aperitif.
A-post first class mail.
apostel apostle.
apotek chemist's, pharmacy, (*amr*) drugstore; **~er** dispensing chemist; druggist.
apparat apparatus, device; (*radio, tv*) set.
appartementshotell apartment hotel.
appell appeal; **~ere** appeal.
appelsin orange.
appetitt appetite; **~lig** appetizing; **~vekker** appetizer.
applaudere applaud.
applaus applause.
aprikos apricot.
april April; **~snarr** April fool.
apropos by the way.
araber Arab.
arbeid work; labour; employment; **~e** work; labour.
arbeider worker; labourer; **~klasse** working class.
Arbeiderpartiet Labour Party.
arbeidsavtale contract of employment.
arbeidsbesparende labour-saving.
arbeidsdag working day.
arbeidsdyktig fit for work, able-bodied.
arbeidsgiver employer; **~forening** employer's association.
arbeidskontor employment agency, job centre.
arbeidsledig unemployed, out of work; **~het** unemployment; **~strygd** unemployment compensation, dole money.
arbeidsplass place of work.
arbeidsrom study.
arbeidstaker employee.
arbeidstid working hours.
arbeidstillatelse work permit.
areal area, acreage.
arena arena, stadium.
Argentina Argentina.
argentiner Argentinian.
argentinsk Argentinian.
argument argument; **~asjon** argumentation; **~ere** argue.
arie aria.
aristokrat aristocrat; **~i** aristocracy.
aritmetikk arithmetic.
ark sheet (of paper).

arkeolog archaeologist; **~i** archaeology.
arkitekt architect; **~ur** architecture.
arkiv archive(s), file(s); **~ere** file; **~skap** filing cabinet.
arktisk arctic.
arm arm.
armatur fittings, fixtures.
armbånd bracelet; **~sur** (wrist) watch.
armé army.
armhevning press-up, (*amr*) push-up.
armhule armpit.
armring bangle.
aroma aroma; **~terapi** aromatherapy; **~tisk** aromatic.
arr scar.
arrangement arrangement; event.
arrangere arrange, organize.
arrangør organizer.
arrest arrest; *(fengsling)* custody, detention; **~ere** arrest; **~ordre** warrant (for somebody's arrest).
arroganse arrogance.
arrogant arrogant; haughty.
arsenikk arsenic.
art *(vesen)* nature, character; *(slags)* sort, kind; *biol* species.
arterie artery.
artig funny, amusing.
artikkel article.
artikulere articulate.
artilleri artillery.
artisjokk artichoke.
artium *omtrent* General Certificate of Education (GCE), Advanced Level (A-levels) (GCEA), (*amr*) high school diploma; **ta ~** take one's A-levels, (*amr*) graduate from high school.
arv inheritance; legacy; heritage.
arve inherit; **~avgift** inheritance tax; **~følge** order of succession; **~lig** hereditary; **~løs** disinherited; **~rett** right to inherit; **~stykke** heirloom.
arving heir(ess) *m (f)*.
AS *fork for* **aksjeselskap** Ltd. (Limited Company), (*amr*) Inc. (Incorporated).
asbest asbestos.
asfalt(ere) asphalt.
Asia Asia.
asiat Asian; **~isk** Asian.
asjett saucer; small plate.
ask (*bot*) ash.
aske ashes *flertall*; **~beger** ashtray.
Askepott *(eventyrfigur)* Cinderella.

askese asceticism.
asketisk ascetic.
asp aspen.
asparges asparagus.
aspirant trainee; candidate.
aspirere til aspire to.
assistanse assistance.
assistent assistant.
assistere assist.
assuranse insurance.
assurere insure.
astma asthma; **~tiker, ~tisk** asthmatic.
astrologi astrology.
astronom astronomer; **~i** astronomy.
asurblå azure.
asyl asylum; **~mottak** centre for asylum seekers, (*amr*) refugee reception center; **~søker** asylum seeker; **~søknad** application for political asylum.
at that.
ateisme atheism.
ateist atheist.
atelier studio.
atferd behaviour, conduct; **~sforstyrrelse** behaviour disorder; **~sterapi** behaviour therapy.
atlet athlete; **~isk** athletic.
atmosfære atmosphere.
atmosfærisk atmospheric.
atom atom; **~avfall** nuclear waste; **~bombe** atom(ic) bomb; **~drevet** nuclear-powered; **~kraftverk** nuclear power plant; **~krig** nuclear war; **~våpen** nuclear weapons.
atonal atonal.
atskille part, separate, segregate; **~lse** separation.
atskillig *adv* considerably, a good deal; **~e** quite a few.
atskilt separate.
attentat (attempted) assassination; **~forsøk** assassination attempt; **~mann** assassin.
attest certificate, recommendation; **~ere** certify.
attføring rehabilitation.
au ouch, oh.
aubergine aubergine, eggplant.
audiens audience.
auditorium auditorium, lecture hall.
august August.
auksjon auction; **~arius** auctioneer; **~ere** auction.
Australia Australia.
australier Australian, (*hverdagslig*) Aussie.
australsk Australian.
autentisk authentic.
autist autist.

autograf autograph.
automat vending machine; **~gir** automatic transmission; **~isk** automatic; **~sikring** (*elektr*) circuit breaker; **~våpen** automatic weapon.
autonom autonomous, independent.
autorisasjon authorization.
autorisere authorize.
autorisert authorized; licensed; **~revisor** chartered accountant.
autoritet authority.
autovern crash barrier, safety fence.
av *adv* off; **~ og til** now and then; **~ sted** away; off.
av *preposisjon* of; by; from.
avanse (*handel*) profit; **~ment** promotion; **~re** *(rykke frem)* advance; *(forfremmes)* be promoted; **~rt** advanced, state-of-the-art.
avantgarde vanguard.
avbalansere balance, stabilize.
avbestille cancel.
avbestilling cancellation.
avbetaling *(avdrag)* partial payment; installment; **på ~** on hire-purchase, (*amr*) on installments.
avbitertang (pair of) cutting nippers, wire cutter.
avblåse call off, cancel.
avbrudd interruption, break.
avbryte interrupt, break (off).
avbud melde ~ send one's regrets.
avdekke uncover, reveal; *(statue)* unveil.
avdeling department; section; (*mil*) unit; detachment; *(filial)* branch; **~sleder** department manager.
avdrag part payment; instalment; **~sfri** interest-only; **~stid** repayment period.
avdrift deviation; *sjøfart* drift.
avdød deceased; late.
avertere advertise (**etter** for).
avertissement ad(vertisement), (*britisk*) advert.
avfall refuse, waste; *(søppel)* rubbish, (*amr*) trash, garbage; **~sbøtte** (rubbish) bin; **~sdynge** refuse/trash heap; **~ssjakt** rubbish chute, (*amr*) garbage chute. **~sstoffer** *flertall* refuse; waste.

avfolke depopulate.
avføring excrement, feces; stools; **~smiddel** laxative.
avgang departure; **~stid** time of departure.
avgift *(skatt)* tax; *(toll)* duty; *(gebyr)* fee; **~sfri** duty free.
avgjøre *(ordne)* settle; *(bestemme)* decide, determine; **~lse** decision; settlement; **~nde** decisive; *(endelig)* final.
avgrense bound, (de)limit.
avgrensning (line of) demarcation, delimitation.
avgrunn abyss, chasm.
avgud idol; **~sbilde** idol; **~sdyrkelse** idolatry.
avgå depart, leave, sail (**til** for); **~ ved døden** pass away.
avhandling treatise, thesis, dissertation.
avhenge av depend on.
avhengig dependent (**av** on).
avhengighet dependence; addiction.
avhold abstinence; **~e seg fra** abstain from; **~smann** teetotaller; **~t** popular, well-liked.
avhopper defector.
avis (news)paper; **~kiosk** kiosk, newsstand; **~artikkel** (newspaper) article.
A-vitamin vitamin A.
avkalke decalcify; *(vann)* soften.
avkall renunciation; **gi ~ på** give up, relinquish.
avkastning yield, profit(s).
avkjøle cool, chill; refrigerate.
avkjøling cooling.
avkjølt chilled.
avkjøring exit.
avklare clarify, clear up.
avkobling relaxation.
avkom offspring; (*jur*) issue.
avkrok out-of-the-way place.
avl *(oppdrett)* breeding; *(avling)* crop.
avlang oblong.
avlaste relieve (**for** of).
avlat indulgence.
avle grow, raise; *(om dyr)* breed.
avlede *(utlede av)* derive from; *(lede bort)* divert.
avledning derivation; diversion.
avlegge *(besøk)* pay; *(ed)* take an oath; *(regnskap)* render; *(eksamen)* pass; **~r** (*bot*) cutting.
avleggs antiquated, out of date, obsolete.
avleire deposit.
avleiring *(lag)* deposit; *(lagdannelse)* stratification.

avlevere deliver; return.
avlevering delivery.
avling crop, harvest.
avlive put to death, kill.
avlyse cancel, call off.
avlysning cancellation.
avløp outlet, drain; **~srør** drain pipe.
avløse *(vakt)* relieve, spell; *(følge etter)* succeed.
avløsning relief, replacement.
avmakt impotence; powerlessness.
avmektig powerless, impotent.
avpasse adapt, adjust (**etter** to).
avregning statement of accounts; *(oppgjør)* settlement of accounts.
avreise *subst* departure; **~dato** date of departure.
avrime defrost.
avrunde round off.
avsats *(trappe-)* landing; *(i fjell)* ledge.
avse spare.
avsende dispatch; **~r** sender; shipper.
avsetning sales.
avsette *(fra embete)* remove, dismiss; *(konge)* dethrone; depose; **~lse** removal; dismissal; dethronement.
avsides remote, out of the way.
avsi dom pass judg(e)ment/ sentence.
avskaffe abolish; **~lse** abolition.
avskalling peeling, shedding.
avskilte remove the number plates, (*amr*) remove the license plates.
avskjed leave; farewell; *(tvungen)* dismissal; *(frivillig)* retirement; **få ~** be dismissed, (*hverdagslig*) be sacked/fired; **~ige** dismiss, discharge; (*hverdagslig*) sack, fire; **~ssøknad** letter of resignation.
avskrift copy, transcript.
avskrive (*handel*) write off.
avsky *subst* disgust, aversion.
avsky *verb* detest, abhor; **~elig** detestable, abominable.
avslag rejection, refusal; (*handel*) discount, reduction.
avslapning relaxation.
avslappet relaxed.
avslutning conclusion; finish.
avslutte conclude, finish, close.

avsløre *(røpe)* reveal; disclose; *(avduke)* unveil.
avsløring disclosure; exposure.
avslørende revealing, eye-opening.
avslå turn down, refuse, reject.
avsmak distaste, dislike; **få ~ for** take a dislike to.
avsnitt paragraph; *(utdrag)* passage, section.
avspark kick-off.
avspasering compensatory time off.
avspenning relaxation; *(politikk)* détente, appeasement.
avspiller play-back unit.
avspore derail, sidetrack.
avstamning descent; extraction.
avstand distance; **~småler** rangefinder.
avstemning voting, cast a ballot.
avstengt closed up, barred.
avstigning exit, dismounting, alighting.
avstive brace, stiffen.
avstøpning cast.
avstå renounce; relinquish, give up; cede; **~ fra** abstain from; desist from; **~else** *(land)* cession, surrender.
avta decrease, decline, diminish; **~kbar** removable.
avtale *subst (overenskomst)* contract, agreement; *(et møte)* appointment.
avtale *verb* arrange; agree on; make an appointment.
avtalebrudd breach of contract.
avtalevilkår term of agreement.
avtalt agreed (upon), arranged.
avtjene ~ verneplikten do one's military service.
avtrekk vent, outlet; **~er** trigger.
avtrykk (im)print; *(opptrykk)* copy impression.
avveie balance, weigh.
avveier, på ~ astray.
avveksling change, variety.
avvenne wean.
avvenning weaning.
avvenningsklinikk *(for rusmisbrukere)* detoxification centre.
avvente await, wait for.
avverge prevent, avert.
avvik deviation, discrepancy; **~e** differ, diverge; **~ende** deviant, divergent.
avvikle carry out;

(forretning) wind up, liquidate.
avvise *(forslag)* refuse, reject; *(beskyldning)* repudiate, dismiss.
avvisning refusal, rejection; dismissal, repudiation.
avvæpne disarm.
avvæpning disarmament.

B

bable babble, jabber.
babord port(side).
baby baby, bub; **~bag** carrycot, (*amr*) car bed; **~mais** baby corn; **~pose** baby sleeping bag; **~sele** baby reins.
bad bathroom, bath.
bade *(i kar)* take (*eller* have) a bath; *(ute)* go for a swim, go swimming, bathe; **~bukse** (swimming) trunks; **~drakt** swimsuit, bathing suit; **~hette** bathing cap; **~kar** (bath)tub; **~kåpe** bathrobe; **~strand** beach; **~vekt** bathroom scales.
badstue sauna.
bagasje luggage, baggage; **~oppbevaring** left-luggage office, (*amr*) checkroom; **~rom** *(på bil)* boot, (*amr*) trunk; **~tralle** luggage trolley, baggage trolley; **~utlevering** luggage reclaim, baggage claim.
bagatell trifle.
bagett baguette.
bak *preposisjon, adv, subst* behind; **~ frem** back to front.
bakaksel rear axle.
bakben hind leg.
bakbinde pinion.
bakbrems rear brake.
bake bake; **~pulver** baking powder; **~r** baker; **~ri** bakery.
bakerst *adv* afterwards.
bakerst *adj* hindmost.
bakerst *adv* at the back.
bakfra from behind.
bakgate back street.
bakgrunn background.
bakhjul rear wheel; **~sdrift** rear wheel drive.

bakhold(sangrep) ambush.
bakhånd, ha i ~ have in reserve, have something to fall back on.
bakke *subst* hill, slope.
bakke *verb* back; reverse; **~ ut** back out, withdraw.
bakkekontakt sense of reality.
bakkemannskap ground crew/personnel.
bakkerekord jump/hill record.
bakkestart uphill start.
bakkestyrke ground forces.
baklengs backwards.
baklomme hip pocket.
baklys rear/tail light.
bakover backwards; **få ~sveis** be flabbergasted.
bakpart back (part).
bakrus hangover.
baksete back seat.
bakside back(side).
bakskjerm rear wing, (*amr*) rear fender.
baksmell set-back, backlash, blow.
baksnakke slander.
bakspeil rear-view mirror.
baktanke ulterior motive.
bakterie bacterium (*flertall* bacteria), germ.
bakteriolog bacteriologist.
baktropp rear guard.
bakvendt the wrong way round; backward; awkward.
balanse balance; poise; **~re** balance.
bale toil, struggle (**med** with).
balje tub.
balkong balcony; (*teater*) dress circle.
ball ball.
ballade *(dikt)* ballad; *(ståhei)* fuss, row.
balle *(vare-)* bale.
ballett ballet.
ballong balloon; *(flaske)* demijohn.
balltre bat.
balsam balm; (hair) conditioner **~ere** embalm; **~ikoeddik** balsamic vinegar.
Baltikum the Baltic States.
baltisk Baltic.
bambus bamboo; **~skudd** bamboo shoot.
banal commonplace, trivial.
banan banana; **~stikker** banana plug.
bandasje bandage; **~re** bandage, dress.
bande gang, band; bunch.
banditt bandit, gangster.
bane (*sport*) course, track, field, pitch, ground;

(*astronomi*) orbit; **~ vei** clear the way.
bank bank; *(juling)* a beating, a thrashing; *(mini-)* cashpoint; **~boks** safe deposit box.
banke knock; *(slå)* beat, thrash.
bankerott bankrupt.
bankett banquet.
bankfilial branch; **-giro** bank giro; **-innskudd** bank deposit; **-konto** bank account; **-kort** creditcard, bank ID card; **-ran** bank robbery; **-sjef** bank manager.
banne curse, swear.
bannlyse *(lyse i bann)* ban, excommunicate; *(forvise)* banish.
bar *adj* bare; *subst* bar.
barbar barbarian; **~i** barbarism; barbarity; **~isk** *(grusom)* barbarous, cruel.
barber ~er barber; *(salong)* barbershop; **~blad** razor-blade; **~e (seg)** shave; **~høvel** (safety) razor; **~krem** shaving cream; **~maskin** (electric) shaver/ razor; **~saker** shaving kit.
bare *adv* only, just, simply.
barfrost black frost.
bark bark.
barlind yew-tree.
barmhjertig merciful, charitable; **~het** mercy; compassion.
barn child *(flertall* children); **~dom** childhood.
barnebarn grandchild.
barnebegrensning birth control; family planning.
barnebidrag child maintenance, (*amr*) child support.
barnebillett children's fare.
barnedåp christening.
barneforestilling children's performance.
barnehage nursery school; kindergarten.
barnehjem orphanage.
barnelege paediatrician, (*amr*) pediatrician.
barnemat baby food; (*overført*) child's play.
Barne- og familiedepartementet Ministry of Children and Family Affairs.
barnepark (supervised) playground.
barneparkering nursery.
barnepass child care.
barnepike nanny.
barneseng cot, (*amr*) crib.
barnesete children's safety seat.

barneskole primary school, (*amr*) elementary school.
barnesykdom children's disease.
barnetekke way with children.
barnetog children's parade.
barnetrygd child benefits.
barnevakt baby-sitter.
barnevern child welfare, (*amr*) social services.
barnevogn pram, (*amr*) baby carriage; (åpen) push chair, (*amr*) stroller.
barnløs childless.
barnslig childish.
barokk strange, peculiar; *subst* baroque.
barometer barometer.
baron baron; **~esse** baroness.
barre bar, ingot.
barrière barrier, obstruction.
barrikade(re) barricade.
barsel childbirth; post-natal period; **~avdeling** post-natal ward; **~permisjon** maternity leave.
barsk harsh, stern, rough; *(klima)* severe.
barskog coniferous forest.
bart moustache.
bartre conifer.
baryton barytone, baritone.
basar bazaar.
base base; **~ball** baseball; **~hopper** base jumper; **~re** base, found.
basilika basilica.
basilikum basil.
basill bacteria, germ; bug.
basis basis; foundation.
baskerlue beret.
bass bass.
basseng reservoir; *(havne-)* basin; *(svømme-)* swimming-pool.
bast bast, bass.
bastard bastard; hybrid, mongrel.
basun trombone.
bataljon battalion.
batteri battery; *musikk* drum set; **~drevet** battery operated; **~lader** battery charger.
baufil hacksaw.
baug bow.
bavian baboon.
BC *fork for* **Before Christ** f.Kr. (før Kristus).
be ask (**om** for); *(innstendig)* beg; *(til Gud)* pray.
bearbeide *(materiale)* work (up); *(bok)* revise; (*teater*) adapt.
bebo *(sted)* inhabit; *(hus)* occupy; **~elig** habitable, fit to live in; **~er** inhabitant, resident.

bebyggelse buildings; houses.
bedding (building) slip, berth.
bedehus chapel.
bedra deceive, delude; *(for penger)* cheat, defraud, swindle.
bedrager deceiver; swindler; **~i** deceit; fraud, swindle; **~sk** deceitful, fraudulent.
bedre *verb* better, improve.
bedre *adj* better.
bedrift *(bragd)* achievement; accomplishment; (*handel*) company, firm, business, enterprise.
bedriftsforsamling corporate assembly.
bedriftsidrett company sports.
bedriftsleder business manager, chief executive.
bedriftsøkonomi business administration.
bedøve (*medisin*) anaesthetize; *(forgifte)* drug; (*overført*) stun, numb; **~lsesmiddel** anaesthetic; narcotic.
befal officers; **~e** command; order; **~ing** command; order(s); **~sskole** officer's training school.
befinne seg be, stay; feel.
befolke populate, people.
befolkning population.
befrakte freight, charter; **~r** charterer.
befri (set) free, release, liberate; **~else** release, liberation; (*overført*) relief; **~er** liberator.
befrukte *biol* fertilize.
befruktning fertilization; **kunstig ~** insemination.
beføle feel; grope.
begeistret *adj* enthusiastic, excited (**for** about).
begeistring enthusiasm, excitement.
beger cup, beaker.
begge both.
begivenhet event, occasion; incident.
begjær desire, lust; **~e** desire, covet; **~ing** request, demand; **~lig** *adv* eagerly; greedily.
begrave bury.
begravelse funeral, burial; **~sagent** undertaker; **~sbyrå** funeral parlour, (*amr*) funeral home.
begrense limit, restrict.
begrensning limitation, restriction.
begrep concept, notion, idea (**om** of).

begripe understand, comprehend, grasp.
begrunne state the reason for; **~lse** reason(s), grounds.
begynne begin, start; commence; **~lse** beginning, start, outset.
begynner beginner, novice; **~kurs** elementary course; **~lønn** starting salary; **~vansker** initial difficulties.
begå commit, make.
behag pleasure, satisfaction; **~e** please; **~elig** agreeable, pleasant.
behandle treat, handle.
behandling treatment, handling.
beherske master, control.
behersket restrained.
behold, i ~ safe; intact.
beholde keep, retain.
beholder container.
beholdning stock, (*amr*) inventory; (*handel*) cash balance.
behov need(s), requirement(s); **~sprøvd** means-tested.
behøve need, want, require.
behå bra, brassiere.
beige beige.
beis stain; **~e** stain.
beite *subst* pasture.
beite *verb* graze.
bekjempe fight, oppose.
bekjenne confess, admit; **~lse** confession.
bekjent acquaintance, familiar; **~gjøre** announce.
bekjentskap acquaintance; **~skrets** circle of acquiantances.
bekk brook.
bekkasin snipe.
bekken (*for syke*) bedpan; (*mus*) cymbal; (*anatomi*) pelvis; **~løsning** pelvic girdle pain.
beklage regret, deplore, apologize; **~ seg over** complain of/about; **~lig** regrettable, deplorable; **~ligvis** unfortunately; **~lse** regret, apology.
bekoste pay for.
bekostning, på min ~ at my expense.
bekranse lay down a wreath; wreathe.
bekrefte *(stadfeste)* confirm; *(erkjenne)* acknowledge; *(bevitne)* attest, certify; **~lse** confirmation; acknowledgement; attestation; **~nde** (in the) affirmative.
bekvem comfortable;

convenient; **~melighet** comfort; convenience; **~melighetsflagg** flag of convenience.
bekymre worry, trouble; **~ seg for** be concerned/ worried about; **~ seg om** care about.
bekymret worried, concerned, anxious.
bekymring worry, concern, anxiety.
belaste strain, load; (*handel*) charge, debit.
belastning strain, burden; debit(ing); **~sskade** strain injury.
belegg coat(ing); *(på tunga)* fur; (*bevis*) evidence.
beleilig convenient.
beleire besiege, surround.
beleiring siege.
belg (*bot*) shell, pod; *(blåse-)* bellows; **~frukt** legume.
Belgia Belgium.
belgier Belgian.
belgisk Belgian.
beliggende located; situated.
beliggenhet location, site; position.
belte belt; **~bil** weasel; **~dyr** armadillo; **~spenne** (belt) buckle.
belyse light (up), illuminate; (*overført*) elucidate.
belysning lighting, illumination; (*fotogr*) exposure.
belønne reward.
belønning reward.
beløp amount; **~e seg til** amount to.
bemanne man.
bemanning crew, staff.
bemerke (*ense*) notice, *(si)* remark; observe.
bemerkelsesverdig remarkable, striking.
bemerkning remark; comment.
ben *(i skjelettet)* bone; *(lem)* leg; **~brudd** fracture, broken leg; **~bygning** bone structure.
bendelorm tapeworm.
benekte deny; **~nde** (in the) negative.
benete bony.
benflørte play footsie.
benfri boneless.
benk bench; *(på kjøkken* work top, (*amr*) counter; **~press** bench press.
benmarg bone marrow.
benprotese artificial leg.
bensin petrol, (*amr*) gas(oline); **~kanne** jerry can, petrol can; **~måler**

fuel gauge; **~pumpe** fuel pump; petrol pump; **~stasjon** petrol/service station; **~tank** fuel tank.
benskjørhet brittle-bone disease, osteoporosis.
benåde pardon.
benådning pardon.
beordre order, direct, command.
beplante plant.
bereder tank, (water) heater.
beredskap (state of) readiness; preparedness, on the alert.
beregne calculate, estimate; **~ seg** charge.
beregnende calculating, scheming.
beregning calculation, estimate.
berettige entitle; *(rettferdiggjøre)* justify; **~t** legitimate; **~t til** entitled to.
berg mountain, rock; **~art** species of rock.
berge save, rescue.
berging rescue; (*om skip*) salvage.
bergverk mine; **~sdrift** mining.
berme dregs *bunnfall* lees.
berolige soothe, calm down, quiet; **~nde** reassuring, comforting; **~nde middel** sedative, tranquilizer.
berte babe, chick.
beruse intoxicate, inebriate; **~lse** intoxication; **~t** intoxicated, inebriate(d), drunk; tipsy.
beryktet disreputable, infamous, notorious.
berømme praise.
berømmelse fame, celebrity; *(ros)* praise.
berømt famous, celebrated.
berøre touch; (*overført*) touch on; *(ramme)* affect.
berøringspunkt point of contact.
besatt possessed; mad, *(av fienden)* occupied.
beseire defeat, conquer, vanquish.
besetning *(fe)* livestock; *(på klær)* trimming; (*mil*) garrison; *sjøfart* crew, hands.
besette *(land)* occupy.
besjelet animated.
besk bitter, acrid, tart.
beskatning taxation.
beskatte tax.
beskjed *(svar)* answer; *(bud)* message.
beskjeden modest, humble; **~het** modesty.
beskjeftigelse occupation, employment, work.
beskjære *(tre)* trim; prune; (*overført*) curtail, reduce.

beskrive describe; **~nde** descriptive; **~lse** description, account.
beskylde for accuse of; charge with.
beskyldning accusation.
beskytte protect; safeguard; **~lse** protection; shelter; **~lsesbriller** safety goggles; **~nde** protective; **~r** protector; **~t** protected.
beslag *(av metall)* fittings; **~legge** confiscate; seize; **~leggelse** confiscation; seizure.
beslektet related (**med** to).
beslutning *(avgjørelse)* decision *(vedtak)* resolution.
beslutte decide, resolve, make up one's mind.
besluttsom resolute, determined.
besparelse saving(s); economy.
besparende economical.
bespottelse blasphemy.
best *adv* best, first-rate.
bestand *(dyr)* stock; **~del** part, component, ingredient.
bestandig *adv* forever, always; constantly.
bestefar grandfather.
besteforeldre grandparents.
bestemme *(beslutte)* decide; resolve; *(fastsette)* fix; appoint; **~lse** decision; *(påbud)* regulation; **~lsessted** destination.
bestemor grandmother.
bestemt *adv* definitely.
bestemt *(fastsatt)* appointed, fixed; *(nøyaktig)* definite; *(karaktertrekk)* determined; *(av skjebnen)* destined.
bestevenn best friend, bosom friend.
bestige *(hest)* mount; *(trone)* ascend; *(fjell)* climb.
bestikk *(spise-)* cutlery.
bestikke bribe; **~lig** corrupt(ible); **~lse** bribery, pay-off.
bestille *(varer)* order; *(billett, rom)* book, reserve.
bestilling order; booking, reservation.
bestyre manage, be in charge of; **~r** manager; director; *(skole-)* headmaster.
bestå exist; *(vare)* continue, endure; *(eksamen)* pass; **~ av** consist of; **~ende** existing; **~tt** pass, passed.
besvime faint, pass out.
besøk visit, call; **~e** visit;

call on (a person), call at (a place); **~ende** visitor; **~stid** *(på sykehus)* visiting hours.
betablokker beta blocker.
betalbar payable.
betale pay; **~ avdragsvis** pay by instalments; **~ kontant** pay cash; **~ seg** pay (off).
betaling payment; **~svilkår** terms of payment.
betal-TV pay television, subscription TV.
betegne signify, denote, mark; **~lse** term, designation; **~nde** significant; characteristic.
betenkning consideration; report.
betennelse inflammation, infection.
betent infected, inflamed.
betingelse condition; terms.
betinget conditional.
betjene *(ekspedere)* serve, attend to; *(maskin)* operate.
betjening service, operation; *(personale)* staff.
betone accentuate, stress, emphasize.
betong concrete.
betoning intonation; stress, emphasis.
betrakte look at, watch.
betraktelig considerable.
betraktning reflection; consideration.
betro confide; entrust; **~ seg til** confide in; **~dd** trusted; **~else** confidence.
betryggende reassuring, satisfactory.
bety mean; signify; **~delig** *adj* considerable; prominent.
betydning meaning, sense; *(viktighet)* significance, importance; **~sfull** important; **~sløs** insignificant.
beundre admire, look up to.
beundrer admirer.
beundring admiration.
beundringsverdig admirable.
bevare save, keep, preserve.
bevaring keeping; preservation.
bevaringsmiddel preservative.
bevegelig movable.
bevegelse motion; movement.
bevege (seg) move, stir.
beveget moved, touched.
beveggrunn motive.
bever beaver.
bevertning entertainment; *(mat og drikke)* refreshments.

bevilge grant.
bevilgning grant.
bevilling licence.
bevis proof; (*jur*) evidence (**på, for** of); **~e** prove.
bevisst conscious, deliberate; **~gjøring** consciousness-raising; **~het** consciousness; **~løs** unconscious.
bevitne testify to, certify.
bevæpne arm; **~t** armed.
biapparat extension (telephone).
biavl bee-keeping.
bibel Bible; **~sk** biblical.
bibetydning connotation.
bibliotek library; **~ar** librarian; **~kort** library card.
bidra contribute, chip in; **~g** contribution.
bie bee.
bielv tributary, affluent.
bifall applause, approval; acclamation.
biff steak.
bifil bisexual, (*slang*) AC/DC.
bifokal bifocal; **~e briller** bifocals.
bigami bigamy.
bihule sinus; **~betennelse** sinusitis.
bikake honeycomb.
bikube beehive.
bil car, (*amr*) auto; **~alarm** car alarm; **~belte** seat belt.
bilde picture.
bildekk tyre.
bilforhandler car dealer.
bilforsikring car insurance.
bilfører driver.
bilgodtgjørelse car allowance.
bilinje (*tlf*) extension line.
bilist motorist.
biljard billiards; pool; snooker; **~kø** billiard cue.
biljekk car jack.
bilkø traffic jam.
bille beetle.
billedhugger sculptor.
billedkunst pictorial art.
billedlig figurative; metaphorical.
billett ticket; *(enkel)* single ticket, (*amr*) one-way ticket; *(retur)* return ticket, (*amr*) round-trip ticket; **~automat** ticket machine; **~kontor** (*teater*) box-office; (*jernb*) booking-office, (*amr*) ticket office; **~pris** fare; admission fee; **~ør** ticket collector; conductor.
billig cheap, inexpensive; **~salg** sale; **~bok** paperback.

billys headlights.
bilmekaniker motor mechanic.
bilmerke make (of car).
bilrekvisita car accessories.
bilskilt number plate, (*amr*) license plate.
bilutleie car rental.
bilverksted garage; car repair shop.
bilyd (*medisin*) (heart) murmur.
bind (*forbinding*) bandage; (*bok*) volume; **~e** tie (up); bind.
binders paper clip.
bindestrek hyphen.
bindingstid (*handel*) lock-in period.
bindingsverkshus half-timbered house.
binge bin; (*grise-*) (pig)sty.
binyre adrenal gland.
binæring subsidiary income.
biodynamisk biodynamic.
biografi biography; **~sk** biographic(al).
biokjemi biochemistry.
biolog biologist.
biologi biology.
biologisk biological.
biopsi biopsy.
biprodukt by-product.
birolle supporting role.
birøkter bee-keeper.
bisamrotte muskrat.
biseksuell bisexual; (*slang*) AC/DC.
bisette bury; **~lse** funeral service.
biskop bishop.
bisle bridle.
bisonokse bison.
bisp bishop; **~edømme** bishopric, diocese.
bissel bridle.
bistand assistance, aid; **~sadvokat** (*jur*) counsel (for the aggrieved party); **~spolitikk** international aid policy.
bit bit, piece; bite.
bite bite; **~nde** biting; (*overført*) sarcastic.
bitte liten tiny; puny.
bitter bitter; painful.
bivirkning side effect.
bjeffe bark, yelp (**til** at).
bjelle (small) bell; **~klang** jingle; **~ku** bell-cow.
bjerk, bjørk birch.
bjørn bear; **~ebær** blackberry.
bla turn the pages; leaf through.
blad leaf (*flertall* leaves); (*kniv*) blade; (*tidsskrift*) magazine.
blaffe (*lys*) flicker; (*seil*) flap.

blakk *(pengelens)* broke.
blande mix, mingle; *(kvaliteter)* blend; (*kortspill*) shuffle; **~t** mixed; miscellaneous.
blanding mixture; blend; **~srase** cross-breed.
blank shining; bright; *(ubeskrevet)* blank; *(glatt)* glossy.
blankett form.
blanko blank.
blant among; **~ andre** among others; **~ annet** among other things.
blasfemi blasphemy; **~sk** blasphemous.
bleie nappy, (*amr*) diaper; **papir~** disposable nappy (diaper).
blek pale; faint.
bleke bleach; **~middel** bleach.
blekk ink; **~skriver** ink printer.
blekksprut octopus; squid.
blemme blister; (*hverdagslig*) blunder.
blende dazzle; **~nde** blinding, dazzling.
bli *(forbli)* stay, remain; (*om fremtid*) become, be.
blid cheerful, smiling; mild.
blikk look, glance; *(metall)* sheet iron.
blikkenslager tinsmith.
blind blind.
blinde *verb* blind; **~bukk** blindman's buff; **~skrift** Braille (writing).
blindpassasjer stowaway.
blindspor dead end.
blindtarm appendix; **~betennelse** appendicitis.
blindvei blind alley, cul-de-sac, (*amr*) dead-end (road).
blingse squint.
blink glimpse; *(av lyn)* flash; *(med øynene)* twinkle; target; flash; **~e** twinkle; glimmer; **~lys** blinker; **~skudd** bull's eye; hit.
blitz (*fotogr*) flash lamp; **~pære** flash bulb.
blod blood; **~bad** massacre; **~dryppende** gory; **~fattig** anaemic; **~forgiftning** blood poisoning; **~giver** blood donor; **~ig** bloody; **~kreft** leukemia; **~omløp** circulation; **~overføring** blood transfusion; **~propp** blood clot; (*medisin*) thrombus; **~prøve** blood test; blood sample; **~sukker** blood sugar; **~trykk** blood pressure; **~åre** vein.
blokade blockade; embargo.
blokk *(bolig-)* block of flats;

(*amr*) apartment building; (*skrive-*) pad.
blokkere blockade; (*sperre*) block (up); jam.
blokkering blocking; blockade; obstruction.
blokkfløyte recorder.
blomkål cauliflower.
blomst flower; (*på frukttrær*) blossom; (*blomstring*) bloom; **~re** flower; bloom.
blomsterbukett bouquet/ bunch of flowers.
blomsterforretning florist's (shop).
blomsterpotte flowerpot.
blond blond, fair.
blonde lace.
blondine blonde.
blotte (lay) bare.
blotter (*hverdagslig*) flasher.
blotting flashing; (*jur*) indecent exposure.
blunk twinkle; **~e** twinkle; wink, blink.
bluse blouse.
blusse opp flare (up); blaze up.
bly lead; **med bly** leaded; **uten bly** unleaded.
blyant pencil; **~spisser** pencil sharpener.
blære (*luft-*) bubble; (*vable*) blister; (*urin-*) bladder.
blærete conceited, arrogant.
blø bleed; **~dning** bleeding.
bløt soft; **~e (opp)** soak; **~hjertet** tender-hearted.
bløtdyr mollusc; (*amr*) mollusk.
blå blue.
blåbær bilberry; blueberry.
blåmerke bruise.
blåse blow; **~belg** bellows; **~instrument** wind instrument.
blåskjell common mussel.
blåveis blue anemone; (*medisin, hverdagslig*) black eye.
blåøyd naiv, gullible.
bo *subst* (*jur*) estate.
bo *verb* live; (*midlertidig*) stay.
bobil camper; (*amr*) recreational vehicle.
boble bubble; **~bad** jacuzzi.
bobsleigh bobsleigh, (*amr*) bobsled.
bod storage room; (*salgs-*) stall, booth.
boflate living area.
bog (*kjøtt*) shoulder.
boikott boycott.
bok book; **~anmeldelse** (book) review; **~bind** (book)cover; **~fink** chaffinch; **~føring** bookkeeping; **~handel**

bookshop, (*amr*) bookstore; **~holder** bookkeeper; accountant; **~hylle** bookcase.
bokollektiv shared house; shared flat, (*amr*) shared apartment.
boks tin, (*amr*) can.
bokse box; **~hanske** boxing glove; **~kamp** boxing match.
boksemat tinned food, (*amr*) canned food.
bokstav letter; **~elig** literal; literally; **~ere** spell.
boksåpner tin opener, (*amr*) can opener.
boligbyggelag housing cooperative.
boliglån mortgage.
boligområde residential area.
bolle *(kar)* bowl, basin; *(hvete-)* bun.
bolt bolt.
bom bar, barrier; toll bar; *(gymnastikk, vev)* beam; *(feilskudd)* miss; **~ fast** completely stuck; **~ stille** stock still.
bombardere bomb, shell.
bombe bomb; **~fly** bomber; **~kaster** mortar; **~rom** bomb shelter; **~trussel** bomb threat, bomb scare.
bomme miss; **~rt** blunder.
bompenger toll (money).
bomull cotton; **~sfløyel** velveteen; **~sstoff** cotton fabric.
bomvei toll road.
bonde peasant, farmer; *(i sjakk)* pawn; **~gård** farm.
bone wax, polish.
boplikt residential obligation.
bor drill.
bord table; *(kant)* border, trimming; *sjøfart* board; *(fjøl)* board; **~bønn** grace; **~kort** place card; **~plassering** seating arrangement; **~setning** sitting.
bordell brothel.
bordtennis table tennis.
bore bore; *(i metall og stein)* drill; **~plattform** drilling platform.
borettslag housing cooperative, (*amr*) community association.
borg castle.
borger citizen; **~krig** civil war; **~mester** mayor; **~rettigheter** civil rights.
borgerlig civil, civic.
borrelås velcro.
bort away, off; **gå ~** pass away, die; **reise ~** go away;

ta ~ remove; **vise** ~ turn away; expel.
borte away; absent; gone; **~kamp** away match; **~nfor** beyond; **~st** furthermost.
bortfalle be dropped.
bortforklare explain away.
bortføre abduct; kidnap.
bortgjemt hidden away; remote.
bortimot (*nesten*) almost, approximately.
bortkastet wasted, in vain.
bortkommet lost.
bortover along.
bortreist absent, away (from home).
bortsett fra except, apart from.
bortskjemt spoilt, pampered.
bosted place of residence.
bostøtte rent allowance.
bot (*jur*) fine; penalty; *(handling)* amends; penance.
botaniker botanist.
botanikk botany.
botanisk hage botanical garden.
botemiddel remedy.
botsfengsel penitentiary.
boysenbær boisenberry.
B-post Economy letter/ parcel.
bra *adj* good, fine.
bra *adv* well.
brak bang, crash; *(torden)* peal.
brakk *(vann)* brackish; *(jord)* fallow.
brakke barracks; workmen's shed.
brann fire; **~alarm** fire-alarm; **~bil** fire-engine; **~farlig** (in)flammable; **~mann** fireman, fire fighter; **~sikker** fireproof; **~slange** fire hose; **~slukkingsapparat** fire extinguisher; **~stasjon** fire station; **~stifter** arsonist; **~sår** burn; **~tau** rescue rope; **~vegg** fire wall; **~vesen** fire brigade, (*amr*) fire department.
bransje line of business, trade; industry.
Brasil Brazil.
brasilianer Brazilian.
brasiliansk Brazilian.
bratsj viola.
bratt steep, precipitous.
bre *subst* glacier.
bre *verb* spread, cover.
breakdans break-dancing.
bred broad, wide.
bredbånd broadband.
bredd *(elv)* bank; *(sjø)* shore.

bredde breadth, width; **~grad** latitude.
breddfull brimful, brimming.
bregne fern, bracken.
breke bleat.
brekke break; fracture; **~ seg** vomit.
brekkjern crowbar, wrecking bar.
brekkstang lever.
brem *(på hatt)* brim.
brems brake.
bremse brake; **~lengde** braking distance; **~spor** skid marks; **~svikt** brake failure.
brennbar (in)flammable, combustible.
brenne burn; **~nde** burning; *(sviende)* scorching; **~merke** brand.
brennesle (stinging-)nettle.
brennevin spirits, (*amr*) liquor.
brenning surf, breakers.
brennkvikt ASAP (as soon as possible), very quickly.
brennpunkt focus.
brensel fuel.
bresje breach.
brett board; *(serverings-)* tray; *(fold)* crease; **~e** fold (up); roll up.
brettseiler windsurfer, boardsailer.
brettspill board games.
brev letter; note; **~due** carrier pigeon **~kort** postcard; **~kurs** correspondence course; **~venn** pen friend, pen pal.
brikke *(underlag)* mat; *(i spill)* man, piece; (*edb*) chip.
briller spectacles, glasses.
brilleslange cobra.
bringe bring; take; deliver.
bringebær raspberry.
bris breeze; **~en** tipsy, drunk.
bristepunkt breaking point.
brite Briton.
britisk British.
bro bridge; **~legning** paving; pavement.
brodere embroider.
brokete multi-coloured; motley; mixed.
brokk hernia.
brokkoli broccoli.
bronkier (*anatomi*) bronchia.
bronkitt bronchitis.
bronse bronze.
bror brother; **~datter** niece; **~sønn** nephew.
brosje brooch.
brosjyre brochure, leaflet, pamphlet.
brostein paving stone; cobblestone.

brottsjø breaker.
browse (*edb*) browse; **~r** browser.
bru bridge.
brud bride.
brudd break; rupture; (*medisin*) fracture.
brudebukett bridal bouquet.
brudekjole wedding dress.
brudepike bridesmaid.
brudeslør bridal veil.
brudgom bridegroom.
bruk use; *(skikk)* practice, custom; **~bar** usable, useful; acceptable; **~e** use, employ; *(tid, penger)* spend.
bruker (*edb*) user; **~grensesnitt** user interface; **~navn** username; **~støtte** user support; **~vennlig** user-friendly, easy-to-use.
bruksanvisning (instruction) manual.
brukskunst applied art; arts and crafts.
bruktbil used car, second-hand car; **~forhandler** used car dealer.
brukthandel second-hand store.
brumme growl; (*overført*) grumble.
brun brown.
brunbarket tanned.
brunst *(hunndyr)* heat; *(hanndyr)* rut; **~ig** in heat; rutting.
brus *(lyd)* rushing sound, roar; *(drikk)* lemonade, (*amr*) soda pop.
bruse *(lyd)* roar; *(skumme)* foam, fizz.
brusk gristle; cartilage.
brutal brutal; harsh, cruel.
brutto gross; **~inntekt** gross earnings; **~vekt** gross weight.
brutto nasjonalprodukt gross national product (GNP).
bry trouble; *(plage)* bother; inconvenience; **~dd** embarrassed.
brygg brew.
brygge *subst* wharf, quay.
brygge *verb* brew.
bryggeri brewery.
bryllup wedding; **~sreise** honeymoon.
bryn (eye)brow.
bryst breast; (*slang*) tit, boob; *(-kasse)* chest; **~holder** bra; **~kreft** breast cancer; **~svømming** breaststroke; **~vorte** nipple.
bryte break; *(lys)* refract; (*sport*) wrestle.
bryter (*sport*) wrestler; (*elektr*) switch.

bryting wrestling.
brød bread; *(et ~)* a loaf (of bread); **~rister** toaster; **~skive** slice of bread; **~skorpe** bread crust; **~smule** bread crumb.
brøk fraction; **~del** fraction; **~regning** fractions.
brøl roar, bellow; **~e** roar, bellow.
brøler (*tabbe*) blunder, howler.
brønn well.
brøyte plough, plow; **~bil** snowplough, (*amr*) snowplow; **~kant** snow bank.
brå abrupt, sudden.
bråbremse jam on the brakes.
bråk *(mas)* fuss; *(larm)* noise; **~e** fuss; make a noise; **~ete** noisy; **~maker** troublemaker.
B-språk subsidiary language.
bud *(beskjed)* message; *(sendebud)* messenger; *(tilbud)* offer; *(auksjon)* bid; (*påbud*) command(ment).
buddhisme Buddhism.
buddhist Buddhist.
budrunde round of bids.
budsjett budget.
bue bow; *(hvelving)* arch; *(linje)* curve; **~gang** arcade; **~skytter** archer; **~t** curved; arched.
buffer buffer, shock absorber.
buffet *(i restaurant)* buffet.
buk (*anatomi*) abdomen.
bukett bouquet; bunch.
bukhule (*anatomi*) abdominal cavity.
bukk *(hilsen)* bow; *(geit)* he-goat; *(tre)* horse, trestle; **hoppe ~** (play) leapfrog.
bukke bow; **~ under** die, pass away.
bukser trousers, (*amr*) pants; *(korte)* shorts.
bukseseler braces, (*amr*) suspenders.
buksesmekk fly.
bukspyttkjertel pancreas.
bukt *(hav-)* gulf; bay; **få ~ med** get under control.
buktaler ventriloquist.
bukte seg wind; meander.
bulder din; rumble.
buldre rumble.
bule *(kul)* bump; bulge; *(kneipe)* dive.
bulgarer Bulgarian.
Bulgaria Bulgaria.
bulgarsk Bulgarian.
bulimi bulimia.
buljong broth, bouillon, stock.

bulk dent; **~e** dent; collide; **~ete** dented.
bunad national costume.
bunke heap, pile.
bunn bottom; **~fall** sediment, deposit; *(i flaske)* dregs, lees; **~løs** bottomless.
bunt bundle, bunch.
buntmaker furrier.
bur cage; coop; **i ~** caged.
burde ought to, should.
burgunder burgundy.
busk bush, shrub; **~as** thicket, brush.
buss bus; *(tur-)* coach; **~felt** bus lane; **~forbindelse** bus service; **~rute** bus route; **~sjåfør** bus driver.
bustete dishevelled, untidy.
butikk shop, (*amr*) store; **~ekspeditør** shop assistant, store clerk; **~sjef** shop manager; **~tyv** shoplifter.
butt blunt.
butterdeig puff paste.
by town; city.
bydel (urban) district, quarter.
byfornyelse urban renewal.
bygd rural district, rural area.
byge *(regn-)* shower; *kraftig regn* torrent; *(vind-)* squall.
bygg *(bygning)* building; *(korn)* barley; **~e** build, construct.
bygning building; **~ssnekker** carpenter.
bykjerne town centre.
bykommune county borough.
byll boil, abscess.
byområde urban area.
byplanlegging city/town planning.
by på offer, present; bid for.
byrett city court; **~sdommer** city court judge, (*amr*) municipal court judge.
byrå office; bureau; agency.
byråkrat bureaucrat; **~i** bureaucracy; red tape.
bysse galley; *verb* lull (to sleep).
byste bust.
bystyre city council, town council.
bytte (ex)change; swap; *(dyrs)* prey.
bær berry.
bærbar portable.
bære carry; (*overført*) bear; *(holde oppe)* support; *(ha på seg)* wear; **~kraftig** sustainable; **~pose** shopping bag; **~r** porter.
bæsj (*hverdagslig*) poo, (*amr*) poop.

bøddel executioner, hangman.
bøffel buffalo.
bøk beech.
bølge wave; breaker; **~blikk** corrugated iron; **~bryter** breakwater; **~lengde** wavelength.
bøling flock; herd; cattle.
bølle bully, hooligan; **~te** bullying.
bønn *(til Gud)* prayer; *(anmodning)* request; **~falle** beg, entreat, plead.
bønne bean.
bør *(av* **burde** *)* ought to, should; *subst* burden, load.
børs stock exchange; **~mekler** stockbroker; **~traktor** SUV; yuppie truck.
børse gun, rifle.
børst (*hverdagslig*) booze.
børste brush.
bøsse *(salt-, pepper-)* castor, (*amr*) shaker.
bøtelegge fine.
bøtte bucket; pail; **~ ned** (*om regn*) pour.
bøye *(sjømerke)* buoy; lifebuoy; *verb* bend, bow; **~lig** flexible; pliant, pliable.
bøylehest pommel horse.
både - og both - and.
bål (bon)fire.
bånd band; tape; *(pynt)* ribbon; (*overført*) bond, tie; **~spiller** tape recorder; **~stasjon** (*edb*) tape-station; **~tvang** leash law.
båre *(syke-)* stretcher; *(lik-)* bier.
båt boat; **~byggeri** boatyard.
båtsmann (*sjøfart*) boatswain, bosun.

C

ca. *fork for* **cirka** approx. (approximately), about.
calling intercom.
campingplass camping ground, camping site.
campingvogn caravan, (*amr*) trailer.
Canada Canada.
casanova ladies' man.
cd *fork for* **Compact Disc**;

~-brenner CD burner; **~-spiller** CD player.
celle cell; **~gift** cytotoxin; **~vev** cell(ular) tissue.
cellist (*mus*) cellist.
cello cello.
cellulose *(tremasse)* chemical pulp.
celsius centigrade.
centimeter centimetre.
cerebral parese cerebral palsy.
certeparti charter-party.
cess (*mus*) C flat.
charter charter flight.
chartre charter.
charterreise charter tour.
Chile Chile.
chilener Chilean.
chilensk Chilean.
chips *(potetgull)* crisps, (*amr*) chips; *(pommes frites)* chips, (*amr*) French fries.
cisterne cistern, tank.
clinch (*sport*) clinch.
c-nøkkel (*mus*) C-clef.
Colombia Colombia.
columbianer Colombian.
cookie (*edb*) cookie.
cruise cruise; **~ missil** cruise missile; **~skip** cruise ship.
cup cup; **~finale** cup final; **~mesterskap** cup championship.
curling curling; **~bane** curling rink.
CV *fork for* **Curriculum Vitae**.
cyanid cyanide.
cymbal cymbal.
cyste cyst.
cøliaki coeliac disease, (*amr*) celiac disease.

D

da *adv* (by) then.
da *tidskonj* when; *årsakskonj* as.
dabbe av peter out, fade.
daddel (*bot*) date.
daff lazy, sluggish.
dag day; **~bok** diary; journal; **~driver** idler; **~drøm** daydream; **~evis** for days; **~gry** dawn, daybreak; **~hjem** day nursery, (*amr*) daycare.

daglig daily; **~dags** everyday; routine; **~stue** lounge; living-room; **~vareforretning** grocery shop, (*amr*) grocery store.
dagmamma child-minder, (*amr*) day-care giver.
dagpasient outpatient.
dagpenger *(trygd)* unemployment benefit(s); daily allowance.
dagsavis daily paper.
dagslys daylight.
dagsorden agenda.
dal valley; **~e** sink; go down; wane.
dam *(vann)* pond; pool; puddle; *(demning)* dam; *(spill)* draughts, (*amr*) checkers.
dame lady, woman; (*kortspill*) queen; **~frisør** ladies' hairdresser; **~garderobe** ladies' cloakroom; **~klær** womenswear; **~toalett** ladies room, (*amr*) restroom.
damp *(vann-)* steam; vapour; **~e** steam; **~koker** pressure cooker; **~maskin** steam-engine; **~strykejern** steam iron; **~veivals** steamroller.
Danmark Denmark.
danne form; **~t** cultured, well-bred.
dans dance; **~e** dance; **~eband** dance band; **~er** dancer.
dansk Danish; **-e** Dane.
data data; **~anlegg** computer system; **~base** database; **~behandling** data processing; **~maskin** personal computer; **~program** computer program; **~snok** hacker; **~språk** programming language; **~utskrift** printout; **~virus** computer virus.
datere date.
dato date; **~parkering** *omtrent* no parking on even/odd days.
datter daughter; **~datter** granddaughter; **~selskap** subsidiary (company).
daværende at that time, then.
de *pers pron* they; *demonstrativt pron* those.
debatt debate; **~ant** debater; **~ere** debate, discuss; **~program** discussion programme.
debet debit.
debitere debit.
debitor debtor.

debut debut; **~ere** make one's debut.
dedikasjon dedication.
defekt *adj* defective; faulty; *subst* defect, flaw.
definere define.
definisjon definition.
definitiv definite, final.
deg you; yourself.
degenerert degenerate.
degge fuss, pamper.
dehydrering dehydration.
deig dough.
deilig lovely; wonderful; *(om smak)* delicious.
dekk *sjøfart* deck; *(bil-)* tyre, (*amr*) tire; **~beis** stain.
dekke *subst* cover(ing); *(lag)* layer; *(vei-)* surface.
dekke *verb* cover; (*skjule*) hide; *(bord)* lay the table.
dekken horsecloth.
dekkmønster tread.
deklamasjon declamation, recitation.
dekning (*skjul*) shelter; (*handel*) payment, settlement; *(reportasje)* coverage; (*grunnlag*) evidence.
dekoder decoder.
dekorasjon decoration.
dekorativ decorative, ornamental.
dekoratør decorator; *(vindus-)* window-dresser.
dekorere decorate.
dekret decree.
deksel cover, lid.
del part; portion; section; piece; *(andel)* share.
delaktig involved; responsible.
dele divide; share.
delegasjon delegation.
delegat delegate.
deleier part-owner.
delelig divisible.
delevare (*edb*) shareware.
delfin dolphin.
delikat *(lekker)* delicious; dainty; *(fintfølende el kinkig)* delicate; **~esse** delicacy; delicatessen (shop).
deling division; partition.
dels in part; partly.
delta *subst* delta.
delta *verb* **~ i** take part in; participate in; **~kelse** participation; *(medfølelse)* sympathy; **~ker** participant; (*handel*) partner.
deltid part-time; **~sarbeid** part-time employment.
delvis partly; partial.
dem them.
dementere deny, disclaim.
dementi denial, retraction.
demme dam.
demning dam.

demokrat democrat; **~i** democracy; **~isk** democratic.
demon demon; **~isk** demoniac, demonic.
demonstrant demonstrator.
demonstrasjon demonstration.
demonstrere demonstrate.
demonterbar removable; demountable.
demontere dismantle; disassemble.
demoralisere demoralize.
dempe *(lyd)* turn down, muffle; *(forminske)* reduce; (*mus*) mute; **~r** damper; *(lys-)* dimmer; *(for støt)* shock absorber; **~t** subdued.
demre dawn; **~ for** dawn on.
demring dawn.
den it; that, the; **~gang** then; at that time.
denge thrash; beat.
denne this.
denslags that sort of thing.
deodorant deodorant.
departement ministry, (*amr*) department.
deponere deposit, lodge.
depositum deposit.
depot depot.
deppe sulk, brood.
depresjon depression.
depressiv depressive.
deprimert depressed.
deputasjon deputation.
deputert deputy.
der there.
derby derby.
dere you; **~s** their(s); your(s).
deretter then, afterwards, subsequently.
derfor therefore, so.
derfra from there.
deriblant including; among them.
derimot on the other hand.
dermed consequently.
derpå then, next.
dersom if, in case.
derved thereby.
derværende local.
desember December.
desennium decade.
desertere desert.
desertør deserter.
desibel decibel.
desimal decimal.
desinfeksjonsmiddel disinfectant.
desinfisere disinfect.
desinformere misinform.
desk desk.
desorientert disoriented, confused.
desperasjon desperation.
desperat desperate.

despot despot, dictator; **~i** despotism, tyranny.
dess (*mus*) D flat; (*ved parallellitet*) the.
dessert dessert.
dessuten besides, moreover.
dessverre unfortunately.
destillasjon distillation.
destillere distil.
desto the; **~ bedre** all (*eller* so much) the better; **~ verre** the more's the pity.
destruere destroy, demolish.
destruksjon destruction.
destruktiv destructive.
det it; that; the; there.
detalj detail; particular; (*handel*) retail; **~ist** retailer.
detektiv detective; **~serie** detective series.
determinisme determinism.
detonere detonate, blow up.
dette this.
devaluere devalue.
devaluering devaluation.
diabetiker diabetic.
diagnose diagnosis.
diagram chart, diagram.
diakon male nurse.
dialekt dialect.
dialog dialogue.
diamant diamond; **~sliper** diamond-cutter.
diametral diametrical.
diaré diarrh(o)ea.
dias slide.
die breastfeed.
diesel diesel; **~motor** diesel engine.
diett *(mat)* diet; *(penger)* daily allowance, per diem.
differanse difference, balance.
differensial differential.
differensiert varied, diverse.
diffus diffuse, vague.
difteri diphtheria.
diger huge.
diggbar cool, awesome.
digge dig, fancy.
digital digital.
digresjon digression.
dike dike; ditch.
dikke *(barnespråk)* tickle.
dikt poem.
diktat dictation; *(påbud)* dictate; **~or** dictator; **~ur** dictatorship .
dikte *(oppdikte)* invent; *(skrive dikt)* write poetry.
dikter poet; writer.
diktere dictate.
diktning poetry; work; (*fri fantasi*) fiction.
dilemma dilemma, predicament.
dill (*bot*) dill; *(tull)* nonsense, gibberish.
dille *verb* play around, mess about; **~te** foolish, silly.

dim hazy.
dimensjon dimension.
dimittere dismiss; demob.
dimme *(dempe lys)* dim; (*avslutte militærtjeneste*) demob.
din your; yours.
dingle dangle.
diplom diploma.
diplomat diplomat; **~i** diplomacy; **~isk** diplomatic.
direksjon board of directors; (*mus*) conductorship.
direkte direct; straight; **~overføring** live coverage.
direktiv directive; instruction.
direktorat directorate.
direktør (general) manager, (*amr*) CEO (chief executive officer); *(for offentlig institusjon)* director.
dirigent (*mus*) conductor.
dirigere *(trafikk)* direct; (*mus*) conduct.
dirk picklock; **~e** pick.
dirre quiver; vibrate.
dis *(tåke)* haze, mist; **~ig** hazy, misty.
disiplin discipline; *(fag)* subject, discipline; **~ert** disciplined.
disippel disciple.
disk counter.
diskant treble.
diskett (*edb*) floppy disc, (*amr*) floppy disk; diskette; **~stasjon** disc drive.
disko disco.
diskontere discount.
diskonto discount rate(s).
diskos discus; **~kaster** discus-thrower.
diskresjon discretion.
diskret discreet.
diskriminere discriminate (against).
diskriminering discrimination.
diskusjon discussion.
diskutabel debatable.
diskutere discuss.
diskvalifisere disqualify.
dispensasjon exemption.
disponent (general) manager.
disponere over have at one's disposal.
disponibel available; disposible.
disposisjon (*anlegg*) disposition; *(utkast)* outline; *(rådighet)* disposal.
disputas presentation of a doctoral dissertation.
disputere present a dissertation.
diss (*mus*) D sharp.
disse these.

disse *verb* (*riste*) vibrate, wobble; (*slang, amr*) diss, talk disrespectfully of/to.
dissekere dissect.
dissens dissent.
dissenter dissenter, nonconformist.
dissentere *verb* dissent.
dissonans dissonance, discord.
distanse distance; **~re** outdistance, outstrip.
distrahere distract, divert attention.
distraksjon absence of mind; distraction.
distré absent-minded.
distribusjon distribution.
distrikt district, area; **~splanlegging** regional planning; **~spolitikk** regional policy.
dit there.
divan couch.
diverse sundry; various, miscellaneous.
dividend(e) dividend.
dividere divide.
divisjon division.
djerv bold, brave; fearless.
djevel devil; **~sk** devilish, diabolical.
do loo, lavatory, privy.
dobbelt double; dual; **~gjenger** double; **~ så** **mange** twice as many; **~rom** double room; **~spill** double-dealing; **~stemme** casting vote; **~støpsel** two-way plug.
doble double; duplicate.
dogg dew; **~ete** dewy; misted.
dogmatisk dogmatic.
dokk dock.
doktor doctor; *(lege)* physician; **~grad** doctor's degree.
dokument document; **~ar(isk)** documentary **~ere** document; **~mappe** briefcase.
dolk dagger.
dom sentence; judgment.
domene (*edb*) domain; **~navn** domain name.
dominere dominate; command.
domkirke cathedral.
dommer judge, justice; *(sport)* referee, umpire.
dompap bullfinch.
domstol court (of law).
dongeri denim.
dop drug, dope; **~ing** doping.
dorg trolling line.
dorsk sluggish, indolent.
dose dose.
dosent senior lecturer, (*amr*) associate professor.

dott *(i ørene)* tuft, dot; *(svak person)* nincompoop, wimp.
doven lazy; idle.
dovne av go numb.
dovne seg idle, laze.
dra *(trekke)* draw, pull; *(bevege seg)* go, move; **~ til** tighten; hit, punch.
drabantby satellite town.
drag pull, tug; *(av sigarett)* whiff, puff.
drage dragon; *(leke)* kite.
dragsug (*overført*) backsweep, backwash.
drakt dress, costume; (*sport*) uniform; strip.
dram (*brennevin*) nip, drink, tot.
drama drama; **~tiker** dramatist; playwright; **~tisk** dramatic.
dranker drunkard, heavy drinker; (*slang*) wino.
drap manslaughter, homicide; murder.
drastisk drastic.
dregg anchor.
dreibar revolving.
dreibenk lathe.
dreie turn.
dreieskive potter's wheel.
dreining turn(ing); rotation.
drenere drain.
drepe kill; **~nde** *(kjedelig)* dead boring.
dress suit.
dressere train.
dressur training; (*om hester*) dressage.
drible dribble.
drift running, working, operation(s); *biol* instinct.
driftig enterprising.
driftskapital working capital.
driftsomkostninger working expenses.
driftssikker reliable, dependable.
driftsstans shutdown, stoppage.
drikke drink; **~varer** drinks, beverages.
driks tip, gratuity.
drill drill.
drillpike twirler.
driste seg dare, venture.
dristig bold, daring.
dritings (*hverdagslig*) pissed.
dritt (*hverdagslig*) crap; shit; **~kasting** mudslinging; **~prat** bull shit, crap; **~sekk** scumbag, asshole; **~unge** brat.
driv drive; momentum.
drive *(jage)* drive; *(forretning o.l.)* run; (*maskin*) drive, operate, work; *(gå)* roam, saunter;

sjøfart drift, be adrift; **~ med** do, be engaged in.
drivfjær mainspring.
drivhjul driving-wheel.
drivhus greenhouse; hothouse; **~effekt** greenhouse effect.
drivis drift ice.
drivkraft working power; motive power.
drivre(i)m driving belt.
drivstoff fuel.
drodle doodle.
drone drone.
dronning queen.
droplete piebald; dappled.
droppe drop; **~ ut** drop out.
drops sweet, (*amr*) hard candy.
drosje taxi, cab; **~holdeplass** taxi (*eller* cab) rank, (*amr*) cabstand; **~sjåfør** taxidriver, cabdriver.
drue grape; **~klase** cluster of grapes; **~sukker** glucose.
drukne drown.
drypp drip; **~e** drip; **~fri** non-drip.
drysse *(strø)* sprinkle; *(falle)* fall.
drøfte discuss; talk over.
drøfting discussion, talk.
drøm dream; **~me** dream; **~metydning** dream interpretation.
drønn boom, bang.
drøv cud; **~el** uvula; **~tygge** chew the cud, ruminate.
drøy *(lang)* demanding; (*varig*) economical; *(grov)* coarse, crude.
dråpe drop.
du you.
dubbe dub.
dublé filled gold.
dublett duplicate.
due pigeon; (*fredselsker*) dove.
duell duel; **~ere** (fight a) duel.
duett duet.
duft fragrance, odour, scent.
duge be good; *(gjøre nytte)* be helpful.
dugelig able, capable.
dugg dew.
dugnad voluntary community work.
duk cloth; *(bord-)* table-cloth.
dukke *subst* doll; *(marionett)* puppet.
dukke *verb* duck, plunge; dive; **~ opp** turn up.
dulle med pamper.
dum *(uklok)* silly, foolish; *(lite intelligent)* stupid; **~dristig** foolhardy; **~het** stupidity; foolishness.

dump *adj* dull; *(lyd)* muffled; *subst* hollow, dip; *(lyd)* thud.
dumpe *(falle)* tumble, drop; *(stryke)* flunk, fail; (*handel*) dump.
dumrian fool, blockhead.
dun down.
dunder banging, roar, thunder.
dundre bang, hammer.
dundrende thundering.
dundyne eiderdown (quilt), down duvet.
dunjakke down jacket.
dunk (*lyd*) thump, knock; (*beholder*) can, keg; **~e** knock, bang.
dunste reek; **~ bort** evaporate.
dur (*mus*) major; *(lyd)* rumble; *(sterk lyd)* roar; **~e** drone; roar.
dusin dozen.
dusj shower; spray; **~e** take a shower.
dusk tuft; tassel; **~regn** drizzle.
dust fool; **~ete** foolish, stupid.
dusør reward.
dvale *(om dyr)* hibernation; *(sløvhet)* lethargy, torpor; **ligge i ~** hibernate.
DVD *fork for* **Digital Versatile Disc**; **DVD-spiller** DVD player.
dverg dwarf, midget.
dvs *fork for* **det vil si** i.e., that is (to say).
dybde depth; (*overført*) profundity.
dyd virtue; **~ig** virtuous.
dykke dive; **~r** diver.
dyktig capable, competent.
dynamisk dynamic.
dynamitt dynamite.
dynamo dynamo, (*amr*) generator.
dynasti dynasty.
dyne *(i seng)* duvet, (down) quilt; *(sand)* dune; **~jakke** duvet jacket.
dynge *subst.* heap, pile; dump, (*amr*) landfill.
dynge *verb* heap, pile.
dynke sprinkle.
dyp *adj* deep; *(dypsindig)* profound; *subst* deep.
dypfryse deep-freeze; **~r** freezer.
dyppe dip.
dyptpløyende deep, profound, in-depth.
dyr *adj* expensive, costly.
dyr *subst* animal; beast.
dyreart species (of animals).
dyrebar precious; dear.
Dyrebeskyttelsen Royal Society for the Prevention

of Cruelty to Animals (RSPCA), (*amr*) Society for the Prevention of Cruelty to Animals (SPCA).
dyrehage zoological garden(s), zoo.
dyremishandling cruelty to animals.
dyrestek roast venison.
dyrevern prevention of cruelty to animals.
dyrisk *(brutal)* brutish, bestial.
dyrkbar arable.
dyrke *(jorda)* cultivate, till; *(korn o.l.)* grow; (*religion*) worship.
dyrlege veterinary, (*amr*) veterinarian; (*hverdagslig*) vet.
dysse ned hush up, suppress.
dyster gloomy, sombre.
dytte push, nudge.
dø die, pass away.
død *subst* death, demise; **~drukken** dead drunk; (*hverdagslig*) smashed; **~elig** lethal, deadly.
død *adj* dead, deceased.
dødfødt stillborn.
dødsbra (*slang*) wicked, awesome.
dødsdømt sentenced to death.
dødsens (as good as) dead.
dødsfiende mortal enemy.
dødshjelp euthanasia, mercy killing.
dødslei (*hverdagslig*) dead tired.
dødsstille dead quiet.
dødsstraff capital punishment.
dødssynd mortal/deadly sin.
døende dying.
døgn day and night, 24 hours; **~flue** passing fashion, ephemeral; **~vill** jet-lagged.
dømme judge; (*jur*) sentence, convict.
dønn completely.
dønning breaker; (*overført*) aftermath.
døpe baptize, christen.
dør door; **~håndtak** door handle; door knob; **~selger** door-to-door salesman.
dørslag sieve, colander.
dørstokk threshold.
dørvakt doorman.
døråpning doorway.
døse doze, be drowsy.
døsig drowsy.
døv deaf; **~stum** deaf-and-dumb.
dåd deed, achievement, feat.
dådyr fallow deer/doe.

dåne faint, swoon.
dåp baptism, christening.
dåre fool.
dårlig bad, poor; *(syk)* ill, unwell; **~ere** worse; poorer; **~st** worst, poorest.
dårskap folly, foolishness.
dåse tin, (small) box; (*slang, vulgært*) pussy, cunt.

E

ebbe *subst* ebb(-tide), low tide.
e-bok (*edb*) e-book.
ecstasy ecstasy.
ed oath; (*banneord*) curse, expletive; **falsk ~** perjury; **avlegge ~ (på)** take an oath (on).
EDB EDP (Electronic Data Processing).
edderdun eiderdown.
edderkopp spider.
eddik vinegar.
edelgran silver fir.
edelsten gem, precious stone.
edru sober; **~elig** sober; temperate; **~skap** temperance.
EEG *fork for* **Electroencephalogram** (hjerneundersøkelse).
effekt effect; **~iv** effective; productive; *(dyktig)* efficient.
EFTA *fork for* **European Free Trade Association.**
eføy ivy.
egen own; *(karakteristisk)* special; *(særegen)* particular; *(sta)* stubborn.
egenart distinctive character.
egenkapital equity.
egennavn proper name.
egenskap characteristic, quality; **i ~ av** in one's capacity of.
egentlig actual, real.
egentlig *adv* really, actually; *(strengt tatt)* strictly speaking.
egg egg; *(på kniv)* edge, blade.
egge incite; urge on.
eggeglass egg-cup.
eggehvite egg white.

eggeplomme egg yolk.
eggerøre scrambled eggs.
eggleder fallopian tube.
eggløsning ovulation.
eggstokk ovary.
eglete quarrelsome.
egne seg (for/til) be suited (for), be suitable/fit (for).
egnet fit, suitable.
egoisme selfishness, egotism.
egoist egotist.
egoistisk selfish.
egosentrisk egocentric, self-centered.
e-handel (*edb*) e-commerce.
eie *subst* possession.
eie *verb* own, possess; **~ndeler** belongings; property.
eiendom property; *(jord)* real estate.
eiendomsmegler estate agent, (*amr*) realtor, real estate agent.
eier owner, proprietor; **~leilighet** freehold flat, (*amr*) condo(minium).
eik oak.
eike *(i hjul)* spoke; **~nøtt** acorn.
einer juniper.
einstøing hermit, lone wolf.
ejakulasjon ejaculation.
EKG ECG *fork for* **Electrocardiogram** (hjerteundersøkelse).
ekkel disgusting, nasty.
ekko echo; **~lodd** echo sounder.
ekorn squirrel.
eksamen exam(ination), **ta ~** pass an exam(ination); **~skarakter** mark, (*amr*) grade; **~svitnemål** certificate, diploma.
eksaminere examine; question.
eksem eczema.
eksempel example; illustration; **for ~** for example *eller* instance, e.g. (exempli gratia).
eksemplar specimen; *(bok o.l.)* copy; **~isk** exemplary.
eksentrisk eccentric.
eksersere drill.
eksersis drill.
ekshibisjonist exhibitionist.
eksil exile; **~regjering** exile government.
eksistens existence.
eksistere exist, be.
ekskludere expel.
eksklusiv exclusive.
eksklusive exclusive of, excluding.
eksklusjon expulsion.
ekskrement(er) excrements; f(a)eces.

ekskursjon excursion, field trip.
eksos exhaust; **~potte** (*britisk*) exhaust box.
eksotisk exotic.
ekspedere *(betjene)* attend to, serve; *(sende)* despatch, forward; *(ordne)* take care of.
ekspedisjon *(reise)* expedition; *(kontor)* office.
ekspeditør shop assistant, (*amr*) sales clerk.
eksperiment experiment; **~ere** experiment.
ekspert expert; **~ise** know-how; the experts; **~uttalelse** expert opinion.
eksplodere explode, blow up, burst.
eksplosiv explosive.
eksplosjon explosion.
eksponent exponent, representative.
eksponere expose.
eksponering exposure.
eksport export (trade); *(varer)* exports; **~ere** export; **~ør** exporter.
ekspropriasjon expropriation.
ekspropriere expropriate.
ekstase ecstasy.
ekstra extra; special; **~nummer** *(avis)* special edition; *(dacapo)* encore; **~omgang** (*sport*) extra time; (*amr*) overtime; **~utstyr** accessories.
ekstrakt extract.
ekstrem extreme; exceptional.
ekstremist extremist, radical.
ekte genuine, real; *(gull o.l.)* pure; *(ektefødt)* legitimate.
ekteskap marriage, matrimony; **papirløst ~** common-law marriage; **~sbrudd** adultery.
ekvator equator.
elastisitet elasticity.
elastisk elastic; flexible.
eldre older; elder; **~omsorg** geriatric care; **~senter** servicecenter for the elderly.
eldst oldest; eldest.
elefant elephant.
elegant elegant, fashionable.
elektriker electrician.
elektrisitet electricity; **~sforsyning** electricity supply; **~sverk** electricity board; (*amr*) electric utility.
elektrisk electric(al).
elektron electron; **~ikk** electronics; **~isk** electronic.
elektrosjokkvåpen stun gun.

element element; **~ær** elementary, basic.
elendig terrible, miserable; **~het** wretchedness, misery.
elev pupil; *(voksen)* student; **~råd** student council.
elfenben ivory.
elg elk, (*amr*) moose.
eliminasjon elimination.
eliminere eliminate, exclude.
elite elite; (*amr*) cream of the crop.
elitekultur elitist culture.
eller or.
ellers or else, otherwise; *(vanligvis)* usually, generally.
elleve eleven.
ellevte eleventh.
elske love; **~lig** lovable; **~r** lover, sex partner.
elskverdig amiable, kind.
elv river; **~ebredd** river bank; riverside; **~eblest** hives; **~eleie** river-bed; **~emunning** river mouth, estuary.
emalje enamel.
emballasje packaging; packing.
embete office.
embetseksamen university degree.
embetsmann government official, civil servant.
emigrant emigrant.
emigrere emigrate.
emne subject, topic; *(materiale)* (raw) material.
EMU *fork for* **European Monetary Union.**
en *art* a, an; *num pron* one; **~bruker** (*edb*) single user.
enda (*til tross for*) even though.
enda *(foran komparativ)* still, even; *se ennå.*
ende end, finish, terminate.
endelig *adv* at last, finally.
endelig *adj* final, definite; finite.
endestasjon terminus; final stop.
endetarm rectum; **~såpning** anus.
endivie endive.
endre change, alter.
endring change, alteration.
ene *(og alene)* solely; **~barn** only child; **~boer** hermit, recluse; **~bolig** one-family house; **~celle** solitary cell; **~forelder** single parent.
enegget identical.
ener number one; outstanding person.
enerett monopoly, exclusive right(s).
energi energy; **~behov** energy demand(s);

~**forsyning** energy supply; ~**kilde** energy source.
energisk energetic, dynamic.
energisparing energy-saving.
enerådende universal.
eneste each; only.
enestående unique, exceptional.
enetasjes one-storey(ed); (*amr*) one-story.
enevelde dictatorship, autocracy.
eneveldig absolute, autocratic.
enfoldig simple(-minded), naive.
eng meadow, field.
engang, en gang once; **ikke** ~ not even.
engangs disposable; ~**beløp** lump sum.
engasjement engagement.
engasjere engage; hire.
engasjerende absorbing, gripping.
engel angel.
engelsk English; **på** ~ in English; ~**mann** Englishman.
engkarse cuckooflower.
England England.
en gros wholesale.
engstelig anxious, troubled, nervous.
enhet unity; unit.
enhetlig uniform, consistent.
enhver everybody.
enhver *adj* every, any.
enig, bli ~ come to an agreement; ~**het** agreement, consensus.
enke widow.
enkel simple, plain; *(lett)* easy.
enkelt *adv* simply, plainly.
enkelt *adj* single; *(lett)* simple; **hver** ~ each one.
enkelte some, a few.
enkeltrom single room.
enkeltvis individually, separately.
enkemann widower.
enmannsbedrift one-person business.
enmannsshow one-man show.
enn than; what about.
ennå still, yet; **ikke** ~ not yet.
enorm enormous, huge.
ens identical; alike; ~**artet** uniform; ~**formig** monotonous, dull.
ensidig one-sided, biased.
enslig single, solitary.
ensom lonely; ~**het** loneliness, solitude.
ensporet one-track.
enstemmig unanimous; (*mus*) unison.

enstrøken (*mus*) one-line.
entall singular.
enten *konj* whether; **~ - eller** either - or.
entré entrance; hall; *(betaling)* admission (fee).
entreprenør contractor; developer.
entreprise contract.
E-nummer E-number.
enveisbillett single (ticket), (*amr*) one-way ticket.
enveiskjøring one-way traffic.
epidemi epidemic.
epidural epidural.
epilepsi epilepsy.
epileptiker epileptic.
epileptisk epileptic.
epilog epilogue.
episode incident; episode.
episodisk episodic.
eple apple.
eplekjekk (*hverdagslig*) audacious, smart-ass.
epoke epoch, era.
e-post e-mail; **~adresse** e-mail address.
ereksjon erection.
eremitt hermit; **~kreps** hermit crab.
erfare experience; find out.
erfaren seasoned; experienced.
erfaring experience.
ergerlig annoying, irritating.
ergometersykkel exercise bike.
ergre annoy, irritate; **~lse** annoyance, irritation.
erigert erect.
erindre remember, recollect.
erindring memory; remembrance.
erke- arch-.
erkjenne acknowledge, admit, recognize; **~lse** acknowledgment, recognition.
erkjennelsesteori (*filosofi*) theory of knowledge.
erklære declare; state.
erklæring declaration; statement.
erme sleeve.
ernæring nourishment, nutrition; **mangelfull ~** malnutrition.
erobre conquer, capture.
erobrer conqueror.
erobring conquest.
erosjon erosion.
erotikk eroticism; sex.
erotisk erotic, sexy.
erstatning compensation, damages; *(surrogat)* substitute; **~sansvar** liability (for damages); **~skrav** claim (for compensation).

erstatte replace; *(gi erstatning)* compensate; **~lig** replaceable.
erte tease.
ese *(gjære)* ferment; *(heve seg)* rise.
esel donkey; ass; **~øre** *(i bok)* dog-ear.
eske box, carton.
eskimo Inuit, Eskimo.
eskorte escort.
ess (*kortspill*) ace; (*mus*) E flat.
estetiker (a)esthete.
estetikk (a)esthetics.
estetisk (a)esthetic.
estisk Estonian.
Estland Estonia.
estlender Estonian.
estragon tarragon.
etablere establish.
etappe leg; stage; **~vis** by stages.
etasje stor(e)y, floor; **annen** ~ first floor, (*amr*) second floor; **første ~** (*britisk*) groundfloor, (*amr*) first floor.
etat department, service.
ete eat.
eter ether; air.
etikett label; tag; sticker; **~e** etiquette, good manners.
etikk ethics.
Etiopia Ethiopia.
etiopier Ethiopian.
etiopisk Ethiopian.
etisk ethical.
etnisk ethnic.
etnografi ethnography.
etnomusikk ethnic music, world music.
etse corrode; **~nde** corrosive.
etter *adv* after(wards).
etter *prep* after; *(bak)* behind; *(i følge)* according to.
etterdønning reverberation; repercussion.
etterforske investigate, inquire into.
etterforskning investigation.
etterfylle refill.
etterfølge follow; succeed; **~r** successor.
ettergi remit, pardon.
etter hvert gradually.
etterkomme comply with; **~r** descendant, heir.
etterkrigs- post-war.
etterlate leave (behind).
etterlengtet long-awaited.
etterligne imitate.
etterligning imitation.
etterlyse look for, search for.
etterlysning wanted notice.
etterlyst wanted.

ettermiddag afternoon; **om ~en** in the afternoon.
etternavn surname, family name, last name.
etterpå afterwards; **~klokskap** hindsight.
etterretning information, news; intelligence; **~stjeneste** intelligence service.
etterse inspect; overhaul.
ettersende forward.
ettersittende tight-fitting.
etterskrift postscript (PS).
etterskudd, på ~ in arrears.
ettersom because, as, since.
etterspill consequences.
etterspore track down, trace.
etterspurt in demand.
etterspørsel demand.
ettersyn inspection.
ettersøkt wanted.
etterutdanning continuing education.
etui case.
EU *fork for* **European Union**.
euro euro.
Europa Europe; **~rådet** European Council.
europeer European.
europeisk European.
evakuere evacuate.
evaluere evaluate.
evangelisk evangelical.
evangelium gospel.
eventualitet eventuality, contingency.
eventuell possible; (if) any.
eventuelt *adv* possibly, if necessary.
eventyr *(opplevelse)* adventure; *(fortelling)* fairy-tale; **~er** adventurer; **~lig** fabulous, fantastic.
evig eternal; *(uforgjengelig)* immortal; *adv* eternally, forever; **~het** eternity; **~varende** everlasting.
evne ability, capacity.
EØS EEA (European Economic Area).

F

fabel fable.
fabelaktig fabulous; fantastic.
fable fantasize.
fabrikant manufacturer.
fabrikasjon manufacture.
fabrikat make, product.
fabrikk factory, mill; **~arbeider** factory worker; **~ere** manufacture, make; **~merke** trade mark; **~utsalg** factory outlet.
fadder godfather; godmother; (*for nye studenter*) buddy.
fadervår the Lord's Prayer.
fadese blunder.
fag *(skole)* subject; field; *(område)* line, profession; *(håndverk)* trade; **~arbeider** skilled worker; **~bevegelse** labour movement, trade union movement; **~forening** trade(s) union; **~krets** curriculum, range of subjects; **~lig** professional; **~litteratur** specialist literature; non-fiction; **~messig** skilled; **~uttrykk** technical term.
fagott bassoon.
fakkel torch.
fakkeltog torchlight procession.
faks fax; fax machine; **~e** fax.
fakta facts.
faktisk *adj* actual, real, factual.
faktisk *adv* as a matter of fact, actually.
faktor factor, element.
faktura invoice.
fakturere invoice, bill.
fakultet faculty.
falk falcon.
fall fall; **i ~** in case; **i hvert ~** at any rate.
falle fall, drop; **~ferdig** tumbledown, ramshackle.
fallgruve pitfall.
fallskjerm parachute; **~hopper** parachutist; **~jeger** paratrooper.
falme fade.

falsett falsetto.
falsk false, fake; *(forfalsket)* forged; **~myntner** counterfeiter.
familie family; **~gjenforening** family reunion; **~planlegging** family planning; **~rådgivning** family counselling.
familiær familiar.
famle grope, fumble (**etter** for); **~nde** fumbling; hesitant.
fan fan, supporter.
fanatiker fanatic.
fanatisk fanatical.
fanden the devil; Old Nick; **fy ~** damn! hell! **~ivoldsk** reckless.
fane banner, standard.
fanfare fanfare, flourish.
fang lap.
fange *subst* prisoner, captive; conviet.
fange *verb* catch, capture; **~hull** dungeon; **~leir** prison camp; **~nskap** captivity; **~vokter** warder, prison guard.
fangst *(bytte)* catch, haul; **~kvote** annual catch.
fantasere fantasize, dream; rave.
fantasi *(forestillingsevne)* imagination; *(innfall)* fancy, fantasy; **~full** imaginative, fanciful; **~løs** unimaginative.
fantast visionary; **~isk** fantastic, fabulous.
far father.
farbar passable.
fare *subst* danger, peril; **~skilt** warning sign; **~truende** perilous, dangerous.
farfar (paternal) grandfather.
farge *subst* colour, (*amr*) color; *(stoff)* dye; *(maling)* paint; (*kortspill*) suit.
farge *verb* dye; colour.
fargeblind colour blind.
fargeblyant crayon.
fargehandel paint shop.
fargelegge colour.
fargerik colourful.
farin granulated sugar.
farlig dangerous, perilous.
farmasi pharmacy.
farmasøyt pharmacist.
farmor (paternal) grandmother.
farsdag Father's Day.
farse *(kjøtt-)* sausage meat; *(komedie)* farce.
farsott epidemic.
fart speed; **~sbot** speeding ticket; **~sdump** speed bump; **~sgrense** speed

limit; **~skontroll** speed control.
fartøy vessel, boat.
farvann waters.
farvel goodbye.
fasade front, façade.
fasan pheasant.
fascisme fascism.
fascist, -isk fascist.
fase phase, stage.
fasit key; answer book.
fasong shape, cut, design.
fast firm, solid; permanent.
faste fast; **~lavn** Shrovetide; **~tid** (*religion*) Lent; Ramadan.
fasthet firmness; solidity.
fastholde stick to, insist on, maintain.
fastland mainland, continent.
fastlege *omtrent* family doctor.
fastlåst deadlocked.
fastsette set, determine, fix.
fastslå *(konstatere)* ascertain; *(bevise)* establish.
fastspent strapped down, fastened.
fat dish; *(tønne)* cask, barrel.
fatle sling.
fatning composure; cool.
fatt, få ~ i get hold of.
fatte *(begripe)* comprehend, understand; *(beslutning)* make (a decision); **~t** composed, calm.
fattig poor; **~dom** poverty.
fatøl draught beer; (*amr*) draft beer.
favn embrace, arms; *(mål)* fathom.
favorisere favour.
favoritt favourite, (*amr*) favorite.
favør advantage, favour.
fe fairy; *(dyr)* cattle.
feber fever; **få ~** run a temperature; **~aktig** feverish.
febrilsk feverish, hectic.
februar February.
fedme fatness, obesity.
fedreland (native) country; **~ssang** national anthem.
feie sweep; **~brett** dustpan; **~r** chimney-sweep.
feig cowardly; **~het** cowardice; **~ing** coward, wimp; (*slang*) chicken.
feil *adj* wrong, incorrect.
feil *subst* mistake, error; *(mangel)* defect, fault; *(skyld)* fault; **~aktig** faulty, mistaken; **~bedømme** misjudge; **~beregne** miscalculate.
feil *adv* amiss, wrong(ly).
feile err, make mistakes; **hva**

~r det deg? what's the matter with you?
feilernæring malnutrition.
feilfri faultless.
feilmargin margin of error.
feilmelding (*edb*) error message.
feilparkering illegal parking.
feiltakelse mistake.
feiltolkning misinterpretation.
feiltrinn slip, false step.
feilvurdere misjudge.
feire celebrate; applaud.
feiring celebration.
feit fat, obese.
f.eks. *fork for* **for eksempel** e.g., for example.
fekte fence.
fekting fencing.
fele fiddle; **~spiller** fiddler.
felg rim; **på -en** down and out.
felle *subst* trap.
felle *verb (trær)* cut down, fell; *(drepe)* slay; *(tårer)* shed.
felles common, joint, mutual; **~areal** common area; **~eie** co-ownership; **~marked** common market; **~rom** common room; **~skap** community; **~start** (*sport*) mass start.
fellesnevner common denominator.
fellingstillatelse hunting licence.
felt *(område)* field; sphere; **~arbeid** field work; **~seng** campbed, (*amr*) cot.
fem five; **~te** fifth; **~ten** fifteen; **~ti** fifty.
fengsel prison, jail.
fengsle imprison; (*overført*) captivate, fascinate.
fengslende absorbing.
fengselsstraff imprisonment.
fennikel (sweet) fennel.
fenomen phenomenon (*pl* phenomena); **~al** phenomenal.
ferd journey, expedition.
ferdig *(klar)* ready; *(fullendt)* finished, done; **~het** skill; **~hus** prefab(ricated) house; **~mat** ready-made food.
ferge ferry; **~leie** ferry landing.
ferie holiday(s), (*amr*) vacation; **~re** be on holiday; **~sted** holiday resort.
ferist cattle grid.
ferniss varnish.
fersk fresh; (*om nyheter*) new, up-to-date.

fersken peach.
ferskvann fresh water.
fest *(privat)* party; celebration, *(offentlig)* festival; *(måltid)* feast, banquet.
feste *subst* hold; grip.
feste *verb* fasten, fix; have a party.
festforestilling gala performance.
festlig festive; fun; *(morsom)* amusing.
festning fort, fortress.
fet fat, obese; greasy.
fetisj fetish.
fett fat; *(til smøring)* grease.
fetter (male) cousin.
fettflekk grease stain.
fettsuging liposuction.
fettsyre fatty acid.
fiasko failure, fiasco; (*hverdagslig*) flop.
fiber fibre; **~rik** rich in fibre.
fibromyalgi fibrositis.
fiende enemy.
fiendskap enmity.
fiendtlig hostile.
fiendtlighet hostility.
figur figure, shape; **~lig** figurative, metaphorical.
fiken fig; **~blad** fig leaf.
fiks smart; clever; **~e** *verb* fix.
fiks idé obsession.
fiksere fix.
fil file; *(kjørefelt)* lane.
filantropi philantrophy.
filateli philately, stamp collecting.
file file.
filet fillet.
filial branch.
filigran filigree.
fille rag; **~dukke** rag doll; **~rye** rug.
film film, picture, movie; **~anmeldelse** film review; **~anmelder** film critic; **~stjerne** film star.
filolog philologist; **~i** philology.
filosof philosopher; **~i** philosophy.
filt felt.
filter filter, strainer.
filterkaffe perk coffee, drip coffee.
filtrere filter, strain.
fin fine; nice; posh.
finale (*sport*) final(s); (*mus*) finale.
Finansdepartementet Ministry of Finance; *(i England)* the Treasury, (*amr*) the Treasury Department.
finanser finances.
finansiell financial.
finansiere finance.

finansminister Minister of Finance; *(i England)* Chancellor of the Exchequer, (*amr*) Secretary of the Treasury .
finer veneer; plywood.
finger finger; **~avtrykk** fingerprint; **~bøl** thimble; **~ferdighet** dexterity; **~nem** handy, deft.
fingert faked, feigned.
fink finch.
Finland Finland.
finmalt fine-ground.
finne Finn.
finne *verb* find; **~ sted** take place; **~rlønn** reward.
finne *subst.* fin.
finsk Finnish.
fiol violet; **~ett** violet.
fiolin violin; **~ist** violinist.
fire (*numerisk*) four; *verb* lower; (*overført*) yield; **~del** quarter; **~hjulstrekk** four-wheel drive.
firfisle lizard.
firkant square.
firkløver four-leaf clover.
firlinger quadruplets.
firma firm, company; (*særlig amr*) corporation; **~bil** company car; **~merke** trade mark.
fis (*hverdagslig*) fart, wind; **~e** fart, break wind.
fisk fish; **~e** *subst* fishing.
fiske *verb* fish; **~handler** fishmonger; **~kort** fishing licence; **~krok** fish hook.
Fiskene *astrologi* Pisces (fra 19. februar).
fiskeoppdrett fish farming.
fisker fisherman.
fiskeredskap fishing tackle.
fiskeri fisheries.
fiskesnøre fishing line.
fiskestang fishing rod.
fiskesuppe fish soup.
fisketur fishing trip.
fjas foolery, nonsense.
fjel board.
fjell mountain; rock; **~kjede** mountain range; **~klatrer** mountain climber, mountaineer; **~kløft** gorge, ravine; **~overgang** mountain pass; **~sikringstjeneste** mountain rescue service; **~stue** mountain lodge; **~topp** mountain peak; **~tur** mountain hike; **~vett** common sense in the mountains; **~vidde** mountain plateau.
fjerde fourth.
fjern far(-off), distant, remote; **~e** remove; **~kontroll** remote control, zapper; **~lys** *(på bil)* main beam.

fjernsyn television, tv; (*hverdagslig*) telly; **~sapparat** television set; **~sskjerm** television screen.
fjerntog long-distance train.
fjernvarme long-distance heating.
fjollete silly, foolish.
fjols fool, idiot.
fjord fjord; *(Skottland)* firth.
fjorten fourteen; **~ dager** a fortnight.
fjortis teenie-bopper.
fjær feather; *(stål-)* spring; **~e** ebb; **~fe** poultry; **~ing** (*maskin*) suspension; **~lett** feathery.
fjøs cowshed, (*amr*) cow barn.
flagg flag; colours; **~e** fly the flag; **~ermus** bat; **~stang** flagstaff, (*amr*) flag-pole.
flagre flap, flutter.
flak flake; *(is-)* (ice) floe.
flaks, ha ~ be in luck, be lucky.
flakse flap, flutter.
flambere flame.
flamme flame, blaze; **~post** (*edb*) flame mail; **~sikker** non-flammable.
flanell flannel.
flaske bottle; **~hals** bottleneck; **~pant** bottle deposit; **~post** message in a bottle.
flass dandruff; **~e** *(hud)* peel off; *(maling)* flake off.
flat flat; **~einnhold** area.
flau *(skamfull)* ashamed; *(pinlig)* embarrassing; *(smak)* insipid; **~ vind** light wind.
flause blunder, flop.
fleip joke, wisecrack; **~e** kid, joke; **~ete** flippant, cheeky.
flekk stain, spot; **~ete** spotted, stained; **~fjerningsmiddel** stain remover.
flekse work flexible hours.
fleksibel flexible.
fleksibilitet flexibility.
flenge slash, tear.
flerbruker (*edb*) multiaccess.
flere *(enn)* more (than); *(atskillige)* several; *(forskjellige)* various.
flerreisekort pass.
flertall *gram* the plural; *(de fleste)* the majority.
flertydig ambiguous.
flerumettet polyunsaturated.
flesk fat; pork; bacon.
flest most.
flette *(hår) subst, verb* plait, (*amr*) braid.

flikke (**på**) mend, patch; (*overført*) polish, revise.
flimre flicker.
flink clever; good.
flint flint; **~skallet** (completely) bald; **~stek** thinly sliced tenderloin.
flipperspill pinball.
flippe ut freak out.
flire grin; (*hånlig*) sneer.
flis *(tre-)* chip, splinter; *(golv-, vegg-)* tile; **~lagt** tiled.
flittig diligent, industrious.
flo flood(-tide), high tide.
flodbølge tidal wave; tsunami.
flodhest hippopotamus, (*hverdagslig*) hippo.
flokk *(mennesker)* crowd, party; *(fe)* herd; *(sau)* flock; *(ulv)* pack; *(fugl)* flight, flock; **~e seg** gather, flock.
flom flood; **~me (over)** flood, overflow; **~lys** floodlight(s).
flora flora.
floskel empty phrase, cliché.
flosshatt top hat.
flott *(fin)* smart, stylish; great; *(flytende)* afloat; **~e seg** live extravagantly.
flue fly; **~fiske** fly-fishing; **~smekker** flyswatter; **~vekt** (*sport*) flyweight.
flukt escape; **~bilist** hit-and-run driver; **~stol** deck-chair.
flunkende, ~ ny brand new.
fluor fluoride.
fly (aero)plane; aircraft, (*amr*) airplane.
fly *verb* fly; **~billett** flight ticket; **~forbindelse** air connection.
flygel grand piano.
flyger pilot.
flykaprer hijacker.
flykapring hijacking.
flykte run away, flee; *(unnslippe)* escape.
flyktig fleeting; superficial; volatile.
flyktning fugitive, refugee; **~leir** refugee camp.
flyndre flounder, flatfish.
flyselskap airline.
flyskrekk fear of flying.
flyte flow, run; *(på vannet)* float; **~dokk** floating dock; **~nde** liquid; fluid; *(tale)* fluent.
flytte move; remove.
flyttebil removal van.
flyulykke plane crash.
flyvert steward.
flyvertinne stewardess.
flyvåpen air force.
flørt flirt; *(om person)* flirt; **~e** flirt.

fløte *subst* cream.
fløte *verb* float.
fløy wing.
fløyel velvet.
fløyte *subst, verb* whistle; (*mus*) flute.
flå flay, skin; (*overført*) rip off, fleece; **~sete** flippant.
flåte fleet; marine; (*mil*) navy; *(tømmer-)* raft; **~ritt** rafting.
FN UN (United Nations).
fnise giggle, chuckle.
fnugg *(støv-)* speck of dust; *(snø-)* flake.
fnyse snort; **~ av** frown on.
foajé lobby.
fokus focus.
fold fold; crease; **~e** fold.
foldeskjørt pleated skirt.
folk people.
folkeavstemning popular vote; referendum.
folkedans folk dance.
folkedrakt national costume.
folkelig popular, folksy.
folkemuseum national heritage museum.
folketelling census.
folketetthet population density.
folketro popular belief.
folketrygd national insurance; (*amr*) social security.
folkevise ballad, folk song.
folklore folklore, traditional culture.
follekniv jackknife.
fomle fumble; **~te** clumsy.
fond fund; **~sforvalter** fund manager; **~megler** stockbroker.
fonn *(snø-)* snowdrift.
font font.
fontene fountain.
for *preposisjon* for, to, at, of, etc.
for *adv (altfor)* too; **~ at** (so) that, in order that; **~ å** (in order) to.
for *konj* for.
fôr *(i klær)* lining; *(til dyr)* fodder; forage.
forakt contempt, scorn; **~e** despise, disdain; **~elig** contemptible, despicable.
foran *preposisjon, adv* before, in front of, ahead of.
foranderlig changeable.
forandre change, alter.
forandring change, alteration.
forarge offend; shock, irritate; **~lse** indignation, offence.
forbanne curse; swear at; **~lse** curse; **~t** angry; (*kraftuttrykk*) furious, damned.

forbause surprise, astonish; **~lse** surprise, amazement.
forbauset surprised, amazed.
forbedre better, improve.
forbedring improvement.
forbehold reservation.
forbeholden reserved, cautious.
forberede prepare; **~lse** preparation; **~nde** preparatory; preliminary.
forbi *preposisjon, adv* by, past; **~gående** temporary, passing.
forbikjøring overtaking; **~ forbudt** no overtaking.
forbinde connect, link; *(sår)* dress, bandage.
forbindelse connection; relation(s); *(samferdsel)* communication.
forbinding dressing, bandage.
forbipasserende passer-by.
forbli remain, stay.
forblø bleed to death.
forbløffe amaze, astonish; **~lse** amazement, astonishment.
forbokstav initial.
forbrenne burn.
forbrenning (*fysiologi*) metabolism; (*kjemi*) combustion; **~smotor** internal-combustion engine.
forbruk consumption; **~e** consume; **~er** consumer.
forbrytelse crime; offence.
forbryter criminal.
forbud ban, prohibition; **~sskilt** prohibition sign.
forbuden forbidden.
forbudt forbidden, prohibited.
forbund association; league; **~sfelle** ally; **~sstat** federation.
forby forbid; *(ved lov)* prohibit, ban.
forbønn, gå i ~ for intercede for.
fordampe evaporate.
fordel advantage; benefit; **~aktig** advantageous, beneficial.
fordele distribute, divide.
fordeling distribution, division.
fordi because.
fordoble double; (*overført*) redouble.
fordom prejudice, bias; **~sfull** prejudiced, biased.
fordra stand, bear, endure.
fordreie distort, twist.
fordring claim, demand; **~sfull** demanding, exacting; **~sløs** modest.

fordrive drive away; *(tiden)* while away.
fordrukken drunken.
fordømme condemn, damn; **~lse** condemnation, damnation.
fordøye digest; **~lse** digestion; **~lsesbesvær** indigestion.
forebygge prevent; **~nde** preventive.
foredle refine; perfect.
foredling refinement; improvement.
foredrag lecture, talk; **~sholder** lecturer, speaker.
forefallende arbeid odd jobs.
foregripe anticipate.
foregå take place, go on; **~ende** previous, preceding.
forekomme occur; *(synes)* seem, appear.
forekommende obliging.
forekomst occurrence, existence.
foreldet obsolete, out of date.
foreldre parents; **~løs** orphan; **~myndighet** custody; **~møte** parent-teacher meeting.
forelegg fine.
forelese lecture.
foreleser lecturer.
forelesning lecture.
foreligge be, exist.
forelske seg fall in love; have a crush on.
forelsket in love (**i** with).
foreløpig preliminary, temporary, for the time being.
forene unite, combine.
forening union, association, society, club.
forenkle simplify.
forenkling simplification.
foresatt authority, superior.
foreslå propose, suggest.
forespørre inquire *eller* enquire.
forespørsel inquiry *eller* enquiry.
forestille represent.
forestille seg imagine.
forestilling (*teater*) performance; *(begrep)* idea, conception.
foreta undertake, make; **~k** undertaking, enterprise; **~ksom** enterprising.
foretrekke prefer.
forfall decay; (*overført*) decline; (*jur*) excuse; (*handel*) *(ved ~)* when due; **~e** decay; (*handel*) fall due; **~ent** dilapidated.
forfalske falsify; forge.
forfalskning falsification; forgery; counterfeit.

forfatning *(tilstand)* state, condition; *(stats-)* constitution.
forfatter author, writer.
forfedre ancestors, forefathers.
forfengelig vain; **~het** vanity.
forferdelig appalling, terrible, dreadful.
forfjamset confused, bewildered.
forfjor, i ~ the year before last.
forfra *(fra forsiden)* from the front; *(om igjen)* from the beginning, from the top.
forfremme promote; **~lse** promotion.
forfriskning refreshment.
forfrysning frost-bite.
forfølge chase, pursue; *(religion/politikk)* persecute; **~lse** pursuit; persecution; **~r** pursuer; persecutor.
forføre seduce; **~nde** seductive, alluring; **~r** seducer.
forgasser carburettor.
forgifte poison; polute.
forgiftning poisoning.
forgjenger predecessor.
forgjeves *adj* in vain, futile.
forglemmegei forget-me-not.
forglemmelse oversight, omission.
forgude idolize, adore.
forgylle gild.
forgå perish, die.
forgårs, i ~ the day before yesterday.
forhalingstaktikk stalling/delaying tactics.
forhandle negotiate, (*handel*) deal in, sell.
forhandling negotiation; distribution, sale.
forhastet premature, hasty.
forhekse bewitch, enchant.
forheng curtain.
forhenværende former, ex-.
forhindre prevent.
forhjul front wheel; **~sdrift** front wheel drive.
forhold *(proporsjon)* proportion; *(forbindelse)* relation(s), connection; *(omstendighet)* fact, circumstances; (*matematikk*) ratio; **~smessig** proportional; **~sregel** precaution; **~svis** relatively, comparatively.
forhør interrogation; inquiry; **~e** interrogate; examine.
forhånd (*kortspill*) lead; **på ~** in advance, beforehand.
forhåpentlig hopefully.

forkalkning calcification.
forkaste reject, turn down; **~lig** objectionable.
forkjemper champion, advocate.
forkjærlighet predilection, preference.
forkjølelse cold.
forkjølelsessår cold sore, herpes.
forkjøle seg catch a cold.
forkjøpsrett option, first refusal (on).
forkjørsrett right of way.
forkjørsvei main road, priority road.
forklare explain.
forklaring explanation.
forkle *subst* apron.
forkledning disguise.
forknytt timid.
forkorte shorten, abridge; *(ord)* abbreviate; **~lse** abbreviation, shortening.
forkynne announce; (*jur*) serve; (*religion*) preach; **~lse** announcement; preaching.
forlag publisher, publishing house.
forlange demand, ask (for), claim.
forlate leave; *(oppgi)* abandon.
forlatelse forgiveness; pardon.
forlatt abandoned, deserted.
forlegen embarrassed; self-conscious; **~het** embarrassment.
forlegge mislay; *(utgi)* publish; **~r** publisher.
forlenge lengthen, prolong, extend; **~lse** lengthening, extension.
forlengs forwards.
for lengst long ago.
forlik compromise, settlement; **~e** reconcile; **~sråd** conciliation board.
forlis (ship)wreck; **~e** founder, go down; lose.
forlovede (*kvinne*)fiancée, (*mann*) fiancé.
forlover maid of honour; best man.
forlove seg become engaged (**med** to).
forlystelse entertainment, amusement.
forløp course, progress; **~e** pass; proceed; **~er** forerunner.
form form, shape; *(støpe-)* mould.
formalitet formality.
formann *(i styre)* chairman, chairwoman; (*amr*) president; *(i forening)* president; *(arbeids-)* foreman.

format format, size.
forme form, shape.
formel formula.
formell formal, technical.
formere seg breed, multiply, propagate.
formiddag morning (until noon).
formildende omstendigheter extenuating circumstances.
forminske reduce, decrease, diminish.
formløs formless, shapeless.
formodning, mot ~ contrary to expectation.
formue fortune, assets; **~nde** wealthy, well off; **~sskatt** capital tax.
formular form; formula.
formulere formulate; articulate, express.
formulering formulation, wording.
formynder guardian.
formørke darken; (*astronomi*) eclipse; **-lse** *(sol, måne)* eclipse.
formål aim, purpose, object.
fornavn Christian name, first name.
fornekte deny; repudiate.
fornem distinguished; aristocratic.
fornminne antiquity, relic.
fornuft reason; **sunn ~** common sense; **~ig** reasonable, sensible.
fornye renew, renovate; **~lse** renewal, renovation.
fornærme offend, insult; **~lse** insult; **~t** offended, insulted.
fornøyd satisfied, pleased, content(ed).
fornøyelig amusing, delightful.
fornøyelse pleasure; (forlystelse) entertainment, amusement; **~spark** amusement park.
forord preface, foreword.
forordning decree, regulation.
forover forward, ahead, onward.
forpakte lease, rent; **~r** tenant (farmer).
forplante (seg) propagate, breed.
forplantning propagation, reproduction.
forpliktelse commitment, obligation.
forpliktende binding.
forplikte (seg) commit (oneself), oblige (oneself).
forpliktet obliged, bound.
forpost outpost.
forpurre frustrate, foil, thwart.

forrente pay interest on.
forresten *(apropos)* by the way; *(dessuten)* besides.
forretning business; *(butikk)* shop; **~sbrev** business/commercial letter; **~skvinne** business woman; **~slokale(r)** business premises; **~smann** business man; **~smessig** businesslike.
forrett starter, (*amr*) appetizer.
forrette (*religion*) officiate.
forrige last; previous, former.
forrykende tremendous.
forrykt crazy.
forræder traitor (**mot** to); **~i** treachery; *(lands-)* treason; **~sk** treacherous.
forråde betray; sell out.
forråtnelse decay.
forsagt timid, diffident.
forsalg *(billetter)* advance booking.
forsamling assembly, congregation.
forseelse offence.
forsegle seal, (*amr*) offence; misdemeanour.
forsendelse shipment; *(vareparti)* consignment.
forsere speed up; force.
forsete front seat.
forsett purpose, intention; **~lig** intentional, premeditated.
forside front; cover; *(mynt o.l.)* face.
forsikre assure; *(assurere)* insure.
forsikring assurance; promise; insurance; **~spolise** insurance policy; **~spremie** insurance premium; **~sselskap** insurance company.
forsiktig careful; cautious; prudent.
forsinkelse delay.
forsinket delayed, late.
forskanse entrench, barricade.
forske do research.
forsker (*i naturvitenskap*) scientist; (*i humaniora*) scholar.
forskjell difference; distinction; **~ig** different; diverse; **~sbehandle** discriminate against.
forskning research.
forskrekke frighten; **~lse** fright, alarm.
forskrudd eccentric; twisted.
forskudd advance; **~svis** in advance.
forskyve displace, shift.

forskyvning displacement; swing.
forslag proposal, suggestion; motion.
forslitt trite, hackneyed.
forslått bruised; battered.
forsnakke seg make a slip of the tongue.
forsommer early summer.
forsone reconcile, placate.
forsoning reconciliation.
forsove seg oversleep.
forspill prelude; (*seksuelt*) foreplay; **~e** forfeit; throw away.
forspise seg overeat.
forsprang lead; head start.
forstad suburb; **~s-** suburban; **~stog** commuter train.
forstand *(fornuft)* reason, sense; **~er** principal, director; **~ig** sensible, reasonable.
forstavelse prefix.
forstavn stem, prow.
forsterke strengthen, fortify; reinforce.
forsterker (*radio*) amplifier.
forsterkning reinforcement; strengthening.
forstilling *(på bil)* front suspension.
forstmann forester.
forstoppelse (*medisin*) constipation.
forstue *verb* sprain.
forstuing sprain.
forstyrre disturb; confuse; *(bry)* trouble; **~lse** disturbance, trouble; **~t** distracted; crazy.
forstørre magnify; (*fotogr*) enlarge; **~lse** enlargement; **~lsesglass** magnifying glass.
forstå understand; see; **~elig** understandable, comprehensible; **~else, ~elsesfull** understanding, sympathetic.
forsvar defence; **~e** defend; **~lig** *(berettiget)* justifiable; *(sikker)* secure.
Forsvarsdepartementet Ministry of Defence, (*amr*) Department of Defense.
forsvarsløs defenceless.
forsvinne disappear, vanish.
forsvunnet gone missing.
forsyne supply, provide.
forsyne seg help oneself (**med** to).
forsyning supply.
forsøk attempt (**på** at); *(prøve)* test, trial; **~e** try, attempt.
forsømme neglect; miss.
forsørge provide for, support; **~r** provider; breadwinner.

fort *adv* quickly, fast; **~ deg!** hurry up!
fort *subst* fort.
fortann front tooth.
fortau pavement, (*amr*) sidewalk; **~skant** kerb, (*amr*) curb.
fortegnelse list, catalogue, record.
fortelle tell, report.
forteller narrator.
fortelling story, narrative.
fortid past.
fortjene deserve.
fortjenste profit; merit.
fortjent worthy (**til** of).
fortløpende consecutive.
fortolle pay duty on; declare.
fortrenge displace, supersede; (*psyk*) repress.
fortrinnsvis preferably.
fortrolig confidential; imtimate; **~het** confidence, trust.
fortropp vanguard.
fortryllelse charm, fascination.
fortryllende charming, enchanting.
fortsette continue, go on, carry on; **~lse** continuation.
fortvilelse despair.
fortvilt desperate; in despair.
fortynne dilute.
fortøye moor, make fast.
fortøyning mooring.
forulempe molest; *(plage)* harass, annoy.
forulykke be lost, perish.
forunderlig strange, odd.
forundre surprise.
forundring surprise, wonder.
forurense pollute.
forurensning pollution.
forut in advance, ahead; *sjøfart* forward; **~anelse** presentiment; **~bestemt** predetermined; predestined.
foruten besides.
forutinntatt biased, prejudiced.
forutsatt at provided (that).
forutse foresee, anticipate.
forutsetning condition, premise.
forutsette assume, (pre) suppose, take for granted.
forutsi predict, forecast.
forutsigbar predictable.
forvalte administer, manage.
forvalter steward, manager.
forvaltning administration, management.
forvandle transform, change; convert.
forvandling transformation.
forvanske distort, misrepresent.

forvaring safe-keeping, custody.
forveien, i ~ beforehand, in advance.
forveksle mistake (**med** for).
forveksling mix-up, mistake.
forventning expectation, anticipation.
forventningsfull expectant, hopeful.
forviklinger complications, mix-ups.
forvirre confuse, bewilder.
forvirring confusion.
forvise banish, exile; deport.
forvisning banishment, exile; deportation.
forvisse ~ seg om make sure of; ascertain.
forvitre disintegrate, erode.
forvitring disintegration, erosion.
forvrenge distort, twist.
forvridd distorted, twisted.
forværelse waiting room, ante-room.
forårsake cause, occasion.
fosfat phosphate.
fosfor phosphorus.
foss waterfall, cataract; **~e** cascade, gush.
fossil fossil.
foster embryo; (*amr*) fetus; (*britisk*) foetus.
fosterforeldre foster-parents.
fostre bring up, rear; (*overført*) breed.
fot foot; *(bord)* leg; *(glass)* stem; *(mast)* heel; **på stående ~** offhand; **stå på god ~ med** be on good terms with.
fotball football, (*amr*) soccer; **~bane** football pitch, (*amr*) soccer field; **~forbund** football association; **~kamp** football match, (*amr*) soccer game.
fotfeste footing.
fotgjenger pedestrian; **~overgang** pedestrian crossing, (*amr*) crosswalk; **~undergang** (*britisk*) (pedestrian) subway; (*amr*) underpass.
fotnote footnote.
foto photo; **~apparat** camera; **~boks** speed camera; **~forretning** camera shop.
fotograf photographer; **~ere** photograph; **~i** photo(graph).
fotpleie pedicure.
fotsopp (*medisin*) athlete's foot.
fotspor footprint, track(s).

fottur hike, walking tour; **~ist** hiker; backpacker.
fottøy footwear.
fra from.
frabe seg deprecate, decline.
fradrag deduction; **~sberettiget** deductible.
frafalle give up, relinquish.
fraflytte leave; abandon.
frakk (over)coat; **~eskjøt** coat-tail.
fraksjon faction, section, wing.
frakt freight; cargo; **~e** transport, carry, haul.
fram forward, on; *(se ellers* **frem-** *)*.
frankere stamp.
Frankrike France.
fransk French; **~mann** Frenchman.
fraråde advise against, dissuade.
frase cliché, empty phrase.
frasi seg renounce, resign.
frastøtende repulsive, disgusting.
frata deprive of.
fratre resign, retire from.
fravike deviate from; abandon.
fravær absence; **~ende** absent, missing.
fred peace.
fredag Friday.
frede preserve, conserve, protect; **~lig** peaceful, quiet.
fredløs outlaw.
fredsavtale peace treaty.
fredsbevarende peacekeeping.
fredsommelig peaceable, peace-loving.
fregatt frigate.
fregne freckle.
freidig bold, cheeky.
frekk impudent, (*amr*) fresh; naughty; **~het** impudence, insolence.
frekvens frequency.
frelse *subst* rescue; deliverance; (*religion*) salvation.
frelse *verb* save, rescue; **~r** saviour, rescuer; (*religion*) Saviour; **~sarméen** the Salvation Army.
frelst saved, born-again.
frem forward, on, ahead.
fremdeles still.
fremfor before; in preference to; **~ alt** above all.
fremheve stress, emphasize.
fremholde point out.
fremkalle *(forårsake)* cause, bring about; (*fotogr*) develop.

fremkommelig passable; open.
fremlegge present, produce.
fremleie *subst* subletting; *verb* sublet, sublease.
fremme further, promote, advance.
fremmed *adj* strange, unfamiliar; *(utenlandsk)* foreign.
fremmed *subst* stranger; foreigner; (*jur*) alien; **~arbeider** guest worker; **~frykt** xenophobia.
fremmelig forward; talented.
fremmøte attendance.
fremover forward, ahead.
frempå at the edge of.
fremragende outstanding.
fremsette put forward.
fremskritt progress.
fremskynde speed up.
fremst *adv* in front; **først og ~** primarily, first of all.
fremst *adj* first; foremost.
fremstille *(lage)* produce, make; *(avbilde)* represent, depict; *(rolle)* portray; *(skildre)* describe.
fremstilling *(fabrikasjon)* production; *(rolle)* portrayal; *(redegjørelse)* account.
fremstøt drive, push, advance.
fremtid future.
fremtredende prominent, outstanding.
fres speed; fuzzle; **~e** *(sprake)* crackle; *(sprute)* sputter; *(av sinne)* snarl.
fresko fresco.
fri *adj* free; time off; (*om gir*) neutral.
fri *verb* propose (*til* to); **i det ~** in the open; **~areal** recreational area.
fribryting free-style wrestling.
fridag day off.
frier suitor; **~i** proposal.
frifinne acquit (**for** of); **~lse** acquittal.
frigi release.
frigjort emancipated.
frigjøre set free; release; liberate.
frigjøring liberation; emancipation.
frihet freedom, liberty.
friidrett athletics; (*amr*) track and field.
frikjenne acquit (**for** of).
frikvarter break, (*amr*) recess.
friluftsliv outdoor life.
friluftsmenneske outdoor person.
friluftsteater open-air/ outdoor theatre.

frimerke (postage) stamp.
frimurer freemason; **~losje** masonic lodge.
frisk *(fersk, ny)* fresh; *(sunn)* healthy, well; **~e opp** refresh; *(kunnskaper)* brush up; **~ne til** recover, recuperate.
frispark free kick.
frist time limit, deadline.
friste tempt; **~lse** temptation; **~nde** tempting.
fristil (*sport*) freestyle.
frisvømming free-style swimming.
frisyre hairstyle.
frisør hairdresser.
fritatt exempt.
fritekstsøk (*edb*) free text search.
fritid leisure (time), spare time; **~sklubb** youth club.
fritt *adv* freely; *(gratis)* free (of charge); **~gående** free-range; **~stående** detached; **~talende** outspoken.
frityrstekt deep-fried.
frivillig voluntary; *subst* volunteer.
frodig lush, fertile; (*om kvinne*) buxom; **~het** luxuriance, lushness.
frokost breakfast; **spise ~** have breakfast; **~blanding** cereal.
from pious; mild.
fromasj *omtrent* mousse.
front front; **~kollisjon** head-on collision; **~lys** headlights; **~rute** windscreen, (*amr*) windshield.
frosk frog; **~elår** frogleg; **~emann** frogman.
frossen frozen.
frost frost; **~væske** antifreeze.
frotté terry; **~håndkle** terry towel; **~re** rub (sby) down.
fru Mrs.
frukt fruit.
fruktbar fertile; **~het** fertility.
frukthage orchard.
fruktsaft fruit juice.
frustrasjon frustration.
frustrert frustrated.
fryd joy, delight.
frykt fear, dread; **~e** fear, dread, be afraid of; **~elig** terrible, dreadful; **~inngytende** terrifying.
frynse fringe; **~gode** fringe benefit.
fryse freeze; *(om person)* be cold, freeze; **~ ut** ostracize.
fryseboks freezer.
frysepunkt freezing point.
fryser freezer.
frø seed.

frøken Miss, Ms.
fråde froth, foam.
fråtse stuff oneself, overeat, (*slang*) pig out; **~ri** gluttony.
fugl bird; *(fjærfe)* fowl, poultry; **~eskremsel** scarecrow.
fugleinfluensa bird flu, avian flu.
fukte wet, moisten.
fuktig damp, moist.
fuktighet dampness, moisture.
full full; *(beruset)* drunk; **drikke seg ~** get drunk.
fullblods thoroughbred, full-blooded.
fullbyrde complete, fulfill; *(voldtekt)* consummate.
fullføre complete, finish.
fullkommen perfect; **~het** perfection.
fullmakt authority; power of attorney.
fullstendig complete(ly).
fullt fully.
fulltegnet fully booked.
fundament foundation, basis; **~al** fundamental.
fungere function; **~nde** acting.
funksjon function; **~shemmet** disabled; (*amr*) physically challenged; **~ær** employee.
funksjonell functional, practical.
funn find, discovery.
fure *(agr)* furrow; *(rynke)* wrinkle.
furet furrowed; wrinkled.
furte sulk; **~n** sulky, sullen.
furu pine.
furumo pine barren.
fusjon (*handel*) merger; (*fysikk*) fusion.
fusk cheating; **~e** cheat; **~epels** fake fur; **~elapp** crib.
futteral case, cover.
fy! ugh!
fyke *(snø, sand)* drift.
fyldig *(om person)* plump; (*rikholdig*) rich, copious; *(om vin)* full-bodied.
fylke county.
fyll *(i mat)* filling, stuffing; *(drikking)* drunkenness, boozing; **~e** fill; stuff; **~e ut** fill in.
fyllebøtte drunkard, boozer; wino.
fyllekjøring drink-driving, (*amr*) drunken driving.
fyllesyk hung over.
fyllik drunkard.
fyord dirty word, four-letter word.
fyr *(person)* fellow, guy, chap; *(ild)* fire; **~e** fire; heat.

fyrste prince; **~dømme** principality.
fyrstikk match; **~eske** matchbox.
fyrstinne princess.
fyrtårn lighthouse.
fyrverkeri fireworks.
fysiker physicist.
fysikk physics; *(om kropp)* physique.
fysioterapeut physiotherapist, (*amr*) physical therapist.
fysioterapi physiotherapy.
fysisk physical.
fysj! yuk!
fæl horrible, hideous, awful.
fælen frightened.
færre fewer; **~st** fewest.
fø feed, nourish.
føde *verb* bear; give birth to, deliver; **~sted** place of birth; **~stue** delivery room.
fødsel birth; labour; **~sattest** birth certificate; **~sdag** birthday; **~slege** obstetrician; **~permisjon** *(for kvinne)* maternity leave, *(for mann)* paternity leave; **~sår** year of birth.
født born.
føflekk mole, birthmark.
følbar noticeable, tangible.
føle feel; sense.
følehorn feelers, antenna.
følelse feeling; *(fornemmelse)* sensation; *(sinnsbevegelse)* emotion; **~sløs** numb; callous, insensitive **~smessig** emotional.
følge *subst (rekke-)* succession; *(resultat)* result, consequence; *(selskap)* company.
følge *verb (~ etter)* follow; *(etter-)* succeed; *(ledsage)* accompany.
følgelig consequently, accordingly.
følgende the following.
føling touch, contact; *(lavt blodsukker)* hypoglycaemia.
føljetong serial, series.
føll foal; *(hingst)* colt; *(hoppe)* filly.
følsom sensitive.
føne blow-dry.
før *konj* before.
før *preposisjon* before, prior to.
før *adv* before, previously.
føre *subst* conditions.
føre *verb* bring; *(lede)* lead, guide; *(en vare)* stock, keep, (*amr*) carry.
føremelding report on (road/snow) conditions.
fører leader; *(veiviser)*

guide; *(bil-)* driver; *(fly)* pilot.
førerkort driving licence, (*amr*) driver's license.
førerprøve driving test, (*amr*) driver's test.
førskolelærer pre-school teacher, nursery school teacher.
først first; ~ **og fremst** primarily.
første first; **~divisjon** first division; **~hjelp** first aid; **~klasses** first-class.
førstkommende next.
førstnevnte the first-mentioned; *(av to)* the former.
førti forty.
førtidspensjon early retirement (pension).
føye humour, please; ~ **sammen** join, unite; ~ **til** add; **~lig** compliant, docile.
få *verb* get, receive, obtain; have; **~fengt** futile, vain.
få *adj* few.
fårehund sheepdog; (skotsk) collie.
fårekjøtt mutton.
fårikål Norwegian lamb stew.
fåtall (a) minority; **~ig** few (in number).

G

gaffel fork; **~truck** forklift.
gagne benefit, be useful.
gal mad, crazy; *(feil)* wrong, incorrect; **bli** ~ go mad.
galant polite; courteous.
gale crow.
galge gallows.
galla full dress; gala.
galle gall, bile; **~blære** gall-bladder.
galleri gallery.
gallionsfigur figurehead.
gallupundersøkelse Gallup poll, public opinion poll.
galopp gallop; **~ere** gallop.
galskap madness, insanity.
gamasjer gaiters; leggings.
gamlehjem old people's home.
gammastråle gamma ray.

gamme turf hut.
gammel old; ancient; **~dags** old-fashioned, outdated.
gane palate.
gang *(gjentagelse)* time; *(forløp)* course; *(korridor)* corridor; (*det å gå*) walking; **~bar** current; **~e** walk; multiply.
ganske quite; fairly; pretty; **~ visst** certainly.
gap mouth; gulf; (*overført*) jaws.
gape yawn, gape; **~stokk** pillory.
garantere guarantee.
garanti guarantee.
garasje garage; **~port** garage door; **~salg** garage sale, yard sale.
garde guard(s); **~re** (safe) guard; hedge.
garderobe (*sport*) locker room; cloakroom, (*amr*) checkroom; *(klær)* wardrobe.
gardin curtain; **~trapp** step-ladder.
garn yarn, thread; *(bomulls-)* cotton; *(fiske-)* net; *(strikke-)* knitting wool.
garnere *(mat)* garnish.
gartner gardener; **~i** *(hagebruk)* nursery.
garveri tannery.
gas(bind) gauze.
gasje salary.
gass gas; **~komfyr** gas stove; **~maske** gas mask; **~pedal** accelerator; **~kraftverk** gasworks.
gast seaman.
gate street; *(blind-)* blind alley.
gatekjøkkenmat takeaway food, fast food.
gatekryss street crossing, (*amr*) intersection.
gateselger street vendor.
gaule howl, yell.
gave gift; donation; present; **~kort** gift token, (*amr*) gift certificate; **~papir** gift wrap.
gavmild generous; liberal.
gebiss denture.
gebyr fee, charge; **~fri** free of charge.
gehør (musical) ear; **absolutt ~** perfect pitch.
geip grimace.
geistlig clerical, ecclesiastical; **~het** clergy.
geit goat; **~ost** goat cheese.
gelé jelly.
geledd, på ~ lined up.
gelender banisters, railing.
gemytt temper, disposition; **~lig** pleasant; (con)genial.
gen *biol* gene.

general general; **~direktør** director-general; **~forsamling** general meeting/assembly.
generalisere generalize.
generalprøve trial run; dress rehearsal.
generalsekretær secretary-general.
generasjon generation; **~skløft** generation gap.
generell general.
genetisk genetic.
geni genius; **~al** ingenious; brilliant.
genistrek stroke of genius.
genmanipulering genetic engineering.
genmodifisere genetically modify.
genre style; genre.
genser sweater, pullover.
genteknologi genetic engineering.
genterapi gene therapy.
geografi geography.
geologi geology.
geometri geometry.
geriatrisk geriatric.
gesims cornice.
geskjeftig energetic; interfering.
gest gesture; **~ikulere** gesture, gesticulate.
getto ghetto.
gevinst profit, gains; *(i lotteri)* prize; *(i spill)* winnings.
gevir antlers.
gevær *(jakt-)* gun; *(militær-)* rifle; **~kule** bullet.
gi give; (*kortspill*) deal.
gidde be bothered; **jeg ~r ikke** I can't be bothered.
gift *subst* poison.
gift *adj* married (**med** to).
gifte seg get married; marry.
giftfri non-toxic.
giftig poisonous; toxic; (*ondsinnet*) malicious.
gigant giant; **~isk** gigantic.
gikt rheumatism, arthritis.
gips plaster; cast.
gir gear; **~e** change gears.
girere *(overføre)* transfer; endorse.
girkasse gear box.
giro giro; **~blankett** giro form.
girspak gear lever, (*amr*) gear shift.
gispe gasp.
gissel hostage; **~drama** hostage situation.
gitar guitar; **~ist** guitar player.
gitter grating; *(i fengsel)* bars; (*radio*) grid.
gjedde pike.
gjel gully, ravine.

gjeld debt.
gjelde *(angå)* apply to, concern; *(være gyldig)* be valid, apply; *(kastrere)* geld, castrate.
gjeldende applicable; in force.
gjeldsbrev IOU; promissory note; *(obligasjon)* bond.
gjelle *(fisk)* gill.
gjemme hide, conceal.
gjemmested hiding-place, hideout.
gjemsel *(lek)* hide-and-seek.
gjenbruk recycling; **~e** recycle.
gjendrive refute.
gjenferd apparition, ghost.
gjenforene reunite.
gjenfortelle retell, reproduce.
gjeng gang; *(klikk)* bunch.
gjenganger ghost, apparition.
gjenge *(på skrue)* thread, groove; *(lås-)* ward; *(gang)* course, progress.
gjengi recount; reproduce; **~velse** account, summary; *(oversettelse)* rendering, translation.
gjengjeld return; **~e** return, repay; **~else** retribution, retaliation.
gjengs current, prevalent.
gjenkjenne recognize; **~lse** recognition.
gjenklang echo, resonance.
gjenlevende surviving; survivor.
gjenlyde echo, reverberate.
gjennom through.
gjennombore pierce.
gjennombrudd breakthrough.
gjennomføre carry out, accomplish; implement.
gjennomgang passage; review; **~smelodi** theme music; theme song; **~stema** recurring theme; **~strafikk** through traffic.
gjennomgripende sweeping, radical.
gjennomgå experience; examine; **~ende** *adv* generally.
gjennomkjøring passage; **~ forbudt** no thoroughfare.
gjennomreise passing through; in transit.
gjennomsiktig transparent; see-through.
gjennomskue see through.
gjennomsnitt average; mean.
gjennomsnittlig average, ordinary.
gjennomsnittlig *adv* on an average.

gjennomstekt well done.
gjennomsyn inspection.
gjennomtrekk draught, (*amr*) draft.
gjennomtrengende penetrating; piercing.
gjennomvåt soaking wet, drenched.
gjenoppbygge rebuild.
gjenopplive revive.
gjenopplivningsforsøk resuscitation attempt.
gjenopprette re-establish; restore.
gjenoppta resume.
gjenpart copy, duplicate.
gjensidig mutual, reciprocal.
gjenskinn reflection.
gjenspeile reflect, mirror.
gjenstand object; thing; *(emne)* subject.
gjenstridig obstinate, stubborn.
gjenstå remain.
gjensyn, på ~! see you later!
gjenta repeat; **~kelse** repetition.
gjenvelge re-elect.
gjenvinne regain, recover; recycle.
gjenvisitt return visit.
gjerde fence.
gjerne willingly, gladly.
gjerning deed, act; work; **~smann** culprit, perpetrator.
gjerrig mean, stingy, (*amr*) cheap.
gjerrigknark miser, cheapskate.
gjesp yawn; **~e** yawn.
gjest guest; visitor; **~ebok** hotel register; visitors' book; **~erom** spare bedroom.
gjestfri hospitable; **~het** hospitality.
gjestgiveri inn.
gjete herd, tend, keep an eye on; **~r** shepherd; herdsman.
gjette guess (**på** at).
gjetting guess(work).
gjettekonkurranse quiz.
gjær yeast; **~e** *(om væske)* ferment; *(om deig)* rise.
gjø bark, bay.
gjødsel manure; *(kunst-)* fertilizer.
gjøgler juggler.
gjøk cuckoo; *(tosk)* idiot.
gjøn fun; **drive ~ med** make fun of.
gjøre do; make; **~mål** business, duties.
gjørme mud, mire; **~te** muddy.
glad happy, pleased, glad.
glane stare, gape (**på** at).

glans splendour; lustre; gloss; *(politur)* polish.
glasere glaze.
glass glass; *(syltetøy-)* jar; **~fiber** fibre glass; **~maleri** stained glass; **~mester** glazier; **~rute** pane of glass.
glasur glaze; frosting.
glatt smooth; *(som man glir på)* slippery; **~barbert** clean-shaven.
glede *subst* joy, delight, pleasure.
glede *verb* please, delight; **~ seg til** look forward to; **~lig** pleasant, gratifying; **~lig jul!** Merry Christmas! **~sdreper** kill-joy, wet blanket.
glemme forget; *(igjen)* leave behind.
glemsel oblivion; forgetfulness.
glemsom forgetful.
gli glide; slip; *(rutsje)* slide; go smoothly.
glidefly glider.
glidelås zip, (*amr*) zipper.
glideskala sliding scale.
glimrende brilliant; excellent.
glimt gleam; *(flyktig blikk)* glimpse; *(lyn)* flash; **~e** gleam; flash; **~vis** in glimpses.
glinse glisten, shine.
glipp slip (up); **gå ~ av** miss, lose; **~e** slip; fail; *(med øynene)* blink, wink.
glis grin; **~e** grin.
glitre glitter, sparkle.
glitter glitter; tinsel.
glo *subst* live coal; embers.
glo *verb* stare, (**på** at).
global global; **~isering** globalization.
globus globe.
glorete gaudy, glaring.
glorie halo; (*overført*) glory.
glorifisere glorify.
glugge peephole.
glup smart, bright.
glupsk voracious; greedy.
glød glow, radiance; (*overført*) ardour.
gløde glow; **~nde** red-hot; glowing; (*overført*) ardent.
gløgg shrewd, bright, smart; *(drikke)* mulled wine.
gløtt rift, opening; glimpse; **på ~** ajar.
gnage gnaw; nibble; **~r** rodent.
gnagsår blister.
gni rub; **~ing** rubbing, friction.
gnier miser; **~aktig** niggardly, stingy.
gnisse rub, scrape.
gnist spark; **~rende** flashing, sparkling.

g-nøkkel *(mus)* G clef.
gnål *(mas)* nagging, fussing; **~e** nag, harp on.
god good; *(snill)* kind; **vær så ~** (if you) please; *(tilbydende)* here you are; please, help yourself.
godartet *(om sykdom)* benign.
godbit titbit.
gode *subst* good, benefit; **til ~** due.
godhet goodness; kindness.
godkjenne sanction, approve (of); **~lse** approval, acceptance.
godmodig good-natured, genial.
gods *(varer)* goods; *(jord)* estate.
godseier landowner.
godskrive credit.
godsnakke med coax.
godstog goods train, (*amr*) freight train.
godt *adv* well.
godta accept.
godteri sweet(s), (*amr*) candy.
godtgjøre *(erstatte)* compensate, make good; **~lse** compensation; allowance.
godtroende naive, gullible.
godtroenhet credulity.
godvilje goodwill.
gold barren, sterile.
golf *(bukt)* gulf; *(spill)* golf; **~bane** golf-course, golf-links; **~kølle** golf club.
Golfstrømmen the Gulf Stream.
gomle, ~ på munch (on).
gondol gondola.
gongong gong.
gonoré gonorrhea; (*hverdagslig*) the clap.
gorilla gorilla.
gotisk Gothic.
grad degree; *(rang)* rank, grade; **~vis** gradual(ly).
gradert scaled; (*hemmelig-stemplet*) classified.
grafikk prints, graphic art.
grafisk graphic(al).
grafse (~ til seg) grab; (*snoke*) pry.
gram gram(me).
grammatikk grammar.
grammatisk grammatical.
gran spruce; **~bar** spruce sprigs/branches.
granat (*mil*) shell; *(hånd-)* (hand)grenade.
granitt granite.
grankongle fir cone.
granske investigate, scrutinize.
granskning investigation, inquiry.

grasiøs graceful.
grasrota (*overført*) the grassroots.
gratiale gratuity, bonus.
gratis free (of charge), gratuitous; **~program** (*edb*) shareware.
gratulasjon congratulation(s).
gratulere congratulate (**med** on).
grav pit; *(for døde)* grave, tomb; *(festnings-)* moat.
grave dig; **~ ned** bury; **~ ut** unearth.
gravemaskin excavator, (*amr*) steam shovel.
graver sexton.
gravere engrave.
graverende grave; serious.
gravhaug grave mound.
gravid pregnant; **~itet** pregnancy.
gravitasjon gravitation.
gravlaks cured salmon.
gravlegge bury, lay to rest.
gravlund cemetery, graveyard.
gravskrift epitaph.
gravstøtte tombstone.
gravøl wake.
gravør engraver.
grei *(tydelig)* clear, plain; *(lett)* easy; (*hyggelig*) pleasant.
greie *(klare)* manage, succeed in; *(kjemme)* comb; *(ordne)* arrange; put straight.
greip digging fork.
greker Greek.
grell garish, glaring; gaudy.
gremmelse grief, bitterness.
gremme seg be hurt, grieve.
gren branch; twig; *(større, på tre)* bough.
grense *subst* border, boundary, frontier; (*overført*) limit.
grense *verb* **~ til** border on; **~land** borderland; **~løs** boundless, endless.
grensesnitt (*edb*) interface.
grensetilfelle (*overført*) borderline case.
grep grasp, grip, hold.
gresk Greek.
gressbane *(fotball)* grass pitch; *(tennis)* grass court.
gresse graze.
gresselig awful, terrible.
gresshoppe grasshopper.
gresskar pumpkin.
gressklipper lawn mower.
gressløk chives.
gretten cross, peevish; (*amr*) crabby.
greve count; earl.
grevinne countess.
grevling badger.

grevskap county, shire.
gribb vulture.
grill *(på bil)* grille; *(rist)* grill, gridiron.
grille grill, broil, barbecue.
grillkull (grilling) charcoal.
grillspyd skewer, (barbecue) spit.
grillvott barbecue mitt(en).
grimase grimace.
grind gate.
grine *(gråte)* weep, cry; **~te** cross, grumpy.
gripe catch, seize; grasp; **~ an** go about; **~nde** touching, moving, gripping.
gris pig, hog, swine.
grise ~ til make a mess of.
grisebinge pigsty.
griseri filth.
grisete dirty; filthy.
grisevær bad (wet) weather.
grisk greedy (**etter** for).
grisunge piglet.
gro grow; **~bunn** soil; (*overført*) favourable conditions.
grop cavity, hollow, pit.
gross gross, bulk; **~ist** wholesaler.
grotesk grotesque.
grotte grotto; cave.
grov coarse; rough; crude; *(uhøflig)* rude.
grovarbeid heavy work.
grovbrød brown bread.
grovkjøkken scullery.
grovkornet coarse-grained; (*overført*) coarse, vulgar.
gruble ponder, brood.
grue ~ for dread.
grums dregs; **~ete** muddy, thick.
grundig thorough.
grunn *adj* shallow; *(fornufts-)* reason (**til** for); *(årsak)* cause (**til** of); *(bunn)* ground, bottom; **på ~ av** owing to, because of.
grunne *subst* bank, shoal, shallows.
grunne *verb* ponder, wonder about.
grunneier landowner.
grunnfjell bedrock.
grunnflate base.
grunning *(maling)* priming.
grunnlag basis, foundation.
grunnlegge found, establish; **~nde** fundamental; basic; **~r** founder.
grunnlov constitution.
grunnlønn basic salary.
grunnmur foundation wall.
grunnsten foundation stone, cornerstone.
grunnstoff element.
grunnstøte run aground.

grunntone keynote.
grunnvann ground water.
gruppe group; **~billett** group ticket; **~reise** group travel, package tour.
grus gravel; **~bane** *(fotball)* gravel pitch; *(tennis)* clay court; **~gang** gravel court.
grusom cruel; **~het** cruelty.
grustak gravel-pit.
grusvei gravel road.
grut grounds, dregs.
gruve mine, pit; **~arbeider** miner; **~drift** mining; **~sjakt** mine shaft.
gry *subst, verb* dawn.
gryn grain; *(slang)* money, dough.
grynt grunt; **~e** grunt.
gryte pot; pan; **~rett** casserole; **~stek** pot roast.
grøft ditch; trench.
Grønland Greenland.
grønn green.
grønnsaker *flertall* vegetables.
grønnsakhandler greengrocer.
grønnsakkraft vegetable stock.
grønnsakstuing creamed vegetables.
grønske *(flekk)* grass stain.
grøsse shudder, thrill; **~r** thriller, horror story.
grøt porridge; **~ete** musky; (*om stemme*) thick, husky.
grå grey, gray.
grådig greedy; **~het** greed.
grålysning crack of dawn.
gråne turn grey.
gråsone grey area.
gråsprengt grizzled.
gråt crying, weeping; **~e** cry, sob.
gråtkvalt tearful.
GSM *fork for* **Global System for Mobile Communications.**
g-streng G-string.
gubbe old man.
gud God, god; **~barn** godchild; **~dom** deity, divinity; **~dommelig** divine; **~ebilde** idol; **~far** godfather; **~fryktig** godly, pious; **~mor** godmother; **~sbespottelse** blasphemy; **~skjelov!** thank God!, thank goodness!; **~stjeneste** (church) service.
guffen nasty, yucky.
gufs gust, shiver; reminder.
guide guide, handbook.
gul yellow.
gulasj goulash.
gull gold; **~alder** golden age; **~bryllup** golden wedding (anniversary);

~dublé filled gold; **~gruve** goldmine; **~kantet** gilt-edged; **~klump** (gold) nugget; **~medalje** gold medal; **~smed** jeweller, gold-smith.
gulne turn yellow.
gulrot carrot.
gulsott hepatitis.
gulv floor; **~teppe** carpet; rug.
gummi rubber; *(lim)* gum; **~hanske** rubber glove; **~strikk** rubber/elastic band; **~støvler** wellies (wellingtons).
gunst favour; **-ig** favourable.
gurgle gargle; **~vann** mouthwash.
gurkemeie turmeric.
gutt boy, (*britisk*) lad; **lære~** apprentice; **~aktig** boyish.
guvernante governess.
guvernør governor.
gyldig valid; **~het** validity.
gyllen golden.
gymnastikk gym(nastics); physical education.
gynekolog gyn(a)ecologist.
gynge swing; **~hest** rocking-horse; **~stol** rocking-chair.
gys shudder, shiver; **~e** shudder; **~elig** dreadful, horrible; **~er** horror film.
gyte *(fisk)* spawn.
gytjebad mudbath.
gærning lunatic, maniac.
gøy fun.
gøyal funny, amusing.
gå go; *(spasere)* walk; *(avgå)* leave; (*maskin*) run, work; **~ an** be possible; **~ fra** leave; **~ fra hverandre** separate; break up; **~ igjen** reappear, haunt; **~ ned** (*astronomi*) set; **~ opp** (*astronomi, teater, handel*) rise; **~ over** wear off; cross; **~ på** go ahead; **~ varm** overheat.
gågate pedestrian mall; pedestrian zone.
gård *(på landet)* farm; *(i byen)* apartment building; *(gårdsplass)* (court)yard.
gårdbruker farmer.
gårdeier *(vert)* landlord.
gårdsarbeider farmhand.
gås goose *(flertall* geese); **~unge** gosling.
gåsegang (walking) single file.
gåsehud gooseflesh, (*amr*) goosebumps.
gåseøyne, i *~(anførselstegn)* quotation marks, inverted commas.
gåte riddle, puzzle; **~full** enigmatic; puzzling.

H

ha have.
habil competent, able.
hacker (*edb*) hacker.
hage garden; *(frukt-)* orchard; **~bruk** gardening, horticulture.
hagl hail; *(et)* hailstone; *(til skyting)* (buck) shot; **~byge** hail-shower.
haglbørse shotgun.
hagtorn hawthorn.
hai shark.
haik lift; **~e** hitch-hike; **~er** hitch-hiker.
hake *(del av ansikt)* chin; *(krok)* hook; (*overført*) drawback (**ved** to).
hakekors swastika.
hakeparentes (square) brackets.
hakke *subst* pick(axe), hoe.
hakke *verb* pick, hack, hoe; *(kjøtt)* chop, mince; *(om fugler)* peck (**på** at).
hakkespett woodpecker.
hale *subst* tail; train.
hale *verb* haul, pull.
hall hall; *(hotell)* lounge, lobby.
hallik pimp, ponce.
hallo hello; **~dame/mann** announcer.
hallusinasjon hallucination.
hallusinere hallucinate.
halm(strå) straw.
halmtak thatched roof.
halogenlampe halogen lamp.
hals neck; *(strupe)* throat; **~betennelse** sore throat, throat infection; **~brann** heartburn; **~brekkende** breakneck; **~bånd** necklace; *(hund-)* collar; **~hugge** behead, decapitate; **~tabletter** throat lozenges; **~tørkle** scarf.
halt lame, limping; **~e** limp, hobble.
halv half; **~annen** one and a half; **~automatisk** semi-automatic; **~del** half *(flertall* halves); **~ere** divide in half.
halvkule hemisphere.
halvkvalt stifled, muffled.

halvliter *(om øl)* pint.
halvmåne crescent, half-moon.
halvpart half.
halvpensjon half board (*eller* -pension).
halvsirkel semicircle.
halvveis halfway.
halvøy peninsula.
hamburger hamburger.
hammer hammer.
hamp hemp.
hamre hammer, beat, pound.
hamstre hoard.
han he.
handel trade, commerce; bargain.
handelsavtale trade agreement.
handelsbalanse balance of trade.
handelsbrev trading licence, (*amr*) business license.
handelsflåte merchant fleet, merchant marine.
handelsforbindelse trade relations; business connection.
handelsforbud embargo.
handelshøyskole business school.
handelsreisende (travelling) salesman, sales representative.
handelsskole commercial school.
handikap handicap; **~pet** handicapped, disabled; (*amr*) challenged.
handle act; *(drive handel)* trade, deal; *(gjøre innkjøp)* shop; **~frihet** freedom of action; **~kraftig** energetic; **~måte** procedure, course of action.
handling action, act; **~slammet** paralyzed; **~smettet** action-packed.
hane cock, (*amr*) rooster.
hangar hangar; **~skip** aircraft carrier.
hank handle.
hankjønn male sex; *gram* masculine gender.
hann male; he.
hannkatt tomcat.
hans his.
hanske glove; **~rom** *(i bil)* glove compartment; **~s med** come to grips with.
hard hard; *(streng)* harsh, severe; **~disk** hard disk; **~før** hardy; **~hendt** rough; **~hjertet** hard-hearted; **~hudet** callous; **~kokt** hard-boiled; **~nakket** obstinate, persistent; **~ware** hardware.
hare hare; (*sport*) pacemaker.

harepus bunny (rabbit).
hareskår harelip.
harke clear one's throat.
harmdirrende indignant.
harme indignation, anger.
harmløs harmless, inoffensive.
harmonere harmonize.
harmoni harmony.
harmonika harmonica.
harmonisk harmonious.
harpe harp; **~spiller** harpist.
harpiks resin.
harpun harpoon.
harselere make fun of; mock.
harsk rancid.
harv harrow.
hasardiøs hazardous, risky.
hasardspill gambling.
hasj(isj) hash(ish).
haspe *(vindus-)* catch, hasp.
hassel hazel; **~nøtt** hazelnut.
haste hasten, hurry; **det ~r** it's urgent.
hastighet speed, velocity.
hastverk hurry, haste.
hastverksarbeid rush job.
hat hatred, hate; **~e** hate.
hatsk malicious, spiteful.
hatt hat; **~ebutikk** hat shop; milliner's shop.
haug *(bakke)* hill; *(dynge)* heap, pile.
haugevis heaps of, loads of.
hauk hawk.
hausse boom, bullmarket.
hav sea; ocean.
havarere *(bli skadd)* break down; be damaged; *(totalt)* be wrecked.
havari *(skade)* damage; *(skipbrudd)* (ship)wreck.
havbruk aquaculture, ocean farming.
havfiske deep-sea fishing.
havfrue mermaid.
havn harbour; port; **~earbeider** stevedore, dock worker; **~eby** seaport; **~evesenet** the port authorities.
havre oats; **~gryn** oatmeal; **~grøt** oatmeal porridge; **~kli** oatbran.
HB-apparat illicit still.
hebraisk Hebrew.
heder honour, glory; **~lig** honourable; decent; honest.
hedersbevisning mark of respect.
hedersgjest guest of honour.
hedning heathen, pagan.
hedre honour.
hefte *subst* pamphlet, brochure, booklet.
hefte *verb (oppholde)* delay, detain; *(feste)* fix,

fasten; attach; *(bok)* stitch; **~maskin** stapler.
heftig vehement, violent; *(smerte)* acute, intense.
hegg bird cherry.
hegre heron.
hei hello! (*amr*) hi!
hei *subst* heath; moor.
heis lift, (*amr*) elevator; **~e** hoist; *(flagg)* run up; **~ekran** crane.
hekk hedge; (*sport*) hurdle; **~e** nest; **~eløp** hurdles.
hekle crochet.
heks witch; hag; **~egryte** witches' cauldron; **~ekunst** witchcraft, sorcery; **~eskudd** lumbago.
hekte *substantiv, verb* hook, get stuck; **være ~t på** (*overført*) be hooked on, be addicted to.
hektisk hectic.
hel whole, all, entire; **~t** *adv* quite, totally, entirely, completely; **~automatisk** (fully) automatic.
helbredelse cure, healing, recovery.
heldig fortunate; lucky; favourable; **~vis** luckily, fortunately.
hele *verb* heal; *(ta imot tyvegods)* receive stolen goods; fence; **~r** fence.
hele *subst* whole.
helg weekend.
helgen saint.
helhet whole, totality; entirety; **~sinntrykk** general impression.
helhetlig overall, general.
helikopter helicopter.
helkornbrød wholegrain bread.
hell *(flaks)* luck; fortune; success.
Hellas Greece.
helle *subst* flagstone.
helle *verb (skråne)* slant, slope; *(øse)* pour.
hellefisk halibut.
heller rather, sooner.
helleristning rock carving.
hellig holy, sacred; **~dag** holiday; **~e** sanctify; consecrate.
helse health; **~attest** health certificate.
helsefarlig dangerous to one's health.
helsekost health food(s).
helsesenter health centre, (*amr*) medical center.
helsevesen National Health Service (NHS).
helst preferably.
helt(inne) *subst* hero, heroine; **~edåd** heroic deed; **~emodig** heroic.

heltid full time; **~sjobb** full-time job.
helvete hell; **~sild** (*medisin*) shingles.
hemme hamper, check, hinder.
hemmelig secret; **~het** secret; **~hetsfull** mysterious; *(om person)* secretive.
hemmende restraining, restrictive.
hemmet inhibited.
hemning inhibition; **~sløs** uninhibited.
hemorroider haemorrhoids, (*amr*) hemorrhoids.
hempe loop.
henblikk, med ~ på with a view to.
hende happen, occur; **~lse** occurrence; *(episode)* incident; *(begivenhet)* event.
hendig handy; deft, dexterous.
henfallen, ~ til addicted to.
henført entranced.
henge hang; **~bjørk** silver birch; **~bro** suspension bridge.
hengekøye hammock.
hengelås padlock.
hengemage paunch, pot belly.
hengemyr quagmire.
henger hanger.
hengi seg til indulge in; dedicate/devote oneself to.
hengivenhet affection, devotion.
hengsel hinge.
hengslete lanky.
henhold, i ~ til with reference to; **~svis** respectively.
henimot towards; almost.
henlede, ~ oppmerksomheten på draw attention to.
henlegge transfer; (*overført*) shelve; (*jur*) drop; dismiss.
henne her; **~s** her(s).
henrette execute; **~lse** execution.
henrivende charming, fascinating.
henrykt delighted (**over** at, with).
hensikt intention, purpose; **~smessig** suitable, appropriate.
henslengt, ligge ~ sprawl.
henstand respite.
henstille request.
hensyn regard; consideration; **~sfull** considerate; **~sløs** inconsiderate; ruthless.

hente fetch, go for; bring; collect.
hentyde allude (**til** to), hint (**til** at).
hentydning allusion, hint.
henvende seg inquire, call; **~lse** request; *(forespørsel)* inquiry.
henvise refer.
henvisning referral; reference.
her here.
herberge inn; hostel; shelter.
herde harden; *(stål)* temper.
heretter from now on.
herfra from here.
herje ravage, devastate.
herlig glorious, magnificent; delicious.
herme mimic, copy.
hermelin ermine.
hermetikk tinned (*eller* canned) food(s); **~boks** tin, can; **~fabrikk** cannery; **~åpner** tin opener, can opener.
hermetisere can; *(frukt)* preserve.
hermetisk hermetic(ally); *(hermetisert)* canned; *(frukt)* preserved.
heromkring hereabouts.
herr Mr.; *flertall* Messrs; **~e** lord; master; gentleman.
herredømme rule, mastery; (*overført*) command.
herregud! good God!
herregård manor.
herreklær menswear.
herretoalett gents, men's room.
herse, ~ med en bully.
herske rule; reign; *(være rådende)* prevail; **~r** sovereign; ruler; **~syk** domineering, bossy.
hertug duke; **~inne** duchess.
herved hereby.
hes hoarse, husky.
hesje *subst* haydrying rack.
heslig ugly, hideous.
hest horse.
hesteavl horse-breeding.
hestedekken horse blanket.
hestehale (*frisyre*) ponytail.
hestehandel horse dealing.
hestehov (*bot*) coltsfoot.
hestekraft horsepower.
hestekur rough/drastic remedy.
hestesko horseshoe.
hestesport equestrianism.
hesteveddeløp horse race.
het hot.
hete *subst* heat.
hete *verb* be called/named.
hetebølge heatwave.
heterofil heterosexual.

heteslag heatstroke.
heteutslett heat rash.
hetse harass; bully.
hetta, få ~(*slang*) panic, be at a loss.
hette hood.
hevd *(sedvane)* established custom; (*jur*) prescriptive right; **holde i ~** keep up, maintain; **~e** maintain, assert.
heve raise; lift; *(oppheve)* cancel; lift; *(få utbetalt)* draw; *(sjekk)* cash; *(møte)* adjourn; **~ seg** *(om deig)* rise.
hevelse swelling.
hevn revenge, vengeance; **~e** avenge, revenge; **~gjerrig** vindictive; vengeful.
hi lair; **gå i ~** hibernate.
hige etter aspire to; yearn for.
hikke hiccough, hiccup.
hikst gasp; sob; **~e** gasp; sob.
hilse greet; **~n** greeting, compliments, regards; **vennlig ~n** yours sincerely; with kind regards.
himmel *(synlig)* sky; (*overført*) heaven; **~legeme** celestial body; **~seng** four-poster (bed); **~sk** heavenly, celestial.
hinder hindrance, obstacle; **~løp** steeplechase.
hindre hinder, obstruct.
hindring hindrance, obstacle.
hindu Hindu; **~isme** Hinduism.
hingst stallion.
hinke (*halte*) limp; *(hoppe på ett ben)* hop.
hinne membrane; *(tynn)* film.
hinsides beyond.
hiphop hip hop.
hippen på keen on.
hisse excite; agitate; work up.
hissig hot-headed, quick-tempered.
historie history; *(fortelling)* story; *(sak)* affair.
historiker historian.
historisk historic(al).
hit here; **~til** so far, till now.
hittegods lost property; **~kontor** lost property office, the lost and found.
hiv *fork for* **Human Immunodeficiency Virus**; **~smittet** HIV infected.
hive *(kaste)* throw, fling; *(etter pust)* gasp (for breath).

hjelm helmet; hard hat.
hjelp help; assistance, aid.
hjelpe help, aid, assist; **~aksjon** relief action; rescue operation; **~arbeid** relief work; **~lærer** teaching assistant; **~løs** helpless; **~mannskap** rescue team, emergency squad; **~middel** remedy, aid; **~pleier** auxiliary nurse; **~r** assistant.
hjelpsom helpful.
hjem home; **~by** native town, (*amr*) home town; **~komst** return; homecoming; **~land** homeland, native country; **~lengsel** homesickness; **~lig** domestic; *(hyggelig)* homelike; **~løs** homeless; *(slang)* bag people.
hjemme at home; **~bakt** home-made; **~brent** illegally distilled spirits; **~fra** away from home; **~fødsel** home confinement; **~hørende** native of; resident in.
hjemmel (*jur*) legal authority.
hjemmelaget home made.
hjemmeseier home win.
hjemover homeward(s).
hjerne brain; **~blødning** cerebral h(a)emorrhage; **~flukt** brain drain; **~hinnebetennelse** meningitis; **~rystelse** concussion; **~slag** stroke; **~svulst** brain tumor; **~vaske** brainwash.
hjerte heart; **~anfall** heart attack; **~bank** palpitation (of the heart); **~feil** heart condition; **~infarkt** coronary, heart attack; **~knuser** heartbreaker, charmer; **~krampe** angina (pectoris); **~lag** kindness, generosity.
hjertelig hearty, cordial; **~het** cordiality.
hjerteløs heartless.
hjerter (*kortspill*) hearts.
hjerteskjærende heartbreaking.
hjerteslag heartbeat; (*medisin*) heart attack.
hjertespesialist cardiologist.
hjertesvikt cardiac arrest.
hjertetransplantasjon heart transplant.
hjort deer (*flertall* deer); *(kron-)* stag; **~eskinn** buckskin.
hjul wheel; **~aksel** (wheel) axle; **~bent** bow-legged; **~kapsel** hub

cap; **~oppheng** wheel suspension; **~spor** rut, wheel track.
hjørne corner; **~spark** corner; **~sten** corner-stone; **~tann** canine tooth, eye tooth.
hockey *(land-)* hockey, (*amr*) field hockey; *(is-)* ice hockey, (*amr*) hockey.
hode head; **~kulls** headlong; **~kål** cabbage; **~pine** headache; **~pute** pillow; **~stups** head over heels.
hoff court.
hofte hip; **~ben** hip bone; **~holder** girdle.
hogge cut; *(smått)* chop; *(tømmer)* fell; **~stabbe** chopping block.
hoggorm viper, adder.
hoggtann fang; *(stor)* tusk.
hold *(tak)* hold, grasp; *(smerte)* pain, stitch; *(avstand)* range, distance; *(kant)* quarter.
holdbar *(om gjenstand)* durable, lasting; *(om mat)* that keeps well; *(om påstand)* tenable; (*overført*) valid; **~het** durability; tenability; validity; **~hetsdato** use-by date, best-before date.
holde hold; *(beholde)* keep; **~ seg** keep; *(vare)* last; **~plass** stop; taxi rank (*eller* stand); **~punkt** basis; clue.
holdning *(innstilling)* attitude; *(kroppsføring)* bearing; carriage; **~sløs** weak, vacillating, spineless.
holme islet.
holt grove.
homofil homosexual, gay; *hverdagslig, subst* pansy, queer, fairy; *(kvinnelig)* lesbian.
homofili homosexuality.
homogen homogeneous.
homøopat homeopath; **~i** homeopathy.
honning honey.
honnør honour; salute; **~billett** concessionary ticket; **~rabatt** concessionary discount.
honorar fee.
honorere pay; *(veksel)* honour.
hop crowd; **~e seg opp** pile up, accumulate.
hopp jump; leap; **-bakke** ski jump, jumping hill.
hoppe *(hest)* mare; *verb* jump, leap; hop; **~ av** defect; **~ bukk** leap-frog; **~ over** (*overført*) skip; **~**

tau skipping rope, (*amr*) jump rope.
hor adultery, fornication.
hore whore; prostitute; (*amr*) hooker; **~hus** whorehouse, brothel; **~kunde** (*hverdagslig*) punter, (*amr*) john; **~strøk** red-light district.
horisont horizon.
hormon hormone; **~behandling** hormone treatment.
horn horn; *(bakverk)* crescent.
hornhinne cornea.
hornorkester brass band.
hornsignal bugle call.
horoskop horoscope.
hos with, at.
hospital hospital.
hospits shelter; hostel.
hoste *subst, verb* cough; **~saft** cough syrup, cough mixture.
hotell hotel; **~bestilling** hotel booking (*eller* reservation); **~betjening** hotel staff; **~direktør** hotel manager; **~værelse** hotel room.
hov *(på hest)* hoof.
hovedbestanddel main ingredient; main component.
hovedbygning main building.
hovedfag major; (*tidligere*) master's degree.
hovedgate main street.
hovedinngang main entrance.
hovedkontor head office.
hovedkvarter headquarters.
hovednøkkel master key.
hovedregel principal rule.
hovedrett main course.
hovedrolle lead.
hovedsakelig mainly, chiefly.
hovedstad capital.
hoven swollen; (*overført*) arrogant.
hovere gloat; *(triumfere)* exult.
hovmester head waiter.
hovmod arrogance; pride.
hovne opp swell.
html (*edb*) *fork for* **Hypertext Markup Language**.
http (*edb*) *fork for* **Hypertext Transfer Protocol**.
hud skin; **~lege** skin cancer; **~krem** skin cream; **~lege** dermatologist; **~sykdom** skin disease; **~vann** skin tonic.
huff! ugh!, ouch!

huk, sitte på ~ squat; **~e seg ned** crouch.
hukommelse memory; **~stap** loss of memory, amnesia.
hul hollow.
hulder wood nymph.
hule *subst* cave, cavern, grotto; **~boer** caveman; **~ ut** hollow.
hulhet hollowness; hypocrisy.
hulke sob.
hull hole; *(i tann)* cavity; **~ete** full of holes; **~sleiv** skimmer.
hulter til bulter pell-mell, helter-skelter.
human humane; **~isme** humanism; **~ist** humanist; **~itær** humanitarian.
humle (*zool*) bumblebee; (*bot*) hop.
hummer lobster; **~teine** lobster-trap.
humor humour; **~istisk** humorous.
hump bump; **~e** hobble, limp; bump.
humør mood; spirits; **godt/dårlig ~** high/low spirits; **~syk** moody.
hun she.
hund dog; *(jakt-)* hound.
hundegalskap rabies.
hundehalsbånd dog collar.
hundehus doghouse.
hundevalp pup(py).
hundeveddeløp dog racing.
hundre a hundred; **~del** hundredth; **~årsjubileum** centenary, (*amr*) centennial.
hundse bully.
hunger hunger; **~katastrofe** famine; **~snød** famine, starvation.
hunkjønn female sex; *gram* feminine gender.
hunn she, female.
hurra hurra(h); **~rop** cheer.
hurtig quick, rapid, fast; **~gående** fast; high-speed; **~het** quickness, speed, rapidity; **~løp** *(skøyter)* speed skating; **~mat** fast food; junk food; **~meny** (*edb*) menu; **~tast** (*edb*) short-cut key; **~tog** fast train; express (train).
hus house; building; **~arbeid** housework; **~dyr** (*landbruk*) livestock; (*kjæledyr*) domestic animal, (house) pet; **~e** house; **~flid** handicraft(s), home crafts; **~hjelp** domestic help; maid.
husholdning housekeeping; *(husstand)* household;

~sartikler household goods; (domestic) appliances.
huske *subst* swing.
huske *verb* remember, recollect; *(gynge)* swing, seesaw.
huskestue hullabaloo, uproar.
husleie rent.
huslig domestic.
husmor housewife.
husokkupant squatter.
husvill homeless.
hutre shiver.
hva what; **~ som helst** anything.
hval whale; **~biff** whale steak; **~fanger** whaler; **~fangst** whaling; **~ross** walrus; **~unge** whale calf.
hvelving arch, vault.
hvem who; whom; **~ som helst** anybody.
hver every; each; **~ gang** every time; **~andre** each other, one another.
hverdag weekday; work(ing) day; **~slig** everyday; ordinary.
hvese hiss.
hvete wheat; **~brødsdager** honeymoon.
hvile rest, take a break; **~dag** day of rest; **~løs** restless; **~puls** resting pulse; **~stol** easy chair.
hvilken which; what; **~ som helst** any.
hvin shriek; squeal; **~e** shriek, squeal.
hvis if, in case; *gen* whose; **~ ikke** unless; if not.
hviske whisper.
hvit white.
hviterusser Belorussian.
hviterussisk Belorussian.
Hviterussland Belarus.
hvitevarer (*elektr*) white goods; *(tekstiler)* linen.
hvitvin white wine.
hvor *(sted)* where; how; **~dan** how; **~for** why; **~fra** from where; **~hen** where.
hybel (*britisk*) bedsit, bedsitter; (*hverdagslig*) digs; **~kanin** dust bunny; **~leilighet** studio flat, one-room flat, bedsit.
hydraulikk hydraulics.
hydraulisk hydraulic.
hydrogen hydrogen.
hyene hyena.
hygge *subst* comfort; cosiness, (*amr*) coziness; **~ seg** enjoy oneself; have a good time; **~lig** cosy; enjoyable; *(behagelig)* pleasant, comfortable.
hygiene hygiene, sanitation.

hygienisk hygienic, sanitary.
hykle feign, simulate; **~r** hypocrite; **~ri** hypocrisy.
hyl howl, yell; **~e** howl, yell.
hylle *subst* shelf; rack; *(i fjellet)* ledge; (*bok-*) bookcase, bookshelf.
hylle *verb (gi hyllest)* applaud; pay tribute to.
hyllebær elderberry.
hyllest homage, tribute.
hylse case, casing.
hylster case, cover; *(pistol-)* holster.
hyperaktiv hyper(active).
hyperventilere hyperventilate.
hypnose hypnosis.
hypnotisere hypnotize.
hypnotisk hypnotic.
hypokonder hypochondriac.
hypotese hypothesis.
hypotetisk hypothetical.
hyppig frequent; **~het** frequency.
hyre *subst (lønn for sjøfolk)* wages.
hyre *verb* engage, sign on.
hyse *(fisk)* haddock.
hyssing string.
hysteri hysterics; **~sk** hysterical.
hytte hut, cabin, cottage.
hæ (*spørrende*) eh, what.
hæl heel.
hær army; **~skare** host, multitude; **~verk** vandalism.
høflig polite, civil, courteous; **~het** politeness, civility, courtesy.
hølje pour, rain cats and dogs.
høne hen, fowl, chicken.
høns fowl, poultry.
hønsefrikassé chicken casserole.
hønsehjerne (*dum person*) birdbrain.
hønsehus hen-house.
hønsenetting chicken wire.
hørbar audible.
høre hear; *(høre etter)* listen; **~apparat** hearing aid; **~rør** *tlf* receiver; **~spill** radio drama; **~telefoner** headphones; **innen ~vidde** within earshot.
høring hearing.
hørsel hearing; **~shemmet** hard of hearing; **~sskade** hearing impairment.
høst *(årstid)* autumn, (*amr*) fall; *(innhøsting)* harvest; *(grøde)* crop; **~e** harvest, reap; **~jevndøgn** autumnal equinox.
høvding chief, chieftain.
høvel plane.

høvelbenk carpenter's bench.
høvelflis shavings.
høvle plane.
høy *subst* hay.
høy *adj* high; *(person, tre)* tall; *(lyd)* loud.
høyde height; *(nivå)* level; *(vekst)* stature; *(over havet)* elevation; *(lyd)* loudness; (*mus*) pitch; (*geologi, astronomi*) altitude; **~hopp** high jump; **~punkt** peak, climax; height; **~skrekk** fear of heights; **~trening** altitude training.
høyest highest; **~erett** Supreme Court; **~erettsdommer** Justice of the Supreme Court.
høyfjell (high) mountain; **~shotell** mountain hotel.
høyforræderi high treason.
høygaffel pitchfork.
høygravid nine months pregnant.
høyhus high-rise building.
høykant, på on edge.
høykonjunktur boom.
høylytt *adj* loud.
høylytt *adv* aloud, loudly.
høymesse morning service; *(katolsk)* high mass.
høyne raise, heighten.
Høyre (*politikk*) the Conservative Party, the Right.
høyre right; **~fløy** right wing; **~klikke** (*edb*) right-click.
høyrentekonto high-interest (savings) account.
høyrød scarlet.
høyrøstet loud, loudmouthed.
høysesong peak season.
høyskole *(handels-)* commercial college; *(teknisk)* technical university.
høysnue hay fever.
høyspenning high voltage; high tension.
høyst most, highly; *(maksimalt)* at the most.
høystakk haystack.
høystbydende the highest bidder.
høyteknologi high tech(nology).
høytid festival; festive season; **~elig** solemn; **~elighet** ceremony; **~sdag** holiday.
høytrykk high pressure.
høytstående high, superior.
høyttaler loudspeaker.
høyttravende highflown; pompous.
høyvann high tide.

hålkeføre icy roads.
hån scorn, disdain.
hånd hand; **~arbeid** *(sytøy)* needlework; *(motsatt maskinarbeid)* handiwork; **~bagasje** hand luggage, hand baggage; carry-on luggage; **~ball** handball; **~bevegelse** gesture; **~bok** manual, handbook; **~brems** hand brake; **~flate** palm; **~grep** grip; **~heve** maintain; **~hilse** shake hands; **~jern** handcuffs; **~kle** towel; **~lag** skill, knack; **~laget** handmade; **~ledd** wrist; **~skrift** handwriting.
håndsopprekning show of hands.
håndsrekning a helping hand, assistance.
håndstående handstand.
håndtak handle.
håndtere handle, manage.
håndtrykk handshake.
håndverk trade, craft; **~er** craftsman; artisan.
håndveske handbag.
håndvåpen handgun, small firearm.
håne scorn, mock, deride.
hånlig contemptuous, scornful.
håp hope; **~e** hope; **~efull** hopeful, promising; **~løs** hopeless.
hår hair; **~balsam** hair conditioner; **~børste** hairbrush; **~bånd** hairband; **~fjerningskrem** hair removal cream; **~gelé** hair gel; **~klipp** haircut; **~lakk** hairspray; **~nett** hair net; **~nål** hairpin; **~reisende** hair-raising; horrific; **~sjampo** shampoo; **~spenne** hair clip; **~strikk** hair elastic; **~sår** *(også overført)* touchy; **~tørrer** hairdryer; **~vann** hair lotion.
håv landing net.

I

i in, at; *(tids lengde)* for.
iaktta observe; watch; **~kelse** observation; **~kelsesevne** power of observation; **~ker** observer.
iallfall in any case, at all events, at any rate.
iberegnet included.
iblant occasionally; now and then.
ICE-tog *fork for* **Intercity Express Train** ICE train.
i dag today.
idé idea.
ideal ideal; **~ist** idealist; **~istisk** idealistic; **~samfunn** utopia.
ideell ideal, perfect.
identifikasjon identification.
identifisere identify.
identisk identical.
identitet identity; **~skort** identity card.
idet *konj* (just) as, when.
idiot idiot, fool; **~isk** stupid; idiotic.
idrett sport(s); **~sforbund** sports federation; **~sforening** sports club; **~sgren** (athletic) event/ discipline; **~shall** sports hall; **~shøyskole** physical education college; **~sstevne** (sports) meeting.
idyll idyll; **~isk** idyllic.
idømme sentence.
i fall if, in case.
i fjor last year.
i forfjor the year before last.
i forgårs the day before yesterday.
i formiddag this morning.
ifølge according to, in accordance with.
igjen again; *(lukket)* shut; *(til overs)* left; **gi ~** give back.
igjennom *preposisjon* through; **helt ~** thoroughly.
igle leech.
i går yesterday.
ihendehaver holder, bearer; **~obligasjon** bearer bond.
iherdig energetic, persistent.
i hjel to death.
ikke not; no; **aldeles ~** not

at all; ~ **noe(n)** *adj* no, not any; *subst* nothing, nobody, not anybody; **~-eksisterende** non-existing.
ikkeangrepspakt non-aggression pact.
ikkerøyker non-smoker.
ikkevold nonviolence.
ikon icon.
i kveld tonight, this evening.
ilbud express message.
ild fire; **~dåp** baptism of fire; **~er** ferret; **~fast** fireproof; oven-proof; **~flue** firefly; **~full** fiery; **~prøve** ordeal; **~rake** poker; **~rød** fiery red; **~sfarlig** combustible, (in) flammable; **~spåsettelse** arson; **~sted** fireplace.
ile *verb* hasten, hurry.
ilegge fine.
ilgods express goods.
iligne assess.
i like måte likewise; *(svar)* the same to you.
ilke bunion; *(hudfortykkelse)* callus.
ille bad(ly); **~befinnende** (almost) faint; feel indisposed.
illegal illegal.
illegitim illegitimate.
illevarslende ominous.
illojal disloyal; *(om konkurranse)* unfair; **~itet** disloyalty.
illusjon illusion.
illusorisk illusory.
illustrasjon illustration.
illustrere illustrate.
ilter short-tempered.
imaginær imaginary.
imellom, en gang ~ once in a while; *se mellom.*
imens in the meantime, meanwhile.
imidlertid however.
imitasjon imitation.
imitere *(etterligne)* imitate; *(parodiere)* impersonate, mimic.
immatrikulere enrol, (*amr*) enroll; (*ved et universitet*) register.
immigrant immigrant.
immigrasjon immigration.
immun immune (**mot** from); **~forsvar** immune system; **~itet** immunity; **~svikt** immune deficiency.
i morgen tomorrow.
i morges this morning.
imot against; **ha** ~ dislike; **si** ~ contradict; **tvert** ~ on the contrary.
imperium empire.
implantat implant.
implisere involve, implicate; imply.

implisitt implied; implicit.
imponere impress; show off; **~nde** impressive; *(veldig)* imposing.
import import(ation); *(varene)* imports; **~ere** import; **~ør** importer.
impotens impotence.
impotent impotent.
impregnere *(tøy)* impregnate.
impregnering impregnation.
impresario impresario, manager.
improvisasjon improvisation.
improvisere improvise.
impuls impulse; **~iv** impulsive; spontaneous; **~kjøp** impulse purchase.
imøtegå *(motsette seg)* oppose; *(gjendrive)* refute.
imøtekomme meet, accommodate.
imøtekommende obliging; forthcoming.
imøtese look forward to, await, anticipate.
i natt *(som var)* last night; *(som er eller kommer)* tonight, this night.
incest incest.
indeks index; **~regulert** index-linked, index-adjusted; **~tillegg** cost of living adjustment.
India India.
indianer Native American; Indian.
indignasjon indignation.
indignert annoyed, indignant (**over** at).
indikasjon indication.
indirekte indirect.
indisium indication; (*jur*) circumstantial evidence.
indisk Indian.
individ individual; **~ualist** individualist; **~ualistisk** individualistic.
indre *adj* inner, interior, internal.
indre *subst* interior; internal; **~ bane** (*sport*) inside lane; **~filet** tenderloin, fillet steak.
industri industry; **~arbeider** industrial worker, blue-collar worker; **~ell** industrial.
infam nasty.
infanteri infantry, foot.
infarkt (*medisin*) infarct.
infeksjon infection; **~ssykdom** infectious disease.
infeksjon infection.
infiltrasjon infiltration.
infiltrere infiltrate.
infisere infect.
inflasjon inflation.

influensa influenza; (*hverdagslig*) flu.
influere influence; affect.
informasjon information.
informasjonskapsel (*edb*) cookie.
informatikk (*edb*) information science.
informere inform.
ingefær ginger; **~kake** gingerbread; **~øl** ginger ale.
ingen *adj* no.
ingen *subst* no one, nobody; *(om to)* neither; none.
ingeniør engineer.
ingensteds nowhere.
ingenting nothing.
ingrediens ingredient.
inhabil disqualified.
inhalator inhaler.
inhalere inhale.
initialer initials.
initiativ initiative; **~taker** initiator.
injurie *(skriftlig)* libel; *(muntlig)* slander; **~re** libel.
inkarnasjon incarnation.
inkasso debt collection; **~byrå** debt-collection agency.
inkludere include, encompass.
inklusive inclusive (of), including.
inkompatibel incompatible.
inkompetent incompetent.
inkonsekvent inconsistent.
inn in; **~ i** into.
innadvendt introverted, introspective.
innarbeide incorporate; work in; **godt ~t** well established.
innbetaling payment.
innbille make (one) believe.
innbilning imagination, fancy.
innbilsk conceited.
innbinding binding.
innblanding intervention; *(utidig)* meddling, interference.
innblikk insight.
innbo furniture.
innbringe yield, bring in, fetch; **~nde** lucrative.
innbrudd burglary, break-in; **~sforsikring** burglary insurance; **~styv** burglar.
innby invite; **~delse** invitation; **~dende** inviting, tempting.
innbygger inhabitant.
innbyggertall population figure.
innbyrdes mutual.
innbytter substitute.
inndata (*edb*) input data.
inndele divide; classify.
inndeling division; classification.

inndra *(konfiskere)* seize, confiscate.
inndrive *(innkassere)* collect.
inne in; **~bære** involve, imply; **~ha** hold; **~haver** *(eier)* owner, proprietor; *(lisens o.l.)* holder; **~holde** contain, hold; **~klemt** squeezed in; stuck.
innen *(et tidsrom)* within; *(et tidspunkt)* by; **~bys** within the town; local; **~dørs** indoor.
innendørs *adv* indoors.
innenfor inside (of), within.
innenfra from within.
innenlands flyrute domestic flight.
innenriksterminal domestic terminal.
innerst inmost, innermost.
innersving inside curve, (*amr*) inside bend.
innesluttet reserved, reticent.
innesperre shut up, imprison.
innesperring confinement.
innestengt shut up, confined; (*om luft*) stuffy.
innestå (for) vouch for; guarantee.
inneværende present, current.
innfall *(tanke)* whim, idea.
innfatning mount(ing); *(brille-)* rim, (*amr*) frame.
innfinne seg appear; turn/ show up.
innflytelse influence; **~srik** influential.
innfri redeem; meet, honour; *(løfte)* fulfil.
innfødt native, indigenous.
innføre import; *(noe nytt)* introduce.
innføring introduction.
innførsel importation; *(varene)* imports.
inngang entrance; door(way); **~sbillett** admission ticket; **~smeny** (*edb*) entry menu; **~spenger** entrance fee.
inngifte intermarriage.
inngjerde fence in, enclose.
inngravere engrave.
inngrep intervention; (*medisin*) operation.
inngrodd inveterate, deeply rooted.
inngå *(avtale o.l.)* enter into, make; **~ende** thorough; incoming.
innhegning enclosure.
innhente *(ta igjen)* catch up with, overtake; (*skaffe seg*) get, obtain.
innhold contents;

~sfortegnelse table of contents.
innhøsting harvest.
inni inside, within; **~mellom** in between.
innkalle summon; call (in).
innkalling summons.
innkassere receive, pocket; (*handel*) collect.
innkjøp purchase; shopping.
innkjøring, ~ forbudt no entry.
innkjørsel drive, driveway.
innkvartering accommodation; (*mil*) quartering.
innlede open; initiate.
innledende preliminary, introductory.
innledning opening, introduction.
innlegg *(i brev)* enclosure; *(i debatt)* contribution; (*jur*) plea; (*sport*) cross; **~ssåler** insoles.
innlemme incorporate.
innlevere submit, hand in.
innlysende evident, obvious.
innløse redeem; *(få utbetalt)* cash.
innmat entrails; *(av slakt)* pluck; (*innhold*) contents.
innover *adv* inward(s).
innpakking packing, wrapping; **~spapir** wrapping paper.
innpisker whip.
innpåsliten clinging, pestering.
innrede fit out, furnish.
innredning interior decoration.
innreise entry; **~tillatelse** entry permit.
innretning *(apparat)* gadget, device.
innrette arrange; adjust.
innrykk (*om tekst*) indentation; (*om tilstrømming*) influx.
innrømme *(vedgå)* admit; concede; *(gi)* give, grant; **~lse** admission, concession.
innsamling collection; **~saksjon** fund-raising campaign, fund-raiser.
innsats *(anstrengelse)* effort, hard work; *(i spill)* stake(s); (*kortspill*) ante; **~vilje** drive, zeal.
innse see, realize.
innside inside.
innsidehandel insider trading.
innsigelse objection.
innsikt insight.
innsjekking check-in.
innsjø lake.

innskjerpe stress, enforce.
innskrenke restrict; (*amr*) downsize.
innskrumpet shrunken.
innskudd contribution; *(i bank)* deposit; *(i leilighet)* share.
innskytelse impulse.
innslag element; act; feature.
innsmigrende seductive, ingratiating.
innspill *(forslag)* suggestion, contribution.
innspurt finish.
innstendig urgent, pressing.
innstille *(til embete)* nominate; (*maskin*) adjust; (*fotogr*) focus; *(stanse)* stop; *(avlyse)* cancel.
innstilling nomination; adjustment; (fra komité) report; (*fotogr*) focus.
innstudere rehearse.
innsynsrett right of access.
innta *(måltid)* eat, have; *(erobre)* take, capture.
inntekt income; *(offentlig)* revenue; **~sskatt** income tax.
inntil till, until, up to.
inntrengende urgent.
inntrenger intruder.
inntrykk impression.
innunder below, under.
innvandre immigrate.
innvandrer immigrant.
innvandrerbutikk ethnic food store.
innvandring immigration.
innvandringsmyndigheter immigration authorities.
innvende object (**mot** to).
innvendig internal, inside.
innvending objection.
innvie *(åpne)* inaugurate; *(i en hemmelighet)* initiate (in); **~lse** inauguration; initiation; **~lsesfest** housewarming party.
innviklet complicated, intricate, complex.
innvilge grant.
innvirke på influence.
innvoller entrails, bowels; (*hverdagslig*) guts.
insekt insect; **~middel** insecticide; **~stikk** insect bite, bug bite.
insinuasjon insinuation.
insinuere insinuate.
insistere insist (**på** upon).
insolvens insolvency.
insolvent insolvent; (*hverdagslig*) broke.
inspeksjon inspection.
inspektør inspector, superintendent.
inspirasjon inspiration.
inspirere inspire.

inspisere inspect.
inspisient stage manager.
installasjon installation.
installatør electrician.
installere install.
instans authority; (*jus*) legal authority.
instinkt instinct; (*hverdagslig*) gut feeling; **~ivt** instinctively.
institusjon institution.
institutt institute, department.
instruere instruct.
instruks instruction(s).
instruktør instructor; (*teater*) director.
instrument instrument.
insulin insulin.
intakt intact, unharmed.
integrere integrate.
integrering integration.
intellektuell intellectual.
intelligens intelligence.
intelligent intelligent.
intens intense; **~itet** intensity.
intensiv intensive; **~avdeling** intensive care unit; **~kurs** crash course.
intercitytog intercity train.
interessant interesting.
interesse interest.
interessere interest.
interessert interested.
interiør interior; **~arkitekt** interior decorator.
internasjonal international.
internat hall of residence, (*amr*) dormitory; **~skole** boarding school.
internere intern.
internering internment; **~sleir** internment/detention camp.
Internett (the) Internet, (the) Web.
internettadresse Internet address.
internettkafé Internet café.
internminne (*edb*) internal memory.
interpellasjon question.
interpellere put a question to, interpellate.
interrail interrail, (*amr*) eurail; **~billett** interrail pass, (*amr*) eurail pass; **~er** interrailer, (*amr*) eurailer.
intervall interval; **~trening** interval training.
intervenere intervene.
intervensjon intervention.
intervju interview; **~e** interview; **~er** interviewer.
intet no; none; *(ingenting)* nothing; **~kjønn** the neuter (gender); **~anende** unsuspecting; **~sigende** inane; insignificant.

intim intimate; **~itet** intimacy.
intoleranse intolerance.
intolerant intolerant (**overfor** of).
intranett (*edb*) intranet.
intravenøs intravenous.
intrige intrigue, plot; **~maker** plotter, schemer; **~re** scheme, plot.
introduksjon introduction.
introdusere introduce.
intuisjon intuition.
intuitiv intuitive.
invalid *adj* disabled; (*ugyldig*) invalid.
invalid *subst* disabled person; **~itet** disablement, disability.
invasjon invasion.
inventar *(møbler)* furniture; *(fast tilbehør)* fixtures **~fortegnelse** inventory.
investere invest.
investering investment.
investeringsselskap investment company.
investor investor.
involvere involve.
ionisere ionize.
IP-adresse IP address.
Irak Iraq.
iraker Iraqi.
irakisk Iraqi.
Iran Iran.
iraner Iranian.
iransk Iranian.
IRC *fork for* **Internet Relay Chat** samtale på Internett.
irettesette rebuke, reprimand; **~lse** rebuke, reprimand.
Irland Ireland.
irlender Irishman/ Irishwoman.
ironi irony; **~sere** speak ironically; **~sk** ironic.
irrelevant irrelevant.
irritabel irritable.
irritasjon irritation.
irritere irritate, annoy.
irsk Irish.
is ice; *(-krem)* ice-cream; **~bar** ice-cream parlour; **~bit** ice cube; **~bjørn** polar bear; **~bre** glacier; **~brodd** crampon; **~bryter** ice-breaker; **~dans** ice dancing.
iscenesette produce, stage; **~r** producer; *(av film)* director.
ISDN *fork for* **Integrated Services Digital Network**.
ise ice; **~te** icy.
isfjell iceberg.
isflak ice floe.
ishakke ice pick.
ishall ice hall.
isjias sciatica; **~nerve** sciatic nerve.

islam Islam; **~ist** Islamist; **~sk** Islamic.
Island Iceland.
islandsk Icelandic.
islending Icelander.
isolasjon isolation; (*tekn*) insulation.
isolat solitary confinement.
isolere isolate; (*tekn*) insulate.
isolert isolated; solitary.
ISP *fork for* **Internet Service Provider**.
ispose ice bag.
Israel Israel.
israeler Israeli.
israelsk Israeli.
isse crown, top.
isskrape ice scraper.
istapp icicle.
istedenfor instead of.
i stedet instead.
istiden the Ice Age.
i stykker, gå ~ go to pieces; break.
istykkerrevet torn to pieces.
isvann ice water.
især particularly, especially.
IT (*edb*) *fork for* **Information Technology**; **~-ansvarlig** IT manager; **~-konsulent** IT consultant.
Italia Italy.
italiener Italian.
italiensk Italian.
ivareta take care of, attend to.
iver eagerness, zeal.
iverksette execute; carry out, implement; **~lse** realization; implementation.
ivrig eager, anxious, keen.
ørefallende catchy, easy on the ear.
iøynefallende conspicuous, striking.
i år this year.

J

ja yes; well; indeed.
jafs gulp; mouthful; **~e i seg** gobble down.
jag rush, hurry; **~e** *(fordrive)* chase; *(jakte)* hunt; *(forfølge)* hunt down; **~e av sted** hurry, rush.
jager *sjøfart* destroyer; *(fly)* fighter plane.
jaguar jaguar.
jakke jacket, coat.
jakt hunting; chase, shooting; **~e** hunt (**på** for); **~horn** bugle; **~hund** hound; **~kort** game licence; (*amr*) hunting license.
jammen *(sannelig)* indeed.
jammer lamentation, wailing; *(elendighet)* misery.
jamre wail; complain; moan.
jamsides parallel, side by side.
januar January.
Japan Japan.
japaner Japanese.
japansk Japanese.
japp yap, yuppie.
jarl earl.
jaså indeed.
jatte med play (*eller* go) along with.
ja vel very well, ok.
ja visst certainly.
jeans jeans.
jeg I; *subst* ego, self; **~ selv** myself.
jeger hunter.
jekk jack; (*kortspill*) check; **~e opp** jack up.
jeksel molar.
jenke seg adapt oneself (**etter** to).
jente girl.
jentunge little girl.
jern iron; **~alder** Iron Age.
jernbane railway, (*amr*) railroad; **~bom** level crossing gate; **~bro** railway bridge; **~linje** railway line; **~skinne** rail; **~spor** railway track; **~stasjon** railway station; **~vogn** railway carriage, (*amr*) railroad car.
jernbeslag iron fittings.

jernblikk sheet-iron.
jerngrep iron grip; stranglehold.
jernmalm iron ore.
jernmangel iron deficiency.
jernstang iron bar.
jernteppe iron curtain.
jernvare ironware, hardware.
jernverk ironworks.
jerv glutton, (*amr*) wolverine.
jesuitt Jesuit.
jetfly jet plane.
jetjager jet fighter.
jetski miniski.
jevn even, level; smooth; **~døgn** equinox; **~e** level; (*overført*) smooth, adjust; *(suppe)* thicken; **~føre** compare; **~gammel** of the same age; **~god** equal; **~lig** regularly, frequently; **~stor** of the same size.
jihad jihad.
jo yes; **~ mer, ~ bedre** the more, the better; **~ visst** certainly.
jobb job; **~e** work.
jod iodine.
jodle yodel.
jogge jog; **~dress** track suit, sweatsuit; **~sko** running shoes, trainers.
jolle dinghy.
jomfru virgin; maid(en); **~dom** virginity; **~elig** virginal; **~tur** maiden voyage.
Jomfruen *astrologi* Virgo (fra 23. august).
jonsok Midsummer's Day.
jord earth; *(overflaten)* ground; *(-bunn)* soil; *(-egods)* land; landed property.
jordbruk agriculture; farming; **~sskole** agricultural school, agricultural college.
jordbær strawberry; **~syltetøy** strawberry jam.
jorde *subst* field; *verb* (*elektr*) earth.
jorden rundt-reise round-the-world trip.
jordingskontakt earth connection, (*amr*) ground connection.
jordisk earthly; terrestrial.
jordklode globe, planet Earth.
jordmor midwife.
jordomseiler circum-navigator (of the globe).
jordrotte water vole.
jordskjelv earthquake.
jordskorpe earth's crust.
jordslag *(flekk)* mildew.
journal journal; *sjøfart* log-book.

journalist journalist.
jo visst certainly.
jubel jubilation; rejoicing.
jubelår jubilee (year).
jubilere celebrate an anniversary.
jubileum anniversary, jubilee.
juble be jubilant; shout with joy.
juggel gimcrack, knick-knack; bling(-bling).
Jugoslavia (*foreldet*) Yugoslavia.
juks *(fusk)* cheating, trickery; *(skrap)* trash; **~e** cheat; fool; **~elapp** crib.
jul Christmas, Xmas; **~aften** Christmas Eve.
juledag Christmas Day.
juleferie Christmas holidays.
julegave Christmas present/gift.
julehilsen Christmas greeting.
julekort Christmas card.
julenek Christmas sheaf.
julenisse Santa Claus, Father Christmas, (*amr*) Kriss Kringle.
julesang Christmas carol.
juli July.
juling thrashing; beating.
jumpe jump, leap.
jumper jumper, sweater.
jungel jungle; **~telegraf** grapevine.
juni June.
junior junior.
junta junta.
jur udder.
juridisk legal, juridical.
jurist lawyer; *(student)* law student.
jury jury.
jus law.
justerbar adjustable.
justere adjust.
justering adjustment; tuning.
Justisdepartementet Ministry of Justice.
justisminister Minister of Justice.
justismord miscarriage of justice.
juv gorge, (*amr*) canyon.
juvel jewel, gem; **~er** jeweller.
jypling whippersnapper.
jærtegn sign, omen.
jævla (*vulgært*) bloody, damn.
jævlig (*vulgært*) like hell, goddamn.
jøde Jew.
jødhat anti-Semitism.
jødisk Jewish.
jøkel glacier.
jålete vain; show-off.

K

kabal patience, (*amr*) solitaire; **legge ~** play patience; **~en går opp** the patience comes out.
kabaret *(show)* cabaret; *(mat)* in aspic.
kabel cable; **~modem** cable modem; **~-tv** cable tv.
kabinett cabinet; **stille ~spørsmål** demand a vote of confidence.
kadaver corpse; carcass.
kafé café, coffee-house.
kafeteria cafeteria.
kaffe coffee; *(filtermalt)* finely ground coffee; *(koffeinfri)* decaf(feinated) coffee; *(pulver-)* instant coffee; **~bønne** coffee bean; **~kanne** coffee-pot; **~trakter** coffee maker, percolator.
kagge keg.
kahytt cabin.
kai quay, wharf.
kajakk kayak; **~padling** kayaking.
kakao cocoa.
kake cake; cookie; **~boks** cookie jar; **~deig** pastry; paste; **~form** baking tin; (*amr*) cake pan.
kakerlakk cockroach.
kakespade cake server.
kaki khaki.
kaktus cactus.
kald cold; frigid; **~blodig** cold-blooded; *(rolig)* cool.
kaldblodig *adv* in cold blood.
kalddusj (*også overført*) cold shower, disappointment.
kaldsvette be in a cold sweat.
kalender calendar.
kalesje collapsible hood, (*amr*) folding top.
kaliber calibre.
kalk chalk; (*kjemi*) calcium; *(pussekalk)* plaster; **~e** whitewash; plaster; **~stein** limestone.
kalkulasjon calculation.
kalkulator calculator.
kalkulere calculate.

kalkun turkey.
kalkyle calculation.
kalle call.
kalori calorie; **~bombe** calorie bomb; **~fattig** low-calorie.
kalv calf; **~beint** knock-kneed; **~e** calve; **~ekjøtt** veal; **~estek** roast veal.
kam comb; *(hane-, bakke-)* crest; **~aksel** camshaft.
kamé cameo.
kamel camel; **~eon** chameleon.
kamera camera; **~overvåking** camera surveillance.
kamerat companion, friend; comrade; pal; **~skap** companionship; **~slig** friendly, chummy.
kamfer camphor.
kamille camomile.
kamin fire-place; **~hylle** mantelpiece.
kammer chamber; room; **~musikk** chamber music; **~s** chamber.
kamp fight; combat; struggle.
kampanje campaign.
kampdyktig fit for fight.
kampsport combat sport, martial arts.
kampånd morale; fighting spirit.
kamuflasje camouflage.
kamuflere camouflage.
kanadier Canadian.
kanadisk Canadian.
kanal *(gravd)* canal; *(naturlig)* channel; **~isere** canalize; (*overført*) channel.
kanapé canapé.
Kanariøyene Canary Islands.
kandidat candidate; applicant.
kanefart sleigh ride.
kanel cinnamon.
kanin rabbit; **~bur** rabbit-hutch.
kanne *(kaffe, te)* pot; *(metall)* can; **bensin~** petrol can.
kano canoe.
kanon cannon; (*ledende person*) big shot; *(full)* dead-drunk; pissed; **~båt** gunboat; **~kule** cannon-ball.
kanopadling canoeing.
kanskje perhaps, maybe.
kansler chancellor.
kant *(rand)* edge; border; rim; *(egn)* part, region; *(retning)* direction.
kantarell chanterelle.
kantate cantata.
kantine canteen; cafeteria.

kantre capsize.
kantstein kerbstone, (*amr*) curbstone.
kanyle hypodermic needle, syringe.
kaos chaos.
kaotisk chaotic.
kapasitet capacity; ability; expert.
kapell chapel; **~an** curate; chaplain; **~mester** conductor.
kapital capital; **~behov** capital needs; **~isme** capitalism; **~ist** capitalist.
kapittel chapter.
kapitulasjon surrender.
kapitulere surrender; capitulate.
kapp (forberg) cape; **om ~** in competition; **løpe om ~** race.
kappe *subst* cloak, gown; *(frakk)* coat; (*maskin*) jacket.
kappe *verb* cut; **~strid** competition.
kappgang race walking.
kappløp (running) race.
kapproing boat-race.
kapprusting armaments race.
kappseilas sailing race; regatta.
kapre seize, capture; **~r** *(fly)* hijacker.
kapsel capsule; cap.
kaptein captain.
kaputt wrecked; out of order.
kar vessel; *(mann)* man; fellow; chap.
karabin carbine.
karaffel decanter; carafe.
karakter character; *(på skolen)* mark, (*amr*) grade; **~bok** school report; (*amr*) report card; **~fast** firm.
karakterisere characterize.
karakteristikk characterization.
karakteristisk characteristic (**for** of).
karakterløs weak, spineless.
karakterstyrke strength of character.
karaktertrekk character, trait.
karamell caramel; **~pudding** crème caramel.
karantene quarantine; isolation.
karaoke karaoke.
karat carat.
karbohydrater carbohydrates.
karbonade minced rissole.
kardemomme cardamom.
kardinal cardinal.
karensdag waiting day (before sick-pay is given).

Karibiske hav the Caribbean.
karikatur caricature; cartoon.
karikaturtegner caricaturist; cartoonist.
karikere caricature.
karisma charisma; **~tisk** charismatic.
Karlsvognen the Plough.
karm (window) frame; window sill.
karnappvindu bay window.
karneval carnival; *(maskeball)* fancy-dress ball; (*amr*) costume party.
karosseri body.
karpe carp.
karri curry.
karriere career.
karse cress.
karsykdom vascular disease; **hjerte- og ~mer** cardiovascular diseases.
kart map; *sjøfart* chart.
kartell cartel.
kartong *(eske)* carton; *(papp)* cardboard.
kartotek card index, index file.
karusell merry-go-round; roundabout; (*amr*) carousel.
karve (*bot*) cumin; caraway.
kaserne barracks.
kasino casino.
kaskoforsikring *(bil)* comprehensive car insurance.
kassaapparat cash register.
kassabeholdning cash in hand.
kassakreditt bank overdraft; (*amr*) line of credit.
kassalapp slip; receipt.
kasse *(av tre)* case; *(mindre)* box; **~re** discard; scrap; **~rer** cashier; *(i forening)* treasurer.
kasserolle saucepan.
kassett cassette; cartridge; **~spiller** cassette player, tape recorder.
kast throw, cast; pitch; *(vind)* gust.
kastanje chestnut; **~tter** castanets.
kaste *subst* caste; *verb* throw, cast; toss; **~løs** pariah, untouchable; **~spyd** javelin.
kastrat eunuch; *(om hest)* gelding.
kastrere castrate.
kasus case.
katakombe catacomb.
katalog catalogue; **~isere** catalogue.
katalysator catalyst.

katarr catarrh.
katastrofal catastrophic; disastrous.
katastrofe catastrophe, disaster.
katastrofeområde disaster area, emergency area.
katedral cathedral.
kategori category; **~sk** categorical.
kateter *(på skole)* (teacher's) desk; (*legeinstrument*) catheter.
katolikk Catholic.
katolisisme Catholicism.
katolsk Catholic.
katt cat; **~aktig** feline; **~unge** kitten; **~øye** *(på kjøretøy)* reflector; (*i veibanen*) cat's eye.
kausjon security, surety; *(ved løslatelse)* bail; **~ere (for)** post bail (for).
kavaler gentleman; *(i dans)* partner.
kavalkade cavalcade, procession; medley.
kave scramble; *(slite)* struggle; *(ha det travelt)* bustle about.
kaviar caviar.
kavring rusk.
keiser emperor; **~dømme** empire; **~inne** empress; **~lig** imperial; **~snitt** Caesarean (section).
keitete awkward, clumsy.
keivhendt left-handed.
kelner waiter, waitress.
kemner town treasurer.
kenguru kangaroo.
kennel kennel.
keramiker potter.
keramikk pottery; ceramics.
kidnappe kidnap, abduct.
kidnapper kidnapper, abductor.
kidnapping abduction.
kikhoste whooping cough.
kikke peep; peer; **~r** Peeping Tom, voyeur.
kikkert binoculars; field-glasses; telescope; (*teater*) opera-glasses.
kikkhull peephole; **~skirurgi** keyhole surgery; laproscopy.
kilde source; spring; **~angivelse** reference; **~sortering** recycling; **~vann** spring water.
kile *subst* wedge; *(i tøy)* gore.
kile *verb* tickle; **~n** ticklish; **~ seg fast** jam.
kilo kilo; **~gram** kilogram(me); **~kalori** kilo calorie.
kilometer kilometre; **~stand** mileage; **~teller** mil(e) ometer, (*amr*) odometer.

kim *subst* germ; embryo.
Kina China.
kinaputt firecracker.
kineser Chinese.
kinesisk Chinese.
kingelvev cobweb; spiderweb.
kinin quinine.
kink crick; **~ig** touchy; delicate.
kinn cheek; **~skjegg** whiskers, (*amr*) sideburns.
kino cinema; **gå på ~** go to the cinema (*eller* the pictures, (*amr*) the movies).
kiosk kiosk; *(avis-)* newsstand; bookstall; **~litteratur** pulp fiction.
kirke church; *(dissenter-)* chapel; **~asyl** church asylum; **~gård** graveyard; cemetery; *(ved kirken)* churchyard; **~tjener** sexton; **~tårn** steeple.
kiropraktor chiropractor.
kirsebær cherry; **~likør** cherry brandy.
kirurg surgeon; **~i** surgery.
kiste chest; *(lik-)* coffin.
kitt putty.
kjake jaw.
kjapp quick; fast; **~e seg** hurry up.
kje kid.
kjede *subst* chain; *(hals-)* necklace; **~ seg** be bored; **~kollisjon** chain collision, pile-up; **~lig** boring; tedious; dull; *(ergerlig)* annoying; **~røyker** chain-smoker.
kjeft jaw; **få ~** get a scolding; **hold ~!** shut up! **~e** scold; nag.
kjegle (*matematikk*) cone; **~formet** conical.
kjekk *(tiltalende)* nice, likable; **~e seg** show off.
kjekl argument, quarrel; **~e** quarrel, argue, fight.
kjeks biscuit, (*amr*) cookie; *(til iskrem)* cone; (*edb*) cookie.
kjele kettle; pot; *(damp-)* boiler; **~dress** boiler suit, (*amr*) coveralls.
kjelke sledge; toboggan; (*overført*) hitch, snag.
kjeller *(etasje)* basement; *(rom)* cellar.
kjeltring scoundrel, rascal.
kjemi chemistry; **~kalier** chemicals; **~ker** chemist; **~sk** chemical.
kjemoterapi chemotherapy.
kjempe *subst* giant.
kjempe *verb* fight; struggle; **~flott** excellent; **~messig** gigantic; terrific.
kjenne know; **~lse** decision;

(av jury) verdict; **~merke** (distinctive) mark, feature; *(bil)* registration number.
kjennetegn mark, sign (**på** of); **~e** characterize; distinguish.
kjensgjerning fact.
kjent well-known; familiar.
kjepp stick; **~hest** hobby-horse.
kjerne *(i nøtt og overført)* kernel; *(frukt)* seed; pip; *(celle)* nucleus; (*overført*) core; essence; heart.
kjernefysikk nuclear physics.
kjernekar splendid fellow; great guy.
kjernekraft nuclear power.
kjernekraftverk nuclear power station.
kjernekrig nuclear war.
kjernereaktor nuclear reactor.
kjernevåpen nuclear weapon.
kjerre cart, wagon.
kjerring old woman; (*nedsettende*) hag; **~råd** home remedy, folk medicine.
kjertel gland.
kjetter heretic.
kjetting chain.
kjeve jaw; **~ben** jaw bone.
kjevle *subst* rolling-pin.
kjevle *verb* roll (out).
kjole dress; gown; **~liv** bodice.
kjæle fondle; caress; **~dyr** pet; **~n** cuddly; **~navn** pet name.
kjær dear, beloved.
kjæremål appeal.
kjæreste boyfriend, girlfriend; sweetheart.
kjærkommen welcome.
kjærlig fond; loving, affectionate.
kjærlighet love, affection; *(neste-)* charity; **~sforhold** love affair; **~sliv** love life, sex life; **~sroman** romantic novel; **~ssorg** broken heart.
kjærtegne caress, fondle.
kjøkken kitchen; **~avfall** kitchen waste; **~benk** work top; **~hage** kitchen/ vegetable garden; **~maskin** food processor; **~redskap** kitchen utensils; **~skap** cupboard.
kjøl keel.
kjøle cool, chill.
kjølebag cooling bag, (*amr*) cooler.
kjøleskap refrigerator, fridge.
kjølevæske anti-freeze, coolant.

kjølig cool; *(ubehagelig)* chilly.
kjølne cool.
kjønn sex; *gram* gender; **~sdiskriminering** sexism, sex discrimination; **~sliv** sex life; **~sobjekt** sex object; **~sorganer** genitals; **~srolle** gender role, sex role; **~ssykdom** venereal disease (VD), sexually transmitted disease (STD).
kjøp purchase; acquisition; *(godt ~)* bargain.
kjøpe buy, purchase (**av** from); **~kraft** purchasing power; **~r** buyer, purchaser; **~senter** shopping centre, (*amr*) (shopping) mall; **~sum** purchase price.
kjøpmann shopkeeper, (*amr*) storekeeper, merchant.
kjøre drive; run; ride; **~bane** roadway, (*amr*) pavement; **~felt** (traffic) lane; **~hastighet** driving speed; **~kort** driving licence, (*amr*) driver's license; **~skole** driving school; **~time** driving lesson; **~tøy** vehicle.
kjøter cur, mongrel, bastard.
kjøtt flesh; *(mat)* meat; *(malt)* minced meat, (*amr*) ground meat; **~deig** minced meat, (*amr*) ground meat; **~etende** carnivorous; **~forretning** butcher's shop; **~kake** meatball; **~kvern** mincer; **~meis** great tit; **~pudding** meat loaf; **~pålegg** (*amr*) cold cuts.
klabb og babb commotion, confusion.
kladdeføre sticky snow.
klaff leaf, flap; *(ventil)* valve; (*flaks*) luck; **~e** fit; work out; **~ebord** folding table.
klage *subst* complaint, protest.
klage *verb* complain (**over** of); **~frist** period for submitting complaints; (*jus*) term of appeal; **~mur** wailing wall; **~sang** elegy.
klam sticky, damp; muggy.
klammer *(parentes)* brackets.
klamre seg til cling to.
klang sound, ring; **~full** sonorous.
klapp *(lett slag)* tap, rap, pat; *(bifall)* applause, clapping.
klappe applaud, clap; *(kjærtegne)* pat, stroke; **~ til** give sby a wallop.
klapperslange rattlesnake.

klappstol folding chair.
klapre rattle, clatter; *(om tenner)* chatter.
klaps slap, smack.
klar clear; bright; *(tydelig)* plain, evident; **~e** manage, cope (with).
klarere clear; authorize.
klarering clearance.
klargjøre get ready; *(gjøre forståelig)* clarify, explain.
klarhet clarity; transparency.
klarinett clarinet.
klarne clear up; make sense.
klase cluster, bunch; **~bombe** cluster bomb.
klask(e) smack, slap.
klasse class; *(skole-)* form, class, (*amr*) grade; **~skille** class distinction.
klassifisere classify.
klassifisering classification.
klassiker classic.
klassisk classic(al).
klatre climb, mount; **~r** climber; **~stativ** climbing frame; **~vegg** climbing wall.
klatt *(blekk)* blot; *(klump)* lump.
klaustrofobi claustrophobia.
klausul clause, proviso.
klaver piano; **~konsert** *(stykke)* piano concerto; (*fremføring*) piano concert/recital.
klaviatur keyboard.
kle *(passe)* become, suit; **~ av seg** undress; **~ på seg** dress, get dressed; **~ seg om** change, get changed.
klebrig sticky; adhesive.
kledelig becoming.
klegg gadfly, horsefly.
klekke hatch; **~lig** substantial; generous.
klem *(omfavnelse)* hug, embrace; **på ~** ajar.
klementin clementine.
klemme *subst* clip; clamp.
klemme *verb* squeeze; pinch; *(omfavne)* hug, squeeze.
klenge cling; stick; **~navn** nickname; **~te** clinging.
kleptoman kleptomaniac.
klesbørste clothes-brush.
kleshenger coat hanger.
klesklype clothes-peg, (*amr*) clothespin.
kleskott closet.
klesplagg garment.
klespoker strip poker.
klesskap wardrobe; (*amr*) closet.
klesvask laundry, washing.
kli bran; **~brød** bran bread.
klient client; **~ell** clientele, customers.
klikk click; *(gruppe)* set, clique; **~e** click; *(slå feil)* fail, misfire.

klima climate; **~anlegg** air-conditioning; **~forandring** climate change; **~gasser** greenhouse gases.
klimaks climax.
klimakterium menopause.
klimautslipp greenhouse emissions.
klimpre plink, pluck.
kline *(smøre)* smear, smudge; *(kjærtegne)* neck, (*amr*) make out.
klinge *subst* blade.
klinge *verb* sound, ring; **~nde mynt** hard cash.
klinikk clinic.
klinisk clinical.
klinke *subst* rivet; *(på dør)* door handle, door knob; **~kuler** marbles.
klipp cut; clip; **~e** *subst* rock; *verb* cut; clip; trim; *(sauer)* shear; **~fisk** split, salted and dried cod.
klips clip, clasp.
klirre clink; jingle; rattle.
klisjé cliché, platitude.
kliss sticky mass; stickiness; **~ete** (*hverdagslig*) gooey; sticky; **~våt** drenched; soaked.
klister glue, paste; (*sport*) soft sticky ski wax.
klistre paste, glue.
klistremerke sticker.
klitoris clitoris; (*slang*) clit; **~omskjæring** clitoridectomy.
klo claw; *(rovfugl)* talon; **slå ~a i** get one's hands on.
kloakk *(ledning)* sewer; *(massen)* sewage; **~anlegg** sewage system, sewerage; **~rør** sewer pipe.
klode planet, globe.
klok wise, sensible, prudent.
klokke *(til å ringe med)* bell; *(vegg-)* clock; *(armbåndsur)* watch; **~radio** clock radio; **~rem** watchstrap, (*amr*) watchband; **~r** sexton; **~slett** hour, time (of day).
klokskap wisdom, sense.
klor chlorine.
klore scratch.
kloroform(ere) chloroform.
klorvann chlorine water.
klosett water-closet, w.c.
kloss (*trestykke*) block; (*person*) clumsy person; **~ete** clumsy.
kloster monastery; *(nonne-)* convent; nunnery.
klovn clown, jester.
klubb club.
klubbe mallet; club.
klubbhus clubhouse.
klubbmesterskap club championship.

klukke cluck.
klukklatter chuckle.
klump lump; *(jord-)* clod; **~ete** lumpy; *(person)* dumpy; **~fot** club-foot.
klumsete clumsy.
klunke *(på instrument)* strum.
kluss trouble; fuss; **~e med** tamper with.
klut cloth; rag; *(støv-)* duster.
klynge (seg) *subst* cluster; group; *verb* cling to.
klynke whimper; whine.
klype *subst* clip; *(liten mengde)* pinch.
klype *verb* pinch.
klyse gob; (*amr, hverdagslig*) sleazeball; **~te** slimy.
klyster enema.
klær clothes; clothing.
klø itch; **~ seg** scratch.
kløft cleft; chasm; (*overført, særlig mellom kvinnebryst*) cleavage.
kløne bungler; **~te** awkward; clumsy.
kløpper expert, whiz(z).
kløver (*kortspill*) clubs; (*bot*) clover.
kløyve split; cleave.
klå finger; harass, feel up; **~fingret** have itchy fingers.
kna knead; **~bbe** grab, nick.
knagg peg, hook.
knake creak, groan.
knakke knock.
knall bang, crack; **~bra** excellent.
knapp *subst* button; *adj* scant, scarce.
knappe button; **~ igjen** button up; **~ opp** unbutton; **~nål** pin.
knapphet scarcity; shortage.
knapphull buttonhole.
knapt *(neppe)* hardly; barely; scarcely.
knark (*hverdagslig*) dope, drugs.
knase crackle, shatter.
knaske crunch, munch.
knaus crag; rock.
kne knee; **~beskytter** knee pad; **~skål** kneecap.
kneble gag; (*overført*) silence.
knebukse breeches, (*amr*) knickers.
knegge neigh, whinny.
kneipe pub; dive.
kneippbrød wholemeal bread.
kneise stand tall; strut.
knekk bend; crack; (*overført*) blow; shock; **~e** break; crack, snap.
knekkebrød crispbread.
knekt (*kortspill*) jack, knave.

knele kneel.
knep trick; *(håndlag)* knack; **~en** narrow; scanty.
knepp click; snap.
kneskade knee injury.
knestrømper knee-socks.
knip ache; pinch.
knipe *subst, verb* pinch; squeeze; **~tang** (pair of) pincers.
knipling lace.
knippe bunch; bundle.
knipse snap.
knirke creak; squeak.
knis giggle; titter; **~e** giggle.
knitre crackle, rustle.
kniv knife (*flertall* knives); **~stikke** stab.
knoke knuckle; *(kjøttben)* (soup) bone.
knokkel bone.
knoklete bony, angular.
knop knot.
knopp bud; **~skyting** budding; gemmation.
knott knob; (*zool*) gnat.
knudrete rugged; rough.
knuffe push, shove.
knuge clasp, hug; *(tynge)* oppress, weigh upon; **~nde** oppressive.
knulle (*vulgært*) fuck, screw, shag.
knurre growl; snarl; (*overført*) grumble.
knuse crush, smash; break; **~nde** crushing, devastating.
knusk tinder; **~tørr** bone-dry.
knuslete stingy, miserly.
knute knot; tangle; **~punkt** junction.
kny *subst* sound of protest; *verb* murmur, protest.
knytte *verb* tie; knot; (*overført*) attach; tie.
knyttneve fist.
koagulere coagulate.
koalisjon coalition.
kobbe seal.
kobbel pack.
kobber copper; **~stikk** copperplate print.
koble (*forbinde*) connect; (*introdusere*) couple; **~ av** relax.
kobolt cobalt.
kode code.
kodifisere codify.
koffein caffein(e); **~fri** decaffeinated, decaf.
koffert *(hånd-)* suitcase; *(stor)* trunk.
kofte knitted jacket; tunic.
koie log cabin.
kokain cocaine, coke; (*slang*) snow.
koke boil; *(lage mat)* cook; *(kaffe)* make; **~bok**

cookbook; cookery book; **~punkt** boiling point.
kokk cook.
kokosnøtt coconut.
koks coke.
kolbe *(gevær-)* butt; *(kjemi)* flask.
koldbrann gangrene.
koldtbord buffet.
kolera cholera.
kolesterol cholesterol.
kolibri hummingbird.
kolikk colic.
kolje haddock.
kollbøtte somersault; **slå ~** turn somersaults.
kollega colleague.
kolleksjon collection.
kollekt collection.
kollektiv commune; communal; **~trafikk** public transport, mass transit.
kolli piece (of luggage); *(handel)* package(s).
kollidere collide, crash; clash.
kollisjon collision, crash.
kollisjonspute airbag.
kolombianer Colombian.
kolombiansk Colombian.
kolon colon.
koloni colony.
kolonisere colonize.
kolonne column; **~kjøring** convoy driving.
koloss colossus, giant; **~al** colossal, enormous.
koma coma.
kombinasjon combination.
kombinere combine.
kombinert combined; *(sport)* Nordic combined.
komedie comedy.
komet comet.
komfort comfort(s); **~abel** comfortable.
komfyr cooker, stove; *(amr)* range.
komiker comedian.
komisk comic(al), funny.
komité committee.
komma comma.
kommandere order; command; **-o** command.
komme *verb* come; arrive; appear; **an~** arrive; **~nde** coming, next, future.
kommentar *(bemerkning)* comment; *(til tekst)* commentary.
kommentator commentator.
kommentere comment on.
kommersiell commercial.
kommisjon commission; *(nemnd)* board.
kommissær commissary.
kommode chest of drawers, *(amr)* bureau, dresser.
kommunal local; *(britisk)* council; *(i by)* municipal.

kommune local government, municipality, (*amr*) township; **~skatt** local taxes, (*amr*) rates; **~styre** local council, county council; *(i by, britisk)* county borough council.
kommunikasjon communication; **~smiddel** means of communication; means of transport.
kommuniké communiqué, bulletin.
kommunisme communism.
kommunist communist.
kompani company.
kompanjong partner.
kompass compass.
kompatibel compatible.
kompensasjon compensation.
kompensere compensate.
kompetanse competence, qualifications.
kompetent competent, qualified.
kompis (*britisk*) mate, pal, (*amr*) buddy.
kompleks *adj/subst* complex.
komplett complete, whole.
komplikasjon complication.
kompliment compliment; **~ere** compliment (**for** on).
komplisere complicate.
komplott conspiracy, plot.
komponere compose.
komponist composer.
komposisjon composition.
kompost compost; **~jord** compost soil.
kompress compress, gauze pad.
kompromiss compromise; **~løs** unyielding, implacable.
kompromittere compromise.
kondens condensation.
kondis(jon) condition, shape, fitness.
konditor confectioner, pastry chef; **~i** café, teashop, pastry shop; **~varer** *flertall* confectionery.
kondolanse condolence.
kondolere offer one's condolences.
kondom condom, (*slang*) rubber.
kondor condor.
konduktør conductor, ticket collector.
kone *(hustru)* wife; *(eldre kvinne)* (older) woman; **~mishandling** wife-battering.
konfeksjon ready-to-wear

clothes; ready-made clothes.
konfekt chocolates, (*amr*) candy.
konferanse conference, convention; *(samtale)* interview.
konferansier master of ceremonies.
konfesjon confession, creed.
konfidensiell confidential.
konfirmant candidate for confirmation, confirmand.
konfirmasjon confirmation.
konfirmere confirm.
konfiskere confiscate, seize.
konflikt conflict.
konge king; **~dømme** monarchy; **~lig** royal.
kongle cone.
kongress congress; *(USAs lovgivende forsamling)* (the) Congress.
konjakk brandy; *(ekte)* cognac.
konjunktur(er) economic situation, business conditions.
konk (*hverdagslig*) broke.
konkludere conclude.
konklusjon conclusion.
konkret concrete.
konkurranse competition.
konkurrent competitor; rival.
konkurrere compete.
konkurs *adj* bankrupt, broke.
konkurs *subst* bankruptcy; **gå ~** go bankrupt; fail.
konse (*hverdagslig*) concentrate.
konsekvens consequence; consistency.
konsekvent consistent.
konsentrasjon concentration.
konsentrasjonsleir concentration camp.
konsentrere (seg) concentrate.
konsept concept, idea; draft; **~kunst** conceptual art.
konsern group of companies; (*amr*) corporation.
konsert concert; *(stykke)* concerto; **~hus** concert hall.
konservativ conservative.
konservator curator; keeper.
konservere preserve, keep.
konservering preservation.
konsesjon concession, permit, licence.
konsis concise.
konsistens consistency; texture.
konsolidere consolidate.
konspirere conspire, plot.

konstant constant; invariable.
konstatere establish, ascertain, declare.
konstitusjon constitution.
konstruere construct.
konstruert virkelighet virtual reality.
konstruksjon construction.
konstruktiv constructive.
konsul consul; **~at** consulate.
konsulent consultant, adviser.
konsultasjon consultation.
konsultere consult.
konsum consumption; **~ent** consumer; **~ere** consume; **~varer** consumer goods.
kontakt contact; touch; (*elektr*) switch; **~linse** contact lens; **~spalte** personal column; **~telefon** hotline.
kontant, betale ~ pay (in) cash; **~er** cash.
kontinent continent.
kontinentalsokkel continental shelf.
kontingent subscription; membership fee; *(gruppe)* contingent.
konto account; **~utskrift** bank statement.
kontor office; **~tid** office hours, business hours.
kontra versus; **~bass** doublebass.
kontrahere contract.
kontrakt contract.
kontrast contrast.
kontroll control; check; **~ere** control; check; **~panel** control panel; **~tast** (*edb*) control key; **~ør** inspector.
konvall lily of the valley.
konvensjon convention.
konversasjon conversation.
konversere converse, chat.
konvoi convoy.
konvolutt envelope.
kooperativ co-operative.
koordinere co-ordinate.
kopi copy; duplicate; (*fotogr*) print; (*edb*) back-up; **~ere** copy; **~maskin** (photo)copier.
kople couple; (*elektr*) connect.
kople fra uncouple.
kopling coupling; *(bil)* clutch.
kopp cup.
kopper (*medisin*) smallpox; *(metall)* copper.
kor chorus; *(sangerne)* choir.
korall coral; **~rev** coral reef.
kordfløyel corduroy.
koreograf choreographer; **~i** choreography.
korg basket.

koriander coriander.
kork cork; *(skru-)* screw cap; *(trafikk-)* jam; **~etrekker** corkscrew.
korn grain; *(på marken)* corn; *(til frokost)* cereal; **~ete** granular, grainy.
kornett cornet.
korporal corporal.
korps corps; (*mus*) band.
korrekt correct; **~ur** proof.
korrespondanse correspondence.
korrespondent correspondent.
korrespondere correspond.
korridor corridor.
korrigere correct; adjust.
korrosjon corrosion.
korrupsjon corruption.
korrupt corrupt.
kors cross.
korsett corset.
korsfeste crucify; **~lse** crucifixion.
korsrygg lower back.
korsvei crossroads.
kort *subst* card; **~ sagt** in short.
kort *adj* short.
korthet, i ~ briefly.
kortklipt close-cropped.
kortsiktig short-term.
kortslutning short circuit.
kortspill cards.
kortstokk pack ((*amr*) deck) of cards.
korttidsparkering short-term parking.
kortvarig brief, short-lived.
kose, ~ seg enjoy oneself, have a good time; **~lig** cosy, snug; nice.
kosmetikk cosmetics.
kosmetisk cosmetic.
kost *(mat)* food; fare; *(kost og losji)* board and lodging; *(feie-)* broom; *(maler-)* brush; **~bar** precious, valuable; *(dyr)* expensive.
koste sweep; *(penger)* cost; **~skaft** broomstick.
kostyme costume; **~ball** fancy-dress ball, (*amr*) costume ball.
kotelett chop; cutlet.
kott closet.
krabbe *subst* crab.
krabbe *verb* crawl; **~felt** slow lane, crawler lane.
kraft strength; power; force; **~anstrengelse** effort, exertion; **~forsyning** power supply; **~ig** strong, vigorous; powerful; **~krevende** energy intensive; **~verk** power plant; power station.
krage collar; (*tekn*) collet; **~ben** collar bone.

krakk stool; *(krise)* crash, collapse.
krampaktig forced; convulsive.
krampe *(krok)* cramp; *(-trekning)* spasm; convulsions; cramp; **~latter** hysterical laughter.
kran *(heise-)* crane; *(vann-)* (water) tap, faucet; **~bil** crane truck, (*amr*) tow truck.
krangel quarrel; argument.
krangle quarrel, fight.
kraniebrudd skull fracture.
kranium skull.
krans *(blomster)* wreath, garland.
krater crater.
kratt thicket; (*amr*) underbrush.
krav demand; request; (*jur*) claim; **~stor** demanding.
kreativ creative.
kredit credit; **~ere** credit; **~or** creditor.
kreditt credit; **~kort** credit card.
kreft cancer; **~fremkallende** carcinogenic; **~svulst** cancerous tumour.
krem cream; *(pisket fløte)* whipped cream.
kremasjon cremation.
kremere cremate.
kremte clear one's throat.
krenge tilt, careen.
krenke *(en person)* hurt; offend; (*bryte*) violate; **~lse** violation; injury; **~nde** insulting, offensive.
krepp crape.
kreps crawfish; crayfish.
Krepsen *astrologi* Cancer (fra 22. juni).
kresen fastidious, particular; discriminating.
krets circle; ring; *(distrikt)* district; **~e** circle; **~løp** circuit; circulation.
kreve demand; require; *(fordre)* claim.
krevende demanding, challenging.
krible itch, tingle.
krig war; **~ersk** martial, warlike; **~føring** warfare; **i ~shumør** on the warpath; **~ssone** war zone, combat zone.
kriminaldomstol criminal court.
kriminalfilm thriller.
kriminalroman crime novel.
kriminalsak criminal case.
kriminell criminal.
krimskrams crap, knick-knack.
kringkaste broadcast.
kringkasting broadcasting.

krise crisis, *flertall* crises.
kristen Christian.
kristtorn holly.
Kristus Christ.
kriterium criterion (*flertall* criteria).
kritiker critic; *(anmelder)* reviewer.
kritikk criticism; review.
kritisere criticize.
kritisk critical.
kritt chalk.
kro inn, pub.
kroat Croatian.
Kroatia Croatia.
kroatisk Croatian.
krok *(hjørne)* corner; *(jern-, fiske-)* hook; **~ete** crooked, bent.
krokket *(spill)* croquet; **~kølle** croquet mallet.
krokodille crocodile.
krone crown.
kronglete crooked, twisted.
kronikk feature article; chronicle.
kroning coronation.
kronologi chronology; **~sk** chronological.
kronprins Crown Prince; *(i England)* Prince of Wales.
kropp body; **~sarbeid** manual labour; **~slig** physical; bodily; **~søving** physical education.
krukke pitcher, jar.
krum curved, crooked; **~me** bend, bow; **~ming** bend, curve.
krus mug; *(øl-)* tankard; *(stas)* fuss; **~ete** curly.
krusifiks crucifix.
krusning *(på vannet)* ripple.
kruspersille (curled) parsley.
krutt (gun)powder.
kry *adj* proud.
kry *verb* swarm.
krybbe manger, crib; **~død** cot-death, crib death, SIDS (Sudden Infant Death Syndrome).
krydder spice, seasoning.
krydderurt herb.
krydret spiced, seasoned.
krykke crutch; **gå med ~r** walk on crutches.
krympe shrink; **~fri** shrinkproof.
krypdyr reptile.
krype creep; *(kravle)* crawl.
krypskytter poacher.
krysning cross(ing).
kryss cross; *(vei-)* crossroads, intersection; **~e** cross; crossbreed; **~er** cruiser; **~forhør** cross-examination; **~ild** crossfire; **~ordoppgave** crossword puzzle.

krystall crystal.
krystallklar crystal clear.
krøkkete clumsy.
krøll curl; *(om papir, klær)* crease; **~alfa** (*edb*) at; **~ete** curly; creased, crumpled; **~fri** creaseproof; **~tang** curling iron.
krønike chronicle, annals.
krøpling cripple.
kråke crow; **~bolle** sea urchin.
krås *(på fugl)* gizzard.
ku cow; **~galskap** mad cow disease.
kubbe log.
kube cube; hive.
kubein crowbar.
kubikkmeter cubic metre.
kue subdue, cow.
kujon coward; (*hverdagslig*) chicken, wimp.
kul bump; cool.
kulde cold; **~gysning** cold shiver.
kule ball; globe; (*matematikk*) sphere; *(gevær-)* bullet.
kulekjøring mogul skiing.
kulelager ball-bearing.
kulepenn ballpen.
kulestøt shotput.
kulinarisk culinary.
kuling strong breeze; **sterk ~** gale; **~varsel** gale warning.
kulisse scene, wing; **bak ~ne** behind the scenes.
kull (*årsklasse*) class; *(fugler)* brood, hatch; *(pattedyr)* litter; *(tre-)* charcoal; *(stein-)* coal; **~gruve** coal mine; **~os** carbon monoxide; **~stoff** carbon; **~svart** jet black.
kullsyre carbonic acid; *om drikke:* **med ~** carbonated, fizzy, (*amr*) sparkling; **uten ~** still, (*amr*) plain.
kulminere culminate, peak.
kultivere cultivate.
kultivert cultured, cultivated.
kultur civilization; culture; **~ell** cultural.
Kultur- og kirkedepartementet Ministry of Culture and Church Affairs.
kult(us) cult.
kum tank, basin.
kumlokk manhole cover.
kumulativ cumulative.
kunde customer; client.
kundebehandling customer service.
kunne be able to; know; manage.
kunngjøre announce; proclaim.
kunnskap knowledge, information.

kunst art; **~fiber** synthetic fibre; **~håndverk** handicraft; **~ig** artificial; **~løp** figure skating; **~maler** painter; **~ner** artist; **~stoff** synthetic material; **~utstilling** art exhibition; **~verk** work of art.
kupé (*jernb*) compartment; *(bil)* coupé, (*amr*) coupe.
kupert hilly; rolling.
kupong coupon.
kupp coup; scoop; *(fangst)* haul.
kuppe overthrow, oust.
kuppel dome; *(lampe-)* globe; **~hue** hangover.
kur cure, treatment; **~bad** spa.
kurér courier.
kurere cure, heal.
kurs course; (*handel*) quotation; *(valuta-)* rate of exchange.
kursiv italics.
kurv basket; **~ball** basketball.
kurve curve; bend.
kurvfletning wickerwork.
kurvstol wicker chair.
kusine cousin.
kusk coachman, driver.
kusma (*medisin*) mumps.
kutt cut.
kutte cut (off), slice.
kuvert cover; **~pris** cover charge.
kuvøse incubator.
kvadrat square; **~meter** square metre; **~rot** square root.
kvae (*bot*) resin.
kvakksalver quack.
kval agony, anguish.
kvalifikasjon qualification.
kvalifisere qualify.
kvalitet quality.
kvalm sick; **~e** sickness, nausea; **~ende** nauseating.
kvantefysikk quantum physics.
kvantitet quantity.
kvantumsrabatt quantity discount.
kvart quarter; (*mus*) fourth.
kvartal *(tid)* quarter; *(hus)* block.
kvarter quarter (of an hour); (*bydel*) district, area.
kvartett quartet.
kvarts quartz.
kvasi- quasi-, pseudo-.
kvast tuft.
kveg cattle, livestock.
kveile coil (up).
kveite *(fisk)* halibut.
kveker quaker.
kveld evening; night; **i ~** this evening, tonight; **~smat** supper; **~snytt** evening news.

kvele strangle; choke; *(motoren)* stall.
kveler strangler; **~slange** boa constrictor; **~tak** stranglehold.
kverke kill, finish (somebody) off.
kvern mill, grinder.
kvesse whet, sharpen.
kvige heifer.
kvikk lively, quick; **~sand** quicksand; **~sølv** quicksilver, mercury.
kvikne til revive, recover.
kvinne woman (*flertall* women); **~hater** misogynist; **~lig** female; feminine; **~sak** feminism, women's liberation movement.
kvintett quintet.
kvise pimple, acne.
kvist twig, sprig; *(i bord)* knot.
kvitre chirp, twitter.
kvitt quits; **bli ~** get rid of; **~e seg med** dispose of.
kvittere (give a) receipt, sign; **~ for** sign for.
kvittering receipt.
kvote quota.
kvotering (*amr*) affirmate action.
kylling chicken; *(liten)* spring chicken; *(stor)* broiler; **~lår** chicken leg, drumstick.
kyndig skilled; competent.
kynisk cynical.
kynisme cynicism.
kyss kiss; **~e** kiss; **~esyke** mononucleosis, glandular fever.
kyst coast; **~linje** coast line; **~vakt** coastguard.
kyt bragging, boasting.
kø queue, (*amr*) line; (biljard) cue; **stille seg i ~** queue up.
kødde (*hverdagslig*) pull somebody's leg; mess with.
kølle club; stick; *(politi-)* baton.
køye *subst* berth; *(henge-)* hammock; *(fast)* bunk.
kål cabbage; **~rabi, ~rot** Swedish turnip.
kåpe coat.
kårde sword, rapier.
kåre choose, select.
kåt horny, randy.

L

la let; *(tillate)* let, allow.
labb paw.
labil unstable.
laboratorium laboratory.
labyrint labyrinth; *(hageanlegg)* maze.
lade *(våpen)* load; (*elektr*) charge; **~ opp igjen** recharge.
ladning *(last)* load; *sjøfart* cargo; *(krutt)* charge.
lag *(jord- o.l.)* layer, stratum; *(maling)* coat(ing); (*sport*) team.
lage make; create; *(mat)* cook.
lager *(lokale)* store-room; warehouse; (*maskin*) bearing; *(beholdning)* stock; **på ~** in stock; **ikke på ~** out of stock.
lagre store; *(EDB)* save.
lagune lagoon.
lake pickle; *(salt-)* brine; **legge i ~** pickle.
laken sheet; **~pose** sheet bag.
lakk *(ferniss)* lacquer, varnish; *(emalje-, bil-)* enamel; *(negle-)* nail polish.
lakke paint; **~re** *(sprøyte-)* spray-paint; lacquer; varnish; enamel.
lakris liquorice, (*amr*) licorice.
laks salmon; **grav~** gravlax; **røke~** smoked salmon.
laktoseintoleranse lactose intolerance.
lakune gap, blank space.
lam *adj* paralysed.
lam *subst* lamb.
lama llama.
laminat lamina.
laminere laminate.
lamme *(gjøre lam)* paralyse; stun; **~kjøtt** lamb; **~stek** roast lamb, (*amr*) lamb roast; **~ull** lamb's wool.
lampe lamp; **~feber** stage fright; **~skjerm** lamp shade; **~tt** wall lamp.
lamslått paralyzed; stunned.
land country; land.
landbruk agriculture.

landbruksskole agricultural college.
lande land.
landeplage scourge, pest; (*slager*) hit.
landevei country road, (*amr*) back road.
landflyktighet, i ~ in exile.
landgang landing; gangway.
landkrabbe landlubber.
landmåler surveyor.
landområde territory.
landsby village; (*amr*) small town.
landsforræder traitor.
landsforræderi treason.
landsforvist exiled.
landskamp international match.
landskap scenery; *(maleri)* landscape.
landslag national team.
landsmann countryman.
landsmøte national congress.
Landsorganisasjonen (LO) Trades Union Congress (TUC).
lang long.
Langbein *(tegneseriefigur)* Goofy.
langdistanserakett long-distance missile.
lange *(fisk)* ling; **~r** drug-dealer, pusher.
lange *verb* pass, hand.
langfinger middle finger.
langfredag Good Friday.
langrenn cross-country skiing (race).
langs along; alongside; **på ~** lengthwise; **~iktig** long-term, long-range.
langsom slow.
langstøvler wellingtons, (*hverdagslig*) wellies.
langsynt long-sighted, (*amr*) far-sighted.
langt far; **~rekkende** far-reaching.
langtidsparkering long-term parking.
langvarig lengthy, prolonged.
langviser minute hand.
lanse lance; **~re** launch, introduce.
lanterne lantern.
lapp patch; *(papir)* note; scrap/slip of paper.
lappe patch; mend; **~teppe** patch-work quilt.
lapsus slip (of the tongue, of the pen), memory lapse.
larve caterpillar, larva.
lasaron tramp, vagrant, (*amr*) bum.
laserstråle laser beam.
lass load.
last *(gods)* cargo; (*dårlig vane*) vice, bad habit.

laste load; **~ ned** (*edb*) download; **~bil** lorry, (*amr*) truck; **~båt** freighter; **~rom** hold.
lat lazy.
late som pretend.
latin Latin.
latter laughter; laugh; **~lig** ridiculous.
Latvia Latvia.
latvier Latvian.
latvisk Latvian.
laurbær (*bot*) laurel; (*overført*) laurels; **~krans** laurel wreath.
lav *subst, bot* lichen; **~a** lava.
lav *adj* low.
lavblokk low-rise building.
lavendel lavender.
lavland lowland.
lavtrykk low pressure (system).
lavvann *(ebbe)* low tide, ebb.
le *subst* shelter; *sjøfart* lee(ward).
le *verb* laugh.
ledd joint; *(av kjede)* link; *(slekts-)* generation; **~betennelse** arthritis; **~bånd** ligament; **~gikt** arthritis.
lede lead; *(bestyre)* manage, conduct; *(vei-)* guide; (*fysikk*) conduct; **~lse** direction, management; guidance; **~nde** leading; **~r** leader; (*handel*) manager, executive; (*fysikk*) conductor; *(i avis)* leader, (*amr*) editorial.
ledertrøye yellow bib.
ledig *(stilling, leilighet)* vacant; *(ikke opptatt)* free, available; (*arbeidsløs*) unemployed.
lediggang idleness.
ledning *tlf* line; (*elektr*) cord, wire; *(kabel)* cable.
lee move, wiggle.
legal legal; **~isere** legalize.
legasjon legation.
legat legacy; scholarship.
lege *subst* doctor, physician; *(allmennpraktiker)* general practitioner (GP); **~attest** medical certificate.
lege *verb* heal, cure.
legeme body.
legemiddel remedy; medicine, drug.
legendarisk legendary.
legende legend.
legere alloy.
legering alloy.
legesenter medical centre.
legeundersøkelse (medical) check-up.
legevakt casualty clinic, (*amr*) emergency room.

legg *m* calf; *n* fold, plait.
legge put, lay, place; **~ seg** lie down; *(gå til sengs)* go to bed.
leggvarmer leg warmer.
legitim legitimate; **~asjonskort** identity card; **~asjonspapir** identification paper; **~ere seg** prove one's identity.
legning predisposition, tendency.
lei *adj* sorry (**for** about/ for); sick, tired (**av** of); *(ubehagelig)* awkward, embarrassing.
leider ladder.
leie *subst (betaling)* rent, hire.
leie *verb* hire; rent; *(føre ved hånden)* lead; **~ ut** let; **~bil** rental (*eller* hire) car; **~boer** tenant; *(losjerende)* lodger; **~gård** block of flats, (*amr*) apartment house; **~kontrakt** tenancy agreement; **~tropper** mercenaries.
leikarring group of folk dancers.
leilighet *(bolig)* flat, (*amr*) apartment; *(anledning)* occasion; *(beleilig tid)* opportunity.
leir camp.
leire clay.
leirplass campsite, campground.
lek game, play.
leke *subst* toy.
leke *verb* play; **~kamerat** playmate; **~plass** playground; **~tøy** toy(s).
leken playful.
lekkasje leak, leakage.
lekke leak.
lekker dainty; delicious; attractive.
lekse lesson; *(hjemmearbeid)* homework, (*amr*) assignment.
leksikon dictionary; encyclopaedia.
lektor lecturer; secondary school teacher.
lem *m* trapdoor; *(vindus-)* shutter; *n* member; *(arm el bein)* limb.
lemen lemming.
lempe *(flytte)* lift.
lemster stiff.
lene lean; **~stol** armchair, easy chair.
lengde length; (*geologi*) longitude; **i ~n** (*overført*) in the long run; **~grad** degree of longitude; **~hopp** long jump, (*amr*) broad jump.
lengdeløp speed-skating (race).

lenge long; (for) a long time.
lenger farther, further; (*om tid*) longer.
lengsel longing, yearning; **~sfull** longing.
lengst longest.
lengte long, yearn (**etter** for).
lenke chain; fetter; (*edb*) link.
lens empty; **~e** *sjøfart* run before the wind; *(tømme)* empty; *(øse)* bale.
leopard leopard.
leppe lip; **~pomade** lip balm; chapstick; **~stift** lipstick.
lerke (*zool*) lark; *(lomme-)* (pocket-)flask.
lerret linen; *(seilduk)* canvas; *(film)* screen.
lesbisk lesbian.
lese read; **~bok** reader; **~hest** bookworm; **~hode** (*edb*) read(ing) head; **~lig** legible; **~r** scanner; *(person)* reader; **~sal** reading room; **~stoff** reading.
leskedrikk soft drink, (*amr*) soda.
lespe lisp.
lesse load; **~ av** unload.
lete look, search (**etter** for).
letne lighten; *(om tåke)* lift.
lett *(som veier lite)* light; *(enkelt)* easy; **~antennelig** combustible; (in) flammable; **~bevegelig** mobile; easily moved.
lette *(om vekt)* lighten; *(gjøre mindre vanskelig)* facilitate; ease; *(løfte)* lift; *(om fly)* take off; **~ anker** weigh anchor; **~lse** relief; *(trøst)* comfort.
letthet ease.
lettmat low-fat food.
lettsindig frivolous, irresponsible.
lettskyet partly cloudy.
lettvekt lightweight.
lettvint handy; practical.
leukemi leukaemia, (*amr*) leukemia.
leve live; be alive; **~ av** live by; *(spise)* live on; **~brød** livelihood; **~dyktig** viable; **~kostnad** cost of living.
leven noise, uproar; **holde ~ med** tease; frolic about with.
levende living; alive; (*overført*) lively, vivid.
lever liver.
leverandør supplier.
leveranse delivery; supply.
leverbetennelse hepatitis.
levere deliver; supply.

levering delivery; supply.
leverpostei liver paste, liver paté.
levestandard standard of living.
levetid lifetime, lifespan.
levevilkår living conditions.
levre seg coagulate, clot.
li hillside.
liberal liberal.
lide suffer, endure; **~ av** suffer from; **~lse** suffering.
lidenskap passion; **~elig** passionate; **~sløs** dispassionate.
liga league.
ligge lie; be situated; **~sete** reclining seat; **~stol** deck chair; **~sår** bedsore.
ligne resemble; be like; **~nde** similar, like.
ligning *(skatt)* tax assessment; (*matematikk*) equation; **~skontor** tax office; **~smyndighetene** the tax authority, (*amr*) Internal Revenue Service.
lik *subst* corpse, dead body.
lik *adj* like; similar; equal.
likbil hearse.
like *adj* equal; *(tall)* even.
like *adv* straight; *(nøyaktig)* just.
like *verb* like; fancy; enjoy; **uten ~** unique; **~ etter** immediately after; **~ overfor** (just) opposite; **~ ved** close by; **~frem** straightforward; **~glad** indifferent; **~gyldig** indifferent, unimportant; **~ledes** likewise; **~mann** equal, peer; **~stilling** equality; **~strøm** direct current (DC); **~så** likewise; **~til** easygoing; **~vekt** equilibrium, balance; **~vel** still, yet, all the same; after all; **~verdig** equal.
likhet likeness, resemblance; similarity; *(i rettigheter)* equality; **~stegn** equal sign; **~strekk** similarity, resemblance.
likhus morgue.
likkiste coffin.
likskue autopsy, post-mortem.
liksom like; as; *(som om)* as if; *(så å si)* as it were.
liktorn corn.
likvid liquid; **~e midler** liquid resources; **~ere** liquidate; **~itet** liquidity.
likør liqueur.
lilje lily; **~konvall** lily of the valley.
lilla lilac, purple, mauve.
lillefinger little finger; pinkie.

lim glue; **~bånd** adhesive tape; **~e** glue.
limonade lemonade.
lin (*bot*) flax; *(tøy)* linen.
lindre relieve, ease, soothe.
lindring relief.
line rope; *(fiske-)* line; **~danser** tightrope walker.
linerle (white) wagtail.
linjal ruler.
linje line; **~re** rule, line; **~skift** (*edb*) line feed.
linoleum linoleum; **~strykk** linocut.
linolje linseed oil.
linse lens; (*bot*) lentil.
lisens licence, (*amr*) license; **gi ~** license.
list *(kant-)* list; **~e** *subst* list; **~e seg** steal, sneak; **~ig** cunning, sly.
Litauen Lithuania.
litauer Lithuanian.
litauisk Lithuanian.
lite *adj/adv* little.
lite på trust.
liten *(ikke stor)* small; *(ikke voksen)* little; *(kortvarig)* short.
liter litre, (*amr*) liter; **~mål** litre measure.
litografi lithography.
litt a little; some.
litteratur literature.
litterær literary.
liv life; *(kjole-)* bodice; *(midje)* waist; **~aktig** lifelike, vivid; **~belte** lifebelt; **~båt** life-boat; **~lig** lively, spirited.
livmor womb, uterus; **~hals** (*anatomi*) cervix; **~kreft** uterine cancer.
livrente annuity.
livrett favourite dish.
livsfare mortal danger.
livsfarlig perilous.
livsforsikring life insurance.
livsstil lifestyle.
livssyn philosophy of life.
livsvarig lifelong, (for) life.
livvakt bodyguard.
lo *(på tøy)* lint; *(på gulvteppe)* nap.
lodd *(i lotteri)* lottery ticket; *(utlodning)* raffle ticket; *(på vekt)* weight.
lodde *subst (fisk)* capelin.
lodde *verb (måle havdyp)* sound; (*overført*) plumb; *(metall)* solder; **~ ut** raffle; **~lampe** soldering lamp.
lodden shaggy, woolly.
loddrett perpendicular, vertical.
loddseddel lottery ticket; raffle ticket.
loffe *sjøfart* luff; *(drive omkring)* loaf around.
lofilter lint filter.

loft attic, loft; **~sleilighet** loft, penthouse.
logaritme logarithm.
logg log; **~bok** logbook; **~e inn** (*edb*) log in, log on.
logikk logic.
logisk logical.
logoped speech therapist.
logre wag the tail.
lojal loyal; **~itet** loyalty.
lokal local; **~bedøvelse** local an(a)esthetic.
lokale(r) premises; venue.
lokalisere localize.
lokaltrafikk local traffic.
lokk cover, lid; *(hår)* lock.
lokke tempt; entice; *(fugl)* call; **~due** decoy, stool pigeon; **~mat** bait.
lokomotiv locomotive, engine; **~fører** engine driver, train driver.
lomme pocket; **~bok** wallet; **~lerke** (hip-)flask; **~lykt** (electric) torch, (*amr*) flashlight; **~tyv** pickpocket; **~tørkle** handkerchief.
longs tights, (*amr*) pantyhose.
loppe flea; **~marked** flea market; jumble sale.
lort turd, shit; dirt.
los pilot.
losje (*teater*) box; *(frimurer-)* lodge.
losjere lodge.
losjerende lodger.
losji lodging(s).
loslitt threadbare.
losse unload, discharge.
lott share; *(på fiske)* lay; **~eri** lottery.
lov *(tillatelse)* permission, leave; (*jur*) law; *(en enkelt)* statute, act; **~brudd** violation of the law, offence.
love *(gi et løfte)* promise; vow; **~nde** promising.
lovforslag bill.
lovgivning legislation.
lovlig lawful, legal.
lovlydig law-abiding.
lovprise praise.
lovsang hymn.
lovstridig illegal.
lovtale eulogy.
lubben plump; chubby.
ludder whore, hooker.
lue *(hodeplagg)* cap.
luffe flipper.
luft air; **~e** air; **~eluke** air vent; **~fart** aviation; **~filter** air filter; **~forsvar** air force; **~forurensning** air pollution; **~fukter** humidifier; **~havn** airport.
luftig airy.
luftmadrass air bed, (*amr*) air mattress.

luftpost airmail.
luftslott castle in the air.
luftspeiling mirage.
lufttrykk air pressure.
luftvei (*anatomi*) respiratory passage; **~sinfeksjon** respiratory infection.
lugar cabin; **~tjener** steward.
lugg fringe; (*amr*) bangs.
luke *subst (lem)* trapdoor; *(billett-)* window, wicket; *sjøfart* hatch.
luke *verb* weed.
lukke *verb* shut; close.
lukningstid closing time.
luksuriøs luxurious.
luksus luxury.
lukt smell; scent; odour; **~e** smell; stink.
lummer sultry, stifling.
lumpen mean.
lumsk insidious; sly.
lun *(i le)* sheltered; *(varm)* snug, warm.
lund grove.
lunefull capricious, fickle.
lunge lung; **~betennelse** pneumonia; **~kreft** lung cancer.
lunken tepid, lukewarm.
lunsj lunch.
lunte *subst* fuse.
lupe magnifying glass.
lur *subst (kort søvn)* nap, doze; *(instrument)* lur(e).
lur *adj* cunning, sly.
lure *(bedra)* trick, fool.
luring sneaky person.
lus louse (*flertall* lice); **~en** (*overført*) miserable; rotten; **~ing** slap/box on the ear.
luske sneak, slink.
lute *(bøye seg)* stoop, bend; soak in lye; **~fisk** cod soaked in lye and served boiled.
luthersk Lutheran.
ly shelter, cover.
lyd sound; **~bok** audiobook; **~bølge** sound wave.
lydbånd recording tape; **~opptaker** tape recorder.
lyddemper (*på våpen*) silencer, (*på bil, amr*) muffler.
lyde sound; *(adlyde)* obey.
lydig obedient, dutiful.
lydkort (*edb*) sound card.
lydløs noiseless.
lydmur sound barrier.
lydskrift phonetic writing.
lydtett soundproof.
lykke *(hell)* (good) fortune, luck; *(-følelse)* happiness; **~lig** happy; **~s** succeed.
lykkeønskning congratulations.
lykkønske congratulate (**med** on).
lykt lamp, lantern; *(gate-)*

streetlamp; *(lomme-)* torch, (*amr*) flashlight; **~estolpe** lamp post.
lymfe lymph; **~kjertel** lymph gland; **~knute** lymphatic node.
lyn lightning; *(-glimt)* flash; **~avleder** lightning conductor.
lyng heather.
lynsje lynch.
lynsnar quick as lightning.
lyntog express train.
lyriker (lyric) poet.
lyrikk (lyric) poetry.
lyrisk lyric(al).
lys *adj* light, bright; *(hår, hud)* fair.
lys *subst* light; *(stearin-)* candle; **~bilde** slide.
lysbryter light switch.
lyse light, shine; **~nde** luminous, shining, bright; **~krone** chandelier; **~stake** candlestick.
lyskaster floodlight, searchlight; *(på bil)* headlights.
lyske (*anatomi*) groin.
lysne lighten; *(bli dag)* dawn.
lysning *(til ekteskap)* banns; *(i skogen)* glade.
lyspunkt bright spot.
lyspære light bulb.
lysreklame neon sign.
lyssky shady, underhand.
lysstoffrør fluorescent light.
lyst delight, pleasure; *(tilbøyelighet)* desire, inclination; **ha ~ på** want; **ha ~ til** feel like; **~gass** laughing gas.
lystbetont pleasurable.
lystig merry, lively.
lystre obey; *(fiske)* spear.
lystspill comedy.
lysømfintlig light sensitive.
lyte blemish, flaw, defect.
lytte listen; **~r** listener.
lyve lie, tell a lie.
lær leather.
lære *subst* theory; *(håndverks-)* apprenticeship.
lære *verb (andre)* teach; *(selv)* learn; **~bok** textbook; **~gutt** apprentice; **~penge** lesson.
lærer teacher, master; **~skole** teachers' college.
lærling apprentice.
løft lift; (*overført*) big effort.
løfte *subst* promise; *(høytidelig)* vow; **~brudd** breach of promise.
løfte *verb* lift, raise; (*overført*) elevate.
løfterik promising.
løgn lie, falsehood; **~er** liar.

løk onion; *(blomster-)* bulb.
løkke *(renne-)* loop, noose; (*friareal*) lot.
lømmel lout; scamp.
lønn wages, pay; *(gasje)* salary; *(belønning)* reward; (*bot*) maple; **~e** pay; *(belønne)* reward; **~e seg** pay, be worthwhile.
lønnsavtale wage agreement.
lønnsforhandlinger wage negotiations.
lønnskonto salary account.
lønnsnemnd wage arbitration board.
lønnsom profitable.
lønnsstopp wage-freeze.
løp run, race; *(elv)* course; *(børse)* barrel; **i ~et av** in the course of, during.
løpe run; **~r** runner; *(sjakk)* bishop; *(fotball)* forward.
løpeseddel leaflet.
løpetid *(dyrs)* heat, rutting season; *handel (veksel)* currency; *(lån)* term.
løpsk wild, unmanageable; **løpe ~** bolt, run wild.
lørdag Saturday.
løs loose; *(slapp)* slack; **~t snakk** idle talk; **~aktig** loose, promiscuous; **~arbeid** casual work.
løse unfasten, loosen; release; *(løse opp)* untie; *(en oppgave)* solve; **~middel** solvent; **~penger** ransom.
løsgjenger tramp, vagrant.
løslate release, set free.
løsne loosen; **~ et skudd** fire a shot.
løsning solution.
løsrive ~ seg break free, tear oneself away.
løsøre movables, personal belongings.
løv leaf (*flertall* leaves); foliage.
løve lion.
Løven *astrologi* Leo (fra 25. juli).
løvetann (*bot*) dandelion.
løype *(ski-)* piste, skitrail, ski track.
lån loan; **~e (av)** borrow (from); **~e ut** lend, (*amr*) loan.
lånemarked loan market.
lånerente mortgage interest, loan interest.
lånetakst mortgage assessment.
lår thigh; *(mat: -stykke, på okse)* round of beef; round steak; *(lam, fugl)* leg.
lårben thighbone.
lårhalsbrudd fracture of the neck of the femur.

lås lock; (*hengelås*) padlock; **~e** lock.

låt sound; *(melodi)* tune; **~e** sound.

låve barn.

M

madrass mattress.

magasin *(blad; i gevær)* magazine; *(lager)* warehouse.

mage stomach, (*hverdagslig*) tummy; *(buk)* abdomen; belly; **~dans** belly dance; **~følelse** gut feeling; **~knip** stomach ache.

mager lean; (*overført*) meagre.

magesår (gastric) ulcer.

magi magic; **~ker** magician; **~sk** magic(al).

magnet magnet; **~isk** magnetic.

mahogni mahogany.

mai May.

mais *(til å spise)* sweet corn; *(fôr)* maize, (*amr*) corn; **~kolbe** (corn) cob, ear of corn.

majones mayonnaise, (*hverdagslig*) mayo.

major major; **~itet** majority.

mak, i ro og ~ at one's leisure.

makaber macabre.

makaroni macaroni.

makedoner Macedonian.

Makedonia Macedonia.

makedonsk Macedonian.

makelig *adj* easy, comfortable; *(om person)* indolent, lazy.

makeløs matchless, unique.

make-up make-up; **legge ~** apply/put on make-up.

makker partner.

makrell mackerel.

makro macro.

maks(imal) max(imum).

maksimere maximize.

makt power; *(kraft)* force; **ha ~en** be in power; **~balanse** balance of power; **~fordeling** separation of powers; **med ~** by force; **~e** manage; be

able to; **~esløs** powerless; impotent; **~misbruk** abuse of power.
malaria malaria.
male paint; *(på kvern)* grind; *(om katt)* purr.
maler (house) painter; (*kunst-*) painter, artist.
maleri painting, picture.
malerkost paint-brush.
malerskrin paint box.
maling painting; *(farge)* paint.
malm ore.
malplassert out of place; ill-timed.
malurt wormwood.
mamma mamma, ma(mmy), mum(my); **~dalt** mammy's boy/girl, sissy; **~kjole** maternity dress.
mammografi mammography.
mammut mammoth.
man *subst* mane.
man *ubest pron* one; people, we, you, they.
mandag Monday.
mandarin mandarin (orange); tangerine.
mandat *(fullmakt)* authority; *(oppdrag)* commission.
mandel (*bot*) almond; (*anatomi*) tonsil; **~betennelse** tonsillitis.
mandig masculine, manly, virile.
mandolin mandolin.
mane conjure; **~ bort** exorcise; **~ frem** conjure up.
manér manner; **dårlige ~er** bad manners; bad form.
manesje (sircus) ring.
manet jellyfish.
mange many, a great many, a lot of, plenty of; **~ takk!** thank you very much!
mangel want, lack; *(knapphet)* shortage, scarcity; *(feil)* defect, flaw; **~full** defective, deficient; inadequate.
mangemillionær multimillionaire.
mangesidet many-sided.
mangfold variety, diversity.
mangfoldig manifold; versatile; **~gjøre** multiply; *(kopiere)* duplicate.
mangle *(ikke ha)* lack; miss; *(være borte)* be wanting, be missing; *(ikke ha nok)* be short of; **~nde** missing, lacking.
mango mango.
mani mania, craze, obsession.
manifest manifesto.
manikyr manicure.

manipulasjon manipulation.
manipulere manipulate.
manisk manic; maniacal; **~-depressiv** manic-depressive, bipolar.
manke mane.
manko shortfall, deficit.
mann man; *(ekte-)* husband; **~dom** manhood.
mannekeng (fashion) model; (*utstillingsfigur*) window dummy.
mannlig male, masculine.
mannskap personnel; *(skip, fly)* crew.
manntall census.
mansjett cuff; **~knapp** cufflink.
manuell manual.
manufaktur textiles, fabrics.
manusforfatter scriptwriter.
manus(kript) manuscript, script.
manøver manoeuvre, (*amr*) maneuver.
manøvrere manoeuvre, steer.
mappe folder, file; *(dokument-)* briefcase.
maraton marathon.
marengs meringue.
mareritt nightmare.
marg *(i bok)* margin; (*anatomi*) marrow; (*bot*) medulla, pith.
margarin margarine.
margin margin; **~al** marginal.
marihuana marihuana, cannabis; (*hverdagslig*) weed.
marinade marinade.
marine navy; **~re** marinate; **~soldat** (*landgangssoldat*) marine.
marineoffiser naval officer.
marionett puppet.
maritim maritime.
mark maggot, worm; *(åker)* field; land.
markant marked, distinctive.
markblomst wild flower.
marked fair; *økon* market.
markedsbod stall.
markedsføring marketing.
markedsorientert market-oriented.
markedsplass marketplace.
markedsundersøkelse market survey.
markere demonstrate; indicate.
markering demonstration, indication; **~sbehov** need to assert oneself.
markjordbær wild strawberry.
markør marker; (*edb*) cursor.
marmelade marmalade.

marmor marble.
mars March.
marsipan marzipan.
marsj march; **~ere** march; **~høyde** (*fly*) cruising level.
marsvin guinea-pig.
martyr martyr.
mas hassle, bother; **~e** fuss, hassle, nag.
maske *(i nett)* mesh; *(strikking)* stitch; *(ansikts-)* mask.
maskerade fancy-dress ball; (*amr*) costume ball; (*overført*) masquerade.
maskere mask, disguise.
maskin machine; engine; **~eri** machinery; **~gevær** machine gun; **~ingeniør** mechanical engineer; **~ist** engineer; **~rom** engine room; **~skade** breakdown; *(liten)* engine trouble; **~vare** (*edb*) hardware.
maskot mascot.
maskulin masculine.
massakre massacre; **~re** slaughter, butcher.
massasje massage; **~institutt** massage parlour.
masse mass; **~media** mass media; **~mord** mass murder(s), serial killings; **~morder** mass murderer, serial killer.
massere massage.
massiv massive; solid.
mast mast.
masturbere masturbate.
mat food; **~boks** lunch box; **~e** feed; **~ebuss** shuttle bus.
matematiker mathematician.
matematikk mathematics, maths, (*amr*) math.
matematisk mathematical.
materiale material.
materialisme materialism.
materialistisk materialistic.
materie matter, substance; *(i sår)* pus; **~ll** *adj, subst* material.
matfett cooking fat; *(baking)* shortening.
matforgiftning food poisoning.
matlaging cooking.
matlyst appetite.
matnyttig (*overført*) useful, practical.
matolje cooking oil.
matpakke packed lunch, (*amr*) box lunch.
matrester *flertall* left-overs.
matrikkel land register, (*amr*) public record.
matrise matrix.
matros seaman, sailor.
matt *(glansløs)* dull, dim;

(svak) faint; *(i sjakk)* mate.
matte *subst* mat.
matvarebutikk grocery store, supermarket.
maur ant; **~tue** anthill.
med *preposisjon* with; by; **~ mindre** unless.
medalje medal; **~vinner** medallist, (*amr*) medalist.
medaljong medallion; *(smykke)* locket.
medarbeider co-worker, collaborator.
meddele announce, inform, report; communicate; **~lse** announcement; information, message.
medeier co-owner, joint owner.
medfødt innate; congenital.
medfølelse compassion.
medføre involve.
medgang prosperity, success.
medgi admit.
medgift dowry.
medgjørlig amenable.
medhjelper assistant.
medhold support.
media media *(flertall)*; **~tek** multimedia room.
medisin medicine; **~sk** medical.
medlem member; **~skap** membership.
medlidenhet compassion, pity, sympathy.
medmenneske fellow being.
medregnet including, counting.
medskyldig *adj* accessory (**i** to); *subst* accomplice (**i** in).
medtatt *(utslitt)* worn out, exhausted.
medvind tailwind.
medvirke co-operate, contribute.
meg me; **~ selv** myself.
megabyte megabyte (Mb).
meie *(på kjelke)* runner.
meieri dairy; **~produkter** dairy products; **~smør** dairy butter.
meis *(fugl)* tit, (*amr*) chickadee; *(jentespeider)* girl scout, brownie.
meisle chisel.
meitemark (earth)worm.
mekaniker mechanic.
mekanikk mechanics.
mekanisk mechanical, automatic.
mekanisme mechanism.
mekke tinker, fiddle.
mekle mediate; *(ved arbeidskonflikt)* arbitrate; *(fred)* negotiate.
mekler mediator; (*handel*) broker.

mekling mediation, arbitration.
mekre bleat.
mektig mighty, powerful; *(om mat)* rich.
mel flour.
melankoli melancholy.
melankolsk melancholy.
melde report, notify; announce; (*kortspill*) declare, bid.
melding announcement; statement; *(SMS)* message.
meldugg mildew.
melk milk; **H-~** whole milk; **lett~** semi-skimmed milk, (*amr*) half-fat milk; **skummet ~** skim(med) milk; (*amr*) non-fat milk.
melke *verb* milk; **~produksjon** dairy farming; **~syre** lactic acid; **~tann** milk tooth; baby tooth.
mellom between; *(blant)* among; **~distanserakett** intermediate-range ballistic missile; **~folkelig** international; **~fornøyd** not very pleased; **~gulv** diaphragm; **~landing** stopover, (*amr*) layover; **~mann** intermediary; **~rom** gap, space; *(tid)* interval; **~spill** interlude; **~størrelse** medium size; **~vekt** *(brytning og boksing)* middle weight; **~værende** account; *(strid)* dispute.
Mellom-Amerika Central America.
melodi melody; tune; **~øs** melodious.
melodrama melodrama; **~tisk** melodramatic.
melon melon.
membran membrane.
memoarer memoirs.
memorere memorize, learn by heart.
men *konj* but.
mene *(ville ha sagt)* mean; *(synes)* think; *(være av den mening at)* be of (the) opinion that, think that.
mened perjury.
mengde number; quantity; *(av mennesker)* crowd.
menge seg mingle, mix.
menig *(soldat)* common soldier, private; **~het** *(i kirken)* congregation; *(sogn)* parish; *(sognefolk)* parishioners; **~mann** the man in the street.
mening *(oppfatning)* opinion, view; *(betydning)* meaning, sense; *(hensikt)* intention.

meningsforskjell difference of opinion.
meningsfull meaningful; purposeful.
meningsløs senseless, meaningless.
meningsmåling (public) opinion poll.
meningsytring expression of opinion.
menisk meniscus.
menneske human (being); person; **~heten** humanity, the human race; **~lig** human; **~rett** human right; **~verd** human dignity.
mens while, whilst.
menstruasjon menstruation, period.
mental mental; **~itet** mentality.
mente, ha i ~ bear in mind.
menuett minuet.
meny menu, bill of fare; **dagens ~** menu of the day; **~linje** (*edb*) menu bar.
mer more.
merian (*bot*) marjoram.
merkantil mercantile, commercial.
merkbar noticeable, perceptible.
merke *subst (tegn)* mark; *(emblem)* badge; *(fabrikat)* brand, make.
merke *verb* label, mark; *(legge merke til)* notice; pay attention to; *(kjenne)* perceive, become aware of.
merkelapp tag; *(etikett)* label.
merkelig peculiar, strange, odd.
merkeverksted specialist workshop.
merknad remark, comment.
merr mare.
merverdiavgift value-added tax (VAT).
mesén patron (of the arts).
meslinger measles.
messe *(vare-)* fair; *(høymesse o.l.)* mass; *(spisested)* mess; *verb* chant.
Messias Messiah.
messing brass.
mest most; **~eparten** the bulk, the greater part.
mester master; (*sport*) champion; **~lig** masterful, outstanding; **~skap** championship; mastery; **~verk** masterpiece.
mestre master; manage; cope; overcome.
metafysikk metaphysics.
metall metal; **~isk** metallic.
metanol methanol.
meteor meteor; **~olog**

meteorologist; **~ologi** meteorology.
meter metre; **~mål** *(målebånd)* tape measure.
metningspunkt saturation point.
metode method.
metodisk methodical.
metodist Methodist.
metrisk metrical.
mett full, satisfied.
mette fill; *(skaffe mat)* feed; (*kjemi*) saturate.
mettende filling; substantial.
middag *(tidspunkt)* noon, midday; *(måltid)* dinner; **~shvil** after-dinner nap.
middel means; resource(s); *(offentlige midler)* public funds.
middelalderen the Middle Ages.
middelalderlig medi(a)eval.
middelmådig mediocre.
middels middling, average, medium.
middeltemperatur mean temperature.
middelvei middle course; **den gyldne ~** the golden mean.
midje waist.
midlertidig temporary, provisional.
midnatt midnight; **~ssol** midnight sun.
midterst middle, central.
midtgang aisle.
midt i in the middle of.
midt iblant in the midst of.
midtpunkt centre, midpoint.
midtside central spread, (*amr*) center spread.
midtsommer midsummer.
midtveis halfway, midway.
Midtøsten the Middle East.
migrasjon migration.
migrene migraine.
Mikke Mus Mickey Mouse.
mikro- micro-.
mikrobølgeovn microwave (oven).
mikrofon microphone; (*hverdagslig*) mike.
mikroprosessor microprocessor.
mikroskop microscope.
mikstur mixture.
mil 10 kilometres (6 miles).
mild mild; gentle; **~het** mildness; gentleness; **~ne** mitigate, alleviate.
milepæl milestone.
militarisme militarism.
milits militia.
militær *adj* military; martial; **~nekter** conscientious objector; **~tjeneste** military service.

miljø environment, surroundings; milieu; **~vern** environmental protection.
Miljøverndepartementet Ministry of Environment.
milliard billion, thousand million(s).
million million; **~ær** millionaire.
milt spleen; **~brann** anthrax.
mimikk facial expression(s).
mimre *(minnes)* reminisce.
min *(foran substantiv)* my; *(alene)* mine.
mindre *(om størrelse)* smaller; *(om mengde eller grad)* less.
mindretall minority; **~sregjering** minority government.
mindreverdig inferior; **~hetskompleks** inferiority complex.
mindreårig under age, minor.
mine *(uttrykk)* air, look; *(gruve, sjø-)* mine; **~felt** mine field.
mineral mineral; **~vann** (*kildevann*) mineral water; (*brus*) soft drink.
miniatyr miniature.
minibank cash dispenser, (*amr*) automatic teller machine (ATM); **~kort** cash card.
minimal minimal.
minimere minimize.
minimum minimum.
minister *(statsråd)* cabinet minister, (*amr*) minister, secretary; **~ium** ministry; *(regjering)* cabinet, (*amr*) department; **~råd** *(i EU)* Council of Ministers.
mink mink.
minke decrease; dwindle, shrink.
minne *subst* memory, recollection; *(gjenstand)* souvenir, keepsake.
minne *verb* remind (**om** of).
minnelig amicable; **i ~het** (*jur*) out of court.
minnes *(huske)* remember, recollect; *(feire minnet om)* commemorate; **~merke** monument, memorial.
minnetale eulogy.
minneverdig memorable.
minoritet minority.
minske diminish; lessen, reduce.
minst *(mots mest)* least; *(mots størst)* smallest; **i det ~e** at least.
minstelønn minimum wage.
minus minus; less; **~grad** degree below zero.

minutt minute; **~viser** minute hand.
mirakel miracle.
mirakuløs miraculous.
misantrop misanthrope.
misbruk abuse; misuse; **~e** abuse; misuse; **~er** abuser, addict.
misdannelse deformity.
misforhold disparity, discrepancy.
misfornøyd dissatisfied, displeased; discontent(ed).
misforstå misunderstand; mistake; **~else** misunderstanding; mistake.
mishandle abuse, ill-treat, mistreat.
mishandling abuse, mistreatment, battering.
misjon mission; **~ere** evangelize; **~ær** missionary.
miskreditt discredit, disrepute.
mislighold(else) *(av kontrakt)* breach of a contract; *(om lån)* default.
mislike dislike.
mislykkes fail, be unsuccessful.
mislykket unsuccessful.
mismodig despondent, downhearted.
misnøye dissatisfaction, discontent.
missil missile.
mistanke suspicion.
miste lose.
misteltein mistletoe.
mistenke suspect (**for** of); **~lig** suspicious, suspect.
mistenksom suspicious.
mistenksomhet suspicion.
mistenkt suspect.
mistillit mistrust, lack of confidence; **~svotum** vote of no confidence.
mistroisk suspicious, sceptical.
misunne envy, grudge; **~lig** envious, jealous; **~lse** envy, jealousy; **~lsesverdig** enviable.
misvisende misleading; deceptive.
mjød mead.
mo *(lyngmo)* heath.
mobbe bully, harass.
mobbeoffer victim of bullying.
mobber bully.
mobbing bullying, harassment.
mobilisere mobilize.
mobilisering mobilization.
modell model; design; **~ere** model.
modem (*edb*) modem.
moden ripe; (*overført*) mature; **~het** ripeness; maturity.

moderasjon *(måtehold)* moderation, restraint; *(avslag i pris)* reduction, discount.
moderat moderate.
moderne fashionable; up-to-date; *(nåværende)* modern, contemporary.
modernisere modernize.
modernisme modernism.
modifikasjon modification; qualification.
modifisere modify; qualify.
modig courageous, brave.
modne ripen; (*overført*) mature.
modul module.
modulere modulate.
mokasin moccasin.
Moldova Moldova.
moldover Moldovan.
moldovsk Moldovan.
moldvarp mole.
molekyl molecule.
moll (*mus*) minor.
molo pier, breakwater.
molte cloudberry.
moment *(faktor)* point, item, factor; **~ant** immediately, instantly.
monn *(grad)* degree; **~e** *(gjøre virkning)* help, make a difference.
monogam monogamous; **~i** monogamy.
monokkel monocle.
monolitt monolith.
monolog monologue, (*teater*) soliloquy.
mononukleose glandular fever, mononucleosis.
monopol monopoly (**på** of); **~isere** monopolize.
monoton monotonous.
monstrum monster.
monsun monsoon.
monter showcase; **~e** mount, erect; install; *(sette sammen)* assemble.
montør fitter; (*elektr*) electrician.
monument monument, memorial; **~al** monumental.
moped moped.
mor mother; mummy, mum.
moral morals, morality; *(kampmoral)* morale; *(i en historie o.l.)* moral; **~sk** moral.
moralisere moralize.
moralist moralist.
mord murder, homicide; **~anklage** murder charge; **~brann** arson; **~er** murderer, killer, assassin; **~erisk** murderous; **~forsøk** attempted murder.
more amuse, divert, entertain; **~ seg** enjoy oneself.

morell (sweet) cherry.
morene moraine.
morfar maternal grandfather.
morfin morphine; **~ist** morphine addict.
morgen morning; **i ~** tomorrow; **~fugl** early riser, early bird; **~kåpe** dressing-gown, (*amr*) robe.
morges, i ~ this morning.
morkake placenta, afterbirth.
morken decayed, rotten.
mormor maternal grandmother.
morn good morning; hello; hi; **~'a** (good)bye; see you; cheerio.
moro amusement, fun.
morsdag Mother's Day.
morsealfabet Morse code.
morselskap parent company.
morsinstinkt maternal instinct.
morsk gruff, grim.
morsmål native tongue, mother tongue.
morsom amusing, entertaining; funny.
mort *(fisk)* roach.
morter mortar.
mosaikk mosaic.
mose moss; *verb* mash; **~grodd** moss-covered; (*overført*) antiquated.
mosjon exercise; **~ere** exercise; work out.
moské mosque.
moskito mosquito.
moskus musk; **~okse** musk ox.
most *(eple-)* apple juice.
mot *preposisjon* against; *(henimot)* towards; (*sport, jur*) versus; *subst* courage, (*hverdagslig*) guts.
motangrep counter-attack.
motarbeide oppose, counteract.
motbevise disprove, refute.
motbydelig disgusting; obnoxious.
mote fashion, style; **~blad** fashion magazine; **~hus** fashion house; **~oppvisning** fashion show.
motforslag counterproposal.
motgang adversity, hardship(s).
motgift antidote.
motiv motive; **~ere** motivate; justify; **~asjon** motivation.
motkandidat opponent, rival.
motkultur counterculture.
motløs dejected, dispirited.
motor engine; motor; **~klipper** power mower;

~olje motor oil, engine oil; **~sag** chain saw; **~stopp** engine trouble, (engine) breakdown.
motorsport motor racing.
motorsykkel motorcycle, motorbike; **~løp** speedway racing.
motorvei (*britisk*) motorway, (*amr*) freeway, superhighway.
motpart opponent, adversary.
motsatt opposite; contrary; *(omvendt)* reverse.
motsetning contrast, incompatibility; **i ~ til** as opposed to.
motsette seg oppose; resist.
motsi contradict; **~gelse** contradiction; **~gende** contradictory.
motspiller opponent, adversary.
motstand resistance, opposition; **~er** opponent, adversary; **~sbevegelse** resistance movement; **~sdyktig** resistant (**overfor** to).
motstrebende reluctant, grudging.
motstridende contradictory, conflicting.
motstrøms against the current.
motstå resist, withstand.
motsvare correspond to.
motta receive; *(anta)* accept; **~kelig** susceptible (**for** to); **~kelighet** susceptibility; **~kelse** receipt; *(av person)* reception; **~ker** receiver; recipient.
mottiltak countermeasure.
motto motto, saying.
mottrekk countermove.
motvekt counterbalance.
motvilje reluctance.
motvillig reluctant.
motvirke counteract.
mudder mud, mire; **~maskin** dredge.
muffe muff; *(på rør)* socket, (*amr*) bell.
mugg mould.
mugge jug, pitcher.
muggen musty, mouldy; *(mutt)* grumpy, sulky.
mulatt mulatto.
muldvarp mole.
muldyr mule.
mule muzzle.
mulig possible, conceivable; **~ens** possibly; **~het** possibility, opportunity.
mulkt fine.
multe cloudberry.
multimedia multimedia.
multiplisere multiply (**with** by).

mumie mummy.
mumle mutter, mumble.
munk monk, friar.
munkekappe cowl.
munkekloster monastery.
munkeorden monastic order.
munn mouth; **~bruk** scolding; **~bind** (face) mask; **~full** mouthful.
munning *(elve-)* mouth, *(stor)* estuary; *(på skytevåpen)* muzzle.
munnkurv muzzle; **sette ~ på** muzzle.
munn- og klovsyke foot-and-mouth disease.
munnsex oral sex.
munnspill harmonica.
munnstykke mouthpiece.
munnsår cold sore.
munn-til-munn mouth-to-mouth (resuscitation).
munnvann mouthwash.
munnvik corner of the mouth.
munter cheerful, merry.
muntlig oral, verbal.
muntre opp cheer up.
mur wall; **~e** build with bricks; **~er** bricklayer; mason.
murmeldyr marmot.
murskje trowel.
murstein brick.
mus mouse; **~e** Muse; **~efelle** mousetrap; **~esyke** repetitive strain injury (RSI).
museum museum.
musikal musical.
musikalsk musical.
musikant musician.
musiker musician.
musikk music; **~høyskole** academy of music; **~korps** brass band, marching band; **~vitenskap** musicology.
muskat nutmeg.
muskel muscle; **~brist** a torn/pulled muscle; **~svinn** muscular dystrophy; **~vev** muscular tissue.
musketer musketeer.
muskulatur muscles.
muskuløs muscular.
muslim(sk) Muslim, Moslem.
musling *(blåskjell)* mussel; clam.
musserende fizzy, (*amr*) sparkling.
mustasje m(o)ustache.
mutt sullen, sulky.
mye much, plenty (of), a great deal (of).
mygg mosquito, gnat; **~estikk** mosquito bite; **~netting** mosquito net; **~olje** mosquito repellent; **~spiral** mosquito coil.

myk *(bløt)* soft; *(smidig)* supple; *(bøyelig)* pliable; **~e opp** soften; make pliable.
mykporno(grafi) soft-core porn(ography).
mylder swarm, multitude.
myldre swarm, teem.
mynde greyhound.
myndig *(bydende)* authoritative; (*jur*) of age; **~het** authority; **~hetsalder** (*jur*) age of majority.
mynt coin.
myntenhet monetary unit.
myntfot monetary standard.
myntsamler coin collector, numismatist.
myr bog; *(sump)* marsh.
myrde murder; (*hverdagslig*) do in.
myrlendt boggy, swampy.
myrull cotton grass.
myse *subst* whey.
myse *verb* squint, peer.
mysterium mystery.
mystiker mystic.
mystisk mysterious.
myte *subst* myth.
mytisk mythical.
mytologi mythology.
mytteri, gjøre ~ mutiny.
møbel (piece of) furniture; **~handler** furniture dealer; **~snekker** cabinetmaker; **~stoff** upholstery.
møblere furnish.
møkk dung, muck.
mølje jam, jumble.
møll moth.
mølle mill; **~r** miller.
møllspist moth-eaten.
møne ridge (of a roof).
mønster pattern, design; **~beskyttet** patented, registered design.
mønstret patterned.
mør *(om kjøtt)* tender; (*om muskler*) stiff, sore.
mørbanke *(rundjule)* beat black and blue.
mørbrad tenderloin, sirloin.
mørk dark; *(dyster)* gloomy; **~e** dark; darkness.
mørtel mortar.
møte *subst* meeting.
møte *verb* meet; *(støte på)* encounter; **~s** meet; **~sted** meeting place/point.
møtereferat minutes.
måfå, på ~ at random, haphazardly.
måke *subst* (sea-)gull.
måke *verb* shovel, clear away.
mål *(enhet)* measure; *(omfang)* dimension; *(hensikt)* aim, goal; (*ballsport*) goal; (*stemme*) voice.
målbevisst determined, purposeful.

målbånd measuring tape.
måle measure; *(land)* survey; **~stokk** standard; *(på kart)* scale.
målform language variant.
målmann goalkeeper.
målsetting aim, purpose.
målstang goal-post.
målstrek finishing line.
måltid meal.
måltrost (song) thrush.
måltyv goalgetter.
måne moon; *(på hodet)* bald spot; *(avtagende)* waning moon; *(tiltagende)* waxing moon.
måned month; **~lig** monthly; **~skort** season ticket.
månefase phase of the moon.
måneferd lunar expedition.
måneformørkelse lunar eclipse.
månelyst moonlit, moonlight.
måpe gape.
mår marten.
måte way, manner; fashion.
måtehold moderation; temperance; **~en** moderate, temperate.
måtelig mediocre; medium; so-so.
måtte have to, must.

N

nabo neighbour; **~lag** neighbourhood, vicinity.
nag grudge, resentment; **bære ~ til** bear a grudge against; **~e** gnaw, rankle.
nagle rivet.
naiv naive; **~itet** naiveté.
naken naked; *(i kunst)* nude.
nakke neck; **~sleng** whiplash; **~støtte** *(i bil)* headrest.
nam-nam yum-yum.
napp *(av fisk)* nibble.
nappe tug, jerk; snatch.
narkoman drug addict, (*amr*) dope addict; (*slang*) junkie; **~i** drug addiction.
narkose (general) an(a)esthesia.
narkotika narcotics, drugs; **~misbruk** drug abuse;

~misbruker drug addict; **~selger** drug pusher.
narr fool; **~aktig** foolish.
narre trick, fool; **~smokk** dummy, (*amr*) pacifier; **~streker** pranks, shenanigans.
nasjon nation; **De forente nasjoner** the United Nations (UN).
nasjonal national; **~drakt** national costume; **~forsamling** national assembly, parliament.
nasjonalisere nationalize.
nasjonalisme nationalism.
nasjonalist nationalist.
nasjonalitet nationality.
nasjonalpark national park.
nasjonalsang national anthem.
naske pinch, pilfer; **~ri** pinching; shoplifting.
natrium sodium.
natron *(til baking)* baking soda.
natt night; **~bord** bedside table.
natterangler night owl, nightbird.
nattergal nightingale.
nattevakt night watch(man); night duty.
nattkjole nightgown, nightie.
nattklubb night club.
nattlig nightly.
nattmat midnight snack.
natur nature; *(landskap)* scenery, landscape; **av ~** by nature, by temperament.
naturalistisk naturalistic.
naturfag (natural) science; (*skolefag*) nature studies.
naturgass natural gas.
naturgjødsel manure, dung.
naturlig natural; **~vis** naturally, of course.
naturmedisin nature cure; herbal medicine.
naturressurser natural resources.
naturris unpolished rice.
natursti nature trail.
naturstridig unnatural, contrary to nature.
natursvin litterbug, polluter.
naturvern nature conservation; **~er** environmentalist, conservationist.
naturvitenskap natural science.
naturvitenskapelig scientific.
nautisk nautical; **~ mil** nautical mile (1852 metres).
nav nave; *(hjul-)* hub.
navigasjon navigation.

navigatør navigator.
navigere navigate.
navle navel; **~streng** umbilical cord.
navn name.
navnebror namesake.
navneopprop roll-call.
navneskilt nameplate.
navnetrekk signature, autograph.
navngi name, mention by name.
navnløs nameless; anonymous.
nazisme Nazism.
nazist, ~isk Nazi.
ne (*om månefase*) waning moon.
nebb beak, bill; **~tang** pliers.
nebbete (*overført*) saucy, cheeky.
ned down; **~e** down.
nedbemanning staff reduction, downsizing.
nedbetale pay off.
nedbrutt broken (down), shattered.
nedbrytbar degradable.
nedbrytende destructive; subversive.
nedbør precipitation, rainfall.
nedenfor below.
nedenfra from below.
nedenunder beneath, underneath; downstairs.
nederlag defeat; (*mildere*) setback.
Nederland the Netherlands.
nederlandsk Dutch.
nederlender Dutchman.
nederst lowest; *adv* at the bottom.
nedfall downfall; *(radioaktivt)* fallout; **~sfrukt** windfall.
nedfor down; (*overført*) depressed, dejected.
nedgang *(vei ned)* way down, descent; (*overført*) decline, falling off; **~stid** recession, slump.
nedkomme give birth to.
nedkomst delivery, childbirth.
nedlate, ~ seg til condescend to, stoop to; **~nde** condescending, patronizing.
nedlegge *(forretning o.l.)* close (down), shut down; *(arbeidet)* (go on) strike; *(oppgi, trekke seg)* resign.
nedover *adv* down, downwards.
nedover *preposisjon* down; **~bakke** downhill.
nedre lower.
nedringet low-cut.

nedrivning demolition.
nedrustning disarmament.
nedrustningsavtale arms limitation agreement.
nedsatt *(pris)* reduced, marked-down.
nedsette *(pris)* reduce; *(en komité)* appoint; **~lse** reduction; appointment; **~nde** disparaging, derogatory.
nedskjæring reduction, cut, cut-back.
nedskrive *(valuta)* devalue; *(redusere)* reduce.
nedskrivning reduction; *(av valuta)* devaluation.
nedslående disheartening, discouraging.
nedslått dejected, depressed.
nedstemt discouraged.
nedtelling countdown.
nedtrapping gradual reduction, de-escalation.
nedtrykt depressed.
nedtur downer; comedown.
nedtynget weighed down.
nedverdige degrade, debase; **~nde** degrading, humiliating.
nedvurdere disparage; downgrade.
nedvurdering disparagement, devaluation.
negativ negative.
negl nail; **~ebånd** cuticle; **~efil** nail file; **~elakk** nail varnish, (*amr*) nail polish.
neglisjere ignore, neglect.
nei no.
neie curtsy.
nek sheaf; *(person)* fool.
nekrolog obituary.
nektar nectar; **~in** nectarine.
nekte refuse; deny.
nellik carnation; *(krydder)* clove.
nemlig *dvs* namely, in fact; *(fordi)* because, for.
nemnd committee, board.
nepe turnip.
neppe hardly, scarcely.
nerve nerve; **~krig** war of nerves; **~pirrende** thrilling, nerve-racking; **~sammenbrudd** nervous breakdown; **~system** nervous system; **~vrak** nervous wreck.
nervøs nervous; edgy; **~itet** nervousness.
nes headland, promontory.
nese nose; **~blod** nosebleed; **~bor** nostril; **~dråper** nose drops; **~vis** saucy, impertinent, cheeky.
neshorn rhinoceros; (*hverdagslig*) rhino.
nesle nettle.

nest next; **~ best** second best; **~ etter** next to; **~ sist** last but one, penultimate.
neste next; *subst* neighbour; **~kjærlighet** charity, benevolence.
nesten almost, nearly; **~-ulykke** close call, near miss.
nestformann deputy chairperson, vice-chairperson.
nestkommanderende second in command.
nett *adj* neat.
nett *subst* net(work), mesh, web; (*edb*) (the) Internet.
nettavis online newspaper.
nettbank net bank.
nettbutikk web shop.
netthandel web shopping, e-commerce.
netthendt handy, deft.
netthinne retina.
netting (wire) netting, (wire) mesh.
nettleser browser.
netto net; **~beløp** net amount; **~fortjeneste** net profit.
nettopp just, precisely; just now.
nettovekt net weight.
nettsted web site.
nettverk network; **~skort** (*edb*) network interface card.
neve fist; hand; **~nyttig** handy.
nevne mention; **~r** denominator; **~verdig** worth mentioning.
nevrolog neurologist.
nevrose neurosis.
nevrotiker, -tisk neurotic.
nevø nephew.
NHO Confederation of Norwegian Business and Industry.
ni nine.
nidkjær zealous.
niende(del) ninth.
niese niece.
nifs creepy, spooky, scary.
nihilisme nihilism.
nihilist nihilist.
nikk(e) nod; **~dukke** yes-man/woman; puppet.
nikkel nickel.
nikotin nicotine.
nippe sip; **på ~t** a near miss; a close call.
nips knick-knacks; trinkets.
nise porpoise.
nisje niche.
nisse *subst* gnome; (*irsk*) leprechaun; *(ondskapsfull)* hobgoblin, gremlin.
nitrogen nitrogen.
nitten nineteen.

nitti ninety.
nivå level; standard.
nobel noble, generous.
noe *(et eller annet)* something; *(noe som helst)* anything.
noe *adv* somewhat; **ikke ~** nothing.
noen some; any; *(en eller annen)* somebody; *(noen som helst)* anybody; **~lunde** tolerably, fairly; **~sinne** ever; **~steds** anywhere; *(et eller annet sted)* somewhere.
nok *adj* enough, sufficient.
nok *adv* enough, sufficiently; **~så** fairly, pretty; *(temmelig)* rather.
nomade nomad.
nominasjon nomination.
nominere nominate.
nonne nun; **~kloster** nunnery, convent.
nord north; **~enfor** *adj* (to the) north of; **~gående** northbound.
nordisk Nordic.
nordlig northern.
nordlys northern lights, aurora borealis.
nordmann Norwegian.
nordover northward.
Nordpolen the North Pole.
Norge Norway.
norm norm; standard.
normal normal; *(tilregnelig)* sane; **~isere** normalize; standardize.
normert prescribed, standard.
norsk Norwegian.
nostalgi nostalgia.
nostalgisk nostalgic.
nota *(regning)* invoice, bill; (*handel*) statement.
notabene (*NB*) please note that.
notat note; memo.
notatblokk notepad.
note note; **~r** (*mus*) sheet music.
notere note (down), take down; *(pris)* quote.
notering *(pris-)* quotation.
noteringsoverføring reverse charges, (*amr*) collect call.
notis note; notice; *(i avis)* short item; **~bok** notebook.
notorisk notorious.
novelle short story.
november November.
novise novice, beginner.
nudist nudist.
null *(talltegn)* zero, nought; (*sport*) nil; *(om person)* nonentity; nobody; **~meridian** the Greenwich meridian; **~punkt** zero, point zero.

numerisk numerical.
nummen numb.
nummer number; *(størrelse i klær)* size; *(i program)* item; *(utgave)* issue; *(eksemplar av blad)* copy; **~ere** number; **~ert plass** reserved seat.
nummerskilt *(på bil)* number plate, *(amr)* license plate.
nupereller tatting.
ny *(mots gammel)* new; *(ytterligere)* fresh, further; *(månefase)* new moon; **på ~tt** anew, afresh.
nyanse nuance; shade; **~re** differentiate, vary; **~rt** nuanced, balanced.
nybegynner beginner, novice.
nydelig nice, pretty, lovely; delicious.
nyhet (a piece of) news; **~er** *flertall* news.
nykke *subst* whim.
nykomling newcomer.
nylig recently, lately; of late.
nymalt freshly painted.
nymfe nymph.
nymåne new moon.
nynazist neo-Nazi.
nynne hum.
nype (*bot*) hip; **~rose** briar rose.
nyre kidney.
nyrebekken renal pelvis.
nyrebetennelse inflammation of the renal pelvis, pyelitis.
nyregrus kidney stone.
nyrestein kidney stone.
nys sneeze; **~e** sneeze.
nysgjerrig curious, (*negativt*) nosy; **~het** curiosity.
nysølv German silver, nickel silver.
nyte enjoy; **~ godt av** benefit from, profit by; **~lse** enjoyment, pleasure; **~lsesmiddel** stimulant.
nytte *subst* use, usefulness; *(fordel)* benefit, advantage.
nytte *verb (hjelpe)* be of use, help; *(bruke)* use, utilize; **~løs** useless; **~verdi** utility value.
nyttig useful, helpful; **~gjøre seg** make use of.
nyttår New Year; **~saften** New Year's Eve; **~sdag** New Year's Day; **~sforsett** New Year's resolution.
nær *adj* near; (*fortrolig*) close, intimate; *adv* nearly, almost.
nærbilde close-up.
nærbutikk local shop, (*amr*) local store.

nære nourish, feed; *(en følelse)* entertain, cherish; **~nde** nourishing; nutritious.
nærgående aggressive, pushy.
nærhet proximity, closeness, nearness.
næring *(føde)* nourishment, food; nutriment; *(levevei)* trade, industry, business.
næringsliv trade and industry, economic life, business.
næringsmiddel (article of) food, foodstuff(s).
Nærings- og handelsdepartementet Ministry of Trade and Industry.
næringsvei industry, business, trade.
næringsverdi nutritional value.
nærkamp close combat; (*sport*) infighting.
nærliggende adjacent, neighbouring.
nærlys *(på bil)* dipped headlights, low beam.
nærme seg approach.
nærmiljø local environment.
nærradio local radio.
nærsynt short-sighted; myopic.
nærtagende touchy; sensitive.
nærvær presence; **~ende** present.
nød need, danger, distress; **til ~** in an emergency; **~t til** obliged to, forced to.
nødbrems emergency brake.
nøde *(overtale)* urge, press.
nødhavn port of refuge.
nødhjelp (emergency) aid; relief.
nødig reluctantly.
nødlanding emergency landing.
nødlidende needy, destitute.
nødløgn white lie.
nødrop cry for help.
nødsignal *sjøfart* distress signal, SOS.
nødutgang emergency exit.
nødvendig necessary; **~gjøre** necessitate; **~het** necessity; **~vis** necessarily.
nødverge self-defence.
nøff oink.
nøkkel key; (*mus*) clef; *(til gåte)* clue; **~hull** keyhole; **~ord** keyword; **~ring** keyring.
nøkkelbegrep key concept.
nøkleknippe keyring, bunch of keys.
nøktern sober, level-headed; **~het** sobriety.

nøle hesitate; **~nde** hesitating(ly).
nøre opp light a fire.
nøste *subst* ball.
nøste opp *verb* wind (up); (*overført*) solve.
nøtt nut.
nøtteknekker nutcracker.
nøyaktig exact, accurate; precise; **~het** accuracy; precision.
nøye *(streng)* strict; *(omhyggelig)* careful, scrupulous; *(kresen)* particular; **~ seg med** be content with.
nøysom modest, frugal; **~het** moderation; frugality.
nøytral neutral; **~isere** neutralize; **~itet** neutrality.
nå *verb* reach; *(tog o.l.)* catch.
nå *adv* now.
nåde grace; *(barmhjertighet)* mercy; **~gave** gift of grace; **~løs** merciless, ruthless; **~støt** death blow.
nådig gracious; merciful.
någjeldende current, present.
nål needle; *(knappe-)* pin.
nålepute pin cushion.
nåletre conifer.
nålevende contemporary, living.
når when; **~ som helst** any time; whenever.
nåtildags nowadays.
nåvel well (then).
nåværende present, current.

O

oase oasis, watering hole.
obduksjon autopsy, post-mortem.
oberst colonel.
oberstløytnant lieutenant-colonel.
objekt object.
objektiv *adj* objective; unbiased.
objektiv *subst* lens, objective; **~itet** objectivity.
oblat wafer.
obligasjon bond; **~seier** bond holder.
obligatorisk compulsory; obligatory.
obo oboe.

observant observant; perceptive.
observasjon observation.
observatorium observatory.
observatør observer.
observere observe.
oddetall uneven/odd number.
ode ode.
odel allodial possession; **~sbonde** freeholder.
offensiv offensive, attack.
offentlig public; **~gjøre** publish; **~gjøring** publication; **~het** general public; publicity.
offer sacrifice; *(for ulykke)* victim; **~gave** offering; **~villig** self-sacrificing, selfless.
offiser officer.
offisiell official, formal.
offline *(edb)* off-line, disconnected.
ofre sacrifice, give up.
ofte often; frequently.
og and.
også also; too; as well.
oi oops.
oker ochre.
okkultisme occultism.
okkupasjon occupation.
okkupere occupy.
okse bull; *(trekk-)* ox; **~kjøtt** beef.
oksid oxide; **~ere** oxidize.
oktan octane.
oktav *(mus)* octave.
oktober October.
olabil go-cart.
olabukser jeans.
oldefar great-grandfather.
oldemor great-grandmother.
olding very old man.
oldtid antiquity.
Ole Brumm Winnie the Pooh.
Ole, Dole og Doffen Huey, Dewey and Louie.
oliven olive.
olje oil; **~boring** drilling for oil; **~boringsplattform** oil rig, drilling platform; **~felt** oil-field; **~forekomst** oil deposit; **~grus** oil gravel; **~hyre** oilskins; **~ledning** pipeline; **~lerret** oilskin; **~maleri** oil painting; **~måler** oil gauge; **~pinne** dipstick; **~raffineri** oil refinery.
Olje- og energidepartementet Ministry of Petroleum and Energy.
oljeraffineri oil refinery.
oljesøl oil spill.
oljetrykkmåler oil pressure gauge.
olm angry, furious.

olympiade (*om 4-årsperioden*) Olympiad; Olympic Games, the Olympics.
om *preposisjon* about; of; on.
om *adv* **~ bord** on board; **~ igjen** (over) again, once more.
om *konj* whether, if; *(dersom)* if; *(selv om)* even if, even though.
omadressere forward.
omarbeide revise.
ombestemme seg change one's mind.
ombordstigning boarding.
ombudsmann ombudsman, ombudsperson.
ombygd converted; renovated.
omdanne transform, convert; **~lse** transformation, conversion.
omdiskutert controversial.
omdreining turn, revolution; rotation.
omdømme reputation, standing.
omega-3-fettsyre omega-3 fatty acid.
omegn surroundings, neighbourhood.
omelett omelette, (*amr*) omelet.
omfang *(utstrekning)* extent; *(størrelse)* volume; **~srik** voluminous, extensive; fat.
omfatte *(innbefatte)* comprise, include; **~nde** comprehensive, extensive.
omfavne embrace, hug; **~lse** embrace, hug.
omforme transform, convert; **~r** converter.
omgang *(omdreining)* rotation; *(sosial kontakt)* interaction, relations; *(i konkurranse)* round; *(i strikking)* row; *(fotball)* half; **~skrets** (circle of) acquaintances; social circle.
omgangssyke stomach upset, (*hverdagslig*) tummy bug.
omgi surround; **~velser** surroundings; *(miljø)* environment.
omgjengelig sociable.
omgå evade, bypass; **~else** evasion, avoidance; **~ende** immediately; **~s** hang out; associate with, socialize with.
omhu concern, care.
omhyggelig careful, painstaking.
omkamp (*sport*) replay, rematch.

omkjøring diversion, (*amr*) detour.
omkomme die, perish.
omkostninger cost(s); *(avgifter)* charge(s); expense(s).
omkrets circumference.
omkring (a)round, about.
omlyd mutation.
omløp circulation.
omme over, at an end; **tiden er ~** time is up.
omorganisere reorganize.
omplassering relocation.
omprioritering a change in priorities.
omreisende travelling; roving.
omringe surround; encircle.
omriss outline; overview.
område territory, area; (*overført*) field.
omsetning (*handel*) turnover, sales; **~savgift** purchase tax, (*amr*) sales tax.
omsette sell; translate; **~lig** marketable; negotiable.
omsider eventually, finally.
omskape transform, change.
omskjære circumcise.
omskjæring circumcision; (female) genital mutilation.
omskolere re-educate.
omskrive, -skrivning paraphrase.
omslag *(til bok)* cover; (*medisin*) compress; *(i været)* change.
omsorg care; solicitude; **~sarbeider** welfare worker; **~sbolig** care home; **~sfull** caring, considerate.
omstarte (*edb*) restart, reboot.
omstendelig *adj* circumstantial, detailed; (*om tale*) long-winded.
omstendighet circumstance, fact.
omstigning transfer, change.
omstille readjust, rearrange; **~ seg** adapt (oneself).
omstreifer vagrant, tramp.
omstridt controversial; disputed.
omstøte *(oppheve)* set aside, annul.
omsvermet popular, attractive.
omtale mention, speak of.
omtanke thoughtfulness.
omtenksom thoughtful, considerate.
omtrent about, approximately.
omvei detour; roundabout way.
omveltning upheaval.

omvende (*religion*) convert.
omvendelse conversion.
omvendt reverse(d); (the) opposite.
omverden outside world.
omviser guide.
omvisning guided tour.
onanere masturbate.
ond evil, wicked; **~artet** *(sykdom)* malignant; (*om person*) vicious; **~e** evil; **~skapsfull** malicious, nasty.
onkel uncle; **~ Skrue** Scrooge.
online (*edb*) on-line, connected.
onsdag Wednesday.
opera opera.
operasjon operation.
operativsystem (*edb*) DOS (Disc Operating System).
operatør operator.
operere operate.
operette operetta.
opinion public opinion; **~sundersøkelse** opinion poll.
opp up; **~ ned** upside down, topsy-turvy.
opparbeide work up; develop.
oppbevare keep; *(lagre)* store.
oppbevaring keeping; *(lagring)* storage; (*jernb*) left-luggage office.
oppbevaringsboks (left-luggage) locker.
oppblåsbar inflatable.
oppblåst (*innbilsk*) conceited, pompous.
oppbrudd breaking up, departure.
oppbrukt exhausted; used up, spent.
oppbyggelig edifying, uplifting.
oppdage discover; **~lse** discovery; **~lsesreisende** explorer.
oppdatere update.
oppdatering update.
oppdra raise, bring up; educate; **~g** assignment, commission; task; **~gelse** upbringing; manners.
oppdrett breeding, rearing; **~er** breeder; **~sanlegg** fish farm; **~sfisk** farmed fish.
oppdrift buoyancy; (*overført*) ambition, drive.
oppe up; *(åpen)* open; **~gående** on one's feet, up and about; *(intelligent)* well-informed, gifted.
oppfange *(oppsnappe)* pick up, intercept.
oppfarende hot-tempered, quick-tempered.

oppfatning *(forståelse)* comprehension; *(mening)* opinion, view.
oppfatte *(forstå)* get, understand; *(få tak i)* perceive, catch.
oppfattelsesevne (faculty of) perception.
oppfinne invent.
oppfinner inventor.
oppfinnlese invention.
oppfinnsom inventive, innovative.
oppfordre invite, call upon, request.
oppfordring request, suggestion, invitation.
oppfriske revive, refresh; *(kunnskaper)* brush up; *(bekjentskap)* renew.
oppfylle fulfil; meet; **~lse** fulfilment.
oppføre *(bygge)* construct, erect; (*teater*) perform, put on; *(i regnskap)* enter.
oppførelse construction; (*teater*) production, performance.
oppføre seg behave (oneself).
oppførsel behaviour, conduct.
oppgang rise, increase; *(i hus)* entrance, staircase; **~stid** boom.
oppgave *(fortegnelse)* statement; *(arbeid)* task, job, exercise; *(eksamens-)* paper, test.
oppgi give up; abandon; *(meddele)* declare, state.
oppgitt discouraged; resigned.
oppgjør settlement; showdown.
oppgradere upgrade.
opphav origin; source; **~smann/kvinne** originator, author; **~srett** copyright.
oppheve *(avskaffe)* abolish; cancel; lift; *(lov)* repeal; **~lse** abolition, repeal; cancellation.
opphisselse excitement.
opphisset excited.
opphold stay; *(stans)* break; **~e** *(forsinke)* delay; **~e seg** *(midlertidig)* stay; *(fast)* live; **~ssted** (place of) residence; **~stillatelse** residence permit; **~svær** a dry spell.
opphør end, stoppage; **~e** cease, stop, end; **~ssalg** clearance sale.
opphøye raise, elevate; **~t** elevated; (*overført*) sublime, lofty.
oppjaget upset, nervous; *(om vilt)* flushed.

oppkalle name, call.
oppkast vomit.
oppkavet worked up, rushed.
oppkjøper buyer.
oppkjørsel driveway; drive.
oppklare solve; clear up.
oppkoblet (*edb*) online.
oppkok (*overført*) rehash.
oppkomling upstart, parvenu.
oppkomme fountain (head); spring.
oppkrav c.o.d. (cash on delivery).
oppkreve collect; **~r** collector.
oppkvikkende refreshing, stimulating.
opplag *(av bok)* edition; copies; *(av avis)* circulation; *(av varer)* stock.
opplagt *(være i stemning)* feel good, be in a good mood; *(selvfølgelig)* obvious, evident.
opplesning reading, recital.
oppleve experience.
opplevelse experience; adventure.
opplyse *(meddele)* inform, state; illuminate; (*lyse opp*) light up.
opplysning (piece of) information (*bare entall*).
opplyst *(om belysning)* illuminated, lit up; *(om kunnskaper)* educated, well-informed.
opplæring training.
opplært trained.
oppløp crowd, disturbance, riot; **på ~sside n** in the home stretch, at the finish.
oppløse dissolve; decompose; disintegrate.
oppløselig soluble.
oppløsning dissolution; disintegration; (*kjemi*) solution.
oppmann (*jur*) arbitrator; (*sport*) umpire.
oppmerksom observant, attentive; **være ~ på** be aware of; **~het** attention; celebration.
oppmuntre *(tilskynde)* encourage; *(gjøre glad)* cheer up; (*trøste*) comfort.
oppmuntring encouragement.
oppmåling survey, measuring.
oppnavn nickname.
oppnevne appoint.
oppnå achieve, attain, gain.
oppofrende self-sacrificing; devoted.
opponent opponent.
opponere object, raise objections.

opportunist opportunist.
opposisjon opposition.
oppover up, upward(s); **~bakke** uphill (slope).
opp-pussing renovation, redecoration.
oppregning enumeration.
oppreisning reparation; *(æres-)* satisfaction.
oppreist erect, upright.
opprette found; establish.
opprettelse foundation; establishment.
opprettholde maintain, sustain.
oppriktig sincere, genuine; **~het** sincerity.
oppringning call.
opprinnelig original.
opprinnelse origin.
opprivende harrowing, distressing.
opprop proclamation; *(navne-)* roll-call.
opprustning rearmament.
opprydding clean-up.
opprykk advancement, promotion.
opprømt elated, in high spirits.
opprør rebellion, revolt; **~e** *(vekke avsky)* upset, disgust; **~ende** shocking, outrageous; **~er** rebel; **~sk** rebellious; **~t** (hav) rough; (*sint*) upset, annoyed.
opprådd at a loss.
oppsamling accumulation, collection.
oppsatt på eager/keen on.
oppsigelig terminable; *(obligasjon)* redeemable; *(funksjonær)* removable.
oppsigelse dismissal, notice; *(kontrakt)* termination; *(lån)* calling in.
oppsigelsestid term of notice.
oppsikt (*tilsyn*) supervision; (*oppmerksomhet*) attention, stir; **~svekkende** sensational.
oppskaket upset, agitated.
oppskjær cold cuts.
oppskjørtet flustered, nervous.
oppskremt alarmed, startled.
oppskrift recipe.
oppskrytt overrated, overpraised.
oppslag *(på erme)* cuff; *(plakat)* bill, poster; **~sbok** reference book; **~sord** entry(word); **~stavle** notice board.
oppspedd diluted, thinned.
oppspilt (*overført*) excited, worked up.
oppspinn fabrication.

oppspore trace, track down.
oppstand insurrection, rising; **~else** *(fra de døde)* resurrection; *(røre)* commotion, excitement, stir.
oppstart start-up.
oppstemt in high spirits.
oppstigende ascending, rising.
oppstigning ascent, rise, surfacing.
oppstilling setting up; arrangement.
oppstilt lined up, on parade.
oppstiver stiff drink, pick-me-up.
oppstoppernese snub-nose.
oppstrammer reprimand, talking-to.
oppstykket split up.
oppstyltet stilted, pompous.
oppstyr stir, commotion.
oppstøt burp, belch.
oppstå form, arise.
oppsummere summarize, sum up.
oppsummering summary.
oppsving (*handel*) boom, growth, upswing.
oppsvulmet swollen, bloated.
oppsyn supervision; (*utseende*) look, face; **~smann/kvinne** inspector, supervisor.
oppsøke call on, look up.
oppsøkende outreach(ing).
oppta take up, occupy; *(som partner o.l.)* accept, admit; *(bestilling)* take order; **~k** *(lyd)* recording; (*film*) shot; **~ksprøve** entrance examination; **~tt** engaged, (*amr*) busy; *(plass o.l.)* taken.
opptattsignal (*britisk*) engaged signal, (*amr*) busy signal.
opptegnelse record.
opptog parade, procession.
opptrapping escalation, stepping-up.
opptre appear; perform, act; **~den** appearance; behaviour, conduct.
opptrekker bottle opener.
opptrinn scene.
opptrykk reprint.
opptøyer riot(s).
oppvakt bright, intelligent.
oppvarming heating.
oppvarte wait (up)on, serve.
oppvask washing-up; (do the) dishes; **~kum** sink; **~maskin** dishwasher; **~middel** dishwashing liquid.
oppveie counterbalance; *(erstatte)* make up for.
oppvekst childhood (and adolescence).

oppvise show; exhibit.
oppvisning demonstration, display, show.
oppøve train.
oppå on top of.
opsjon option; **~sinnehaver** option holder.
optiker optician.
optimal optimal, ideal.
optimisme optimism.
optimist optimist.
optimistisk optimistic.
orakel oracle.
oransje orange.
ord word; *(løfte)* promise; **~blind** dyslexic, dyslectic; **~bok** dictionary.
orden order; **~stall** ordinal number; **~tlig** *(i orden)* orderly, tidy; *(riktig)* proper, regular.
ordforråd vocabulary.
ordfører mayor; chairperson.
ordinasjon ordination.
ordinere ordain; (*medisin*) prescribe.
ordinær ordinary; *(simpel)* common.
ordklasse part of speech.
ordkløveri hairsplitting, quibbling.
ordne order, arrange, fix.
ordne med attend to.
ordne opp put things right.
ordning arrangement; agreement.
ordonnans orderly.
ordre order, command.
ordrett literal, verbatim.
ordspill pun.
ordspråk proverb, saying.
ordstilling word order.
ordstyrer chairperson; moderator.
oregano oregano.
organ organ; body.
organisasjon organization.
organisator organizer.
organisere organize.
organisk organic.
organisme organism.
organist organist.
orgasme orgasm.
orgel organ.
orgie orgy.
orientalsk Oriental.
orientere inform, brief; orient.
orientere seg get one's bearings.
orientering *(rettledning)* briefing, information; (*sport*) orienteering.
orienteringsevne sense of direction.
original original, genuine; odd.
originalutgave first edition.
ork effort, strain.

orkan hurricane.
orke *(greie)* have the strength to, manage; *(holde ut)* bear.
orkester orchestra, band.
orkidé orchid.
orm worm; *(slange)* snake, serpent; **~egress** fern.
ornament ornament.
ornitolog ornithologist, bird watcher.
orrfugl black grouse.
ortodoks orthodox; conventional.
ortografi spelling, orthography; **~sk** orthographic.
ortoped orthop(a)edist; **~isk** orthop(a)edic.
os *(røyk)* smoke; *(elve-)* mouth; **~e** smoke; *(overført)* reek.
OSS *fork for* **Ofte Stilte Spørsmål** FAQ (Frequently Asked Questions).
oss us.
ost cheese.
osteoporose osteoporosis.
osv. etc.; and so on; and so forth.
oter otter.
oval *adj/subst* oval.
ovenfor *adv/preposisjon* higher up, above.
ovennevnt, -stående above(-mentioned).
ovenpå *(i etasjen over)* upstairs.
over over; *(høyere oppe enn)* above; *(tvers ~)* across; **~alt** everywhere; all over the place; **~ bord** overboard; **~ styr** *(sette ~ styr)* squander.
overall (pair of) overalls/ coveralls.
overanstrenge seg overexert/overstrain oneself.
overanstrengt overworked, worn out.
overarm upper arm.
overbefolket overpopulated; overcrowded.
overbelastet overloaded, overstrained.
overbevise convince (**om** of).
overbevisning conviction, persuasion.
overblikk overview.
overbringe deliver, convey.
overby outbid.
overbærende indulgent, condescending.
overdel upper part; *(klær)* top.
overdose overdose, OD.
overdra transfer; *(myndighet)* delegate.

overdrevet exaggerated.
overdrive exaggerate; **~lse** exaggeration.
overdøve drown (out).
overdådig extravagant, lavish.
overens, komme/ stemme ~ agree; **~komst** agreement.
overfall assault; mugging; **~e** assault, attack; **~smann** attacker, mugger.
overfart crossing, passage.
overflate surface.
overflatisk superficial, shallow.
overflod abundance; profusion.
overflødig superfluous, redundant.
overfor *preposisjon, adv* across from, opposite.
overfylt overcrowded, packed.
overfølsom hypersensitive, (*amr*) oversensitive.
overføre transfer; (*tv, radio*) transmit.
overføring transfer; (*tv, radio*) transmission.
overført *(om betydning)* figurative.
overgang crossing; (*overført*) change, transition; *(fjell-)* pass; **~salder** (*i ungdommen*) puberty; (*i voksen alder*) menopause; **~sbillett** transfer (ticket); **~ssum** (*sport*) transfer fee.
overgi hand over; **~ seg, ~velse** surrender.
overgrep abuse, assault; injustice.
overgriper (child) molester.
overgrodd overgrown.
overgå exceed, surpass.
overhaling overhaul; reprimand.
overhengende *(om fare)* imminent, impending.
overherredømme supremacy, hegemony.
overhode head.
overholde observe; keep.
Overhuset the House of Lords.
overhøre ignore; *(høre tilfeldig)* overhear.
overhøvle (*overført*) tell off, rebuke.
overhånd, ta get out of control; *(bli utbredt)* become rampant.
overilt rash, hasty.
overkjeve upper jaw.
overkjørt, bli get run over.
overklasse the upper class(es).
overkommando supreme command.

overkommelig *(pris)* reasonable.
overlagt premeditated, deliberate.
overlate hand over; leave.
overlege chief physician.
overlegen brilliant, superior; *(nedlatende)* stuck-up, supercilious.
overlegg, med deliberately.
overleppe upper lip.
overleve survive.
overlevere deliver.
overliste outwit, outsmart.
overløper deserter, defector.
overmakt superior force.
overmanne overpower.
overmenneske superman, superwoman.
overmoden overripe.
overmorgen, i the day after tomorrow.
overmot arrogance, over-confidence.
overmål, til excessively.
overmåte exceedingly.
overnatte stay overnight, spend the night.
overnaturlig supernatural.
overnervøs highly strung, jittery.
overoppsyn supervision.
overordentlig extraordinary.
overordnet superior.
overpris, betale ~ be overcharged.
overraske surprise.
overraskelse surprise.
overrekke present.
overrumple take by surprise.
overs, til ~ left(over).
overse disregard; *(ikke se)* overlook, miss.
oversette translate; **~lse** translation; **~r** translator.
oversikt survey; summary.
oversjøisk overseas.
overskride exceed.
overskrift heading; *(i avis)* headline.
overskudd surplus; *(fortjeneste)* profit.
overskyet overcast.
overslag estimate.
overstige surpass, exceed.
overstrykning deletion.
overstrømmende effusive, profuse.
overstått over and done with.
oversvømme overflow, flood; **~lse** flood, inundation.
overta take over; take charge; **ha ~ket** have the upper hand.
overtale persuade, talk into.
overtid overtime.
overtrekke *(konto)* overdraw.

overtro superstition; **~isk** superstitious.
overveie consider, contemplate; **~lse** consideration, deliberation; **~nde** *adj* predominant, prevailing.
overveiende *adv* mainly, chiefly.
overvekt overweight; excess weight; excess baggage.
overvelde overwhelm.
overvinne conquer, beat, defeat; *(vanskelighet)* overcome.
overvurdere overestimate, overrate.
overvære attend, watch.
overvåke watch (over), supervise; monitor.
overvåking surveillance.
overøse med shower upon.
ovn stove; *(steke-)* oven; *(mikrobølge-)* microwave (oven); *(smelte-)* furnace; (*elektr*) heater.
ozonlag ozone layer.

P

pacemaker pacemaker.
padde toad; **~flat** flat as a pancake.
padle paddle.
padling paddling.
paff *(overrasket)* dumbfounded, speechless.
pakk *(pøbel)* riff-raff, rabble.
pakke *subst* package, parcel.
pakke *verb* pack; **~ inn** wrap up; **~ opp** unpack, unwrap.
pakkeløsning package deal.
pakkepost parcel post.
pakketur package tour.
pakning *(tetningsmiddel)* packing; *(skive)* gasket.
pakt pact, treaty; **i ~ med** in keeping with.
palass palace.
palett palette.
palme palm; **~søndag** Palm Sunday.
panel *(på vegg)* panelling, wainscot; (*diskusjonsgruppe*) panel; **~ovn** heater.
panert breaded.

panikk panic; **få ~** panic.
panisk panic-striken, terrified.
panne *(steke-)* frying-pan; *(ansiktsdel)* forehead, brow; **~bånd** headband.
pannekake pancake; **~røre** (pancake) batter.
pannelugg fringe, (*amr*) bang.
panser armour; *(på bil)* bonnet, (*amr*) hood.
panservernrakett anti-tank missile.
panservogn tank, armoured car.
pant pledge; *(hånd-)* pawn; *(i fast eiendom)* mortgage; *(for flaske)* deposit.
pante pledge; *(i fast eiendom)* mortgage; **~gjeld** mortgage; **~lån** mortgage (loan); **~låner** pawnbroker.
panter panther.
papegøye parrot.
papir paper; **~forretning** stationer's (shop); **~kniv** paperknife; **~kurv** wastepaper basket; **~masse** (paper) pulp; **~pose** paper bag.
papp cardboard; **~eske** carton, cardboard box.
paprika sweet pepper; **~pulver** paprika.
parabolantenne satellite dish.
parade(re) parade.
paradis paradise; **hoppe ~** play hopscotch.
paradisisk blissful.
paradoks paradox; **~al** paradoxical.
parafin paraffin, (*amr*) kerosene.
parafrase paraphrase.
paragraf paragraph; *(i lov)* section.
paragrafrytter hair-splitter, pedant.
parallell parallel.
paranøtt Brazil nut.
paraply umbrella.
parapsykologi parapsychology.
parasitt parasite.
parasoll parasol, sunshade.
parat ready, prepared.
parentes parenthesis, *flertall* -ses; brackets; **hake~** square brackets.
parere parry, block.
parfyme perfume.
pari par; **i ~** at par; **under ~** below par.
paringstid mating season.
park park, common.
parkere park.
parkering parking.
parkering forbudt no parking.

parkeringsavgift parking fee.
parkeringsbot parking ticket.
parkeringslomme lay-by.
parkeringslys parking light.
parkeringsplass parkingplace; *(større)* car-park, (*amr*) parking lot.
parkeringsvakt traffic warden.
parkett *(gulv)* parquet; (*teater*) stalls, (*amr*) orchestra.
parkometer parking-meter.
parlament parliament; **~arisk** parliamentary; **~smedlem** Member of Parliament (MP).
parlør phrase book.
parodi parody; **~sk** farcical.
parodiere impersonate, parody.
parsell lot; *(-hage)* allotment (garden).
part part, share; (*jur*) party; **~ere** cut up.
parti (*politikk*) party; *(vare-)* consignment, shipment; *(giftermål)* match; (*mus*) part; **~formann** party leader; **~løs** independent; **~politikk** party politics; **~program** platform, party programme; **~sk** partial, biased, one-sided.
partiapparat party machine.
partitur (*mus*) score.
partnerskap partnership.
parykk wig, hairpiece.
pasient patient.
pasifist pacifist.
pasjon passion; **~sfrukt** passion fruit.
pasning *(i fotball)* pass.
pass passport; *(kortsp, fjell-)* pass; *(tilsyn)* attention, care; *(pleie)* nursing.
passasje passage; **~r** passenger.
passat trade wind.
passe *(være beleilig)* be suitable, suit; *(ha rett form)* fit; *(ta seg av)* take care of, look after; **~nde** suitable, fit; appropriate.
passere pass (by).
passord password.
pasta pasta; paste.
pastell pastel.
pastill lozenge, cough drop.
patent patent.
patetisk pathetic.
patologi pathology.
patos pathos.
patriot patriot; **~isk** patriotic.
patron cartridge, shell.
patrulje patrol; **~re** patrol.
patte suckle, suck; **~dyr** mammal.

pauke (*mus*) kettledrum.
pause pause, stop; break, (*amr*) recess; *teater o.l.* interval, (*amr*) intermission; (*mus*) pause.
pave pope.
paviljong pavilion.
pc *fork for* **personal computer; bærbar ~** laptop (computer).
pedagogisk educational.
pedal pedal.
peile take a bearing.
peiling bearing, idea, clue.
peis fireplace; **~hylle** mantelpiece; **~puster** bellows.
pek, gjøre noen et ~ play a trick on sby.
peke point; **~finger** forefinger, index finger.
peker (*edb*) pointer.
pekestokk pointer.
pels fur; **~handler** furrier; **~kåpe** fur coat.
pen handsome, pretty, good-looking.
pendel pendulum.
pendeltrafikk shuttle service.
pendle *(svinge)* oscillate, waver; *(reise)* commute.
pendler commuter.
pengeforbruk spending, expenditure.
pengeplassering investment.
pengepung purse.
penger money.
pengeseddel banknote, (*amr*) bill.
pengeskap safe.
pengeutpressing blackmail.
penicillin penicillin.
penis penis.
penn pen; **~al** pencil case.
pennevenn penfriend, penpal.
pensel (paint) brush.
pensjon pension.
pensjonat boarding house, guest house; **~skole** boarding school.
pensjonist old-age pensioner (OAP); senior citizen.
pensjonsalder retirement age.
pensjonskasse pension fund.
pensum syllabus, reading list.
peon peony.
pepper pepper.
pepperbøsse pepper pot.
pepperkake *omtrent* ginger snap.
peppermynte peppermint.
pepperrot horseradish.

pepre pepper.
per ~ stykk a piece; **~ dag** per/a day.
perfekt perfect.
perifer peripheral.
periferi periphery; outskirts.
periode period.
periodevis periodically.
periskop periscope.
perle pearl; *(glass)* bead; **~fisker** pearl diver; **~kjede** string of pearls, pearl necklace; **~mor** mother-of-pearl.
perm binder; *(bok)* cover; (*permisjon*) leave.
permanent (*hårbehandling*) perm; (*vedvarende*) permanent, lasting.
permisjon leave (of absence); **svangerskaps~** maternity leave.
permittere *(gi permisjon)* grant leave; *(i arbeidsforhold)* lay off.
perpleks taken aback, puzzled.
perrong platform.
persianer *(skinn)* Persian lamb.
persienne (venetian) blind.
persille parsley.
person person, individual; (*teater*) character.
personale personnel, staff.
personifikasjon personification.
personlig personal, private; in person; **~het** personality.
personnummer National Insurance number, (*amr*) Social Security number.
perspektiv perspective.
pervers perverse, deviant, twisted.
pese pant, puff.
pessimisme pessimism.
pessimist pessimist.
pessimistisk pessimistic.
pest plague.
petroleum kerosene, paraffin oil; *(jordolje)* petroleum.
pga. *fork for* **på grunn av** because of.
pH-verdi pH level.
pianist pianist.
piano piano.
pietet reverence, respect.
piffe opp perk up.
pigg *adj* well, fit.
pigg spike; *(på piggtråd)* barb; **~dekk** studded tyre; **~sko** spikes, spiked shoe; **~tråd** barbed wire.
pikant piquant, racy.
pike girl; **~navn** *(etternavn)* maiden name.
pikkolo *(hotellgutt)* pageboy, (*amr*) bellboy; **~fløyte** piccolo.

pil *(bot)* willow; *(til bue)* arrow; *(kaste-)* dart.
pilegrim pilgrim; **~sferd** pilgrimage.
pilk jig.
pilkasting *(spill)* darts.
pille *subst* pill, tablet.
pille *verb* pick; pluck; **~misbruk** drug abuse, medication abuse.
pine pain, torture; **~benk** rack.
pingvin penguin.
PIN-kode *fork for* **Personal Identification Number**, PIN code.
pinlig awkward, painful, embarrassing.
pinne stick; *(vagle)* perch; *(strikke-)* knitting needle.
pinnsvin hedgehog; *(hule-)* porcupine.
pinse Whitsun, Pentecost.
pinsebevegelse Pentecostal Church.
pinselilje white narcissus.
pinsett tweezers.
pioner pioneer.
pip squeak, peep; beep.
pipe *subst* pipe; *(på bygning)* chimney; (*mus*) fife; *verb* whistle; squeak; **~ ut** boo; **~konsert** catcalls.
piple trickle, seep.
pir *(fisk)* young mackerel; *(brygge)* pier; *(mindre)* jetty.
pirk *(-arbeid)* niggling (work); hairsplitting; **~ete** pedantic; finicky.
pirre excite; stimulate, provoke.
pisk whip; *(pryl)* flogging; **~e** whip, flog; *(egg)* beat; **~et fløte** whipped cream.
piss piss, urine; **~e** piss, urinate; **~oar** urinal.
pisspreik baloney, bull(shit).
pistasj pistachio.
pistol pistol; gun.
pistrete stringy.
pjokk toddler, young lad.
pjolter whisky and soda, (*amr*) highball.
plage *subst, verb* trouble, bother, worry.
plagg garment.
plagiat plagiarism.
plagiere plagiarize.
plagsom troublesome.
plakat bill, poster.
plan *subst (prosjekt)* plan, scheme; *(utkast)* design; *(nivå)* level; **~ere** level; smoothe.
plan *adj* flat, level.
planet planet; **~system** planetary system.
planke plank; board;

~gjerde board fence; **~kjøring** child's play.
planlegge plan.
planløs aimless, random.
planmessig systematic.
planovergang (*jernb*) level crossing.
plansje *(bilde)* plate; *(kart)* chart.
plante *subst, verb* plant; **~skole** nursery; **~vernmiddel** pesticide.
plapre chatter (away); blurt out.
plask splash; **~e** splash; **~regn** pouring rain, downpour.
plass *(rom)* room, space; *(sted)* place; *(torg o.l.)* square; *(sitte-)* seat.
plassbillett seat reservation.
plassere place; (*handel*) invest.
plassering placement; (*resultatliste*) position, place.
plast plastic.
plaster band-aid.
plastisk plastic.
plastpose plastic bag.
plate plate; *(bord-)* top; *(stein-)* slab; *(metall-, glass-)* sheet; *(grammofon-)* record; (*elektr*) hotplate; **~prater** disc jockey, DJ; **~spiller** record player.
platina platinum.
platonic platonic.
platt coarse; vulgar; **~form** platform; **~fot** flat foot; flat-footed.
platå plateau.
pledd blanket.
pleie *subst* nursing, care.
pleie *verb (ha for vane)* usually do sth; *(passe)* nurse, look after; **~barn** foster-child; **~hjem** nursing home; **~r** nurse.
plen lawn.
plenklipper lawnmower.
pleuritt pleurisy.
plikt duty; **~ig** obliged, bound; **~oppfyllende** conscientious.
plissé pleating.
plog plough, (*amr*) plow; **~fure** furrow.
plombe *(i tann)* filling; *(bly-)* (lead) seal; **~re** *(tann)* fill; *(forsegle)* seal.
plomme *(i egg)* yolk; *(frukt)* plum.
pludre jabber; prattle.
plugg peg; plug; **tenn~** spark(ing) plug.
plukke pick; gather; *(en fugl)* pluck.
plump *adj* coarse, vulgar; **~e** plump; flop.
pluss plus.

plutselig *adj* sudden, abrupt.
plutselig *adv* suddenly, abruptly.
plyndre plunder, loot; rob.
plyndring looting, plundering.
plysj plush.
plystre whistle.
pløse swelling; *(i sko)* tongue; **~te** swollen, bloated.
pløye plough; **~ gjennom** (*overført*) wade through.
p.m. *fork for* **post meridiem** fra klokka 1200 til midnatt.
podagra gout.
pode *subst* offspring; *verb* graft.
poeng point; **~stilling** score; **~sum** total (number of points).
poengtere stress, emphasize.
poengtert *adv* pointedly.
poesi poetry.
poet poet.
poetisk poetic(al).
pokal cup.
pokker the deuce, the devil; **~ også!** damn!
pol pole; **~ar** polar.
polakk Pole.
polarisere polarize.
polaritet polarity.
polarsirkel polar circle; *den nordlige* ~ the Arctic Circle.
polemikk controversy.
polemisk controversial, polemic.
Polen Poland.
polere polish.
poleringsmiddel polish.
poliklinikk policlinic; outpatient clinic.
polio polio(myelitis).
polise policy.
politi police; *(ridende)* mounted police.
politiker politician.
politikk *(virksomhet)* politics; *(fremgangsmåte)* policy.
politikvinne police officer, police woman.
politimann police officer, policeman; (*hverdagslig*) bobby, copper, (*amr*) cop.
politimester chief constable, chief of police.
politisk political.
politistasjon police station.
pollen pollen; **~allergi** hay fever.
polsk Polish.
polstre upholster; pad.
polstring padding.
polygami polygamy.
polypp (*zool*) polyp;

(*medisin*) polyp; *(i nesen)* adenoids.
pommes frites chips, (*amr*) (French) fries.
pomp, ~ og prakt pomp and circumstance; **~ong** pompon; **~øs** pompous, stately.
ponni pony.
poppel poplar.
popularisere popularize.
popularitet popularity.
populær popular.
pore pore.
pornografi porn(ography); **~sk** pornographic.
porselen china, porcelain.
porsjon portion, share; *(om mat)* helping.
port gate, gateway.
portal portal.
portefølje portfolio.
portforbud curfew.
portier porter, desk clerk; **~e** door curtain.
portner doorman; caretaker.
porto postage; **~fritt** post-paid, post-free; **~tillegg** surcharge.
portrett portrait; **~ere** portray.
Portugal Portugal.
portugiser Portuguese.
portugisisk Portuguese.
portvin port.
porøs porous.
pose bag, pouch; **~re** pose; **~te** baggy.
posisjon position.
positiv positive.
positur pose, posture.
post *(brev o.l.)* post, mail; *(på program, i regnskap)* item; (*stilling*) position.
postanvisning postal order, (*amr*) money order.
postboks post-office box (P.O. box).
postbud postman, (*amr*) mailman.
poste post, mail.
postei pâté, paste.
postere post; station.
postering posting; *(også i regnskap)* item, entry.
postgirokonto giro account.
posthus post office.
postkasse post-box, (*amr*) mailbox.
postkort postcard.
postmodernisme postmodernism.
postnummer postcode, (*amr*) zip code.
postordrefirma mail order company.
postpakke postal parcel.
poststempel postmark.
pote paw.
potens power; potency.

potet potato, spud; **~gull** crisps, *(amr)* chips; **~mos** mashed potatoes.
potte pot; **~makeri** pottery; **~plante** potted plant.
p-pille contraceptive pill, birth-control pill.
pragmatisk pragmatic.
praie hail, flag down.
praksis practice; *(erfaring)* experience.
prakt splendour; **~full** splendid, gorgeous.
praktikant trainee; mother's help.
praktisere practise.
praktisk practical.
pram flat-bottomed rowboat; *(lekter)* barge.
prangende flashy, flamboyant.
prat chat; **~e** chat; **~som** talkative.
prateprogram talkshow.
predikant preacher.
preferanse preference; **~aksje** preference share.
preg (distinctive) character; stamp; imprint; **~e** characterize; stamp; engrave.
preke preach, chat; **~n** sermon; **~stol** pulpit.
prektig splendid; virtuous; self-righteous.
prekær precarious.
prelle av bounce off, make no impression on.
preludium prelude.
premie *(forsikrings-)* premium; *(belønning)* reward; *(pris/gevinst)* prize.
premiere first night, opening night.
premisser terms, premises.
preparat medication, product.
preparere prepare.
preposisjon preposition.
presang present, gift; **~kort** gift voucher.
presenning *(bil-)* car cover; *(generelt)* tarp(aulin).
presentabel presentable.
presentasjon introduction.
presentere present; introduce **(for** to).
president president.
presidentperiode presidency.
presidere preside.
presis precise, punctual; *(på klokkeslettet)* sharp.
presisere clarify, define precisely.
presisjon precision.
press pressure; *(påkjenning)* strain.
presse *subst* press; *verb* press; **~byrå** news

agency, press agency; **~frihet** freedom of the press; **~konferanse** press conference; **~melding** press release.
pressgruppe pressure group.
presserende urgent.
prest clergyman; parson; minister; *(katolsk)* priest; *(sogne-)* rector, vicar; *(kapellan)* curate; *(skips-, felt- etc)* chaplain.
prestasjon achievement, feat; performance.
prestekjole cassock.
prestekrage marguerite.
prestere perform, achieve.
prestisje prestige, status, standing.
pretensiøs pretentious.
prevensjon contraception; birth control.
preventiv *adj* preventive.
prikk dot; *(flekk)* spot; **~ete** spotted, dotted.
prima first class, first rate.
primitiv primitive.
primus primus (stove).
primær primary, basic.
primærvalg primary (election).
prins prince; **~esse** princess.
prinsipiell in principle, fundamental.
prinsipp principle.
prioritere give preference/ priority to, prioritize.
prioritet priority.
prippen prim, prudish.
pris price; *(premie)* prize; **~avslag** reduction, discount; **~belønt** award-winning; **~bevisst** cost-conscious; **~e** *(fastsette prisen på)* price; *(rose)* praise; **~indeks** price index; **~klasse** price range; **~lapp** price tag.
prisme prism; **~lysekrone** crystal chandelier.
prisoverslag estimate.
prisstigning price increase.
prisstopp price freeze.
prisverdig praiseworthy.
privat private; personal; **~isere** privatize; **~praktiserende lege** doctor in private practice.
privilegium privilege.
problem problem, difficulty.
produksjon production.
produkt product.
produktiv productive.
produsent producer, manufacturer.
produsere produce, manufacture.
profan profane.
profesjon profession;

(håndverk) trade; **~ell** professional.
professor professor.
profet prophet; **~i** prophecy.
proff pro(fessional).
profil profile, outline; **~ere seg** raise one's profile.
profitt profit; **~ere** profit (**på** by/on).
prognose prognosis, prediction.
program program(me); **~ere** (*edb*) program(me); **~erklæring** manifest, platform; **~merer** programmer; **~tillegg** (*edb*) plug-in; **~vare** (*edb*) software.
progressiv progressive.
proklamasjon proclamation.
proletar proletarian.
prolog prologue, (*amr*) prolog.
promenade promenade.
promille per thousand; **~kjøring** (*amr*) drunk-driving, (*britisk*) drink-driving, (*amr*) driving while under the influence (DUI).
prompe fart.
pronomen pronoun.
propan propane; **~apparat** gas stove.
propell propeller.
proporsjon proportion; **~al** proportional.
propp stopper; plug; **~e** *(fylle)* cram; **~e seg** gorge (oneself); **~full** chock-full, crammed.
prosa prose; **~isk** prosaic, ordinary.
prosedere (*jur*) plead.
prosedyre procedure.
prosent per cent; **~sats** percentage.
prosesjon procession.
prosess *(utvikling)* process; (*jur*) (law) suit, action; **sentral ~eringsenhet** (*edb*) CPU (Central Processing Unit); **~fullmektig** *(advokat)* counsel.
prosjekt project, plan; **~il** missile; projectile; **~ør** flood-light; (*teater*) spotlight; *(til film)* projector.
prospektkort postcard.
prostata prostate.
prostituert prostitute; *amr også* hooker.
prostitusjon prostitution.
protein protein.
protest protest; **~ant** Protestant; **~ere** protest, object.
protokoll protocol;

(regnskap) ledger; *(møte-)* (book of) minutes; **~ere** register, record.
proviant provisions, supplies; **~ere** stock up.
provins province; **~iell** provincial.
provisjon commission.
provisorisk provisional, makeshift.
provokasjon provocation.
provokatør agitator.
provosere provoke.
prute haggle, bargain.
pryd ornament; **~e** adorn, decorate.
pryl thrashing, beating.
prærie prairie; **~ulv** coyote.
prøve *subst* trial, test; *(vare-)* sample; (*teater*) rehearsal.
prøve *verb* try; test; (*teater*) rehearse; **~boring** trial drilling; **~kjøre** test-drive; **~klut** guinea pig; **~lse** trial; ordeal; **~rom** *(i butikk)* fitting-room; **~rørsbarn** test-tube baby.
prøvesprengning *(av atomvåpen)* nuclear testing.
prøvestans test ban.
prøvetid (*ansettelse*) probation; (*løslatelse*) parole.
prøvetur trial trip.
pseudonym pseudonym.
psoriasis psoriasis.
psykiater psychiatrist.
psykiatri psychiatry.
psykisk psychic; mental; **~ lidelse** psychological/ emotional dysfunction.
psykoanalyse psychoanalysis.
psykolog psychologist; **~i** psychology; **~isk** psychological.
psykopat psychopath, (*hverdagslig*) psycho.
psykose psychosis.
psykotisk psychotic.
pubertet puberty.
publikasjon publication.
publikum spectators, audience, the public.
publisere publish.
publisitet publicity.
pudder powder; **~dåse** compact; **~kvast** powder puff.
pudding pudding; (*med kjøtt*) loaf.
puffe push, shove.
pugge cram; swot.
pukkel hump; hunch; **~rygget** hunchbacked.
pule (*vulgært*) fuck, screw.
pulje (*sport*) heat, group; *(i spill)* pool.
puls pulse; **~ere** pulsate, beat; **~åre** artery.

pult desk.
pulver powder; **~kaffe** instant coffee.
pumpe *subst, verb* pump.
pund (*myntenhet*) pound *fork* £; (*vektenhet*) pound (454 gram) *fork* lb.
pung *(penge-)* purse; (*anatomi*) scrotum; (*zool*) pouch; **~dyr** marsupial.
punkt point; *(prikk)* dot; **~ering** puncture; **~lig** on time, punctual; **~um** full stop, (*amr*) period.
punsj punch.
pupill pupil.
pupp *(bryst)* tit, boob.
puppe (*zool*) pupa; **~hylster** cocoon.
pur *(ren, skjær)* pure.
puritaner Puritan.
puritansk puritanical.
purke sow.
purpur purple.
purre *subst* leek.
purre *verb (vekke)* call; rouse; *(minne om)* send reminder, press for.
pus pussy(cat).
pusle *(små-)* fiddle, busy oneself; **~spill** (jigsaw) puzzle; **~te** weak, indecisive.
puss *(materie)* pus; *(mur)* plaster; *(påfunn)* prank, trick.
pusse polish, shine; brush; **~middel** polish.
pussig odd, queer, funny.
pust breath; *(vind-)* puff; **~e** breathe; **~erom** breathing space, (*hverdagslig*) timeout.
pute *(sofa-)* cushion; *(hode-)* pillow; *(skulder-)* pad; **~var** pillowcase.
putre *(småkoke)* simmer.
pyjamas pyjamas, (*amr*) pajamas.
pynt decoration, finery; *(besetning)* trimmings; *(odde)* point; **~e** decorate; trim; **~e seg** dress up; **~elig** neat, proper.
pyramide pyramid.
pyroman pyromaniac.
pyse sissy; wimp; **~te** squeamish.
pyton (*slang*) awful, terrible.
pytonslange python.
pytt *subst* puddle; **~, sann** *(uttrykk)* never mind.
pæl pole, stake.
pære pear; (*elektr*) bulb.
pøbel hooligan, hoodlum; **~aktig** boorish, loutish.
pøl pool, puddle.
pølse sausage, hot dog; **~bu** hot dog stand.
pølsevev nonsense.
pønske, ~ på be up to; **~ ut** devise, think out.

pøs bucket.
pøse pour.
pøsregn pouring rain.
på *preposisjon* on, upon.
påbudsskilt mandatory sign.
påby command, order.
påbygg extension.
påfallende conspicuous, striking.
påfugl peacock.
påfunn notion.
påfølgende following.
pågripe (*jur*) arrest.
pågående ongoing; insistent.
påhør presence.
påkalle call (on); *(oppmerksomhet)* attract.
påkjenning strain, stress.
påkledd dressed.
påkrevd necessary, required.
påle pole, stake.
pålegg *(forhøyelse)* increase, rise; *(kjøtt-)* meat, (*amr*) cold cuts; *(til å smøre på)* sandwich spread; (*ordre*) order.
pålegge *(skatt o.l.)* impose.
pålitelig reliable.
pålydende face value.
påmelding registration.
påminnelse reminder.
påpasselig attentive, careful.
påpeke point out.
pårørende next of kin, relative.
påse ensure, see to it.
påskelilje daffodil.
påskjønne appreciate; reward.
påskrift *(på veksel o.l.)* endorsement; *(underskrift)* signature.
påskudd pretext, excuse.
påskynde hasten, accelerate.
påstand assertion; allegation.
påstå assert, maintain; **~elig** assertive, stubborn.
påtale *subst* censure; (*jur*) prosecution.
påtale *verb* criticize, reprimand; **~myndighet** prosecuting authority.
påtrengende obtrusive, pushy.
påtroppende new, next.
påtrykk pressure.
påtvinge force upon.
påvirket under the influence.
påvirkning influence.
påvise point out, show; *(bevise)* prove.
påviselig apparent, demonstrable.

R

rabalder noise, uproar; (*hverdagslig*) hullabaloo.
rabatt (*handel*) discount; *(bed)* border; **midt~** *(på motorvei)* central reserve, (*amr*) median strip.
rable scribble, doodle; **~ ned** jot down.
rad row; tier.
radarkontroll radar control.
radering *(grafisk teknikk)* etching.
radiator radiator.
radikal radical.
radio radio, wireless; **~aktiv** radioactive; **~bil** *(i fornøyelsespark)* bumper car.
radium radium.
radius radius.
rage *(frem)* jut out, project; *(opp)* rise, tower.
rak straight, erect.
rake *(angå)* concern; *(med rive)* rake.
rakett rocket; (*mil*) missile.
rakke ned på abuse, run down.
rakne unravel, come undone; *(om strømpe)* run.
rakrygget erect, upright.
ram *(om smak)* pungent, acrid.
ramaskrik outcry, protest.
ramle *(falle)* tumble, fall; *(skramle)* rumble, rattle.
ramme *subst* frame; box.
ramme *verb* hit, strike.
ramp hooligan; rascal.
rampelys footlights; (*overført*) limelight.
rams, på ~ by heart; **~e opp** rattle/reel off.
ran robbery, raid, hold-up; **~e** mug, rob; **~er** robber, mugger.
rand *(kant)* edge; *(på glass)* brim; (*overført*) brink, verge.
rang status, rank; *(for-)* precedence.
rangel spree, binge, revel.
rangere rank.
rangle *subst* rattle.
rangle *verb (rasle)* rattle; *(feste)* go on a spree.

rank straight, erect; **~ingliste** ranking list.
ransake search, frisk, ransack.
ransel knapsack; *(skole-)* satchel.
rap(e) belch.
rapp *subst* rap, blow.
rapp *adj* quick, swift; **~e seg** hurry.
rapport report; **~ere** report.
raps *(oljeplante)* rape.
raptus fit, seizure.
rar odd, queer, strange; **~ing** oddball; **~itet** curiosity.
ras landslide; *(snø-)* avalanche.
rase *subst* race; *(dyre-)* breed.
rase *verb (ut)* slide; *(være rasende)* rage, be furious; **~diskriminering** racial discrimination; **~hest** thoroughbred; **~nde** furious; **~opptøyer** *flertall* race riots; **~re** raze, demolish; **~ri** fury, rage.
rasisme racism.
rasist racist.
rasjon ration; **~alisere** rationalize; **~ere** ration; **~ering** rationing.
rasjonell rational, common-sense.
rask *adj* quick; rapid, fast; **~e med seg** grab.
rasle rattle; *(om blader o.l.)* rustle.
raspe rasp; *(med rivjern)* grate.
rast break, rest.
rasteplass picnic area, lay-by.
raster raster; *(fotogr)* screen.
rastløs restless, fidgety.
rate instalment, *(amr)* installment; *(frakt-, vekst-)* rate.
ratt (steering) wheel.
raute low, moo.
rav *subst* amber.
rave stagger, reel.
ravioli ravioli.
ravn raven.
razzia raid.
re (sengen) make (the bed).
reagensglass test-tube.
reagere react (**på** to).
reaksjon reaction; **~ær** reactionary.
real reliable, loyal; **~fag** science (subjects).
realisasjon realization; *(utsalg)* clearance sale.
realisere realize.
realisme realism.
realist *(lærer i realfag)* science teacher.
realitet reality, fact.
reallønn real wages.
rebell rebel.

rebelsk rebellious.
redaksjon *(kontor)* editorial office; *(stab)* editorial staff.
redaktør editor.
redd afraid, scared, frightened.
redde save; *(befri)* rescue.
rede *adj* (*parat*) ready.
rede *subst* nest.
redegjøre give an account (**for** of); **~lse** account, statement.
redelig honest, fair.
reder shipowner; **~i** shipping company.
redigere *(avis)* edit; *(formulere)* draft.
redning rescue; (*religiøst*) salvation.
redningsbelte lifebelt.
redningsbåt lifeboat.
redningsskøyte salvage vessel.
redningstjeneste breakdown service, rescue service.
redningsvest life-jacket, life vest.
redsel fear, terror; **~sfull** horrible, terrible, dreadful.
redskap tool, instrument.
reduksjon reduction.
redusere reduce, cut.
reell real.
referanse reference.
referat report, account; *(fra møte)* minutes.
referent reporter.
referere report; refer (to).
refleks reflex.
refleksbrikke reflector.
reflektere reflect (**over** on).
reflektert thoughtful.
reform reform; **~ere** reform.
refreng refrain, chorus.
refse scold, punish; **~lse** reprimand; punishment.
refundere refund.
refusjon refund, reimbursement.
regatta regatta.
regel rule, regulation; **~messig** regular; orderly.
regent ruler, regent.
regi *teater (instruksjon)* stage management; *(iscenesettelse og oppføring)* production; *(film)* direction.
regime regime; **~nt** regiment.
region region; **~al** regional.
regissør (*teater*) stage manager; producer; *(film)* director.
register index, register; table of contents.
registrere register, record.
regjere govern, rule.
regjering government.

regle jingle; **~ment** regulations.
regn rain; **~bue** rainbow; **~buehinne** iris; **~byge** shower.
regne rain; *(telle)* count; (*talloperasjoner*) calculate; **~ med** include; (*overført*) count on; **~feil** miscalculation.
regnfrakk raincoat, mac(k) intosh.
regning *(fag)* arithmetic; *(regnskap)* account; *(for varer)* bill; *(på restaurant)* bill, (*amr*) check.
regnskap accounts; **~fører** accountant; (*i forening*) treasurer.
regnskur shower.
regulativ *(lønns-)* (wage) scale.
regulerbar adjustable.
regulere regulate; *(justere)* adjust.
regulering regulation, adjustment.
rehabilitere rehabilitate; restore.
reim strap.
rein reindeer, (*amr*) caribou.
reip rope.
reir nest.
reise *subst* trip, journey; *sjøfart* voyage; passage.
reise *verb* travel, go; leave, depart.
reisebyrå travel agency.
reisegods luggage, (*amr*) baggage.
reiseleder tour guide.
reiseliv tourism.
reisemål destination.
reisende traveller.
reiseradio portable radio.
reiserute itinerary.
reiseselskap tour operator.
reisesjekk traveller's cheque.
reisesyke travel sickness.
reisning erection; *(holdning)* carriage.
reke *subst* shrimp; *(større)* prawn.
reke *verb (drive)* stray, roam.
rekke *subst* row, range, series; (*mil*) rank; *sjøfart* rail.
rekke *verb* reach; *(levere)* hand; pass; **~følge** order, sequence; **~hus** terraced house; **~vidde** reach; scope.
rekkverk rail(ing); *(i trapp)* banister(s).
reklamasjon complaint; *(krav)* claim.
reklame advertising, promotion; **~byrå**

advertising agency; **~re** advertise, promote.
reklamefilm (*britisk*) advert, (*amr*) commercial.
rekommandert brev registered letter.
rekonvalesens convalescence.
rekord record.
rekrutt recruit, beginner, rookie.
rekruttere recruit, draft, enrol(l).
rekruttskole (*amr*) boot camp.
rektor head(master *m*, -mistress *f*); *(amr)* principal; *(universitet)* rector, (*amr*) president.
rekviem requiem.
rekvirere requisition, order.
rekvisisjon requisition.
rekvisita accessories.
rekvisitt prop.
rekyl recoil.
relatere relate (**til** to).
relativ relative, comparative.
relativitetsteorien the theory of relativity.
relé relay; *(strømbryter)* circuit.
relevant relevant, pertinent.
relieff relief.
religion religion.
religiøs religious.
relikvie relic.
remisse remittance.
remse *(strimmel)* strip.
ren *adj* clean; *(ublandet)* pure.
renessanse renaissance.
renhold cleaning.
renn run; (*ski*) race.
renne *subst (tak-)* gutter; *(grøft)* drain; *(fordypning)* groove.
renne *verb* run; flow; **~løkke** noose; **~stein** gutter.
renning warp.
renovasjon waste disposal, (*amr*) garbage collection.
rense clean, purify; (*kjemi*) dry-clean; **~anlegg** sewage treatment plant; **~krem** cleansing cream; **~ri** dry cleaner.
rente interest; **~fot** interest rate.
reol shelves *flertall*; *(bok-)* book-case.
reparasjon repair(s).
reparere repair.
repertoar repertory.
repetere repeat, review.
repetisjon repetition; review.
replikk reply, rejoinder; (*teater*) line(s), speech.
replisere reply.

reportasje report, news story; coverage.
represalier reprisals, retaliation.
representant representative.
representasjon representation; *(bevertning)* entertainment.
representativ representative, typical.
representere represent.
reprise rerun.
reproduksjon reproduction.
reprodusere reproduce.
republikaner republican, (*amr*) Republican.
republikk republic.
resepsjon *(hotell)* reception, lobby; **~ist** receptionist, reception clerk.
resept prescription.
reseptfri over-the-counter.
reservasjon reservation.
reservasjonsløs unreserved, all-out.
reservat reserve, sanctuary, (*amr*) reservation.
reserve reserve; (*sport*) substitute; **~dekk** spare tyre; **~del** spare part; **~rt** reserved; booked.
reservere reserve.
reservoar reservoir.
residens residence.
resirkulere recycle.
resirkulering recycling.
resolusjon resolution.
resolutt resolute(ly), determined.
resonans resonance.
resonnement reasoning.
resonnere reason.
respekt respect, esteem; **~abel** respectable; **~ere** respect, honour; **~løs** disrespectful.
ressurser resources, assets, means.
rest remainder; rest; *(matrester)* left-overs; **~anse** arrears.
restaurant restaurant.
restaurere restore.
restbeløp balance, outstanding amount.
restriksjon restriction.
resultat result; **~løs** futile.
resultere i result in, lead to.
resymé summary, synopsis, résumé.
resymere sum up, summarize.
retning direction; **~slinjer** guidelines; **~snummer** *tlf* dialling code, (*amr*) area code.
retorikk rhetoric.
rett *subst* (*strak*) straight; *(mat)* dish, course; *(riktig)*

right; *(jur)* lawcourt; **ha ~** be right.
rett *adj, adv* right; *(direkte)* straight.
rette *verb (korrigere)* correct; *(henvende)* direct; *(gjøre rett)* straighten; *(justere)* adjust; **~lse** correction.
rettergang legal proceedings.
rettferdig just, fair; **~gjøre** justify; **~het** justice, fairness.
rettighet right, privilege.
rettledning guidance, direction.
rettskrivning spelling, orthography.
rettslig legal.
rettssak (court) case, (law) suit, litigation.
rettsvesen legal system.
rettvinklet right-angled.
retur return; **~billett** return ticket, (*amr*) round-trip (ticket); **~nere** return; **~tast** (*edb*) return key.
rev *sjøfart* reef; (*zool*) fox; (*marihuanasigarett*) joint, reefer.
revansj revenge.
revelje reveille.
revers reverse.
revidere revise; *(som revisor)* audit.
revisjon revision; *(av regnskap)* audit(ing).
revisor auditor; *(statsautorisert)* chartered accountant.
revmatisk rheumatic.
revmatisme rheumatism.
revne *subst (sprekk)* crack; *(flenge)* tear.
revne *verb (briste)* crack; *(sprekke)* tear, rip.
revolusjon revolution; **~ær** revolutionary.
revolver revolver.
revy *(mønstring)* review; (*teater*) show, revue.
ri *subst* fit, spell; *(smerte)* contraction, pain.
ri *verb* ride.
ribbe *subst* rib; *(mat)* pork ribs.
ribbe *verb* pluck; strip, fleece.
ribben rib.
ribbevegg wall bars, (*amr*) stall bars.
ridder knight; **~lig** chivalrous.
ridebukser riding breeches.
ridehest saddle horse.
ridetur ride.
rifle *(gevær)* rifle.
rift tear; *(i huden)* scratch; *(etterspørsel)* demand.
rigg *subst* rigging; rig.

rigge rig; **~e til** prepare, equip.
rik rich, wealthy; **~dom** riches; wealth; **~elig** plentiful, abundant.
Rikshospitalet the National Hospital of Norway.
Riksmeklingsmannen National Arbitration Tribunal, (*amr, omtrent*) National Labor Arbitrator.
Riksrevisjonen the Office of the Auditor General.
Riksteateret the Norwegian Touring Theatre.
rikstelefon *(fjernvalg)* long-distance (dialling), international direct dialling.
Rikstrygdeverket *omtrent* the Department of Social Security, (*britisk*) the Department of Social Security, (*amr*) Health Care Financing Administration.
riktig *adj* right, correct; true, to be sure.
rille groove.
rim *(-frost)* (white) frost; *(vers)* rhyme; **~e** rhyme.
rimelig reasonable, fair.
ring ring.
ringe *verb* ring; call.
ringeapparat doorbell.
ringeklokke *(vekkerur)* alarm clock; *(på sykkel)* bicycle bell.
ringfinger ring finger.
ripe scratch; *(båt-)* gunwale.
ripe *verb* scratch.
rippe opp i re-open, open up.
rips (*bot*) redcurrant.
ris *(korn)* rice; *(kvister)* rod; twigs; *(til straff)* spanking.
rise birch, thrash; spank.
risikabel risky.
risikere risk.
risiko risk; **~avfall** hazardous waste; **~fylt** risky, daring.
risle ripple, trickle.
risp(e) scratch.
riss *(utkast)* sketch, draft.
risse scratch, carve.
rist grate, grating.
riste shake; *(steke)* grill; *(brød)* toast.
ritual ritual.
rival rival, competitor.
rive *subst* rake.
rive *verb (flenge)* tear; *(ødelegge)* demolish, tear down.
Rivieraen the Riviera.
ro *subst* rest; *(stillhet)* quiet.
ro *verb* row; (*bortforklare*) make excuses.
robber (*kortspill*) rubber.
robåt rowing-boat.

rogn *(i fisk)* roe; (*bot*) rowan.
rojalistisk royalist.
rokk spinning wheel.
rokke *subst* (fisk) ray.
rokke *verb (vugge)* rock; *(flytte)* budge; *(svekke)* shake.
rolig quiet, still.
rolle part, role; **~besetning** cast; **~modell** role model; **~spill** role play.
rom *(værelse)* room; *(plass)* space; (*universet*) (outer) space; *(drikk)* rum.
roman novel; **~forfatter** novelist.
Romania Romania.
romantikk romance.
romantisk romantic.
romertall Roman numeral.
romfarer astronaut.
romfart space travel.
romfartøy spacecraft.
romferge space shuttle.
rominnhold volume.
romme (*inneholde*) contain, hold; *(ha plass til)* accomodate; **~lig** spacious, roomy.
romservice *(på hotell)* room service.
romskip spacecraft, spaceship.
rop(e) call, cry, shout; **~rt** megaphone, (*amr*) bullhorn.
roquefort blue cheese.
ror tiller, helm; *(blad)* rudder; **~bu** fisherman's shack, fishing hut.
ros praise.
rosa pink.
rose *subst* rose.
rose *verb* praise; **~maling** Norwegian rose painting.
rosenkrans *(katolsk)* rosary.
rosmarin (*bot*) rosemary.
rot root; *(uorden)* mess, clutter.
rotasjon rotation.
rote *(lage rot)* make a mess; *(gjennomsøke)* rummage; (*vrøvle*) get mixed up; **~re** rotate, revolve; **~te** messy.
rotfylling root filling, root canal work.
rotløs rootless.
rotte rat; **~felle** rat trap; **~gift** rat poison.
rov robbery; prey; **~dyr** beast of prey; **~fugl** bird of prey.
ru rough, coarse.
rubin ruby.
rubrikk *(spalte)* column; *(til utfylling)* space, blank.
rug rye.
rugde woodcock.
ruge brood; **~ ut** hatch; **~maskin** incubator.
ruin ruin; **~ere** ruin.

ruke cowpat.
rulade roulade.
rulett roulette.
rull roll; *(valse)* roller; *(spole)* reel.
rulle *verb* roll; **~bane** *(for fly)* runway; **~blad** (criminal) record; **~brett** skateboard.
rullegardin blind; **~meny** (*edb*) roll-down menu.
rulleskøyte rollerskate.
rullestol wheelchair.
rulletekst credits.
rulletrapp escalator.
rumener Romanian.
rumensk Romanian.
rumle rumble.
rumpe bottom, behind, rear; (*slang*) ass, tush; **~taske** bumbag; **~troll** tadpole.
rund *adj, adv* round.
runde round; (*sport*) lap; **~tid** lap time.
rundhåndet generous.
rundjule thrash, beat up.
rundkjøring roundabout, (*amr*) rotary.
rundreise round trip.
rundskriv circular.
rundstykke roll.
rune rune; **~alfabet** runic alphabet.
runge resound.
runke (*vulgært*) wank, toss off, (*amr*) jerk off.
rus intoxication; **~drikk** alcoholic beverage.
ruse fish trap; *(~ motoren)* rev (up), race the engine.
ruset loaded, stoned, high.
rushtid rush hour.
rusk *subst* dust and dirt, rubbish; *(svær kar)* hulk.
ruske shake; pull; **~vær** rough/foul weather.
rusle stroll, saunter.
russ student in the final year of secondary school, (*amr*) high school; **-etid** period (May/June) of celebrating leaving secondary school/ high school (*amr*).
russer Russian.
russisk Russian.
Russland Russia.
rust rust; **~behandling** anti-rust treatment; **~e** rust; corrode; (*mil*) arm; *(utstyre)* fit out; **~en** rusty, corroded.
rustflekk rust stain.
rustfri non-corrosive; stainless.
rustning armour.
rute *(vei)* route; *(forbindelse)* service; *(-plan)* timetable; *(glass-)* pane, (*amr*) schedule; *(firkant)* square; **~r** (*kortspill*) diamonds; (*edb*)

router; **~te** chequered, plaid.
rutefly scheduled flight.
rutine routine; *(erfaring)* experience, practice; **~messig** habitual; **~rt** experienced.
rutsje glide, slide; **~bane** slide.
ruve tower, stand out.
ry fame; reputation.
rydde tidy up, clear.
ryddig tidy, orderly.
rydning clearing.
rye rug.
rygg back; *(fjell-)* ridge; **~e** step back; back, reverse.
ryggmarg spinal cord, spinal marrow; **~sprøve** spinal puncture, (*amr*) spinal tap.
ryggrad spine; (*overført*) backbone.
ryggsekk rucksack.
ryggsvømming back stroke.
ryggvirvel dorsal vertebra; **~forskyvning** slipped disc.
ryke *(gå i stykker)* burst, snap; *(sende ut røyk)* smoke; *(ulme)* smoulder.
rykk tug, jerk; **~e** pull, jerk; **~vis** by fits and starts.
rykte rumour; gossip; *(omdømme)* reputation.
rynke *subst, verb* wrinkle; *(~ pannen)* frown; **~krem** anti-wrinkle cream.
rype grouse; *(fjell-)* ptarmigan.
ryste shake; *(forferde)* shock; **~lse** concussion, tremor; **~nde** shocking; **~t** shaken, outraged.
rytme rhythm.
rytmisk rhythmic.
rytter horseman, rider, jockey.
ræv (*vulgært*) arse, (*amr*) ass.
rød red; **høy~** crimson.
røde hunder (*medisin*) German measles, rubella.
Røde Kors Red Cross.
Rødhette Little Red Riding Hood.
rødkål red cabbage.
rødme *subst, verb* blush.
rødmusset ruddy.
rødspette plaice.
rødstrupe (European) robin.
rødstrømpe feminist.
rødvin red wine; *(bordeaux)* claret.
røff rough, tough.
røkelse incense.
røkt *(om mat)* smoked, cured.
rølpete crude, loutish.
rømme *subst* sour cream.
rømme *verb* run away; *(om*

fange) escape; *(fjerne seg fra)* vacate, evacuate.
rømning flight; escape.
rønne shack, hovel.
røntgen *(-bilde, -fotografere)* x-ray.
røpe betray; reveal.
rør *(ledning)* pipe; *(mindre)* tube; *(sludder)* nonsense.
røre *(vaffel- o.l.)* batter; *(oppstyr)* commotion, stir; *(rot)* muddle.
røre *verb* move, stir; *(berøre)* touch; *(våse)* talk nonsense; **~nde** touching, moving.
rørledning pipeline.
rørlegger plumber.
rørlig mobile, movable.
rørsukker cane sugar.
røve rob; *(plyndre)* plunder; **~r** robber; **~rkjøp** bargain.
røyk smoke; **~e** smoke; **~ekupé** smoker, smoking-compartment; **~elov** anti-smoking law; **~er** smoker; **~esug** nicotine craving; **~varsler** smoke detector, smoke alarm.
røykelaks smoked salmon.
røyskatt stoat, *(amr)* short-tailed weasel.
rå *(grov)* coarse; rude; vulgar; *(ukokt)* raw; *(om biff)* (done) rare; *(uraffinert)* crude; *(luft)* damp.
råd advice; *(utvei)* a way out; *(midler)* means, funds; *(forsamling)* council; **et ~** a piece of advice.
råde advise; *(herske)* rule; **~nde** existing, prevailing.
rådføre seg consult.
rådgiver consultant, adviser.
rådgivning counselling.
rådhus town hall, city hall.
rådløs perplexed, at a loss.
rådmann deputy mayor.
rådspørre consult.
rådvill perplexed, at a loss.
rådyr *adj* *(svært kostbar)* pricey, extremely expensive.
rådyr *subst* roe deer; *(kjøtt)* venison.
råflaks extreme luck, fluke.
råflott lavish, extravagant.
råk *(is)* open channel.
råkjøre speed; drive recklessly; **~r** reckless driver, *(hverdagslig)* road hog.
råkost fresh, raw vegetables and fruit.
råmateriale raw material.
råne boar.
råolje crude (oil).
råsilke raw silk.
råstoff raw material.

råte rot; decay.
råtne rot, decay.
råtten rotten, decayed.
råttenskap rottenness, corruption.
råvareindustri primary industry.

S

sabbat sabbath; **~sår** sabbatical (year).
sabel sword; sabre.
sabla (*hverdagslig*) extremely.
sabotasje sabotage.
sabotere sabotage.
sadel saddle.
sadist sadist; **~isk** sadistic, cruel.
safir sapphire.
safran saffron.
saft juice; (*bot*) sap; **~ig** juicy.
sag saw.
saga saga.
sage saw.
sagflis sawdust.
sagn legend, myth.
sagtakket serrated.
sak *(anliggende)* business; *(emne)* issue, subject; *(idé)* cause; (*uløst oppgave*) case, matter; (*jur*) case.
sakfører lawyer; (*britisk*) solicitor, (*amr*) attorney.
sakkunnskap expert knowledge, know-how.
sakkyndig expert.
saklig unbiased; objective; **~het** objectivity.
sakrament sacrament.
sakristi vestry.
saks scissors.
saksliste agenda.
saksofon sax(ophone).
saksomkostninger costs.
saksøke bring an action against; sue.
saksøker plaintiff.
saksøkte defendant.
sakte slow.
saktne *(på farten)* slow down; (*klokke*) lose time.
sal hall; *(heste-)* saddle.
salat (*bot*) lettuce; *(matrett)* salad.
saldere balance.

saldo balance.
salg sale; **til ~s** for/on sale; **~savdeling** sales department; **~spris** selling price; **~ssjef** sales manager; **~sverdi** market value.
salig blessed; blissful; **~het** salvation.
salme hymn; **~bok** hymn book.
salmiakk ammonium chloride.
salong drawing-room, salon; *(hotell, skip)* lounge; **~bord** coffee table; **~gevær** saloon rifle.
salpeter salpetre, nitre.
salt *subst, adj* salt; **~bøsse** salt sprinkler, (*amr*) salt shaker; **~holdig** saline; **~lake** brine; **~vann** salt water, seawater.
salto(mortale) somersault.
salutt salute.
salve *(smurning)* ointment; *(gevær-)* volley.
samarbeid cooperation, collaboration; **~e** cooperate.
samboende cohabiting.
samboer live-in partner, cohabitant.
samboerskap cohabitation.
sameie joint ownership.
samferdsel communication, transport.
Samferdselsdepartementet Ministry of Transport and Communications.
samferdselssmiddel means of communication.
samfunn society, community; **~sborger** citizen; **~sforhold** social conditions; **~skunnskap** social studies; **~slære** sociology; **~svitenskap** social science(s).
samhold unity.
samhørighet solidarity, team spirit.
samle collect, gather.
samlebånd assembly line.
samleie coitus, sexual intercourse.
samler collector.
samling collection; *(mennesker)* assembly.
samliv life together; **~sbrudd** separation, break-up.
samme (the) same.
sammen together; **~bitt** clenched; **~blanding** mixture; *(forveksling)* confusion; **~brudd** collapse, breakdown; **~drag** summary;

(*poengsum*) summation; **~fatte** sum up; **~flettet** intertwined; **~føyning** joining, junction; **~heng** connection; context; **~kalle** summon; **~komst** meeting; **~krøpet** crouching.
sammenligne compare.
sammenligning comparison.
sammensatt *(innviklet)* complex; **~ av** composed of.
sammensetning composition.
sammenslutning union; *(økonomi)* merger.
sammensmeltning fusion.
sammenstøt collision.
sammensurium hotchpotch.
sammensveise weld together, unite.
sammensvergelse conspiracy.
sammensverge seg conspire.
sammentreff coincidence.
sammentrekning contraction.
sammentrengt concentrated.
sammentrykt compressed.
samordne coordinate.
samstemmig unanimous.
samstemt in agreement.
samsvarende corresponding.
samsvarsbøyning (*grammatikk*) concord.
samt plus, together with.
samtale *subst* conversation; talk.
samtale *verb* converse, talk.
samtidig *adj* simultaneous; contemporary.
samtidig *adv* at the same time.
samtykke *subst, verb* consent.
samvittighet conscience; **~sfull** conscientious; **~snag** remorse; **~sspørsmål** question of conscience.
sanatorium sanatorium.
sand sand; **~al** sandal; **~kasse** sand box; **~korn** grain of sand.
sanere *(bebyggelse)* demolish and rebuild; (*handel*) reorganize, refinance.
sang song; singing; **~bok** songbook; **~er** singer; **~fugl** songbird; **~kor** choir.
sangria sangria.
sanitet (*mil*) medical corps; **~sbind** sanitary towel.
sanitetssoldat medic.

sanitær sanitary.
sanksjon sanction; **~ere** sanction.
sankt Saint, *fork* St.; **~hansaften** Midsummer Eve; **~hansorm** glow worm.
sann true; **~elig** indeed; **~ferdig** truthful; honest; **~het** truth.
sannsynlig probable, likely; **~het** probability, likelihood; **~vis** probably, most likely.
sans sense; **~e** perceive, notice; **~elig** sensuous; *(sensuell)* sensual; **~eløs** frantic.
sanseinntrykk sense impression.
sansning sensation, perception.
sardin sardine.
sarkofag sarcophagus.
sart delicate, tender.
satellitt satellite.
sateng satin; *(imitert)* sateen.
satire satire.
satirisk satirical.
sats *(takst)* rate; (*typografi*) type; (*mus*) movement; *(ved sprang)* take-off.
sau sheep; **~ebukk** ram, **~ekjøtt** mutton.
saus sauce; *(kjøttsaft)* gravy.
savn want, yearning; **~e** *(lengte etter)* yearn for, miss; *(mangle)* lack, be missing; **~et** missing.
scene scene; (*teater*) stage.
sceneskrekk stage fright.
se see; *(se på)* look.
sebra zebra.
seddel slip of paper; *(penge-)* banknote, (*amr*) bill.
sedelighetsforbryter sex criminal, sexual offender.
sedvane custom, usage.
sedvanerett customary law, common law.
sedvanlig customary, usual.
seer viewer; prophet; **~tall** ratings.
seg *pron (i forb med verb)* oneself; herself, himself, itself; themselves; *(med prep)* one; her, him, it; them.
segl seal.
segne om sink down, drop.
sei saithe, (*amr*) pollock.
seidel tankard.
seier victory, win; **~herre** winner; victor; **~rik** victorious; triumphant.
seig *(klissete)* sticky; *(kjøtt)* tough.
seiglivet persistent, tough.

seil sail; **~as** sailing, voyage; **~båt** sailboat, sailing-boat; **~duk** canvas; **~e** sail; **~er** yachtsman; **~fly** glider (plane).
seire win, conquer.
sekk sack; *(mindre)* bag; **~epipe** bagpipe.
sekresjon secretion.
sekret secretion.
sekretariat secretariat.
sekretær secretary.
seks six.
seksjon section; unit.
seksten sixteen.
sekstende sixteenth.
seksti sixty.
seksualdrift sex drive.
seksualitet sexuality.
seksualliv sexual life.
seksualundervisning sex education.
seksuell sexual.
seksuell trakassering sexual harassment.
sekt sect; **~or** sector.
sekund second.
sekundant second.
sekundere second.
sekundviser second hand.
sekundær secondary.
sel seal.
sele *subst, verb* harness; **~r** *(barne-)* reins; *(bukse-)* braces, (*amr*) suspenders; **~tøy** harness.
selfangst sealing.
selge sell; **~r** seller; *(yrke)* sales person.
selje sallow, willow.
selleri celery.
selskap company; *(sammenkomst)* party; *(forening)* society; *(aksje- o.l.)* company.
selskapelig social; sociable.
selskapsantrekk evening dress.
selskapsreise package tour, charter tour.
selters seltzer (water).
selv *adv* even; **~ om** even if; even though.
selv *pron* myself, yourself (osv.).
selvaktelse self-respect.
selvangivelse income tax return.
selvbebreidelse self-reproach.
selvbedrag self-delusion.
selvbeherskelse self-control.
selvbetjening self-service.
selvbevisst self-confident, assertive.
selvbiografi autobiography.
selveier owner; freeholder.
selvforskyldt self-inflicted.
selvforsvar self-defence.
selvfølelse self-esteem.

selvfølge matter of course; **~lig** *adj* natural; obvious; matter-of-course.
selvfølgelig *adv* of course, naturally.
selvgjort self-made.
selvgod smug, conceited.
selvhjulpen self-supporting.
selvinnlysende self-evident.
selvisk selfish, self-centered.
selvlysende phosphorescent.
selvmedlidenhet self-pity.
selvmord suicide.
selvmotsigelse contradiction (in terms).
selvmål own goal.
selvoppofrelse self-sacrifice.
selvportrett self-portrait.
selvransakelse soul-searching.
selvsagt obvious, of course.
selvsikker self-confident.
selvstendig independent; **~het** independence.
selvtilfreds smug, self-satisfied.
selvtillit self-confidence, self-reliance.
selvutfoldelse self-realization.
selvvalgt voluntary.
sement cement.
semester term, (*amr*) semester; **~avgift** tuition fee.
semifinale semifinal.
seminar seminar.
semsket *(skinn)* chamois leather; *(sko)* suede shoes.
sen *(langsom)* slow; *(tid)* late.
senat senate; **~or** senator.
sende send; *(rekke)* pass; (*radio*) transmit.
sendebud messenger.
sender *radio* transmitter.
sending *(vare-)* consignment, shipment; (*radio*) transmission.
sene sinew, tendon; **~betennelse** tendinitis; **~strekk** pulled tendon/ligament.
senere later.
seng bed; *(ekstra-)* spare bed; **~eteppe** bedspread; **~etid** bedtime; **~etøy** bedclothes.
sengeliggende bedridden.
senil senile.
senilitet senile dementia.
senior senior.
senit zenith.
senke lower; *(redusere)* reduce; **~ ned** *(i vann)* submerge.

senkning (*medisin*) blood sedimentation.
sennep mustard.
sensasjon sensation; **~ell** sensational.
sensibel sensitive, susceptible.
sensor *(film- o.l.)* censor; *(ved eksamen)* external examiner.
sensur censorship; *(ved eksamen)* exam results.
sensurere censor; mark.
sent late.
senter centre.
sentimental sentimental.
sentral *adj* central; **~bord** switchboard; **~bordoperatør** switchboard operator; **~fyring** central heating; **~isering** centralization.
sentrallås central locking.
sentralnervesystem central nervous system.
sentraloppvarming central heating.
sentralstasjon central (railway) station.
sentrifuge *(til klær)* spin-dryer.
sentrum city centre, downtown.
separasjon separation.
separat separate.
separert separated.
september September.
septer sceptre.
septiktank septic tank.
serber Serbian.
serbisk Serbian.
seremoni ceremony.
serenade serenade.
serie series; **~kamp** (*sport*) league match.
seriøs serious.
sersjant sergeant.
sertifikat certificate; *(førerkort)* driving licence, (*amr*) driver's licence.
server (*edb*) server; **~e** serve; **~ing** (meal) service.
servicebil breakdown lorry, (*amr*) tow truck.
serviett napkin, (*britisk*) serviette.
servise service, set; **kaffe~** coffee set; **middags~** dinner set.
servitør waiter *m*, waitress *f*.
sesjon session.
sesong season; **~arbeider** seasonal worker.
sete seat; *(bakende)* bottom, buttocks; **~fødsel** breech birth.
seter mountain farm; **~rømme** sour cream.
setning sentence; *(ledd-)* clause.

sett *(sammenhørende ting)* set, kit, gear; **~ at** suppose.
sette place, put, set; (*typografi*) compose, set; **~ seg** sit down; **~maskin** typesetting machine; **~potet** seed potato; **~r** setter; (*typografi*) compositor; **~ri** composing room.
severdig worth seeing; **~het** sight, landmark, attraction.
sevje sap.
sex sex; **~press** sex pressure; **~y** sexy.
SFO *fork for* **skolefritidsordning**; after-school programme.
sfære sphere.
sfærisk spherical.
sharia sharia.
shoppingsenter shopping centre, (*amr*) mall.
si say, tell; **~ opp** give notice.
sid long; low.
side side; *(på dyr)* flank; *(bok-)* page; *(av en sak)* aspect; **~gate** side street; **~linje** sideline; **~leie** (*medisin*) lateral position; recovery position; **~lengs** sideways; **~mann** neighbour.
siden *preposisjon, konj, adv* since; *(senere)* later, afterwards; *(tilbake i tid)* ago.
sider cider.
sidespeil side-view mirror.
sidesprang affair, fling.
sidestykke parallel, counterpart.
sidevei byroad, side road.
siffer number, figure; *(skrift)* cipher.
sigar cigar.
sigarett cigarette; **~etui** cigarette case; **~stump** stub, butt; **~tenner** lighter.
sigd sickle.
sige *(gli)* slide, glide; *(gi etter)* sag; (*renne langsomt*) seep.
signal signal; **~ement** description; **~isere** signal.
signatur signature.
signere sign.
sigøyner gipsy, gypsy.
sikker *(viss)* sure, certain; *(trygg)* safe.
sikkerhet *(trygghet)* safety, security; *(visshet)* certainty; **~sbelte** seat/safety belt; **~kopiering** (*edb*) back-up; **~snål** safety pin.
Sikkerhetsrådet (*i FN*) the Security Council.
sikkerhetsvakt security guard.

sikkerhetsventil safety valve.
sikkert *adv (trygt)* safely; certainly.
sikksakk zigzag.
sikle drool, slobber.
sikori chicory.
sikre secure, safeguard; ensure.
sikring protection; *(på våpen)* safety catch; (*jur*) preventive detention; (*elektr*) fuse; **~sboks** fuse box; **~smekanisme** safety mechanism; **~stiltak** safety/security measure.
sikt sight; visibility; *(sil)* sieve; strainer.
sikte *verb* aim (**på, til** at); charge (**for** with); *(mel)* sift; **~lse** (*jur*) charge.
sil sieve; strainer.
sild herring.
sildre trickle.
sile strain, filter.
silhuett silhouette.
silikon silicon.
silke silk; **~aktig** silky; **~glatt** silky, smooth; **~papir** tissue paper.
silregn pouring rain.
simle female reindeer.
simpel *(tarvelig)* mean, poor; *(udannet)* common; vulgar.
simpelthen simply.
simplifisere simplify.
simulere simulate, feign.
sindig *(rolig)* steady, cool, sedate.
singel gravel, shingle; single.
sink zinc.
sinke *subst* latecomer; slow learner.
sinke *verb* retard, delay, detain.
sinn mind; **~e** temper, anger; **~elag** disposition, temperament; **~rik** ingenious.
sinnsforvirret distracted, mentally disturbed.
sinnslidelse mental illness.
sinnsro peace of mind.
sinnssyk insane, mad; **~dom** mental disorder, insanity; **~ehus** mental hospital.
sinnstilstand state of mind.
sint angry (**på** with); cross.
sionisme Zionism.
sippete whining, snivelling.
sirene siren.
sirkel circle; **~formet** circular; **~sag** circular saw.
sirkulasjon circulation.
sirkulere circulate.
sirkulære circular.
sirkus circus.

sirup (*lys*) syrup; (*mørk*) treacle, (*amr*) molasses.
sist last; **~e** last; *(nyeste)* latest; **leke ~n** play tag.
sistnevnte last-mentioned; *(av to)* the latter.
sitat quote, quotation.
sitere quote, cite.
sitron lemon.
sitte sit; **~ fast** be stuck; **~ inne** *(være i fengsel)* be in prison; **~plass** seat; **~underlag** seating pad; **~vogn** carriage.
situasjon situation; **~srapport** progress report; **~skomedie** situation comedy, sitcom.
siv reed, rush.
sive ooze, seep, filter; (*overført*) leak (out).
sivil civil; civilian; **~ ulydighet** civil disobedience; **~arbeider** conscientious objector; **~befolkning** civilian population; **~forsvar** civil defence (CD); **~ingeniør** civil engineer; **~ombudsmann** ombudsman.
sivilisasjon civilization.
sjaber in bad shape, shabby.
sjakal jackal.
sjakk chess; **holde i ~** keep in check; **~brett** chessboard; **~matt** checkmate; **~parti** game of chess.
sjakt shaft, pit.
sjal shawl.
sjalte switch; **~ ut** switch off, cut out.
sjalu jealous (**på** of); **~si** jealousy.
sjampanje champagne.
sjampinjong mushroom.
sjampo shampoo.
sjangle reel, stagger.
sjanse chance (**for** of); **~spill** (*overført*) gamble.
sjargong jargon, slang.
sjarm charm; **~ere** charm; **~ør** ladies' man.
sjattering shade, nuance.
sjau *(slit)* hard work; **~e** toil.
sjef *(arbeidsgiver)* employer; manager, head; (*hverdagslig*) boss, chief; **~redaktør** editor-in-chief.
sjefe boss around.
sjeik sheik; **~dømme** sheikdom.
sjekk cheque (**på** for), (*amr*) check; **~hefte** cheque book; **~-konto** cheque account.
sjel soul.
sjelden *adj* rare, uncommon.
sjelden *adv* seldom, rarely; **~het** rarity.

sjelelig mental, psychic.
sjelesørger spiritual adviser.
sjelevandring transmigration of souls.
sjenere *(hindre)* hamper, *(plage)* annoy; bother.
sjenerende embarrassing, troublesome.
sjenert shy.
sjenerøs generous.
sjikane insults; harassment.
sjiraff giraffe.
sjofel mean.
sjokk shock; **~ere** shock.
sjokolade chocolate; *(drikk)* hot chocolate.
sjonglere juggle.
sjonglør juggler.
sju seven; **~åring** seven-year-old.
sjy gravy.
sjø *(inn-)* lake; *(hav)* sea, ocean; **~fart** navigation, shipping; **~gang** heavy sea; **~kart** chart; **~mann** sailor; **~mil** nautical mile; **~orm** sea serpent, sea monster.
sjøredningstjeneste Sea Rescue Service.
sjøreise voyage.
sjørøver pirate.
sjøsette launch.
sjøstjerne starfish.
sjøsyk seasick.
sjøtunge sole.
sjåfør driver; *(privat-)* chauffeur.
skade *subst (person-)* injury, hurt; *(materiell)* damage; *(ulempe)* harm.
skade *verb (såre)* hurt, injure, harm; *(beskadige)* damage.
skadedyr pest, vermin.
skadefro malicious.
skadefryd malice.
skadelig harmful; detrimental.
skademeldingsskjema claim form.
skadeserstatning indemnity, compensation; (*jur*) damages.
skadet injured.
skaffe get (hold of), obtain; *(forsyne med)* supply/ provide with.
skafott scaffold.
skaft handle.
skakk crooked, tilted.
skala scale.
skalk *(av brød)* first cut, (*amr*) heel; *(hatt)* bowler.
skall shell; *(av frukt)* peel; **~dyr** shellfish.
skalle *subst* skull.
skalle, *verb* **~ av** peel (off); **~t** bald.
skalp scalp; **~ell** scalpel; **~ere** scalp.

skam shame, disgrace; **~fere** disfigure; **~full** ashamed; **~løs** shameless; **~me seg** be ashamed.
skammel footrest.
skammelig shameful, disgraceful.
skamplett stain.
skandale scandal.
skandaløs scandalous.
Skandinavia Scandinavia.
skandinavisk Scandinavian.
skap *(kles-)* wardrobe; cabinet; *(mat-)* cupboard; *(lite)* locker; *(penge-)* safe; **~dranker** closet drinker.
skape create.
skapelse creation.
skapende creative, imaginative.
skaper creator.
skapning *(vesen)* creature.
skapsprenger safe-breaker.
skar *(i fjell)* gap, pass.
skare *(på snø)* crust; *(flokk)* crowd.
skarp sharp, keen; **~sindig** clever, acute; **~skytter** sharp-shooter; **~synt** eagle-eyed.
skarv cormorant.
skatt *(kostbarhet)* treasure; *(til stat)* tax; *(til kommune)* rate; **~bar** taxable.
skatte pay taxes; **~betaler** taxpayer.
Skattedirektoratet *omtrent* Department of Inland Revenue, *(amr)* Department of Internal Revenue.
skattefradrag deduction; tax allowance.
skatteinntekter tax revenues.
skatteligning assessment (of taxes).
skatteparadis tax haven.
skattesnyteri tax evasion, tax dodging.
skattlegge tax.
skaut headscarf.
skavank flaw, defect.
skavl snow-drift.
skepsis scepticism.
skeptiker sceptic.
skeptisk sceptical.
ski ski; **gå på ~** ski, go skiing.
skifer slate; shale.
skift shift; *(klær)* change.
skifte *subst* change.
skifte *verb* change; replace; *(dele)* divide; **~nde** changing, varying; **~nøkkel** (monkey) wrench; **~rett** probate court; **~vis** alternately.
skiføre skiing conditions.
skiheis ski lift.
skikk custom; order; **~elig**

decent; proper; **~else** form, shape, figure; **~et** fit, suitable.
skildre describe, portray.
skildring description, portrayal.
skill *(i håret)* parting.
skille division, partition; distinction; **~linje** dividing line.
skille *verb* separate, part; **~s** part; *(ektepar)* get/be divorced; **~mynt** change; **~tegn** punctuation mark; **~vegg** partition.
skilpadde tortoise; *(hav-)* turtle.
skilsmisse divorce; **begjære ~** start divorce proceedings.
skilt *adj (fra-)* divorced.
skilt *subst* sign; badge; *(veiviser)* signpost; *(bil-)* number plate, (*amr*) license plate; **~e med** display, show off.
skiløper skier.
skiløype ski trail/track.
skingrende shrill, piercing.
skinke ham.
skinn *(av dyr)* skin; *(lær)* leather; *(pels)* fur; *(lys)* light, glow.
skinne (*jernb*) rail; (*støtte*) **brace**; *verb* shine; **~ben** shin-bone; tibia; **~gang** track.
skinnhellig hypocritical.
skinnkåpe fur coat.
skip ship; *(kirke)* nave.
skipper captain.
Skipper'n *(tegneseriefigur)* Popeye the Sailor (Man).
skipsbyggeri *(verft)* shipyard.
skipsfart shipping; *(seilas)* navigation.
skipsmekler shipbroker.
skipsreder shipowner.
skisenter ski centre.
skismøring ski wax.
skispor ski track/trail.
skisport skiing.
skisse sketch, outline.
skistav ski pole.
skitt dirt, filth; (*overført*) trash, rubbish; **~en** dirty, soiled; **~entøy** dirty clothes; dirty linen.
skive disc, disk; *(skyte-)* target; *(brød-, kjøtt-)* slice; *(tlf, ur-)* dial; (*musikk*) record; **~prolaps** slipped disc.
skje *subst* spoon; *(om mengde)* spoonful.
skje *verb* happen, occur.
skjebne fate, destiny; **~svanger** fateful, ill-fated; (**for** to); *(ødeleggende)* fatal; **~tro** fatalism.

skjede (*anatomi*) vagina.
skjegg beard; **~stubb** stubble.
skjele squint; **~ til** look askance at.
skjelett skeleton.
skjell shell; *(fiske-)* scale.
skjelle ut abuse, tell off.
skjellsord invective, term of abuse.
skjelm rogue; **~sk** roguish.
skjelne distinguish, discern.
skjelve tremble, shiver; **~n** trembling, shivering.
skjema form; scheme; **fylle ut et ~** fill in a form; **~tisk** schematic.
skjemme disfigure, mar; spoil; **~ bort** spoil; **~ seg ut** disgrace oneself.
skjemte jest, joke.
skjenk *(møbel)* sideboard.
skjenke *(helle)* pour (out); *(gi)* present, give; **~rett** licence, (*amr*) liquor license.
skjenn scolding; **~e** scold.
skjerf scarf.
skjerm screen; monitor; *(lampe-)* shade; *(på bil)* mudguard; **~brett** folding screen; **~e** screen, shield.
skjermbilde display; x-ray.
skjermoppløsning (*edb*) screen resolution.
skjermsparer screen saver.
skjerpe *(gjøre skarp)* sharpen; *(appetitten)* whet; *(gjøre strengere)* tighten up; **~ seg** pull oneself together; **~nde** aggravating; intensifying.
skjev crooked; lopsided.
skjold shield; **~bruskkjertel** thyroid gland; **~ete** stained; discoloured.
skjorte shirt; **~bryst** shirt front; **~erme** shirt-sleeve; **~flak** shirttail.
skjule hide, conceal.
skjult hidden; latent.
skjær *(lys)* gleam; *(farge)* tinge; *(i sjøen)* rock, reef.
skjære *subst* magpie.
skjære *verb* cut; **~nde** *(om lyd)* shrill, piercing.
skjæring cutting; **~spunkt** (point of) intersection.
skjærsild purgatory.
skjød lap; womb; **~ehund** lap dog; **~esløs** careless.
skjønn *adj* beautiful, lovely.
skjønn *subst* judg(e)ment; *(overslag)* estimate; **~e** realize, understand; see; **~er** connoisseur, authority on.
skjønnhet beauty; **~skonkurranse** beauty contest; **~ssalong** beauty parlour.

skjønnlitteratur fiction, imaginative literature.
skjønt *konj* (al)though.
skjør brittle; fragile.
skjørbuk (*medisin*) scurvy.
skjørt skirt.
skjøt seam, joint.
skjøte (*jur*) deed (of conveyance).
skjøte *verb* pin (together); lengthen.
skjøtte take care of.
skli slide; *(om hjul)* skid; **~e** slide.
sko shoe.
skofte shirk, cut work.
skog forest; *(mindre)* wood; **~bruk** forestry; **~due** stock pigeon/dove; **~planting** forestation; **~vokter** forest ranger.
skokrem shoe polish.
skole school; **~eksempel** textbook example; **~ferie** (school) holidays; vacation; **~gård** schoolyard; **~penger** *flertall* school fees, (*amr*) tuition; **~styrer** head(master); **~veske** school bag, satchel.
skolisse shoe-lace.
skomaker shoemaker.
skopusser shoeblack, (*amr*) shoeshine.
skorpe crust; *(sår)* scab; *(oste-)* rind.
skorpion scorpion.
Skorpionen *astrologi* Scorpio (fra 24. oktober).
skorstein chimney; *sjøfart* funnel.
skotsk Scottish, Scotch.
skotte Scot, Scotsman.
Skottland Scotland.
skotøy footwear.
skral sickly, poorly.
skramle clatter, rattle.
skramme scratch.
skrangle rattle.
skranke *(sperring)* barrier; *(i bank o.l.)* counter; (*jur*) bar.
skrante be in poor health.
skrap junk, trash; *(avfall)* refuse; **~e** *subst* *(irettesettelse)* reprimand.
skrape *verb* scrape; scratch.
skraphandel junk shop.
skrapjern scrap iron.
skravle chatter, jabber; **~bøtte** chatterbox; **~te** talkative.
skred *(snø-)* avalanche; *(jord-)* landslide.
skredder tailor; **~sydd** tailored, tailor-made.
skrei cod.
skrekk terror, dread; **~elig** terrible, dreadful; **~slagen** terrified, terror-stricken.
skrell *(skall)* peel; *(eple-)* rind; **~e** peel.

skremme frighten, scare; startle.
skremmende frightening, scary.
skrent steep, slope.
skreve *(ta lange steg)* stride; *(sprike)* straddle.
skride stride.
skrift *(hånd-)* (hand) writing; (*typografi*) type, font; (*tekst*) paper; *(hefte)* pamphlet.
skrifte *verb* confess; **~mål** confession.
skriftlig written, in writing.
skriftspråk written language.
skrifttegn character.
skrike cry; *(sterkere)* scream, shriek; **~nde** screaming; *(grell)* glaring.
skrin box; chest; **~legge** abandon, shelve.
skritt pace, step; (*anatomi*) crotch; *(lyske)* groin; **~e** pace; **~vis** step by step.
skriv official letter; **~e** write; type; **~ebok** exercise book; **~ebord** desk; **~er** (*maskin*) printer; **~esperre** writer's block.
skrog *(skip)* hull; *(bil)* chassis; (*fly*) fuselage.
skrot scrap, junk.
skrott *(kjernehus)* core; (*dyreslakt*) carcass.
skrubb scrub; **~e** scrub; **~sulten** ravenous; **~sår** scratch.
Skrue, Onkel *~(tegneseriefigur)* Uncle Scrooge.
skrue screw.
skruis pack ice.
skrujern screwdriver.
skrukke *subst, verb* wrinkle, crease; **~te** wrinkled.
skrukork screw cap.
skrumpe *(inn, sammen)* shrink, shrivel (up).
skrumplever cirrhosis of the liver.
skrunøkkel wrench, spanner.
skrustikke vice.
skryt(e) brag, boast; **~epave** braggart, boaster.
skrøne *subst, verb* fib, lie.
skrøpelig frail; ramshackle.
skrå *adj* sloping, slanting.
skrål racket, roar; **~e** holler, yell.
skråning slope, slant.
skråplan inclined plane; (*overført*) downward path.
skråsikker positive, absolutely sure.
skråtak sloping roof.
skråtobakk chewing tobacco.
skubbe push, shove.

skudd shot; bullet; (*bot*) shoot, sprout; **~hold** range; **~sikker** bulletproof; **~år** leap-year.
skuespill play; **~er** actor *m*, actress *f*; **~forfatter** playwright; dramatist.
skuff drawer.
skuffe *subst, verb* shovel.
skuffe *verb (ikke svare til forventninger)* disappoint; **~lse** disappointment; **~t** disappointed.
skulder shoulder; **~blad** shoulderblade; **~veske** shoulder bag.
skule scowl, glare (**på** at).
skulke shirk; *(skolen)* play truant; (*amr*) play hook(e)y.
skulle have to; will; shall.
skulptur sculpture.
skulptør sculptor.
skuls, være ~ be even.
skum *subst* foam; *(såpe-)* lather; *(øl)* froth; **~gummi** foam rubber.
skumme foam; skim; *(øl)* froth; *(såpe)* lather.
skummel spooky, sinister, scary.
skumring twilight, dusk.
skur shed; *(regn-)* shower.
skure scrub, scour.
skurk scoundrel, villain, bad guy; **~estrek** dirty trick.
skuronn harvesting.
skurre jar, grate; crackle.
skute vessel, ship, craft.
skvalpe splash.
skvett splash; *(liten slant)* dash, drop.
skvette splash; sprinkle; *(fare sammen)* start; **~n** jumpy, skittish.
skvettlapp mudflap, (*amr*) splash guard.
skvettskjerm mudguard, (*amr*) fender.
skvip dishwater; hogwash.
skvulpe ripple, lap.
sky *verb* shun, avoid; **~brudd** cloudburst; **~et** cloudy.
sky *adj* shy; *subst* cloud.
skygge shade; shadow; *(på lue)* brim; (*amr*) visor.
skygge *verb* shadow, tail; **~lue** cap.
skyhøy sky-high.
skylapper blinkers, (*amr*) blinders.
skyld *(feil)* fault; *(ansvar)* blame; (*synd*) sin; (*jur*) guilt; **~bevisst** guilt-ridden; **~e** owe; **~es** is due to; **~ig** guilty; due; *(som skyldes)* owing to, due to; **~ner** debtor.
skylle rinse; *(om sjø)* wash; (*flomme*) pour; **~bøtte**

(*overført*) scolding; **~dunk** rubbish bin, (*amr*) garbage pail; **~middel** fabric softener.
skynde seg hurry, make haste.
skyskraper skyscraper.
skyss, få ~ get a lift, (*amr*) get a ride.
skyte shoot, fire; **~bane** rifle range; **~skive** target; **~våpen** firearms.
skyts guns, artillery.
skytshelgen patron saint.
Skytten *astrologi* Sagittarius (fra 22. november).
skytter marksman, shot; **~grav** trench; **~lag** rifle club.
skyve push, shove; **~dør** sliding door.
skøy fun; **~er** rascal, rogue; **~erstrek** practical joke, prank.
skøyte (*sport*) skate; (*sjøfart*) smack; **~bane** skating rink; **~løp** speed skating; skating race; **~løper** (speed) skater.
skøyting skating; *(i langrenn)* ski skating.
skål *(bolle)* bowl; *(til kopp)* saucer; *(som utbringes)* toast; *(uformelt)* cheers!
skåne spare.
skår *(potte-)* sherd; *(hakk)* cut.
slabbedask slob.
sladder gossip.
sladderhank tattler, telltale.
sladre gossip; tell on.
sladrespalte gossip column.
slag blow, hit; (*mil*) battle; (*maskin- o.l.*) stroke; *(rytmisk)* beat; *(på jakke)* lapel; (*medisin*) stroke; *(sort)* kind, sort.
slager hit.
slagferdig quick-witted.
slagg slag.
slagkraftig effective.
slagmark battlefield.
slagord catchword, slogan.
slags sort, kind; **~mål** fight, brawl.
slagverk percussion.
slakk slack; **~e** slacken.
slakte kill, slaughter; **~r** butcher; **~ri** slaughterhouse.
slalåm slalom; **~bakke** ski slope; **~renn** slalom race.
slam mud, sludge.
slamp scamp, lout.
slange snake; *(gummi-)* tube; *(vann-)* hose.
slank slim; **~e seg** diet.
slapp slack, loose; **~e av** relax.
slaps sludge, slush; **~ete** sludgy, slushy.

slave slave; **~handel** slave trade; **~ri** slavery.
slavisk Slavic, Slavonic.
slede sledge, sleigh, (*amr*) sled.
slegge sledgehammer; (*sport*) hammer; **~kaster** hammer thrower.
sleip slippery, slick; *overført (også)* sly, cunning.
sleiv *(øse)* ladle; **~ete** careless; tactless.
slekt family; **~ledd** generation; **~ning** relative, relation; kin; **~sforskning** genealogy; **~skap** relationship; kinship; **~stavle** genealogical table.
slem mean, bad, nasty; *(uskikkelig)* naughty.
slendrian negligence, carelessness.
slengbemerkning casual remark.
slengbukser flared trousers, (*amr*) bell-bottoms.
slenge *(kaste)* toss, fling; *(dingle)* dangle; *(gå og ~)* idle, loaf.
slentre saunter, stroll.
slep tow; *(på kjole)* train; **ha på ~** have in tow.
slepe drag, haul; (*sjøfart*) tow, tug; **~båt** tug(boat); **~krok** towing hook.
slepphendt butterfingered.
slesk *adj* sleazy, slick.
slett *(dårlig)* bad; *(jevn)* level, flat; **~ ikke** not at all; **~e** *subst* plain.
slette *verb (fjerne)* delete, erase; *(jevne ut)* smooth.
slibrig (*overført*) indecent, obscene, smutty; **~het** obscenity.
slik such; like that.
slikke lick; **~pott** spatula; **~rier** sweets, (*amr*) candy.
slikkmunn sweet tooth.
slim slime; (*anatomi*) phlegm, mucus; **~ete** slim(e)y; **~hinne** mucous membrane.
slingre sway; *(hjul o.l.)* wobble.
slipe grind; *(glass)* cut; **~middel** abrasive; **~stein** grindstone.
slippe *(løsne taket)* let go; *(la falle)* drop, release; *(unngå)* avoid; **~ opp for** run out of.
slips tie.
slire sheath.
slit *(strev)* toil, drudgery; **~asje** wear; **~e** *(hale)* pull, tear; *(klær)* wear; *(arbeide hardt)* toil; **~en** tired; **~som** tiring; (*overført*) tiresome; **~t** worn.

slott palace, castle.
slovak Slovak(ian); **~isk** Slovak(ian).
Slovakia Slovakia.
slovener Slovene, Slovenian.
Slovenia Slovenia.
slovensk Slovene, Slovenian.
slu sly, cunning.
sludd sleet.
sludder nonsense, rubbish.
sluk *(fiske-)* fishing lure, spoon (bait); *(avgrunn)* abyss; *(avløp)* drain; **~e** swallow, devour; (*overført*) lap up; **~hals** glutton, pig.
slukke extinguish, put out; *(tørst)* quench.
sluk(k)øret downcast.
slukne go out.
slum slum.
slump *(rest)* remainder; *(tilfeldighet)* chance; *(mengde)* lot; **på ~** at random.
slumpetreff stroke of good luck.
slumre slumber, doze; **~nde** dormant.
slunken lean.
slure *(hjul)* skid; *(kløtsj)* ride.
slurk sip, swig, swallow.
slurpe (i seg) slurp.
slurv carelessness, negligence; **~ete** careless, sloppy.
sluse lock.
slusk tramp, bum.
slutning conclusion.
slutt end, finish; **~e** end, finish, stop, conclude; **~resultat** final result; **~spill** play-off; **~vederlag** severance pay.
slynge *subst* sling.
slynge *verb (kaste)* fling, hurl; *(sno)* wind.
slyngel rascal, scoundrel.
slyngplante creeper, climber.
slør veil; **~ete** *(i stemmen)* husky.
sløse waste, squander; **~ri** waste; **~te** wasteful, extravagant.
sløv blunt, dull.
sløyd woodwork, carpentry.
sløye gut, clean.
sløyfe *subst (bundet)* bow; *(linje)* loop.
sløyfe *verb* leave out, drop, omit.
slå *(gi slag)* punch, strike, hit; *(hjerte)* beat, throb; *(klokke, lyn)* strike; *(gress)* mow; *(beseire)* beat, defeat; **~ av** turn/switch off; **~ på** *(bryter)* turn/

switch on; ~ **seg** hurt oneself; ~ **seg løs** enjoy oneself, go on a spree.
slåbrok dressing-gown, (*amr*) robe.
slående striking.
slåmaskin reaper.
slåss fight; **~kjempe** bully, fighter.
slått (*landbruk*) haying (season); (*mus*) tune, air.
smadre smash.
smak taste; flavour; **~e** taste; **~ebit** taste, sample; **~full** tasteful, tasty; **~løs** in bad taste, tasteless.
smal narrow.
smalfilm 8 mm/16 mm film.
smaragd emerald.
smatte smack (one's lips).
smed smith; *(grov-)* blacksmith.
smekk *(lite smell)* click; *(i bukse)* fly; (*overført*) warning.
smekke *subst* bib.
smekke *verb* slap, click.
smekker slender, elegant.
smekkfull jam-packed.
smekklås snap lock.
smektende languishing, seductive.
smell crack, bang, crash; **~e** crack; bang.
smelte melt; *(malm)* smelt.
smerte *subst* pain.
smerte *verb* hurt, ache; pain; **~fri** painless; **~full**, **~lig** painful; **~stillende middel** pain-killer.
smi forge.
smidig *(myk)* supple, lithe; *(bøyelig)* flexible, pliable.
smie forge, smithy.
smiger flattery.
smigre flatter.
smijern wrought iron.
smil smile; **~e** smile; **~ehull** dimple.
sminke *subst, verb* paint, make-up.
sminkeveske beauty bag, make-up case.
smiske for fawn over, butter up.
smitte *subst* infection, contagion.
smitte *verb* infect; ~ **av på** rub off on; **~farlig**, **smittsom** contagious, infectious.
smoking dinner-jacket, (*amr*) tuxedo.
SMS *edb, fork for* **Short Message Service**.
smug alley, lane; **i** ~ secretly; on the sly.
smugle smuggle; **~r** smuggler.
smuldre crumble, moulder.

smule *subst* crumb, bit.
smule *verb* crumble.
smult *subst* lard.
smurning grease, lubricant; *(bestikkelse)* bribe.
smuss filth, dirt; **~litteratur** smut.
smutte slip.
smutthull (*overført*) loophole.
smyge steal, creep.
smykke *subst* (piece of) jewellery, (*billig*) trinket; *verb* adorn, decorate; **~skrin** jewel box.
smør butter; **~blomst** buttercup; **~brød** *omtrent* (open-faced) sandwich.
smøre *(smør)* butter; *(fett)* grease; *(olje)* oil, lubricate; *(bestikke)* bribe.
smøremiddel lubricant.
smøreolje lubricating oil.
smøreost cheese spread.
smørsanger crooner.
små small, little; **~bruk** small farm; **~båt** small craft; **~jobber** odd jobs; **~lig** *(gjerrig)* stingy, (*trangsynt*) petty; **~penger** (small) change; **~prat** small talk; **~regn** drizzle; **~rolling** tot, toddler; **~spising** nibbling; **~stein** pebble.
snabel trunk.
snadder goodies.
snakk talk; **~e** talk, speak, chat; **~esalig** talkative, chatty; **~etøy** gift of the gab.
snappe snatch, grab.
snaps shot; spirits, aquavit.
snar *adj* quick; **~est** as soon as possible; **~lig** prompt; **~t** *adv* soon, shortly, presently; **~tenkt** quick-witted.
snarvei shortcut.
snau *(bar)* bare, stark; *(knapp)* scant, scarce.
snegle snail; **~hus** snail shell.
snekker *(bygnings-)* carpenter; *(møbel-)* cabinet-maker; **~bukse** (bib) overalls.
snelle reel, spindle, spool.
snerk skin, film.
snerpete prudish, prim.
snerre snarl, growl.
snerten smart, classy.
snes score.
snev *(antydning)* touch, trace.
snever narrow, restricted; **~synt** narrow-minded.
snike sneak.
snikmord assassination.
snikmorder assassin.

snikskytter sniper.
snill kind, good.
snipp collar.
snitt cut, incision; **~e** cut.
sno *subst* biting, icy wind.
snobb snob; **~eri** snobbery; **~ete** snobbish, stuck-up.
snodig funny, strange, odd.
snor *(tynn)* string; *(tykk)* cord.
snorke snore.
snorksove sleep like a log.
sno seg twist, twine.
snuble stumble, trip.
snue sniffles, headcold.
snuoperasjon turnaround.
snurre spin, twirl; **~bass** *(leketøy)* top.
snus snuff; **~dåse** snuffbox; **~e** *(med nesen)* sniff; *(-tobakk)* snuff; (*overført*) pry; **~hane** snooper.
snu (seg) turn; turn back.
snute muzzle, snout.
snylter parasite; sponger.
snyte *(bedra)* cheat; *(nesen)* blow.
snø *subst, verb* snow; **~ball** snowball; **~brett** snowboard; **~fnugg** snowflake; **~fonn** snowdrift; **~freser** snowblower.
Snøhvit, ~ og de sju dverger*(eventyrfigurer)* Snow White and the seven dwarfs.
snøklokke (*bot*) snowdrop.
snømåking snow shovelling.
snøplog snowplough; *(amr)* snowplow.
snøre *subst (fiske-)* line.
snøre *verb* lace (up); tie (up).
snørr snot; **~ete** snotty; **~hoven** stuck-up, snooty.
snøscooter snowmobile.
snøskred avalanche.
snøskuffe snow shovel.
snøstorm snowstorm, blizzard.
snøvle slur, snuffle; **~te** slurred, snuffling.
snål peculiar, odd; **~ing** oddball, (*hverdagslig*) weirdo.
sofa couch, sofa; **~gris** couch potato; **~gruppe** lounge suite.
sogn parish; **~eprest** rector, vicar, (*amr*) minister; (*katolsk*) parish priest.
sokk sock.
sokkel pedestal, base; (*grunnmur*) foundation.
sokne drag **(etter** for).
sol sun; **~brent** sunburnt; **~brun** tanned; **~briller** sunglasses, shades.

solbær black currant.
soldat soldier.
soleklar crystal clear.
soleksem sun rash.
solenergi solar energy.
sole seg sunbathe, bask (in the sun).
solfaktor sun protection factor.
solformørkelse solar eclipse, eclipse of the sun.
solid solid, sturdy, strong.
solidaritet solidarity, unity.
soliditet solidity, sturdiness.
solist soloist.
solkrem suntan lotion, sun screen, sun block.
solmoden sun-ripe.
solnedgang sunset.
soloppgang sunrise.
solsikke sunflower.
solskinn sunshine.
solskjerm sun visor.
solstikk sunstroke.
solstråle sunray, sunbeam.
soltak *(bil)* sun roof.
solur sundial.
solverv solstice.
som *konj* as; like; ~ **om** as if, as though.
som *pron* who, which, that.
somle procrastinate, dawdle.
somle bort *(tid)* waste; *(noe)* lose, mislay.
somlepave slowpoke, dawdler.
sommel procrastination, wasting time.
sommer summer; **~fugl** butterfly.
sommersted summer place, summer cottage.
sonate sonata.
sonde probe; **~re** probe, explore.
sondre *(skjelne)* distinguish.
sone *subst* zone.
sone *verb (straff)* serve/ do time.
sope sweep; **~lime** broom.
sopp fungus (*flertall* fungi); *(spiselig)* mushroom; *(i hus)* dry-rot.
sopran soprano.
sordin mute, sordino.
sorg sorrow, grief; **~full** mournful, sorrowful; **~løs** carefree; **~tung** grief-stricken.
sort *subst* sort, kind.
sort *adj* black.
sortere sort, classify, grade.
sortering sorting, grading.
sosial social; **~arbeider** social worker; **~demokratisk** social democratic.
Sosialdepartementet Ministry of Social Affairs.
sosialisere socialize.
sosialisme socialism.

sosialist socialist.
sosialkurator social worker.
sosialøkonomi economics.
sosiologi sociology.
sosionom social worker.
sot soot; **~ete** sooty.
sove sleep; be asleep; **~plass** *(på båt, tog)* berth; **~sal** dormitory; **~tabletter** sleeping pills; **~vogn** sleeping car, sleeper; **~værelse** bedroom.
sovekommune bedroom community.
Sovjetunionen the Soviet Union.
sovne fall asleep.
spa dig; **~de** spade.
spa spa, health/fitness resort.
spak *subst* lever, handle; *(gir-)* gear lever; (*amr*) gear shift, stick shift.
spak *adj* meek, quiet; **~ne** *(om vind)* subside.
spalte *subst* split, cleft; (*typografi*) column.
spalte *verb* split.
spamme (*edb*) spam.
Spania Spain.
spanjol Spaniard.
spann bucket, pail.
spansk Spanish.
spar (*kortspill*) spades.
spare save; *(skåne)* spare; **~bank** savings bank; **~gris** piggy-bank; **~konto** savings account; **~penger** savings.
spark kick; (*amr fotball*) punt; (*sparkstøtting*) kicksled.
sparke kick; **~bukse** romper suit; **~pike** chorus girl.
sparsom sparse, scanty; **~melig** thrifty, economical.
spartansk austere.
spasere walk, stroll.
spaserstokk walking-stick, cane.
spasertur walk.
spastisk spastic.
spe *verb* dilute, thin.
sped *adj* slender, delicate.
spedbarn baby, infant.
spedalsk leprous; *subst* leper.
spedisjon dispatch, shipping.
spedisjonsfirma shipping agents.
speed amfetamin, (*slang*) speed; **~båt** speedboat.
speider scout; **~leir** scout camp, (*stor*) jamboree.
speil mirror; **~bilde** reflection; **~blank** glassy; **~e** reflect, mirror; **~egg** fried egg.
speilvendt inverted.
spekekjøtt cured meat.

spekesild salted/pickled herring.
spekeskinke gammon, cured ham.
spekk lard, blubber; **~hogger** killer whale.
spekulant speculator.
spekulasjon speculation.
spekulere speculate.
spenn *(bru)* span; *(spark)* kick.
spenne *subst* buckle.
spenne *verb (stramme)* stretch, tighten; *(over)* span; *(sparke)* kick.
spennende exciting, thrilling.
spenning suspense; excitement; *(usikkerhet)* suspense; (*elektr*) voltage.
spenstig springy, resilient; (*overført*) buoyant.
spent tense; *(nysgjerrig)* curious, anxious.
sperma *biol* sperm, semen.
sperre *subst* barrier, bar.
sperre *verb* block, bar, obstruct.
spesialisere seg specialize.
spesialist specialist.
spesialitet speciality.
spesiell special, particular; unusual.
spesielt *(især)* especially, particularly.
spesifikasjon specification; itemization.
spesifikk specific.
spesifisere specify, itemize.
spetakkel *(bråk)* uproar, row; *(støy)* noise.
spett lever, crowbar.
spidd spit, skewer; **~e** pierce, gore.
spiker nail.
spikke whittle.
spikre nail.
spile *subst (i paraply)* rib.
spill play; *(lek)* game; (*teater*) playing, acting.
spille play; (*teater*) act, perform; *(ødsle bort)* waste; **~automat** slot machine, one-armed bandit; **~dåse** music-box; **~film** feature film; **~mann** (*mus*) fiddler, folk musician; **~regler** (the) rules of the game; **~rom** scope; leeway.
spiller player.
spinat spinach.
spindelvev cobweb, spider's web.
spinkel slender, thin.
spinne spin.
spion spy; **~asje** espionage; **~ere** spy; snoop.
spir spire, steeple.
spiral spiral.

spire *subst* germ, sprout.
spire *verb* sprout, germinate.
spiritisme spiritism, spiritualism.
spiritist spiritist, spiritualist.
spirituell witty, entertaining.
spirituosa spirits, liquor, (*amr*) hard liquor.
spise eat; **~bestikk** cutlery, (*amr*) flatware; **~bord** dining-table; **~brikke** place mat; **~forstyrrelse** eating disorder; **~kart** menu, bill of fare; **~lig** edible, eatable; **~pinner** chopsticks; **~rør** gullet; **~sal** dining-room; **~skje** tablespoon; **~vogn** dining car.
spiskammer pantry, larder.
spiss *adj* pointed, sharp.
spiss *subst* point, tip.
spisse sharpen.
spissfindig subtle, hair-splitting.
spisskompetanse expertise, special skill.
spissvinklet acute-angled.
spjeld damper; valve.
spjelke splint.
spleise splice; *(skyte sammen)* club together, go Dutch; **~lag** Dutch treat.
splint *(stykke)* fragment, splint; **~re** shatter.
splitt slit; split pin; **~e** divide; split; **~else** *(uenighet)* discord; *(oppdeling)* split-up, separation.
splitter ny brand new.
spole *subst, verb* spool, reel; **~re** spoil, ruin.
spon chips; *(høvel-)* shavings; *(fil-)* filings; **~plate** chipboard.
sponse sponsor.
sponsing sponsoring.
sponsoravtale sponsorship agreement.
spontan spontaneous; **~abort** miscarriage; **~itet** spontaneity.
spor *(fot-)* footprint; *(jakt)* track, trail; *(hjul)* track, rut; (*jernb*) tracks, rails; (*overført*) track, trace.
sporadisk sporadic, intermittent.
spore *subst* spur; (*overført*) stimulus, incentive; (*bot*) spore.
spore *verb* trace, track; *(an-)* spur, urge; **~hund** tracker dog; (*person*) sleuth.
sporløst without a trace.
sport sport(s); **~sartikler** sports goods; **~sfisker** angler; **~sklær** sportswear; **~sutøver** athlete; **~svogn** (*barnevogn*) pushchair,

(*amr*) stroller; **~sånd** sportsmanship.
sporvei tramway.
sporvogn tram(car), (*amr*) streetcar.
spotmarked spot market.
spotsk mocking, scornful.
spott mockery, derision; **~e** scoff at, scorn, mock; **~pris** bargain price, very cheap.
spraglete motley; *(glorete)* gaudy.
sprake crackle.
sprang leap, jump; **~ridning** showjumping.
spre spread; scatter; **~der** sprinkler; **~dning** scattering; proliferation *(særlig om kjernevåpen)*.
sprek vigorous, fit; (*om bil*) powerful.
sprekk *(brist)* crack; *(åpning)* crevice, chink; **~e** crack, burst; **~eferdig** ready to burst.
sprelle wriggle, kick about; *(fisk)* flop; **~mann** jumping jack.
sprenge burst, break; blow up; blast.
sprengkulde freezing cold.
sprengladning explosive charge.
sprenglærd erudite, very learned.
sprengstoff explosive, dynamite.
sprengt *mat* lightly salted.
sprette bounce; bound; leap; **~ opp** rip open, unstitch; **~n** frisky; **~rt** slingshot, (*britisk*) catapult.
sprike spread out, sprawl.
spring tap, (*amr*) faucet; **~brett** springboard; (*overført*) stepping-stone.
springe *(løpe)* run; *(eksplodere)* burst; explode; **~nde** disconnected, incoherent; **~r** *(sjakk)* knight.
springkniv flick knife, (*amr*) switchblade.
sprinkel bar.
sprinkelseng *(til baby)* cot.
sprinkleranlegg sprinkler (system).
sprint sprint; short distance; **~er** sprinter.
sprit spirit(s), liquor, (*hverdagslig*) booze.
sprudle bubble, sparkle; **~nde** sparkling, (*om person*) high-spirited; **~vann** champagne, bubbly.
sprut spurt; **~e** gush, spray.
sprø *(om mat)* crisp; *(skjør)* brittle, fragile; (*gal*) crazy, (*slang*) nuts, bonkers.
sprøyte *subst* (*medisin*)

syringe; *(innsprøytning)* shot, injection.
sprøyte *verb* spray; *(sprute)* spurt, squirt; **~ inn** (*medisin*) inject; **~narkoman** junkie, drug addict; **~spiss** (hypodermic) needle.
språk language; **~bruk** language usage; **~forsker** linguist; **~lig** linguistic.
spurt sprint, spurt; **~e** sprint, spurt.
spurv sparrow.
spy *subst* vomit.
spy *verb* vomit; (*hverdagslig*) throw up, puke.
spyd spear; *(kaste-)* javelin.
spydig sarcastic; **~het** sarcasm.
spydkaster javelin thrower.
spyle wash (down), flush.
spytt spit, saliva; **~e** spit.
spøk jest, joke.
spøke jest, crack a joke; *(gå igjen)* haunt; **~full** playful, facetious; **~lse** ghost.
spørre ask; inquire; **~ ut** question; **~konkurranse** quiz; **~skjema** questionnaire; **~undersøkelse** survey.
spørsmål question; **~stegn** question mark.
spå predict; **~dom** prophecy; **~kone, ~mann** fortune-teller.
squash (*sport*) squash; *mat* courgette, (*amr*) zucchini.
sta obstinate, stubborn.
stab staff.
stabbur storehouse (on pillars).
stabel pile, stack; **~avløpning** launch(ing).
stabil stable; *(om person)* steady; **~isere** stabilize.
stable stack, pile.
stadfeste affirm, confirm; **~lse** confirmation; verification.
stadig steady, constant; *adv* constantly, continually.
stadion stadium.
stadium phase, stage.
stafett (*sport*) relay (race); **-pinne** baton.
staffeli easel.
stagge curb, check.
stagnasjon stagnation.
stagnere stagnate.
stake *subst* stake; *(lang)* pole; *(lyse-)* candlestick; (*sjøfart*) sparbuoy.
stake *verb* pole, stake (out).
stakittgjerde picket fence; *(jern-)* railing.
stakk (hay)stack; skirt.
stakkar poor devil; **~slig** pitiable, miserable.

stall stable; **~kar** groom, stable boy.
stamgjest regular (customer), patron.
stamme *subst (tre-)* stem, trunk; *(folk)* tribe.
stamme *verb* stammer, stutter; *(fra)* stem from, hail from; *(ned-)* descend/ be descended from.
stampe *(gå tungt)* tramp; *(pantsette)* pawn.
stamsted hang-out, haunt.
stamtavle pedigree; genealogical table.
stamtre family tree.
stand (social) class, profession.
stand, i ~ in working order.
standard standard; **~utstyr** standard equipment.
standhaftig firm, steadfast.
standplass firing/shooting range.
standpunkt standpoint, point of view.
standpunktkarakter final assessment.
standsmessig fitting one's position; *(flott)* elegant.
stang *(stake)* pole; *(fiske-)* rod; *(metall-)* bar; *(flagg-)* staff; **~e** butt; knock.
stank stench, stink.
stans break, pause; stop; stoppage; **~e** stop, come to a halt.
stappe *subst* mash.
stappe *verb* stuff, cram.
stappfull crammed.
stappmett full up.
start start, beginning; **~e** start, begin; **~kabel** jump lead(s), (*amr*) jumper cable(s); **~kapital** start-up capital; **~side** portal.
startklar all set (to go).
stas finery; fun; **~elig** fine, splendid.
stasjon station, (*amr*) depot; **~svogn** estate car, (*amr*) station wagon; **~ær** stationary.
stat state; **~isk** static; stagnant.
statist *(film)* extra; (*teater*) walk-on.
statistikk statistics.
statistisk statistical.
stativ stand, rack.
statsadvokat public prosecutor; (*amr*) district attorney.
statsautorisert revisor chartered accountant.
statsborger citizen, subject.
statsbudsjett state budget.
statseiendom public property.
statsforvaltning public administration.

statsfunksjonær civil servant.
statsgjeld national debt.
statskasse the Treasury, the Exchequer.
statskirke state church.
statskraft stateowned electricity.
statskupp coup (d'état).
statsminister prime minister, premier.
statsråd cabinet meeting; *(person)* cabinet minister; (*amr*) cabinet member.
statstjenestemann civil servant.
statsvitenskap political science.
statue statue.
status status, standing; (*handel*) balance sheet; **~symbol** status symbol.
statutter statutes, rules.
staude perennial.
stav staff, stick, pole; **~e** spell; **~else** syllable; **~emåte** spelling.
stavhopp pole-vault.
stavkirke stave church.
stavn *(for-)* stem; prow; *(bak-)* stern.
ste- step-.
sted place, spot; **finne ~** take place; **~fortreder** deputy, substitute; **~sans** sense of orientation.
stefar stepfather.
steil *(bratt)* steep; *(sta)* rigid, stubborn; **~e** *(bli forbløffet)* be astonished; *(om hest)* rear (up).
stein stone; **~alder** Stone Age; **~bed** rock garden; **~brudd** (stone-)quarry.
Steinbukken *astrologi* Capricorn (fra 22. desember).
steine stone.
steinete stony, rocky.
steinhogger stonecutter.
steinkast stone's throw.
steinrik filthy rich.
steinrøys talus, rock-covered slope.
steintøy crockery.
stek roast; *(hele stykket)* joint; **~e** roast; *(i panne)* fry; **~eovn** oven; **~epanne** frying pan.
stelle *(pleie)* nurse, care for; **~bord** bathinette; **~rom** baby care room.
stemme *subst* voice; (*politikk*) vote.
stemme *verb* vote; (*mus*) tune; *(være riktig)* be right, add up; **~berettiget** qualified to vote; **~bånd** vocal chord; **~rett** right to vote; (*politikk*) franchise; **~seddel** ballot.

stemning atmosphere; sentiment; *(sinns-)* mood, spirit(s).
stempel stamp; (*maskin*) piston; *(på varer)* mark, brand; **~avgift** stamp duty.
stemple stamp, brand; mark.
stemplingsur time clock.
stenge *(sperre)* block; *(lukke)* shut, close; **~tid** closing time.
stengel stem; *(stilk)* stalk.
stengsel bar, barrier.
stenograf shorthand typist; **~i** shorthand, stenography.
steppe *subst* steppe, prairie.
steppe *verb* tap dance.
stepping tapdancing.
stereo stereo; **~anlegg** stereo (set), hi-fi.
steril sterile; **~isere** sterilize.
sterk strong; *(om lyd)* loud.
stetoskop stethoscope.
stett stem.
stev short, improvised folk verse.
stevn (*sjøfart*) bow.
stevne *subst* rally; meet(ing); sports competition.
stevne *verb (styre)* steer, head; *(innkalle)* summon; *(for retten)* take sby to court; **~møte** date, rendezvous.
sti path, trail; *(på øyet)* sty; **~finner** scout, path finder.
stift pin, tack; *(til grammofon)* needle, stylus.
stifte *(feste)* staple; *(grunnlegge)* found, establish; *(gjeld)* contract; **~lse** foundation, establishment; **~maskin** stapler.
stigbøyle stirrup.
stige *subst* ladder.
stige *verb* rise, mount, go up; *(øke)* increase.
stigning rise, increase; *(på vei)* ascent, climb, uphill.
stikk *(av insekt)* sting, bite; *(nåle-)* (pin-)prick; *(kniv o.l.)* stab; (*kortspill*) trick.
stikke *(med noe spisst)* stick; *(med nål)* prick; *(insekt)* sting.
stikkelsbær gooseberry.
stikkontakt socket, outlet; *(støpsel)* plug.
stikkord (*mil*) password; *(oppslagsord)* entry; (*teater*) cue.
stikkpille suppository.
stikkprøve spot test, random sample/check.
stikling cutting, sapling.
stil style; *(skole-)* essay, (*amr også*) paper, report; **~e til** address to; **~ig** stylish, smart.

stilist stylist; **~isk** stylistic.
stilk stem, stalk.
stillas scaffold(ing).
stillbar adjustable.
stille *adj* quiet, calm, still.
stille *verb (anbringe)* put, place, set; *(lindre)* ease; *(klokka)* set; **~ ut** exhibit, display.
stilleben still life.
stillesittende sedentary.
stillestående stationary; stagnant.
stillferdig quiet, subdued.
stillhet silence, calm, stillness.
stilling position; *(ansettelse også)* post, situation, job; *(holdning)* position; attitude.
stillongs tights; long johns.
stillstand stagnation, standstill.
stilltiende tacit, implied.
stim *(fisk)* shoal; *(stimmel)* crowd; **~le sammen** crowd, throng.
stimulans incentive, stimulant, stimulus.
stimulere stimulate.
sting stitch.
stinkdyr skunk.
stinke stink.
stinn loaded; bursting.
stipend scholarship; **~iat** scholarship holder; Research Fellow.
stiplet dotted.
stirre stare, gaze.
stiv stiff, rigid; **~bent** inflexible; **~else** starch; **~krampe** tetanus; **~ne** stiffen, congeal, freeze.
stjele steal, (*slang*) nick.
stjerne star; **~bilde** (stellar) constellation; **~skrutrekker** star screwdriver; **~skudd** shooting star; **~smell** fiasco, flop; **~tåke** nebula.
stoff *(tøy)* material, fabric; *(substans)* (subject) matter, substance; *(narkotika)* drugs, dope; **~misbruker** drug addict, junkie; **~skifte** metabolism.
stokk log; *(spaser-)* stick, cane; (*kort*) deck (of cards); **~ døv** stone-deaf; **~rose** hollyhock.
stol chair.
stola stole.
stole på rely/depend on; trust.
stolheis chair lift.
stolpe post; pole, pillar, upright.
stolt proud; **~het** pride.
stopp stop; *(i pute)* padding, stuffing.

stoppe stop, halt; *(fylle)* fill, cram, stuff; *(reparere hull)* darn.
stoppeklokke stopwatch.
stoppekran stopcock.
stoppenål darning needle.
stoppeplikt obligatory stop.
stoppested stop.
stor great; big; large; *(høy)* tall; **~artet** grand, splendid; **~band** big band; **~by** (big) city, metropolis; **~finans** high finance; **~industri** heavy industry.
Storbritannia Great Britain, United Kingdom (UK).
stork stork.
storm storm, gale, tempest.
stormagasin department store.
stormannsgalskap megalomania.
storslalåm giant slalom.
Stortinget the Norwegian Parliament.
strabaser hardships.
strabasiøs strenuous, tiring.
straff punishment; (*jur*) penalty; **~arbeid** penal servitude, hard labour; **~bar** punishable; (*jur*) indictable; **~e** punish, penalize.
straffefelt (*sport*) penalty area.
straffelov criminal law/ code, penal code.
straffeporto (postal) surcharge.
straffesak criminal case.
straffespark penalty (kick).
strak straight.
straks at once, immediately.
stram *(ikke løs)* tight; *(rank)* straight; **~me** tighten; **~tsittende** tight-fitting.
strand shore; *(sand-)* beach; **~e** run aground, strand; (*overført*) fail; **~hogg** raid; **~promenade** boardwalk.
strateg strategist; **~i** strategy; **~isk** strategic.
strebe strive, aspire; **~r** (social) climber, ambitious person.
streif *(av lys)* gleam; *(berøring)* brush, graze; **~e** *(berøre lett)* graze; (*overført*) touch on; **~e om** roam, wander; **~skudd** grazing shot.
streik strike; **~e** (go on) strike; **~ebryter** strike-breaker, (*amr*) scab; **~evakt** picket.
strek line; prank; **~e under** underline.
strekk stretch, traction; **~e seg** stretch; **~e til** be enough, suffice.

strekkmerke stretch mark.
strekkode bar code.
strekning stretch, distance.
streng *adj* strict; severe.
streng *subst* string, cord.
stress stress, strain; **~ende** stressful; **~et** stressed.
stri *(av sinn)* obstinate; *(streng)* rigorous; *(elv)* rapid.
strid dispute, fight; **~e** fight; conflict (with); **~ende** (*mil*) combatant; **~sspørsmål** controversial question; **~svogn** tank.
strie burlap; **~tapet** burlap texture wallpaper.
strikk rubber band, elastic (band).
strikke knit; **~pinne** knitting-needle; **~tøy** knitting.
strikkhopping bungee jumping.
strimmel strip, ribbon.
stripe stripe, streak; **~te** striped.
strippe strip.
striregn downpour.
stritte bristle; **~ imot** resist.
strofe stanza, verse.
stropp strap.
struktur structure; **~behandling** wave.
struma goitre, (*amr*) goiter.
strupe *subst* throat.
strupe *verb* strangle; **~hode** larynx; **~tak** stranglehold.
struts ostrich.
strutte bulge, burst.
stryk *(i elv)* rapid(s).
stryke stroke, pat; *(over)* cross out, delete; *(tøy)* iron; *(til eksamen)* fail, (*amr*) flunk; **~brett** ironing board; **~fri** non-iron; **~instrument** stringed instrument; **~jern** iron.
strø scatter, strew, spread.
strøk *(egn)* part, district; region; *(penne-)* stroke; (*maling*) coat.
strøken (*uten topp*) level; (*feilfri*) perfect.
strøm (*elektr*) electricity, current; *(noe som strømmer)* stream, current; **~brudd** power failure; **~bryter** switch; **~førende** live; **~krets** circuit; **~leder** conductor; **~me** stream, pour; **~måler** electric meter.
strømpe stocking; (*hylster*) casing; **~bukser** tights, (*amr*) panty hose; **~bånd** garter.
strå straw; **~gul** flaxen.
stråle *subst* ray, beam; *(vann)* jet.

stråle *verb* shine, radiate, beam.
strålebehandling radiotherapy.
strålende splendid, brilliant.
stråleovn electric heater.
stråling radiation.
stråmann intermediary, (*amr*) stooge.
stråtak thatched roof.
stubbe stump.
student student.
studere study.
studie study.
studieplan curriculum.
studieretning line of study.
studio studio.
studium study.
stue *subst (daglig-)* sitting-room; *(hytte)* cottage.
stue *verb* pack, stow.
stuert steward.
stuing stew.
stum mute, dumb; **~film** silent film/movie.
stump *adj* blunt.
stump *subst* bit, stub; stump.
stund moment; while.
stup cliff, precipice; dive, plunge; **~bratt** precipitous.
stupe dive; fall.
stusse *(klippe)* trim; *(undres)* wonder, be surprised.
stut ox, steer; **~teri** stud farm.
stygg ugly; *(slem)* nasty, bad.
stykke *subst* piece, part; (*teater*) play.
stykke *verb (opp)* split up, divide; *(ut)* parcel out.
stykkpris unit price.
stylte stilt.
styr control; (*bråk*) commotion, fuss; **holde ~ på** keep in check; **~bord** starboard.
styre *subst (sykkel-)* handlebar; *(ledelse)* management; *(stats-)* government, regime; *(direksjon)* board of directors; *(i forening)* (executive) committee; leadership.
styre *verb* steer; *(lede)* manage, direct; *(regjere)* govern, rule.
styreformann chairman/chairwoman.
styremedlem board member.
styreprotokoll minute book.
styrerom committee room.
styring management, control; steering.
styrke *subst* strength, force, power.

styrke *verb* strengthen; **~forhold** relative strength; **~medisin** tonic; **~prøve** test of strength.
styrmann mate, officer; (*sport*) cox.
styrte fall (down), plunge; *(om fly)* crash; *(av sted)* rush, dash; *(om-)* overthrow.
styrthjelm crash helmet.
styrtregn pouring rain, downpour.
stær (*zool*) starling; (*medisin (grå)*) cataract; *(grønn)* glaucoma.
stø *adj* steady, firm.
støkk shock, start.
stølhet stiffness.
stønad financial aid; *(trygd)* benefit.
stønn moan, groan; **~e** moan, groan.
støpe *(metaller)* cast; *(forme)* mould.
støpeform mould.
støpejern cast iron.
støperi foundry.
støpsel plug.
størje tunny.
størkne *(sement o.l.)* harden, set; *(væske)* coagulate, congeal; (*blod*) clot.
størrelse size; *(omfang)* extent; **~sorden** magnitude; (*matematikk*) quantity.
størstedelen the greater part; the majority.
støt *(skubb)* push; *(slag)* blow; *(dolke-)* stab; (*elektr*) shock; *(trompet-)* blast; **~demper** shock absorber.
støte push; *(dunke)* bump; *(fornærme)* offend, hurt; **~nde** (*overført*) offensive.
støtfanger bumper.
støtpute buffer.
støtsikker shockproof.
støtt always, constantly; (*såret*) offended.
støtte *subst* support; backing; *(monument)* statue.
støtte *verb* support, back; **~apparat** support network; **~bandasje** elastic bandage; **~kontakt** support person; **~medlem** passive member; **~strømpe** support hose/stocking.
støv dust; **~ete** dusty.
støvel boot.
støvklut duster.
støvsuger vacuum cleaner.
støy noise; (*radio*) static; **~e** make a noise; **~ende** noisy.
stå stand.
stål steel; **~tråd** (steel) wire; **~ull** steel wool.

ståplass standing room.
subjekt subject; **~iv** subjective.
sublim sublime, splendid.
subsidier subsidies; **~e** subsidize.
substantiv noun.
subtil subtle.
subtrahere subtract.
sufflere prompt.
sufflør prompter.
sug craving; suction; **~e** suck; **~emerke** love bite, (*amr*) hickey; **~en** craving, hungry; **~erør** straw.
sugge (*zool*) sow.
suite suite.
sukk sigh; **~e** sigh.
sukker sugar; **~bit** sugar-lump; **~brød** sponge cake; **~rør** sugar-cane; **~syke** diabetes; **~tøy** sweets, (*amr*) candy.
sukre sugar, sweeten.
suksess success, triumph.
sult hunger; **~e** starve; **~efôre** starve, underfeed; **~elønn** starvation wages; **~en** hungry.
sum sum; **~marisk** summary.
summe hum, buzz; **~ seg** collect oneself; **~re** sum up, add up; **~tone** *tlf* dialling tone.
sumobryter sumo wrestler.
sump swamp, bog; **~ete** swampy, boggy.
sund sound, strait, inlet.
sunn sound, healthy; **~het** health, fitness, wellness.
sup sip; nip, swig.
super super; **~makt** superpower; **~undertøy** thermal underwear.
suppe soup; **~råd** Mickey Mouse organization; **~skje** soup spoon; **~tallerken** soup plate.
supplement supplement.
supplere supplement.
sur sour; *(syrlig)* acid; **~ nedbør** acid rain; **~deig** leaven, sour-dough.
surfbrett surfboard.
surfe (*sport, edb*) surf, *edb også* browse.
surfer surfer.
surfing surfing; *edb også* browsing.
surhetsgrad acidity, pH factor.
surkle gurgle.
surne turn sour.
surre *(summe)* hum, buzz; *(i stekepannen)* sizzle; *(binde)* lash, bind.
surrealisme surrealism.
surrealist surrealist.
surrealistisk surrealistic.

surrogat substitute.
sursild pickled herring.
sursøt sweet-and-sour.
sus rustle; hum.
suse whisper; rustle; (*om øresus*) ring.
susp suspensory, jockstrap.
sutre whimper, whine.
suvenir souvenir.
suveren (*uavhengig*) sovereign, independent; *(overlegen)* outstanding, superior; **~itet** sovereignty, autonomy.
svaberg *omtrent* rock (slope).
svada claptrap, nonsense.
svaie sway, swing.
svak weak, feeble, faint; **~elig** sickly, frail; **~het** weakness; **~synt** weak-sighted; (*medisin*) visually impaired.
sval *adj* cool.
svale *subst* swallow.
svamp sponge; **~aktig** spongy.
svane swan; **~sang** swansong.
svangerskap pregnancy; **~sforgiftning** (*medisin*) preeclampsia (PE); **~spermisjon** maternity leave.
svar answer, reply; **~e** answer, reply; **~frist** deadline.
svart black.
svartebørs black market.
svarteliste blacklist.
svarteper (*kortspill*) Old Maid.
svartne go black, black out.
sveise weld; **~r** *(metall-)* welder; *(i fjøs)* dairyman.
Sveits Switzerland.
sveitser Swiss.
sveitsisk Swiss.
sveive crank; reel.
svekke weaken; impair; **~lse** weakening; impairment.
svekling weakling; wimp.
svelg throat; (*medisin*) pharynx; *(avgrunn)* abyss, gulf; **~e** swallow.
svelle swell; **~ ut** bulge.
svennebrev craft sertificate.
svensk Swedish; **~e** Swede.
sverd sword; **~fisk** swordfish.
sverge swear; **~ falsk** commit perjury.
Sverige Sweden.
sverm swarm; crowd; **~e** swarm; **~e for** have a crush on; **~erisk** romantic.
sverte *subst (sko-)* blacking.
sverte *verb* blacken; tarnish.
svett sweaty.

svette *subst* perspiration, sweat.
svette *verb* perspire, sweat.
sveve hover; glide; float.
svi sting, burn, scorch; *(lide)* suffer.
svigerdatter daughter-in-law.
svigerfar father-in-law.
svigerinne sister-in-law.
svigermor mother-in-law.
svigersønn son-in-law.
svik betrayal, deceit; **~aktig** treacherous; deceitful; **~e** deceive, betray, cheat.
svikt *(mangel)* shortage; *(nedgang)* decline; **~e** fail, let down; **~stup** springboard dive.
svime, ~ av faint; **i ~** unconscious; **~te** scatterbrained; confused.
svimlende dizzy; (*om pris*) exorbitant.
svimmel dizzy, giddy.
svimmelhet dizziness, vertigo.
svin pig; swine, hog.
svindel swindle, fraud.
svindle cheat.
svindler swindler, fraud, (*hverdagslig*) con artist.
svineheldig incredibly lucky.
svinekjøtt pork.
svinekotelett pork chop.
svineri mess.
svineribbe roast rib of pork.
svinestek roast pork.
svinesti pigsty, (*amr*) pigpen.
sving swing; *(på vei)* curve, bend, turn(ing); **~dør** swing door; revolving door; **~e** swing; *(bil, vei)* turn.
svingom dance.
svinn waste, loss; **~e** *(forsvinne)* vanish; *(forminske)* diminish, dwindle.
svinse wag; *(hit og dit)* scurry about.
svipptur trip, visit.
svirre *(også overført)* buzz, whirr.
sviske prune.
svoger brother-in-law.
svor (pork) rind.
svovel sulphur; **~holdig** sulphurous; **~syre** sulphuric acid.
svovelpredikant fire-and-brimstone preacher.
svull *(is-)* lump of ice on the ground.
svulme swell, expand; **~nde** swelling.
svulst tumour; **~ig** bombastic, pompous.

svær very large, huge; heavy; **~t** *adv* extremely.
svømme swim; **~basseng** swimming-pool; **~fugl** web-footed bird; **~hud** web.
svømming swimming.
sy sew; **~dame** dressmaker.
Sydpolen the South Pole.
sydvest sou'wester.
syfilis syphilis.
syk ill; sick; **~dom** illness, sickness, disease.
sykebil ambulance.
sykeforsikring health insurance.
sykehjem nursing home.
sykehus hospital.
sykejournal case history, medical record.
sykelig sickly; morbid.
sykemelding doctor's certificate, sick-note.
sykepenger sickness benefit; sick-pay.
sykepermisjon sick leave.
sykepleier nurse.
sykkel bicycle, bike; **~bukse** cycling shorts; **~kjede** bicycle chain; **~kurv** handlebar basket; **~pumpe** air pump; **~slange** inner tube; **~stativ** bicycle stand; **~sti** cycle lane/path; **~styre** handlebars.
sykle bike; cycle.
syklist cyclist.
syklon cyclone.
syklus cycle.
sykmelde seg report sick.
syl awl.
sylinder cylinder.
sylte *verb (frukt o.l.)* preserve.
syltetøy jam, (*amr*) jelly, preserve; **~glass** jam jar.
symaskin sewing machine.
symbol symbol; **~isere** symbolize; **~sk** symbolic.
symfoni symphony; **~sk** symphonic.
symmetrisk symmetrical.
sympati sympathy; **~sere** sympathize; **~sk** likeable, nice.
symptom symptom.
syn (eye) sight; vision; *(mening)* view.
synagoge synagogue.
synd sin; **det er ~** it's a pity.
syndebukk scapegoat.
synder sinner; culprit.
syndflod deluge.
syndig sinful.
syndrom syndrome.
synes *(mene)* think; consider, find; *(se ut som)* appear, seem.
synge sing.
synke sink; fall.

synkron synchronous; **~isere** synchronize.
synlig visible.
synsbedrag optical illusion.
synser pundit.
synsfelt field of vision.
synsk clairvoyant; psychic.
synspunkt point of view, viewpoint.
synsrand horizon.
synsvinkel (*overført*) angle, point of view.
syntetisk synthetic.
synål (sewing) needle.
syre acid; LSD.
syrin lilac.
syrlig sourish; (*overført*) caustic, sarcastic.
sysle med be busy with.
sysselsette employ; occupy.
sysselsetting employment.
system system; **~atisk** systematic.
systemkritiker dissident.
sæd seed; *(væske)* semen, sperm; **~celle** sperm cell; **~donor** sperm donor.
sær strange, weird.
særdeles highly, most; **i ~het** in particular, especially.
særegen characteristic, peculiar.
særeie separate property.
særfradrag special deduction.
særinteresse special interest.
særklasse (in) a league of its/one's own.
særlig *adj* special, particular.
særlig *adv* especially, particularly.
særmerke characteristic.
særordning special arrangement.
særpreget distinctive.
særskilt special; individual.
særstilling unique position.
særtrykk offprint.
sødme bliss, sweetness.
søke seek, search/look for; *(sende søknad)* apply for; *(forsøke)* try; **~motor** (*edb*) search engine.
søkelys spotlight.
søker applicant; (*foto*) viewfinder.
søkk *(fordypning)* hollow, depression; **~e** sinker; **~rik** filthy rich, loaded; **~våt** drenched, soaked.
søknad application; **~sskjema** application form.
søknadsfrist deadline.
søksmål (law)suit.
søkt (*overført*) far-fetched.

søl mess.
søle *subst* mud, dirt.
søle *verb* make a mess, spill; **~ til** soil; **~pytt** puddle; **~te** muddy, dirty.
sølibat celibacy.
sølje (filigree) brooch.
sølv silver; **~bryllup** silver wedding; **~papir** tinfoil; **~tøy** silverware.
søm seam; *(det å sy)* sewing.
sømløs seamless.
sømmelig decent, becoming.
sømme seg be proper.
søndag Sunday.
sønn son.
søppel rubbish, refuse, (*amr*) garbage, trash; **~bøtte** dustbin, refuse bin, (*amr*) trash/garbage can; **~post** (*edb*) spam; **~sjakt** rubbish chute, (*amr*) garbage chute/ shoot.
søppelfylling dump, landfill.
sør south.
sørge *(føle sorg)* grieve, mourn; **~ for** *(skaffe)* provide, see to; **~høytidelighet** commemorative service; **~kledd** in mourning; **~lig** sad; **~marsj** funeral march, dirge.
sørgmodig sad, sorrowful.
sørlig southern; *(vind)* southerly.
sørpe slush, sludge.
søsken siblings, brothers and sisters; **~barn** (first) cousin.
søster sister.
søt sweet.
søvn sleep; **~gjenger** sleepwalker; **~ig** sleepy; **~løs** sleepless; **~løshet** insomnia.
søye (*zool*) ewe.
søyle pillar, column.
så *adv* then; so.
så *verb* sow; **~ fremt** if, provided; **~kalt** so-called.
såle sole.
således so, thus.
sånn such; *(således)* so, thus.
såpe soap; **~glatt** very slippery; **~skum** lather.
sår *subst* wound, injury; cut; **~bar** vulnerable; **~e** wound, injure; *(overført også)* hurt; **~ende** (*overført*) cutting, wounding; **~salve** antiseptic ointment.
sår *adj* sore; painful.
såret wounded, injured; hurt.
såte haystack.
såvel - som both - and.
så å si practically, nearly.

T

ta take, grab; *(beregne seg)* charge; **~ seg av** attend to; **~ seg sammen** make an effort, pull oneself together.
tabbe blunder, slip-up.
tabell table.
tablett tablet.
tabu taboo.
tabulator tab(ulator).
tafatt perplexed, indolent.
taft taffeta.
tagg *(pigg)* spike, barb; **~e** *(spraymale)* tag.
tak *(med hånd)* grasp, hold; *(med åre)* stroke; *(på hus)* roof; *(i værelse)* ceiling; **~grind** *(på bil)* roof rack.
takk thanks; thank you.
takke thank; **~t være** thanks to.
takknemlig grateful, thankful; **~het** gratitude.
taklampe ceiling light.
takle handle, tackle.
takluke roof hatch.
takrenne gutter.
taksameter taximeter.
taksere value, appraise, assess.
taksering valuation, assessment.
takst rate; *(passasjer)* fare; *(verdi)* appraised value.
takstein (roofing) tile.
takstmann appraiser, surveyor.
takt time; rhythm; *(finfølelse)* tact, discretion; **~fast** rhythmic(al), measured; **~full** tactful, discreet.
taktikk tactic(s).
taktisk tactical.
taktløs tactless.
taktstokk baton.
taktstrek bar line.
takvindu skylight.
tale *subst* speech; *(snakk)* talk.
tale *verb* speak, talk; **~feil** speech impediment; **~frihet** freedom of speech; **~før** eloquent; **~kunst** rhetoric, oratory.
talent gift, talent; **~full** gifted, talented; **~løs** inept, daft.

taler speaker, orator; **~stol** platform, rostrum.
talg tallow.
talje tackle; waist.
tall number; *(tegn)* figure, digit.
tallerken plate; turntable.
tallord numeral.
tallrik numerous.
tallskive dial.
talløs countless, innumerable.
talsperson spokesperson, mouthpiece; *(for en sak)* advocate.
tam tame; (*lite spennende*) lame.
tamil Tamil.
tamp rope end.
tampong tampon.
tandem tandem.
tang *(ild-)* tongs; *(knipe-)* pincers; (*bot*) seaweed.
tanga thong, tanga, G-string.
tangent tangent; *(piano)* key.
tangere touch; (*sport*) equal.
tank tank; **~bil** tanker, truck; **~båt** tanker.
tanke thought, idea; **~full** thoughtful; **~gang** train of thought; mentality; **~kors** paradox, puzzle; **~leser** mind-reader; **~løs** thoughtless; **~overføring** telepathy; **~strek** dash; **~vekker** eye-opener.
tann tooth; *(på hjul)* cog; **~behandling** dental treatment; **~børste** toothbrush; **~hjul** cog-wheel; **~kjøtt** gum; **~krem** toothpaste; **~lege** dentist; **~legeskrekk** dentophobia; **~pirker** toothpick; **~pleier** dental hygienist; **~protese** denture; **~regulering** braces; **~råte** tooth decay, caries; **~sten** tartar; **~tråd** (dental) floss; **~verk** toothache.
tante aunt.
tap loss; **~e** lose; **~er** loser.
tapet wallpaper; **~sere** paper.
tapp pin; *(kran)* tap; *(krum-)* pivot; **~e** tap, draw; *(på flaske)* bottle.
tapper brave; **~het** bravery.
tare kelp, seaweed.
tariff tariff; **~avtale** wage agreement; **~lønn** contractual wages, standard pay.
tarm intestine; bowels, guts.
tast key; **~afon** push-button telephone; **~atur** keyboard; **~e** press, dial; key.
tater traveller.
tatovere tattoo.

tatovering tattoo.
tau rope; **~bane** cable car; **~e** (take in) tow.
taus silent; **~het** silence; **~hetsplikt** professional secrecy, client confidentiality.
taustige rope ladder.
tautrekking tug of war.
taverna tavern.
tavle *(skole-)* blackboard; (*elektr*) switchboard panel.
t-bane underground, tube, (*amr*) subway.
te tea.
teater theatre; **~anmeldelse** drama review; **~kritiker** theatre critic; **~sjef** theatre manager; **~stykke** play, drama.
teatralsk theatrical, histrionic.
teft scent; **få ~en av** get wind of.
teglstein *(til tak)* tile; *(til mur)* brick.
tegn sign, mark, token; **~setting** punctuation.
tegne draw, sketch; **~film** (animated) cartoon; **~program** (*edb*) draw programme; **~r** *(mote-)* designer; *(karikatur-)* cartoonist; **~serie** cartoon, comic strip; **~seriehefte** comic; **~stift** drawing pin, (*amr*) thumbtack.
tegning drawing, sketch; *(av abonnement)* subscription; **~sinnbydelse** prospectus.
tegnspråk sign language.
teit stupid, thick, dumb.
tekanne teapot.
tekjøkken kitchenette.
tekkelig decent, proper.
tekkes please.
tekniker technician.
teknikk technique.
teknisk technical.
teknologi technology; **~sk** technological.
tekst text; **~analyse** text(ual) analysis; **~behandling** word processing; **~e** *(film)* subtitle; **~melding** text message; **~-TV** teletext.
tekstil textile; fabric; **~fabrikk** textile mill/ factory.
tele *subst* frozen ground.
telebyrå news agency.
telefaks fax.
telefon telephone; **høre~** headphones; earphones; **kort~** cardphone; **~abonnement** telephone subscription; **~boks** phone box, phone booth; **~ere** call, telephone; **~katalog**

telephone directory; **~rør** receiver; **~salg** telemarketing; **~samtale** (telephone) call; **~sentral** (telephone) exchange; **~stolpe** telephone pole; **~svarer** answering machine; **~vekking** wake-up call.
telegraf telegraph; wire; **~ere** telegraph; wire; cable.
telegram telegram, telemessage.
telelinse (*fotogr*) telephoto lens.
telemarkkjøring telemark skiing.
telemarksving telemark turn.
telepati telepathy.
teleskop telescope.
televerket telecommunications company; (*i Storbritannia*) British Telecom.
telle count, number; **~apparat** turnstile; **~verk** counter.
telt tent; **~duk** tent canvas; **~leir** camp; **~plass** campsite; **~plugg** tent peg; **~stang** tent pole; **~tur** camping trip.
telys tea candle.
tema theme; *(emne)* subject, topic; **~tikk** thematics.
temme tame; **~lig** rather, pretty; fairly.
tempel temple.
temperament temperament, temper.
temperatur temperature.
temperert temperate.
tempo speed, pace, tempo.
tendens tendency, trend; **~iøs** tendentious, bias(s)ed.
tendere tend.
tenkbar conceivable, thinkable.
tenke think; *(ha til hensikt)* intend.
tenkelig conceivable, imaginable.
tenkepause time to think.
tenker thinker, philosopher.
tenke seg imagine.
tenkning thinking.
tenne light; (*elektr*) switch/turn on; *(ved gnist)* ignite.
tenning ignition.
tenningsnøkkel ignition key.
tennis tennis; **~bane** tennis court.
tennplugg spark(ing) plug.
tennvæske lighter fuel.
tenor tenor.
tentamen preliminary examination.
tenåring teenager.
teolog theologian; **~i** theology.

teoretiker theorist.
teoretisk theoretical.
teori theory.
tepose tea bag.
teppe *(gulv-)* carpet; *(lite)* rug; (*teater*) curtain; **~rens** carpet cleaning.
terapeut therapist.
terapeutisk therapeutic.
terapi therapy.
termin period, term; *(avdrag)* instalment.
terminal terminal; **~bord** computer desk.
termobag insulation bag.
termometer thermometer.
termos thermos flask/bottle.
termostat thermostat.
terning *(i spill)* dice; *(-formet)* cube.
terpentin turpentine, (*britisk*) white spirit.
terrasse terrace, patio.
terreng country, terrain; **~løp** cross-country run/race; **~sykkel** off-road bike, mountain bike.
territorialfarvann territorial waters.
territorium territory.
terror terror; **~balanse** balance of terror; **~bombing** terrorist bombing; **~handling** act of terrorism; **~regime** reign of terror; **~isere** terrorize; **~isme** terrorism; **~ist** terrorist.
terskel threshold.
terte tart, pie; **~fin** snobbish, prudish.
teservise tea set.
tesil tea-strainer.
teskje teaspoon.
testament testament, will; **~arisk** testamentary; **~ere** bequeath, (leave by) will.
testikkel testicle; **~kreft** testicular cancer.
testosteron testosterone.
tett *adj (ikke lekk)* tight; *(ikke spredt)* dense; *(nær)* close; **~befolket** densely populated; **~e** stop (up), block; tighten; **~het** density; closeness; tightness; **~pakket** packed, crowded; **~sittende** tight-fitting.
Thailand Thailand.
thailandsk Thai.
thailender Thai.
ti ten.
Tibet Tibet.
tibetaner Tibetan.
tibetansk Tibetan.
tid time; *gram* tense.
tidel tenth.
tidevann tide.
tidfeste date.

tidkrevende time-consuming.
tidlig early; **~ere** previous; earlier; **~st** at the earliest.
tidsalder age, era.
tidsfordriv pastime.
tidsfrist deadline, time limit.
tidsnok in time.
tidsnød, være i be pressed for time.
tidspunkt time, point.
tidsregning chronology.
tidsrom period, time span.
tidsskifte watershed.
tidsskrift journal, periodical.
tie be silent; shut up.
tiende tenth.
tiger tiger.
tigge beg, plead; **~r** beggar.
tikamp decathlon.
tikke tick.
til *adv* **en ~** one more; *konj* till, until; **~ dels** partly; **~ overs** left (over); **~ sammen** altogether, in all; **~ stede** present.
til *preposisjon* to.
til dels partly.
tilbake back; *(rest)* left; **~betale** repay; **~blikk** flashback, retrospect; **~fall** relapse; **~gang** decline, downturn; **~holden** reserved; **~kalle** recall; *(oppheve)* cancel; **~legge** cover; **~melding** feedback, response; **~slag** setback; **~tast** *(edb)* backspace; **~trekning** withdrawal; **~trukket** retired; secluded; **~virkende** retroactive; **~vise** reject, dismiss.
tilbe worship; adore; **~der** worshipper; *(overført)* admirer.
tilbehør accessories.
tilbringe spend, pass.
tilbud offer.
tilby offer.
tilbørlig due, proper.
tilbøyelig inclined; *(ha lett for)* be apt to; **~het** inclination, tendency.
tildele give, assign; *(anvise)* allot; *(ved kvote)* allocate.
tilegne dedicate; *(kunnskaper o.l.)* acquire.
tilfalle go to, fall to.
tilfeldig casual, accidental; **~het** chance; *(sammentreff)* coincidence; **~vis** by chance, accidentally.
tilfelle case; instance.
tilflukt refuge.
tilfreds satisfied; *(fornøyd)* pleased, content; **~het** satisfaction; contentment; **~stille** satisfy; **~stillelse** satisfaction; **~stillende** satisfactory.

tilføye add.
tilgang access.
tilgi forgive, pardon; **~velse** forgiveness, pardon.
tilgjengelig accessible, available.
tilgjort affected, artificial.
tilgodehavende amount due, outstanding debt.
tilhenger follower, supporter; *(vogn)* trailer.
tilholdssted haunt, hang-out.
tilhøre belong to.
tilhører listener.
tilintetgjøre destroy, annihilate.
tilintetgjøring destruction; extermination.
tilkalle call, summon.
tilkjenne grant, award.
tilkjennegi declare, make known.
tilknytning connection, affiliation.
tillate allow, permit; **~lse** permission, leave; *(skriftlig)* permit.
tillegg addition, supplement.
tillit confidence, trust; **~vekkende** inspiring confidence; **~serklæring** vote of confidence; **~sfull** trusting; **~svalgt** representative.
tilløp beginning; *(sport)* run-up, approach; *(overført)* attempt.
tilnærming approach.
tilpasning adaptation, adjustment.
tilpasningsevne adaptability.
tilpasse adapt, adjust.
tilrettelegge arrange, organize.
tilrop shout; cheer; *(negativt)* jeer.
tilsagn promise.
tilsette add, mix; *(ansette)* appoint, hire.
tilsidesette *(person)* pass over, slight; *(forsømme)* neglect.
tilsiktet intended.
tilskudd contribution, grant.
tilskuer spectator.
tilslutning *(bifall)* approval; *(samtykke)* consent.
tilsluttet affiliated.
tilsløre conceal, veil.
tilspisse seg come to a head, become critical.
tilstand state, condition.
tilstelning arrangement.
tilstrekkelig sufficient.
tilstrømning rush, influx.
tilstøte happen to; **~nde** neighbouring, adjacent.
tilstå confess; *(innrømme)*

admit; **~else** confession; admission.
tilsvare correspond to; **~nde** corresponding, equivalent.
tilsyn supervision, inspection; **~elatende** seeming, apparent; **~smann** inspector, supervisor.
tilta grow, increase.
tiltak *(foretak)* enterprise, undertaking; *(forholdsregel)* measure, precaution.
tiltale *subst* address; (*jur*) charge, prosecution.
tiltale *verb (snakke til)* address; *(behage)* please, appeal to; (*jur*) charge (**for** with), prosecute; **den ~te** the accused, the defendant.
tiltalende attractive, appealing.
tiltrekke attract.
tiltrekkende attractive.
tiltrekning attraction.
tiltro *subst* confidence; trust.
tilvekst growth, increase.
tilvenning getting used to, adaptation.
tilværelse life, existence.
time hour; *(undervisning)* lesson; **~bestilling** appointment; **~betaling** hourly payment; **~glass** hour-glass; **~plan** timetable, schedule.
timian thyme.
tind *(fjell-)* peak; **~ebestiger** mountain climber, mountaineer.
tindre sparkle, twinkle.
tine thaw, melt.
ting thing; object; **~hus** courthouse.
tinn *(metallet)* tin; *(i bruksgjenstand)* pewter; **~folie** tinfoil.
tinning temple.
tippe tip; *(spille)* do the pools; **~kupong** pools coupon, (*amr*) betting slip; **~liga** Premier League.
tippoldefar great-great-grandfather.
tippoldemor great-great-grandmother.
tips *(vink)* tip, tip-off.
tirre tease, provoke.
tirsdag Tuesday.
tispe bitch.
tisse pee; *(barnespråk)* wee-wee; (*hverdagslig*) take a leak.
tistel thistle.
titte peep, peek.
tittel title; **~blad** title page.
titulere address.
tiur woodgrouse.
tivoli amusement park, fun fair.

tiår decade.
tjene serve; *(penger)* earn, *(ved fortjeneste)* make; **~r** servant; (*edb*) server.
tjeneste service; favour; **-leverandør** (*edb*) Internet Service Provider; **~mann** (male) civil servant.
tjern small lake, tarn, pond.
tjore tether.
tjue twenty; **~nde** twentieth.
tjære tar; **~papp** tarboard.
to (*numerisk*) two; *(nummer to)* runner-up.
toalett toilet; lavatory, w.c., (*amr*) bathroom, restroom; **~bord** dressing table; **~mappe** toilet case; beauty bag; **~papir** toilet paper.
tobakk tobacco.
toddi *(drikk)* toddy.
todelt two-piece.
tog train; *(opptog)* procession, parade; **~avgang** departure; **~avsporing** derailment; **~betjening** train crew; **~forbindelse** train connection; **~tabell** railway timetable.
tokt raid; cruise; *(ri)* fit.
toleranse tolerance.
tolerant tolerant.
tolerere tolerate.
tolk interpreter; **~e** interpret; explain; **~ning** interpretation.
toll customs; duty; **~ekniv** sheath-knife; **~er** customs officer; **~fri** duty-free; **~stasjon** customs station.
tolv twelve.
tom empty; idle; vacant.
tomat tomato.
tomgang idling.
tomgods empties.
tomhendt empty-handed.
tomhet emptiness.
tomme inch.
tommelfinger thumb; **~regel** rule of thumb.
Tommeliten *(eventyrfigur)* Tom Thumb.
tommestokk folding rule.
Tommy og Tiger'n *(tegneseriefigurer)* Calvin and Hobbes.
tomotors twin-engined.
tomt *(bygge-)* lot, site; *(rundt et hus)* grounds.
tone *subst* tone; *(enkelt-)* note; **~angivende** leading, trendsetting; **~art** key; **~fall** accent; tone of voice; **~høyde** pitch.
tonn ton; **~asje** tonnage.
topp top, peak; *(fjell-, overført)* summit; **~e** top; **~et** heaped; **~ers** (*slang*) great, terrific.

toppform top shape, peak condition.
topphemmelig top secret.
toppledelse senior management.
topplue woollen hat; knitted cap.
toppmøte summit meeting.
toppskatt surtax.
toppunkt summit; (*geometri*) apex.
torden thunder; **~skrall** thunder clap; **~vær** thunderstorm.
tordivel (dor) beetle.
tordne thunder.
tore dare, venture.
torg market(-place); square.
torn thorn.
Tornerose *(eventyrfigur)* Sleeping Beauty.
torpedere torpedo.
torpedo torpedo.
torsdag Thursday.
torsk cod.
tortur torture; **~ere** torture.
torv *(myr-)* peat; *(gress-)* turf.
tosk fool; **~ete** foolish, stupid.
total total; **~itær** totalitarian; **~skadet** completely wrecked, (*amr*) totaled.
tournedos tournedos.
toveis two-way.
tradisjon tradition; **~ell** traditional.
trafikk traffic; **~ert** busy, crowded; **~-kork** traffic jam; **~lys** traffic lights; **~maskin** interchange; **~skilt** traffic sign.
tragedie tragedy.
tragisk tragic.
trakt funnel; *(egn)* region, parts.
traktat treaty.
trakte *(sile)* filter; **~ etter** aspire to; **~kaffe** percolator coffee.
traktor tractor; **~sko** creepers.
tralle *subst* trolley, cart.
trampe tramp; trample.
tran cod-liver oil.
trane crane; **~bær** cranberry.
trang *adj* narrow; *(om klær)* tight.
trang *subst (behov)* urge, need; *(lyst)* desire; **~synt** narrow-minded.
transaksjon transaction.
transe trance.
transformator transformer.
transitthandel transit trade.
translatør translator.
transpirasjon perspiration.
transplantasjon transplant.
transport transport, shipping; **~abel** portable;

~bånd conveyor belt, assembly line; **~ere** transport; **~middel** means of transport.
transvestitt transvestite; (*slang*) drag queen.
trapp stairs; *(trappeoppgang)* staircase, stairway; *(utenfor dør)* (door-)steps.
trappeavsats landing.
trappegelender banisters.
trappe ned step down, reduce gradually.
trappe opp escalate.
trappetrinn step.
trasé projected road; line.
traske trudge; plod.
trassig obstinate, defiant.
trau trough.
traust steady, sturdy, solid.
travbane trotting-track.
trave trot.
travel busy, in a hurry.
traver trotter.
travløp trotting-race.
tre (*numerisk*) three; *subst* tree; *(ved)* wood; **~blåseinstrument** woodwind (instrument).
tredel third.
tredemølle treadmill.
tredje third.
tredjemann third party.
tredobbelt triple.
treenighet Trinity.
treffe hit; *(møte)* meet; **~s** meet, hang out; **~nde** apt; to the point.
treg slow, sluggish; **~het** inertia, slowness.
tregrense treeline, (*amr*) timberline.
trehjulssykkel tricycle.
trehvit wooden.
trekant triangle; threesome; **~et** triangular.
trekk *(rykk)* pull; *(ansikts-)* feature; *(sjakk)* move; *(karakter-)* trait, feature; *(dekke)* cover; *(luft-)* draught.
trekkbasun slide trombone.
trekke draw, pull; **~ for** draw; **~ fra** deduct; (*matematikk*) subtract; **~ opp** *(klokke)* wind up; *(flaske)* uncork; **~ seg** back out; **~ tilbake** withdraw.
trekkfugl migratory bird.
trekkfull draughty.
trekkspill accordion.
treklang triad.
trekløver shamrock; trio, troika.
trekning *(lotteri)* draw; *(rykning)* twitch, tic.
trekull charcoal.
trelast timber, (*amr*) lumber.
tremasse wood-pulp.

tremenning second cousin.
trene train; exercise, work out.
trener coach, trainer.
trenere delay, slow down.
trenge *(behøve)* need, want, require; *(presse)* press, force, push; **~ seg frem** press forward; **~ seg inn på** crowd, encroach on; **~nde** needy.
trengsel *(folk)* throng, crowd; *(nød)* distress.
trening training; practice; **~sdrakt** tracksuit, sweatsuit.
treskalle blockhead.
treske thresh; **~maskin** thresher; threshing-machine.
treskjæring woodcarving.
tresko clog, wooden shoe.
tresnitt woodcut.
trestamme trunk.
tresteg (*sport*) triple jump.
trett tired, sleepy; *(kjed)* weary (**av** of), fed up.
trette *subst* dispute, quarrel.
trette *verb* tire; quarrel, fight; **~kjær** quarrelsome.
tretten thirteen; **~de** thirteenth.
tretthet weariness, fatigue.
tretti thirty; **~ende** thirtieth.
trevl shred, fibre; *(av tøy)* thread.
triangel triangle.
tribune stand; *(overbygd)* grandstand.
trigonometri trigonometry.
trikin trichina.
trikk *(sporvogn)* tram(-car), (*amr*) streetcar.
trikotasje knitwear, hosiery.
triks trick, con.
trille roll; (*mus*) trill; **~bår** wheelbarrow; **~vogn** shopping trolley, (*amr*) shopping cart.
trilling triplet.
trinn step; *(stige)* rung; *(stadium)* stage; **~løs** ungraded, stepless.
trinnvis gradual, step by step.
trinse *(lite hjul)* castor.
trio trio.
trippe trip, tiptoe.
tripteller *(i bil)* trip meter.
trist sad, unhappy; bleak.
triumf triumph, victory; **~ere** triumph; **~erende** triumphant.
trives enjoy oneself, thrive.
triviell commonplace, trivial.
trivsel well-being, contentment.
tro *adj* faithful, loyal.
tro *subst* faith, belief.
tro *verb* believe; think; **~ende** believer.

trofast faithful, loyal; **~het** fidelity, reliability.
trofé trophy.
trolig probably, likely.
troll troll; ogre; **~binde** spellbind; **~dom** witchcraft, sorcery; **~kjerring** witch; **~mann** sorcerer, wizard; **~unge** brat.
tromme *subst* drum.
tromme *verb* (beat the) drum; **~hinne** eardrum; **~slager** drummer; **~stikke** drumstick; **~virvel** roll of drums.
trommel drum; roller.
trompet trumpet.
tronarving heir to the throne.
trone throne.
tronfølger successor.
tropene the Tropics.
tropisk tropical.
tropp troop, platoon.
troskap fidelity, loyalty; allegiance.
tross, *preposisjon* **til ~ for** in spite of, despite.
trost thrush.
troverdig trustworthy, reliable; credible.
trubadur minstrel, troubadour.
true threaten, menace; **~t** endangered, threatened.
trumf trump; **~e** (*kortspill*) (play) trump; *(igjennom)* force through.
trussel threat, menace.
trut mouth, (*slang*) kisser.
trygd social security; **~esystem** social security system, (*amr*) welfare system; **~eytelser** social security, benefits; (*amr*) welfare payments.
trygg secure, safe; **~e** protect, secure; **~het** security, safety.
trygle beg, implore.
trykk pressure; *(betoning)* stress; (*typografi*) print; **på ~** in print.
trykke press; (*typografi*) print; **~frihet** freedom of the press; **~r** printer; **~ri** printer's, (printing) press.
trykkfeil misprint, typo.
trykknapp (*amr*) snap fastener, (*britisk*) press-stud; (*bryter*)push button.
trykksak printed matter.
trylle conjure; **~drink** magic potion; **~formular** incantation, magic formula; **~kunst** conjuring trick; **~kunstner** conjurer; **~ri** magic; **~stav** magic wand.
tryne snout; (*på menneske*) face, mug.

træl callus.
trøffel truffle.
trøst consolation, comfort.
trøste comfort, console; **~premie** consolation prize.
trøye shirt, jersey.
trå *adj* slow-going.
tråd thread, string; *(metall-)* wire; **~løs** wireless, cordless; **~snelle** reel, bobbin, (*amr*) spool.
tråkke tread, step, trample.
tråkle tack.
trål trawl; **~er** trawler.
tsar czar.
tsjekker Czech.
Tsjekkia Czech Republic.
tsjekkisk Czech.
tuba tuba.
tube tube.
tuberkulose tuberculosis (TB).
tue mound, tuft; *(maur-)* ant hill.
tukle med tamper with; mess with.
tulipan tulip; **~løk** tulip bulb.
tull rubbish, nonsense; **~e** talk nonsense; fool around; **~ete** silly; **~ing** fool, idiot.
tumle tumble; **~ med** struggle with.
tumult tumult, disturbance.
tun farmyard.
tunfisk tuna.
tung heavy; difficult.
tunge tongue; **~kyss** French kiss.
tunghørt hard of hearing.
tungindustri heavy industry.
tungsindig melancholy, sad.
tungtvann heavy water.
tungtveiende weighty.
tungvekt heavyweight.
tungvint cumbersome, inconvenient.
tunika tunic.
tunnel tunnel; **~bane** underground, tube, (*amr*) subway.
tur *(spaser-)* walk; *(liten reise)* trip; *(til å gjøre noe)* turn; **~-retur** *(billett)* return (ticket), (*amr*) round trip (ticket).
turbin turbine.
turgåer hiker, walker, (*britisk*) wanderer.
turisme tourism.
turist tourist; **~buss** tour bus; coach; **~forening** tourist association; **~kontor** tourist (information) office.
turn gymnastics **~é** tour; **~er** gymnast; **~ering** tournament; **~hall** gym(nasium).
turnips turnip.

turtall revolutions per minute (rpm).
tusen thousand; **~bein** millipede; centipede; **~fryd** daisy; **~kunstner** Jack-of-all-trades.
tusj *(fargestoff)* Indian ink; **~penn** felt (tip) pen.
tussmørke dusk, twilight.
tut *(på kanne)* spout; *(ul)* howl; *(av fløyte; ugle)* hoot; *(horn, fløyte)* toot; **~e** howl; hoot; toot; *(gråte)* cry, bawl.
tv television; (*hverdagslig*) telly.
tvang force, compulsion, coercion.
tvangsarbeid hard labour.
tvangsauksjon enforced auction; (*amr*) foreclosure sale.
tvangsforestilling obsession.
tvangshandling compulsive behaviour.
tvangsinnlegge commit.
tvangstrøye strait-jacket.
tv-apparat tv set.
tverr sullen, cross; **~bjelke** crossbeam; **~faglig** interdisciplinary; **~ligger** cross-piece; (*sport*) crossbar; **~politisk** across party lines; **~snitt** cross-section.
tvers (igjennom) right through; **på ~** across, crosswise; **på kryss og ~** in all directions.
tvers over across.
tvert imot *adv* on the contrary, not at all.
tvetydig ambiguous; **~het** ambiguity.
tvil doubt; **~e** doubt; **~ende** doubtful, sceptical.
tvilling twin.
Tvillingene Gemini (fra 21. mai).
tvilsom doubtful, dubious.
tvinge force, compel; **~nde** imperative, compelling.
tvinne twist, wind, twine.
tv-reklame tv commercial.
tv-serie tv series.
tvungen compulsory, obligatory; *(unaturlig)* forced.
tyde inerpret, make out; **~ på** indicate.
tydelig plain, clear; distinct; **~het** clarity; **~vis** evidently, obviously.
tygge chew; **~gummi** chewing-gum.
tykk thick; *(om person)* fat, stout; *(tett)* dense; **~else** thickness; **~hudet** (*overført*) callous, hardened.

tykktarm large intestine, colon.
tyll tulle.
tyngde weight; **~kraft** (force of) gravity.
tynge weigh down, weigh upon.
tynn thin; *(spe)* slender; **~slitt** threadbare, worn thin; **~er** thinner.
tynntarm small intestine.
type type, kind.
typisk typical (**for** of).
typograf typographer.
tyr bull.
tyrann tyrant; **~i** tyranny; **~isk** tyrannical.
tyrefekting bullfight.
Tyren *astrologi* Taurus (fra 20. april).
tyrker Turk.
Tyrkia Turkey.
tyrkisk Turkish.
tysk German; **~er** German.
Tyskland Germany.
ty til resort to.
tyttebær lingonberry.
tyv thief; *(innbrudds-)* burglar; **~eri** theft; burglary; **~erialarm** burglar alarm.
tære *(om rust o.l.)* corrode.
tøff tough.
tøffel slipper.
tømme *subst* rein.
tømme *verb* empty, deplete, drain.
tømmer timber, (*amr*) lumber; **~fløting** (timber) floating; (*amr*) log running **~flåte** raft; **~hogger** logger, lumberjack; **~hytte** log cabin; **~mann** carpenter; **~menn** (*overført*) hangover; **~stokk** log.
tømre build, make.
tønne barrel, cask; **~vis** by the barrel.
tørke *subst* drought, dry spell.
tørke *verb* dry; **~ av** wipe; **~ inn, ~ ut** dry up; **~rull** paper towels; **~trommel** tumble drier.
tørkle *(hals-)* scarf; **hode~** headscarf; **lomme~** handkerchief.
tørr dry; **~fisk** dried fish, stockfish; **~legge** dry out, drain; **~vittig** with a dry sense of humour.
tørst *adj* thirsty; **~e** be thirsty; **~e etter** thirst for, hunger for.
tøv nonsense, rubbish; **~e** talk nonsense, horse around.
tøy cloth, fabric, material; *(klær)* clothes.

tøye stretch; extend; **~lig** elastic, flexible.
tøyle *subst* bridle, control.
tøys nonsense, rubbish; (*hverdagslig*) crap; **~ete** silly, foolish.
tå toe; **på ~** on tiptoe.
tåke fog; *(lett)* mist; **~fyrste** windbag; **~lur** fog-horn; **~te** foggy, misty.
tåle *(ikke ta skade av)* stand; *(utstå)* bear, stand; *(finne seg i)* put up with, stand.
tålmodig patient; **~het** patience; **~hetsprøve** test of patience.
tåpelig foolish, silly, dumb.
tåre tear (drop); **~gass** tear gas; **~perse** tear-jerker.
tårn tower; *(kirke-)* steeple; *(i sjakk)* rook, castle; **~e seg opp** pile up.
tåteflaske baby bottle.
tåtesmokk (rubber) nipple; (*sugesmokk*) (*amr*) pacifier, (*britisk*) dummy.

U

uakseptabel unacceptable.
ualminnelig uncommon, unusual, exceptional.
uanmeldt unannounced.
uansett *preposisjon* regardless of, no matter.
uanstendig indecent, obscene.
uansvarlig irresponsible.
uappetittlig unsavoury, unappetizing.
uatskillelig inseparable.
uavbrutt nonstop, continuous.
uavgjort unsettled, undecided; (*sport*) a draw, a tie.
uavhengig independent; **~het** independence.
uavkortet unabridged.
ubalanse imbalance; **~rt** out of balance; *(unyansert)* biased.
ubarbert unshaven.
ubarmhjertig merciless, pitiless.
ubebodd uninhabited.
ubeboelig uninhabitable.
ubedt unasked, uninvited.
ubegrenset unlimited, boundless.

ubegrunnet unfounded, groundless.
ubehag distaste; **~elig** unpleasant, disagreeable.
ubehersket uncontrolled, unrestrained.
ubehjelpelig clumsy, awkward.
ubekreftet unconfirmed.
ubekvem uncomfortable.
ubekymret unconcerned.
ubeleilig inconvenient.
ubemerket unnoticed.
uberegnelig unpredictable.
uberettiget unjustified, unwarranted.
uberørt untouched; *(upåvirket)* unaffected.
ubeseiret unconquered; (*sport*) unbeaten; undefeated.
ubeskjeden immodest.
ubeskrevet blank, unwritten.
ubeskrivelig indescribable.
ubeskyttet unprotected.
ubesluttsom indecisive.
ubestemmelig vague, indeterminable.
ubestemt indefinite; *(ubesluttsom)* undecided; *(uklar)* vague.
ubestikkelig incorruptible.
ubesvart unanswered.
ubetalelig invaluable; priceless.
ubetalt unpaid; unsettled.
ubetenksom inconsiderate; *(tankeløs)* thoughtless; *(overilet)* rash.
ubetinget unconditional; absolute; (*dom*) immediate.
ubetydelig insignificant, slight.
ubevegelig fixed, immovable.
ubevisst unconscious.
ubevoktet unguarded.
ubevæpnet unarmed.
ublandet unmixed; *(om alkohol)* neat, *(amr* straight).
ublu *(om pris)* exorbitant.
ubrukelig useless.
ubrukt unused.
ubuden uninvited.
ubønnhørlig relentless, inexorable.
ubøyelig inflexible; unbending; *gram* indeclinable.
ubåt submarine.
udannet rude.
udefinerbar intangible, indefinable.
udekket uncovered; overdrawn.
udelelig indivisible.
udelt whole, undivided.
udemokratisk undemocratic.

udrikkelig undrinkable.
udugelig incompetent.
udyr beast; (*om person*) monster.
udødelig immortal.
uegnet unsuitable.
uekte fake, imitation; false.
uendelig endless, infinite.
uendret unchanged.
uenig, være ~ disagree; **~het** disagreement.
uer redfish, (*amr*) rosefish.
uerfaren inexperienced.
uerstattelig irreplaceable; (*om tap*) irreparable.
ufaglært unskilled.
ufarlig safe, harmless.
ufattelig incomprehensible; (*utrolig*) inconceivable.
ufeilbarlig infallible.
uferdig unfinished, incomplete.
uff oh, dear!
ufin crude; indiscreet.
ufisk inedible fish.
uflaks bad luck.
uforandret unchanged, unaltered.
uforbeholden unreserved.
uforberedt unprepared.
ufordelaktig unfavourable.
ufordragelig detestable.
ufordøyelig indigestible.
uforenlig incompatible.
ufôret unlined.
uforfalsket genuine.
uforglemmelig unforgettable.
uforholdsmessig disproportionate.
uforklarlig inexplicable.
uforkortet unabridged.
uformelig shapeless.
uformell informal.
uforminsket undiminished.
ufornuftig unwise, foolish.
uforpliktende non-binding, non-committal.
uforsiktig careless, thoughtless.
uforskammet rude, insolent.
uforskyldt undeserved.
uforsonlig implacable; (*om motsetninger*) irreconcilable.
uforstyrret undisturbed.
uforståelig incomprehensible.
uforsvarlig unwarranted, indefensible, irresponsible.
ufortjent undeserved.
uforutsett unexpected, unforeseen.
uforutsigelig unpredictable.
uforvarende inadvertent(ly), unexpected(ly).
ufrankert unstamped.
ufremkommelig impassable.
ufri unfree; inhibited; **~villig** involuntary.

ufruktbar sterile; fruitless.
ufullkommen imperfect.
ufullstendig incomplete.
ufyselig disgusting.
ufølsom insensitive; indifferent.
ufør disabled; **~epensjon** disability pension.
ugagn mischief.
ugift single.
ugjenkallelig irrevocable.
ugjenkjennelig unrecognizable.
ugjennomførlig impracticable; unworkable.
ugjennomsiktig opaque.
ugjennomtrengelig impenetrable.
ugjerning atrocity, crime.
ugjestfri inhospitable.
ugjort unfinished.
ugle owl.
ugress weed; **~middel** herbicide, weed killer.
ugrunnet unfounded.
ugudelig impious, irreverent.
ugunstig unfavourable, detrimental.
ugyldig invalid.
uharmonisk discordant; troubled.
uhederlig dishonest.
uhelbredelig incurable.
uheldig unlucky; *(ikke vellykket)* unfortunate; **~vis** unfortunately.
uhell accident; bad luck.
uhensiktsmessig impractical, unsuitable.
uholdbar unacceptable; untenable.
uhyggelig *(nifs)* eerie, uncanny; *(illevarslende)* sinister.
uhygienisk unsanitary.
uhyre *subst* monster.
uhyre *adj* tremendous, enormous.
uhøflig impolite, rude.
uhørt outrageous; unheard of.
uhøytidelig casual, informal.
uhåndterlig unmanageable.
uimotsagt undisputed, unchallenged.
uimotståelig irresistible.
uimottakelig immune, resistant.
uinnskrenket unlimited.
uinteressant uninteresting, boring.
uinteressert uninterested, indifferent.
ujevn uneven, rough.
uke week; **~blad** (weekly) magazine; **~dag** weekday; **-lønn** pocket-money, *(amr)* (weekly) allowance; **~ntlig** weekly.

ukjent unknown, unfamiliar.
uklanderlig blameless, irreproachable.
uklar indistinct; ambiguous, vague.
ukledelig unbecoming.
uknuselig unbreakable.
ukontrollert uncontrolled.
Ukraina (the) Ukraine.
ukrainer Ukrainian.
ukrainsk Ukrainian.
ukrenkelig inviolable.
ukritisk uncritical.
ukuelig irrepressible, indomitable.
ukurant out of date.
ul howl; hoot.
u-land developing country.
ulastelig *(antrukket)* immaculately dressed.
ulempe disadvantage, drawback.
ulendt rough, rugged.
uleselig illegible.
ulik different, unlike; **~het** difference, dissimilarity.
ulke sculpin; sea scorpion.
ull wool; **~teppe** (woollen) blanket.
ulme smoulder, (*amr*) smolder.
ulogisk illogical.
ulovlig illegal.
ultralyd ultrasound (scan).
ulv wolf *m*; she-wolf *f*; **~eflokk** pack of wolves; **~etid** hard times.
ulydig disobedient (**mot** to).
ulykke *(~stilfelle)* accident; *(katastrofe)* disaster; *(uhell)* misfortune; **~lig** unhappy, miserable; **~sforsikring** accident insurance; **~sfugl** accident-prone person.
ulønnet unpaid.
ulønnsom unprofitable.
uløselig unsolvable; insoluble.
umak pains, trouble; **gjøre seg ~** take pains to.
umbrakonøkkel Allen key.
umedgjørlig intractable, unmanageable.
umenneskelig inhuman.
umerkelig imperceptible.
umettelig insatiable.
umettet unsaturated.
umiddelbar immediate; *(naturlig)* spontaneous.
uminnelig immemorial.
umiskjennelig unmistakable.
umoden unripe; (*overført*) immature.
umoderne out of fashion; outdated.
umoral immorality; **~sk** immoral.
umulig impossible.
umyndig minor; under age.

umøblert unfurnished.
umåtelig immense, enormous.
unaturlig unnatural; *(påtatt)* affected.
under *preposisjon* under; *(neden-)* below; *(om tid)* during.
under *subst* wonder, miracle.
underarm forearm.
underavdeling branch, subdivision.
underbemannet understaffed.
underbetalt underpaid.
underbevisst subconscious; **~het** subconscious(ness).
underbukser pants, briefs, undies, underpants.
underbygge support, substantiate.
underdanig submissive.
underentreprenør subcontractor.
underernæring malnutrition, undernourishment.
underforstått implied; implicit.
underfundig subtle; cunning.
undergang ruin, fall; *(for fotgjengere)* (*britisk*) subway, underpass.
undergrave undermine.
undergrunn(sbane) underground, tube, metro, (*amr*) subway.
undergrunnskultur counterculture, underground culture.
underholde entertain, amuse.
underholdning entertainment.
underholdsbidrag (child) support/maintenance; (*til tidl. ektefelle*) alimony.
Underhuset the House of Commons.
underhånden privately; secretly.
underjordisk subterranean, underground.
underkaste submit; **~lse** subjection, submission.
underkjenne override, reject.
underkjeve lower jaw.
underkjole slip.
underklassen the lower classes; the underclass.
underkue subdue, subjugate.
underkøye lower berth.
underlag foundation, base; *(telt-)* camping mat; **~skrem** foundation cream.
underlegen inferior.

underleppe lower lip.
underlig strange, queer, odd.
underliv abdomen; **~sundersøkelse** gyn(a) ecological examination.
underordne subordinate; **~t** subordinate; *(uviktig)* secondary.
underpris bargain (price).
underretning news, information.
underrette inform, notify.
undersetsig thickset, stocky.
undersjøisk underwater, submarine.
underskjørt half-slip, petticoat.
underskrift signature.
underskrive sign.
underskudd deficit, loss.
underslag embezzlement.
underslå embezzle; *(holde tilbake)* intercept, withold.
underst lowest, (at the) bottom.
understell *(på bil)* chassis; **~sbehandle** underseal.
understreke underline; stress, emphasize.
undersøke examine; *(granske)* investigate; **~lse** examination; inquiry; investigation.
undertegne sign; **~de** the undersigned; yours truly.
undertiden sometimes, now and then.
undertrykke suppress; oppress; **~lse** suppression; oppression.
undertrøye undershirt, vest.
undertøy underwear.
underutviklet underdeveloped.
undervannsbåt submarine.
undervannsskjær sunken rock/reef.
underveis on one's way.
undervektig underweight.
underverden underworld.
underverk wonder, miracle.
undervise teach.
undervisning teaching, instruction, education.
undervurdere underestimate, underrate.
undre suprise; wonder.
undring wonder, astonishment, surprise.
undulat budgerigar, budgie.
unektelig undeniable; *adv* undeniably.
unevnelig unmentionable.
ung young.
ungarer Hungarian.
Ungarn Hungary.
ungarsk Hungarian.
ungdom youth; *(unge mennesker)* young people; **~melig** youthful;

~**sherberge** youth hostel; ~**skriminalitet** juvenile delinquency.
unge kid, child; *(dyr)* cub.
ungkar bachelor.
uniform uniform.
union union.
univers universe; ~**alnøkkel** master key; ~**ell** universal; ~**itet** university.
unna away, off; ~**gjort** done (with).
unndra withold, evade.
unnfange conceive.
unngjelde pay, suffer.
unngå *(med vilje)* avoid; *(unnslippe)* escape.
unnlate fail; omit.
unnselig modest, shy.
unnsetning rescue, help.
unnskylde excuse, apologize; pardon; ~**ning** excuse; apology.
unnslippe escape.
unnta exclude, rule out; ~**k** exception; ~**kstilfelle** special case; ~**kstilstand** state of emergency; ~**tt** except; but.
unnvikende evasive.
unnvære do without.
unote bad habit.
unyansert oversimplified.
unyttig useless.
unødvendig unnecessary; superfluous.
unøyaktig inaccurate.
uomsettelig unnegotiable; untranslatable.
uoppdragen rude, ill-mannered.
uoppfordret unasked, spontaneous.
uopphørlig incessant.
uopplagt indisposed.
uoppmerksom inattentive.
uoppnåelig unattainable.
uopprettelig irreparable.
uoppsigelig *(kontrakt)* irrevocable, irredeemable.
uorganisert disorganized; (*arbeidsliv*) unorganized.
uorganisk inorganic.
uoverensstemmelse disagreement; *(avvik)* discrepancy.
uoverkommelig insuperable, insurmountable.
uoversettelig untranslatable.
uoversiktlig difficult to see.
uovertruffet unsurpassed.
uoverveid rash.
uovervinnelig invincible, unbeatable.
upartisk unbiased, impartial; ~**het** impartiality.
upassende improper, inappropriate.
upersonlig impersonal.

upopulær unpopular.
upraktisk unpractical.
upresis imprecise, inaccurate.
upåaktet unnoticed, unheeded.
upåklagelig irreproachable.
upålitelig unreliable.
upåvirkelig impassive; *(følelsesløs)* insensitive.
upåvirket unaffected, unmoved.
ur watch; *(større)* clock.
uraffinert unrefined, crude.
uran uranium.
uransakelig inscrutable, mysterious.
uravstemning referendum (in connection with collective bargaining).
uredd *(seng)* unmade; *(modig)* brave, fearless.
uredelig dishonest.
uregelmessig irregular, erratic.
uregjerlig unruly, uncontrollable.
uren dirty, unclean, impure.
urenhet impurity.
urenslig unclean, filthy.
urett wrong; injustice; **~ferdig** unjust, unfair; **~messig** illegal, unlawful.
uriktig wrong, incorrect.
urimelig unreasonable; *(meningsløs)* absurd, preposterous.
urin urine; **~al** urinal; **~ere** urinate; **~syregikt** gout; **~veiene** the urinary tract.
urkomisk hilarious.
urmaker watchmaker.
urne urn; *(valg-)* ballot-box.
uro commotion, unrest; *(engstelse)* anxiety; **~e** bother, trouble.
urokkelig firm, steadfast.
urolig restless; *(engstelig)* uneasy, anxious, nervous.
uroppførelse premiere (performance).
urostifter troublemaker; agitator.
urovekkende disturbing, disquieting.
urskog primeval forest.
urt herb; **~emedisin** herbal medicine; **~ete** herbal tea.
urviser hand.
uryddig messy, untidy.
urørlig motionless, immovable.
urørt untouched, intact.
uråd trouble, mischief; **ane** ~ suspect mischief.
USA *fork for* **United States of America**, the U.S.
usagt unsaid.
usaklig biased.
usammenhengende incoherent.

usammensatt simple.
usann untrue, false; **~synlig** improbable, unlikely; **~synlighet** improbability.
usedvanlig unusual, uncommon.
usedvanlig *adv* exceptionally, uncommonly.
uselskapelig unsociable.
uselvstendig dependent (on others); derivative.
usikker unsure, uncertain; *(forbundet med fare)* insecure; **~het** uncertainty; insecurity.
uskadd *(om person)* unhurt; *(om ting)* undamaged.
uskadelig harmless.
uskikk bad habit; **~elig** naughty; **~et** unfit, unsuited.
uskyldig innocent, blameless.
usling villain, scoundrel.
uslitelig durable, lasting.
usmakelig unsavoury; tacky.
usminket plain, not made-up; (*overført*) unvarnished.
usolidarisk disloyal.
usosial unsociable; asocial.
uspiselig inedible.
ussel miserable, wretched.
ustabil unstable; volatile; **~itet** instability.
ustadig changeable; **~het** instability.
ustand, i ~ out of order.
ustanselig incessant(ly).
ustelt unkempt, untidy.
ustemt untuned.
ustraffet unconvicted.
ustø unsteady, shaky.
usunn unhealthy.
usvikelig unfailing.
usving U-turn.
usympatisk unpleasant, offensive.
usynlig invisible.
usømmelig indecent; improper.
ut out; **~abords** outboard; **~advendt** extrovert, sociable.
utakknemlig ungrateful; **~het** ingratitude.
utakt out of step.
utallig innumerable, countless.
utarbeide prepare, work out.
utarte til degenerate into; develop into.
utbetale pay (out).
utbetaling payment.
utblåsning blow-out.
utbre spread, circulate; **~delse** circulation, diffusion; **~dt** widespread.
utbrent burned-out; exhausted.

utbrudd outbreak; *(om vulkan)* eruption; (*overført*) outburst.
utbrukt worn-out, spent.
utbryte exclaim, blurt out.
utbygging expansion, development.
utbytte (*handel*) profit, proceeds; (*overført*) benefit, profit; **~rik** profitable.
utdanne educate, train.
utdanning education.
utdata (*edb*) output (data).
utdeling distribution, handing out.
utdrag extract; summary.
utdype elaborate, expand on.
utdødd extinct.
utdøende endangered.
ute out, outside; *(forbi)* finished.
utebli stay away.
uteglemt left out.
utekstet without subtitles.
utelate leave out, omit.
utelukke exclude, ban.
utelukket out of the question.
uten without; **~at** by heart; **~bys** out of town; **~dørs** outdoor(s).
utenfor *adv* outside; beyond; **~stående** outsider.
utenfra from (the) outside.
utenkelig unthinkable, inconceivable.
utenlands abroad; **~k** foreign.
utenom (a)round; outside; **~ekteskapelig** extra-marital; **~snakk** irrelevant talk.
utenomjordisk extraterrestrial.
utenpå outside.
Utenriksdepartementet (*britisk*) Foreign Office.
utenrikshandel foreign trade.
utenriksminister Foreign Secretary.
utenrikspolitikk foreign policy; foreign affairs.
utenriksterminal international terminal.
uterom outdoor area.
utestengt shut out, excluded.
utestående outstanding.
utfall outcome, result.
utfart excursion, exodus.
utflod discharge.
utflukt excursion, outing; (*overført*) excuse, evasion.
utfordre challenge.
utfordring challenge.
utforkjøring driving off the road; (på ski) downhill (skiing).

utforming design; formulation.
utforrenn downhill race; (*sport*) downhill skiing.
utforske investigate; *(geografisk)* explore.
utfylle fill; *(skjema)* fill in; **~nde** supplementary.
utføre do, carry out; *(om ordre)* execute.
utførlig full, detailed.
utførsel export.
utgang *(dør)* exit, way out; *(slutt)* end; **~sdør** exit (door); **~spunkt** starting-point, point of departure.
utgave version; *(av bok)* edition.
utgi publish; issue.
utgift expense.
utgivelse publication.
utgiver publisher.
utgjøre constitute, make up.
utgraving excavation.
utgå *(utelates)* be left out, be cancelled; **~ fra** stem from, emanate from; **~ende** outward-bound, outgoing; **~tt** discontinued; *(sko)* worn out.
utheve (*typografi*) print in bold type; (*overført*) emphasize.
utholdende persevering.
utholdenhet endurance, stamina.
uthule hollow.
uthus outhouse.
uthvilt rested, refreshed.
utide, i ~ out of season; without reason.
utidig unreasonable; inappropriate.
utilfreds dissatisfied, discontented; **~stillende** inadequate, unsatisfactory.
utilgivelig unforgivable, inexcusable.
utilgjengelig inaccessible; unavailable.
utilregnelig insane; irresponsible.
utilsiktet unintended.
utilstrekkelig insufficient.
utjevne smooth out; equalize.
utkant outskirts.
utkast draft; *(skisse)* sketch (**til** of).
utkaster bouncer.
utkikk look-out.
utkjempe fight out.
utkjørsel driveway, exit.
utkjørt exhausted.
utklasse outclass, surpass.
utklipp cutting, (*amr*) clipping; **~sbok** scrapbook; **~stavle** (*edb*) clipboard.
utkommandere call out.
utlandet, i ~ abroad.
utlede deduce.

utlegg expense.
utleie *subst* letting (out), (*amr*) renting, rental.
utlending foreigner; (*jus*) alien.
Utlendingsdirektoratet *omtrent* Directorate of Immigration.
utlevere hand out, deliver; *(overgi)* surrender.
utlevering delivery; *(av forbrytere)* extradition.
utligne *(betale)* settle, balance; *(oppveie)* balance, offset; (*sport*) equalize.
utligning (*sport*) equalizer; *(av skatt)* assessment.
utlodning raffle; lottery.
utløp outlet; *(munning)* mouth; *(tid)* expiration; **~e** *(tid)* expire; **~sdato** *(for matvarer)* sell-by date.
utløse *(pant)* redeem; (*løsepenger*) ransom; *(frigjøre)* release; *(fremkalle)* provoke.
utlån loan.
utmattelse exhaustion, fatigue.
utmattet exhausted, worn out.
utmelding withdrawal; resignation.
utmerke distinguish; **~lse** distinction; **~t** excellent.
utnevne appoint; **~lse** appointment.
utnytte utilize; (*misbruke*) exploit, abuse; **~lse** utilization; exploitation.
utopisk Utopian.
utover outwards; *(hinsides)* beyond, past.
utpeke point out.
utpost outpost.
utpreget marked, pronounced.
utpressing blackmail, extortion.
utradisjonell non-traditional, unconventional.
utreise departure; outward journey; **~tillatelse** exit permit; **~visum** exit visa.
utrette achieve, accomplish; **~lig** indefatigable, untiring.
utringet low-necked, low cut.
utrivelig unpleasant, uncomfortable.
utro unfaithful (**mot** to); **~lig** incredible; unbelievable.
utrop exclamation; **~e** proclaim; **~stegn** exclamation mark.
utroskap adultery, infidelity.
utruste fit out, equip.
utrustning equipment, gear.
utrydde exterminate, wipe out; **~lse** extermination, eradication.

utrygg unsafe, insecure; **~het** insecurity.
utrykning call-out, emergency.
utrøstelig inconsolable.
utsagn statement.
utsalg sale; **~spris** retail price; *(nedsatt)* sale price; **~svare** sale item.
utsatt postponed; *(om sted)* exposed; *(sårbar)* vulnerable.
utseende appearance, look(s).
utsending delegate.
utsette put off, delay, postpone; *(for fare)* expose; **~lse** postponement, delay.
utsikt view; *(mulighet)* prospect.
utskeielser excesses.
utskifting replacement.
utskjæring cutting; *(kunst)* carving, sculpture.
utskrapning (*medisin*) curettage.
utskrevet discharged.
utskrift printout.
utskytningsplattform launching pad.
utslag outcome, effect; **~sgivende** decisive; **~svask** sink.
utslett rash.
utslipp discharge, *(om gass)* emission.
utslitt worn out, exhausted.
utsmykning decoration.
utsnitt cut; *(del)* section; (*utdrag*) extract.
utsolgt out of stock; sold out.
utspark *(fra mål)* kick-out.
utspekulert devious, cunning.
utspørre question, interrogate.
utstede issue.
utstilling exhibition; *(varemesse)* fair; *(hunde-, blomster o.l.)* show; *(vindus-)* display; **~sgjenstand** exhibit.
utstrakt extensive, wide.
utstrekning extent.
utstråle emit; radiate.
utstråling radiation; charisma.
utstyr outfit, gear, equipment; *(til hus)* furnishings; **~e** equip, fit out; *(forsyne)* supply; *(møblere)* furnish.
utstøtt outcast.
utstående protruding.
utsultet famished.
utsøkt select, exquisite, choice.
uttak *(av bank)* withdrawal.

uttale *subst* pronunciation.
uttale *verb* pronounce; **~lse** statement, declaration.
uttelling result.
uttrykk (*formulering*) expression, phrase; (*i ansiktet*) expression, look; *(fag-)* technical term; **~e** express; **~elig** *adj* express, definite.
uttrykkelig *adv* explicitly, distinctly.
uttrykksform style, mode of expression.
uttrykksfull expressive.
uttømmende exhaustive, full.
uttørking dehydration.
utvalg *(av varer)* selection; choice; *(komité)* committee; **~t** chosen, selected.
utvandre emigrate.
utvandrer emigrant.
utvandring emigration.
utvanne dilute; water down.
utvei way out; solution.
utveksling exchange.
utvendig *adj* outward, external.
utvendig *adv* (on the) outside.
utvetydig unmistakable, unequivocal.
utvide widen, extend, expand; **~lse** extension, expansion.
utvikle develop, evolve.
utvikling development; progress; *biol* evolution.
utviklingshemmet retarded, (*amr*) challenged.
utviklingsland developing country.
utviklingslæren the theory of evolution.
utvilsom undoubted; **~t** undoubtedly, without (a) doubt.
utvinne extract.
utvise expel; *(legge for dagen)* show.
utvisning expulsion.
utvungen *(naturlig)* free and easy, spontaneous.
utydelig indistinct; blurred.
utøve exercise; **~nde** executive; **~r** performer, athlete.
utøy vermin.
utålelig intolerable, insufferable.
utålmodig impatient; **~het** impatience.
uunngåelig unavoidable, inevitable.
uunnværlig indispensable.
uutgrunnelig unfathomable.
uutholdelig unbearable, intolerable.

uutslettelig indelible.
uuttømmelig inexhaustible.
uutviklet underveloped.
uvane bad habit.
uvanlig unusual, uncommon.
uvant unfamiliar, unaccustomed.
uvedkommende irrelevant; **en ~** intruder.
uvel unwell, uncomfortable.
uvennlig unfriendly, unkind.
uvennskap enmity, hostility.
uventet unexpected.
uverdig shameful; unworthy.
uvesentlig insignificant, trivial.
uvilje dislike; reluctance.
uvilkårlig involuntary.
uvillig *adj* unwilling; reluctant.
uvirkelig unreal.
uvirksom inactive, idle; *(virkningsløs)* ineffective.
uviss uncertain, doubtful; **~het** uncertainty.
uvitende ignorant; unaware.
uvitenhet ignorance.
uvitenskapelig unscientific.
uvurderlig invaluable.
uvær storm, bad weather.
uvøren reckless, rash.
uærbødig disrespectful, impolite.
uærlig dishonest; **~het** dishonesty.
uøkonomisk unprofitable; wasteful.
uønsket unwanted.
uår bad year, crop failure.

V

vable blister.
vade wade; **~fugl** wading-bird; **~sted** ford.
vaffel waffle; **~jern** waffle iron.
vagge sway, rock.
vagina vagina.
vagle perch, roost.
vaie fly, wave; **~r** wire.
vakker beautiful, handsome; fine.
vakle *(sjangle)* stagger; (*overført*) waver, vacillate; **~voren** unsteady; *(stol)* rickety.

vaksinasjon vaccination, inoculation.
vaksine vaccine.
vaksinere vaccinate, inoculate.
vakt watch, guard; **~avløsning** changing of the guard.
vaktbikkje guard dog; watchdog.
vaktel (*zool*) quail.
vakthavende on duty, in charge.
vaktmann watchman.
vaktmester caretaker, *(særlig amr)* janitor, super(intendent); *(i leiegård)* (house) porter.
vaktsom watchful, vigilant.
vakuum vacuum.
valen numb.
valfart pilgrimage; **~e** make a pilgrimage.
valg choice; (*politikk*) election; **~bar** eligible; **~dag** election day; **~dagsmåling** exit poll; **~fag** optional course, (*amr*) elective; **~fri** optional; **~kamp** election campaign; **~krets** constituency; (*amr*) election district; **~lokale** polling station; **~skred** landslide; **~språk** slogan, motto; **~urne** ballot-box; **~vake** election vigil.
valmue poppy; **~frø** poppy seed(s).
valnøtt walnut.
valp pup(py), whelp.
vals *(dans)* waltz; **~e** *subst* cylinder, roller.
valse *verb* roll; waltz; **~takt** waltz time.
valuta *(pengesort)* currency; *(utenlandske penger)* foreign exchange; *(verdi)* value; **hard ~** hard currency; **~kurs** rate of exchange; **~kurv** currency basket.
vampyr vampire.
vandelsattest certificate of good conduct; character reference.
vandre wander, roam.
vandrepokal challenge cup, (*amr*) travelling trophy.
vandrer wanderer, ranger, rover.
vane habit, custom; **~dannende** habit-forming; **~dyr** creature of habit; **~messig** habitual, routine; **~sak** matter of habit; **~tenkning** conventional thinking.
vanilje vanilla; **~saus** *omtrent* vanilla custard.
vanke frequent, hang out.
vanlig usual, customary; **~vis** usually, generally.

vann water; **~avstøtende** water-repellent; **~basseng** reservoir; **~blemme** blister; **~dam** puddle; **~damp** steam; **~e** water; **~farge** watercolour; **~fast** waterproof; **~forsyning** water supply; **~forurensning** water pollution; **~klosett** water-closet, w.c.; **~kopper** (*medisin*) chicken pox.
vannkraft water-power; hydroelectric power; **~verk** water power plant.
vannkran tap, (*amr*) faucet.
Vannmannen *astrologi* Aquarius (fra 20. januar).
vannplaning aquaplaning.
vannrett horizontal, level.
vannski waterski(s).
vannskille watershed, divide.
vannsklie aquatube.
vannskrekk aquaphobia.
vannslange (water) hose.
vannstoff hydrogen.
vanntett watertight; *(om tøy)* waterproof.
vannverk waterworks.
vanskapt deformed.
vanskelig *adj* difficult, hard; **~gjøre** complicate, make difficult; **~het** difficulty.
vanskjøtsel neglect.
vanstyre misrule.
vante woollen glove.
vantrives be unhappy, feel uncomfortable.
vantro *adj* incredulous, sceptical.
vantro *subst* unbelief, incredulity.
vant til used to, accustomed to.
vanvare, av ~ inadvertently, accidentally.
vanvidd insanity, madness.
vanvittig mad; crazy, insane.
vanære disgrace, dishonour.
varaformann vice-chairman.
vararepresentant deputy, substitute.
varde cairn, (stone) marker.
vare *subst (handels-)* article, product, commodity, goods; **ta ~ på** take care of; **~beholdning** stock; **~bil** van; **~hus** department store; **~merke** trade mark; **~messe** trade fair; **~prøve** sample; **~tekt** custody; care; **~trekk** cover.
vare *verb (ved-)* last, continue.
variabel variable.
variasjon variety, variation.
variere vary, fluctuate.
varieté variety, music hall.

varig lasting, durable, permanent; **~het** duration; durability.
varm warm; hot.
varme *subst* warmth, heat.
varme *verb* warm, heat; **~anlegg** central heating; **~bølge** heat wave; **~dress** thermal suit; **~flaske** hot-water bottle; **~ovn** (electric) heater.
varmtvannsbereder water heater.
varsel *(advarsel)* warning; (*jur*) notice, summons; *(for-)* omen, sign.
varsellys warning light.
varselskilt warning sign.
varseltrekant warning triangle.
varsle *(gi melding)* notify; *(advare)* warn.
varsler whistle blower.
varsom cautious, careful; **~het** caution.
varte opp wait (up)on.
varulv werewoolf.
vase *(blomster-)* vase.
vask washing; *(kum)* sink; (*klesvask*) laundry; **~bar** washable.
vaske wash; **~ekte** (*overført*) washable; genuine; **~maskin** washing machine; **~pulver** detergent; **~ri** laundry; *(selvbetjenings-)* launderette; **~servant** sink.
vasse wade; (*ha i overflod*) wallow (in); **~n** watery.
vater, i ~ level.
vatt cotton wool; **~ere** pad, quilt, wad.
ved *preposisjon* by, at; on, in; *subst* wood.
vedde bet, wager; **~løp** race; **~løpsbane** racecourse; racetrack; **~mål** bet, wager.
vedkjenne seg acknowledge, own up to.
vedkommende *subst* (person) in question; **for mitt ~** for my part, personally.
vedlagt *(i brev)* enclosed.
vedlegg enclosure; (*edb*) attachment.
vedlegge enclose, attach.
vedlikehold maintenance; **~e** maintain, keep up; **~sfri** maintenance-free.
vedskjul wood-shed.
vedtak decision, resolution.
vedtekter statutes, rules, regulations.
vedvarende prolonged, lasting.
vegetabilsk vegetable.
vegetarianer vegetarian.
vegetarisk vegetarian.

vegg wall; **~teppe** tapestry; **~-til-~-teppe** wall-to-wall carpet.
vegne, på mine ~ on my behalf.
vegre seg refuse, decline; reist.
vegring refusal.
vei road; *(retning)* way, route; *(hoved-)* main road; **~arbeid** road construction; road work; **~avgift** toll; **~bom** turnpike; **~dekke** road surface.
veie weigh.
veikant roadside, (road) shoulder.
veikryss crossroads; junction, (*amr*) intersection.
veilede guide, instruct; supervise.
veileder guide; (*akademisk*) supervisor, (*amr*) mentor.
veiledning guidance, instruction, supervision.
veiskilt road sign.
veisperring road block.
veiv crank; **~aksel** (*maskin*) crankshaft.
veke *(lampe-)* wick.
vekk *(borte)* away, (gone) missing; *(bort)* away.
vekke awaken, arouse; (*overført*) arouse, excite; **~lse** awakening; (*religion*) revival; **~r** warning; surprise; **~rklokke** alarm clock.
veksel (*handel*) bill (of exchange), promissory note; **~bruk** *agr* crop rotation; **~strøm** *elekt* alternating current; **~virkning** interaction, interplay.
vekselvis *adv* by turns, alternately.
veksle change; *(ut-)* exchange; **~penger** change.
veksling change; (*stafett*) exchange; **~sautomat** coin machine; **~skontor** currency exchange; **~skurs** exchange rate.
vekst growth; *(høyde)* stature; (*bot*) herb, plant.
vekt weight; *(veieinstrument)* (pair of) scales.
Vekten *astrologi* Libra (fra 23. september).
vektløfter weight lifter.
vektstang lever.
vekttall credits.
vel *adv* well.
veldedig charitable; **~het** charity.
veldig *(kraftig)* powerful; *(stor)* enormous.

velferd welfare; **~sstat** welfare state; **~spermisjon** compassionate leave.
velforening residents' association.
velfortjent well-deserved.
velge choose; (*politikk*) elect; **~r** voter.
velgjører benefactor.
velhavende well-to-do, wealthy.
velholdt well kept.
velkjent well-known.
velkledd well-dressed.
velkommen welcome.
velkomst welcome, reception.
vellagret matured; well-seasoned.
velling thin porridge, gruel.
velluktende fragrant, (sweet-)scented, perfumed.
vellyd euphony.
vellykket successful.
vellyst lust, sensuality.
velment well-meant; well-intentioned.
veloppdragen well mannered.
velorientert well-informed; knowledgeable.
veloverveid well considered, deliberate.
velsigne bless; **~lse** blessing.
velskapt well-shaped, shapely.
velsmakende savoury, tasty.
velstand prosperity; **~ssamfunnet** the Affluent Society.
velstående well-to-do, prosperous, well off.
veltalenhet eloquence.
velte upset, overturn.
velvalgt well-chosen.
velvilje benevolence, good-will.
velvære well-being, comfort.
vemmelig disgusting, nasty.
vemodig sad.
vende turn (around).
vendekrets tropic.
vendepunkt turning point.
vending turning, turn; (*overført*) turn; *(talemåte)* phrase.
vene vein; **~risk** venereal.
Venezia Venice.
venn friend; **~inne** girl friend.
venneløs friendless.
venne seg til become accustomed to; get used to.
vennetjeneste friendly turn/ favour.
vennlig kind; *(vennskapelig)* friendly; **~het** kindness; friendliness.

vennskap friendship; **~elig** friendly; **~sby** twin town, sister town.
venstre *adj* left; **til ~** to/on the left; **~kjøring** left-hand driving; **~orientert** left-wing, leftist.
vente wait; *(ha forventning om)* expect, await; **~liste** waiting list; **~værelse** waiting room.
ventil valve; **~asjon** ventilation; **~ere** ventilate.
veps wasp; **~ebol** wasp's nest; (*overført*) hornet's nest.
veranda veranda; (*amr*) porch.
verd *adj* worth; *subst* worth, value, merit.
verden (the) world, (the) earth.
verdensberømt world-famous.
verdensdel continent.
Verdens Handels-organisasjon World Trade Organization (WTO).
verdenskrig world war.
verdensmester world champion; **~skap** World Championship; *(lagsport)* World Cup.
verdensomseiling circumnavigation of the globe/world.
verdensomspennende global.
verdensrekord world record.
verdensrommet space.
verdensutstilling World's Fair, Expo.
verdi value, worth; **~full** valuable, precious; **~gjenstand** article of value; **~løs** worthless; **~papir** security; **~post** insured mail; **~saker** valuables.
verdig worthy; *(om vesen)* dignified; **~het** dignity.
verdsette value, appreciate.
verdslig secular, worldly.
verft shipyard.
verge *(formynder)* (legal) guardian; probation officer; **~løs** defenceless.
verifisere verify, confirm.
verifisering verification.
verk *arb* work; (*mus*) opus; *(smerte)* ache; *(materie)* pus; **~e** ache, hurt.
verken - eller neither - nor.
verksted workshop, repair shop; *(bil-)* garage.
verktøy tool; **~kasse** toolbox; **~linje** (*edb*) toolbar.
vern defence, protection; preservation; **~e** defend, protect; preserve.

verneombud safety deputy.
verneplikt conscription, draft, compulsory military service; **~ig** a conscript.
verneutstyr protective gear.
verneverdig worth preserving.
verpe lay (eggs).
verre worse.
vers stanza, verse; **~ere** circulate.
versjon version.
verst worst.
vert host; *(hus-)* landlord.
vertikal vertical; **~delt** semi-detached.
vertinne hostess; landlady.
vertshus inn, tavern, pub; **~holder** innkeeper.
vertskap host and hostess.
verve enlist; recruit.
vesen being, creature; *(egenart)* essence, nature; *(væremåte)* character; **~sforskjell** essential difference; **~tlig** *adj* essential.
vesentlig *adv* essentially; *(mest)* mainly, mostly.
veske (hand)bag; *(mappe)* briefcase.
veslevoksen precocious.
vest *(plagg)* waistcoat, (*amr*) vest; *(retning)* west.
vestibyle hall; lobby, foyer.
vestlig *adj* western, westerly.
vestover to the west, westwards.
veteran veteran; **~bil** vintage car.
veterinær veterinary surgeon, vet, (*amr*) veterinarian.
veto veto; **~rett** (right of) veto.
vett brains, sense; **~skremt** terrified, scared stiff.
vev *biol* tissue; *(celle-)* cellular tissue; *(-stol)* loom; *(det som veves)* texture, web; **~e** weave; **~er** weaver; **~kjerring** daddy-long-legs.
V-genser V-neck (jumper).
vi we.
via via, by way of.
vibrasjon vibration.
vibrere vibrate.
vid wide; **~e ut** broaden, widen.
vidde width.
video video; **~bånd** videotape; **~kassett** video cassette; **~spill** video game; **~spiller** Video Cassette Recorder (VCR).
videre wider; *(ytterligere)* additional, further; **inntil ~** until further notice; for

the time being; **~gående skole** (*britisk*) upper secondary education; (*amr*) high school.
vidt *adv* far, widely; **~gående** extensive; radical, drastic; **~rekkende** far-reaching.
vidunder wonder, miracle; **~barn** (child) prodigy, whizz-kid; **~lig** wonderful, marvellous.
vie (*innvie*) consecrate; dedicate; *(ekte)* marry; (*ofre*) devote, dedicate; **~lse** wedding ceremony; **~lsesattest** marriage certificate.
vifte *subst* fan.
vifte *verb* flutter, wave; **~rem** fan belt.
vignett vignette.
vik creek, cove, inlet.
vikar substitute, deputy; stand-in; **~byrå** temporary job recruitment agency; (*hverdagslig*) temping agency; **~iat** temporary position; **~iere** substitute, fill in, temp.
vike yield, give way (**for** to); **~ tilbake** draw back, retreat; flinch; **~ til side** step aside.
vikeplass lay-by, (*amr*) pull-off.
vikeplikt yield (to approaching traffic); **~skilt** yield sign, give way sign.
viking Viking.
vikle wrap, twist, coil.
viktig important, vital; *(innbilsk)* conceited; **~per** know-it-all, smart aleck.
vilje will; **med ~** on purpose; **~løs** weak, spineless; **~sterk** strong-willed; **~styrke** will-power.
vilkår conditions, terms; **~lig** arbitrary, random.
vill wild; savage; fierce; **~ etter** crazy about.
villa (detached) house; villa; **~bebyggelse** residential neighbourhood.
ville want to, be willing; *(ønske)* wish, want.
villede lead astray, mislead; **~nde** misleading.
villelse delirium; **snakke i ~** be delirious, rave.
villig *adj* willing; ready.
villmann savage.
villmark wilderness.
villnis thicket; (*overført*) maze, tangle.
villrede bewilderment, confusion.
villsvin (wild) boar.
vilt game; *(kjøtt)* venison;

~er lively, wild; **~reservat** game reserve, wildlife refuge.
vimpel pennant, streamer.
vimsete scatterbrained.
vin wine; *(hvit)* white wine; *(musserende)* sparkling wine; *(rosé)* rosé wine; *(rød)* red wine; **bordeaux~** claret; **burgunder~** burgundy; **lagret ~** matured wine; **årgangs~** vintage wine.
vind wind.
vindeltrapp spiral staircase; winding stairs.
vindjakke wind-resistant jacket, (*amr*) windbreaker.
vindkast gust (of wind).
vindmølle windmill.
vindrue grape.
vindskjev warped.
vindstille calm.
vindstyrke wind force.
vindu window; **dobbelt~** double-glazed window.
vinduskarm window sill/ ledge.
vinduslem shutter.
vindusrute windowpane.
vindusspyler windscreen washer.
vindusvisker windscreen wiper, (*amr*) windshield wiper.
vinge wing; **~spenn** wingspan.
vinglete wobbly.
vingård vineyard.
vinhøst vintage.
vink sign, signal; *(antydning)* hint; **~e** wave, beckon.
vinkart wine list.
vinkel angle; **~rett** right-angled, perpendicular.
vinmonopolet off-licence, (*amr*) liquor store.
vinne *(oppnå)* win, gain; *(erobre)* conquer, win.
vinnende winning; (*overført*) charming.
vinner winner; champion.
vinning gain, winnings.
vinsj winch.
vinter winter; **~dekk** *(for bil)* snow tyre; **~dvale** hibernation; **~leker** Winter Games; **~sportssted** ski resort.
vippe *(på lekeplassen)* see-saw; *øyevippe* (eye)lash.
vippe *verb* tilt, bob (up and down); **~port** overhead door; **~vindu** pivot window.
virke *verb* (*ha virkning*) work; *(fungere)* function, operate; *(synes å være)* seem, look; **~felt** field of action.

virkelig *adj* real, actual; *(sann)* genuine.
virkelig *adv* really, actually; indeed.
virkeliggjøre realize, implement.
virkelighet reality.
virkemiddel means, instrument, agent.
virkemåte mode of operation, modus operandi (MO).
virkning effect; impact; **~sfull** effective; **~sløs** ineffective.
virksom active; *(virkningsfull)* effective; **~het** activity; business.
virtuos virtuoso; brilliant.
virus virus; **~infeksjon** viral infection.
virvar confusion, mess.
vis *adj* wise.
vis-á-vis opposite.
visdom wisdom; **~stann** wisdom tooth.
vise *subst* song, ballad.
vise *verb* show; *(legge for dagen)* display; *(bevise)* prove; **~ seg** appear; *(dukke opp)* turn up.
viser needle, indicator; *(ur-)* hand.
visitere inspect, search.
visitt visit; *(lege-)* round(s); **avlegge ~** call on, pay a visit; **~kort** bussiness card; **~tid** *(på sykehus)* visiting hours.
visjon vision; **~ær** visionary.
viske, ~ ut erase, rub out; **~lær** rubber, (*amr*) eraser.
visne wither, wilt.
visning showing, viewing, demonstration; **~sprogram** (*edb*) viewer.
visp whisk, beater; **~e** beat, whisk; **~et krem** whipped cream.
viss certain, sure; (*liten*) slight.
vissen withered, wilted.
visshet certainty; conviction.
visst certainly; **~nok** probably, no doubt.
visualisere visualize.
visuell visual.
visum visa; **~søknad** visa application; **~tvang** visa requirement.
vital vital; **~itet** vitality.
vitamin vitamin; **~mangel** vitamin deficiency; **~tilskudd** vitamin supplement.
vite know; **få ~** learn.
vitenskap science; **~elig** scientific, scholarly; **~smann/skvinne** scientist.

vitne *subst* witness.
vitne *verb* testify, witness, give evidence; **~mål** *(vitneutsagn)* testimony, *(bevis)* evidence; *(eksamensbevis)* certificate, (*amr*) diploma.
vits joke, gag; (*hensikt*) point, use.
vittig witty; **~het** *(vits)* joke, quip, witticism.
vogn carriage; waggon; cart; (*jernb*) carriage, (*amr*) car; **~kort** (vehicle) registration.
vokal *subst* vowel; **~ist** vocalist, lead singer.
vokal *adj* vocal.
voks wax; **~avstøpning** wax cast; **~duk** oil cloth; **~e** *(bli større)* grow, develop; *(tilta)* increase.
voksen grown-up, adult; **~opplæring** adult education.
vokskabinett wax cabinet.
vokslys candle.
vokte watch, guard; **~r** guard, keeper, warden.
vold violence; *(makt)* force; **~elig** *adv* violent; **~gift** arbitration; **~sforbryter** violent criminal; **~som** violent; **~ta** rape.
voldtekt rape; **~sforbryter** rapist.
voll wall; (*ved elv*) embankment.
volleyball volleyball.
vollgrav moat.
volt volt.
volum volume.
vom belly, paunch.
vombat wombat.
vond bad, unpleasant; *(ond)* evil; *(smertefull)* painful.
vordende future, prospective.
vorte wart; *(bryst-)* nipple.
vott mitten.
vrak wreck; **~e** *(forkaste)* reject, discard; **~gods** wreckage; flotsam, jetsam.
vrang *(vrengt)* (turned) inside out; *(om person)* difficult, obstinate; **~en** the wrong side.
vrangforestilling delusion.
vranglære heresy.
vrangvilje unwillingness, obstinacy.
vrenge turn inside out; distort, twist.
vri *verb* twist, turn, wring; **~dd** bent, twisted; **~en** difficult, troublesome.
vrikke wriggle, twist; *(forstue)* sprain.
vrimle swarm, teem.
vrinske neigh.
vrist (*anatomi*) instep.

vræle roar, bawl.
vrøvl nonsense, rubbish.
vugge *subst* cradle.
vugge *verb* rock; **~sang** lullaby.
vulgær vulgar, crude.
vulkan volcano; **~utbrudd** volcanic eruption.
vurdere assess, estimate, evaluate.
vurdering (e)valuation, assessment; consideration.
væpne arm.
vær weather; *(sauebukk)* ram; **~bitt** weather-beaten.
være be, exist.
værelse room; **~spike** (chamber)maid.
Væren *astrologi* Aries (fra 21. mars).
værhane weathercock, weathervane.
værhardt exposed, unsheltered.
værmelding weather forecast.
væske *subst* liquid, fluid.
væte *verb* wet, moisten.
vørterøl malt beer.
vågal audacious, daring, reckless.
våge dare, venture; *(sette på spill)* risk; **~stykke** daredevil feat.
våghals daredevil.
våke be awake; keep vigil; **~ over** watch over; **~n** awake; alert; **~natt** sleepless night.
våkne wake up.
våpen weapon; arms; *(familie-)* coat-of-arms; **kjernefysiske ~** nuclear weapons; **~hvile** truce; (*midlertidig*) cease-fire.
vår *pron* our.
vår *subst* spring, springtime; **~ rull** *(mat)* spring roll.
vårløsning spring thaw.
vås nonsense, rubbish.
våt wet; **~mark** wetlands, marshland.

W-X-Y-Z

Wales Wales.
waliser Welshman, Welshwoman.
walisisk Welsh.
watt watt.
web *fork for* **World Wide Web**; **~leser** browser; **~side** web page.
whisky whisky; *(amr, irsk)* whiskey; *(skotsk)* scotch.
WHO *fork for* **World Health Organization**.
wienerbrød Danish pastry.
WTO *fork for* **World Trade Organization**.
xylofon xylophone.
xylografi xylography, wood engraving.
yacht yacht.
ydmyk humble; **~e** humiliate; **~else** humiliation; **~ende** humiliating; **~het** humility.
ymte hint, suggest.
ynde *subst* grace, charm.
yndig graceful; charming.
yndling favourite, darling, pet.
yndlingsrett favourite dish.
yngel brood; *(fiske-)* spawn.
yngle breed.
yngleplass spawning ground.
yngling youth.
yngre younger; *(av senere dato)* later.
yngst youngest.
ynkelig pathetic; miserable.
ynke seg moan.
ypperlig excellent, splendid.
yppig voluptuous; luxuriant.
yr *adj* giddy; *(duskregn)* drizzle; **~e** drizzle; *(myldre)* swarm; **~ende** teeming.
yrke occupation; *(håndverk)* craft, trade; *(akademisk)* profession.
yrkesaktiv working.
yrkesmessig occupational; professional.
yrkesopplæring training.
yrkesskole technical college; vocational school.
yrkesveiledning vocational guidance, career guidance.

yste make cheese; **~ri** cheese factory.
yte achieve, perform; (*bidra med*) give, grant; **~evne** capacity, output; **~lse** *(om maskiner o.l.)* performance; *(bidrag)* contribution; *(utbetaling)* payment; *(tjeneste)* service.
ytre *adj* external; *subst* the exterior.
ytre *verb* utter, express.
ytring statement, remark; **~sfrihet** freedom of speech.
ytterdør front door.
ytterkant edge, verge.
ytterligere further, in addition.
ytterliggående extreme.
ytterlighet extreme.
ytterside outside.
ytterst outermost; utmost; extremely.
yttersving outside curve.
zappe zap.
zip (*edb*) zip.
zoologi zoology; **~sk hage** zoological gardens, (*hverdagslig*) zoo.
zoom (*fotogr*) zoom lens.
zucchini courgette, (*amr*) zucchini.

Æ-Ø

æra era, epoch.
ærbødig respectful, deferential; **~het** respect, reverence; **~st** *(i brev)* Yours faithfully; Yours sincerely.
ære *subst* honour; glory.
ære *verb* honour; **~frykt** awe, reverence; **~kjær** proud, ambitious; **~krenkelse** libel, defamation; slander.
ærend errand; **gå ~** run errands.
æresdoktor honorary doctor.
æresgjest guest of honour.
æresmedlem honorary member.
æresord word of honour.
æresvakt guard of honour.
ærfugl common eider, eider duck.

ærgjerrig ambitious; **~het** ambition.
ærlig honest, fair; **~ talt** honestly; **~het** honesty, frankness.
ærverdig venerable, dignified.
æsj yuck, ugh.
ætt family, lineage.
ættesaga family saga.
ættetavle genealogical table; family tree.
øde *adj* deserted, empty, desolate.
ødelegge ruin, destroy; spoil; *(skade)* damage; **~nde** destructive, devastating; **~lse** ruin, destruction.
ødem swelling; oedema, (*amr*) edema.
ødemark wilderness, wasteland.
ødsel wasteful, prodigal, extravagant.
ødsle squander, waste.
øgle lizard.
øk *(hest)* nag.
øke increase, expand; **~navn** nickname; **~nde** growing, increasing; expanding.
økolog ecologist; **~i** ecology; **~isk** ecological.
økonom economist; **~i** *(sosial-)* economics; *(sparsommelighet)* economy; **~isk** *(som angår økonomi)* economic; *(om en persons økonomi)* financial; *(sparsommelig)* economical.
økosofi environmental philosophy.
økosystem ecosystem.
øks ax(e), hatchet; **~eskaft** ax(e) handle.
øl beer; ale; *(fat~)* draught beer; *(lyst)* pale beer; *(mørkt)* stout (beer); **~bryggeri** brewery; **~krus** tankard, beer mug; **~mage** beer belly.
øm tender; *(vondt)* sore; **~fintlig** sensitive (**for** to); **~het** soreness; (*overført*) tenderness; **~tålig** *(skjør)* fragile; (*overført*) delicate.
ØMU *fork for* **økonomisk og monetær union** Economic and Monetary Union (EMU).
ønske *subst* wish, desire.
ønske *verb* desire, wish; want; **~lig** desirable; **~tenkning** wishful thinking.
ør giddy, dizzy.
øre ear; **~dobb** earring; **~døvende** deafening; **~fik** box on the ear;

~**flipp** earlobe; ~**merke** earmark; ~-**nese-hals-spesialist** ear, nose, and throat (ENT) specialist; ~**propper** *flertall* earplugs; ~**sus** tinnitus; ~**telefon** earphone(s); ~**varmere** ear-muffs; ~**verk** earache.
ørken desert; ~**vandring** exercise in futility.
ørkesløs idle; pointless.
ørliten puny, tiny, wee.
ørn eagle.
ørret trout.
ørske confusion, daze.
øse *(-kar)* scoop; ladle.
øse *verb* bale, scoop; *(suppe)* serve *eller* ladle.
øsregn pouring rain, downpour.
øst east.
Østen the East, the Orient.
Østerrike Austria.
østerriker Austrian.
østerriksk Austrian.
østers oyster.
østlig eastern.
østover eastward.
østrogen estrogen.
østvendt facing the east.
øve practise; *(utøve)* exercise; ~**lse** practice; exercise; *(trening)* training.
øverst top; upper(most); ~**kommanderende** commander-in-chief.
øvet experienced, trained.
øvre upper.
øvrig other, remaining; **for ~** besides, moreover.
øy island; *(i navn)* isle.
øye eye.
øyebetennelse eye infection.
øyeblikk moment, instant; ~**elig** immediate; *(om virkning)* instantaneous.
øyebryn eyebrow.
øyedråper eye drops.
øyeeple eyeball.
øyekast glance.
øyelege eye specialist.
øyelokk eyelid.
øyemål visual estimate.
øyensynlig evident(ly), obvious(ly).
øyenvitne eye-witness.
øyeskygge eye shadow.
øyesminke eye make-up.
øye(n)stikker dragonfly.
øye(n)sverte mascara.
øyevipper eyelashes.

Å

å to; (*utrop*) oh, wow.
åger usury.
ågerpris exorbitant price.
åk yoke.
åker field.
åkle woven tapestry.
ål eel; **~etrang** skintight.
ånd spirit; *(spøkelse)* ghost, spirit; *(forstand)* mind, intellect.
ånde *subst* breath; **dårlig ~** halitosis, bad breath.
åndedrett breath, respiration; **kunstig ~** artificial respiration.
åndelig *(mots verdslig)* spiritual; mental, intellectual.
åndeløs breathless.
åndsarbeid intellectual work.
åndsevne mental faculty.
åndsfraværende absent-minded.
åndsfrisk of sound mind.
åndsliv intellectual/cultural life.
åndsnærværelse presence of mind, resourcefulness.
åndsverk intellectual/ creative work.
åndsverkloven the Copyright Act.
åpen open; (*overført*) candid, above-board.
åpenbar evident, obvious; **~e** reveal, disclose; **~ing** revelation.
åpenhet (*overført*) frankness, candour.
åpenhjertig frank, outspoken.
åpenlys open, undisguised.
åpne open (**for** to).
åpning opening; *(innvielse)* opening, inauguration.
år year; **~bok** year-book, annual.
åre (*anatomi*) vein; *(puls-)* artery; (*sjøfart*) oar; **~blad** oar-blade; **~forkalkning** arteriosclerosis; **~knuter** varicose veins.
åremål fixed term, short term.
årevis, i ~ for years.
årgang *(tidsskrift o.l.)*

volume; *(vin, film og overført)* vintage.
århundre century.
årlig yearly, annual.
årsak cause; *(grunn)* reason.
årsberetning annual report.
årsdag anniversary.
årsinntekt annual income.
årsmøte annual meeting.
årstall year, date.
årstid season.
årti decade.
årtusen millennium.
årvåken vigilant, alert; **~het** vigilance, alertness.
ås (*høydedrag*) ridge, hill; **~rygg** crest.
åsted scene of the crime.
åte bait.
åtsel carcass, carrion; **~gribb** vulture.
åtseldyr scavenger.
åtte eight; **~kantet** octagonal; **~nde** eighth.
åtti eighty; **~ende** eightieth; **~åring** octogenarian.

ARLØR – *PHRASE BOOK*

REISE

TRAVEL

Billetter

Tickets

Hvor er billettkontoret?

Where is the ticket office, please?

Jeg vil ha en enkel/ returbillett til ...

A single/return ticket to .., please.

Har dere billige tur-returbilletter?

Are there cheap day/ weekend returns (amr: round trip tickets)?

Er det rabatt for skoleelever/ studenter/pensjonister?

Is there a reduction (amr: discount) for pupils/students/old age pensioners?

Jeg vil bestille sitteplass/ soveplass på bussen/toget til ...

I'd like to reserve a seat/ book a sleeper on the bus/ train to ...

Overnatting

Spending the night

Kan du anbefale et godt bed&breakfast/guest house/ hotell?

Can you recommend a nice bed&breakfast/guest house/ hotel?

Er det rom ledig?

Do you have vacancies?

Jeg vil gjerne bestille et enkeltrom/dobbeltrom.

I'd like to reserve a single/ double room, please.

Jeg vil gjerne ha to enkeltsenger/en dobbeltseng.

I'd like a twin bed/double bed.

Jeg vil ha frokost/middag/ fullpensjon.	*I'd like breakfast/dinner/full board, please.*
Er det en campingplass/ vandrerhjem i nærheten?	*Is there a camp site/youth hostel near by?*
Er det plass til en campingvogn/et telt til?	*Is there room for another caravan/tent, please?*
Leier dere ut hytter?	*Do you have cabins for rent?*
Hvor mye koster det per natt og person?	*How much does it cost per day and per person?*
Kan jeg leie en lakenpose/ sovepose?	*Is it possible to hire bed linen/a sleeping bag, please?*
Jeg vil gjerne ha et teppe til.	*I'd like another blanket, please.*
Har dere en barneseng?	*Do you have a cot for the baby?*
Er dyr tillatt?	*Are pets allowed?*
Er det en matbutikk i nærheten?	*Is there a food store nearby?*
Er stedet tilrettelagt for funksjonshemmede?	*Do you have facilities for the disabled?*

Klager	***Complaints***
Nøkkelen passer ikke.	*The key doesn't fit.*
Rommet er ikke rengjort.	*The room hasn't been cleaned.*
Dusjen/toalettet/tven/lyset virker ikke.	*The shower/toilet/television/ light doesn't work.*
Det fins ikke varmt vann.	*There's no hot water.*
Vinduet går ikke å lukke/ åpne.	*The window doesn't shut/ won't open.*

Transport	***Transport***
Når går neste buss/fly/tog til ..?	*When does the next bus/ aeroplane/train leave for ..?*
Er det en bil/tog-mulighet til ..?	*Is there a coach/motorail service to ..?*
Hvor ofte går bussen/toget?	*How often does the bus/ train run?*
Hvilken retning må jeg ta?	*Which direction must I take?*
Hvilke steder stopper vi?	*Which places do we call at?*
Hvor må jeg bytte/gå av?	*Where do I change/get off?*
Når er vi framme?	*When do we get there?*
Hvor mye koster det?	*What is the fare?*
Hvor er nærmeste T-banestasjon?	*Where is the nearest underground station?*
Hvor er nærmeste buss-/ taxiholdeplass?	*Where's the nearest bus stop/taxi rank?*
Kan du kjøre meg til denne adressen?	*Could you take me to this address, please?*

adresse	*address*
ankomst	*arrival*
ankomstdato	*date of arrival*
ankomsttid	*time of arrival*
avgang	*departure*
avgangstid	*time of departure*
avreisedato	*date of departure*
badstue	*sauna*
bagasje	*luggage, (amr:) baggage*
bagasjeutlevering	*luggage reclaim, (amr:) baggage claim*
bagasjetralle	*luggage trolley, (amr:) baggage trolley*
bestille	*book, reserve*
billett	*ticket*
enkeltbillett	*single ticket, (amr:) one-way ticket*
overgang(sbillett)	*transfer ticket*
returbillett	*return ticket, (amr: round trip ticket); (som gjelder for én dag:) day return*
boblebad	*jacuzzi*
bosted	*place of residence*
brosjyre	*leaflet*
bytte	*change*
bærer	*porter*
campingplass	*camping ground*
campingvogn	*caravan, (amr:) trailer*
charterreise	*charter tour*
cruise	*cruise*
cruiseskip	*cruise ship*

dametoalett	*ladies' room, (amr:) restroom*
direktetog	*through train*
dobbeltrom	*double room*
driks	*tip*
ekstraseng	*spare bed*
enke	*widow*
enkeltrom	*single room*
enkemann	*widower*
enslig	*single*
etternavn	*surname*
ferie	*holiday, (amr:) vacation*
fjell	*mountain*
fjellvandring	*mountain hike*
fly	*(aero)plane, (amr:) airplane*
med fly	*by plane, by air*
flyselskap	*airline*
flyvert(inne)	*steward(ess)*
foajé	*lobby*
fornavn	*first name*
fornøyelsesreise	*pleasure trip*
forretningsreise	*business trip*
fortolle	*declare*
fylle ut	*fill in*
fødselsdato	*date of birth*
fødested	*place of birth*
første klasse	*first class*
gift	*married*
gjennomreise	*transit*
gjestebok	*visitors' book*
gjestgivergård	*country inn*
gruppebillett	*group ticket*

ıppereise	*group travel*
lvpensjon	*half board*
rretoalett	*gents, men's room*
tegods(kontor)	*lost property (office)*
mstedsadresse	*home address*
mreise	*return, journey home*
ell	*hotel*
ellbetjening	*hotel staff*
elldireksjon	*hotel management*
ellværelse	*hotel room*
⁄fjellshotell	*mountain hotel*
ıdbagasje	*hand luggage, (amr:) hand baggage*
enriks flyrute	*domestic flight*
enriksterminal	*domestic terminal*
reise	*entry*
sjekking	*check-in*
rrail	*interail, (amr:) eurail*
rrailbillett	*interrail pass, (amr:) eurail pass*
rrailer	*interrailer, (amr:) eurailer*
ıbane	*railway*
ıbanevogn	*railway carriage, (amr:) railroad car*
len rundt-reise	*round the world-trip*
lomseiling	*sailing around the world*
fert	*suitcase*
tidsparkering	*short-term parking*
	inn
é	*compartment*
gtidsparkering	*long-term parking*
timasjonskort	*identity card*
evogn	*couchette*
ıavn	*airport*

motell	*motel*
mellomlanding	*intermediate landing*
nasjonalitet	*nationality*
amerikansk	*American*
australsk	*Australian*
engelsk	*English*
norsk	*Norwegian*
ombordstigning	*boarding*
ombordstigningskort	*boarding pass*
oppbevaringsboks	*luggage locker*
opplysningskontor	*information office*
overvekt	*excess luggage*
pakketur	*package tour*
pass	*passport*
passasjer	*passenger*
pensjonat	*boarding house, pension*
pikkolo	*bellboy, (amr:) bellhop*
plassbillett	*seat reservation*
portier	*receptionist*
portner	*doorman*
reise	*travel*
hjemreise	*return (journey)*
utreise	*outward journey*
reisebyrå	*travel agency*
reiseforsikring	*travel insurance*
reisemål	*destination*
resepsjon	*reception*
resepsjonssjef	*reception manager*
romformidling	*accommodation service*
rundtur	*tour*
rutetabell	*timetable*

selskapsreise	*conducted tour*
sikkerhetskontroll	*security check*
sittevogn	*carriage*
skilt	*divorced*
skjema	*form*
sovevogn	*sleeping car*
spisesal	*dining room*
spisevogn	*dining car*
stuepike	*maid*
svømmebasseng	*swimming pool*
taubane	*cable car*
telt	*tent*
ligge i telt	*camp, tent*
terminal	*terminal*
toalett	*toilet, (amr:) bathroom*
tog	*train*
med tog	*by rail*
togforbindelse	*train connection*
togforsinkelse	*train delay*
toll	*customs, duty*
tollfri	*duty-free*
tollmyndighet	*customs*
tollpliktig	*liable to duty*
turist	*tourist*
turistbuss	*coach*
turistklasse	*tourist class*
turistkontor	*tourist office*
utenriksterminal	*international terminal*
utflukt	*outing*
utreise	*departure*
valuta	*currency*

vandrerhjem	*youth hostel*
vekslingsautomat	*coin changer*
vekslingskontor	*exchange bureau*
vekslingskurs	*rate of exchange*
venteværelse	*waiting room*
vertshus	*pub, inn, tavern*
vintersportssted	*winter resort*
visum	*visa*
værelsesbetjening	*room service*

NOEN VANLIGE UTTRYKK — *SOME BASIC PHRASES*

Hilsen — *Greeting*

God bedring!	*Get well soon!*
God dag!	*How do you do!*
God fornøyelse!	*Have a good time!*
God jul!	*Merry Christmas!*
God morgen/kveld.	*Good morning/evening.*
God reise!	*Pleasant journey!*
Godt nyttår!	*Happy New Year!*
Hei!	*Hello! (amr:) Hi! (austr:) How are you!*
Hvordan står det til?	*How are you?*
Kondolere.	*Please accept my condolences.*
Lykke til!	*Good luck! All the best!*
Skål!	*Cheers! Bottoms up!*
Vi sees snart/senere/i morgen.	*See you soon/later/tomorrow.*
Vær så god.	*Please.*

Avskjed	***Farewell***
Ha det!	*Goodbye. Bye. So long. Ciao.*
Ha det bra!	*Take care! All the best!*
Ha det gøy!	*Enjoy yourselves! Have fun!*
Morn'a!	*Cheerio. Bye. So long. Ciao.*

Gratulasjon	***Congratulation***
Gratulere med dagen!	*Happy Birthday. Many happy returns of the day!*
Gratulerer!	*Congratulations!*

Personlig informasjon	***Personal information***
Hva heter du?	*What's your name?*
Hva jobber du med?	*What do you do for a living?*
Hvor gammel er du?	*How old are you?*
Hvor kommer du fra?	*Where do you come from? (amr:) Where are you from?*
Jeg heter ...	*My name is ...*
Når har du fødselsdag?	*When is your birthday?*

Presentasjon	***Presentation***
Får jeg presentere deg for ...	*May I introduce you to ...*
Telefon: Jeg heter ... Kan jeg få snakke med ...?	*My name is ... May I speak to ...*

Takk	***Thanks***
Ellers takk.	*Thanks anyway.*
For all del.	*Don't mention it.*
Hjertelig takk.	*Sincere thanks.*
Ingen årsak.	*Don't mention it.*
Ja takk. (Svar på tilbud)	*Yes, please.* (Svar på forespørsel) *Yes, thanks.*
Mange takk!	*Thank you very much!*
Nei takk.	*No, thank you. No thanks.*
Selv takk.	*Thank you.*
Takk.	*Thanks.*
Takk det samme.	*That goes for you as well. (amr:) Same to you.*
Takk for hjelpen.	*Thank you for your help.*
Takk for maten.	*Thanks for a lovely meal.*
Takk for meg.	*Bye, and thank you (very much).*
Takk for sist.	*Nice to see you again.*
Takk i like måte!	*Likewise.*
Tusen takk.	*Thank you (very much).*

Unnskyldning	***Apology***
Beklager.	*I'm so sorry.*
Ha meg unnskyldt.	*I apologize. Sorry.*
Så synd.	*I'm so sorry.*

Unnskyld! (Innledningsfrase:)	*Sorry! Excuse me. Pardon me.*
Unnskyld?	*I beg your pardon?*

Vanskeligheter med å forstå	***Difficulties in understanding***
Hva betyr det?	*What does that mean?*
Hva heter dette?	*What do you call this?*
Hva sier du?	*Pardon?*
Jeg forstår ikke.	*I don't understand.*
Kan du bokstavere det?	*Could you spell it, please?*
Kan du snakke litt langsommere?	*Could you speak more slowly, please?*

BIL OG TRAFIKK *CAR AND TRAFFIC*

Bil, sykkel	***Car, bike***
Jeg vil gjerne leie en bil/ sykkel.	*I'd like to hire a car/bike.*
Hvor mye koster det per dag/per uke?	*How much does it cost per day/week?*
Hva skal dere ha per mil?	*What do you charge per mile?* (10 miles=16 km)
Hvor mye er det i depositum?	*How much is the deposit?*
Unnskyld, hvordan kommer jeg til ... herfra?	*Excuse me, how do I get from here to ....?*
Kan du vise meg veien på kartet?	*Could you please show me the way on the map?*
Hvor langt er det?	*How far is it?*
Unnskyld, er dette veien til...?	*Excuse me, is this the road to...?*
Første vei til høyre eller venstre?	*First road to the right or left?*
Følg skiltene.	*Follow the signs.*
Er det en parkeringsplass i nærheten?	*Is there a car park near here?*
Hvor er nærmeste bensinstasjon?	*Where is the nearest petrol station/ (amr:) gas station?*
Jeg vil gjerne ha førti liter/ full tank bly(fri)/normal/ super bensin/diesel.	*I should like forty litres/full tank of (un)leaded/three-star/four-star/diesel, please.*

Vennligst sjekk oljen/skift olje.	*Please, check the oil/ change the oil.*
Vennligst sjekk luften i dekkene/vannet.	*Please check the tyre pressure/the water.*
Jeg har fått en punktering/et motorstopp.	*My car/bike has a flat tyre/ broken down.*
Kan du sende en bilmekaniker/redningsbil?	*Would you send a mechanic/break down-truck/ (amr:) tow-truck?*
Bilnummeret er...	*My registration number is...*
Kan du kjøre meg til nærmeste bilverksted?	*Could you give me a lift to the nearest garage?*
Kan du slepe meg?	*Could you give me a tow, please?*
Har du reservedeler til denne modellen?	*Do you have spare parts for this model?*
Bare foreta den nødvendigste reparasjon.	*Just carry out the essential repairs, please.*
Når vil bilen/sykkelen være klar?	*When will the car/bike be ready?*
Kjøretøyet er kaskoforsikret.	*The vehicle has a comprehensive insurance.*
Jeg har ansvarsforsikring/ tyveriforsikring.	*I have a liability insurance/ burglary insurance.*
Kan jeg få en tilleggsforsikring?	*May I have supplementary insurance?*

automatgir	*automatic transmission*
bagasjerom	*boot, (amr:): trunk*
bakhjul(sdrift)	*rear wheel drive*
baklys	*rear light*
bakrute(visker)	*rear window (wiper)*
baksete	*back seat*
bakskjerm	*rear wing, (amr:) rear fender*
bakspeil	*rear-view mirror*
barnesete	*child seat*
bensin	*petrol, (amr:) gas(oline)*
blyfri bensin	*unleaded petrol/gas*
blyholdig bensin	*leaded petrol/gas*
diesel	*diesel*
bensinkanne	*petrol can, fuel can, (amr:) gas can*
bensinmåler	*fuel gauge*
bensintank	*fuel tank*
blinklys	*indicator*
bilist	*motorist*
brems(e)	*brake*
blokkeringsfrie bremser	*non-locking brakes*
fotbrems	*pedal brake*
servobrems	*power brake*
bremsekloss	*brake lining*
bremseskive	*brake disc*
bremsevæske	*brake fluid*
dekk	*tyre, (amr:) tire*
dekk med slange	*tubed tyre, (amr:) tire*
dekk uten slange	*tubeless tyre/tire*
diagonaldekk	*cross-ply tyre/tire*

dieselmotor	*diesel engine*
eksosrør	*exhaust pipe*
felg	*rim*
firehjulstrekk	*four wheel drive*
fjernlys	*main lights*
forgasser	*carburettor*
forhjul(sdrift)	*front wheel (drive)*
forsete	*front seat*
frontrute	*windowscreen, (amr:) windshield*
fylle bensin	*fill petrol/(amr:) gas*
førerkort	*driving licence, (amr:) driver's license*
gasspedal	*accelerator*
gi tegn	*indicate*
girkasse	*gearbox*
gire opp	*change up*
sette i første gir	*put in first gear*
girspak	*gear lever*
gå på tomgang	*idle*
hanskerom	*glove compartment*
hestekrefter (HK)	*horsepower (HP)*
hjul	*wheel*
hjulkapsel	*hub-cap*
horn	*horn*
håndbrems	*handbrake*
løsne håndbremsen	*take off the handbrake*
instrumentbord	*dashboard*
jekk	*jack*
kardangaksel	*propeller shaft*

karosseri	*body*
kattøye	*reflector*
kilometerstand	*mileage*
kjetting	*chain*
kjølevæske	*anti-freeze*
kjøreretning	*traffic direction*
klimaanlegg	*air-conditioning*
kløtsj	*clutch*
slippe kløtsjen	*release the clutch*
kollisjonspute	*air bag*
lydpotte	*silencer, (amr:) muffler*
motor	*engine*
slå av motoren	*turn off the ignition*
motorolje	*engine oil*
skifte olje	*change the oil*
motorvarmer	*engine heater*
nav	*hub*
nummerskilt	*number plate, (amr:) license plate*
nyrebelte	*lap belt*
nærlys	*dipped headlights*
oljemåler	*oil gauge*
oljepinne	*dipstick*
panser	*bonnet, (amr:) hood*
parkere	*park*
parkeringslys	*parking light*
piggdekk	*studded tyre/tire*
punktering	*flat tyre/tire*
radiator	*radiator*
ratt	*steering wheel*

rattlås	*steering lock*
reservedekk	*spare tyre/(amr:) tire*
reservehjul	*spare wheel*
reservetank	*spare tank*
rust	*rust*
rygge	*reverse*
ryggelys	*reversing light*
sertifikat	*driving licence, (amr:) driver's license*
servostyring	*servo-control, (amr:) power steering*
sidespeil	*side-view mirror*
sikkerhetsbelte	*safety/seat belt*
spenne fast sikkerhets-beltet	*fasten the safety/seat belt*
skiboks	*ski box*
skilt	*number plate, (amr:) license plate*
skivebrems	*disc brake*
skjerm	*mudguard*
skvettlapp	*mud flap, (amr:) splash guard*
slepekrok	*towing hook*
soltak	*sun roof*
spylevæske	*windscreen/(amr:) windshield wash*
startkabel	*jump lead, (amr:) jumper cable*
støtdemper	*shock absorber*
støtfanger	*bumper*
sykkel	*bicycle*

sykkelstyre	*handlebars*
syklist	*cyclist*
takgrind	*roof rack*
tanklokk	*petrol cap*
teknisk kontroll	*technical control*
tenningsnøkkel	*ignition key*
tennplugg	*sparking plug*
tripteller	*trip meter*
turteller	*rpm counter*
tyverialarm	*burglar alarm*
vannplaning	*aqua planing*
varsellys	*warning light*
varseltrekant	*warning triangle*
verktøy	*tool*
vindusspyler	*windscreen/(amr:) windshield washer*
vindusvisker	*windscreen/(amr:) windshield wiper*
vognkort	*registration document*

Trafikk — *Traffic*

akselerasjonsfelt	*acceleration lane*
alkotest	*breathalyzer*
autovern	*crash barrier*
avkjøring	*exit (road)*
avskilte	*remove the number plates/ (amr:) license plates*
berging	*rescue*
blindvei	*dead-end road*
bot	*fine*

bro	*bridge*
bulk	*dent*
enveiskjørt gate	*one-way street*
fartsdump	*speed bump*
fartsgrense	*speed limit*
fartskontroll	*speed control*
fil	*lane*
bytte fil	*change lanes*
forbikjøring	*passing, overtaking*
forbudsskilt	*prohibition sign*
forkjørsrett	*right of way*
forkjørsvei	*main road*
fortau	*pavement, (amr:) sidewalk*
fortauskant	*kerb, (amr:) curb*
fotgjenger	*pedestrian*
fyllekjøring	*drink-driving, (amr:) drunken driving*
gangbro	*foot bridge*
gate	*street*
grusvei	*gravel road*
grøft	*ditch*
grøftekant	*roadside*
gågate	*pedestrian street*
hastighet	*speed*
høyrekjøring	*driving on the right*
kjøre	*drive*
kjøreforbud	*driving ban*
kollektivtrafikk	*public transport*
krabbefelt	*slow lane*
kryss	*crossroads, intersection*

landevei	*country road*
linje	*line*
midtlinje	*centre line*
motorvei	*motorway, (amr:) highway, freeway*
motorvei klasse A	*dual carriageway*
omkjøring	*diversion, (amr:) detour*
overgang	*pedestrian crossing*
parkering	*parking*
korttidsparkering	*short-term parking*
langtidsparkering	*long-term parking*
lukeparkering	*parallel parking*
parkeringsavgift	*parking fee*
parkeringsbot	*parking ticket*
parkeringsforbud	*no parking*
parkeringshus	*multi-storey car park*
parkeringsvakt	*traffic warden*
planovergang	*level crossing*
påbudsskilt	*mandatory sign*
radarkontroll	*radar control*
redningstjeneste	*breakdown service*
refleksbrikke	*reflector*
refleksbånd	*luminous strip*
rennestein	*gutter*
rundkjøring	*roundabout, (amr:) traffic circle*
rushtrafikk	*rush hour traffic*
sidegate	*side street*
skilt	*sign*
smug	*alley*

stoppeplikt	*obligatory stop*
sving	*turn*
innersving	*inside curve*
yttersving	*outside curve*
sykkelsti	*bicycle path*
T-bane	*underground, (amr:) subway*
trafikklys	*traffic light(s)*
trafikkskilt	*traffic sign*
vei	*road*
veiarbeid	*road repair*
veiavgift	*toll*
veisperring	*road block*
venstrekjøring	*left-hand driving*
øvelseskjøring	*driving practice*

MAT OG DRIKKE — *FOOD AND DRINKS*

På restaurant — *In a restaurant*

Kan jeg få bestille et bord til i kveld?	*Would you reserve us a table for this evening, please?*
Er dette bordet ledig?	*Is this table free?*
Kan jeg få menyen?	*May I have the menu, please?*
Hva vil du anbefale?	*What can you recommend?*
Hva er dagens rett?	*What's today's special?*
Har du barnemeny?	*Do you have children's menu?*
Har du vegetarmat?	*Do you have a vegetarian menu?*
Kan jeg få mer brød/vann/vin?	*Could I have some more bread/water/wine, please?*
Jeg er diabetiker.	*I'm a diabetic.*
Jeg er mett.	*I'm fine, thank you.*
Det smakte meget godt.	*The food was excellent.*
Hvor er toalettene?	*Where are the toilets, please? (amr:) Where is the restroom?*

Klager	***Complaints***
Jeg bestilte ikke dette.	*I didn't order this.*
Maten er kald/for salt.	*The food is cold/too salty.*
Kjøttet er seigt/for fett.	*The meat is tough/too fatty.*
Fisken er ikke fersk.	*The fish isn't fresh.*
Hent hovmesteren.	*Fetch the manager, please.*

Betaling	***Payment***
Kan jeg få regningen?	*Could I have the bill, please?*
Vi vil betale hver for oss.	*Separate bills, please.*
Er service inkludert?	*Is service included?*
Det ser ut til å være en feil på regningen.	*There seems to be a mistake on the bill.*
Behold resten.	*Keep the change.*

driks	*tip*
kelner	*waiter*
meny	*menu*
vinkart	*wine list*
aperitiff	*aperitif*
forrett	*starter, (amr:) appetizer*
hovedrett	*main course*
dessert	*dessert*
asjett	*small plate*
gaffel	*fork*

glass	*glass*
kniv	*knife*
kopp	*cup*
pinner	*chopsticks*
skje	*spoon*
skål	*saucer*
tallerken	*plate*
teskje	*teaspoon*
serviett	*(table) napkin, serviette*

Mat

agurk	*cucumber*
akkar	*squid*
allehånde	*allspice*
ananas	*pineapple*
anis	*aniseed*
appelsin	*orange*
aprikos	*apricot*
artisjokk	*artichoke*
asparges	*asparagus*
bambusskudd	*bamboo shoot*
banan	*banana*
bankekjøtt	*stewed beef*
basilikum	*basil*
berlinerbolle	*jelly doughnut, (amr:) jelly donut*
bibringe	*brisket of beef*
biff med løk	*steak and onions*
bjørnebær	*blackberry*

blodklubb *dumpling with blood mixed in*
blomkål *cauliflower*
bløtkake *layer cake, cream cake*
blåbær *bilberry, (amr:) blueberry*
blåskimmelost *blue cheese*
bolle *bun*
boysenbær *boisenberry*
bringebær *raspberry*
brokkoli *broccoli*
brunost *Norwegian goat cheese*
brød *bread*
brønnkarse *watercress*
bønner *beans*
grønne bønner *green beans*
voksbønner *wax beans*
bønneskudd *bean sprouts*
daddel *date*
dampe *steamed*
dill *dill*
drue *grape*
dyrestek *roast venison*
elgstek *roasted elk*
endivie *endive*
eple *apple*
ert *pea*
  gule erter *split peas*
ertestuing *creamed peas*
ertesuppe *pea soup*
estragon *tarragon*
farse *forcemeat, mince*

fenalår	*cured leg of mutton*
fennikel	*fennel*
fersk	*fresh*
fiken	*fig*
finnbiff	*stew made with sliced reindeer meat*
fiskeboller	*fish balls*
fiskekaker	*fish cakes*
fiskepinne	*fish finger, (amr:) fish stick*
fiskepudding	*pudding of shredded fish*
fiskesuppe	*fish soup*
fjærfe	*poultry*
flatbrød	*wafer-thin, crisp bread*
flesk	*pork*
fløtesaus	*cream sauce*
frityrstekt	*deep-fried*
fyll/fylt	*stuffing/stuffed*
fårekjøtt	*mutton*
fåresopp	*bracket fungus*
fårikål	*mutton and cabbage stew*
geitost	*brown (Norwegian) goat cheese*
gravlaks	*cured salmon*
gresskar	*pumpkin*
gressløk	*chives*
griljere	*bread and fry*
griljermel	*breading flour, (amr:) bread crumbs*
grovbrød	*dark bread*
gryterett	*casserole*

gulrot	*carrot*
gurkemeie	*turmeric*
gås	*goose*
hakkebiff	*chopped beef*
hasselnøtt	*hazelnut, filbert*
helstekt gris	*barbecued whole piglets*
hjort	*venison*
honningkake	*omtrent gingerbread*
honningmelon	*honeydew melon*
hummer	*lobster*
hummerklo	*lobster's claw*
hummersalat	*lobster salad*
hvalbiff	*whale steak*
hveteloff	*white bread*
hvetemel	*wheat flour*
hvitløk	*garlic*
hvitløksfedd	*clove of garlic*
hvitting	*whiting*
hyse	*haddock*
hønsefrikassé	*chicken casserole*
høns	*fowl, chicken*
indrefilet	*tenderloin, fillet steak*
ingefær	*ginger*
ingefærkake	*gingerbread*
isbergsalat	*iceberg lettuce*
jarlsbergost	*jarlsberg cheese*
jordbær	*strawberry*
julekake(r)	*fruitcake, christmas cookies*
kabaret	*(meat/fish) in aspic*
kajennepepper	*cayenne pepper*

kalkun	*turkey*
kalv	*veal*
kalvelever	*calf's liver*
kanel	*cinnamon*
kanelstang	*cinnamon stick*
kantarell	*chanterelle*
karbonade	*meat rissole*
karbonadesmørbrød	*open faced sandwich with meatburger*
kardemomme	*cardamom*
karri	*curry*
karse	*cress*
karve	*caraway (seed)*
kjørvel	*chervil*
kjøttdeig	*minced meat, (amr:) ground meat*
kjøttkake	*meat ball, rissole*
klibrød	*bran bread*
knakkpølse	*knackwurst*
kneippbrød	*wholemeal bread*
knekkebrød	*crispbread*
klippfisk	*split, salted and dried cod*
kokt	*boiled (in water), cooked*
kotelett	*chop, cutlet*
kransekake	*cone-shaped pile of almond cake rings*
kremle	*russula*
kreps	*crawfish*
krydder	*seasoning, spice*
kryddernellik	*clove*

kylling	*chicken*
kål	*cabbage*
kålrot	*swede, Swedish turnip*
kålrulett	*stuffed cabbage leaf*
lam	*lamb*
lammesadel	*saddle of lamb*
lammestek	*roast lamb*
lapskaus	*stew*
laurbærblad	*bay leaf*
lefse	*thin pastry served folded and spread with butter and other foods*
lever	*liver*
loff	*white bread*
lutefisk	*cod treated with lye and served boiled*
løk	*onion*
mais	*maize, (amr:) corn*
malurt	*wormwood*
maiskolbe	*(corn) cob*
medisterdeig	*finely ground pork*
merian	*marjoram*
morkel	*morel*
multe	*cloudberry*
multekrem	*whipped cream with cloudberries*
muskat	*nutmeg*
mynte	*mint*
mysost	*whey cheese*
mølje	*crumbled crispbread in fat*

mørbradstek	*roast sirloin*
mørdeig	*shortcrust*
nellik	*clove*
nepe	*turnip*
normannaost	*type of blue cheese*
nyre	*kidney*
oksekjøtt	*beef*
oksestek	*roast beef*
oliven	*olive*
olje	*oil*
oregano	*oregano*
ost	*cheese*
osteanretning	*cheese board*
ostepai	*quiche*
paprika	*paprika, (frukten) pepper*
paranøtt	*Brazil nut*
pastinakk	*parsnip*
pepper	*pepper*
pepperrot	*horseradish*
persillerot	*parsley root*
piggsopp	*tooth fungus*
pinnekjøtt	*salted and dried ribs of mutton, soaked and steamed*
pitabrød	*pitta (bread)*
pizza	*pizza*
pizzadeig	*pizza base*
plukkfisk	*fish stew, creamed cod*
pommes frites	*chips, (amr:) french fries*
potet(er)	*potato(es)*
bakt potet	*jacket potato, (mest amr:) baked potato*

potetgrateng	*au gratin*
kokte poteter	*boiled potatoes*
potetmos	*mashed/creamed potatoes*
stekte poteter	*fried potatoes*
potetgull	*crisps, (amr:) chips*
pultost	*soft, sharp cheese of sour, skimmed milk*
puré	*purée*
purre(løk)	*leek*
pytt i panne	*meat and potato hash*
pære	*pear*
pølse	*sausage, hot dog*
pølse og potetstappe	*bangers and mash*
rabarbra	*rhubarb*
rakørret	*partially fermented trout*
reddik	*radish*
reinsdyrstek	*venison*
ribbe	*pork ribs*
rips	*red currant*
risengrynsgrøt	*omtrent rice pudding*
riske	*milk cap*
riskrem	*creamed rice pudding*
ristet	*toasted*
roquefort	*Roquefort*
rosenkål	*Brussels sprouts*
rosin	*raisin*
rosmarin	*rosemary*
rugbrød	*rye bread*
rundbiff	*rump steak*
rundstykke	*(bread) roll*

rødbete	*beetroot, (amr:) beet*
rødkål	*red cabbage*
rødspette	*plaice*
røkelaks	*smoked salmon*
røkesild	*smoked herring*
røkt	*smoked, cured*
rømme	*sour cream*
rømmegrøt	*sour cream porridge*
rådyrstek	*venison*
råkost	*fresh, raw vegetables and fruit*
safran	*saffron*
salat	*lettuce*
salvie	*sage*
saus	*sauce*
selleri	*celery*
semulegrynsgrøt	*semolina porridge*
sennep	*mustard*
sikori	*chicory*
sild	*herring*
røkt sild	*kippers*
sildesalat	*salad of pickled herring, beetroot, onion, etc.*
sirup	*syrup*
mørk sirup	*treacle*
sitron	*lemon*
sitronkrem	*omtrent lemon curd*
sitronmelisse	*lemon balm, sweet balm*
sjalottløk	*shallot (onion)*
sjampinjong	*champignon*
sjokoladepudding	*chocolate blancmange, (amr:) chocolate pudding*

sjy	*gravy*
skalldyr	*shellfish*
skinke	*ham*
røkt skinke	*smoked ham*
smalehovud	*burnt, smoked and boiled sheep's head*
smult	*lard*
smultring	*doughnut, (amr:) donut*
smør	*butter*
smørbrød	*open sandwich*
smørkrem	*buttercream, (amr:) butter frosting*
solbær	*black currant*
sopp	*mushroom*
spekekjøtt	*cured meat*
spekesild	*salted herring*
spekeskinke	*cured ham*
spinat	*spinach*
squash	*squash, courgette*
steinsopp	*cep*
stek	*roast*
stekt	*roasted*
i panne	*fried*
langstekt	*braised*
på grill	*grilled*
på spidd	*spit-roasted*
stikkelsbær	*gooseberry*
sukkerbrød	*omtrent: sponge cake*
sukkererter	*sugar peas*
surkål	*sauerkraut*

sursild	*pickled herring*
sushi	*sushi*
svele	*traditional thick pancake (from Western Norway)*
sveitserost	*Swiss cheese*
svinekjøtt	*pork*
svineribbe	*roast rib of pork*
svor	*rind*
sylte	*brawn*
sylteagurk	*pickled gherkin*
syltelabb	*boiled pig's trotter*
syltetøy	*jam*
taco	*taco*
tartelett	*shell*
tatarsmørbrød	*steak tartare*
tilslørte bondepiker	*omtrent som apple charlotte, (amr:) brown betty with whipped cream*
timian	*thyme*
tomat	*tomato*
tranebær	*cranberry*
trøffel	*truffle*
vanilje(stang)	*vanilla (pod)*
vannbakkels	*cream puff, éclair*
vannmelon	*water melon*
vilt	*venison*
vørterkake	*malt loaf*
vårrull	*spring roll*
wienerbrød	*danish pastry*
wienerpølse	*frankfurter*

wienerschnitzel	*viennese schnitzel, (amr:) veal cutlet*
ytrefilet	*sirloin steak*
ål	*eel*

Food

allspice	*allehånde*
anchovy	*ansjos*
aniseed	*anis*
apple	*eple*
apple dumpling	*innbakt eple*
apple charlotte	*omtrent som tilslørte bondepiker*
apricot	*aprikos*
artichoke	*artisjokk*
aubergine	*aubergin*
bagel	*bagel*
baked alaska	*kakebunn med is og marengs, varmet i ovn*
baloney	*dss. servelat*
bamboo shoot	*bambusskudd*
banana	*banan*
barbeque	*steke kjøtt ute ved grill; sterkt krydret kjøttsaus*
basil	*basilikum*
bass	*(hav)abbor*
bay leaf	*laurbærblad*
bean sprout	*bønneskudd*
beans	*bønner*

baked beans	*brune bønner i tomatsaus*
green beans	*grønne bønner*
wax beans	*voksbønner*
beefsteak	*biff*
beetroot	*rødbete*
bilberry, blueberry ***(amr)***	*blåbær*
black pudding	*blodpudding*
blackberry	*bjørnebær*
black currant	*solbær*
bloater	*lettsaltet, røkt sild*
blood sausage	*(amr) blodpudding*
boston cream pie	*pai fylt med (vanilje)krem med sjokoladedekke*
bramble pudding	*bjørnebærpudding med epler*
Brazil nut	*paranøtt*
bread	*brød*
brisket	*bryst*
brisling	*brisling*
broccoli	*brokkoli*
broth	*kraft*
brown betty with whipped cream	*omtrent som tilslørte bondepiker*
Brussels sprouts	*rosenkål*
bubble and squeak	*restemåltid av poteter, kjøtt og kål*
bun	*hvetebolle, (amr) kuvertbrød*
butter	*mør*
caesar salad	*salat med hvitløk, krutonger, ansjos og parmesan (ost)*
canape	*lite smørbrød*

caraway	*karve*
cardamom	*kardemomme*
carrot	*gulrot*
casserole	*gryterett*
catfish	*steinbit*
cauliflower	*blomkål*
cayenne pepper	*kajennepepper*
celery	*selleri*
cereal	*frokostblanding*
char	*røye*
cheese	*ost*
cheesecake	*ostekake*
chef's salad	*salat med skinke, kylling, ost og tomater*
chervil	*kjørvel*
chicken	*kylling*
chicory	*sikori*
chili con carne	*sterkt krydret kjøttgryte med røde bønner*
chips	*pommes frites, (amr) potetgull*
chives	*gressløk*
chop	*kotelett*
chowder	*suppe av muslinger, fisk og grønnsaker*
christmas pudding	*varm fruktpudding med vaniljesaus, dss. plumpudding*
chutney	*indisk kryddersyltetøy*
cinnamon	*kanel*
clam	*musling*
clove	*(krydder)nellik*

club sandwich	*dobbelt smørbrød med kylling, bacon, tomat, salat og majones*
coalfish	*sei*
cod	*torsk*
creamed cod	*plukkfisk*
cold meat, cold cuts	*(amr) kjøttpålegg i skiver*
coleslaw	*salat av hvitkål*
continental breakfast	*brød, smør, marmelade/ syltetøy og kaffe/te*
corn	*(amr) mais*
corn-on-the-cob	*maiskolbe*
corned beef	*sprengt oksebryst*
cottage cheese	*cottage cheese*
cottage pie	*kjøttdeig med lokk av potetmos, stekt i ovn*
couscous	*couscous*
crab	*krabbe*
cranberry	*tranebær*
cranberry sauce	*tranebærsaus*
crayfish, crawfish	*(amr) kreps*
cream tea	*ettermiddagste med scones m/ smør, krem og syltetøy*
cress	*karse*
crisps	*potetgull*
croissant	*croissant*
crumpet	*tebrød*
curry	*karri*
custard	*eggekrem, vaniljesaus*
cutlet	*kotelett*

danish pastry	*wienerbrød*
date	*daddel*
devil's on horseback	*baconruller fylt med svisker*
dill	*dill*
doughnut	*smultring*
dressing	*(salat)dressing*
duck(ling)	*and*
dumpling	*melbolle*
eel	*ål*
egg	*egg*
fried egg	*speilegg*
hard-boiled egg	*hardkokt egg*
poached egg	*kokt egg uten skall i vann med litt eddik og salt*
scrambled eggs	*eggerøre*
soft-boiled egg	*bløtkokt egg*
endive	*endivie*
english breakfast	*stekt egg, pølser og bacon med poteter og tomatbønner*
fennel	*fennikel*
fig	*fiken*
fillet	*filet*
fillet (steak)	*tournedos*
fish	*fisk*
boiled fish	*kokt fisk*
fried fish	*stekt fisk*
smoked fish	*røkt fisk*
steamed fish	*dampet fisk*
fish and chips	*fritert fisk og pommes frites*
flounder	*flyndre*

fowl	*fugl, fjærfe*
french fries	*pommes frites*
gammon	*skinkestek*
gazpacho	*spansk grønnsakssuppe*
ginger	*ingefær*
goose	*gås*
gooseberry	*stikkelsbær*
grape	*drue*
gravy	*(steke)sjy*
grouse	*rype, skogsfugl*
gumbo	*krydret kjøtt- eller sjømatsuppe jevnet med okra (gumbo)*
haddock	*kolje*
haggis	*stor 'kjøttbolle' av lever, havremel, løk, lammekjøtt og talg*
halibut	*hellefisk (kveite)*
ham	*skinke*
hamburger	*hamburger*
hash	*pytt-i-panne*
hazelnut	*hasselnøtt*
hen	*høne*
herbs	*urter*
herring	*sild*
horseradish	*pepperrot*
hush puppy	*frityrstekt kake av mais*
irish stew	*fårekjøtt med poteter, gulrøtter, løk, persille, timian og laurbærblad*

jelly	*gelé*
kidney	*nyre*
king prawn	*kongereke*
kippers	*røkt sild*
lamb	*lam*
lasagna	*lasagne*
leek	*purre*
lemon balm	*sitronmelisse*
lentil	*linse*
linjeakevitt	*aquavit that has been transported across the equator before being bottled*
liver	*lever*
lobster	*hummer*
loin	*kam, nyrestykke*
macaroon	*makron*
mackerel	*makrell*
maize	*mais*
maple syrup	*lønnesirup*
marjoram	*merian*
marrow	*marg*
meat	*kjøtt*
boned meat	*utbenet kjøtt*
lean meat	*magert kjøtt*
spit-roasted meat	*kjøtt på spidd*
meat balls	*kjøttboller*
meat rissole	*karbonade*
mince pie	*liten pai fylt med rosiner, mandler, epler og krydder*
minced meat	*kjøttdeig*

minced steak with onions	*karbonade med løk*
mixed grill	*forskjellige kjøttsorter og grønnsaker på spidd*
mousse	*fromasj (dessert), finmalt farse av kjøtt, fisk eller fugl*
mullet	*multe*
mulligatawny soup	*sterkt krydret kyllingsuppe*
mushroom	*sopp*
mussel	*musling, blåskjell*
mustard	*sennep*
mutton	*fårekjøtt*
noodles	*nudler*
nutmeg	*muskat*
oatmeal	*havremel*
oil	*olje*
olive	*oliven*
onion	*løk*
orange	*appelsin*
oregano	*oregano*
oyster	*østers*
pancake	*pannekake*
paprika	*paprika*
parsley root	*persillerot*
parsnip	*pastinakk*
partridge	*rapphøne*
pastry	*bakevare*
pear	*pære*
peas	*erter*
perch	*abbor*
pepper	*pepper*

pesto	*pesto*
pheasant	*fasan*
pigeon	*due*
pike	*gjedde*
pineapple	*ananas*
plaice	*rødspette*
plum pudding	*flambert fruktkake, serveres til jul*
pollack	*sei*
pork	*svinekjøtt*
porridge	*grøt*
porterhouse steak	*t-benstek uten ben, chateaubriand*
pot roast	*grytestek kokt med grønnsaker*
potatoes	*poteter*
baked potato	*(mest amr) bakt potet*
boiled potatoes	*kokte poteter*
creamed potatoes	*potetmos*
jacket potato	*bakt potet*
mashed potatoes	*potetstappe*
roasted potatoes	*stekte poteter*
poultry	*fugl, fjærkre*
prawn	*stor reke*
ptarmigan	*rype*
pumpkin	*gresskar*
quail	*vaktel*
rabbit	*kanin*
radish	*reddik*
rarebit	*= Welsh rarebit (gratinert ostesmørbrød)*

raspberry	*bringebær*
red currant	*rips*
relish	*sterkt krydret saus eller grønnsaksblanding*
rhubarb	*rabarbra*
rib	*ribbe*
rissoles	*kjøttboller*
roast beef	*roastbiff*
roast beef and yorkshire pudding	*oksemørbrad med en pudding av egg/mel/melk/ vann, servert med kjøttsky og senneps- eller pepperrotsaus*
rosemary	*rosmarin*
rump steak	*rundbiff*
rye bread	*rugbrød*
saffron	*safran*
sage	*salvie*
salad cream	*majonesliknende salatdressing*
salmon	*laks*
sardine	*sardin*
sausage	*pølse*
scallion	*vårløk*
scallop	*kamskjell*
scampi	*scampi*
scotch egg	*hardkokt egg med mel/farse/ brødsmuler rundt, stekt*
shank	*skank*
shellfish	*skalldyr*
sherbet	*sorbet*
shoulder	*bog*

shrimp	*reke*
sirloin (of beef)	*(okse)mørbrad*
sloppy joe	*hamburger i tomatsaus, servert i brød*
snail	*snegle*
sole	*sjøtunge*
sparerib	*ribbe*
spinach	*spinat*
sponge cake	*sukkerbrød*
sprat	*brisling*
squash	*squash*
steak	*biff*
rare	*blodig*
well done	*gjennomstekt*
steak and kidney pie	*oppskåret kjøtt og nyrer, hvitløk, løk og sopp, servert innbakt i paiskall*
stew	*stuing*
Stilton cheese	*lagret blåskimmelost*
strawberry	*jordbær*
suckling pig	*pattegris*
sundae	*isdessert med krem, nøtter og sauser*
swede	*kålrot*
sweetcorn	*mais*
sweetpotato	*søtpotet*
Swiss roll	*rullekake*
tarragon	*estragon*
tenderloin	*(amr) mørbrad*
thyme	*timian*

toad-in-the-hole	*pølse innbakt i deig*
toast	*ristet brød*
tomato	*tomat*
trifle	*sukkerbrød dekt med frukt og syltetøy, med krem/ vaniljesaus*
trout	*ørret*
turbot	*piggvar*
turkey	*kalkun*
turmeric	*gurkemeie*
turnip	*nepe*
tusk	*brosme*
vanilla (pod)	*vanilje(stang)*
veal	*kalv*
venison	*dyrestek, vilt*
waffle	*vaffel*
watercress	*brønnkarse*
welsh rabbit	*gratinert ostesmørbrød*
worchester sauce	*sterk saus av eddik og soya*
yorkshire pudding	*pudding av egg/mel/melk/ vann, servert sammen med roastbiff*

Drikke

bar	*neat, (amr:) straight*
med is	*on the rocks*
akevitt	*aquavit*
alkoholfritt drikke	*non-alcoholic drinks, soft drinks*
brennevin	*spirits, (amr:) liquor*
brus	*lemonade, (amr:) soda (pop)*
fløte	*cream*
gløgg	*mulled wine*
kaffe	*coffee*
filtermalt kaffe	*finely ground coffee (drip coffee)*
koffeinfri kaffe	*decaf(feinated) coffee*
kaffe med fløte	*white coffee*
pulverkaffe	*instant coffee*
svart kaffe	*black coffee*
kakao	*cocoa*
melk	*milk*
H-melk	*whole milk*
skummet melk	*skimmed milk*
sur melk	*cultured milk*
mineralvann	*mineral water*
med kullsyre	*sparkling mineral water*
uten kullsyre	*still mineral water*
pjolter	*drink, (amr:) highball*
saft	*juice*
selters	*seltzer (water)*
sitronsaft	*lemon juice*

sjokolade	*hot chocolate*
snaps	*shot, spirits, aquavit*
sprit	*alcohol, spirits*
te	*tea*
vin	*wine*
halvtørr	*medium dry*
hvitvin	*white wine*
musserende vin	*sparkling wine*
rosévin	*rosé wine*
rødvin	*red wine*
søt	*sweet*
tørr	*dry*
vørterøl	*malt beer*
øl	*beer, ale*
eksportøl	*beer with high alcoholic content*
fra fat	*draught beer*
juleøl	*beer specially brewed at Christmas*
lyst øl	*pale beer*
mørkt øl	*stout beer*
pils	*lager*

Drinks

ale	*sterkt, noe søtt øl*
pale ale	*lett, lyst øl (pils)*
applejack	*amerikansk eplebrennevin*
aquavit	*akevitt*
barley water	*drikk med sitronsmak laget av bygg*

beer	*øl*
bitter	*litt beskt øl*
brown beer	*mørkt, noe søtt øl*
guinness (stout)	*mørkt, fyldig øl*
lager	*lett, kullsyreholdig øl (pils)*
light beer	*lett, lyst øl*
stout	*sterkt og mørkt øl*
bourbon	*amerikansk whiskey*
brandy	*konjakk, eau-de-vie*
cafe au lait	*like deler varm melk og kaffe*
caffe latte	*espresso med varm melk, vispet melk med dryss av kanel/sjokolade*
caffe macchiato	*espresso med litt melkeskum på toppen*
caffe mocka	*espresso med varm melk og mocka sirup, pisket melk med dryss av kakao*
cappuccino	*italiensk kaffe med varm, skummende melk*
cider	*alkoholholdig eplesaft*
claret	*rød bordeauxvin*
coffee	*kaffe*
black coffee	*svart kaffe*
decaf	*(amr) koffeinfri kaffe*
decaffeinated coffee	*koffeinfri kaffe*
white coffee	*kaffe med fløte*
draught	*fatøl*
dry martini	*tørr vermuth, cocktail på gin og vermuth*

eggnog	*eggtoddi*
espresso	*italiensk kaffe, serveres i mengde av 3 ss og svelges i en munnfull*
ice espresso	*en del kaffe og melk helles i et glass med isbiter*
ginger ale	*ingefærøl (alkoholfritt)*
ginger beer	*ingefærøl med/uten alkohol*
irish coffee	*kaffe med irsk whiskey og krem*
juice	*juice*
lemonade	*limonade med sitronsmak*
liqueur	*likør*
liquor	*brennevin*
long drink	*brennevin blandet med vann o.a.*
malt whisky	*skotsk whisky av malt*
milkshake	*vispet melk med is*
mineral water	*mineralvann*
moccaccino	*varm melk og kaffe, krem dryppet med sjokoladesaus*
pint	*halvliter (øl), 0,568 l, (amr) 0,473 l*
porter	*mørkt, beskt øl*
punch	*varm drikk med brennevin, krydder og fruktbiter*
rye whiskey	*amerikansk whiskey av rug*
sake	*(japansk risbrennevin) sake*
scotch (whisky)	*whisky laget på en blanding av korn og malt*

shandy	*øl blandet med ingefærøl eller limonade*
soft	drink *alkoholfritt drikke*
spirits	*brennevin*
toddy	*drikk av varmt vann, brennevin, vin eller saft*
wine	*vin*
mulled wine	*en slags gløgg*
red wine	*rødvin*
rosé wine	*rosévin*
sparkling wine	*musserende vin*
white wine	*hvitvin*
whiskey	*amerikansk eller irsk whisky*
whisky	*(skotsk) whisky*

HELSE	***HEALTH***
Jeg vil gjerne bestille/ avbestille en time.	*I'd like to make/cancel an appointment.*
Hvor er ventværelset?	*Where is the waiting room?*
Åpningstidene er ...	*Surgery hours are .../ (amr:) Office hours are ...*
Jeg er allergisk mot ...	*I'm allergic to ...*
Jeg er astmatiker/diabetiker.	*I'm an asthmatic/a diabetic.*
Jeg er blitt bitt.	*I've been stung (om insekt)/ bitten.*
Jeg er forkjølet.	*I've got a cold.*
Jeg er kvalm.	*I feel sick/nauseated.*
Jeg er overfølsom for ...	*I'm hypersensitive to ...*
Jeg har diare/forstoppelse.	*I've got diarrhoea/I'm constipated.*
Jeg har feber.	*I've got a temperature.*
Jeg har hodepine/tannpine/ vondt i halsen.	*I've a headache/toothache/ sore throat.*
Jeg har fått gnagsår.	*I've got a blister.*
Jeg har vondt i magen.	*I've got an upset stomach.*
Jeg har vondt i ryggen/ ørene.	*I've got a back-ache/an earache.*
Jeg tror jeg har brukket/ forstuet ankelen/benet.	*I think I've broken/sprained an ankle/a leg.*

Jeg tåler ikke maten.	*The food doesn't agree with me.*
Trenger jeg bandasje?	*Do I need a bandage?*
Jeg er på bedringens vei.	*I'm on the road to recovery.*

Lege	***Doctor***
allmennpraktiker	*general practitioner (GP)*
avdelingslege	*consultant physician, (amr:) attending physician*
barnelege	*paediatrician, (amr:) pediatrician*
distriktslege	*local medical officer*
gynekolog	*gynaecologist*
hjelpepleier	*auxiliary nurse*
hjertespesialist	*cardiologist*
hudlege	*dermatologist*
jordmor	*midwife*
kirurg	*surgeon*
lege	*doctor, physician*
nevrolog	*neurologist*
ortoped	*orthopod*
privatpraktiserende lege	*doctor in private practice*
psykiater	*psychiatrist*
psykolog	*psychologist*
sykepleier	*nurse*
tannlege	*dentist*
tannpleier	*dental hygienist*

øre-, nese- og halsspesialist	*ear, nose and throat (ENT) specialist*
øyelege	*eye specialist*

Medisin	***Medicine***
antibiotika	*antibiotics*
avføringsmiddel	*laxative*
bedøvelsesmiddel	*anaesthetic*
beroligende middel	*sedative*
febernedsettende middel	*antipyretic*
halstabletter	*throat lozenges*
hodepinetabletter	*aspirin*
hostemedisin	*cough medicine*
insulin	*insulin*
kinin	*quinine*
morfin	*morphia*
nesedråper	*nose drops*
penicillin	*penicillin*
prevensjonsmiddel	*contraceptive*
smertestillende middel	*painkiller*
sovetabletter	*sleeping pills*
stikkpille	*suppository*
styrkemedisin	*tonic*
østrogen	*oestrogen*
øyedråper	*eye drops*

Kroppen	***The body***
akillessene	*Achilles' tendon*
albue	*elbow*

ankel	*ankle*
ansikt	*face*
arm	*arm*
underarm	*forearm*
overarm	*upper arm*
ben	*leg, (i skjelettet) bone*
bekken	*pelvis*
blindtarm	*appendix*
bryst	*breast*
brystkasse	*chest*
brystvorte	*nipple*
bukspyttkjertel	*pancreas*
drøvel	*uvula*
eggleder	*fallopian tube*
eggstokk	*ovary*
endetarm	*rectum*
finger	*finger*
fot	*foot*
galleblære	*gall bladder*
gane	*palate*
hake	*chin*
haleben	*coccyx*
hals	*neck*
hjerne	*brain*
hjerte	*heart*
hode	*head*
hofte	*hip*
hofteben	*hip bone*
hofteledd	*hip joint*
hofteskål	*hip socket*

hud	*skin*
hæl	*heel*
hånd	*hand*
håndflate	*palm*
håndledd	*wrist*
isse	*crown*
kinn	*cheek*
kjertel	*gland*
kjeve	*jaw*
overkjeve	*upper jaw*
underkjeve	*lower jaw*
kjeveben	*jaw bone*
kjeveledd	*jaw joint*
kjønnsorganer	*genitals*
kne	*knee*
knehase	*hollow of the knee*
kneskål	*kneecap*
krageben	*collar bone*
kranium	*skull*
kropp	*body*
ledd	*joint*
leddbånd	*ligament*
legg	*calf*
leppe	*lip*
overleppe	*upper lip*
underleppe	*lower lip*
lever	*liver*
livmor	*womb, uterus*
luftrør	*windpipe, trachea*
lunge	*lung*

lymfekjertel	*lymph gland*
lyske	*groin*
lår	*thigh*
lårben	*thighbone*
lårhals	*neck of the femur*
mage	*stomach*
mandel	*tonsil*
mellomgulv	*diaphragm*
menisk	*meniscus*
midje	*waist*
milt	*spleen*
munn	*mouth*
nakke	*the back of the neck*
navle	*navel*
negl	*nail*
neglebånd	*cuticle*
nerve	*nerve*
nese	*nose*
nesebor	*nostril*
netthinne	*retina*
nyre	*kidney*
panne	*forehead*
penis	*penis*
polypp	*polyp*
prostata	*prostate*
pulsåre	*artery*
pupill	*pupil*
regnbuehinne	*iris*
ribben	*rib*
rumpe	*behind, bottom*

rygg	*back*
ryggrad	*spine*
ryggvirvel	*(dorsal) vertebra*
skinneben	*shin*
skjede	*vagina*
skjelett	*skeleton*
skjoldbruskkjertel	*thyroid gland*
skulder	*shoulder*
skulderblad	*shoulderblade*
slimhinne	*mucous membrane*
spiserør	*gullet, esophagus*
stemmebånd	*vocal cord*
strupe, svelg	*throat*
tann	*tooth*
fortann	*front tooth*
hjørnetann	*canine tooth*
jeksel	*molar*
kinntann	*back tooth*
melketann	*milk tooth*
stifttann	*pivot tooth*
visdomstann	*wisdom tooth*
tannkjøtt	*gum(s)*
tarm	*intestine*
testikkel	*testicle*
tinning	*temple*
tunge	*tongue*
tykktarm	*colon, large intestine*
tynntarm	*small intestine*
tå	*toe*
underliv	*abdomen*

urinblære	*bladder*
vrist	*instep*
øre	*ear*
øreflipp	*earlobe*
øye	*eye*
øyebryn	*eyebrow*
øyeeple	*eyeball*
øyelokk	*eyelid*
øyevippe	*eyelash*
åre	*vein*

Sykdommer, plager	***Illnesses, ailments***
aids	*aids*
alkoholisme	*alcoholism*
allergi	*allergy*
anoreksi	*anorexia*
astma	*asthma*
benskjørhet	*brittle-bone disease, osteoporosis*
bihulebetennelse	*sinusitis*
blemme	*blister*
blindtarmbetennelse	*appendicitis*
blodforgiftning	*blood poisoning*
blodmangel	*anaemia*
blodpropp	*blood clot*
blærekatarr	*catarrh of the bladder, cystitis*
blødersykdom	*haemophilia*
blåmerke	*bruise*
blåveis	*black eye*

brannsår	*burn*
brekning	*vomiting*
brennkopper	*impetigo*
brokk	*hernia*
bronkitt	*bronchitis*
brudd	*fracture*
cyste	*cyst*
diabetes	*diabetes*
difteri	*diphtheria*
eggehvite i urinen	*albuminuria*
eksem	*eczema*
elveblest	*nettle rash*
epilepsi	*epilepsy*
feber	*fever*
forkjølelse	*cold*
forstoppelse	*constipation*
forstuing	*sprain*
fotsopp	*athlete's foot*
frostskade	*frost injury*
gallesten	*gallstone*
gikt	*rheumatism*
gonoré	*gonorrhea*
gulsott	*hepatitis*
halsbetennelse	*sore throat*
halsbrann	*heartburn*
hekseskudd	*lumbago*
helvetesild	*shingles*
hemorroider	*haemorrhoids*
heteslag	*heatstroke*
heteutslett	*heat rash*

hikke	*hiccups*
hiv-smittet	*hiv infected*
hjernebetennelse	*brain fever*
hjerneblødning	*cerebral haemorrhage*
hjernehinnebetennelse	*meningitis*
hjernerystelse	*concussion*
hjerneslag	*stroke*
hjernesvulst	*brain tumor*
hjertebank	*palpitation*
hjerteinfarkt	*heart attack, infarct of the heart*
hoste	*cough*
hoven	*swollen*
hukommelsestap	*loss of memory*
hull (i en tann)	*cavity*
høysnue	*hay fever*
immunsvikt	*immune deficiency*
impotens	*impotence*
influensa	*influenza*
isjias	*sciatica*
katarr	*catarrh*
kikhoste	*whooping cough*
kjertelfeber	*glandular fever*
kjønnssykdom	*venereal disease (VD)*
klaustrofobi	*claustrophobia*
kløe	*itch*
koldbrann	*gangrene*
kolera	*cholera*
kopper	*smallpox*
krampe	*spasm, cramp*

kreft	*cancer*
krupp	*croup*
kusma	*mumps*
kvise	*pimple, acne*
leddgikt	*arthritis*
leggsår	*leg ulcer*
leverbetennelse	*hepatitis*
liktorn	*corn*
livmorframfall	*prolapse of the uterus*
lungebetennelse	*pneumonia*
lungekreft	*lung cancer*
lyskebrokk	*inguinal hernia*
lårhalsbrudd	*fracture of the femur*
magekatarr	*gastric catarrh*
mageknip	*stomach ache*
magesår	*gastric ulcer*
malaria	*malaria*
mandelbetennelse	*tonsillitis*
matforgiftning	*food poisoning*
menstruasjonssmerter	*menstrual pains*
meslinger	*measles*
migrene	*migraine*
munnsår	*mouth ulcer*
nervøs	*nervous*
neseblødning	*nosebleed*
neslefeber	*nettle rash*
nevrose	*neurosis*
nyrebetennelse	*inflammation of the kidneys*
nyresten	*kidney stone*
plevritt	*pleurisy*

pollenallergi	*hay fever*
prolaps	*prolapse*
prostata	*prostate*
psykisk lidelse	*mental disorder*
psykose	*psychosis*
reisesyke	*travel sickness*
rennende nese	*runny nose*
revmatisme	*rheumatism*
røde hunder	*German measles*
senkning	*blood sedimentation*
skarlagensfeber	*scarlet fever*
slag	*stroke*
smerte	*pain*
snue	*headcold*
soleksem	*sun rash*
soppforgiftning	*mushroom poisoning*
spebarnskolikk	*infantile colic*
spedalskhet	*leprosy*
sti (på øyet)	*sty (on the eye)*
stivkrampe	*tetanus*
struma	*goitre*
stær (grønn)	*glaucoma*
stær (grå)	*cataract*
stølhet	*stiffness*
sukkersyke	*diabetes*
svimmelhet	*dizziness*
syfilis	*syphilis*
sår	*wound*
tannråte	*caries*
tannverk	*toothache*

tarmbetennelse	*enteritis*
tarmslyng	*ileus*
tett nese	*stuffed-up nose*
tredagersfeber	*three-day fever*
tuberkulose	*tuberculosis (TB)*
tyfus	*typhoid fever*
urinveisinfeksjon	*urinary tract infection, cystitis*
utflod	*discharge*
utslett	*rash*
vannblemme	*blister*
vannkopper	*chickenpox*
vitaminmangel	*vitamin deficiency*
vorte	*wart*
ørebetennelse	*otitis*
øreverk	*earache*
åreforkalkning	*arteriosclerosis*
åreknuter	*varicose veins*

Vil du halet Kaffe?
(would you like some kaffe?)

ja de yoma
("likewise")

Beklaga - eg snakka ikke norske (norsk)

Jeg Vet Ikke - I don't Know

Calgary
Columbia
C A N
Regina
Vancouver
WASHINGTON
Seattle
Tacoma
Olympia
CASCADE RANGE
Columbia
Portland
Salem
Eugene
OREGON
Missouri
MONTANA
Helena
Billings
ROCKY MOUNTAINS
Boise
IDAHO
Snake
WYOMING
NORTH DAKOTA
Bismarck
SOUTH DAKOTA
Pierre
Cheyenne
NEBRASKA
Great Salt Lake
GREAT BASIN
Reno
Carson City
NEVADA
Salt Lake City
UTAH
COLORADO
Denver
Colorado Springs
Pikes Peak
4301
CALIFORNIA
Sacramento
San Francisco
San Jose
4418
Mount Whitney
Las Vegas
Rio Grande
Santa Fe
Albuquerque
Los Angeles
Long Beach
Colorado
ARIZONA
Phoenix
NEW MEXICO
San Diego
Mexicali
Tucson
El Paso
Ciudad Juárez
Abilene
PACIFIC OCEAN
Rio Grande
Culiacán
MEXICO
ALASKA
Bering Strait
Fairbanks
6194
Mount Mc Kinley
Anchorage
Bering Sea
Juneau
Gulf of Alaska
Aleutian Islands
PACIFIC OCEAN
0
1600 km
Kauai
Oahu
Honolulu
Maui
HAWAII
PACIFIC OCEAN
Hawaii

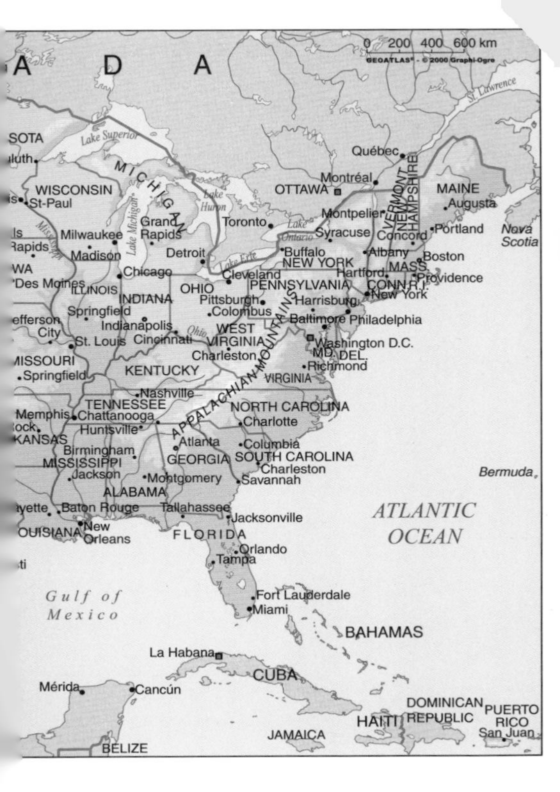

0 200 400 600 km
GEOATLAS® - © 2000 Graphi-Ogre
A D A
St. Lawrence
SOTA
Lake Superior
MICHIGAN
WISCONSIN
St-Paul
Milwaukee
Madison
Lake Michigan
Grand Rapids
Lake Huron
Toronto
Lake Ontario
Lake Erie
Detroit
Chicago
ILLINOIS
INDIANA
OHIO
Springfield
Indianapolis
Cincinnati
Ohio
St. Louis
MISSOURI
Springfield
KENTUCKY
Nashville
TENNESSEE
Memphis
Chattanooga
Huntsville
KANSAS
Birmingham
MISSISSIPPI
Jackson
ALABAMA
Montgomery
Baton Rouge
New Orleans
Tallahassee
FLORIDA
Jacksonville
Orlando
Tampa
Fort Lauderdale
Miami
Gulf of Mexico
Québec
Montréal
OTTAWA
Montpelier
VERMONT
NEW HAMPSHIRE
MAINE
Augusta
Portland
Concord
Syracuse
Buffalo
NEW YORK
Albany
Boston
MASS.
Hartford
CONN.
R.I.
Providence
New York
PENNSYLVANIA
Cleveland
Pittsburgh
Harrisburg
Columbus
Baltimore
Philadelphia
WEST VIRGINIA
Charleston
Washington D.C.
MD.
DEL.
Richmond
VIRGINIA
APPALACHIAN MOUNTAINS
NORTH CAROLINA
Charlotte
Columbia
SOUTH CAROLINA
Charleston
Atlanta
GEORGIA
Savannah
Nova Scotia
Bermuda
ATLANTIC OCEAN
BAHAMAS
La Habana
CUBA
Mérida
Cancún
HAITI
DOMINICAN REPUBLIC
PUERTO RICO
San Juan
JAMAICA
BELIZE